deposu vardı. Bur ... depoyu dağıtmasaydık ne olur ... su bulundu!" Medya neler yaza ... ma üzerinden en az 3 yıl geçerdi.

Eh, söz konusu Ergenekon terör örgütüydü ve iddianameye silah lazımdı! Silahsız örgüt olur mu?.. Horozu olmasa da, namluları derin karıncalı olup ancak usta bir silahçının elinde bakımı yapılırsa düzelecek tabancalar delil oldu. Bu silah konusuna sonra geleceğiz, şimdi tekrar arama yapılan evime dönelim...

Bugün 14 Şubat Sevgililer Günü...

Sevgililer Günü'nü polislerle kutluyorum. Oysa bugün çok işim vardı. Saat 10.30'ta Digitürk Genel Müdürü Ertan Özerdem'le görüşecektim. İki televizyon kanalı projesini birlikte yürütüyordum. Biri Halk TV'yle; diğeri, CHP Kahramanmaraş milletvekili Durdu Özbolat'ın lisansı Almanya'da olan ve artık Türkiye'ye getirmek istedikleri, adı henüz konulmamış bir televizyon kanalıyla ilgiliydi.

Genel Müdür Ertan Bey'le her iki televizyonun Digitürk'teki kanal yerlerini konuşacaktım. Telefondaki görüşmemizde kuracağımız kanalın mutlaka NTV, CNN TÜRK, Sky Türk, Habertürk gibi haber kanallarının hemen ardında olmasını (50. kanal boştu) istemiştim. "Görüşürüz," demiştik.

O gün, yani pazartesi saat 10.30'da Digitürk binasında toplantımız vardı...

Geçen cuma akşamı, yani iki gün önce, Harbiye'deki Borsa Lokantası'nda CHP Genel Başkanı Kemal Kılıçdaroğlu, CHP Genel Başkan Yardımcısı Gürsel Tekin, başdanışman Ali Kılıç, İstanbul CHP İl Başkanı Nebil İlseven, Beşiktaş Belediye Başkanı İsmail Ünal'ın da aralarında bulunduğu CHP'lilerle yemek yemiştim.

Konu, Halk TV'nin son durumuydu.

Ve bu konu birkaç aydır gündemimizdeydi. Şöyle:

Kılıçdaroğlu ekibi Halk TV'den kurtulmak istiyordu. Kamuoyunda kanal "CHP'nin malı" olarak biliniyordu, oysa değildi. CHP eski Genel Başkanı Deniz Baykal, "Parti icraatlarını ve projelerini kamuoyuna duyuramıyoruz. Mitinglerimizi, toplantılarımızı, basın açıklamalarımızı, medya halka pek yansıtmıyor" diyerek bu kanalı kurdurmuştu. Halk TV'nin beş kişilik yönetim kurulu da Antalyalıydı. Yönetim Kurulu Başkanı Haluk Akıltopu ise Olcay Baykal'ın ablası Acun Akıltopu'nun oğluydu. Halk TV CHP'nin değildi ama Deniz Baykal'ın kontrolündeydi.

Halk TV projesi iyi niyetle ortaya çıkmıştı, ama başarılı olamamıştı. Kanal etkili değildi. Halk TV'nin ayrıca reklam geliri de yoktu. Tek geliri CHP'yle yapılan yayın sözleşmesiydi. CHP (bunu tüm siyasi partiler yapıyor) miting ve yayınlar için Halk TV'yle sözleşme yapmıştı ve belli bir para ödüyordu.

Kemal Kılıçdaroğlu CHP Genel Başkanı olunca, parti ile Halk TV arasındaki ilişkiden rahatsız oldu; daha doğrusu kamuoyundaki "Halk TV, CHP'nin yayın organıdır" anlayışına itirazı vardı. Zaten yasa gereği bir siyasal partinin televizyonu olamazdı. Ayrıca, bir siyasal partinin yayın organının başarılı olacağını da sanmıyordu. Bu nedenle CHP ile Halk TV arasındaki sözleşmeyi bitirmek istiyordu.

CHP'nin bu tavrını öğrenince (çünkü "CHP, Halk TV'ye artık para vermiyor" haberleri basında çıkmaya başlamıştı) CHP lideri Kılıçdaroğlu'na gittim. Halk TV'ye taliptim. Ancak kanalın reklam geliri yoktu, CHP sözleşmeyi feshederse kanal yok olurdu. Oysa ben, sözleşmeye devam ederlerse borçları karşılığında Halk TV'yi alabilirdim. Sıcak karşıladı teklifimi. Ardından ekledi: "Halk TV'yi sizin gibi deneyimli, bilgili gazetecilerin almasından mutlu oluruz, elimizden geleni yaparız." Bunun anlamı şuydu: Seçimlerde mitinglerimizi, toplantılarımızı yayınlamanız karşılığında sizinle yeni bir sözleşme yapabiliriz. İşin önemli aşaması tamamdı...

O halde... Halk TV Deniz Baykal'ın hâkimiyetindeydi. Deniz Bey'le görüşmek gerekiyordu. Gazeteci arkadaşlarım Hakan Aygün ve Murat Ongun'la Ankara'ya gittik. Gazeteci Şaban Sevinç, Deniz Baykal'ın TBMM'deki odasında bir randevu almıştı.

Deniz Baykal'la yaklaşık üç buçuk saat süren görüşmeden ne yazık ki somut bir sonuç alamadık.

Çünkü:

Deniz Baykal, "Borçlarını ödeme karşılığında (ki kanalın borcu yaklaşık 1,5 milyon dolardı) iki yıllığına kiralayın. Ancak iki yılın sonunda da televizyonun mallarına zarar gelmemesi için 2 milyon dolar teminat verin" teklifinde bulundu.

Deniz Baykal'ın söyledikleri hiç gerçekçi değildi; ne televizyon kanalı işletmesinden ne de televizyon sektöründen haberdardı. Kapanmak üzere olan, hiçbir reklam geliri olmayan, 100'ü aşkın personeli bulunan ve bir parti yayın organı olarak bilinen etkisiz televizyon kanalı için talep ettiği para çok fazlaydı. Ayrıca ben kiralamak değil, satın almak istiyordum. Kiralamak ticari olarak hiç doğru değildi, TV'yi iyi bir yere getirecektik ve sonra belki de sözleşme bitince kapı önüne konulabilirdik.

Mutsuz bir ruh haliyle CHP Genel Merkezi'ne gittik. Gittik, çünkü Ankara'ya gelmeden önce CHP Genel Başkan Yardımcısı Gürsel Tekin'e Baykal'la görüşeceğimizi, olumlu sonuç alabileceğimizi söylemiştik.

Türkiye AKP'yle birlikte hızla tek parti, tek adam diktasına doğru gidiyordu. Despotik yönetimlerde özgür medyadan bahsedilemezdi. Gazeteciler korkuyordu. Halk TV'ye talip olmamızın en birincil nedeni buydu: korkuyu yenmek. Korkunun olduğu yerde özgürlükten bahsedilemezdi. Çünkü korku insanı yozlaştırarak boyun eğdirir. Tutsak duruma düşürür.

Büyük sermayenin televizyon kanalları, ağır baskı altındaydı; gazetecilerin yer alacağı bağımsız, patronsuz bir haber kanalı çok başarılı olurdu. Tarihten biliyorum ki dönemler kendi medyasını yaratmıştır; şimdi bu koşullar mevcuttu.

Ayrıca...

Sahibi olduğum odatv.com boyun eğmemişti; korku dağlarını aşmıştı; her türlü haberin yapılabildiğini; farklı görüşlerin rahatça dile getirildiğini ispatlamıştı.

Deniz Baykal dediklerimize katılıyordu ama kanalın elinden çıkmasına razı değildi. Bu tavrı, ne yalan yazayım bizi hayal kırıklığına uğrattı. Türkiye nereye sürükleniyordu ve Baykal nasıl bir tavır alıyordu! "O bir politikacı" vs. düşüncelerle kendimize telkinde bulunmaya çalıştık. CHP Genel Merkezi'nde Kılıçdaroğlu ve Gürsel Tekin'le konuştuk. Kılıçdaroğlu gelişmeden hem üzgün hem de biraz sevinçliydi. Üzgündü; kanalın çalışanlarını düşünüyor, işsiz kalmalarını istemiyordu. Ayrıca çok az seyredilse de Halk TV'nin kapanmasına gönlü razı değildi.

Az da olsa sevinçliydi; kanal başarısızdı, kamuoyu Halk TV'nin CHP'nin malı olduğunu sanıyordu. Yandaş gazeteler sürekli Halk TV'nin CHP'nin yayın organı olduğu şeklinde haberler yapıyordu. Yükten kurtulmak istiyordu.

Sonuçta beceremedik. Halk TV'yi alamadık. Elimiz boş, İstanbul'a döndük. Murat Ongun bizi Kadıköy İskelesi'ne bıraktı. Hakan Aygün'le vapurla Beşiktaş'a geçerken, "İyi oldu, yaz tatili planı yaparız" diye kendimizi teselli ettik.

Şaban Sevinç bu işin olması için çok çaba sarf etti; sonraki günler Deniz Baykal-Hakan-Şaban telefonda hep konuştular. Bu telefon görüşmelerine müdahil olmadım, çünkü Baykal'a kızgındım. Bunun sebebi Baykal'ı kendime düşünsel olarak hep yakın hissetmemdi. Baykal'ı sadece CHP için değil Türkiye için de bir şans olarak görürdüm. Ama şimdi Baykal, "benim olsun" anlayışı içindeydi. Belki kendince haklı yanları vardı kuşkusuz, ama televizyon kapısına kilit vurmak üzereydi. Biz umuttuk.

Halk TV ile ilgili süreç böyle devam ederken, CHP Kahramanmaraş Milletvekili Durdu Özbolat, Kılıçdaroğlu'na kendi kanal projesinden bahsediyor; o da "Soner Yalçın kanal kurmak istiyor, buluşup konuşabilirsin" diyor. Kılıçdaroğlu beni arayıp, "Durdu Bey'in bir projesi varmış, telefonunuzu verebilirim" deme nezaketini gösterdi.

Milletvekili Özbolat'la İstanbul'da yan yana geldik, konuştuk anlaştık; ekibimiz hazırdı, hemen bir kanal kurabilirdik. Zaten onlar da kanal kurmak için Almanya'dan malzemeleri bile almışlardı. Yeni kanal için kolları sıvadık; hatta stüdyo yeri bile baktık, kira ücreti konusunda anlaşmak üzereydik.

Bu arada Şaban Sevinç ve Hakan Aygün Halk TV için Baykal'la görüşmeyi sürdürüyordu. Benim pek umudum yoktu. Fakat Kılıçdaroğlu ile Baykal'ın bu konuda görüşeceği bilgisi iki gazeteci arkadaşımı ümitlendirdi. CHP'liler ise iki kanalın da olmasını istiyordu.

İşte tam bu aşamada Digitürk'le toplantıya gidecektim. Milletvekili Özbolat'la kuracağımız yeni kanal 15 gün sonra yayına çıkacaktı. Hem yeni kanala hem de Halk TV olursa ona da hangi kanal yerini verebileceklerini, borçlarının ne kadar olduğunu vs. öğrenecektim.

Ne yeni kanal, ne de Halk TV oldu; pazartesi eve polisler doldu. Amaç belliydi: Televizyon kurmamızı istemiyorlardı.

Polisler kütüphanenin üst katının aranmasını tamamen bitirdi. O baş polis muhtara seslendi; kütüphanenin alt katını da "elden geçireceklerdi", orada olması gerekiyordu. Muhtar yorulmuştu, arada bahçeye çıkıp sigara çay içiyordu. Bırakıp hemen geldi, ne yapsın.

Polisler evin her yanındaydı; kontrol etmeniz imkânsızdı. O kadar zor ki, zaten hastayım, uyurgezer gibiyim.

Gittiğimde gördüm ki, kütüphane korktuğum gibi çok dağılmamıştı. Ne tuhaf sıtmaya razı olursunuz! Şanslı mıyım; Octavio

Paz'ın dünyadaki neredeyse tüm sürrealistlerin ona ithaf etmiş oldukları eserlerle dolu kütüphanesi yanmıştı. Beterin beteri var! O an aklıma geldi; polis örneğin dünyanın sayılı özel kütüphanesine sahip Umberto Eco'nun kitaplarını böyle dağıtabilir mi? Kendimce benim kütüphanemde de çok özel ve nitelikli eserlerim var. Ama kimin umurunda bunlar. Nedir Vandalizm sanıyorsunuz. Kitabın, düşüncenin ne önemi var bizim ülkemizde...

Bu arada...

Bahçe duvarından gazeteciler görüntü alıyormuş; kütüphaneden salona geçmemi rica ettiler. Demek medyanın haberi oldu. Yıllardır özenle koruduğum özel hayatım Türkiye'ye "servis" edilecekti; üstelik "terörist" olarak! Ne hazin bir ün!

Küba/Havana yakınlarındaki eşsiz doğa içindeki Hemingway'in evine hayran kalmıştım. Evin her yanı kütüphaneydi; tuvalette bile kütüphane vardı. Anlamıştım; bütün yaratıcıların ebedi bir rüyası vardı: Zihinsel gücü dağıtmadan, rahatsız edilmeden çalışacakları bir ev.

Tıpkı Voltaire'in "Villa Délices"si, Rousseau'nun "Montmorency"si, Petrarca'nın "Vaucluse"si gibi... Balzac ne yazık ki Touraine'deki "La Grenadière"yi bitirip oturamamıştı. En son Londra'da 48 Doughty Street'teki Charles Dickens'in evini gezmiştim. Aslında son gördüğüm Budapeşte'de besteci B. Bartók'un evi olacaktı ama tadilat nedeniyle kapalıydı. Charles Dickens'in Londra yakınlarındaki muhteşem evini de aynı nedenle görememiştim. Çok yaratıcının evini gördüm: Picasso, El Greco, Hugo, Balzac, Galilei, Mozart, Neruda, Beethoven, Dali... Birkaç ay önce taşındığım bu evi huzur içinde çalışmak amacıyla yapmıştık. Evin her yanında kütüphane vardı; tuvalette bile! Şimdi polisler tüm evi "elden geçiriyor." Terör örgütüyle ilgili belge arıyorlar!.. Medya ise görüntü alıyor!..

Salona girdim. Yine bir koltuğa çöktüm. Mevlanzade Rıfat'ı okumayı sürdürdüm. Ulusal Kurtuluş Savaşı döneminde yazdıkları unutulmaz. Bu nedenle 150'likler arasına konup sürgüne gönderildi. Bu topraklar yüz yıldır ne çok acıya tanıklık etti.

Mevlanzade Rıfat sürgüne gidince, eşi Ulviye Hanım ondan boşandı; Antalyalı bir doktorla evlendi. Ulviye Hanım iyi, cesur bir gazeteciydi. Osmanlı döneminde ilk kadın gazetesini çıkaran ekipteydi. Aslında onun hayat hikâyesini yazmak gerekir. *Hürriyet*'e bir sayfa pazar yazısı yazabilirim; not almak için ayağa kalktım. Kütüphaneye gitmem yasak; zaten tüm not defterlerime el koymuşlardı. Evde neler oluyor, ve ben hâlâ yazıyla, not almakla uğraşıyorum. Aslında hayat gerçekliğinden bu derece, rahat uzaklaşabilme maharetine sahip olduğumu söyleyebilirim. Yazmak, günlük yaşamın basitliğinden hep uzak tutuyor beni. Korkuyu yendiriyor. Ya da aslında şöyle yazmalıyım: Yazmak, içimdeki korkunun uyanmasını durduruyor...

Salondaki yemek masasının üzerine neredeyse tüm not defterlerimi, ajandalarımı yığmışlar. Her sayfasına paraf atmak gerekiyormuş. Kalktım oturduğum koltuktan, yemek masasına geçtim. Başladım paraf atmaya her sayfaya.

Feza, baroyla telefonla konuşmuştu. İstanbul Barosu Başkanı Doç. Dr. Ümit Kocasakal bu tür aramalarda deneyim sahibi bir avukat gönderecekti. Avukat Yiğit Akalın tam o sırada geldi; genç bir arkadaş, tanıştık.

Av. Yiğit Akalın hemen paraf meselesine el koydu. "Soner Bey, not defterlerindeki yazılarınızın altını ve üstünü çizin ki sonra bir ekleme yapılmasın."

Haklıydı. Polislere ve bu soruşturmayı yürüten savcılara hiç ama hiç kimse güvenmiyordu. Nasıl güvenilsin, kiminin ajandasındaki boş sayfada kroki çıkıveriyor. Sonra bilirkişi kişinin elyazısı olmadığını ispatlıyor ama aradan 30 ay geçiyor. Aslında savcıyı çağırıp polislerin üstlerini bile aratmak gerekir miydi acaba, eve "bir şeyler" koymasınlar diye...

Şüphelenmenin sebebi o kadar çoktu ki...

Örneğin, her evde bulunan şu "kroki" meselesi...

Emniyet Teşkilatı'nı zehirli bir ahtapot gibi sarmış cemaatçi polisler kroki "bulmada" çok başarılıydı! Muhtelif kurum ve kişilerin hedef alındığını iddia ettikleri krokiler buldular hep. Örneğin:

Şemdinli'de Umut Kitabevi 9 Kasım 2005 günü bombalandı. Jandarmaya ait bir araçta, olayı açıklayan krokiler bulunduğu iddia edildi. Savcı Ferhat Sarıkaya hazırladığı iddianamede bombalamanın iki astsubay tarafından "intikam duygularıyla" yapıldığını yazdı. Delil krokilerdi! Türkiye'nin krokiyle tanıştığı ilk olay buydu. Son olmayacaktı.

"Ergenekon yapılanmasının bir hücresi" denen "Küre/ Sauna" operasyonu 18 Şubat 2006 günü Ankara'da yapıldı. 11 kişi gözaltına alındı. Sanıklar "kişisel verileri kaydetmek"le suçlandı. Bakan ve milletvekilleri "suikast amacıyla" tek tek "fişlenmiş"lerdi. "Çıplak görüntüleri"de vardı! "Sabotajdan taarruza kadar bir dizi eylem planının yer aldığı, 68 CD" ele geçirilmişti. "Eylem ve infaz listesinin bulunduğu CD de Yüzbaşı Nuri Bozkır'ın elindeydi". Eh bu kadar "malzeme" olur da kroki olmaz mı?! O da vardı! "Avrupa'nın ikinci büyük garnizonu olarak bilinen Etimesgut'a yönelik krokili, görüntülü ihtilal ve işgal senaryoları" da ortaya çıkarılmıştı!

Parantez açmalıyım: Bu davada hiç tutuklu sanık kalmadı. Dava, Ankara'da devam ediyor. Başbakan Erdoğan'ın milletvekili adaylığını önce memnuniyetle karşıladığı, İbrahim Tatlıses de bu davadan yargılanıyor!

Ankara Eryaman'da 31 Mayıs 2006 günü baskın yapılan bir başka evde "bulunanlar" medyaya "cephane deposu" diye yansıtıldı. Özel Kuvvetler Komutanlığı'nda görevli bir yüzbaşı, üç astsubay ve bir emekli binbaşının da bulunduğu dokuz kişi "terör örgütü üyeliği"nden tutuklandı. Soruşturma sürerken gazetelere bir ihbar geldi. "Genelkurmay'dan aradığını" söyleyen bir kişi, *Akşam* gazetesinin polis muhabirini Genelkurmay'ın ana kapısının önüne çağırarak bir "sarı zarf" içinde, bu operasyonda "ele geçirilen" bazı kroki ve dokümanların servisini yaptı! Sarı zarfın içinde, Başbakan Tayyip Erdoğan'ın Keçiören'de bulunan evinin sokağının haritası ile danışmanı Cüneyt Zapsu'nun ortağı bulunduğu BİM marketler zincirine ait krokiler vardı. Elbette bunlar birine suikast, öbürüne de sabotaj yapmak içindi! İddia buydu! Bunlar Yunus Akkaya adlı bir esnafın bilgisayarında bulunmuştu. Akkaya, bilgisayarına bunların kim tarafından konduğunu bilemediğini söyledi, şaşkındı. Ankara 11. Ağır Ceza Mahkemesi, bu iddiaların hiçbirini ciddiye almadı. 15 Eylül 2006 günü "Atabeyler" davasının ilk duruşması yapıldı ve ilk oturumda tüm sanıklar tahliye edildi.

3 Temmuz 2007'de yapılan "Girdap" operasyonunda da benzer sahneler aynen yaşandı. "Ayrıkotu Master Planı"yla AKP'ye yönelik yıpratma faaliyetleri ortaya çıkarıldı!..

Evet, özellikle Ankara'da her evde bir kroki vardı sanki... Yarbay Mustafa Dönmez'in Sapanca'daki yazlığında bulunan ajandasının kapak cebinde, Başbakan Erdoğan'ın evinin bulunduğu yerin bilgisayardan çıkmış bir A4 kâğıdı boyutunda fotokopisi vardı. Ayrıca ajandasında Zir Vadisi'nin krokisi çiziliydi. Bilgisayar çıktısını google'a giren herkes alabilirdi; önemli olan silahların, cephanenin bulunduğu ajandadaki kroki'ydi.

Sonuçta, bilirkişi kroki çiziminin Yarbay Dönmez'e ait olmadığına karar verdi. İyi de ajandadaki yazıların hepsi Dönmez'e aitti, krokiyi kim çizmişti acaba?

Özel Harekâtçı Polis Müdürü İbrahim Şahin krokiyi evinde, masa üzerinde unutmuştu; polisler rahatça buluvermişlerdi.

Birileri Başbakan Erdoğan'ı tehdit paranoyasına mı sokmak istiyordu? Örneğin:

Ergenekon tutuklusu Emekli Yüzbaşı Zekeriya Öztürk'ün, Başbakan Erdoğan'ın oturduğu Üsküdar Kısıklı Caddesinde sarı renkte bir apartmanın bodrum katını kiralayıp, Başbakan Erdoğan'ı öldürmek için kiraladığı bodrum katından iki tuğlayı çıkardığı ihbarına MİT "uydurmadır" yanıtını verdi... Ama tabii "haber" günlerce medyada yer aldıktan sonra...

Ergenekon davasının tanıklarından Esra Feride Gökçimen'e göre, Semih Tufan Gülaltay ofisinde bazı adamlarıyla toplantı yaparak, 2006 yılı Haziran ayında Başbakan Erdoğan'a Maltepe'de bir dizi açılış yaparken suikast planlamıştı! "Sen şurda dur, sen şurda dur" diye konuşmuşlardı! Suikastı bu sözlerden çıkarmıştı...

Daha neler olmadı ki... Bir dönem "kroki enflasyonu" yaşandı.

Başbakan Yardımcısı Bülent Arınç'a "suikast yapacağı" iddia edilen iki subay ellerindeki krokiyi yutarken yakalanmıştı! Subaylar mahkemeye bile çıkarılmadı. Ama bunlar günlerce manşetlerden inmedi, sonra unutuldu. Hep böyle oldu, bir "sebep" yaratıldı, o sadece görüntüydü aslında; örneğin; birini yazayım; Arınç'a suikast iddiasından hemen sonra o günlerde ne oldu: Genelkurmay'ın "Kozmik Odası" arandı! Suikast palavraydı da, asıl amaç "Kozmik Oda" mıydı? "Derin devleti" Kozmik Oda'da mı bulacaklarını sanıyorlardı? Türkiye'de derin devleti aramak için pusulaya ihtiyacımız vardır, geliniz ben sizi merkezine götüreyim! Merkezi bilmezseniz serseri mayın gibi sağa sola çarptırılırsınız...

Bir süre önce Danimarka'yla politik sorun yaşadık; dönemin Başbakanı Anders Fogh Rasmussen'in Roj TV ve Hz. Muhammed karikatürlerine destek çıkmasına çok tepki gösterdi AKP hükümeti. Rasmussen, NATO Genel Sekreteri yapılmak istenince Başbakan Erdoğan yine yüksek perdeden karşı çıktı. Sonra ne oldu? Rasmussen NATO Genel Sekreteri oldu. *Zaman, Yeni Şafak, Star* gibi yandaş gazeteler "Rasmussen Türkiye'den özür dileyecek, Roj TV'yi kapatacak" diye yazdılar. (5 Nisan 2009) Yani, AKP hükümeti bu nedenle Rasmussen'in NATO Genel Sekreterliği'ne onay vermişti. Ne Rasmussen özür diledi, ne de Roj TV kapandı. Türkiye'nin gücü Rasmussen'in seçilmesine engel olamazdı. Artık açığa çıkmıştır ki, Avrupa ülkelerindeki Gladiolar Brüksel'deki Süper NATO'ya bağlıdır. Süper NATO, NATO içinde bağımsız bir güç gibidir ve doğrudan NATO Genel Sekreteri'ne bağlıdır. Derin devleti açığa çıkarmak istiyorsanız, işe önce Rasmussen ve Süper NATO ile başlamak zorundasınız. Yoksa, dün Erzurum'da Komünizmle Mücadele Derneği kurup Gladio'nun piyonluğunu yapan "hoca efendi"lerle; bugün "Ergenekon derin devlettir" yalanını yayanlarla, aynı yolculuğu yaparsınız. Bu kukla oyununun parçası olmayı sürdürürsünüz. Kozmik Oda'da ne bulunacağı bellidir: seferberlik planlarını, alarm planlarını, genel savunma, genel taarruz planlarını, Silahlı Kuvvetler müşterek parola sistemlerini vs. Hepsi müttefiklerinden bile sakladığın senin ülkenin milli gizli savaş planlarıdır. Gladio orada yoktur.

Ne Gladio'yu ne kontrgerillayı biliyorlar; bu nedenle bu topraklara ihanet ettiklerinin ya farkında değiller; ya da hıyanet içindeler. Yazar, gazeteci ihaneti var bu topraklarda. Bunu milliyetçilik, ulusalcılık bakışıyla değil, gerçeğe duyulan saygıyla yazıyorum. Habercilik iflas etti. Sebebi, yeni mistisizmdir.

Kroki konusuna devam edelim...

İşçi Partisi'nde de kroki bulundu!

21 Mart 2008 günü İşçi Partisi Genel Merkezi'ne polis baskını düzenlendi. Yapılan aramanın sonunda bir CD'de "Yargı-Nusret Senem'den" adı verilmiş klasör içinde "Yargıtay krokisi" bulunduğu iddia edildi. Bu işin bir başka ilginç yanı vardı. Şöyle:

24 Mart 2008 günü *Taraf*'ın manşetine göre "kroki", Yargıtay üyelerine karşı düzenlenecek "suikastın" en önemli kanıtıydı!

Ergenekon davası sanıklarından Doç. Dr. Ümit Sayın, duruşmada verdiği dilekçede, Yargıtay krokisinin 22 Şubat 2008'de gözaltındayken (yani 1 ay önce) sorgulama yapan polisler tarafından kendisine gösterildiğini ve sorulduğunu belirtti. Ümit Sayın, dilekçesinde, Avukat Nusret Senem'e bu krokiye dayanılarak suçlama yöneltildiğini 28 Ekim 2009 günkü oturumda iddianame okunurken öğrendiğini, şoke olduğunu, bu nedenle durumu dilekçeyle mahkemeye bildirmek gereğini belirtti.

Bu olayda bir ayrıntı daha vardı:

İşçi Partisi Genel Merkezi'nde 21 Mart 2008'de arama yapıldı; aramada, Nusret Senem'e ait Yargıtay krokisi bulunduğu iddia edildi. Ancak *Taraf* gazetesinde yayımlanan bu krokinin 13 Mart 2008 tarihinde *Taraf* gazetesi Ankara bürosundan *Taraf* gazetesi İstanbul bürosuna fakslandığı ortaya çıktı! Ne karışık işler dönüyordu; *Taraf*'ın kirli yayınları ile bu tuhaflıkların ne kadar ilgisi vardı. Kroki elinde varsa niye, 24 Mart'ta "İşçi Partisi'nde Yargıtay'a suikast krokisi bulundu" diye manşet attınız?

Nusret Senem bunu ispat etti, tahliye oldu ama bu tam 2,5 yıl sürdü.

Sadece bu mu?

İşçi Partisi'nde bulunduğu söylenen sahipsiz 4 CD'den birinde Genelkurmay eski Başkanı Orgeneral Yaşar Büyükanıt'la ilgili bilgiler vardı. *Taraf* gazetesinin 28 Mart 2008'deki manşeti şöyleydi: "Büyükanıt Hedefti."

İşçi Partisi haberi yazan Mehmet Baransu'yu dava etti. Baransu İstanbul 2. Asliye Mahkemesi'ndeki savunmasında bilgiyi polisten alıp yazdığını söyledi. (6 Mart 2009) Baransu benzeri yalan haberler yüzünden hakkında en çok dava açılan "gazeteci" rekoruna sahipti. Gerçeğe sadık olmayanlar tüm ilişkilerinde sadakatsizliğe mahkûmdur. (Ahmet Altan gibi yazdım ki, belki anlar diye!) Bu "edebiyat parçalamalarını" yan yana dizince en iyi romancı oluyorlar. Zaten onlar hep "en iyi" edebiyatçı, "en iyi" gazeteci, "en iyi" teorisyen, "en iyi" mücadeleci aydın, "en iyi" genel yayın yönetmeni, onlar hep "en iyi"dir! Kitap boyunca bu "en"leri yakından tanıyacağız...

Biz krokilere devam edelim...

Ulusal Kanal İzmir Temsilcisi Hayati Özcan'ın hazırladığı öne sürülen, "İzmir NATO Karargâhı krokileri"nin yer aldığı CD'lerin, MİT tarafından bir yıl önce Genelkurmay'a gönderildiği ortaya çıktı! İddianame eklerinde yer alan belgelere göre, Savcı Zekeriya Öz, "askeri bilgiler ve sabotaj planları olduğu düşünülen notların bulunduğu" CD'leri Genelkurmay Başkanlığı'na yolladı. Belgeleri inceleyen Genelkurmay şu yanıtı verdi:

> "Yapılan incelemede konunun aynı kapsamda MİT tarafından 21 Haziran 2007 tarihinde 2 adet CD ile Genelkurmay Başkanlığı'na intikal ettirildiği anlaşılmıştır."

Genelkurmay Başkanlığı Ceza ve Hukuk İşleri Şube Müdürü Hâkim Albay Orhan Önder'in imzasını taşıyan yanıtın tarihi 7 Nisan 2008. Savcı Zekeriya Öz'ün yazısında ise tarih yoktu. Yani daha sonra Ulusal Kanal'da bulunacak olan bir kroki, önce MİT'e, MİT tarafından da Genelkurmay'a ulaştırılmıştı. Ve kimse ciddiye almamıştı. Ama Ulusal Kanal'da bulununca iddianameye ve yandaş medyanın manşetlerine konu oluverdi. "NATO'ya sabotaj yapacaklardı."

Bu şu anlama geliyordu aslında: "Ey Batı, bakın bu Ergenekon ne kadar ulusalcı bir terör örgütü. Size sabotaj yapacaktı."

Gazeteci Hayati Özcan bu pis oyunu açığa çıkardı, tahliye oldu; fakat cezaevindeyken eşini kanserden kaybetti. Sandılar ki acılar cesareti aşındırır; yanıldılar, Hayati Özcan görevine devam ediyor...

Benim evdeki görevim ise, not defterlerime paraf atmak! Hatice Hanım polislere çay yapmış, iyi niyetle çırpınıyor, sanıyor ki böyle davranırsa beni koruyacak. Bilmiyor ki, bizim topraklarda soru soran zihin hep "şeytan" olarak görülmüştür. Cadı Avı'nın sebebi bu değil midir: Cadı, şeytanı çağırmasın! Oysa "Şeytan" huzursuzdur hep ve bu sebeple yaratıcıdır. Bu nedenle bizim ülkemizde çelik tırpanla biçerler "içine şeytan girmişleri..." Türkiye'de ne yazık ki kurnaza, düzenbaza Şeytan derler. Sahi ilhamı kimin getirdiğini sanıyorlar...

Kafamda böyle tuhaf düşüncelerle paraf atmayı sürdürüyorum. Bu arada göz ucuyla DVD-CD'leri açıp bakan polisleri takip ediyorum. Ergenekon demek DVD-CD demek! Çünkü. Nasıl mı?..

Ergenekon davasından tutuklu Levent Göktaş, 25 yıl TSK Özel Kuvvetler Komutanlığı'nda tabur ve alay komutanlığı yaptı. Azerbaycan, Irak, Suriye, Kırgızistan gibi ülkelerde bulundu. Kıdemli albay rütbesiyle emekli olduğu tarihe kadar, PKK'ya karşı girdiği çatışmalarda gösterdiği kahramanlıklar nedeniyle üç defa erken terfi aldı, üç defa da altın madalyayla ödüllendirildi.

Emekli olduktan sonra avukatlık yapmaya başladı; Ergenekon soruşturması kapsamında 7 Ocak 2009 tarihinde bürosunda arama yapıldı ve aynı gün gözaltına alındı.[4]

Büroda 63 adet CD ve DVD bulundu. Bunlar arasında

4 Ankara'da o gün saat 10.00'da büroda Levent Göktaş avukat arkadaşlarıyla televizyonda Ergenekon'un yeni dalgasını seyrediyordu. Yargıtay Cumhuriyet Onursal Başsavcısı Sabih Kanadoğlu'nun evinde de polislerin olduğu haberini altyazıdan öğrenince ofiste çalışan avukat meslektaşı, "Levent Bey, hakikaten böyle bir örgüt var mı?" diye sordu. Levent Göktaş "Herhalde var, yoksa bu kadar kişiyi gözaltına alırlar mı?" dedi. 40 dakika sonra başına gelecekleri henüz bilmiyordu. Bürosu basıldı, gözaltına alındı, tutuklandı. Kimse başına gelmeden anlayamıyor!

Ergenekon davasının önemli delillerinden biri sayılan "51 no'lu DVD", büroda avukatlık yapan Özge Evci'nin masasının üzerinde bulundu. Polis onca materyal arasında delili neredeyse eliyle koymuş gibi hemen buldu. Mühürlü torba 8 Ocak'ta saat 23.55'te açıldı, aynı gün 63 DVD içinde polis 51 no'lu DVD'yle ilgili 26 sayfalık rapor yazdı. Bir gün içinde bu ne hız! Bu beceriye önce şaşıracaksınız, sonra anlayacaksınız.

Peki ne vardı bu çok önemli 51 no'lu DVD'nin içinde?

• TBMM başkanı, Dışişleri bakanı, İçişleri bakanı, bazı hükümet üyeleri ve bürokratların özel ve kişisel bilgileri;

• Kritik görevlerdeki kişilere ait fişlemeler;

• Bazı yargı mensuplarının mahrem ilişkileri; bazı hâkim ve savcıların kadınlarla birlikte olduğunu gösteren fotoğraflar ve kamera kayıtları;

Fişlenenlerden biri de AKP hakkında kapatma davası açan Yargıtay Cumhuriyet Başsavcısı Abdurrahman Yalçınkaya'ydı.

Bir parantez açayım; özel yetkili Ergenekon Savcılığı, Yargıtay Başsavcılığı'na gizli bir yazı göndererek, 51 no'lu DVD'deki bilgiler ve görüntülerle ilgili üyelerin şikâyetçi olup olmadığını sordu. Bir kişi hariç kimse şikâyetçi/müdahil olmadı. Herkes aslında neyin ne olduğunu çok iyi biliyordu.

İçinde böylesine bilgiler olan DVD nasıl oluyordu da stajyer bir avukatın masasının üzerinde duruyordu; bunu sormayacağım! Medyanın günlerce nasıl yayın yaptığına da değinmeyeceğim. Avukatlık bürosunun yasa gereği (CMK 130) nasıl aranması gerektiği ayrıntısına da girmeyeceğim. Levent Göktaş 51 no'lu DVD'nin kendisine ait olmadığını, üzerinde parmak izi tespiti yapılmasını istedi. Talebi 10 ay sonra yerine getirildi. Medya zaten çoktan istediğini almıştı. Levent Göktaş unutulup gitmişti.

10 Kasım 2009'da Silivri İlçe Emniyet Müdürlüğü Olay Yeri İnceleme Grup Amirliği DVD'yi inceledi: "DVD üzerinde kısmi çatlak bulunduğu görülmüştür."

Mahkeme, DVD içerisindeki verilerin kaybolup kaybolmadığının belirlenmesi için TÜBİTAK ve İstanbul Üniversitesi'ne başvurdu. Çatlağın ne zaman oluştuğu hiç bilinemedi.

Avukatlara bile "Çok önemli delildir, gizlidir" diye verilmeyen DVD nasıl olduysa adli emanette kırılıvermişti!

Kabahat, Ergenekon'a bakan 13. Ağır Ceza Mahkemesi'nin adli emanetteki memuruna yüklendi. Mahkeme heyeti ilgili memur hakkında Beşiktaş Cumhuriyet Başsavcılığı'na suç duyurusunda bulundu. Prosedürle kafanızı karıştırmayayım, sonuçta 51 no'lu DVD'nin bir kopyasının poliste olduğu ortaya çıktı. TÜBİTAK (bilirkişi Dr. Hayrettin Bahşi) raporuna göre bu DVD'nin kopyası 31 Aralık 2008'de, saat 17:40'ta alınmıştı. Yani polisler daha DVD'yi ele geçirmeden 7 gün evvel DVD'nin kopyasını almıştı. Bir operasyonu iyi planlamak tek başına yetmiyor, uygulayıcıların da çok iyi olması gerekiyordu! Başka ne denebilir ki? Söz bitiyor böyle durumlarda... Eh tabii DVD'de parmak izi yoktu!..

Levent Göktaş'ın Avukatı Serdar Öztürk'ün medyaya yaptığı açıklamalara göre, "51 no'lu DVD'yi oluşturan ve büroya koyan polis ismen tespit edilip (Komiser S. Ş.), İçişleri Bakanlığı'na bildirilmişti.

Ve... Bundan sonrası daha şaşırtıcı:

Avukat Serdar Öztürk, bu başvuruları ve açıklamaları sonrasında aynen müvekkili Levent Göktaş gibi, bürosunda yapılan aramada "İrtica İle Mücadele Eylem Planı" bulunduğu iddiasıyla 7 Haziran 2009'da tutuklandı. O da Silivri'de şimdi, Levent Göktaş'la birlikte...

Burada bir dakika duralım: Levent Göktaş'ın başına kimlerin çorap ördüğünü detaylı bir araştırmayla ortaya çıkaran Avukat Serdar Öztürk, Mart 2009'da başta Zekeriya Öz olmak üzere bazı savcılar, emniyetçiler hakkında bir yabancı istihbarat örgütüyle ilişkili olabilecekleri kuşkusuyla "askeri casusluk ve askeri casusluğa teşvik" iddiasıyla suç duyurusu hazırlamaya başladı. Bitiremedi. Üç ay sonra tutuklandı Avukat Öztürk, suç duyurusunu yapamadan Silivri'ye atıldı. Sonra ne oldu: Sivillerin askeri mahkemede yargılanmasıyla ilgili kanun değiştirildi! Nasıl ama? Bazı yasa değişiklikleri için medyada neden fırtınalar koparıldığını sanıyorsunuz? Serdar Öztürk meselesine döneceğiz ama şimdi biz yine gelelim 51 no'lu DVD'ye...

Levent Göktaş, emrinde savaşan şehit ve gazileri de "fişlemekle" suçlandı. Delil mi? Hani o kimin kırdığı bir türlü bilinemeyen ünlü "51 no'lu DVD"!

Hangi ruh haliyle, hangi kötü niyetle, kimler böyle bir "fişlemeyi" akıl edebilir? Albay Göktaş'ın, emrinde savaşan, birbirlerine ölümüne sonsuz güven duyan, silah arkadaşları şehit ve gazileri fişlediğine kim inanabilir? İnsanların güvenlerini yıkmak için bilinçli olarak bu tür yalanlara başvurdular.

Bitmedi.

"51 no'lu DVD"de bir liste daha vardı. Göktaş, Yargıtay üyelerini de fişlemişti! Listenin başında da Göktaş'ın 25 yıllık eşi Yargıç Nesrin Göktaş vardı!

Yargıtay üyelerinin kaçamak görüntülerine hiç girmeyelim isterseniz. Çünkü, Ağustos 2008'de Köyceğiz'de bir yatta üç erkek (ikisi savcı), üç kadının gizli çekimleri vardı. Keza, Ankara Hoşdere'de bir Yargıtay üyesinin bir eve giriş çıkışı çekilmişti. Ayrıca Van başsavcı vekilinin gizli görüntüsü de vardı. Kimdi bu gizli çekimleri yapanlar, niye Türkiye gündemine hep bel altı görüntüler sokuyorlardı?[5] Kimdi bu güç; polis içindeki cemaatçi müridler herkesi fişlemişler miydi böyle? Maalesef evet... Hanefi Avcı, *Haliç'te Yaşayan Simonlar* kitabında yazdı bunu. (s: 530-565) Açın okuyun lütfen...

Levent Göktaş'ın ofisinde bulunduğu iddia edilen ve içinde yargı, basın ve akademi dünyasından isimlerin mahrem görüntülerinin yer aldığı söylenen 51 no'lu DVD yandaş medyada "haber" oldu hep. Yandaş medya bu DVD üzerinden özellikle bir ismi hedef aldı. O kişi İslam'da türban olmadığını savunan ilahiyatçı Prof. Dr. Şahin Filiz'di.

Yandaş medya, Prof. Filiz'i Ergenekon'un mahrem görüntülerle tehdit ettiğini ve bu şekilde kendi tezlerini savunmaya zorladığını iddia etti! Minare kılıf hikâyesi... Yazdım, hiç utanma nedir bilmiyorlar. Gencecik teğmenlere "seks timi" diye isim koydular. İzmir'de Deniz Kurmay Albay Berk Erdem ailesiyle ilgili bel altı yayınlarına dayanamayıp intihar etti. Hiç acı duyduklarını sanmam.

Her Ergenekon dalgasında mutlaka bir bel altı vuruşu vardı. Örneğin: Ergenekon'un 8. dalgasında gözaltına alınan "Sisi" lakaplı travesti Seyhan Soylu'nun durumu... Beşiktaş'ta süren soruşturmalarda seks iddiaları önemli bir yer tuttu. Yandaş medyaya göre Sisi, örgütün seks şantajcısıydı! Kasetler bulunmuştu. Çok geçmeden Sisi'de bulunan CD'lerin yandaş medyaya servis edildiği gibi seks CD'leri olmadığı, "Cumhuriyet Kadınları" projesinin CD'leri olduğu anlaşıldı!

Sisi'yle birlikte sanatçı Nurseli İdiz de gözaltına alınmıştı.

---

5 "Fuhuş ve askeri casusluk" iddianamesinde de 78 No'lu bir CD var. Bu CD'de TSK'da görevli 66 subayın ve üç ailenin özel hayatları ve cinsel hayatlarıyla ilgili bilgiler vardı (sf. 21). Bu CD'deki "İnternette nasıl hatun ayarlanır" şeklindeki "bilgiler" bile iddianameye girmişti (sf. 24). Bekleyiniz: Benzer pornografik "delillerle" daha çok karşılaşacaksınız...

Nurseli İdiz'e telefon konuşmalarında geçen özel hayatıyla ilgili sorular soruldu... Bunlar da hemen gazetelere sızdırıldı. Bel altına çok meraklıydı bu fişlemeleri yapanlar. Öyle ki:

27 Kasım 2008 tarihinde *Radikal*'de bir haber vardı: "Ergenekon İddianamesi Poşete Girebilir" *Radikal* gazetesi yazarı Murat Yetkin'in verdiği bilgiye göre İmralı'daki Abdullah Öcalan'ın, Ergenekon iddianamesini inceleme talebi, "iddianamenin İmralı güvenliğine aykırı ve müstehcen" bulunduğu gerekçesiyle reddedilmişti!

Ne doğru karar... Biliyorum ki, kötü niyetle başa çıkmak zor. Çünkü sürekli "belge" ürettiler... Bitmedi.

Seks kasetlerine sonra ayrıntılarıyla yine değineceğiz. Levent Göktaş'a yapılan tezgâha devam edelim.

Ergenekon iddianamesinin ekleri arasında, Hrant Dink ailesinin avukatı K. Deniz Tuna tarafından Ergenekon savcılarına iletilen bir şema vardı.

Avukat Tuna, 10 Eylül 2008 günü İstanbul Cumhuriyet Savcılığı'na verdiği dilekçede şemanın "emniyet birimleri tarafından" hazırlandığını öne sürdü. Yazıda, "Şemada yer alan isimlerden bazıları yürütmekte olduğunuz soruşturmada da şüpheli olarak yer alan isimlerdir" denildi. Şemanın, Dink suikastı sanıklarının "telefon trafiği" olduğu iddia edildi ve aralarında Muzaffer Tekin, Levent Göktaş gibi Ergenekon sanıklarının da bulunduğu ileri sürüldü. Tarihe dikkat ediniz; daha 51 no'lu DVD'nin "kurbanı" Levent Göktaş henüz tutuklanmamıştı; dört ay önceydi.

Hrant Dink cinayetinin üzerinden bir ay bile geçmeden bir başka şema daha hazırlanmıştı. İkinci şemada İşçi Partisi'nin de (Doğu Perinçek ve Ferit İlsever'in adları yazılı) bulunduğu çeşitli kurum ve yapılanmaların cinayetle bağlantılı olduğu iddia ediliyordu.

Bu iki şema da polis tarafından Başbakan Tayyip Erdoğan'ın önüne konuldu!

Şemaları Dink ailesine servis eden yazar Ali Bayramoğlu'ydu. Bayramoğlu 6 Şubat 2009 günkü *Yeni Şafak*'taki yazısında şemaların öyküsünü ayrıntılarıyla yazdı. O dönemde bu şemalar, "Yazılmamak kaydıyla birçok gazetecinin eline ulaşmıştır" dedi.

Levent Göktaş'ın avukatı Serdar Öztürk, sorgu sırasında Savcı Zekeriya Öz'ün "Dink ailesinin avukatı olan şahıslar tarafından dosyamıza sunulan" bu şemayı müvekkiline sorması üzerine, 9 Şubat 2009'da İçişleri Bakanlığı'na başvurdu. Şemaların kim tarafından, ne maksatla hazırlandığını sordu. 10 Mart 2009'da cevabını aldı: "İlgili dairelerimizden alınan cevabi yazılarda, bahse konu şema hakkında birimlerimizce herhangi bir çalışma bulunmamaktadır." Niye böyle açıklama yapılıyor? Çünkü bu şema Ergenekon sanıklarının "Ümraniye bombalarından" dört ay önce izlendiğini ortaya çıkarıyordu!

Bakanlığın açıklamasına, 20 Mart 2009 günü Ali Bayramoğlu bakın nasıl cevap verdi:

"O şemalar Emniyet Teşkilatı tarafından hazırlanmıştır... Resmi evraka dönüşmediği, 'ham bilgi' olduğu için doğal olarak resmi dolaşıma girmemiş, sadece Başbakan'a aktarılmış ve yine doğal olarak İçişleri Bakanlığı tarafından teyit edilmemiştir."[6]

Avukat Serdar Öztürk söz konusu şemayı hazırladığı iddiasıyla adı resmi raporlarda cemaatçi ekiple anılan istihbaratçı polis müdürü Ali Fuat Yılmazer hakkında 2 Mart 2009'da suç duyurusunda bulundu. Yılmazer, Dink suikastı sırasında İstihbarat Daire Başkanlığı "C Masası" (Azınlıklar ve Sağ Terör Bölümü) Müdürü'ydü. Yılmazer, Ergenekon operasyonunun başlamasıyla İstanbul İstihbarat Şube Müdürlüğü'ne getirildi. Ne tesadüf değil mi: Azınlık masasına bakan Yılmazer döneminde Trabzon'da rahip, Malatya'da misyoner, İstanbul'da Dink suikastları gerçekleştirildi... Ben bir şey söylemiyorum. Hiçbir gerçek sonsuza kadar gizli kalamaz. Ben bunu biliyorum... Emniyette o dönemde yapılan bu görevlendirmelerin suikastlarla nasıl bir ilişkisi olduğu elbet bir gün araştırılıp yazılacak. Kimlerin kusurlu olduğu, gözünü bilerek kapatıp kapatmadığı açığa çıkacak. 25 yıllık gazetecilik deneyimimle, birikimimle yazıyorum bunu.

Düşünebiliyor musunuz, sizi koruyacak devlet size tezgâh kuruyor. Herkes seyirci. Korkuyor. Şair Mustafa Ayvalı'nın yazdığı gibi "tuz koktu" artık...

Evet, madem CD-DVD ile başladık, devam edelim:

Emekli Tümgeneral Erdal Şenel bilgisayar kullanmayı bilmiyordu, evinde bilgisayar yoktu. Fakat evinde yatak odasında iki adet CD buldular. Tabii içinde suç teşkil eden belgeler vardı!

---

6 Ali Bayramoğlu yıllar sonra, polisin kamuoyuna yanıltıcı bilgiler, belgeler verdiğini söyledi. (23 Şubat 2012, *Vatan* Gazetesi) Ama bu yanıltıcı bilgi ve belgelerin hangi olayla ilgili olduğunu açıklamadı.

Emre Baltacı'nın Şırnak 23. Jandarma Sınır Tümen Komutanlığı Subay Gazinosu F Blok 219 no'lu lojmanında yapılan aramada 12 CD tutanağa "suç delili" olarak kaydedildi. CD'lerin sayısı emniyette ne hikmetse 20'ye ulaştı! Herhalde "Nasrettin Hoca'nın kazanı" fıkrasındaki gibi, CD'ler doğurmuştu!

Emekli Orgeneral Hurşit Tolon'daki CD sayısı, evdeyken 28'di. Emniyette 40 oldu!

Gazeteci Tuncay Özkan'ın da başının "belası" bir 6 no'lu CD vardır. Yapmadığı bir görüşmenin ses ve görüntüsü olduğu iddia edilen bu CD, bunca yıldır hâlâ ortaya çıkmış değil. Adı var, kendi yok! Ama CD'nin 24 sayfalık tapesi vardı! İyi de sesi, görüntüsü ve kendisi olmayan CD'nin "metni" nasıl vardı acaba?

Tuncay Özkan yıllardır sorup duruyor ya "Suçum nedir?" diye, işte bu nedenle soruyor. Nerede bu CD? Bir olay anlatmalıyım. Bir gün Tuncay Özkan Silivri Cezaevi'nde tanıştığı emekli subay Hasan Atilla Uğur'a, "Utanmıyor musunuz yalan söylemeye" diye bağırdı. Albay Uğur şaşırdı. Tuncay Özkan'ın tepkisine sebep olan bu "6 no'lu CD hikâyesi" idi:

Tarih: 27 Eylül 2008.

Tuncay Özkan'a; savcılık sorgusu sırasında, Jandarma İstihbarat'ın başında olan Tuğgeneral Levent Ersöz ve bazı subaylarla görüşme yaptığı ve bunun bir CD'ye kaydedildiği belirtilerek sorular yöneltildi.

Tuncay Özkan böyle bir görüşme yapmadığını söyledi. Savcının, "toplantıda bulunan Hasan Atilla Uğur savcılık ifadesinde her şeyi kabul etti," demesi üzerine, Tuncay Özkan; "olmayan bir toplantıyı nasıl kabul etmiş, ben zaten böyle birini tanımıyorum," dedi. Savcı, "Sen onu kod adıyla biliyorsun, kod adı Kürşat" diye açıklama yapınca, Tuncay Özkan, "Kürşat" adında da bir subayla tanışmadığını, yan yana gelmediğini söyledi. Savcı iddiasının arkasındaydı, hatta görüşmelerinin tarihini bile verdi: 16 Aralık 2003. Üstelik elinde delil vardı: 6 no'lu CD. Zaten Albay Hasan Atilla Uğur itiraf etmişti. Tuncay Özkan şaşkındı.

Bu nedenle, Silivri'de Emekli Albay Uğur'a sitem etmişti. Emekli Albay Uğur, "İyi ama Tuncay Bey, bırakın benim böyle bir söz etmemi, ben ne emniyette ne de savcılıkta ifade verdim," dedi. Nasıl ama? (E. Albay Uğur'un savcılıkta neler yaşadığını ileri sayfalarda okuyup çok şaşıracaksınız.) Aradan 3 yıl geçti; hâlâ bu 6 no'lu CD ortaya çıkmadı. Tuncay Özkan hâlâ "benim suçum ne?" diye bağırıyor.

Peki, Tuncay Özkan'a savcıların neler sorduğunu merak ediyor musunuz: "Taze fasulye sever misiniz?", "Ekmeğin arasına domates koyup yer misiniz?", "20 yıldır aynı şeyleri mi giyersiniz?", "Babanız 42 yaşında kanserden mi öldü?", "Pazarcılık ve otopark bekçiliği yaptınız mı?" (Celse no: 27/24 Aralık 2009) Şaka değil bunlar...

Duruşma tutanaklarında neler yok ki:

İnönü Üniversitesi Rektörü Prof. Fatih Hilmioğlu'nun evinde bir CD bulundu. Bu CD'de "Haberal44"ten Prof. Hilmioğlu'na ait olduğu iddia edilen e-posta adresine giden bir elektronik posta metni vardı. Metin önemsiz; önemli olan şu; bu e-posta adresleri kimindi; ne Prof. Haberal'ın ne de Prof. Hilmioğlu'nun böyle e-posta adresleri vardı. Üstelik Hilmioğlu CD'yi reddetti ve dedi ki: "İnsan e-postayı niye CD'ye kaydetsin?"

Dünyaca ünlü iki akademisyen de halen tutuklu; ikisi de hasta üstelik. Sanırsınız ki aleyhlerinde kuvvetli deliller var: Prof. Haberal'da çıkan bir CD, örgüt dokümanı olarak gösterildi. Söz konusu CD, Başkent Üniversitesi'nin süt-yoğurt fabrikasının tanıtımını içeriyordu! Geçelim lütfen...

Eski emniyetçi Adil Serdar Saçan'ın 4 CD meselesine hiç girmeyelim, sayfalarca yazmak zorunda kalırım... En iyisi evimdeki aramaya döneyim...

Salondaki koca kalabalığın arasında yalnızım. Öyle hissediyorum. Bütün ümidim kuvvetli olan irademde. Şaşkın değilim. Biliyordum. Herkes biliyordu. Marquèz'in *Kırmızı Pazartesi* romanı gibi; işleneceğini herkesin bildiği, engel olmak için kimsenin bir şey yapmadığı cinayet gibi...

Ergenekon safsatasına inanmadım. Karanlık bir tezgâhtı bu; ve bıkmadan, usanmadan hakikatleri yazdıkça yandaş koro bağırdı: "Bu adam Ergenekoncu!"

Evimden çıkan "belgeleri" imzalarken, odatv.com genel yayın yönetmeni Barış Pehlivan'ın evinde de polis araması yapıldığını öğrendim.

Yine öğrendim ki Odatv'de de arama yapılıyordu. Soğuk bir ürperti geçiyor içimden. Sonra, telaşla "Eee yayını nasıl yapacağız?" dedim. Anormal bir süreçten geçiyoruz; ama o anda sadece yayını düşünüyorsunuz. Gazeteci refleksi...

Arşivde binlerce kaset, CD, DVD vardı. Hepsine el mi koyacaklardı? Peki, bunlar olmadan nasıl yayın yapacaktık? Zor dağları aşar; yayına devam etmeliyiz; ne olursa olsun.

Ne Odatv imiş gerçekten...

Size Odatv'yi anlatmalıyım.

Odatv.com nasıl kuruldu?

Fikir babası sekiz yıl ortaklık yaptığım gazeteci Cüneyt Özdemir'di. Cüneyt Özdemir medyanın kısa zamanda internet siteleri gibi daha teknolojik, hızlı araçlara yöneleceğini, Türkiye'de bu işin öncüsü olmak gerektiğini söylüyordu sürekli.

İlk internet haber sitesini Ufuk Güldemir 2000 yılında kurmuştu. Kuruluşunda vardım. Ufuk Güldemir'in kardeşi Şafak'ın Güneşli'deki Matbaacılar Sitesi'ndeki bürosunda, Ufuk Güldemir, Hakan Aygün, Serfiraz Ergün ve ben toplantı yapmıştık. Asıl amaç gazete çıkarmaktı, ama sermayemiz yoktu. Hakan Aygün ilk etapta internet haber sitesi kurmayı önerdi. Ayrıntıya girmeyeyim; sitenin adı konusunda iki alternatif vardı: Habertürk ve Odatv. Bir odadan yayın yapılacağı için Odatv'yi önermiştim. "Habertürk" adı kabul gördü ve site böyle kuruldu; kısa zamanda popüler oldu. Haber kanalları arasında bir alternatif olarak kısa zamanda kendine iyi bir yer buldu.

Cüneyt Özdemir benim içinde olacağım bir haber sitesinin çok başarılı olacağına inanıyordu. Odatv.com'un kurulmasını pek istemedim. Yorucu olacağını, kitap çalışmalarımı sekteye uğratacağını düşünüyordum. Ama sonunda pes ettim ve haber sitesini 2007 yılının son aylarında faaliyete geçirdik.

İlk günler beklediğimiz gibi olmadı; sanıyorduk ki binlerce insan siteye gelecek! Emek harcamadan, insanlarda alışkanlık yaratmadan okuyucu/izleyici bulmak zordu.

Bu arada "5N1K", "Oradaydım" gibi programları yapıyorduk; belgeseller çekiyorduk, yoğunduk. Bir de Odatv'ye de sürekli haber yetiştirmek gerekiyordu. Yıpratıcıydı. Ayrıca çizgisi nasıl olacaktı.

Başta CNN TÜRK olmak üzere diğer (SKY Türk) kanallara yaptığımız haber-belgesel programlarında ister istemez o kanalların çizgisine uymak zorunda kalıyorsunuz. Örneğin, hiç unutmam, 2000'li yılların hemen başında CNN TÜRK Genel Müdürü Taha Akyol, "5N1K"da yaptığımız bir haber nedeniyle açıkça şunu söylemişti bize: "Benim sorumlu olduğum kanalda Yılmaz Güney'in, Ahmet Kaya'nın adını ve görüntüsünü görmek istemiyorum!" Arkadaşımız Emiyra Yılmaz'ı kovmakla tehdit etmişti. Sonraki yıllar AKP döneminde *Milliyet*'teki köşesinde Ahmet Kaya güzellemeleri yazdı. Taha Akyol her dönemin adamı olma becerisine sahip biri. Onlar hep çoğunluğa uydular. Plastik aydın oldular ya da Gramsci'nin tanımladığı gibi "organik aydın" mı?

Odatv haberciliğinin özgür ve muhalif olması gerektiğini düşünüyordum. Yığınla medya vardı, bizim farkımız olmalıydı. Örneğin, Türkiye Fethullah Gülen'i mi konuşuyor, Abdullah Öcalan'ı mı tartışıyor; biz bu konulara değinmeliydik. Çünkü diğer medya bu haberleri yapmıyordu. Korkuyordu. Asıl tehlike kafalardaki otosansürdü. Medyanın her biriminde görev yaptım, bu korkaklığı iyi biliyordum. Cesur olmalıydık. Her türlü etik ilkeden yoksun, değişen siyasal atmosferlere aynı hızla uyum gösteren, iktidar ve güç uğruna aşağılanmakta beis görmeyenlere alternatif olmalıydık. Yüzeyselliğin karşısına birikimimizle, tecrübemizle çıkmalıydık. Her daim kazananların değil, her daim kaybedenlerin yanında olma kararlılığını göstermeliydik... Tek kriterimiz olmalıydı; gerçeğe bağlılık. Ve hiç eş-dost demeden herkesi eleştirmeliydik.

Eleştirinin önemine, saygınlığına inanıyordum. Yanlışa yanlış demek gerekiyordu. Hayatım boyunca yalan konuşmadım, yalan yazmadım. Hesap adamı olmadım. Sürekli ensesinde korku hissedenlerden değildim. Bundan vazgeçmeye hiç niyetim yoktu. Odatv'nin de öyle bir hakikat merkezi olmasını istiyordum. Odatv'yi kurduk ve başladık çalışmaya.

Bu arada...

Cüneyt Özdemir'le yollarımız ayrıldı. Sekiz yıllık iş ortaklığı ilişkimiz yorucu olmaya başlamıştı.

İnsanın, aklını ve bilgisini hangi amaç için kullanacağına kendisi karar verir; bu kimseyi ilgilendirmez. Bu cümleden, Cüneyt'e kızdığım, sitem ettiğim sonucunun çıkmasını istemem. Cüneyt'in insani yönünü severim. Hayata bakışımız, yaşamımız farklıydı, hepsi bu...

"Malları" paylaştık. Kurulmasını istemediğim Odatv elimde kalakalmıştı. Ne yapacaktım?

Ya son birkaç yıldır düşündüğümü yapıp medyadan çekilecek, kitap çalışması yapıp sadece *Hürriyet*'te pazar yazılarına devam edecektim. Ya da habercilikte de ısrar edecektim.

Aslında şöyle demeliyim: Ya sürüye katılıp korunaklı, güvenli bir hayat sürecektim ya da özgür birey olmakta inat edecektim. Bir gazeteci için en büyük eksiklik, direnme gücünden yoksun olmasıdır. Türkiye'de son yıllarda tehlikeye giren düşünsel özgürlüğü kendi kişisel refahıma feda edemezdim. Eşyanın kölesi olmak benim "deli gönlüme" uygun değildi...

Gazeteciliği bırakmadım; Türkiye zorlu bir sürece girmişti; köşeme çekilemezdim. Biliyordum: Hayatını riske atan gazeteci; kendi dar dünyevi kalıbına sonsuzluğun değerini katar, ölümsüzleşir. Uğur Mumcu gibi... Musa Anter gibi... Hrant Dink gibi...

Kuşkusuz: Yaratmak da zorlu süreçtir. Yıpratıcıdır. Cesaret ister. Sebat ister. Zaman ister. Emek ister. Odatv zor bir doğumdu... Şimdi polisler evimde arama yaparken düşünüyorum da; *Hürriyet* yazıları, kitap çalışmaları, belgeseller ve Odatv son üç yıldır beni ne çok yordu...

Tüm o süreçte Barış Pehlivan, Barış Terkoğlu gibi gençler yetişti. Doğan Yurdakul hep ağabeylik yaptı, yol gösterdi. Mümtaz İdil'in enerjisine hayran oldum. Nice yazarlar destek verdi. Kimler elini taşın altına koymadı ki? İnsanlar haberciliğe susamıştı; farklı analizler okumak istiyorlardı. Dinsel-politik hırsların acımasızlığına karşı Odatv dalgakıran oldu.

Mazlumların sesi olmaya çalıştık; Ergenekon sürecinde yargısız infazlara uğrayanlara mikrofon tuttuk; savunmanın kutsallığına, masumiyet karinesine inandık.

Ülkeye tepeden, fildişi kuleden bakan kibirli iktidardan korkmadık. Sürekli alkışın insanı ruhsuz kılacağını yazdık. Gazetecinin kendini, iktidarlara ve diğer güç odaklarına beğendirme sorumluluğu ve zorunluluğu olmadığı ilkesine bağlı kaldık.

Medyadaki kurulu düzenin üzerine gittik. Yalan yazana "yalancı" dedik. Şimşek hızıyla dönenlere "dönek" dedik. Küçük çıkarları için kalem oynatanlara "köylü kurnazı" dedik.

Korkmadık. Susmadık... Umut olduk. Saflığımızı hep koruduk. Tüm bunların bedeli olmalıydı; gecikmedi:

Şimdi "Kırmızı Pazartesi" günü polisler evimde işte. Romanın kahramanı Santiago Nasar'ın kaderiyle ortaktı yazgım sanki. Gabo (Marquèz) der ki, "her zaman ölenden yana olmak gerek..."

Hava kararmak üzere. Arama bitti gibi. CD-DVD üzerine paraf atmadım; çünkü "içlerinde ne olduğunu seyretmeden bilemem" dedim. Seyrettirmediler, bazılarını aldılar. Sadece bilgisayar kopyalarının/imajların alımı sürüyor. Daha da sürecek gibi.

CHP İstanbul Milletvekili Çetin Soysal geldi. Eve girerken zorlanmış, polisler izin vermek istememişler. Bilmiyordum, komşummuş, Kemal Kılıçdaroğlu'nun geçmiş olsun dileklerini getirdi. Teşekkür ettim.

"Ne diyorsunuz?" diye sordu.

Ergenekon sürecinin hangi maksatla başladığını bilen ender gazetecilerden biriydim. *Hürriyet*'te, son iki kitabımda, Odatv'de çok yazdım ama insanlar öyle kolay inanmıyorlar. Aslında herkes-hepimiz Ergenekon'a inanmak istedik. Devlet, içindeki pisliği kaldırıp atsın istedik.

Suikastçılar, provokasyon tertipçileri bulunsun istedik.

Faili meçhul cinayetler aydınlansın istedik.

Gladio ortaya çıkarılsın istedik.

Bunları kim istemez... 25 yıllık gazetecilik hayatım bunları yazmakla geçti. Kaç gazeteci vardı benim gibi, bu karanlık odakların ortaya çıkarılması için çaba sarf eden? Halk, karanlık olayları gerçekleştirenlerin tek tek yakalanıp yargıya hesap vereceğine inandı.

Sonuç:

Koca bir hiç. Çünkü bu bir yalandı. Ve maalesef bir avuç insan dışında herkesi inandırdılar. Aldattılar. Göz göre göre, bir çocuğu kandırır gibi yaptılar bunu.

"Ergenekon" bir terör örgütü adı değildi, bir intikam aracıydı. AKP'ye, cemaate kim muhalifse zindana atıldı; üstelik doğru dürüst bir kanıt aranmaksızın, delil imal edilerek...

İnsanların iyi niyetlerini sömürdüler.

Oysa... Gladio yine sahnedeydi. Yeni bir Türkiye dizayn etmek istiyorlardı; Ortadoğu'da koçbaşı misyonu yapılacak bir Türkiye. Oyun bozanlar Silivri'ye atılmalıydı; kâh gazeteci, kâh aydın kâh asker. Sırbistan'da, Gürcistan'da, Ukrayna'da yapılanların benzeriydi aslında tüm bunlar. Bu kez büyük oyunun piyonu Cemaat'ti.

Polisiyle, savcısıyla, gazetecisiyle, yazarıyla, politikacısıyla Cemaat yetiştirmesi altın nesildi... Cemaat'in büyük ideali Altın Nesil Projesi büyük bir suça dönüştürüldü. Yoksul ailelerin soylu ruhlu çocuklarından günahkârlar yarattılar, kör bir gücün piyonu yaptılar. Kötülüğün simgesi haline getirildiler.

Evet... Sizin hayat deneyiminiz başkasının tecrübesi olmuyor; acı gerçek bu. Herkes yaşayarak kendi tecrübesiyle öğrenecek bu pis tezgâhı/kumpası... Küstah bir cahilliğin, zihniyet zorbalığının müfrezesi Cemaat'in neler yaptığını umarım insanlar başlarına gelmeden öğrenir.

Şimdi yeni kurbanlar bizlerdik. Biz; habercilikte inat eden gazeteciler... Odatvciler...

Milletvekili Çetin Soysal'a çok bilinen Nazi Almanyası'ndaki rahip hikâyesini anlattım: Komünistler, sendikacılar, demokratlar, sanatçılar alınıp götürülürken Rahip Niemöller hiç sesini çıkarmamıştı; bir gün Naziler onu da almaya geldiklerinde, çevresinde tepki gösterecek kimseyi bulamadı... Faşizmdi işte bu.

Sanılıyor ki despot yönetimler sadece askeri darbelerle iktidara gelir. Hayır, seçimle de gelebilir. Türkiye'de kimi çevrelerin dayatmasıyla sadece "araca" bakıp "sonucu" görmek istemediler. Oysa dün askere yaptırılan bugün Cemaat eliyle polise, savcıya, hâkime yaptırılıyordu. Özellikle son dört yıldır yazılarımla bunu anlatmaya çalıştım. Son iki kitabımda Mussolini, Hitler gibi nice örnekler sıraladım tarihten. Ne derece faydalı oldum, bilmiyorum. Evet, şimdi hedefte ben vardım... Odatv vardı...

Milletvekili Çetin Soysal'ı uğurladım.

Polisler acıkmıştı. Dışarıdan lahmacun sipariş ettik; getirildi. Hatice Hanım saatlerdir koşuşturmaktan yoruldu artık. Ama hâlâ hastalığımın derdinde. Bir şeyler yedirmek istiyor. Yarım lahmacun yiyebildim; biraz da yoğurt. İlaçlarımı içtim. Suyu bile güçlükle içebiliyorum.

Bilgisayar harddisk imajlarının alımı bitmek üzereymiş.

Artık emniyete gitmek için hazırlık yapmalıyım; nezaret soğuktur; sıkı giyinmeliyim. Polis eşliğinde yatak odama gittim. Üst üste kazak giydim; "Çocuklar üşürse onlara da veririm" diye düşündüm. Deneyimliyim, ayakkabıların bağcıklarını alıyorlar, bağcıksız bir çizmeyi ayağıma geçirdim.

İçimden "Yoksa" diyorum "dışarıda onca kamera, fotoğraf makinesi var, şık mı görünmeliyim; kamuoyuna, kıyafetle mesaj mı vermeliyim?" Aksilik sakallarım da ne uzadı; bir haftadır "kuaföre gideyim" diyordum. "Efendi" bir imajım olmayacak! Ne yapalım; önce sağlık. Pek sevmediğim içi kürklü paltomu yanıma aldım. Hazırım.

Polisler de hazır, beni alacak otomobilin tam evin önüne gelmesini bekliyoruz. Dışarıda olağanüstülük var. Kalabalık. Sesler duyuyorum. Gazeteciler hazırlık yapıyor.

Polislerle, "Dışarıda demeç filan vermeyeceğim ama kimse koluma girmesin, eliyle başımı eğmesin, kimse beni yakalayıp götürüyormuş görüntüsü vermesin" pazarlığı yaptım. Anlaştık. Ve o an, evden çıktık...

Onlarca kamera ışığı altındayım. Yıllardır hep kamera arkasında duran, bir yıldız gibi parlayıp sönen şöhreti elinin tersiyle itekleyen ben, şimdi onlarca kameranın önündeyim. Bağırış çağırış arasında sadece bir ses duydum: "Soner Bey, terör örgütü mensubu iddiasıyla gözaltına alındınız, ne diyorsunuz?"

Dakika bir, gol bir. Bu soruyu yandaş medya soruyor, amaç benim ne yanıt vereceğim değil, amaç bu soruyu ekranında vererek, benim "terörist" kimliğimi kamuoyunun bilincine şırınga etmek... Bu zalimliğe karşı tek müttefikim olacak, zaman...

Polis otosuna binmemle hareket etmesi aynı anda oldu. Birkaç dosta el sallayabildim. Ne hızlı sürüyor arabayı, niye acaba? Yolda hiç konuşmadık. Trafik her daim olduğu gibi keşmekeş. İnsanlar telaşla bir yerlere gidiyor. Benim yolumun durağı belli...

Saat: 18:00 suları.

İstanbul Emniyet Müdürlüğü.

Polis otomobili Vatan Caddesi üzerindeki emniyetin alt katındaki garaja yine hızla girdi.

Nezarethanenin önündeki bir yerde üst araması yapıldı. Cebimdeki param, kimliğim ve ilaçlarım alındı, kayda geçirildi. Sabahtan beri birlikte olduğumuz genç polis memuru Muhammed beni teslim etti.

Nezarethane görevlisi polislerle hücreye yürümeye başladık. Endişeliydim. Çünkü çocukluğumdan beri klostrofobim, yani kapalı ortam korkum var. Küçücük hücrede ne yapacağım? Nefes alabilecek miyim?

Nezarethane deposuna uğradık önce; iki battaniye ile iki küçük su aldım. İnsan beyni işte; elektrik işkencesinin insanı ne çok susattığı geliyor akla!

Ve işte hücrenin önüne geldik. Oh be! Eskiden olduğu gibi on metrekarelik demir kapılı hücre değil burası. Demir parmaklıklar var. Dayanabilirim.

Nezaret polisi kapıyı üzerime kilitleyip gitti. Hemen "Barış" diye bağırdım, bakalım ikisi de gelmiş mi? Barış Terkoğlu, "Soner Abi" diye yanıt verdi; iyiymiş. Barış Pehlivan'dan ses yok. Bu arada polis koşarak geldi rica etti, konuşmak, bağırmak yasak.

Battaniyenin birini yerdeki plastik kaplı yatağın üstüne serdim. Diğerini yastık yaptım. Battaniyeli yastığımın üzerine de kazağımı koydum, paltomu da üzerime çektim. Ah bir de kitap olsaydı.

Tam karşımda kamera gibi bir şey var, izliyorlar demek. Tek isteğim var; kitap okumak. Her fırsatta polislerden kitap istemeye başladım; onlar da veremeyeceklerini, yasak olduğunu söylediler hep.

Demek dört gün boyunca bu hücrede kitapsız yaşayacağım. Zaman nasıl geçer? Boşluk can sıkıcı. Dört koca gün. Olsun, ne yapalım. Felaketler insanı yıkılmaz yapar, çaresizliğin getirdiği soğukkanlılık insan iradesini çelikleştirir...

Ve bir süre sonra, sürprizle karşılaştım.

Nezarethanedeki görevliler ellerinde kitaplarla geldiler; okumak için birini seçebilecektim. *Alamut Kalesi*, *Melekler ve Şeytanlar* gibi kitaplar vardı. Jean Cormier'nin Che Guevara'nın biyografisini anlatan kitabını aldım. Benim için inanılmaz bir olaydı; Emniyet Müdürlüğü'ndeyim ve kitap okuyacağım. Üstelik Che!..

Ancak bir uyarıları vardı; diğer gözaltında bulunanların kitap okuduğumu görmemeleri gerekiyordu, yani gizli okumalıydım; "polisle işbirliği" yaptım!

Fakat: Hücrem tuvaletin karşısında, gelen giden çok; her seferinde kitabı montun altına saklamak zorunda kalıyorum. Komik bir durum, polisle "işbirliği" yapıp gözaltında olan diğerlerini aldatıyorum!.. Bir de –insanoğlu bulmaya görsün– hücrede ışık kötü, zor okuyorum. Sorunu çözdük; hücrem değişti, daha aydınlık bir hücreye götürüldüm.

Che'yi okumak o kadar iyi geldi ki anlatamam. Hücrede hiç yalnız değilim artık... Nefes almadan okumaya başladım...

Ne kadar zaman geçti bilmiyorum...

Nezarethanede 10.00 ve 17.00'de iki kez yemek veriliyormuş. Emniyete geldiğimde saat 17.00'yi geçtiği için yemek alamamıştım, saat geç olmasına rağmen polis yemeğimi getirdi. Okumaya ara verdim. Hâlâ hastayım. Yemek yemeliydim. Sadece yoğurttan üç dört lokma alabildim. Su içtim. Yiyemiyorum, ağzım çok acıyor.

Sonra tekrar yatağa uzanıp uykuya geçtim...

Gün hayli kötü, yıpratıcı, yorucu geçti.

Biz Nâzım Hikmet, Enver Gökçe, Ahmed Arif'in şiirleriyle büyüdük. Dilimde hep aynı şiir vardı nezarette. Hatırladığım kadarıyla şöyle diyordu Ahmed Arif:

Öyle yıkma kendini,
Öyle mahzun, öyle garip...
Nerede olursan ol,
İçeride, dışarıda, derste, sırada,
Yürü üstüne, üstüne,
Tükür yüzüne celladın,
Fırsatçının, fesatçının, hayının...
Dayan kitap ile,
Dayan iş ile.
Tırnak ile, diş ile,
Umut ile, sevda ile, düş ile,
Dayan rüsva etme beni...

Gençlik yıllarımda ne zor ezberlemiştim bu şiiri. Yine satır atladım mı acaba? Olsun iyi geldi.

Biliyorum ki...

Zaman geçer...

Önemli olan güç dönemlerde insanın kendisine saygısını yitirecek davranışlara girmemesidir.

İnsan bu zorlu sürece girdiği gibi yine onuruyla çıkmasını bilmelidir. Gün ola devran döne... Gözlerimi kapadım...

İkinci Gün

15 Şubat 2011
Salı...

Saat kaç, bilmiyorum. Ne kadar süre uyudum?..

Yanımda kitap olması beni rahatlatıyor. Kaldığım yerden okumaya başladım.

Che ile Latin Amerika topraklarında dolaşıyorum. Arkadaşıyla cüzam hastalarının bulunduğu, toplumdan tecrit edilmiş bir kampa gidiyor. Che yeni doktor; hastalarla ilgileniyor, tedavilerine yardımcı oluyor. Hastalığın bulaşıcı olmadığını göstermek için onlara dokunuyor, dans ediyor, futbol oynuyor.

Aklıma Türkân Saylan Hoca geldi. Türkiye'de cüzam hastalığıyla mücadele eden ilk hekimdi. Hastalığın ortadan kalkmasında ne büyük emeği vardı.

Prof. Dr. Türkân Saylan da Ergenekon kapsamında gözaltına alınıp tutuklanıp cezaevine konulacaktı. Polisler evinde arama yaptılar. Baktılar ki çok hasta, fazla ileri gitmediler. Zaten kısa bir süre sonra da vefat etti Türkân Saylan...

Benimle birlikte gözaltına alınan, biraz ilerideki hücrede kalan Barış Pehlivan da Çağdaş Yaşamı Destekleme Derneği'nden burs alarak okumuş binlerce öğrenciden biriydi. ÇYDD sayesinde ortaöğrenimini bitirmişti.

Gazeteci olmak istemişti hep. Üniversite giriş sınavı sonucunda ilk tercihini kazanmıştı. Artık İstanbul Üniversitesi İletişim Fakültesi Gazetecilik Bölümü öğrencisiydi. Üniversite birinci sınıfta, bursun devamı için tekrar ÇYDD'ye başvurmuş, kabul edilmişti.

Bir gün fakültenin panosunda ÇYDD'nin bir ilanını gördü. ÇYDD "Köy Kent Gençliği El Ele" adlı projesi için, İstanbul'daki tüm üniversite öğrencilerine çağrıda bulunuyordu. İstanbul'dan dokuz üniversite öğrencisiyle birlikte Van'ın Özalp ilçesine gitti. Oradaki çocuklara 10 gün satranç oynamayı öğretti.

2002 yılının yazı...

Ve: Eşi Aysel'le orada tanıştı. Aysel de İstanbul'dan Van'a giden üniversite öğrencilerinden biriydi.

Barış'la 2005 yılında, hazırladığımız CNN TÜRK'te yayınlanan

"Paranın Seyir Defteri" belgeseli sayesinde tanıştık. Belgeselin asistanlığını yaptı. Ardından "Oradaydım" programını birlikte hazırlamaya başladık. Sonra Odatv'nin genel yayın yönetmeni oldu.

Şimdi az ileri hücredeki meslektaşım Barış, bize Türkân Saylan'ın mirasıydı. Elbette ki Türkân Saylan Ergenekon sanığı olur! Türkân Saylan, Barışlar'ı yetiştirdi.

Tesadüf mü:

Türkân Saylan tıp doktoruydu. Yaşamında Che'nin izleri vardı. İstanbul Üniversitesi Tıp Fakültesi'nde görev yaptı. Tıpta en zor alanlardan biri olan dermatolojiyi seçti. O yıllarda doktorların bile uzaktan baktığı cüzam üzerine uzmanlaştı. Türkiye'de dermatoloji alanında uzmanlığı olan yedinci kadın akademisyendi. Prof. Saylan cüzam üzerine çalışarak hastalığın bulaşıcı olmadığını ortaya çıkardı. Cüzamlılara dokunarak muayene eden, onlara aşağılamadan bakan ilk doktor oldu. Che ve Türkân Saylan'ın cüzamla mücadele etme yöntemleri tesadüf olabilir mi?

İnsan olmaktır bunun sebebi; insan kalmak.

Saat kaç oldu; herkes hâlâ uyuyor gibi...

Yan hücremden biri sürekli öksürüyor. Arada bağırıyor. Nihayet nöbetçi polisler geldi. Durum anlaşıldı; madde/kokain bağımlısı, kriz geçiriyordu. Alıp, "doktora" diye götürdüler.

Bu olayın ardından iki kişi, hücreden hücreye bağırarak konuşmaya başladı; İngilizce konuşuyorlar. İnsan ticareti yaparken yakalanmışlar! "Teröristle" organize suçları aynı nezarethaneye koymuşlar aslında; Ergenekon soruşturmalarında emniyet organize suçlar nedense hep faal oldu; bunun sebebi, cemaatin bu birimde güçlü olması mı? Neyse, şimdi bunları düşünecek zaman değil...

Yattığım yerden doğruldum. Dünden kalan elmayı zorlanarak yedim; ağzım hâlâ yara içinde. Tekrar Che'ye döndüm; beni yine çok uzaklara "Latin Amerika'nın kesik damarlarına" götürdü.

Çok geçmedi...

Sürpriz! Odatv editörü Ayhan Bozkurt'u gördüm. Polis tuvalete götürüyordu. Demek o da gözaltına alınmıştı. Bilmiyordum. Ben üç kişiyiz sanıyordum. Üzerinde sadece bir kazak var; merhaba demeden sordum, "Üşüyor musun, üzerin çok ince?" Gözleri güldü, beni gördüğüne sevindi; iyi olduğunu, merak etmememi söyledi. Ne çok gülerdik Ayhan'la; gülüyoruz bu kez gözlerimizle.

Tuvalet dönüşü "kıskanması" için Che kitabımı gösterdim. Şaşırdı, öyle ya konforum yerinde; hücredeyim ama gözümde gözlüğüm, elimde kitabım var. Polis sohbete izin vermedi, giderken arkasından bağırdım: "Üşüyorsan bir battaniye daha al."

Az sonra sabah kahvaltısı dağıtıldı; demek saat 10:00. Menüde; yarım ekmek, üçgen peynir, tereyağ, bal ve küçük su var. Pek yiyemedim.

Uzanıp tekrar kitaba döndüm. Che devrim için tekneyle Küba'ya gidiyordu... O an aklıma geldi: Tarihin seyrini değiştiren deniz yolculuklarını *Hürriyet* gazetesine yazabilirim: Darwin, Kolomb, Macellan, Scott, Pizarro, Mustafa Kemal'i de. Bandırma gemisini unutmamak lazım. Nerede olduğumu unutup yine not almak istiyorum. Beynim gözaltını kabul etmiyor, ne tuhaf...

Aradan ne kadar zaman geçti, bilmiyorum; nezarethane amiri yanında iki görevliyle geldi. Gözlükle nezarethanede bulunmama izin yoktu. Ama sağ olsunlar bir yol bulmuşlardı; polislerin dinlendiği bir odaya götüreceklerdi.

Kitabımı, suyumu ve paltomu alıp "misafir odasına" gittim.

Televizyon açıktı. CNN TÜRK'te Ayşenur Arslan'ın konuğu gazeteci Aslı Aydıntaşbaş'tı. Gözaltına alınmamızı konuşuyorlar. Polislerin amiri hemen telaşla televizyonu kapattırdı. Ben de kitap okumaya başladım.

Yanımda bana gözcülük yapan genç polis de, bir kitap çıkarıp okumaya başladı. *Haliç'te Yaşayan Simonlar*! Hanefi Avcı'nın kitabı.

"Zaten kitabı yazmış, bütün bildiklerini anlatmış, niye cezaevine atılır ki?" diye sordum.

"Başına gelecekleri biliyordu, o nedenle yazıp mağdur gösterdi kendini," dedi. Demek bu basit uydurulmuş gerekçeye inanıyordu. Tanıyıp tanımadığımı sordu.

"Yıllar önce bir kere yan yana geldik, bir daha hiç görüşmedik," dedim. Pek inanmadı gibi. Niye tanıdığım konusunda bu kadar kesin yargıları vardı; anlamak zor.

Öyle ki...

Haliç'te Yaşayan Simonlar kitabı çıktığında yandaş medyada bir furya başladı. Kitabı Hanefi Avcı yazmamıştı! Kitabı yazan gazetecilerin kim olduğu konusunda spekülatif haberler çıkmıştı; benim de adım geçmişti. En komiği ise Yiğit Bulut'un yazdığıydı;

benim yakın arkadaşımmış, bu nedenle yazı üslubumu iyi tanırmış, kitabı ben yazabilirmişim! *Habertürk*'te "Hanefi Avcı'yı kimler kullandı?" başlıklı yazıda açık açık bakın ne yazdı:

"Sevgili dostlar, Hanefi Avcı'nın kitabını bir kez daha okuyup, bazı arkadaşların yazdığı kitaplar ile karşılaştırınca, tesadüflerin "fazla olduğunu" gördüm! Tezlerin kurgusu, olayların "akış içinde" sebep-sonuç kurgusu, bazı köşe "babalarına" ve onların "bağlaşık yazarlarına" çok benziyor! Hatta daha ilginç bir tespit yapayım: Kitabın "adını bile" kimin koyduğundan, o arkadaşı çok iyi tanıdığım ve efendi efendi yazdığı kitapların "klasik cümlelerinden" dolayı eminim!" (1 Eylül 2010)

"Efendi, efendi" göndermesi, *Efendi* kitabımaydı!

Yiğit Bulut gibi tam 32 "haber" ve yorum yazılmıştı bu konuyla ilgili. Bunu nereden biliyorum: Terörle Mücadele Şubesi, 20 Ekim 2010'da savcıya gönderdiği 19386 sayılı yazıyla bu konunun araştırılması için izin istedi! Savcı, kitabın yazılmasıyla Ergenekon'un ilişkisi olup olmadığına dair araştırma izni verdi hemen. Hep aynısı olmadı mı; önce medyada adınızı geçiriyorlar; ardından operasyonla gözaltına alınıveriyorsunuz!.. Yeni gazetecilik türü buydu.

Ve işin hazin yanı; Hanefi Avcı gibi Yiğit Bulut'u da hayatımda bir kez gördüm; yemek yedik, o kadar. Küçük, sıradan amacı için, önüne çıkacak her şeyi, herkesi ezip geçmek isteyen, dar görüşlü, acınası Yiğit Bulut'un bilemeyeceği gerçek şu: *Haliç'te Yaşayan Simonlar* kitabındaki bilgilere sahip olsam niye Hanefi Avcı adıyla yazayım, kendi imzamla çıkarırım. Çünkü harika bir gazetecilik olurdu.

Mesele bu değildi; yazdım ya "Kırmızı Pazartesi" hikâyesi bu; hedefe konulmuştum, gazeteci kimlikli kimi polis elemanları kamuoyunu hazırlıyordu. Öyle ki, Mehmet Baransu gözaltına alınmamdan kısa süre önce twitter'da aynen şöyle yazdı: "2011'de gazeteciliği ya Soner Yalçın ya da ben bırakacağım." Bunlar kimin başına ne geleceğini hep bildiler...

Hanefi Avcı üzerine genç polisle sohbet sürerken 40 yaşlarında bir polis geldi, sohbete katıldı. Ne kadar rahat konuşuyordu; CHP'nin seçimde nasıl bir politika izlemesi gerektiğini, AKP'nin bazı meseleler üzerine pek gitmediğini söyledi. Arada bir soru yöneltiyordu bana. Anlatıyor, anlatıyor, bir soru soruyordu.

Anladım...

Niye bu odaya getirildiğimi anladım...

Niye televizyon kapatıldı anladım...

Anladım: Sorgudayım. Gizli kamera var mutlaka!

Biliyorum, muhtemelen cümlelerim içinden cımbızla birkaçı çekilip "özel yetkili medya"ya servis edecekler ya da iddianamede kullanacaklar. Fazla mı şüpheciyim? Bazı Ergenekon sanıklarının başına bu tür tertipler geldiğini biliyorum.

Odaya götürülmem, Hanefi Avcı kitabı konusu, sonra "yetkili" bir polisin rahat konuşması bunlar tesadüf olabilir mi?

Yine de "sohbete" katıldım; savunduğum, yazdığım tezlerimi tek tek söyledim. Bunları hiç saklamadım zaten; saklamayı da hiç düşünmedim.

Ve fakat: Anlaşılan "sohbetten" istediklerini alamadılar. Hanefi Avcı'yı yıllardır görmemem işi bozdu belki de. Bilemem. Apar-topar evim ve Odatv'den alınan malzemelerin konduğu mühürlü torbaların açılması için beni başka odaya götürdüler.

Odatv'den alınan kasetler; CD-DVD'ler, ajandalar, fihristler vs. açılıp sayılıp kayıtlara geçecekti. Odada avukat Tugay Topbaş da vardı. Sarıldık.

Başladık sayıma, 3095 DVC kaset, 1906 CD-DVD, 471 mini DV kaset, 21 VHS kaset vardı. Fakat problem çıktı:

Odatv'den alınan kasetlerin bürodaki sayımı ile polis merkezindeki sayımı farklı çıktı. Bir kez daha polislerle birlikte saydık.

Kaset sayımında sorun çıkınca, orada bulunanlara pek çaktırmadım ama tedirgin oldum.

Ergenekon sürecinde CD-DVD kaset meselelerinde tuhaf olaylar oldu çünkü. Yazdım. Ancak bir olayı daha anlatmalıyım ki endişemi daha iyi anlayınız:

Polis, İşçi Partisi'nin Ankara'daki Genel Merkezi'nde yapılan aramada önemli deliller bulunduğunu iddia etti.

Polis, İşçi Partisi Genel Merkezi'nden 1047 adet kaset ve CD aldı.

Arama 21 Mart 2008 gece yarısına kadar sürdü.

El konulan belgeler 22 Mart 2008'de İstanbul'a ulaştırıldı.

Doğu Perinçek'in 23 Mart 2008'de sabah 07.35'te başlayan sorgusunda, 1047 kaset ve CD içinden sadece dört CD'deki bilgi ve belgeler soruldu.

Peki, 1047 adet kaset ve CD bu kadar kısa sürede nasıl incelendi, hemen suç unsuru olan bu CD'ler nasıl bulunuverdi?

Polisler 1047 kaset ve CD'yi ne kadar çabuk incelemişlerdi? Tıpkı Levent Bektaş'ın 51 no'lu DVD'si gibi...

28 Ocak 2011 tarihli Silivri'deki duruşmada Doğu Perinçek isyan etti:

> Polisin yaptığı arama tutanağında olmayan, sekreter masasının üzerinde bulundu diye uydurulan o dört tane yoğun diskten bizi sorumlu tutmaya kalktınız. Ama biz şunu da ispatladık. Bizzat Savcı Mehmet Ali Pekgüzel'in elyazısıyla bu yoğun diskler torbaya konmuştur. Kim koydu onu oraya, arama tutanaklarında olmayan, bulunamayan tüm 1078 belgenin dışında oraya o torbaya kim koydu? Ben bunu savunmamda söylediğim zaman Savcı Mehmet Ali Pekgüzel ses çıkarmadı. Sustu. "Bu benimdir" diyemedi. Ne zaman bir buçuk ay sonra Nurset Senem dedi ki: "Bu elyazısını araştırın. Suçludur bu. Bu elyazısının sahibi suçludur. Torbanın içine yoğun disk atmıştır. Araştırın" deyince bir buçuk ay susan Mehmet Ali Pekgüzel, ertesi gün yüzü kıpkırmızı, efendim, sehven. "Sehven" ne demek, sehven ne demek? Bu davada her şey sehven. Her şey yanlış. Kendisi bu elyazısının ona ait olduğunu itiraf etti. Bu suç değil mi? Dava dosyasına bir savcının torbaya delil imal edip atması suç değil mi? Ve bu belgeli değil mi? Ve Ankara Asliye Ceza Mahkemesi kararıyla da artık tam anlamıyla sabit olmuş değil mi, bunu araştırmayacak mısınız?
>
> Bakın şimdi, bu o kadar ortada ki arama 21 Mart'ta yapılıyor. Belgeler İstanbul'a 22 Mart'ta getiriliyor. Doğu Perinçek'in incelemesi üç, dört yıl sürer. Sen o 12 saat içerisinde nerede inceledin de onların içinden Yargıtay krokisini buldun. 1078 dosyanın içinden? Ve aynı gün, 23 Mart günü *Taraf* gazetesinde manşet olarak çıkıyor. Nerede inceledin, ne zaman buldun ve ne zaman *Taraf*'a verdin ve ne zaman yayınlattın? *Taraf*'a da 22 Mart günü verilmiş olması lazım ki 23 Mart günü yayın yapılıyor. 22 Mart günü daha Ankara'da bu belgeler torbada. Torbanın içindeki belge *Taraf* gazetesi tarafından yayınlanıyor. Yargıtay'ı havaya uçuracak diye İşçi Partisi'ni suçlamaya kalkıyorlar.

Yazdım: *Taraf*'ın bu krokiye kaç gün önceden ulaştığını; peki bunları kim tertipliyor, asıl soru bu?

Ve bu nedenle şimdi emniyette kaset, CD, DVD sayımında tedirgin oldum. Güvenemiyordum çünkü, ne yazık ki bu acı süreci iyi biliyorum; insanlar nasıl oyuna getirildiklerini, gerçeği açığa çıkarmak için yıllardır uğraşıyorlar.

Avukat Serdar Öztürk'ten bahsettim. Levent Göktaş'ın avukatıydı. Aynı zamanda gaziydi.

Ergenekon sürecini en iyi bilen isimlerden biriydi. Evinde ve bürosunda ne kadar CD, DVD, flashdisk varsa attı; çocuklarının oyun CD'lerini bile...

Ancak...

4 Haziran'da bürosunda arama yapan polisler, beş sayfalık "İrticayla Mücadele Eylem Planı" belgesi fotokopisini buldular. Başta Nazlı Ilıcak olmak üzere bazı "özel yetkili gazeteciler" belgenin bilgisayarda bulunduğunu yazdılar. Doğru değildi. Beş sayfalık "belge", Levent Göktaş'ın soruşturma evrakının bulunduğu iki mavi klasörün birinden çıkmıştı. İlk dört sayfası "İrticayla Mücadele Eylem Planı", diğer bir sayfası ise "İzmir'de Bize Yardım Edecekler" diye beş sayfalık belgeydi. Bir de siyah dolap içinde "Genelkurmay Başkanlığı'ndan çalınan 300 adet gizli belge" bulunmuştu.

Gördünüz mü, Ergenekon tezgâhını o kadar iyi bilip CD-DVD-flashdiskleri atan Avukat Serdar Öztürk bu derece gizli belgeleri ofisinde tutmuştu! Ayrıca Öztürk'ün tabancası yoktu ama ofisinde mermiler bulunmuştu. Mizansen öyle kurgulanmıştı; hani sözüm ona bu fotokopi belgede; "cemaat evlerine silah-mermi bırakıp tutuklanacaklar" yazılıydı. Hah! İşte mermiler bunu ispat ediyordu![7]

---

7 "İrticayla Eylem Planı" 4 Haziran 2009'da bulundu. 12 Haziran'da *Taraf* bunu manşet yaptı. Planın "3. İCRA: (a) Planlama ve Genel Faaliyetler" bölümünün 6. maddesini manşete taşıdı: "Askeri suç kapsamında yapılacak Işık Evleri baskınlarında, silahlı terör örgütü oluşturmak doğrultusunda: silah, mühimmat vb. bulunması sağlanacak."

Peki... 1 ay önce, 6 Nisan 2009 tarihinde Fethullah Gülen "herkul.org" sitesindeki konuşmada ne demişti: "Evlerimize, içimize adam sokmaya çalışacaklar, sonra da ellerine kalaşnikof verecekler."

Plan diyor ki: "Fethullah Grubu Silahlı Terör Örgütü kapsamına alınacak."

Fethullah Gülen 1 ay önce diyor ki: "Sonra hiç silahı milahı, tabancası hatta çuvaldızı bile olmayan insanlara terörist damgası vuracaklar. Yapmak istediklerini yapacaklar bununla."

Plan diyor ki: "İhbara dayalı ev baskınlarında silahın yanısıra 'Humeyni' gibi objelerin aynı ortamda bulunması sağlanacaktır."

Fethullah Gülen 1 ay önce diyor ki: "Kitapların arkasındaki Zat'ın posterlerini evlerin duvarlarına asabilirler."

Plan diyor ki: "Personelin sıradan dahi olsa arkadaş çevresindeki en olumsuz kişi onların en yakın arkadaşı gibi gösterilerek Fethullah Gülenciler'in içyüzüymüş gibi düşünülmesi sağlanacaktır."

Fethullah Gülen 1 ay önce diyor ki: "Bir taraftan bunları oluşturacaklar, bir taraftan işte irtica hareketi falan diyecekler, irtica ile irtibatlandıracaklar."

Sahi bu "İrticayla Eylem Planı"nı kim hazırladı?

Avukat Serdar Öztürk şanslıydı çünkü tezgâhı kuranlar pek becerikli değildi. Şöyle ki: Ofiste arama yapılırken polis kamerası devredeydi. Görüntüde, aramayı yapan polislerden sadece biri beyaz eldiven giymişti ve şapkalıydı. Ve ne tesadüf, ofisteki belgeleri bu başarılı polis A. Ç. buluverdi!

Bu arada nedense telefonları dinlenen Avukat Serdar Öztürk'ün şehir dışında olduğu gün bürosunun aranması da ayrı bir tesadüftü! Avukat ofisinin nasıl aranacağına dair yasa maddesini bir daha anımsatmaya gerek yok artık, yaptıkları hangi kanuna uyuyordu ki...

Diyeceksiniz ki, "bir-iki CD-DVD değil ki, onlarca belge ofiste arama sırasında konulamaz." Doğru.

Burada karşımıza şu gerçek çıkıyor; polis aramasından önce eve-ofise girip belge koyuyorlardı. Avukat Öztürk bir gece önce ofisine girildiğini düşünüyor. Duruşmada; 3 Haziran saat 20.00'den 4 Haziran'a kadar Ankara Emniyet Müdürlüğü TEM kanalına ait telsiz kayıtlarını talep etti; çünkü Terörle Mücadele telsiz kanalı ayrı. Ayrıca Emniyet, Terörle Mücadele'nin tüm kamera kayıtlarını istedi. Polisler emniyetten çıkarken ellerinde siyah poşet var mıydı?

Polislerden şüpheleniyordu. Peki büroya gece yarısı faresi gibi girildiğini nereden biliyorlardı?

Şuradan; Özel Yetkili İstanbul Cumhuriyet Savcılığı'nın Avukat Öztürk'ü tutuklama sevk yazısında, "kişisel verileri hukuka aykırı kaydetmek" eylemi de vardı. Ancak polisler bunun kanıtını aramada bulamadılar. Bu delili günler sonra ofis sekreteri Fatma Bozdemir temizlik yaparken buldu! Hemen savcılığa teslim etti. Polis eliyle koyduğunu bulamamıştı. Bulunamayanı savcılığa avukat Öztürk'ün avukatları ulaştırdı!

Demem şu ki: Siz ne kadar tedbirli olursanız olun, süreci ne kadar bilirseniz bilin, fark etmiyor; tertibi kimseden çekinip, korkmadan yapıyorlar... Yani: Ya bunlarla mücadele edeceksiniz ya da teslim olacaksınız. Başka yol yok.

Sonuçta *Taraf* gazetesi, İrticayla Mücadele Eylem Planı'nı manşet yaptı: "AKP'yi ve Gülen'i bitirme planı!" (12 Haziran 2009) Tertip sacayağı üzerine kurulmuştu: Polis, savcı ve medya.

Aradan iki yıl geçti:

Faili meçhul bir e-posta ihbarı üzerine başlatılan polis operasyonunda tartışma hâlâ sürüyordu. İnsanlar suçsuzluklarını ispat etmek için bakın nasıl bir uğraş verdi:

"Belgeyi, Albay Dursun Çiçek'in kilitli dosyasından aldığını ve fotokopisini gönderdiğini; zamanı gelince ortaya çıkacağını, tanıklık yapacağını" söyleyen ve kendisinin subay olduğunu belirten muhbir ortaya hiç çıkmadı. Fotokopi belge sayılmaz denilince sözde belgenin orijinalini postayla 15 Ekim 2009'da Ankara Çukurambar'dan postaya verdi. Posta dört gün sonra Beşiktaş'ın özel yetkili savcılığına ulaştı. Zekeriya Öz aynı gün 19 Ekim'de belgeyi Adli Tıp Kurumu'na götürdü.

Şimdi:

İstanbul Başsavcı Vekili Turan Çolakkadı, zarf 15 Ekim'de postaya verilmiş dese de zarfın üzerinde 30 Eylül yazılıydı. "Ne var bunda?" demeyin.

Bekleyiniz.

Zarfın üzerindeki pulda 1.10 yeni kuruş yazılıydı.

Serdar Öztürk'ün avukatı benzer belgeyi Ankara Çukurambar'dan postaya verdi. Aynı ağırlıktaki postanın ücreti 1.80 yeni kuruştu. PTT'nin ücret tarifesine göre, 50 grama kadar posta 1.10; 100 grama kadar olan ise 1.80 yeni kuruş idi. Belgenin gramaj ağırlığına göre en az 1.80 yeni kuruş ödemesi gerekiyordu. Niye 1.10 yazılıydı?

Avukatın gönderdiği posta bir haftada Beşiktaş'a varmıştı. Dört gün değil yani. Ayrıca: Çukurambar Postanesi'nin içinde ve dışında kameralar vardı. Kendisini sır gibi saklayan bir "ihbarcı subay" buradan posta gönderir mi? Ve ne ilginçtir ki postanenin kamera kayıtları silinmişti.

Bitmedi: adının "Bülent Türker" olduğunu söyleyen bir kişi, belgenin orijinalinin kendisinde olduğunu söyleyerek avukatlara vermek istiyordu! Niye? İşin içinde iş vardı; avukatlar belgeyi aldıkları an polislerin kendilerine suçüstü yaparak, "İşte belgenin aslı Serdar Öztürk'ün avukatlarında çıktı" tezgâhına düşüreceklerini anlayıp hemen savcılığa ihbarda bulundular. Bu ihbardan sonra nedense "Bülent Türker" ortadan kayboluverdi! Avukatların savcıya gittiğini kimden öğrenmişti acaba; telefonları dinliyor olabilir mi?! Her şey çok açık değil mi?..

Belgenin fotokopisinde, Avukat Serdar Öztürk'ün ve sözüm ona postayla gönderilen belgenin "aslında" ve fotokopisinde de Albay Dursun Çiçek'in parmak izi yoktu. Sözde belgenin Genelkurmay ile Albay Çiçek'in iş ve ev bilgisayarında yazılmadığı ortaya çıktı. Sonuç?

Albay Çiçek üç kez tutuklandı, iki kez tahliye edildi. Halen cezaevinde. Deniz Piyade Kurmay Albay Dursun Çiçek 2 Temmuz 2010 tarihli duruşmada şöyle dedi: "Bu bir plan değil, bir pilavdır. Bunu yazan bırakın albayı, teğmen bile olamaz." Albay Çiçek ayrıca duruşmada, "Eğer ben hazırlasaydım" diyerek bir rapor hazırlayıp ıslak imzasını atıp mahkemeye sundu.[8]

Dava ve tartışmalar hâlâ sürüyor.

Genelkurmay Başkanlığı Askeri Savcılığı tarafından düzenlenen raporda; belgenin şekil açısından hiçbir askeri yazı biçimine uymadığı, belgeye resmi evrak niteliği kazandıracak herhangi bir unsuru içermediği, karargâh çalışma usulleri ve askeri yazım teknikleriyle uyuşmayan birçok maddi hata bulunduğu, askeri yazışma gelenekleriyle örtüşmeyen ibare ve kısaltmalara yer verildiği belirtildi:

"13 Haziran 2009'da Genelkurmay Harekât Başkanlığı 3. Bilgi Destek Şube Müdürlüğü'ndeki Albay Çiçek'in kullandığı 2 bilgisayar da dahil olmak üzere toplam 14 bilgisayarın sabit disklerinin teknik bilirkişiler tarafından incelendiği ve söz konusu belgenin karargâhta hazırlandığına dair bir bulguya rastlanmamıştır." Ama Polis kriminal raporunda imzanın Albay Çiçek'e ait olduğunu belirtiliyordu.

Askeri Savcılığın raporu buna da yanıt veriyordu. Savcılık kararında, önce Polis kriminal raporunda "belgenin, fotokopi makinesi/bilgisayar yazıcısı vasıtasıyla husule getirilmiş olduğunun müşahede edildiği, bu tür belgeler üzerinde bulunan imza/imzaların grafolojik tanı unsurlarının tamamını belirlemenin mümkün olmadığı, montaj ve ilave gibi yöntemlerle yapılmış olması muhtemel tahrifat türlerinin de her zaman belirlenemeyebileceği" konusunun vurgulandığı belirtiliyor. Sonra "buna rağmen" denilerek devam ediliyordu. Emniyet raporu, buna rağmen imzanın Albay Dursun Çiçek'in elinin ürünü olduğu sonucuna varıyordu. İşte bu konuda askeri savcılık kararında şöyle deniyor:

"Raporun gerekçe bölümü ile kesin kanaat belirtilen sonuç kısmının çelişkili olması nedeniyle, teknik bilirkişi mütalaasına

8 *Taraf*'ın 7 Nisan 2008 tarihinde yayınladığı "Andıç" belgesi... Buna göre Genelkurmay Başkanlığı Bilgi Destek Daire Başkanlığı tarafından Albay Dursun Çiçek imzasıyla bir fişleme gerçekleşmişti. Bu fişleme akıllara ziyandı. Zira iddiaya göre, fişleme belgesinde zararlı örgütler arasında TOBB ve TÜSİAD'ın yanı sıra ÇYDD ve ÇEV de vardı. Yine fişleme belgesinde Rahmi Koç'tan Bülent Eczacıbaşı'na, Oktay Ekşi'den Sezen Aksu'ya bir dizi isim göze çarpıyordu. *Taraf*'ın haberine göre, belgeyi Dursun Çiçek hazırlamış ve dönemin Genelkurmay 2. Başkanı Işık Koşaner'e sunmuştu. Peki *Taraf*'ın bu haberinin altında kimin imzası vardı dersiniz? Mehmet Baransu. Kısacası Albay Dursun Çiçek, İrticayla Mücadele Eylem Planı'ndan çok daha önce Baransu'nun hedefi olmuştu! Niye acaba?

başvurulmuş ve bilirkişi yeminli mütalaasında özetle, fotokopi belge üzerinde kalem baskı izi, işleklik, hız, imzadaki el kaldırma hareketleri gibi özellikler mevcut olmadığından buna dayalı bir sonuç çıkarmanın mümkün olmadığını, kesin kanaat belirtmenin yanılgılara sebebiyet verebileceğini belirtmiştir." (28 Haziran 2009, *Aydınlık*)

28 Mayıs 2011 tarihli *Milliyet* gazetesindeki küçük bir haber kimsenin dikkatini çekmedi. Haber şöyle diyordu: "ABD Başkanı Barack Obama'nın tartışmalı Vatanseverlik Yasası'nın (Patriot Act) süresinin uzatılması için imza atması gerekiyordu. Ancak Obama Fransa'da olduğu için iş ıslak imza makinesine kaldı. Obama'nın imzasını hafızasında tutan makine süre dolmadan imzayı taklit ederek yasanın devamını sağladı." Haber bu. Yorumu siz yapın!..

Şimdi dönelim emniyetteki bizim kasetlerin sayım kâbusuna... Bu arada Odatv'den alınan kaset ya da harddiskin, okunması için Odatv'den bilgisayar getirilmesi gerekiyordu. Avukat Tugay Topbaş arkadaşımız Ali Gören'le telefonda konuştu. Ali Bey, bilgisayarlardan anlayan Odatv'den Şahin Çakmaklı'yı bulup bilgisayarı gece yarısına doğru İstanbul Emniyet Müdürlüğü'ne getirdi.[9]

Biz nasıl "terörist" isek polise her türlü desteği veriyorduk! Yeter ki gerçek ortaya çıksın! Sanki çok umurlarındaydık!..

Sayım sırasında polislerle akşam yemeği yiyip, çay içtik. Tabii ağzımdaki yaralar yüzünden en çok dört lokma yutabildim.

Ali Gören ve Şahin Çakmaklı bilgisayarı getirip teslim ederken beni görünce çok şaşırdılar. "İyi olduğumu, kimsenin merak etmemesini" söyledim. Sohbet ettik, herkes iyiydi, bizi merak ediyorlardı sadece.

Saat 01.00'i geçe nezarethaneye götürüldüm. Hücreye girdim, parmaklıklı kapıyı üzerime kapatıp kilitlediler. Kazağımı yine battaniyeden yaptığım yastığın üzerine serdim, paltoyu üzerime çekip, tavana bakarak düşünmeye başladım. Son bir-

9 Ben teknolojiden pek anlamam; Barış Pehlivan'ın uyarmasına göre; getirilen arşiv bilgisayarımızmış. Arşivimizdeki televizyon kasetlerini, dijital ortama aktarmak için kullandığımız bilgisayarın kasası ve bağlantı kabloları getirilmiş. Ancak kasası ve kablolarıyla, harddisklerin içeriği incelenebilecekti. Duruşma tutanaklarını okuduğunuzda göreceksiniz ki, her sanık neredeyse benim şimdi yazdığımı söylemişti; "Bilgisayardan, teknolojiden hiç anlamazdık, şimdi yeni yeni öğreniyoruz!" Benzer durum avukatlar için de geçerliydi.

kaç yıldır nice aydın Ergenekon kapsamında bu hücrelerde kalmıştı? Benim kaldığım hücreden kimler gelip geçmişti acaba? Kimler benim uzandığım yatakta yatmıştı?

İlhan Selçuk aklıma geldi. Yaşlıydı, hastaydı, gözaltına alındığında. Hücrede ne yaptı acaba? 12 Mart 1971 darbesinin işkence merkezi Ziverbey Köşkü'ndeki hücresiyle karşılaştırma yaptı mı? Ya da hiç düşünmedi mi? Yemek yedi mi? Uyuyabildi mi? Bu gelinen noktayı nasıl analiz etti?..

Bu topraklar düşünüre, muhalife hep düşmanlık yaptı. Aydın kıyımı hiç bitmedi; İlhan Selçuk, yüz binlerce solcudan sadece biriydi...

Tanışmamıştık.

"Tanışma" ile "tanıma" sözcükleri ülkemizde hep birbirine karıştırılır. İlhan Selçuk vefat ettiğinde, onunla tanışan herkes onu tanıdığını belirten yazılar kaleme aldı. Ben İlhan Selçuk'la tanışmadım. Ama onu tanıdığımı iyi biliyorum...

İlhan Selçuk ölene kadar aydınlanma mücadelesi verdi. İşkencelerden geçirildi. 2 yıl hapis yattı. Bıkmadı, usanmadı, korkmadı, hep yazdı. Ve bizlere örnek alınacak bir mazi bıraktı.

Fazla söze gerek var mı?

Bir yazısında ne güzel anlatmıştı:

"Dalkavuk, Doğu'nun ürünüdür, soytarı Batı'nın..."

İnsanların paraya, lükse, özel zevklere olan düşkünlüklerinin farkındaydı İlhan Selçuk.

12 Mart ve 12 Eylül'de sürekli kırbaç yiyenlerin artık tatlı yemeyi tercih ettiklerini biliyordu. İktidarın tadını çıkarmalarına ses etmiyordu.

1980'den sonra ülkede her doğan efendiye / güce biat edenleri anlayışla karşılamayı, ancak İlhan Selçuk gibi bir filozof yapabilir. Çünkü her döneğin önce sırf kendine ihanet ettiğini bilecek düşünsel olgunluktaydı İlhan Selçuk...

Benim ise dilimde, yazımda ve yüreğimde hâlâ fırtınalar esiyor; darmadağın olmuş korkaklıklar karşısında; buz gibi kayıtsız kalamıyorum; heyecanımı öldüremiyorum. Ustayla-çırak farkı işte... O olgun, düşünsel zenginliğe ulaşacak mıyım; ya da ulaşmalı mıyım? Bilemiyorum... Bildiğim; düşünsel değerlere tutkulu büyük insanlar her zaman en yürekli olanlardır. İradesini ipotek altına satanları sevemiyorum, saygı duymuyorum... Artık gözkapaklarım kapanıyor...

Üçüncü Gün

16 Şubat 2011
Çarşamba...

Uyandım...

Nezarethane nöbetçisi geçiyor, "Saat kaç üstat?"

Üstat? Ağız alışkanlığı; zaten o da şaşırdı, yüzüme bakmadan sertçe, "Beş" dedi.

Beş mi? Kaç saat uyudum? Halbuki dinç kalktım...

Horlama sesi duyuyorum; vay canına ne horlama! İnsanlar rahat rahat uyuyor. Ben de pek nezarethane deneyimsizi sayılmam ama erkenden kalktım işte. Huzursuzum demek ki; böyle anlarda uyku tutmaz beni, erkenden ayağa kalkarım.

Huzursuzluğu "pişmanlık" olarak algılamanızı istemem. Düşüncelerimden, yazdıklarımdan dolayı parmaklıklar ardında olmaktan korku duymadığımı söyleyebilirim. Kötü olan, sınırları çizilmiş bir hayatın içinde kendi parmaklığınız ardında yaşamaktır. Bunu reddettiğim, karşı çıktığım için burada, bu hücrede olduğumu bilecek olgunluktayım. "Çırak" dedikse o kadar değil hani...

Dün gece yemediğim yemekteki elmadan bir ısırık aldım. Aman Allah'ım, ağzımdaki aftlar yok olmamış, artmış sanki. Yahu ne oluyor; sıkıntıdan mı geçmiyor acaba? Zorlanarak bir lokma daha aldım. Zor çiğnedim. Yine de elmayı bitirmeye kararlıyım. Vücutça ve kafaca diri olmalıyım. İlaçlarımı istesem mi? Ama bağırıp kimseyi rahatsız etmeyeyim. Bekleyeyim biraz.

Yırtılmaz, yanmaz mavi plastik yatağıma uzanıyorum yine. Uyumalıyım. En azından denemeliyim. Oğlumun yanında uyumak isterdim şimdi, onu koklaya koklaya...

Gözlerim doldu; hemen bu duygusallıktan kurtulmalıyım. Sahi bu zayıflık belirtisi mi? Hayır. Zaten "üstün insan" ideolojisi faşist ideoloji değil midir? Neyse, şimdi sabah sabah Nietzsche'ye haksızlık yapıldı-yapılmadı tartışmasına kafa patlatmayayım!.. İnsan olmak, insan kalmak, direnci artırır, ben buna inanırım. Gözyaşı dökmesini bilmek gerekir, her türlü zorluğa dayanabilmek, katlanabilmek için...

Yaşlı kirpiklerimin üstündeki ıslak serinliği silip, oğlumu

düşünmeye başladım... Böyle ortamlarda insan iç dünyasına yöneliyor, kendi derinliğinin farkına varıyor; sidik ve nefes kokularının doldurduğu hücresinde tarifsiz duygularla baş başa kalıveriyor...

Saat 10.00...

Saati bilmemin nedeni, bu saatte sabah karavanası dağıtılması; menü aynı; yarım ekmek, küçük su, küçük kutuda tereyağı, bal ve peynir var. Ekmekten biraz koparıp bala batırıp ilk lokmayı ağzıma attım, hâlâ müthiş bir acı. Ne belaymış bu aft; özellikle dilde olması.

İkinci lokmayı çiğnemeden yutmaya çalıştım, beceremedim. Üçüncü lokmayı dilimin yara olmayan bölümünde çiğnemeye çabaladım, acı var ama yine de katlanılabilir. Zorlukla birkaç lokma daha yedim.

Polisten ilaçlarımı istedim, hep aynı sözü tekrarlıyorum; kuvvet toplamalıyım, diri olmalıyım. Sinirleri harap edecek zor saatler beni bekliyor, biliyorum. Kafamda sorular var. Emniyette susma hakkını kullanacak mıyız, ifade mi vereceğiz? Bakalım avukatlar ne diyecek? Susma taraftarıyım.

Yatağa uzandım; Che'nin kitabını kaldığım yerden okumaya devam ettim. Che'yle Küba dağlarında dolaşıyorum bu kez. Bulunduğum şartlardan kopuyorum; iyi ki yanımda güvendiğim bir dost var. Okudukça Che'nin devrim tutkusuna hayranlığım daha artıyor. Fanatiklik değil, kor gibi yakan insan sevgisi bu...

Nezaret polisi geldi; hücrede kitap okumam sıkıntı yaratıyormuş, avukat odasında okumamın iyi olacağını söylemişler, orada kamera yokmuş, sorun olmazmış. Abartmıyorlar mı? Bunları düşünmek istemiyorum. "Kıdemli gözaltı" sanığı olmanın mutluluğunu yaşıyorum.

"Kıdemli gözaltılık" ne mi?

Bunu yazmalıyım:

1990 yılında *Yüzyıl* dergisinde çalışıyordum; o dönem Turgut Özal, Kürtlere yönelik "Sansür Sürgün Kararnamesi" çıkarmıştı. Kürt haberleri yapmak yasaktı. Bugün Özal'a övgüler düzen Kürtler bunları unuttu! Neyse. *2000'e Doğru* dergisi bu kararname sonucu kapatıldı; biz de yerine *Yüzyıl* dergisini çıkarmıştık.

O günlerde (artık üzerinde konuşulduğu için yazabilirim) Hasan Celal Güzel bana Cengiz Çandar'ın Pentagon'un adamı olduğunu söyledi; ona da bu bilgiyi MİT'çi Hiram Abas vermişti.

Hepsi o dönem Özal'ın yanındaydı, birbirlerini iyi tanıyorlardı. Hasan Celal Güzel bu bilgiyi yazılmamak (*off the record*) üzere vermişti. Büroya geldim, bilgiyi daktilo ettim, çünkü Ankara'da çalışanlar bu tür bilgilerini yazıp İstanbul haber merkeziyle paylaşırlardı.

Ne yazık bu bilgi notu, o hafta *Yüzyıl* dergisinde kapak oldu.

Tabii kaynak olarak Hasan Celal Güzel'in adı yoktu. Muhabir olarak benim de.

Cengiz Çandar o yıllarda *Güneş* gazetesinin köşe yazarıydı. Ortalığı ayağa kaldırdı. Gazetenin Genel Yayın Yönetmeni Uluç Gürkan, Doğu Perinçek'e telefon edip, "Emin misiniz?" diye sormuş. O da Hasan Celal Güzel'in adını vermiş.

Yani kabak benim başıma patladı.

O günden sonra Hasan Celal Güzel'le bir daha görüşmedik; haklıydı. Gazetecilikte bazen böyle "goller" yeniyordu işte.

Mesele kapanmadı ama...

Cengiz Çandar, aynı zamanda Özal'ın danışmanıydı. Birileri düğmeye bastı. Polisler o hafta derginin Ankara bürosunu bastı. 10 kişi gözaltına alınıp Ankara Emniyet Müdürlüğü işkence merkezi DAL'a götürüldük.

Aramızda Hasan Yalçın, Hikmet Çiçek, Ertan Günçiner gibi cezaevinde yıllarca hapis yatmış "kıdemliler" vardı.

Geldik "kıdemliler" meselesine...

İşkence merkezi DAL'da "kıdemlilere" hiç dokunmadılar. Biz gençlerin hepsini işkenceden geçirdiler, 10 gün boyunca.

2011 yılında; yani 20 yıl sonra "kıdemli" olan bendim...

Emniyette avukat görüşme odasında Che'yi okumaya devam ettim. Gelen avukatlar beni görünce şaşırıyor. Kimi tanıyor, "Merhaba" diyor. Nezarete gelen şüphelilerin son araması bazen benim bulunduğum odada yapılıyor. Şüpheliler tuhaf tuhaf bakıyordu; "Kim bu sakallı adam?"

Öğle yemeğimi dışarıdan söyledim; hemen ikram ettiler; lavaş içinde döner yedim, ayran içtim. Güçlükle de olsa hepsini yedim. Oradaki polis arkadaşların nezaketlerine teşekkür etmeyi borç bilirim.

Arada bir polislerle sohbet ettim. Hepsi en az bir kitabımı biliyordu; *Reis, Bay Pipo, Behçet Cantürk'ün Anıları, Binbaşı Ersever'in İtirafları*; genelde bu kitaplarımı okumuşlardı.

Yıllarca yaptığım televizyon programlarından, *Hürriyet*

gazetesindeki pazar yazılarımdan, konsept danışmanlığı yaptığım televizyon dizilerinden değil, yazar olarak tanıyorlardı beni. Sevindirici değil mi? Yaşasın yazının gücü!

Bu arada niye gözaltına alındığıma anlam veremiyorlardı. "Derin devleti hep siz yazmadınız mı?"

Ne diyebilirim...

Öğleyin avukatım Hasan Fehmi Demir geldi.

Bol selamlar getirdi sevdiklerimden.

Gözaltına medyada çok tepki olduğunu söyledi. Hem de beklenmeyecek kadar sert tepki göstermişlerdi. Sevindirici.

Demek medyanın bir bölümü dört yılın sonunda artık gerçekleri görebilmiş, nasıl bir kumpas çevrildiğinin farkına varmıştı. Vurdumduymazlık bitmişti demek. Soru dönemi başlamış mıydı gerçekten? Tehlikenin farkına varılmış mıydı sahiden? Saklı cesaretler açığa çıkacak, sessizlikler söze dökülebilecek miydi? Yoksa... Benimki zorunluluktan doğan bir hayalgücü müydü? Zaman gösterecek...

Avukatım, emniyette susma hakkımı kullanabileceğimi söyledi. Aynı fikirdeyiz, "Tamam," dedim, "hepimiz sadece savcıya ifade verelim."

Hasan Fehmi Demir moral verici konuşma yaptı; "Tutuklayacaklarını sanmam," dedi.

Merkez medyanın büyük tepkisini karşılarına almak istemeyeceklerini düşünüyordu. Ancak ardından avukat temkinliliğiyle "yine de belli olmaz" payını ekledi! Bu tür hukuki değerlendirmeler akla dayanıyor, oysa akıl yok artık, aklı öldürdüler. Gözaltına alınmamız gibi, tutuklanıp tutuklanmamızın da sebebinin siyasi olduğunun farkındayım.

Aslında ikimiz de Ergenekon süreçini iyi biliyoruz. İnsanların hangi gerekçelerle zindanlara sokulduğundan haberdarız. Ne acı ki, kimse artık hiçbir şeyi öngöremiyordu. Adalete güveni yok ettiler...

Avukat Demir'e, "Bize de mi isimsiz gelen bir ihbarla operasyon yaptılar" dedim. Bingo! Yandaş *Bugün* gazetesinin birinci sayfasından verdiği habere göre, operasyonu polise gelen bir ihbar mektubu başlatmıştı! Hep böyle olmadı mı? Ergenekon demek, e-postayla, mektupla gelen ihbar demekti. Neredeyse tüm operasyonlar bir ihbarla başlatıldı. Aklımıza gelenleri orada sıralamaya başladık...

Ümraniye bombası nasıl bulundu?

Telefonla yapılan ihbarla...

Kafes neyle başladı?

Bir ihbarla...

Poyrazköy neyle başladı?

Bir ihbarla...

Amirallere suikast davası neyle başladı?

Bir ihbarla...

Islak imza neyle başladı?

Bir ihbarla...

ÇYDD neden basıldı?

Bir ihbarla...

İhbarı yapanlar çoğunlukla şunu yazdı/söyledi:

"Ben yurtsever bir subayım..."

İyi de ne olmuştu da ansızın bir "ihbar enflasyonu" başlamıştı? Soru, yanıtı veriyor aslında...

İlk Ergenekon soruşturmasını başlatan da bir e-postaydı...

Tarihi: 12 Temmuz 2006.

Yeni kurulan "aloihbar" adlı bir siteye "Piyade Kurmay Yarbay" adıyla bir e-posta gönderildi.

"Ergenekon Çatısı Altındaki Lobinin Belgesi" başlıklı (29 Ekim 1999 tarihinde hazırlandığını belirttiği) "çok gizli" şu yazıyı gönderdi söz konusu kişi:

> Umarım size göndereceğim bu elektronik posta ve eklediğim gizli belge elinize ulaşır ve siz de yayınlarsınız. LOBİ başlıklı bu tasarının ülkemize ve milletimize bir fayda getireceğine inanmıyorum. Zaten üst düzey komutanlarımız da aynı düşüncede oldukları için o dönemde uygulanmadı. Tasarıda iddia edilenlerin aksine, bu gizli örgüt milli birliğimizi ve toplum huzurunu tehdit eder hale geldiği için bir şeyler yapmam gerektiğini düşünerek size yazmaya karar verdim.

Kimdi bu "Yarbay"? Hiç ortaya çıkmadı. Sadece yazdığına göre LOBİ tasarısında "Ergenekon" adlı "gizli bir örgüt"ten bahsediyordu.

Neydi bu "Ergenekon":

> Halka ait, akla gelebilecek her kuruma; sivil toplum örgütlerine, insani yardım kuruluşlarına, sendikalara, siyasi partilere, bankalara, holdinglere, mason localarına, yayınevleri, medya ve vakıflara açıkça hain damgası vuran bu tasarıda,

askeri yapı perde arkasında kalmak üzere, kurulacak gizli sivil uzantılarla, Türkiye'de ticaretten siyasete, sivil toplum örgütlerinden tarikat ve mafyaya kadar her alanda askerin kontrolü altında tutulacak birimler yapılandırması öngörülüyordu.

E-posta şöyle devam ediyordu:

> LOBİ, normal planlamaya göre tamamen hukuk kuralları ve anayasal yapı içinde yürütülecekti ve gizlilik her şeyden önce gelecekti. Aynı zamanda, tasarı başlangıçta Ergenekon'un mali desteğiyle yürütülecek, ancak en kısa zamanda kurulacak şirketlerle LOBİ kendi ayakları üzerinde duracaktı.
>
> Fakat tasarıyı uygulayanlar plan ve yürütmeyi paralel götüremediler. Gizliliğe sonuna kadar uydular, ancak hukuk sınırları içinde kalmayı başaramadılar.
>
> Mevcut hükümetin ekonomik başarıları ve kısa vadede alternatifsizliği yanında Avrupa Birliği yolundaki ciddi ilerlemeler neticesinde LOBİ, ilk tasarı halinden iyice sapıp iktidarı ve Avrupa Birliği sürecini yıpratmaya yönelik bir kimliğe büründü. Sözde milli birlik ve bütünlüğü hedefleyen ilk maksat da şahin generallerin ülke ve ordu içinde yeniden söz ve güç sahibi olmasına kilitlendi. LOBİ tasarısının son halini görmek için, Türkiye'nin son dönemine peş peşe damgasını vuran Şemdinli, Cumhuriyet ve Danıştay saldırılarına, mantar gibi ortaya çıkan çetelere, bunların fail ve bağlantılarına bakmak yeterlidir.

E-posta 12 Temmuz 2006'da gönderilmişti. Ama... Lobi belgesi ilk kez 12 Mayıs 2001'de ortaya çıktı. Cemaatin dergisi *Aksiyon*, belgeyi kapaktan yayımladı: "Yeniden Yapılanmanın Aktörü: ERGENEKON".

Bir hafta önce Fehmi Koru 30 Nisan 2001 ve 1 Mayıs 2001 tarihli *Yeni Şafak*'taki köşe yazılarında bu konuyu yazdı. Peki... O halde... Beş yıl sonra bu "LOBİ" niye tekrar medyaya sızdırılmıştı? Neler oluyordu?

En baştan anlatmalıyım!

Bu nedenle önce size birini tanıtmalıyım:

Tuncay Güney...

Ergenekon operasyonunu yazıp da Tuncay Güney'i tanıtmamak olmaz. Çünkü, Ergenekon iddianamesinin temelini Tuncay Güney adında, mesleği, kişiliği, ne olduğu tartışmalı olan birinin emniyetteki anlatımları oluşturdu.

Tuncay Güney 1972'de Çorum Kargı, Gölet köyünde doğdu. Birkaç yıl sonra ailesiyle İstanbul Gültepe'ye taşındı. Ailesi dindardı; Kuran kursuna gitti.

Ortaokuldan sonra okumadı.

Sabah gazetesinde ofisboy olarak çalışmaya başladı. Spor ve Magazin Müdürü Tevfik Yener'in gözüne girdi. Gazeteci Yener, *Milliyet*'e geçince onu da yanında götürdü. Artık muhabirdi. Televizyon dizilerinin setlerine gidiyor, kulis haberleri yapıyordu.

Tevfik Yener gazeteciliği bırakıp eşi Neşe Karaböcek'le ABD'ye taşınınca, Tuncay Güney işsiz kaldı. Bu işsiz döneminde semtindeki, cemaatin Kırklar Öğrenci Yurdu olarak bilinen erkek öğrenci yurduna gidip gelmeye, orada kalmaya başladı. Erkeklerle sohbeti seviyordu. Bu arada ailesi onu bir akraba kızıyla evlendirdi. Eşi kara çarşaflıydı. Hiç çocukları olmadı; kısa süre sonunda boşandılar. Çünkü cinsel tercihi başkaydı; eşcinseldi.

Cemaatin, kuruluş aşamasında olan Samanyolu TV'de iş buldu. Kısa zamanda kendini kabul ettirdi; "Zirvedekiler" adlı programı hazırlayıp sunmaya başladı. Fethullah Gülen'le tanıştı; methiyelerini aldı.

Tuncay Güney cemaatin sevilen, güvenilen bir ismi oldu. İstanbul'da gay barlarına gitmesi cemaat içinde hoşnutsuzluk yaratsa da, "Zirvedekiler" çok beğenildiği için pek ses çıkarılmadı. Recep Tayyip Erdoğan, Tansu Çiller, Bülent Ecevit ve Mesut Yılmaz'la röportajlar yaptı. Çevresini sürekli genişletti. Ve programına davet ettiği parapsikoloji uzmanı Mehmet Ayrancı'nın yardımcısı Volkan Kemal Ergenekon'la tanışması hayatının akışını değiştirdi.

Tuncay Güney'in bu tanışması, Türkiye'nin uzun yıllar konuşup tartışacağı bir "örgüt" adı bulunmasına neden oldu: ERGENEKON.[10]

Volkan Kemal Ergenekon'un babası emekli askerdi: Necabettin Ergenekon! Baba Ergenekon 1926 Erzurum doğum-

---

10 "Ergenekon" adı Türk siyaset terminolojisine yıllar önce girmişti. Araştırmacı-yazar Erol Mütercimler "Ergenekon"u telaffuz eden ilk isim oldu: "Bu büyük bir örgütün bir birimidir. Bu örgütün adı ne? Bunun adı Ergenekon'dur. Bu örgüt 1960 yılında Kıbrıs'tan Türkiye'ye taşındı. Bunun yapılanmasında Alparslan Türkeş, Turgut Sunalp vardı. Kim kurdurdu? Batı'da gladio adıyla şekillendirilmiş olan grupları kurdurtanlar. Yani CIA-Pentagon. Ergenekon, MİT'in de, başbakanın da, Genelkurmay'ın da üstünde. Bu örgütün içinde generaller, emniyet müdürleri, işadamları var (5 Ocak 1997 *Aydınlık*). Aynı yıl Can Dündar-Celal Kazdağlı imzalı *Ergenekon* adlı kitap çıktı.

luydu. 1982'de emekli olmuştu.[11]

Bu arada not koymalıyım: Asıl soyadları "Baltacı" idi, soyadlarını 1960'ta değiştirmişlerdi.

Volkan Kemal de babası gibi askerdi, ancak psikolojik sorunları nedeniyle 1989'da TSK'dan malulen emekli edilmişti.

Emekli Albay baba Ergenekon, cemaate mensuptu! Bu arada Recep Tayyip Erdoğan'la tanışıyorlardı, ancak milliyetçilik konusunda anlaşamamışlardı. İddia bu.

Tuncay Güney, oğlu vasıtasıyla babasıyla tanıştı. Her daim olduğu gibi kendisini sevdirdi. Necabettin Ergenekon'un o dönem medyada adı sıkça yer alan Albay Veli Küçük'ün komutanı olduğunu, sık görüştüklerini öğrenince ilgisini artırdı.

Ergenekon ve Küçük'ü dost eden aynı kökene sahip olmalarıydı; Azeri'ydiler.

Burada da bir saptama yapmalıyım. Necabettin Ergenekon, Türkiye'deki bazı Azeri derneklerinin etkinliklerine sıkça katılıyordu. Bu çevrelerde çok saygınlığı vardı. Emekli Albay Ergenekon, Azeri faaliyetlerinin Tuncay Güney aracılığıyla Samanyolu TV kamerası tarafından kaydedilip Azerbaycan'a gönderilmesinden mutlu oluyordu. Tuncay Güney'den "Zirvedekiler" programına Elçibey'i konuk etmesini bile istedi. Emekli Albay Ergenekon ve organize ettiği Azeri derneklerinin amacı, İran'daki Azerileri Azerbaycan'la birleştirmekti. Bu, bilindiği gibi İran'ı parçalamak isteyen ABD'nin de planıydı.

Konu konuyu açıyor; ama önemli, yazmalıyım:

Veli Küçük, tutuklanmadan önce Dünya Azeriler Kongresi (DAK) başkanıydı. Duruşmada dedi ki: "ABD'liler bana, İran'ın parçalanması için İran'daki Azerilerin ayaklanıp Azerbaycan'la birleşmesi için çaba sarf etmemi teklif ettiler. Kabul etmedim. Bu başıma gelenlerin nedeni budur!" (15 Aralık 2008)

Veli Küçük, ABD'liler tarafından İran'ı bölme planına uymadığı için hedef olduğunu belirtiyor. Doğru mu? Bilinmez.

Bilinen, Tuncay Güney'le sıkça görüşen, onu çeşitli çevrelere sokan Necabettin Ergenekon'un bu soruşturma sürecinde sorgusuna dahi başvurulmamış olması. Niye atlanmıştır? Geçelim...

---

11 Sırrı Süreyya Önder'in *Beynelmilel* filmi 12 Eylül 1980 askeri darbesinden sonra Adıyaman sıkıyönetim komutanının zorla Romanlardan askeri bando kurmasının hikâyesini anlatır. O dönemde Adıyaman Sıkıyönetim Komutanı kimdi dersiniz: Albay Necabettin Ergenekon! Bizim sevgili Sırrı dostumuz da sakın "Ergenekoncu" olmasın! Hep böyle bağlantılarla iddianameler yazılmadı mı?

Tuncay Güney sonuçta isteğine kavuştu; Necabettin Ergenekon'la, İzmit Jandarma Bölge Komutanı Albay Veli Küçük'ü ziyarete gitti. Bu tanışmadan sonra Tuncay Güney, Ayşe Önal gibi gazetecileri de Veli Küçük'le tanıştırdı. (Ayşe Önal, Tuncay Güney'in kendisini Fethullah Gülen'le de tanıştırdığını söyledi ki bu konumuz değil.)

Samanyolu TV'de "Zirvedekiler" programını yapan, çevresini geliştiren cemaatçi Tuncay Güney gece hayatını da hızla devam ettirdi. Tesadüf müdür bilinmez; İstanbul İran Konsolosluğu'nda çalışan biriyle "yakın" ilişki kurdu. İran'a bile gitti! İran meselesine döneceğiz.

Tuncay Güney cemaat içinde itibarlı olunca, Samanyolu'nda bir ekiple hareket edip yönetimi almak istedi. Başaramadılar. Kovuldular. Bir süre işsiz kaldı sonra *Akşam* gazetesine geçti. Nazlı Ilıcak'ın oğlu Mehmet Ali Ilıcak'ın sahibi olduğu *Akşam*'da çalışmaya başladı.

O dönem, Susurluk kazasının olduğu dönemdi. MİT görevlisi Mehmet Eymür "2. MİT Raporu" olarak bilinen Susurluk kazası öncesi, Susurluk çetesini anlatan bir rapor yazıp medyaya sızdırmıştı. Kazadan sonra devlet-mafya ilişkisi ortaya çıkınca medya günlerce bu raporu haber yaptı. Bu arada devlet-mafya ilişkisini gösteren bazı fotoğraf kareleri gazetelere satıldı. Satan kişi Tuncay Güney'di. Kimine göre bu fotoğrafları, *Akşam*'ın arşivinden çalmıştı. Kimine göre ise, fotoğrafları "2. MİT Raporu" nu yazan Mehmet Eymür basına sızdırması için Tuncay Güney'e vermişti.

Geldik Tuncay Güney'in girift istihbarat ilişkisine...

Tuncay Güney o dönem sadece Veli Küçük'le tanışmadı. MİT'le de ilişkisi vardı. Ancak bu ilişkinin nasıl kurulduğu konusunda netlik yok. Bir ihtimal Emekli Albay Necabettin Ergenekon vasıtasıyla bu bağlantı kuruldu.

Bir diğer varsayıma göre de Veli Küçük'ün, arkadaşı MİT Kontrterör Bölümü'nün başındaki Mehmet Eymür'e Tuncay Güney'i göndermesiyle bu ilişki kuruldu.

Bilinen, Tuncay Güney'in MİT'te "İran Masası'na bağlı eleman" olarak görevlendirildiğiydi. Geldik yine İran meselesine.

Emekli Albay Ergenekon, İran Azerileriyle de ilgiliydi. Bu ilgi aynı zamanda akrabalıktan da kaynaklanıyordu. Oğlu Volkan Kemal Ergenekon, İran'da yaşamış, orada evlenmiş, bir Humeyni hayranıydı! Ajan olabilir mi?..

İran Azerileri-MİT ve Tuncay Güney ilginç bir bileşimdi. CIA'in İran'i parçalama planını unutmayalım. Bu bilgi sonra lazım olacak. Burada bir soru: Cemaatin İran'da niye okulu yok? Cemaat İran'a yıllardır niye sokulmuyor? Cemaati CIA ile ilişkili gördükleri için mi? Tıpkı Ruslar gibi... Bunlar bilinmeden Ergenekon soruşturması kavranamaz... Devam edelim.

Veli Küçük Ergenekon davası duruşmasında, Tuncay Güney'den şüphelendiğini ve bu durumu arkadaşı MİT görevlisi Mehmet Eymür'e bildirdiğini söyledi. Diyeceksiniz ki, Jandarma İstihbaratçısı Veli Küçük niye Mehmet Eymür'e bu bilgiyi versin? Çünkü Tuncay Güney 1990'lı yılların ortasında cemaatin Kuzey Irak'ta açtığı okul için sık sık bu bölgeye gitmişti. Jandarma İstihbarat yurtdışı faaliyetlerde bulunamıyordu. Bu nedenle Veli Küçük bu bilgiyi Mehmet Eymür'le paylaşmıştı. Tuncay Güney'in cemaat adına Kuzey Irak'a gitmesi de ayrı bir mesele. "Niye Tuncay Güney?" sorusu akla geliyor. Konuyu dağıtmayalım, devam edelim.

Susurluk kazası Mehmet Eymür'ü de yerinden etti; Kontrterör Dairesi kapatıldı; Eymür ikinci kez MİT'ten kovuldu.

Eymür'ün kovulmasıyla Tuncay Güney'in de MİT'le ilişkisi sona erdi. Ardından, Tuncay Güney *Akşam* gazetesinden atıldı. Her ikisinin de kovulması tesadüf mü? Tuncay Güney *Akşam'*dan bir arkadaşı aracılığıyla Ümit Oğuztan'la tanıştı.

1956 İstanbul doğumlu Ümit Oğuztan gazeteciydi. *Ses, Hayat, Haftasonu* gibi magazin gazete ve dergilerinde çalışmıştı. Bir dönem 1 milyon tiraja kadar yükselen popüler *Tan* gazetesinin genel yayın yönetmenliğini yapmıştı. "Sisi" ismiyle bilinen transseksüel Seyhan Soylu'yla evlenmiş, boşanmıştı.

Tuncay Güney-Ümit Oğuztan ikilisi *Strateji* adlı dergiyi çıkardılar. Dergi 17 sayı çıktı. Her kapak haberi olaydı:

– Afganistan Başbakanı Ahmed Zeyd: "Türkiye'ye 10 katrilyon liralık eroin sattım!"

İkinci sayının kapağında eski başbakan Tansu Çiller vardı:

– "Çiller'e eroin sattım."

Derginin kapak konularının çoğunluğu gerçekdışı haberlerdi:

– "54 MİT ajanı esir düştü."

– "Sabancı cinayetinde naylon katil."

– "Fethullah raksı" (Kapak fotoğrafında Marilyn Monroe kıyafeti giymiş Fethullah Gülen vardı. Tuncay Güney kovulduğu cemaatten intikamını mı alıyordu?)

– "TV'de irtica."

– "İrtica mahkûmları." (Kapak fotoğrafında Necmettin Erbakan ile Tayyip Erdoğan vardı.)

Derginin kapak haberlerinden de anlayacağınız gibi dönem 28 Şubat dönemiydi. Hedef belliydi: İrtica örgütlenmelerini merkez alan neredeyse tüm İslami dernekler, vakıflar, partiler, şirketler vs.

Peki, 28 Şubat dönemine uygun yayınlar yapan Ümit Oğuztan ve Tuncay Güney'in arkasında kim vardı? MİT mi, Jandarma İstihbarat mı? Polis mi? CIA mi? MOSSAD mı? Ne?[12]

Tuncay Güney 1997'de bir ara askere gitti. Kars-Ardahan 9. Tabur Komutanlığı'nda ancak dört ay askerlik yaptı; "cinsel kimliği" nedeniyle askerlikten muaf oldu.

Bu dönemde, astsubayken yükseköğrenimini tamamlayıp teğmen olan Murat Oğuz'la tanıştı. Teğmen Oğuz'la "cinsel kimlikleri" nedeniyle iyi anlaştıkları iddia edildi.

Murat Oğuz üsteğmen olup Hasdal Kışlası'nda maliye bütçe subayı olarak çalışmaya başlayınca, Tuncay Güney'le birlikteliği İstanbul'da da sürdü.

Üsteğmen Oğuz, komutanlığın tahsis ettiği siyah Renault marka otomobili Tuncay Güney'in "emrine" verdi. Tuncay Güney otomobilin arkasına, Üsteğmen Oğuz ön koltuğa oturuyordu. Tuncay Güney'in kapısını açıyordu. Üsteğmen rütbesindeki bir subayın sivil birinin kapısını açması Tuncay Güney'in üst rütbeli subay olduğuna inanılmasına neden oluyordu.

Ayrıca Tuncay Güney herkese kendini Susurluk meselesi nedeniyle adı kamuoyunca artık bilinen Veli Küçük'ün emrinde çalışan "JİTEM'ci Binbaşı" olarak tanıtıyor ve rolünü iyi oynuyordu. Veli Küçük'ün bundan haberi var mıydı? Yoktu. Ama şehirde "Veli Küçük efsanesi" estiriyordu Tuncay Güney! Ünlü genelev patroniçesi Manukyan'ın Taksim'deki bir evine, "JİTEM için güvenli bir ev oluşturmak amacıyla" el koydu. Hiçbir ücret

---

12 28 Şubat'a salt "modernizm penceresi"nden bakanların meselenin aslını kaçırdığını düşünüyorum. 28 Şubat-ABD ilişkisi bugüne kadar hiç ele alınmamıştır. Başbakan Erbakan'ın ABD'nin neoliberal iktisat politikalarına ve dış politikasına uygun adımlar attığı biliniyor. Keza REFAHYOL'un kuruluşunu destekleyen ABD'nin nedense birden Türkiye'nin laik rejiminin önemine vurgu yapan açıklamaları da nesnel bir değerlendirmeye muhtaçtır. AKP'yi yaratan koşulları kimler oluşturdu, tartışmalıyız. *Hangi Erbakan* kitabımın genişletilmiş basımında bu konuyu ayrıntılarıyla ele aldım.

ödemeden Sarıyer Kısırkaya Köyü Muhtarlığı'ndan Türk bayraklı boş beyaz bir kâğıda yazdığı iki satır yazıyla "Mehmetçik Vakfı" adına plaj işletmesi sahibi oldu!

Tuncay Güney-Murat Oğuz ikilisi neler yapmadılar ki...

Yozgat Cezaevi'nde 12 Eylül 2002'de Akın Birdal'a yapılan suikastı azmettirdiği için tutuklu bulunan ülkücü Semih Tufan Gülaltay'ı, Korkmaz Yiğit'e baskı yapılmaması için ziyaret ettiler! Kendini bu kez Özel Harpçı Binbaşı olarak tanıtmıştı! İşin garip yanı, Yozgat Cumhuriyet Başsavcısı M. Kemal Semercioğlu'nun bu yalana nasıl inandığı idi. Semih Tufan Gülaltay 29 Aralık 2008 tarihli duruşmada; Tuncay Güney'e inanmadığını, 25-26 yaşında birinin binbaşı olamayacağını, devre arkadaşlarını filan sorduğunu, Tuncay Güney'in ise sadece Veli Küçük'ün komutanı tarafından özel olarak görevlendirildiğini söylediğini anlattı.

Tuncay Güney çok mu becerikliydi, yoksa arkasındaki bir güç mü ona tüm kapıları açıyordu? Öyle ki...

Daha şaşırtıcı olan; ABD İstanbul Başkonsolosluğu'nun Tuncay Güney'e 10 yıllık vize vermesiydi. Siz gidin başvurun bakalım, size 10 yıllık vize veriyorlar mı? Ve...

Tarih: 4 Şubat 1999.

Tuncay Güney bu vizeyle New York'a gitti. Dokuz gün kaldı. Ne yaptığı, kimlerle konuştuğu bilgisi gün yüzüne hiç çıkmadı.

Bilinen şunlar:

MİT'ten ayrıldıktan sonra ABD'ye yerleşen Mehmet Eymür "atin.org" adlı bir internet sitesi kurdu. Yanında götürdüğü birçok MİT belge ve bilgisini burada yayınlamaya başladı. Bu, MİT tarihinde ilk kez oluyordu. MİT çalışanları kurumdan ayrılırken, yaşamları boyu susacakları konusunda resmi kâğıda imza atıyorlardı. Aksi suçtu. Mehmet Eymür kendini kurum üstünde görüyordu. Korkusuzdu; atin.org'da hep yazdı.

Mehmet Eymür 4 Haziran 2000'de sitesinde Tuncay Güney'in, tam adını vermeden, "çift kimlikli gazeteci" olduğunu yazdı.

Bu yazıdan iki gün sonra 6 Haziran 2000 tarihinde Fehmi Koru da, *Yeni Şafak*'taki köşesinde yine Tuncay Güney'in adını vermeden, "bildiği gizli operasyonları anlatıp rahat etmek, yılın gazetecisi olmak yerine sıkıntı çeken" bir gazeteciden bahsetti!

Tuncay Güney bu yazıdan sonra ikinci kez Temmuz 2000'de ABD'ye gitti. Rastlantı mı?

Tuncay Güney'in bu kez ABD'de nerede kaldığı biliniyordu. İddiaya göre New York Manhattan Postanesi yanındaki MİT'e ait bir evde misafir edildi. MİT resmi açıklamasında Tuncay Güney'le "1997'de ilişkiyi bitirdik" demişti. Bu iddia MİT'e hiç sorulmadı.

Yine iddiaya göre, Tuncay Güney bu gidişinde "Green Card" başvurusu yaptı. Niye yaptı; ABD'ye yerleşmeyi mi düşünüyordu? İleriye dönük ne planları vardı? Kimlerle işbirliği içindeydi? Mehmet Eymür'le ABD'de görüşmeyi sürdürdüler mi?

Tuncay Güney ABD'den dönünce 22 Kasım 2000 tarihinden itibaren mahkeme kararıyla nedense telefonu dinlemeye alındı. 27 Şubat 2001'de tekrar dinleme izni alındı. Takip eden İstanbul İstihbarat Şubesi'ydi. Bu birimi yazmamın nedeni var; yazacağım ama önce şu bilgiyi aktarmalıyım:

İstanbul Emniyeti üç ay önce emekli olan Emekli Tuğgeneral Veli Küçük'ü de teknik takibe aldı. Tuncay Güney'le ilişkisi ne boyuttaydı? Dinlemelerde ortaya çıkmıştı ki, Tuncay Güney otomobil dolandırıcılığı yapıyordu. Ve hatta Veli Küçük'e de bir cip hediye etmek istemiş, Veli Küçük reddetmişti. Öte yandan şaşırtıcı olan, teknik takip altındaki Tuncay Güney'in sık sık İstanbul Emniyet Müdürlüğü'ne gitmesiydi. Polislerle sohbetler ediyordu. O kadar yakın ilişki içindeydi ki bazı polisler tabancalarını bile Tuncay Güney'e veriyordu. Bu arada Tuncay Güney sahte polis kimlikleriyle dolandırıcılık yapmayı sürdürüyordu. "Orhan Sonuç" adına düzenlenmiş polis kimliği kullanıyordu. Polis ilişkisi olmayacak biçimde güçlüydü.

Öyle ki:

MİT'in Özbek General Raşid Dostum'a Türkiye'ye gelişinde kullanmak üzere tahsis ettiği ve Emniyet Müdürlüğü emanetinde bulunan bir cipi üç ayrı kişiye sattı! Polis yardımı olmadan Tuncay Güney'in bunu yapması çok zor değil mi? Ama nedense bu konu hiç araştırılmadı, sorumlu polisler açığa çıkarılmadı. Niye?

Fakat sonuçta oto kaçakçılığı nedeniyle şikâyet üzerine Tuncay Güney gözaltına alındı. Tuncay Güney'in adı bir olayda geçecek de işin içinde enteresanlıklar, tuhaflıklar olmayacak! Tuncay Güney gözaltından önce polislerle buluştu. Lokantada yemek yedi. Emniyet'te nasıl ifade vermesini mi konuştular? Sonra polislerle birlikte Gayrettepe Asayiş Şube Müdürlüğü'ne gitti. Tarih: 1 Mart 2001.

Tuncay Güney'in polisteki sorgusu "doğal seyrinde" geçmedi. Asayiş Şube Dolandırıcılık ve Yankesicilik Büro Amirliği'ndeki sorguya Emniyet İstihbarat Şubesi'nin polisleri de katıldı. Ortada bir otomobil dolandırıcılığı vardı; o halde

İstihbarat bu sorguya niye katılmıştı? Yazdım ya, soru yanıttır aslında. İstihbaratçılar sabaha kadar Tuncay Güney'i sorgulayıp videoya aldılar.

Tuncay Güney'in emniyetteki sorgusu bununla sınırlı değildi. Dolandırıcılık yanında çeteden bahsetmişti. Bu durumda dosyaya Kaçakçılık Organize Suçlarla Mücadele Şube Müdürlüğü dahil oldu. Tarih: 2 Mart 2001.

Neden Tuncay Güney'in emniyetteki günleri konusunda ayrıntılı, tarih filan yazarak anlattığımı birazdan anlayacaksınız. Ama şimdi bir portre yazmalıyım...

Adil Serdar Saçan adını duydunuz mu; emniyet müdürüydü. İÜ Siyasal Bilgiler Fakültesi'nde yüksek lisans yapmıştı. İÜ Hukuk Fakültesi mezunuydu aynı zamanda. Üç kitabı vardı.

Tuncay Güney'in 2 Mart'ta getirildiği Organize Suçlar Şube Müdürlüğü'nü 1998'de kurmuştu. Atak, gözü kara bir polisti. Beş yılda 476 operasyon yapmıştı. Susurluk "ünlüsü" kumarhaneler kralı Ömer Lütfü Topal'ın 6.778.995 Amerikan dolarını ele geçirmişti. Bu polis tarihinde rekordu. Alaattin Çakıcı, Sedat Peker, Sedat Şahin, Ayvaz Korkmaz gibi yeraltı dünyasının tanınmış isimlerini yakalayıp cezaevine koyan oydu. Adnan Hocacılar'a da, Albayrak Grubu'na da operasyon yapan polis müdürü oydu. Başbakan Erdoğan'ın koltuğa oturur oturmaz, 13 Mart 2003'te Adil Serdar Saçan'ı görevden almasının sebebi, bu gözüpek polis müdürünün Büyükşehir Belediyesi iktisadi teşekküllerine yaptığı operasyondu. Erdoğan'ın bugün hâlâ dokunulmazlığı sayesinde korunduğu kalpazanlık gibi suçlamalar bu operasyonlarla ortaya çıkmıştı.

Adil Serdar Saçan aynı zamanda emniyet içindeki cemaat yuvalanmasının da hedefindeydi. 2001'de emniyet içindeki cemaatçiler hakkında çalışma izni almak için DGM Başsavcılığı'na başvurmuştu.

Böylesine tepki çeken polis operasyonları yapan birinin yeri neresi olabilirdi: Ergenekon soruşturması kapsamında 27 Eylül 2008'de tutuklandı! Yaklaşık iki yıl cezaevinde yattı. Ne deniyordu bugünlerde, "cemaate dokunan yanıyor". Polis kolejinden beri cemaatçi meslektaşlarıyla hep karşı karşıya gelmişlerdi. Saçan, okulda Atatürk Düşünce Kulübü kurmuştu. Cemaatçi meslektaşları sonunda Adil Serdar Saçan'ı Silivri'ye atmayı başardı.

Şimdi dönelim yine Tuncay Güney'e ve 2 Mart 2001 tarihine...

Adil Serdar Saçan, Tuncay Güney dosyasıyla ilgilendi, çünkü Sedat Peker-Veli Küçük ilişkisinin boyutunun nereye dayandığını merak ediyordu. Ayrıca İstihbarat Şubesi de sürekli "Susurluk Çetesi'nin asker kanadını ortaya çıkaracağız" diyordu. Yani operasyon önemliydi. Önemliydi ama dosya bomboştu. Öyle ki Tuncay Güney'in evinde, Ümit Oğuztan'la kullandıkları şirketlerde arama bile yapılmamıştı! Niye? İhmal mi? Bulunacak belgeleri Atatürkçü bir polis müdürünün mü bulması istenmişti? Cemaat operasyonu kendisinin yaptığını perdelemek mi istiyordu? Henüz AKP Hükümeti filan ortada yoktu... Cemaat polis operasyonlarını dikkatlice, kimselere sezdirmeden yapmak mı istiyordu? Atatürkçü polis desteği önemliydi yani...

Bu arada bir anımsatma yapayım:

Hani, 12 Temmuz 2006'da "aloihbar" adlı siteye gönderilen "Ergenekon" belgesi var ya, işte o belge ilk kez Atatürkçü polis ekibinin yaptığı bu aramada ortaya çıktı!

Tuncay Güney'le ilgili iki arama yapıldı.

Biri: 5 Mart 2001'de Gültepe'deki evinde gerçekleşti.

Sahte kimlikler, plakalar, ruhsatsız tabanca, kaşeler, nüfus cüzdanları vs. bulundu.

Aynı tarihte Ümit Oğuztan ile Tuncay Güney'in işyerleri, "Strateji Araştırma Grubu Enstitüsü"nün Taksim'deki bürosu arandı. Burada 74 teyp kaseti, 18 film negatifi, 19 CD, bir bilgisayar, harddisk, beş kamera kasetine el konuldu. Fakat...

Ümit Oğuztan bürosunda el konulan eşyalarını 4 Temmuz 2003'te polisten geri aldı. Bu eşyalar arasında "1 adet Ergenekon içerikli sarı renkli klasör" de vardı. Yani "Ergenekon klasörü" 2003'te suç unsuru olarak görülmeyip teslim edilmişti!

Tuncay Güney'in evinde ikinci arama Ergenekon operasyonlarından sonra 13 Şubat 2008'de gerçekleşti. Bilgisayar imajında Ergenekon'la ilgili basında yer alan haberlerin kopyaları çıktı.

"Ergenekon Belgesi" 2001'de dergilerde, gazetelerde yer almış, tartışma yapılmış, ama emniyet "suç belgesi" saymamıştı. Niye? Henüz CIA bu işe el koymadığı için mi? Yani büyük oyun planı henüz yazılmadığı için mi? Ya da şartlar henüz olgunlaşmadığından mı? Çünkü ABD Ankara Büyükelçisi Robert Pearson, 18 Nisan 2003'te, WikiLeaks'in ortaya çıkardığına göre, TSK içinde ABD-Nato'ya yakın "Atlantikçiler" ile Rusya, Çin, İran'a yakın "Avrasyacılar"ın olduğunu belirten kripto yazdı. "Avrasyacı" dedikleri, Çetin Doğan, Fevzi Türkeri, Tuncer

Kılınç, Doğu Aktulga, Şener Eruygur gibi Ergenekon soruşturmasına dahil edilen komutanlardı.

Şimdi tekrar, Tuncay Güney'in emniyetteki sorgusuna dönelim: Tuncay Güney'i, Organize Suçlar Şubesi'nden A. İ. ve İstihbarat'tan H. Ö. Y. sorguladı. Tuncay Güney sorguda aklına geleni söyledi. Yine araya girip bir not yazmalıyım:

O tarihte Tuncay Güney'le ilgili, önce 18, sonra da 20 kişinin telefonu dinlenmişti. Veli Küçük'ün "istihbarat görevlisi" gibi çalıştığını söyleyen Tuncay Güney'e, Veli Küçük'ten hiç telefon gelmemişti. Peki, kim kiminle görüşmüştü? Önemli bir kanıt olabilirdi. Ne yazık ki, İkinci Ergenekon davası tutuklusu Adil Serdar Saçan bu dosyayı mahkeme kanalıyla emniyetten istedi: Yanıt: Dosya kayıp! Belgenin altında Emniyet Müdürü Ali Fuat Yılmazer'in imzası vardı. İyi de aynı belgeyi Birinci Ergenekon davasında yargılanan Muzaffer Tekin de talep etmiş; H. Işıldak imzalı 8 sayfalık dosya gönderilmişti. Hadi gelin çıkın işin içinden; Ergenekon'u, derin devleti açığa çıkarmayacak mıydı? Veli Küçük'ün varsa karanlık ilişkisi bu dinlenen telefonlarla açığa çıkarılamaz mı? Niye özen gösterilmiyor? Ya da niye hep karışıklık yaratıyorlar? Gerçeğin ortaya çıkmaması için mi? Tuncay Güney'in "çok bilen adam" imajının bozulmaması için mi?

Çünkü belgelerde ortaya çıktı ki, "her şeyi bilen" Tuncay Güney telefonla annesiyle, kız kardeşiyle konuşuyor, bol bol geyik muhabbeti yapıyordu.

Şimdi bu noktada, tekrar başa dönelim. Bir soruyu atlamayalım; İstanbul İstihbaratı neden Tuncay Güney, Veli Küçük gibi 18 kişi hakkında teknik takip başlatmıştı?

Mesele sadece otomobil dolandırıcılığı değildi herhalde...

Bunun Tuncay Güney'in ABD seyahatiyle ilişkisi var mıydı?

Çünkü: Tuncay Güney ABD dönüşü Veli Küçük'e bir cip hediye etme organizasyonuna girmiş ve sert tepki almıştı. Veli Küçük'ün duruşmada söylediğine göre, tertip böyle başlayacaktı; karşı çıkınca yapamamışlardı.

Hep kilit soru gelip Tuncay Güney'in ABD'de kimlerle görüştüğüne takılıp kalıyor. Ergenekon operasyonu için, ABD'de yaşayan Mehmet Eymür düğmeye basmış olabilir mi?Rastlantı mı bilinmez, Ergenekon operasyonu başlayınca sahibi olduğu atin.org faaliyetini askıya aldı. Niye? Mehmet Eymür ile Veli Küçük'ün arasında büyük bir çatışma mı var? Çatışmanın sebebi nedir?

Ergenekon operasyonuna başlamanın iki dayanağı vardı:

Biri, Tuncay Güney'in emniyette anlattıkları.

Diğeri, Tuncay Güney-Ümit Oğuztan'da çıkan Ergenekon, "Lobi" belgeleriydi.

Diyeceksiniz ki: "Ergenekon'un kilit ismi" Tuncay Güney tutuklanıp Silivri Cezaevi'ne konulmuştur herhalde! Hayır. 8 Mart 2001 tarihinde dolandırıcılıktan tutuklanıp Bayrampaşa Cezaevi'ne atıldı. Bir gün sonra –kim tarafından ödendiği hâlâ bilinmeyen– 3.000 lira kefalet karşılığında serbest kaldı! Ve yurtdışına çıkış yasağı olan Tuncay Güney tekrar ABD'ye gitti: Tarih: 4 Temmuz 2001. Tuncay Güney gibi bir zavallının "koruyucu meleği" kimdi?

İddiaya göre, Kanada'da haham olarak "görev" yapmadan önce, CIA tarafından desteklenen New York Institutes'ta çalıştı! Adam bırakın İngilizceyi, Türkçe bile konuşamıyordu.

Burada temel bir konu üzerinde durmalıyım...

Tuncay Güney ABD'ye gidince neler oldu:

Tuncay Güney'in emniyet ifadesi 3 Temmuz 2002'de MİT'e gönderildi. MİT de, bir hafta sonra, 11 sayfalık dosyayı Genelkurmay Başkanlığı'na ulaştırdı. Sonra da 19 Kasım 2003'te Başbakan Recep Tayyip Erdoğan'a gönderildi.

Bu arada Tuncay Güney'e Adil Serdar Saçan ekibinin sorduğu Fethullah Gülen'le ilgili bölüm nedense kayboldu. Medyaya Samanyolu TV'den giriş yapan, Fethullah Gülen'in toplantılarına katılan Tuncay Güney'in o döneme ilişkin anlatımları yok oldu.

Bir vaka olsa "kayboldu" açıklamasına inanırsınız. Fakat Ergenekon duruşmalarını takip ederseniz, benzer ilginçlikle karşılaşırsınız. Duruşmalarda Semih Tufan Gülaltay'dan Adil Serdar Saçan'a kadar tutuklular mahkeme başkanına hep aynı soruyu yöneltti: "Fethullah Gülen'le ilgili ifadelerimiz neden sorgu ifademizden çıkarılmıştır?" Ergenekon davasında bir "görünmez el" var demek ki! En komiği ise, bazı sanıklar duruşmalarda F Tipi'nden bahsetmektedir; "F tipi" dedikleriyle Fethullah Gülen cemaatini kastetmektirler. Peki F tipi duruşma tutanaklarına nasıl yansıdı dersiniz; "Ev tipi" diye... Neyse işi "sulandırmayalım"!..

MİT ve Genelkurmay, Tuncay Güney'in anlatımlarına "bilgi kirliliği ve maksatlı propaganda izlenimi edinilmiştir" deyip delil olarak kullanılmayacağını rapor etti. Dönemin İstanbul DGM Savcısı Aykut Cengiz Engin'in, Tuncay Güney'in ifadesini ciddiye almayıp dosyayı getiren polislerin üzerine fırlattığı resmi yazılara geçti.

Tuncay Güney'in anlatımları için "Üçüncü MİT Raporu" denmeye başlanmıştı. Birinci ve İkinci MİT Raporu'nu Mehmet Eymür'ün hazırladığı biliniyor. "Üçüncü MİT Raporu"nu kim planlamıştı acaba? Tuncay Güney'i kim yönlendirmişti? ABD'de yaşayan Mehmet Eymür olabilir mi? Eymür'ün arkasında kim vardı; CIA olabilir mi? Bu iddialar Ergenekon duruşmalarında hep dile getirildi. Medya ise bunları hiç görmedi, anlamamazlıktan geldi. Sadece polisin sızdırdığı kirli bilgiyle yetindi. Soru'yu unuttu.

Sonra... "Neler oldu?" Bunun yanıtı WikiLeaks belgelerinde ortaya çıktı.

Yine ABD Ankara Büyükelçisi Robert Pearson, 22 Mart 2003'te Washington'a çektiği yedi sayfalık kriptoda; Türk generallerin, Tayyip Erdoğan'ın davranışlarından büyük bir rahatsızlık duyduğunu (...) Erdoğan'ın ABD müttefiki olduğunu ama Türk generallerin ona karşı bu tutumunun ABD çıkarlarını engellediğini (...) Diğer generallerin aksine Orgeneral Hilmi Özkök'ün sadakatli duruşunun ABD tarafından sahiplenilmesi gerektiğini, çünkü Tayyip Erdoğan'la aynı çizgide olan Hilmi Özkök'e de diğer Türk generaller tarafından itiraz edildiğini (...) Erdoğan'a destek verilmeye devam edilirse Ortadoğu ve Irak dahil olmak üzere tüm hava sahasını, kara ve demiryolları ile Mersin ve İskenderun limanlarını ABD kullanımına açacağını taahhüt ettiğini (...) Ancak bunun üst rütbeli Türk subaylar tarafından engellenmek istendiğini (...) yazdı.

Bundan sonra ABD'de, "Türkiye'de Erdoğan desteklenmezse darbe olabilir" makaleleri yazılmaya başlandı (*Washington Post*, Grinville Byford – bkz. Turan Yavuz, *Çuvallayan İttifak*).

Başbakan Erdoğan, 27 Nisan 2005'te TBMM'de yaptığı grup konuşmasında ABD-Türkiye ilişkisinden bahsederken "ilişkimizin gelişmesinden rahatsızlık duyan bazı lobi ve gruplar" olduğunu söyledi. "Lobi" vurgusu dikkat çekiciydi; "lobi belgesini" anımsayınız.

16 Ekim 2005'te Fethullah Gülen, ABD'den, *Yeni Aktüel* dergisinde, "Ulusalcı dalgayı aşacağız" dedi... İyi de bu demecin verilmesine sebep olan gündemde hangi olay vardı ki? Yoktu. Ya da

biz bilmiyoruz, Gülen'in istihbarat kaynakları belli, güçlüydü...

Bundan kısa bir süre sonra 9 Kasım 2005'te Şemdinli olayları oldu ve hedefteki isim; ABD Büyükelçisi Robert Pearson'ın, adını "Avrasyacılar" içinde yazdığı, geleceğin Genelkurmay başkanı olacak Orgeneral Yaşar Büyükanıt'tı... Şemdinli iddianamesi, Ergenekon iddianamesinin minik bir prototipi gibiydi... Burada bir parantez açmalıyım: ABD kriptosunda Büyükanıt "Avrasyacı" idi ve hedefti. ABD Utah'tan Türkiye'ye bir bilgi sızdırılmıştı: Büyükanıt'ın dedesi Yahudi! Utah'ın, cemaatçilerin dezenformasyon merkezi olduğu artık biliniyor. Rastlantı ilginçti, Washington'da Yunan *Eleftheros Typos* gazetesinde çalışan Lambros Papantoniou, nereden bulduysa Genelkurmay Başkanlığı'nın "Lahika-1" adlı yalan olduğu bilinen eylem planını gösterip, Büyükanıt'ın faşist olduğunu söylüyordu herkese. Şimdi, bu bilgilerden sonra gelelim asıl soruya, Büyükanıt'ın hedefe konulmasında kimler işbirliği yapıyordu: Yardımımıza WikiLeaks yetişiyor. 24 Kasım 2008'de ABD Büyükelçiliği Siyasi Müsteşarı Daniel O'Grady, Türk Emniyeti'nden bazı yetkililerin gelerek Büyükanıt'ın kızının cinsel ilişkileriyle ilgili fotoğraflar ve belgeler ortaya koyduklarını kripto yazıp Amerika'ya göndermişti. Türk polisi Büyükanıt ile ilgili özel bilgiyi neden ABD Büyükelçiliği ile paylaşıyordu? Utah merkezli, "Büyükanıt Yahudi" iddiasıyla bu fotoğraflar tesadüf müydü; yoksa ikisi de aynı merkezin ürünü müydü? Aslında bu, Ergenekon soruşturmalarının arkasında kimin olduğu konusunda bilgi vermiyor mu?

Düğmeye basılmıştı. Ergenekon dosyası yeniden tozlu raflardan çıkarıldı. 10 Ocak 2006'da MİT dosyayı önce Başbakanlığa, bir hafta sonra da Genelkurmay'a gönderdi.

Birileri ısrarcıydı...

Peki...

Ergenekon operasyonuna AKP hükümeti nasıl ikna edildi?

Emniyet Genel Müdürlüğü'nden üst düzey bir yetkilinin Gazeteci-Yazar Saygı Öztürk'e söyledikleri şöyleydi:

> "Bir gruba yönelik yürütülen soruşturma kapsamında dinlenen telefonlarda şüphelilerden bazılarının aralarındaki konuşmalarda DTP'lilerin, gazeteci ve yazarların bulunduğu bazı kişilere suikast yapılacağına ilişkin imalarda bulunuldu. Bunlara suikast yapılırsa, Hrant Dink olayında olduğu gibi Emniyet'e ithamlarda bulunacağı endişesine kapılındı. Telefon dinlemelerinde suikast imasında bulunulmasına rağmen

bunu önlemek için, "niçin" bir operasyon yapılmadığı konusunda suçlamalarda bulunulur diye erken harekete geçildi. Ergenekon operasyonu bu yüzden öne çekildi. Gözaltına alınan kişilerin daha uzun süre izlenmesi, telefonlarının dinlenmesi, ilişkilerinin araştırılması gerekiyordu. Bu "suikast yaparlar" korkusu yüzünden istenildiği gibi yapılamadı."

Bu iddia doğru değildi. Hrant Dink 2007 başında katledildi, oysa düğmeye 2006'da basıldığı net olarak ortada!

Devletin üst düzey yetkililerinin "suikast korkusuyla" bu operasyona ikna edilmesi pek gerçekçi görünmüyor. Ayrıca DTP'lilere, gazeteci ve yazarlara kimlerin "suikast" düzenleyeceğini kitabın ilerideki bir bölümünde okuyacaksınız. Bu saçma bir iddiaydı. Birileri hükümeti kandırmıştı. Ve ayrıca bunlar Ergenekon düğmesine basılmasından iki yıl sonraki telefon görüşmeleriydi.

Hanefi Avcı, Emin Arslan, Sabri Uzun gibi Ergenekon'a mesafeli bakan emniyetçilerin aynı süreçte tasfiye edildiklerini anımsatırım! Örneğin Sabri Uzun, 2006 yılının Mart ayında Emniyet İstihbarat Dairesi Başkanlığı'ndan alındı.[13] Görevden alınmasının sebebi, Yaşar Büyükanıt olayıydı! Şemdinli'de Umut Kitabevi'nin bombalanmasından Büyükanıt'ı sorumlu tutan bilgi notunun sorumlusu olarak gösterildi. Ama bu notla

---

13 Emniyet Müdürü Sabri Uzun, 20 Kasım 2009'da gazeteci Fatih Altaylı'ya yazdığı mektupta ve 2010 yılında Hanefi Avcı'nın kitabıyla ilgili İçişleri Bakanlığı Mülkiye müfettişlerine verdiği ifadede çok çarpıcı açıklamalarda bulundu. Buna göre; 14 Haziran 2001 günü (yani daha AKP hükümeti yok ama Tuncay Güney sorgusu yapılmış) Emniyet İstihbarat Daire Başkanı Sabri Uzun'un masasına bir şema geldi. Şemayı veren aynı dairede görevli bir polis müdürü olan Recep Güven'di. Bu şema İstanbul İstihbarat Şube tarafından hazırlanmıştı. Şema "Ergenekon" şemasıydı.
1. sırada kim vardı, peki: Dönemin Ege Ordu Komutanı Çetin Doğan!
Sabri Uzun, şemaya baktı ve Recep Güven'den delil istedi. "Delil" İstanbul'dan geldi: Tuncay Güney'in verdiği ifade tutanağı! Sabri Uzun, bu ifadelerle böyle bir şemanın hazırlanamayacağını söyledi. Şemada 25 kişilik bir isim listesi vardı. Ve hepsi askerdi! Uzun'a göre hukuki değildi bu şema.
Sabri Uzun'un önüne aynı şema 2006 yılının Şubat ayında tekrar geldi. Getiren aynı polis müdürüydü: Recep Güven.
Sabri Uzun; bu şema, dolayısıyla Tuncay Güney'in ifadeleriyle söz konusu kişileri (şemada ismi bulunanları) suçlayamayacaklarını söyledi.
Sabri Uzun, Fatih Altaylı'ya kaleme aldığı mektupta; "Ergenekon" için "terör örgütü demedim, demiyorum, diyemeyeceğim" diye yazmıştı.
2010 yılında İçişleri Bakanlığı müfettişlerine verdiği ifadede; kendisinin görevden alınmasıyla "Ergenekon" soruşturmasının başlatılabildiğini söyledi. Yani Uzun, İstanbul İstihbarat'ın önündeki engeldi, görevden alınarak aşıldı. Operasyon başladı!

Sabri Uzun'un hiç ilgisi ve hatta haberi bile yoktu. Komploya kurban gitmişti.

12 Eylül 2010 Referandumu'nda AKP'nin istediği "evet" oyunun propagandasını yapıp sonra yanıldığını açıklayan Demokrat Yargı Derneği Başkanı Orhan Gazi Ertekin Express Dergisi'ne şunları söyledi: "Tasfiye olan grup, Emin Arslan, Hanefi Avcı, Sabri Uzun ve bir kişi daha bu davaya ikna olmuyor. Tam Şemdinli öncesi, Ankara'da polis şefleri toplanıyor. Hanefi Avcı kesimini de çağırıyorlar. O kesim, 'Siz kazanamazsınız, asker kazanacak, biz tarafsız kalalım'" diyor. (Ağustos 2011)

Evet: 2001'de bilinen, 2003'te önemsiz bulunup iade edilen, MİT'in[14], Genelkurmay'ın saçma ve komik bulduğu "belge" 2006'da neden önemli olmuştu?

Ergenekon olur da "şaibeli gazeteci" Şamil Tayyar olmaz mı?

Şamil Tayyar'ın *Operasyon Ergenekon* adlı kitabı hangi cümleyle başladı dersiniz: "2006 yılında Başbakanlığa imzasız bir mektup ulaştı." Sonra şöyle devam etti:

> Mektuptaki satırlar okundukça, gönderenin yakın tarihte emekli olan üst rütbeli bir subay olduğu anlaşılıyordu. Mektup imzasız olduğu için başlangıçta ciddiye alınmak istenmedi (...) İddia çok vahimdi! Son yıllarda çorap söküğü gibi ortaya çıkarılan çeteler tesadüfi değildi. Emekli subay mektubunda bunları anlatıyor:
>
> Çekirdek kadrosunu bir kısım TSK mensubunun oluşturduğu, emekli askeri personel ile bazı sivil şahısları da kapsayan ve etki alanları oldukça geniş organizasyon tarafından yapılmaktadır (...)
>
> Bahsettiğim illegal organizasyon tarafından şahsıma yapılan görev teklifini seve seve kabul ettim. Bugüne kadarki süreç içinde yürütülen psikolojik harekât çerçevesinde planlanan görevlerde aktif olarak yer aldım. Söz konusu psikolojik harekât eylem planlarında AKP hükümetine karşı düzenlenen operasyonun adı SARIKIZ olarak belirtilmişti.

---

14 17 Mart 2009'da MİT Müsteşarı Şenkal Atasagun'un *Milliyet, Habertürk, Yeni Şafak*'ta yer alan açıklaması vardı: "Raporda, benim de çok saygı duyduğum isimler vardı. Saçma sapan, ciddiye alınamayacak iddialarda bulunuyordu. Görünce güldüm, komik buldum. Ergenekon raporu saçmaydı. Şimdi olanlar da saçma." MİT Müsteşarı Şenkal Atasagun'un tertiplere alet olmamak için 14 ay önceden görevinden ayrıldığı yorumları yapıldı. Atasagun, "Meraklı olsaydım göreve devam ederdim," dedi, aynı açıklamasında.

Şamil Tayyar'ın iddiasına göre bu mektup Başbakanlık'tan kendisine sızdırılmıştı. Düğmeye bu ihbarla mı basıldı?

Diyeceksiniz ki: "Kitabın daha kaçıncı sayfasındayız, bu kaçıncı ihbar, bu kaçıncı isimsiz ihbarcı subay?" Evet, çok fazlaydı. Ama Şamil Tayyar'ın yazdığı kafa karıştırıcıydı. Şöyle: Ergenekon savcıları kaç iddianame yazdılar; toplam on bin sayfayı bulan bu iddianamelerde Şamil Tayyar'ın bu altı sayfalık mektubunu "sığdıracak" yer bulamadılar! Dahası, 300 bin sayfayı bulan deliller arasında da bu mektuba yer vermediler! İpe sapa gelmez denen yüzlerce ihbar mektubu, binlerce alakasız telefon konuşması iddianamelerde ve delil klasörlerinde yer aldı ama bu mektup yoktu. Niye? Yoksa böyle bir mektup yok muydu? Ya da deliller arasına konursa kaynak mı belli olurdu? Bu ihbarcı subay mektupları hükümeti ikna için kullanılmış ve sonra yok mu edilmişti?

24 Mayıs 2006'da *Star, Vakit, Yeni Şafak, Zaman* gibi yandaş gazeteler sözbirliği etmişçesine "Ergenekon" ismini telaffuz etmeye başladı. Haber dili benzerdi. Bu demektir ki, haber polis sızdırmasıydı. "Ergenekon belgesi" yeniden devletin "sinir merkezleri"nde elden ele dolaştırıldı. Evet, düğmeye basılmıştı, ama kim tarafından?

Bu arada Tuncay Güney'i unutmuş değilim. Fakat Tuncay Güney-ABD-cemaatçi polisler ilişkisinin iyi bilinmesi için bir kişiden yine bahsetmeliyim: Mehmet Eymür...

O günlerde, yani 2006 başında dinci Kanal 7'ye Mehmet Eymür "Özel oluşumlar var" açıklamasını yapıp "Ulusalcılar tetikçi topluyor," dedi ve yine tam o günlerde Trabzon'da Rahip Santoro öldürüldü. Bu, Türkiye'de art arda işlenecek ve dünyada nefretle kınanacak Hıristiyanlara yönelik ilk cinayetti. Ardı gelecekti.

Yazdım: Emniyet'te Azınlık Masası'na bakan Ali Fuat Yılmazer'in Ergenekon soruşturmasını yürüten ekibin başına getirilmesi ilginç bir rastlantıydı!

Sadece rahip-misyoner-Hrant Dink öldürülmeyecekti. 10 Mayıs 2006'da Cumhuriyet gazetesine bomba atan ekip, 17 Mayıs'ta da Danıştay Suikastı'nı gerçekleştirecekti. Evet, birileri düğmeye basmıştı. Ayrıntılarını ilerideki sayfalarda yine göreceğiz.

Mehmet Eymür'e özel bir bölüm ayırmak gerekiyor aslında.

Ergenekon'un "gizli tanığı" olmalıydı. Ya da öyle mi acaba?[15] Gizli tanıklar arasındaki "Atsineği" Mehmet Eymür olabilir mi? (Gizli tanıkların hayli ilginç isimleri var: Dilovası, Tükenmez Kalem, Anadolu, Kıskaç, Sokak Lambası...)[16]

Mehmet Eymür'ün Ergenekon soruşturmasına yardım ettiği resmi belgelere de geçti. 17 Haziran 2008'de "Bilgi Alma Tutanağı" düzenlendi. "Ergenekon Örgütü" hakkında MİT'te bilgi yoktu, Mehmet Eymür'de vardı. Öyle ki, bazı belgelerde "parmak izi" vardı. Örneğin, bunlardan biri "Fabrikatör" belgesiydi. Bu sözde belge iddianameye Ergenekon örgütünün belgesi olarak girdi. Oysa bilinir ki, "Fabrikatör" kavramını Türk siyasi terminolojisine sokan kişi Mehmet Eymür'dü. *Analiz* ve *Sentez* kitaplarının bazı bölümleri "Fabrikatör" konusuna ayrılmıştı. Keza konu mahkemeye taşınmış; Eymür, İstanbul 8. Asliye Hukuk Mahkemesi kararıyla Doğu Perinçek ve Ferit İlsever'e 20 bin TL tazminat ödemişti. Ve sıkı durun, iddianamedeki "Fabrikatör belgesi" bu iki kitaptan derlenmişti!

Mehmet Eymür adı, dava duruşmalarında çok geçti. Semih Tufan Gülaltay'ın 26 Aralık 2008 tarihli duruşmada söylediklerine bakalım: "1996 yılında MİT Kontrterör Daire Başkanlığı görevinde bulunan Mehmet Eymür, Cemal Alparslan Ertuğ isimli bir şahısla bana haber göndererek Ankara Yenimahalle'de (MİT'te) görüşme yapmak istemiştir. Gittim, kendisiyle 4-5 saat toplantıya katıldım. Konu yurt dışında, Irak ve Suriye haricinde bir ülkedeki PKK kamplarıyla ilgiliydi. Benden yardım istedi. Yine bu görüşmeden 2 ay sonra, Doğu Anadolu'da bir sınır ilinde yine bir komşu ülkeyle ilgili Türkiye'ye gelmiş birtakım zevatla ilgili çalışma

---

15 Ergenekon davasını kolaylaştırmak için yönetmeliklerde değişiklikler yapıldı. Örneğin, "Ergenekon davasının en büyük dayanağı gizli tanıklardır" denilir. Bu nedenle gizli tanık yönetmeliği değiştirildi. 2008'de değişen yönetmeliğe göre, duruşma salonunda dinlenmesine karar verilmesi halinde gizli tanık; makyaj, maske, özel kabin veya benzeri yöntemlerden yararlanabilecekti. Kimliği ortaya çıkaracak soruların sorulması yasaktı. Kuşkusuz bu durum, hukuk devleti, adil yargılama, duruşma açıklığı, savunma ve iddia makamının eşitliğine aykırıydı. Evet, gizli tanık Ergenekon davasının belkemiğiydi; yönetmelik bu nedenle çıkarılmıştı. Tanık Koruma Daire Başkanlığı'na Başbakan Erdoğan'ın eski Koruma Müdürü Ali Uzuner getirildi.

16 MİT Eski Kontrterör Daire Başkanı Mehmet Eymür, Avukat Ceyhan Mumcu'ya kendine Ergenekon davası tanığı dediği için dava açtı. Odatv, 25 Eylül 2009 günü Mumcu'ya neden Eymür'e "tanık" dediğini sordu. Mumcu'nun cevabı ilginçti. Çünkü birinci Ergenekon iddianamesinin 912-917 sayfaları arasında Eymür için "tanık" ifadesi kullanılıyordu.

yapmamı istedi. (...) 1996'da bu görüşmeler ve irtibatlardan sonra Mehmet Eymür'ün yardımcısı Duran Fırat Ankara Beyler Konağı Lokantası'nda Mahmut Yıldırım (Yeşil) ile beni tanıştırdı. Masada o dönemde bakan olan biri daha vardı. (...) (M. Eymür) Mahmut Yıldırım'a benle ilişkisini kesmesini söylemiştir. Son buluşmamız İstanbul'da Arnavutköy'de bir restoranda olacaktı. (Mahmut Yıldırım) Ankara'dan yola çıktı. O telefon kayıtları mutlaka devletin istihbarat arşivlerinde vardır. O gece kayboldu. Geriye dönüp baktığım zaman Mehmet Eymür'ü kim deşifre etmişse şaibeli şekilde ölmüştür. Mahmut Yıldırım'ın kardeşi Bahattin Yıldırım 2000 yılında Ankara Cumhuriyet Başsavcılığı'na dilekçe vererek Mehmet Eymür'den davacı olmuştur."

12 Eylül 2002'de Ankara'da Akın Birdal suikastına adı karıştığı için ceza alan Semih Tufan Gülaltay, İstanbul'da kimya-eczacılık işi yapan bir holdingin özel bir işi için Mehmet Eymür tarafından görevlendirilmiş, yapmadığı için araları açılmıştı. Mehmet Eymür'ün bu nedenle kendisini yok etmek için tezgâhlar kurduğuna inanıyordu. Kim doğru söylüyor, bilemem. Bildiğim, Mehmet Eymür'ün bir dönem yakın ilişkide olduğu MİT ajanı Tarık Ümit'in de tıpkı Mahmut Yıldırım gibi kayıp olup cesedinin bulunamadığıdır. Bu konuya bir virgül koyayım. Çünkü...[17]

Mehmet Eymür'e ileri sayfalarda daha değineceğiz. Mehmet Eymür'ü yazsak, kitap sayfası yetmez. Birkaç sayfa önce, Avukat Serdar Öztürk ile ilgili "İrtica ile Mücadele Planı" belgesinin orjinalinin kendisinde olduğunu söyleyen "Bülent Türker" adlı şahsın Mehmet Eymür'le ilişkisi de duruşma tutanaklarına yansıdı.

Dedim ya, hangisini yazayım.

Ama... Bu meselelere Tuncay Güney'le girdik, artık toparlayalım. Önce bir soru:

Tuncay Güney, Ergenekon davasında;

---

17 Semih Tufan Gülaltay ile Mehmet Eymür'ü kim yanyana getirdi: Cemal Alparslan Ertuğ. Hanefi Avcı'nın *Haliç'te Yaşayan Simonlar* adlı kitabında da Alparslan Ertuğ'un adı geçiyordu. "Bir gün Alparslan Ertuğ adlı bir ziyaretçimin olduğunu söylediler. (s. 198) Ertuğ, Binbaşı Ahmet Cem Ersever hakkında bilgi getirmişti ve sonraki görüşmelerde de hep Ersever'le ilgili bilgiler taşımıştı." Niye? Hanefi Avcı bunu yazmıyor. Örneğin Ersever kayıp olduğunda da, cesedinin bulunmasında da Ertuğ hemen koşa koşa Hanefi Avcı'ya gidiyor. Niye? Ve aslında sürekli kafa karıştırıcı bilgiler veriyor. Ersever'i Mahmut Yıldırım mı öldürmüştü? "Cem'e ait malzemeler içerisinde uzaktan kumandalı patlayıcılar vardı. Bunların Yeşil tarafından MİT'e götürüldüğünü, Mehmet Eymür kendi beyanında ve internet sitesinde anlatarak doğruladı." (s. 202) Son bir bilgi eklemeliyim: Danıştay saldırısını yapan Alparslan Arslan'ın avukatlık bürosunun malzemelerini kim sağlamıştı: Alparslan Ertuğ! Geçelim...

a) Sanık mı? b) Tanık mı? c) Müşteki mi? d) Mağdur mu? e) Hiçbiri mi?

Yanıt e şıkkı!.. Yoruma gerek var mı?

Ergenekon budur işte...

Sadece burada araya girip bu soruşturmalar konusunda kafasında hâlâ soru işareti olanlara bir-iki örnek vereyim ve noktayı koyayım artık:

Tarih: 12 Mayıs 2001. Cemaatçi *Aksiyon* dergisi, Tuncay Güney'de bulunan "Ergenekon-Lobi" belgesini yayınladı. Fakat: *Aksiyon* dergisindeki belgenin birinci sayfasında "çok gizli" kaydı vardı; Tuncay Güney'de ele geçirilen aynı belgede bu gizlilik ibaresi yoktu![18] Ergenekon iddianamesindeki ilgili belge üzerinde "çok gizli" notu vardı. Yani bu belge Tuncay Güney'de ele geçirilen belge değildi! *Aksiyon*'daki belgeydi!

Savcının belgesi 19 sayfa, Tuncay Güney'de ele geçirilen belge ise 13 sayfaydı. *Aksiyon*'daki 19 sayfaydı!

İki belge arasında cümle farklılıkları vardı.

Yani: İki belge vardı! Diyeceksiniz ki; ne var bunda? Çok şey var! Ergenekon soruşturmasında hep "belgeler" üzerinde oynandığı, cümlelerin, sözcüklerin değiştirildiği iddia edildi. Bu nedenle iddianamede "Tuncay Güney'den çıkan belge" denirken, *Aksiyon*'un haber yaptığı (ki değiştirdiği de diyebiliriz) kullanılmıştı!

Bitmedi...

Farklılık sadece bu kadarla kalsa iyi...

Cemaatin yayın organı *Aksiyon*'da yayımlanan belgede "örgütlenme şeması", "departmanlar" vardı. Tuncay Güney'deki belgede bunlar yoktu!

Ergenekon belgesi, bir köşede, beş yıl içinde kendini mi geliştirdi?! Birileri ekleme mi yaptı? Suç atmak için bir tertip mi hazırlandı? Soru çok ve aslında soruya yanıt *Aksiyon*'da; "TSK bünyesinde faaliyet gösteren Ergenekon'a bağlı olarak" diye cümleler var. Tuncay Güney'deki belgede bu cümleler yok. *Aksiyon*'daki 2., 3., 4. bölümler Tuncay Güney'deki belgede bulunmuyor. Yani bir "gizli el" belgeye ilaveler yapmıştı...

Öyle ki...

---

18 "İlk kez Tuncay Güney'de ele geçirilen Ergenekon belgesi" diyoruz ama aslında Tuncay Güney'de mi yoksa Ümit Oğuztan'da mı çıktığının kesin olmadığını yazmıştım. Ama Ergenekon iddianamesinde Tuncay Güney'de ele geçirildiği ileri sürüldüğü için biz de öyle diyeceğiz.

Güya "Lobi" belgesini Doğu Perinçek ve İşçi Partisi'nden Adnan Akfırat hazırlamıştı. Peki, metni hazırlarken örnek aldıkları örgütler neydi: Masonik Bilderberg örgütü, Alman Nazi örgütlenmesi, İngiliz istihbaratı, bazı Avrupa ülkelerinin sivil toplum örgütlenmeleri, Doğu kaynaklı bazı istihbarat ve siyasal örgütlenmeler.

Yahu...

Doğu Perinçek yaklaşık 50 yıldır siyaset yapıyor. Bu örgütleri hiç örnek alır mı? Hadi Marks, Lenin, Mao deseniz ÇEKA, GPU, GRU, KGB, MGB, NKVD, NKGB, OGPU gibi Rus/Sovyet istihbarat örgütlerini örnek gösterseniz bir nebze inandırıcı olur; Masonlar, Bilderberg, Naziler ile Doğu Perinçek yan yana gelir mi? "Sivil toplumculuk" deyince sinirleri ayağa kalkan Doğu Perinçek, Avrupa sivil toplum kuruluşlarını mı örnek alacak? Bu kadar cahildi "Lobi" belgesini hazırlayanlar! Bu pespaye, bayağı, inandırıcılıktan uzak belgeleri kimlerin hazırladığı belli değil mi? Bu karışıklık iddianameye de yansımıştı.

Şöyle;

"Lobi" isimli dokümanın, iddianamenin 219. sayfasında Veli Küçük, Doğu Perinçek, Erkut Ersoy, Muzaffer Tekin ve Oktay Yıldırım'dan ele geçirildiği; 1114. sayfasında ise yine aynı dokümanın Veli Küçük, Mehmet Zekeriya Öztürk, Doğu Perinçek, Muzaffer Tekin, Sevgi Erenerol, Oktay Yıldırım ve Erkut Ersoy'dan ele geçirilmiş olduğu yazılıydı! Hangisi doğruydu?

Veli Küçük'ün avukatı Taciser Ülkü Ilıca, aynı şekilde,

> "İddianamenin 61., 64., 344. ve 1518. sayfalarında belgenin Muzaffer Tekin, Sevgi Erenerol, Oktay Yıldırım, Erkut Ersoy, Doğu Perinçek ve Ümit Oğuztan'dan ele geçirildiği ifade edildi. Veli Küçük yok, burada özellikle vurguluyorum, Lobi isimli doküman ele geçirilen belgelerin yer aldığı zabıtta da çok nettir; Veli Küçük'ten ele geçirilmemişti; evinde ele geçirilmemiştir; iddianamede öyle yazıyor efendim, iddianamede öyle evet yanlış olduğunu vurguluyorum oysa iddia makamının bu karmaşa çabasına rağmen ortada tek bir gerçek vardır ki müvekkil Veli Küçük Lobi ismi belgeyi hayatında hiçbir zaman görmemiştir" diyecekti.

Aynı belge Doğu Perinçek'te de bulunmamıştı.

Farklı sanıklardan elde edilen dokümanlardan hangisinin "Ergenekon" belgesi olduğu da iddianameden anlaşılamadı. Bazı sayfalarda belge, "Ergenekon Analiz Yeni Yapılanma

Yönetim ve Geliştirme Projesi" diye isimlendirildi. Başka sayfada ise (örneğin iddianamenin 54. sayfasında) "Ergenekon'un Yeniden Yapılandırılması Reorganizesi" denilmişti.

Bitmedi...

"Ergenekon" belgesinin sanıklardan sadece Veli Küçük, Doğu Perinçek ve Tuncay Güney'den elde edildiği ifade edilmişti. Bununla birlikte yine 64. sayfada bu sefer "Ergenekon" isimli belgenin Veli Küçük, Doğu Perinçek, Ümit Oğuztan, Tuncay Güney, Adnan Akfırat, Zekeriya Öztürk'ten elde edildiği belirtilmiş ve şöyle devam etmiş iddia makamı:

> Sonuç olarak sadece ele geçirilen örgütsel dokümanlar, Veli Küçük, Doğu Perinçek, Adnan Akfırat, Ferit İlsever, Ümit Oğuztan, Tuncay Güney, Mehmet Zekeriya Öztürk, Muzaffer Tekin, Oktay Yıldırım, Erkut Ersoy ve Sevgi Erenerol...

Söyler misiniz bu nasıl bir ciddiyetsizliktir ki, örgütün temel dokümanı olarak nitelendirilen belgelerin kimin elinde olduğu konusunda bile net bilgi yoktu.

Bu konuya yine değineceğiz. Biraz tebessüm edelim: İşadamı Sinan Aygün'e gözaltında "Lobi" belgesini sordular. O da "Lobi"yi, Rotary gibi bir dernek, vakıf sanıyordu. "Böyle bir kuruluştan ben ve eşim herhangi bir plaket almadık. Davet dahi almadım!"

Ne diyebiliriz ki şimdi? İnsanları nasıl, neyle irtibatlı gösteriyorlardı! Şaşkındılar haklı olarak.

Konu konuyu açıyor. Sıkıldınız mı? Kafanız karıştı mı? Sabredin lütfen. Birkaç sayfa sonra İstanbul Emniyet Müdürlüğü nezaretindeki üçüncü günüme döneriz; ama şimdi yine isimsiz ihbarla başlayan operasyonlara devam edelim. Hatırladınız, değil mi; Avukatım Hasan Fehmi Demir'le ihbarları konuşurken araya Tuncay Güney ve Mehmet Eymür konusu girmişti. Eksik kalmasın...

İhbar meselesine devam edelim.

Meslektaşlarım, gazeteciler de bu "ihbar" furyasından nasiplerini aldı...

Aydınlık dergisi Genel Yayın Yönetmeni Deniz Yıldırım ve Ulusal Kanal İstihbarat Şefi Ufuk Akkaya 18 Ekim 2009'da

Başbakan Recep Tayyip Erdoğan ile KKTC Başkanı Mehmet Ali Talat arasında geçen telefon görüşmesinin kaydını yayınladılar. "Ne var bunda, yandaş medya her fırsatta yayınlıyor" diyebilirsiniz. Ama onlar yandaş; Türkiye'de artık iki hukuk var. İşte ispatı...

Aynı günün akşamı... Saat 18.00 suları.

İstanbul Emniyet Müdürlüğü'ne bir ihbar e-postası gönderildi.

> Bugün *Aydınlık* dergisi manşetinde bahsedilen başbakanın görüşmesi Ümraniye sanığı[19] Levent Ersöz'ün arşivindedir. Bu arşivde başbakan ve çok sayıda AKP'li bakana ait ses kayıtları yer almaktadır. Bu arşiv şu anda *Aydınlık* dergisindedir.

İhbarı kimin yaptığı hiç araştırılmadı. Sadece ismi belliydi: Rıza Yıldırım. Ve kuşkusuz sahte bir isimdi. Emniyet ihbarı (üstelik günlerden pazardı) hemen savcılığa gönderdi. Polis *Aydınlık*'ı ve Ulusal Kanal'ı bastı. Her iki gazeteci gözaltına alınıp tutuklandı.[20]

Ne ilginç değil mi?

Hangi ses kaydı haberdi, hangisi suç? Erdoğan'ın telefon kaydını yayınlamak suç; gazetecilerin, aydınların, askerlerin ve diğerlerinin telefonunu, videosunu yayınlamak suç değildi!

Bu anekdotu yazmalıyım:

Ergenekon operasyonlarının "içeriğine" göre, isimsiz ihbar sahiplerinin kimlikleri de duruma uygun oluyordu. Örneğin...

Fuhuş operasyonunun başlamasına neden olan e-posta ihbarı 15 Temmuz 2009'da İstanbul polisine geldi: "Uyuşturucu ve borç batağına düşmüş bir deniz subayıyım..."!

Diyelim ki, Genelkurmay eski Başkanı Hilmi Özkök aleyhinde bir ihbar gelse, ihbarcı kuşkusuz şöyle yazacaktı: "Namazında niyazında bir subayım..."

Görünen o ki, mesele zıvanadan çıkmıştı; nasıl olsa kimseden ses çıkmıyordu.

İhbarlardan bıktınız değil mi? Ama Ergenekon sürecini anlamak için bunları bilmek şart. Örneğin...

---

19 "Ümraniye sanığı" diye kendini ele vermişti, güya. *Yeniçağ* gibi milliyetçi gazeteler "Ergenekon" adının lekelenmemesi için soruşturmaya "Ümraniye" adını vermişlerdi. Güya ihbarcı da böyle diyerek, kimliğini belli ediyordu. Çocukça işler!..

20 25 Ekim 2009'da *Aydınlık* Başbakan Erdoğan ile işadamı (çocuklarının sponsoru) Remzi Gür arasında geçen konuşmayı yayınladı. Remzi Gür bu haber üzerine dergiye tazminat davası açtı. Ancak duruşmaya bir türlü avukatları gelmediği için dava düştü. 23 Şubat 2010'da dava düştüğünde her iki gazeteci hâlâ Silivri'deydi...

Adı Emin Şirin.

Gazeteci Nazlı Ilıcak'ın eski eşiydi.

Kasım 2002'de AKP'den milletvekili seçildi. Ancak bir süre sonra partisini eleştirmeye başladı. Tam o günlerde İstanbul Cumhuriyet Savcılığı'na isimsiz, imzasız bir ihbar mektubu gönderildi. Mektubun ekinde bazı fotoğraflar da vardı.

Bir fotoğraf karesinde, Emin Şirin; Fethullah Gülen, Refah Partisi, AKP vs. hakkında kitaplar yazan Ergün Poyraz'la pastanede otururken görülüyordu. Fotoğrafların önemi yoktu, ama mektuptaki iddia inanılmazdı:

"Danıştay Suikastı'nı Emin Şirin planladı!"

Üstelik, "Ergenekon-Lobi" belgesine göre Emin Şirin örgütün başıydı! Eh öyle olunca, 18 Ağustos 2007 tarihinde Emin Şirin gözaltına alındı. Milletvekilliği düşeli daha bir ay bile olmamıştı. Dokunulmazlığının kalkması bekleniyordu demek ki.

Emin Şirin sorgulandı, tutuksuz yargılanmak üzere serbest bırakıldı. O da hemen kâğıdı kalemi alıp Başbakan Erdoğan'a mektup yazdı:

> Sayın Başbakan,
>
> Beni iyi tanırsınız; hukuk ve demokrasiye verdiğim önemi de herkesten fazla sizin bilmeniz gerekir. Birisi veya birileri arşivli, profesyonel bir şekilde iftiralarla bana kastetti. Lütfen bu konuyu ortaya çıkartmayı bir şeref meselesi haline getirin.
>
> Arz ederim.

Emin Şirin şimdi bilmez mi, iftiralar atölyesinin en büyük savunucusu eski eşi Nazlı Ilıcak.

Biz ihbar mektuplarına devam edelim...

Kimler ihbar edilmedi ki:

Tarih: 4 Ocak 2010.

Hâkimler ve Savcılar Yüksek Kurulu'na (HSYK) ve Adalet Bakanlığı Ceza İşleri Genel Müdürlüğü'ne, Ergenekon davasına bakan ve bir çok tutuklu için tahliye kararı isteyen 13. Ağır Ceza Mahkemesi Başkanı Hâkim Köksal Şengün'ü hedef alan iki sayfalık bir ihbar mektubu gönderildi. Zarfın üzerinde Ergenekon sanığı "Ümit Sayın" yazıyordu. İhbar mektupları, Ergenekon davasına bakan hâkim ve savcılarla ilgili şikâyetleri incelemek üzere görevlendirilen Adalet Bakanlığı müfettişlerine iletildi.

İhbar mektuplarında Hâkim Köksal Şengün'ün birtakım toplantılara katıldığı ima ediliyordu. Şengün'ün, İşçi Partisi'yle birlikte hareket ettiği iddiası vardı.

Müfettişler, 22 Mart günü Beşiktaş Adliyesi'nde, mektupları yazdığı iddia edilen Ergenekon sanığı Doç. Dr. Ümit Sayın'ın ifadesini aldı. İhbar mektupları, bilgisayarda yazılmış ve yazıdan çıktı alınarak gönderilmişti. HSYK'ya gönderilen zarfın üzerindeki damgadan, mektupların Ankara'dan postaya verildiği anlaşılıyordu. Ümit Sayın, müfettişlere verdiği ifadede şöyle dedi:

"Cezaevinde tutuklu bulunduğum sırada hiç Ankara'ya gitmedim.

"Cezaevinde yazıcı kullanma imkânım yoktu. Bu hususta kimseden talebim de olmadı.

"Zarfın üzerine 'Ümit Sayın' yazılmıştı. Benim nüfustaki ismim Habip Ümit Sayın'dır. Bunu tam olarak kullanırım.

"Dilekçelerde mahkeme başkanı ile ilgili olarak ileri sürülen iddiaların hiçbirisine katılmıyorum. Bu iddiaların yalan ve iftira olduğuna inanıyorum."

Ümit Sayın, yaptığı açıklamada, mektupların altındaki imzanın da kendi imzasına hiç benzemediğini söyledi.

Eee...

O halde bu ihbar mektubunu kim göndermişti? Acaba...

Ümit Sayın "itirafçı" olup gizli tanıklığa "terfi" etmişti. İhbar mektubu, "nasıl olsa itirafçı oldu, sorun olmaz" diye mi onun adına kaleme alınmıştı? Birileri, sürekli pis bir tezgâh düzenlemekten hiç mi bıkmıyordu? Her seferinde ellerine yüzlerine bulaştırmalarına rağmen bu fütursuzluklarının sebebi neydi? Kim koruyup kolluyordu bunları?

Ergenekon davasına bakan 13. Ağır Ceza Mahkemesi Başkanı Hâkim Köksal Şengün hep hedefteki hukukçu oldu:

Tarih 1 Haziran 2010...

Ergenekon davasında 10'u aşkın müvekkili bulunan Avukat Mehmet Cengiz, Avukat Ali Hadi Emre, Avukat Tülay Bekâr, Avukat Kudbeddin Kayı, "Ergenekon davasının yönlendirdikleri, etkiledikleri" gerekçesiyle tutuklandı! Avukatlar davayı yönlendirmekle suçlandı! Gerekçe ne kadar absürd ise, tutuklama yöntemi de o kadar yasalara aykırıydı. Avukatların mesleki görevlerinin icrası sırasında işlediği suçtan soruşturulabilmesi için Adalet Bakanlığı'ndan izin alınması gerekiyordu. Tabii ki alınmamıştı.

Peki... Avukatların tutuklanmasına ne sebep olmuştu:

24 Şubat 2010 günü 155 polis hattına gelen bir ihbardı. Bu

ihbara ilişkin belge, avukatların tüm isteklerine rağmen nedense hiç gösterilmedi.

İddia muhtelifti. Hedefte 13. Ağır Ceza Mahkemesi Başkanı Köksal Şengün vardı. Ortada bir özel hayat mağduriyeti vardı. Bacak arasıyla uğraşmaktan hiç vazgeçmeyeceklerdi. Köksal Şengün, "bazı avukatların aşk tuzağı kurarak kendisini etkilemeye çalıştığı" yönündeki ihbara sert yanıt verdi. 8 Haziran 2010'da basın toplantısı düzenledi ve şöyle konuştu:

> "Benimle ilgili bir dinleme kararı yok. Bu telefon konuşmalarına benim adım düştüğünde bana bildirilmeliydi. Bu çok ayıp. Bu hukuk böyle gitmez. Güven kalmadı. Kurt içimizde aslında, dışarıda değil. Aslında böyle yapılarak soruşturma yönlendiriliyor. Basına servis yapan belli gruplar var. Yargıya bu kadar karışmak hiç kimsenin işine yaramaz."

Ergenekon davasına bakan Hâkim Şengün'ün nasıl bir baskı altında olduğunu düşünebiliyor musunuz?

HSYK Başkanvekili Kadir Özbek, 9 Haziran günü *Cumhuriyet* gazetesine verdiği röportajda şunları söyledi:

> "Köksal Şengün Bey bugün Türkiye'de, Türkiye'nin kimyasını bozan, adeta bitmek tükenmek bilmeyen önemli bir davaya (Ergenekon) bakan mahkeme heyetinin başkanı. Son derece güzide bir hâkimimiz. Eğer bu kişi feryatlarda bulunuyorsa üzerinde durulması gereken noktaların son derece yoğun ve önemli olduğu ortaya çıkıyor. Eğer bir mahkeme başkanı bağımsızlığını etkileyecek biçimde siyasi etki hissediyorsa artık bu noktadan itibaren o davayla ilgili kişilerin siyasi bir duruş sergilediği; o davanın üzerinde siyasi bulutların düştüğü anlamına gelir."

İhbarın hedefi belliydi: 2-1 mahkemesini 3-0 yapmak!.. Şengün birçok sanığın tahliyesini istiyordu ve bu nedenle mahkemeye "2-1 mahkemesi" deniliyordu. Savcı Zekeriya Öz, Şengün'ü, Adalet eski Bakanı Seyfi Oktay'la telefonda görüştüğü için Adalet Bakanlığı'na şikâyet etti. Şengün'ün, telefonlarını kim, niye dinliyordu, belli değil miydi? Sonuçta amaçlarına ulaştılar, hâkim Şengün mahkeme başkanlığından alınıp Bolu'ya atandı!.. Diğer sanıklar hakkında dava açıldı, hepsi yargılanıyor.

İhbar konusunda son örneği verip noktayı koyalım artık; yoruldunuz... Bıktınız...

Poyrazköy iddianamesinde de iki ihbar mektubu var. Birincisi: 1999 numaralı 23 Şubat 2009 günü saat 23.22'de "Hüseyin Vatansever" ismiyle; ikincisi de 3866 numaralı 16 Nisan 2009'da "Lütfü Demir" ismiyle saat 20.45'te gönderilen ihbar. Birinci ihbar mektubunda özetle şöyle deniliyordu:

"Sayın yetkililer, hatırlayacağınız üzere bundan yaklaşık 20-25 gün önce Beykoz'da ormanlık alan içerisinde yüklü miktarda patlayıcı bulunmuştu. Patlayıcıları Ercan Kireçtepe veya Turhan Ecevit'in akrabası ile götürdüler, ama vatandaşlar bunları görünce kaçmışlar ve patlayıcıları ormanda kalmış.

Bunlar Ergenekon'a bağlı hareket eder ve bu şahıslardan cezaevinde bulunan Levent Göktaş sorumludur. Lütfen kimsenin canı yanmadan harekete geçin."

Levent Göktaş'ı da anımsadınız mı, şu ünlü 51 no'lu DVD'nin "sahibi"! Devam edelim:

Emniyet bu ihbar mektubunun altına; "154 no'lu ihbarla aynı" notu düştü. Emniyetin notundan da anlaşıldı ki, konuyla ilgili daha önce de ihbar mektubu gelmişti. Bu mektup nerede? Neden dava dosyasına girmedi? Yanıtı yok. Bu tuhaflıklara alışın artık!

Fakat 16 Nisan 2009'da gelen ikinci ihbar mektubu, emniyeti ve savcıları harekete geçirdi. Bunu 21 Nisan'da Poyrazköy'de kazıların başlamasından anlıyoruz. Bu ikinci ihbardaki şu ifade dikkat çekiciydi:

"Sizlere daha önce eylem yapmak için Levent Göktaş'tan emir bekleyen şahıslardan bahsetmiştim. Levent Göktaş'ın serbest bırakılmaması durumunda Ergenekon savcılarına yönelik büyük bir eylem yapacaklarını söylüyorlar."

Emniyet, bu sözcüklerin altını çizdi. İhbarcı devam etti:

"Bu eylem için ellerinde bulunan patlayıcı ve silahları Bedrettin Dalan'a ait araziye gömdüler. Bu malzemelerden Dalan'ın da haberi var. Bunlar malzemeleri Beykoz'da bulunan Kurs Sualtı Komutanlığı'nın arka tarafında bulunan köpek kulübeleri ve su deposundan denizin aksi istikametine, tepeye doğru giden patika yolun etrafına gömdüler. Lütfen en kısa sürede harekete geçin yoksa çok geç olabilir."

Burada araya girip sözü ihbarda adı geçen Yarbay Turhan

Ecevit'in duruşmadaki sözlerine bırakmak istiyorum. (14 Temmuz 2009) Çünkü...

Yarbay Ecevit tutuklanmadan önce, NATO'da Amerikalılar dahil, birçok ülke askerine ders veren başarılı SAT'çı bir komutandı. Yarbay Ecevit savunmasında, hakkındaki ihbar mektuplarının, tam da SAT Grup Komutanlığı'nın kendisine teklif edildiği dönemde başladığını söyledi. Yarbay Ecevit, Deniz Kuvvetleri içinde bir tasfiye hareketi başlatıldığını belirterek ihbar mektuplarının ortak özelliği olduğunu açıkladı:

> – İftiralara hedef olan şahıslar, tasfiye edilmesi istenen kişilerdir.
>
> – Çok ayrıntılı bilgilere sahip olduğu gözlenen ihbarcı, hiçbir olayda, olayın gerçekleştiği tarihi yazamamaktadır. Çünkü yazılacak herhangi bir tarihte hedef seçilen kişilerin nerede olabileceği konusunda bir bilgisi yoktur.
>
> – İhbarcı her şeye bu kadar hâkimken, hiçbir olayda suçüstü yapılmasını sağlayamamıştır. Çünkü ihbarın yapılabilmesi için tuzağın kurulması gerekmektedir.
>
> – Farklı sanal kişilerin farklı kişiler hakkında gönderdikleri ihbar mektuplarında kelimesi kelimesine benzerlikler bulunmaktadır.
>
> – İhbarcı farklı bölgelerde görev yapan kişilerin, örgüte yönelik dokümanlarını gizledikleri yeri bilmektedir; oysa iddia makamı örgütün hücre tipi olduğunu iddia etmektedir. İhbarcı, örgütün lideri dahi olsa bu kadar ayrıntılı bilgiye sahip olamaz.
>
> – İhbarcı ya SAT'ları tanımıyor ya da kendisini geliştirememiş bir SAT'tır. Bizle bağdaşmayacak saçmalıklarla dolu tuzaklar kurmakta ve ihbar mektupları yollamaktadır. (14 Temmuz 2009)

İhbarcı, gömünün olduğu yeri "Beykoz'da bulunan Kurs Sualtı Komutanlığı" diye tarif ediyordu. Bakın ABD kriptosunda adı "Avrasyacı" olarak geçen ve sanık yapılan Koramiral Feyyaz Öğütçü bu durumu duruşmada nasıl anlattı:

> "Deniz Kuvvetleri Komutanlığı kuruluşunda 'Kurs Sualtı Komutanlığı' isimli bir birlik yoktur. Bu birlik 'SAT Kurs Komutanlığı' olabilir. İhbarda belirtiliği gibi o da Beykoz'da konuşludur. O halde emniyet mensupları Beykoz'a gideceklerine niçin doğrudan kuş uçuşu yaklaşık 6 km mesafede bulunan Keçilik bölgesine gitmişlerdir? Ayrıca, Keçilik bölge-

sinde tarife uygun iki ayrı bölge olmasına, emniyet mensuplarına tarife göre başka noktaları aramaları gerektiği bildirilmesine rağmen, 'burası değil' diyerek vadi içine gitmeleri, o gün aramalara katılan SAT personelinin ifade ettiği gibi, ilk iki noktayı direkt iş makinesiyle kazmaları; emniyet mensuplarının mühimmatın gömüldüğü yerleri bildiklerinin açık göstergesi olarak değerlendirilmektedir."

Ne tesadüf benzer kuşku Ankara Zir Vadisi kazılarında da yaşanmıştı.[21]

Polisler, ihbarcının tarifine uygun bir krokiyle Poyrazköy'de arama yaptılar. Oysa duruşmada polisler böyle bir kroki olmadığını söylediler. Fakat aramaya eşlik etmek için görev alan SAT personeli, bu krokiyi polisin elinde gördüğünü mahkemede açıkladı. Söz konusu kroki dava dosyasında yoktu, ama 11 Kasım 2009'da *Taraf* gazetesinde ve Mehmet Baransu'nun *Karargâh* isimli kitabının 226. sayfasında yer alıyordu! Yine şaibeli bir durum söz konusuydu ve ortada yine *Taraf* haberi vardı.

Feyyaz Öğütçü mahkemeye iki soru sordu:

"Aramalara nezaret eden ve yönlendiren başkomiser bahse konu krokiyi nereden almıştır? Aramalara nezaret eden başkomiser dışında hiçbir yerde görülmeyen, bulunmayan bahse konu krokiyi *Taraf* gazetesine kim servis etmiştir?"

Ergenekon soruşturması başladığında yayın hayatına giren *Taraf* gazetesinin başında Washington'dan gelen Yasemin Çongar vardı. ABD kriptolarında ordu, bürokrasi, yargı gibi medya da hedefti. Yeni medya oluşturulması isteniyordu. *Taraf*, medya tarihinde önemli bir yer tutacak kuşkusuz; nasıl haber yapılma-

21 Odatv'de, bize baskının gerçekleştiği 14 Şubat 2011 günü Barış Terkoğlu imzasıyla çok önemli bir haber yayınladı. Haberde Ergenekon davası sanığı Yarbay Mustafa Dönmez anlatılırken, Karargâh subayı Dönmez'in orduda cemaati deşifre eden pek çok çalışma yaptığı ortaya çıkıyordu. Ayrıca Odatv'nin haberinde üç önemli video yayınlandı. İlkinde kazı sırasında bombaları bulan polisler, buldukları bombaya ilişkin iki gün önce ABD'li uzmanlardan eğitim aldıklarını itiraf ediyorlardı. İkinci videoda ABD'li eğitmenlere "Abi" diye hitap eden polisler birbirleriyle bomba görüntülerini kim Youtube'a yükleyecek kavgası yapıyordu. Son videoda ise, kazı yapıldığı sırada bir binbaşı ile bir başçavuşun konuşması vardı. Bombayı inceleyen askerler bombaların "sıfır" olduğunu, hiç kar görmediklerini ve sarıldıkları gazetelerin de iki günlük olduğunu anlatıyorlardı. Kuşku duyan sadece Odatv değildi; aramalarla ilgili şüphe duyup soruşturma açmak isteyen savcı da nedense Ankara'dan alelacele tayin edilecekti.

sine ait tutanaklarda sayfanın alt kısmında yer alan tarih ve saatin 20 Eylül 2008, 04.45 olmasını ve incelemenin bitişinde tutulan tutanakta 20 Eylül 2008, 05:10 tarih ve saatinin yer almasını nasıl açıklamaktadır? Ayrıca söz konusu incelemenin yapıldığı saatlerde telefonun HTS raporlarına göre herhangi bir sinyal vermemesi nasıl açıklanabilecektir?

2) Müvekkilin telefonuna yüklemenin "sehven" yapıldığı iddia edilmektedir. Söz konusu olan bilirkişi raporundaki sim kart çözümlerine ekleme yani liste dökümlerine ekleme olsa idi bu belki anlayışla karşılanabilirdi. Ancak 15 Aralık 2010 tarihli bilirkişi raporunun 4. sayfasındaki müvekkilin telefonuna ait görüntülerde açıkça görülmektedir ki söz konusu yabancı kayıtlar müvekkilin telefonuna yüklenmiş ve bu nedenle içerisinde de gözükmektedir. Bu duruma karşı Emniyet Müdürlüğü'nün bir açıklaması var mıdır?

3) Bu "sehven" yükleme kaç kişi tarafından yapılmıştır? Kaç kişi bu yüklemenin farkında ve suçu bildirmeme suçunu işlemiştir? Bu sehven uygulamanın varlığı kişi özgürlüğünü ilgilendiren bir olayda neden 2,5 sene gizlenmiş, konu kamuoyuna mal olduktan sonra bir açıklama gereği hissedilmiştir? Bu şekilde "yanlışlıklar" kaç kişiye daha yapılmıştır?

Ne diyordu emniyet: "Bu sehvene konu olan olayla ilgili adli işlem yapılmamıştır."

Genç Teğmen Mehmet Ali Çelebi'nin duruşmalarda nasıl sorulara maruz kalıp, nasıl yanıtlar verdiğini İstanbul Emniyeti bilmiyor muydu? Duruşmalardan örnek vereyim:

Üye Hâkim Hasan Hüseyin Özese: Yine bu aynı telefonun dökümünde telefon fihristinde, bazı matbaaların ismi geçiyor: İlhan Bey, Vakit Matbaa nedir bu, niçin kaydedildi?

Sanık Mehmet Ali Çelebi: İşte onlarda biraz önce arz ettiğim hususlarla ilgili efendim ben bilmiyorum bunu. Yani benden önce kullananın kayıtları da çıkmış, nasıl olduğunu anlamadım, ama onlarla alakam yok ben o fihristi açayım.

Özese: Başka matbaa isimleri de var.

Çelebi: Yok onlarla bir ilgim yok, demek ki benden önce kullanan bir matbaacıymış diye yorumlayabiliriz.

Özese: Matbaa Yasin veya Yeşil, Erkan Matbaa, *Milli Gazete*'de diye bir kaydınız var.

Çelebi: Çoğunu tanımıyorum yani, yok hiç alakam yoktur.

Özese: Peki siz telefonu devraldığında bunları silmediniz mi?

Çelebi: Benimkinde gözükmüyordu efendim, yani gözükmüyor onlar. Ama sonradan fihriste dikkat ettiğimde baktığımda bana ait olmayan numaraları gördüm, orada nasıl bir teknik bir konu galiba bu bunu danışmamız gerekiyor.

Özese: Yani bu Nokia 66 70 no'lu telefonun çözümünü yapmıştır bunlar çıkıyor.

Çelebi: Evet, benim hattımda değil o galiba telefon hafızasında, benim hattımda gözükmüyor onlar yani takar bakarsanız, eğer varsa telefon burada olması lazım onlar gözükmez, o telefon da burada olması lazım bakılabilir. (30 Eylül 2010/Celse No: 84)

Bir diğer duruşmada ise yine telefon fihristiyle ilgili sorular yöneltildi:

Üye Hâkim Sedat Sami Haşıloğlu: Şimdi sizin bugünkü duruşmaya başlarken bir açıklamanız oldu. Telefon rehberini burada dökümü de var telefon rehberindeki bazı dikkat çeken kayıtların açıklamasını yaptınız ve burada da anlaşılıyor ki bu telefon cihaz olarak benim sonradan aldığım bir cihazdır.

Sanık Mehmet Ali Çelebi: Abimden aldığım evet.

Haşıloğlu: Abinizden aldığınızı söylediniz, abinizin Süleyman Solmaz'la, Mahmut Oğuz Kazancı'yla bir tanışıklığı, irtibatı var mıdır?

Çelebi: Hayır, hayır efendim.

Haşıloğlu: Ve irtibatı yoktur.

Çelebi: Kesinlikle yoktur. Arz etmiştim bakınız, eşim yazıyor burada, eşim, ben evli değilim! (4 Ekim 2010/Celse No: 86)[22]

Telefon fihristinin "sehven" mi yoksa –İstanbul Barosu Başkanı Ümit Kocasakal'ın ifadesiyle– "zevklen" mi olduğu bakalım ne zaman ortaya çıkacak?

Diyebilirsiniz ki , hata insana mahsustur.

Evet tek bir "sehven" olsa haklısınız. Ama öyle değil...

Birinci Ergenekon iddianamesi sayfa 63:

"Hem Ergenekon dokümanı hem de Devletin Yeniden

---

22 "Sehven" olayı büyüyünce Ergenekon soruşturmasının tartışmalı polis müdürü, İstanbul Emniyet Müdürlüğü İstihbarat Daire Başkanı Ali Fuat Yılmazer gazetecileri arayarak, söz konusu telefon numaralarının adli süreç içinde Teğmen Çelebi'ye hiç sorulmadığını söyledi. Buna inanan gazeteciler –ne yazık ki her daim yaptıkları gibi– bunu haber yaptı!..

Yapılanması dokümanında ayrılan ve ihanet eden örgüt üyelerinin öldürüleceği hususu bulunmaktadır."

Oysa... Belgede böyle bir cümle yok!

Duruşmalarda savcılar cümlelerin sehven girdiğini söylediler!

İşçi Partisi Genel Merkezi'nde, arama tutanağında olmamasına rağmen CD'nin, beş satırlık elyazılı bir notla dava dosyasına konduğunu ve yapılanın "sehven" diye açıklandığını yazdım.

Birinci Ergenekon davasının 93 no'lu klasöründe, şüpheli olarak işlem gören Engin Zorba adlı bir şahıs ile sanıklardan Kemal Kerinçsiz'in konuşmasına ilişkin bir telefon tapesi bulunuyor. Avukat Gönül Kerinçsiz'in, müvekkilinin, adı geçen şahsı tanımadığı ve böyle bir konuşma olmadığı savunmasına aylar sonra emniyetten yanıt geldi: "Böyle bir görüşme yoktur, sehven yazılmıştır!" Keza Kerinçsiz Mustafa Dönmez'le de tanışmıyordu ve telefon görüşmesi yoktu; o da sehven yazılmıştı.

Ergenekon davasının 3 Mart 2009'da yapılan duruşmasında söz alan Kemal Kerinçsiz, savcıların 9 Mayıs 2008 tarihli MİT yazısını tahrif ederek dosyaya koyduklarını açıkladı. Tahrifat, Kerinçsiz'in söz konusu yazıdaki tespitlerine karşı açtığı davaya, MİT'in verdiği cevap dilekçesiyle ortaya çıktı. MİT'in cevap dilekçesinde şöyle deniliyordu:

Dava dilekçesinde, dava konusu yazıda geçmeyen bazı ibareler, sanki dava konusu yazıda varmış gibi gösterilerek mahkeme yanıltılmaya çalışılmıştır.

İddianamenin 50. sayfasında yer alan beyanların kendine ait olmadığını açıklayan MİT, bu beyanların davaya konu olamayacağını belirterek, doğrudan 9 Mayıs 2008 tarihli yazısının dikkate alınmasını istedi. Söz konusu MİT yazısı ile iddianamede yazıdan alındığı ileri sürülen bölümler arasındaki bazı farklar şöyleydi:

İddianame, sayfa 50, ikinci paragraf: "Ergenekon isimli bir yapılanma hakkındaki bazı bilgiler tespit edilmiştir."

MİT yazısı, sayfa 3, ikinci paragraf: "Basında 'Ergenekon' adıyla yer verilen iddia niteliğindeki haberle paralel bilgiler tespit edilmiştir."

İddianame, sayfa 50, dördüncü paragraf: "Ancak iddia niteliğindeki bu bilgilerin birbirinden müstakil değişik kanallardan gelmesi ve birbirini büyük ölçüde teyit eder olması, olaya dedikodu çizgisinin ötesinde bir anlam kazandırmakta ve yönlendirilmiş organize bir faaliyetin işaretlerini taşımaktadır."

MİT yazısı, sayfa 3, ikinci paragraf: "Bu çerçevedeki bilgilerin müsteşarlığımıza farklı kanallardan gelmesi ve birbirlerini büyük ölçüde teyit eder olması nedeniyle..."

Devam edeyim:

Aynı dava dosyasının eklerinde yer alan 131 no'lu CD'de, Kemal Kerinçsiz'in, Berlin'de Doğu Perinçek ve Vural Savaş'la birlikte "fotoğraf çektirmesinin" sırrı da emniyetten gelen yazıyla anlaşıldı: Fotoğraftaki kişi Kemal Alemdaroğlu'ydu! Kayıtlara "sehven" Kerinçsiz olarak yazılmıştı.

İki rektör; Prof. Dr. Kemal Alemdaroğlu ile Prof. Dr. Rıza Ferit Bemay arasındaki yılbaşı ve bayram kutlamaları dahi dosyaya "suç delili" olarak kondu. Ancak burada da "sehven" hata yapıldığı emniyetin cevap yazısından anlaşıldı. Kutlama mesajı "Kerinçsiz'in bilgisayarında bulundu" diye kayıtlara geçmişti.

Gölcük'te Donanma Komutanlığı'nı hedef alan "şantaj ve askeri casusluk" denilen operasyonda, sanıklardan Emekli Albay İbrahim Sezer'in telefon görüşmelerinin dökümünde "Rus ajanı" olarak tanıtılan "Vika" adlı bir kadının adı çıktı. Sezer'in avukatları polisler hakkında suç duyurusunda bulununca, Organize Suçlarla Mücadele Şube Müdürü Nazmi Ardıç, tutanaklardaki hatanın "sehven" yapıldığını açıkladı: Görüşmede ne kadın kelimesi ne de Vika ismi vardı!

Bu sehven olayı da dudak uçuklatıcıydı:

Ümraniye'de bulunan 27 bombayla başlayan ve devam eden soruşturmada ilginç bir durum vardı: Gizlilik kararı!

Savcı Zekeriya Öz 15 Haziran 2007 tarih ve sayı: 2007/1536 sayılı yazı ile İstanbul 10. Ağır Ceza Mahkemesi'ne başvurdu ve dava dosyası için kısıtlama kararı istedi. Gerekçesi şuydu: "Bazı ifade tutanaklarında, yakalanmayan şüphelilerin kimlikleri, örgüte ait silahların saklandığı yerler yazılıdır. İletişim tespit tutanaklarında birçok örgüt mensubunun adı geçmektedir. Diğer belgeler de benzer mahiyette olup, halen yakalanmayan şüphelilerin yakalanması için ve suç eşyasının kaçırılmasının önlenmesi için kısıtlama tedbirine ihtiyaç vardır!"

Savcı Zekeriya Öz demek istiyor ki;

- Ortada bir örgüt var.
- Bunların silah sakladıkları yerler var.

• Elimde bu silahların saklandıkları adresleri gösteren ifade tutanakları var.

• Ben bu adamların telefonlarını dinledim ve elimde iletişim tespit tutanakları var.

• Bu iletişim tutanaklarında birçok örgüt mensubunun adları geçmektedir.

• Elimde başka belgeler de var ve onlar da benzer bilgileri içermektedir.

Savcı Zekeriya Öz'ün elinde bahsettiği belgeler var mıydı?

Sanık Oktay Yıldırım'ın avukatı bunu öğrenmek için 8 Ocak 2009, 20 Nisan 2009 ve 22 Mayıs 2009 tarihlerinde olmak üzere tam üç defa talepte bulundu. Mahkeme her defasında talebi kabul ederek savcılığa müzekkere yazı ve karar gerekçesi olan belgeleri istedi. Savcılık da her defasında Fikret Seçen imzasıyla, sadece kararın fotokopisini göndererek, mahkemenin talebine direndi. Ancak 14 Mayıs 2009 tarih ve 2008/968 savcılık esas sayılı bir cevabi yazı ile, 22 Mayıs 2009 günü Savcı Zekeriya Öz, "Savcılığın elinde bu tür bir belge olmadığını" bildirdi!

Uzatıp canınızı daha çok sıkmayayım. Kitabın ileri sayfalarında değineceğim. Asrın davası olarak görülen Ergenekon'da olanlar dudak uçuklatıcıydı. Bunları yazıp "bu nasıl iddianame" diyen biz Odatv'ciler gözaltındaydık... Suçumuz büyüktü...[23]

Dönelim İstanbul Emniyet Müdürlüğü'ne...

Cep telefonlarımdan biri Nokia'nın son serisiydi; bilgisayar, fihristi kopyalayamıyordu. Polis memuru uğraşıp durdu. Teğmen Mehmet Ali Çelebi'nin başına gelen sakın benim başıma da gelmesin!

Bu arada bir başka polis memuru odaya geldi; evimden alınan "belgeler" benim gözetimimde mühürlü çuvallardan çıkarılacakmış; hemen gelmeliymişim.

Koşturuluyorum. Telefonlarımı polislerin inisiyatifine bıraktım.

Yine küçük bir odaya götürüldüm. Avukatım Hasan Fehmi Demir de orada. Çuvallardaki mühürler kırılıp "kanıtlar" tek tek yeniden sayıldı:

Bir not defteri daha...

---

23 12 Eylül 1980 askeri darbesinden sonra MHP iddianamesi yazıldı. CHP Milletvekili Niyazi Ünsal, MHP milletvekili olarak girmişti iddianameye. Bu hata o günün gazetelerinde bile hep haber oldu: iddianamenin önemsizliği eleştiri konusu oldu. Ergenekon iddianameleriyle ilgili hiçbir hata haber olmadı.

Bir ajanda defteri daha...

Bedrettin Dalan'ın yazdığı, eğitim konulu bir kitap...

Aklıma geldi; Mehmet Ali Birand'la "Özallı Yıllar" belgeselini yaparken, kamera arkasının da belgeselin sonuna konması için röportaj yaptığım politikacılarla fotoğraflar çektirmiştim. Bedrettin Dalan'la da fotoğrafım vardı; kütüphanemdeydi, onu niye "belge"den saymadılar acaba? ABD Başkanı George Bush'la da fotoğrafımız vardı; Ergenekon'un "dış ayağı" olarak gösterilemez miydi? Herhalde atladılar!

Polis, "belgeleri" saymayı sürdürdü:

– Eski bir not defteri...

– Bir kâğıt...

– (...)

Büyük ihtimal yarın savcılığa götürüleceğiz. Çünkü sürekli oda oda dolaştırılıyorum. Daha doğrusu koşturuluyorum. Delil odasında da işimiz bitti. Bu kez başka bir yere götürüldüm.

Bu durakta; fotoğraf çektirip parmak izim alındı. Görevli, parmak izinin öneminden bahsetti; bu sayede ne çok insanın suçsuz olduğu ortaya çıkmıştı! Niye anlatıyordu acaba? Hatta bir de örnek olay söyledi; biri kardeşinin nüfus cüzdanını alıp cinayet işlemiş, ancak parmak iziyle gerçek ortaya çıkmış...

Ben de ona Francis Galton'dan bahsetmek isterdim; Charles Darwin'in kuzeniydi ve o da dehaydı; buluşlarından biri, parmak izlerinin benzersiz oluşuydu. Parmak iziyle kimlik tespitini Londra polisine benimseten dünyada ilk kişiydi Galton. Bunları anlatacak enerjim yok, maalesef. Ama polis memuru hep anlatıyordu... O da *Bay Pipo*'yu okumuş, çok beğenmişti vs. İşim bitti. Ellerimi yıkamaya memur tuvaletine gittim. Orada tuvalet kâğıdı vardı; bizim hücrelerin olduğu tuvaletlerde yoktu, sordum, "Olması lazım" dediler. Biraz tuvalet kâğıdı alıp cebime koydum. Tekrar avukat görüş odasına götürüldüm; yarın savcılığa gideceğimiz kesinleşti, Che'yi bitirmeye kararlıyım. Che'yle bu kez Afrika'da, Bolivya'da dolaşmaya çıktım... Büyülü gerçeklik tüm görkemiyle sarıp sarmaladı yine beni.

Akşama doğru dışarıdan yine döner aldırdım; et ve lavaş yiyebiliyorum. İyileşiyorum galiba... Ama hâlâ lokmaları güçlükle çiğniyorum.

Che'nin hayatını bitirmeye kararlıyım, ama sık sık polis ziyaretçim var; merak ediyorlardı, "nasıl biriyim" diye.

"Emniyette ifade vermeyeceğinizi daha önce söyleseydiniz

bugün savcılığa gidebilirdiniz" dedi içlerinden biri. Sorularına hep yanıt verdim. Pek oturmuyorlar; tanışmak için geliyorlar. Hepsi iyi çocuklar. Yüce gönüllü Anadolu insanı. Peki, bu pis tezgâhı kim yapıyor? Birinci Ergenekon davasının 440. klasöründe, operasyon için"24 TEM ve 16 KOM mensubu polisin katılımıyla 40 kişilik özel bir ekibin oluşturulduğunun" belgesi vardı. Ekip 11 Şubat 2008'de savcılık talimatıyla oluşturulmuştu. Ziyaretime gelenler arasında bu ekipten olanlar da var mıydı acaba? Kör bir gücün esiri değillerdir umarım...

Yorgunluk hissediyorum, fakat Che'den ayrılmak istemiyorum. Tuvalete gidip yüzümü yıkadım. İyi geldi. Sonunda, gece yarısına kadar okuyup kitabı bitirdim; artık Che'den ayrılma vakti. Elveda yoldaş. İyi ki varsın. Tarihte özgürlüğü yayabilenler ve ayakta tutabilenler, herkes ve her şey karşısında kendi özgürlüğünü fethedenlerdir; ben bunu bilirim, buna inanırım. Bu koşullar altında iç özgürlüğümü korumak için verdiğim çabaya büyük katkın oldu. Teşekkürler Che...

Hücreme götürüldüm, meraktan akşam yemeğime baktım; türlü, yoğurt, bulgur, elma var. Hep mi aynı yemekleri veriyorlar acaba?

Elma ve yoğurdu yedim, ama hâlâ yerken zorlanıyorum. Ne bitmez bir hastalıkmış. Dürüm yerken pek acımıyordu; ah şu beyin, nelere kadir! Gerçekten acı yok mu, acıyı beyin mi yapıyor. Benim acı eşiğim çok düşük galiba...

Yarın ne olacak? Tutuklanacak mıyız? Hiç düşünmek istemiyorum aslında, çünkü pek umutlu değilim. Ergenekon sürecini iyi bildiğimi sanıyorum; insanların başına neler geldi/getirildi, farkındayım. Çoktan oldu; mertlik çemberinin kırılışı. Dört yıl geçti. Herkes seyretti. Bazı "yazarlar" kişisel intikamlar peşinde koştu. Kimi ise umarsızdı, hiç aldırmadı, ne olduğuna kafa bile yormadı. Camus ne güzel anlatır *Yabancı*'da, Hitler'in işgali altındaki Fransa'da insanların çevresine, kendine yabancı düşmüş, akıldışı-mantıkdışı hayatlarını... Ne çok çürümüş Meursault'muz var bizim de. Meursault, saçma kavramından habersiz, saçma duygusu içinde yaşayan bir ölüdür sadece...

Şu başıma gelenlerden kurtulduktan sonra Kafka ve Camus'yü bir daha okumaya karar verdim.

Gözkapaklarım kapanıyor; evet, bir kez daha; sabah ola hayrola. Biliyorum ki yarın umuttur hep... Umudu yaşatmak iyidir...

Dördüncü Gün

17 Şubat 2011
Perşembe...

Hiç alışkanlığım değildir aslında, sabah yine erken kalktım. Bu kez gerginlikten çok heyecandan galiba; çıkıyoruz...

Zaten hemen sonra nöbetçi polis geldi; "Battaniyeleri toplayın, gidiyorsunuz Soner Bey," dedi. Aceleci ellerimle hemen hazırlıkları yaptım. Ardından polise seslendim; tuvalete gideceğim. Hücreden bir an önce çıkmak istiyorum; demir parmaklı kapıyı açtı, "Önce çöpleri atayım, biraz yürümüş olurum," dedim. Boş su kabını, yemek artıklarını toplayıp, koridorun ucundaki çöp kutusuna götürdüm.

Bu arada sesler duydum; polisle Barış Terkoğlu bağrışıyordu! Polis "çabuk ol" demiş, Barış ona kızıyordu. Araya girdim. Sonra lavaboda elimi yüzümü yıkadım. Koridorda Ayhan Bozkurt'u gördüm; sevinçle gülümsüyor yine; "Hazır mısın?" diye sordum; "Hazırım abi, hazırım," dedi. Artık ürkek olmayan adımlarıyla tuvalete gitti. Ben de hücreme. Ama gidilecek duygusu insanı bir an önce hücreden çıkmaya zorluyor. Polise, "Aç artık sıkıldım, koridorda bekleyeyim," dedim. Kırmadı beni. Battaniyeleri aldım, depoya götürdüm, avukat görüşme odasının önünde volta atmaya başladım.

Az sonra çocuklar da geldi.

Barış Pehlivan'ı ilk kez gördüm. Gözaltı tecrübesi olmadığı için ince giyinip üşümüştü. Keşke bir battaniye isteseydin, dedik. Deliksiz uyumuş. Barış Terkoğlu da grip gibiymiş. Yine de herkesin yüzü gülüyor; birbirimizi gördüğümüz için mi, yoksa "nezaretten çıkıyoruz" diye mi?

Ayhan'a "şiir yazdın mı?" diye sordum. Öyle ya, mısralar sanıldığı gibi duyguların değil yaşamış olmanın ürünüdür. Nice şairler yarattı polis hücrelerindeki özlemler, umutlar, iradeler ve sırlar. Ayhan, yazdığını söyledi. Çıkınca okuruz...

Polis "sıraya girin" komutu verdi. Sırayla dışarı çıktık, tek sıra halinde.

Sağlık kontrolü için önce Haseki Hastanesi'ne gideceğiz.

Öndeki otomobile Barış Terkoğlu'yla bindim. Otomobil garajdan çıktı.

Dışarısı ne güzel; hava güneşli, pırıl pırıl ama nedense insanlar donuk, gözleri gölgeli; bizim topraklarımızda yaşama sevinci gösterilmez, belki de bilmiyoruz demeliyim. Acı ve kuşku vardır hayatlarda ve bulaşıcıdır bu. Yaralı ruhlar ülkesi! Nasıl olmasın, sevinç bizim buralarda şüphe duyulma nedenidir... İstanbul'u seyrediyorum sessizce. Bir yandan düşünüyorum; insanların şehirlerle, ülkelerle arasındaki gerçek ilişkiyi gezerek, okuyarak değil, o şehrin o ülkenin yetiştirdiği büyük insanlar üzerinden kurabilirsiniz. Dünya kenti İstanbul neden çok az düşün adamı "doğurdu"? Şehrin kirletilmesinde bunun etkisi yok mu? Bilinç, gönül zenginleşmeden kent zenginleşir mi? Dilediğini düşünemeyen, yazamayan, söyleyemeyen ülkede insanlar nasıl tasasız yaşayabilir ki? İşte biz, kör bir nefretin mağduru değil miyiz? Bu sadece bize yapılmıyor, bu karamsarlık vebadan tehlikeli yayılmıyor mu; yaşama sevinci nasıl yeşerir bu topraklarda...

Bunları düşünürken, sivil polis (artık hiç resmi üniformalı polis yok), hastane önünde gazeteciler olabilir, demeç yasak gibi uyarılarda bulundu. Yanıt vermedik. Otomobil hızla Haseki Hastanesi'ne vardı; yakın zaten; acil servisindeki doktora çıkarıldık. Doktor başörtülü, pek yüzüme bakmadı; "Üzerini aç," dedi, karnımı, sırtımı gösterdim; "darp var mı?" dedi. Soğuk otoriter bir ses tonu var. Fırsattan yararlanıp ağzımdaki yaraları söyledim, aldığım ilaçların ismini belirttim. İlgisiz. "İsterseniz sizi sevk edeyim," dedi. Ne diyeyim şimdi, susup teşekkür ettim.

Arkadaşlar da kontrolleri yaptırınca hastanedeki meraklı gözlerin eşliğinde tekrar otomobillere bindirildik. Ver elini Beşiktaş'taki özel yetkili savcılık. Ateş denemesinden geçeceğiz...[24]

Ve Beşiktaş...

Adliyeye getirildik.

Zemin kata indirildik; yemekhaneye oturtulduk. Dördümüz bir masaya geçtik. Diğer masalara polisler oturdu. Biz aramızda sohbete başladık, gülüyoruz, moralimiz iyi.

Kahvaltı yapabileceğimiz söylendi, tost yiyebilirmişiz. İstiyoruz, "Çift kaşarlı olsun" siparişi verdim, sanki ağzımdaki yaralar iyileşmiş gibi...

---

24 Ortaçağda suçlanan kişinin avucuna kor bir demir parçası konur, çıplak ayakla ateş üzerinden geçmesi istenir, yaralanmazsa suçsuz olduğu kabul edilirdi.

Polisler burada da sağlık kontrolü yapılacağını söyledi. O zaman Haseki'ye niye gittik? Vardır "hukuki" bir sebebi.

İlk beni götürdüler. Yemekhane arka kapısından çıkıp küçük açık bir avludan baraka gibi bir yere girdim iki polisle. Üç hanımefendi görevli merakla baktı; ikisinin üzerinde beyaz önlük vardı. Üzgün görünüyorlardı. Tokalaşmak istedim, vazgeçtim, kurallara uygun değildir herhalde. Rahatsızlığım olup olmadığını, işkence görüp görmediğimi sordu bir doktor.

Soru beni geçmişe götürdü.

1987'de Ankara'da bir basın toplantısı takip etmiştim. İnsan Hakları Derneği'ndeki basın toplantısının konusu, gözaltına alınmış üç üniversite öğrencisinin gördüğü işkenceydi. İki üniversite öğrencisi gördüğü işkenceleri detaylarıyla anlattı. Üçüncü öğrenci diğer iki arkadaşının söylediklerinden o kadar etkilendi ki, "Ben işkence görmedim, beni sadece dövdüler!" dedi.

Vatan Caddesi'ndeki İstanbul Emniyet Müdürlüğü'nde işkence görmüş müydüm?

Kontrolüm yapıldı. Yine ağzımdaki yaralardan bahsettim, ilaç kullandığımı söyledim. Doktor kullandığım ilacın doğru olmadığını söyledi. Bir merhemden bahsetti. Ama yanlarında yoktu. Mahcup oldu. Dedim ya yardımcı olmak için çaba harcıyorlardı. "Neyse, az kaldı geçiyor" diye teselli ettim.

Tansiyonuma baktı; hayatımda ilk kez bu kadar düşük çıktı. Ben de şaşırdım. Doktor "lazım olur belki" diye cebime birkaç aspirin koydu; insana ait davranışlar beni hep etkilemiştir. Teşekkür ettim.

Muayene odasında elimi yüzümü yıkadım, kurulamak için kâğıt havlu aldım, dışarı çıktım, polislerle birlikte avluda yürürken duvarın üzerine çıkan basın mensupları fotoğraflarımı çekip, görüntü aldılar. İçlerinden biri "Soner... Soner Bey" diye bağırınca ona dönüp el salladım.[25]

Adliye yemekhanesinde arkadaşların masasına geçip oturdum. Tost gelmişti, çayla birlikte bir güzel yedim. Oh be! Artık günlerdir çektiğim acıdan kurtuluyorum sanki...

Bakalım bu hukuki süreçten nasıl kurtulacağız?..

---

25 Bu sahneyle ilgili sonra bazı yandaş gazeteciler ne yazdılar biliyor musunuz: "Soner Yalçın beyaz mendilini ağzına götürerek dışarıya mesaj verdi, 'beni çıkarmazsanız, konuşurum' diye." Bunların sahiden ruhları iğdiş edilmiş, başka bir açıklamasını bulamıyorum. Senaryoları bile berbat.

Yarım saat sonra polisler "Hadi gidiyoruz, savcı bey geldi," dediler. Sorgu beşinci kattaymış. Asansörle çıkmak gerekiyordu. Ben merdivenden çıkmaktan yanayım. Çünkü asansör sık sık kat aralarında kalıyormuş; klostrofobim olduğunu söyledim.

Merdivenden beşinci kata çıktık. Avukatlar orada. Bir köşeye oturtulduk; ben, Barışlar ve Ayhan. Artık gözaltındayken dışarıda neler olduğunu avukatlardan öğrenebiliriz.

Medya, Odatv baskınına ve gözaltına alınmamıza çok ilgi göstermişti. İyi. Kendi adıma kötü. Hep yazmak isterdim ben, yazılmak değil... Talihim tersine döndü!

Haber kanalları gözaltıları canlı yayınlarla duyurmuştu. Gazeteler neler yazmıştı? Her şeyi merak ediyoruz. Üzerine oturmamız için verilen bazı iki-üç günlük eski gazeteleri okuma şansımız oldu. Okuyunca gördüm ki, gazeteler ikiye bölünmüştü; meseleyi basın özgürlüğü açısından ele alanlar ve Ergenekon örgütüyle ilişki kurup bizi hemen mahkûm eden "özel yetkili gazeteciler".

En komiği *Habertürk* idi. Sürmanşetteyim: "Ersever'i soracaklar." Güler misiniz ağlar mısınız? Faili meçhul bir cinayete kurban gittikten sonra, bana anlattıklarını yazdığım Binbaşı Ahmet Cem Ersever sorusu için evimin basılması, gözaltına alınmam mı gerekiyordu? Kitabı 17 yıl önce yazmıştım...

Gazetenin genel yayın yönetmeni Fatih Altaylı'ya göre ben "misyon gazetecisiydim"(!) O ise "bağımsız ve tarafsız"mış ve bana hep dikkat etmiş! Yorum yapmak istemiyorum; ne diyeyim şimdi; canını acıtmaya değer mi? Tarafsızmış!

Fatih Altaylı bir de beni çok iyi tanıyor ya; "tutuklu Hanefi Avcı ile olan yakınlığı..." diyordu. Yazdım: Hanefi Avcı'yı herhalde en az 10 yıldır görmüyordum, telefonla bile görüşmüşlüğüm yoktu. Altaylı hep "bilen" gazetecilerden oldu!

CHP lideri Kemal Kılıçdaroğlu'nun demeci moral vericiydi. "Soner Yalçın çok önemli bir kalem, iyi bir araştırmacı. Ona yönelik bu uygulama AKP'nin her türlü baskıyı uygulama isteğinin son örneği. Ancak, bu baskıların hiçbirisi bizi yıldıramaz."

Milliyet'te CHP Zonguldak Milletvekili Ali İhsan Köktürk'ün konuyu Meclis gündemine taşıması haberi vardı. CHP milletvekili ve Odatv yazarı Prof. Dr. Oğuz Oyan ve DSP milletvekili Süleyman Yağız da konuyu meclis gündemine getirmişlerdi. Prof. Oyan açıkça yaşanan dönemin fotoğrafını çekiyordu:

"AKP karşıtı televizyon kanalı sahipleri –Ulusal Kanal, Kanal B, BizTV, ART– bir bir tutuklanarak cezaevine gönderilirken; AKP'yi açıkça destekleyen, ATV, Kanal 7, Samanyolu, *Yeni Şafak, Zaman, Vakit, Bugün, Star, Sabah, Türkiye, Taraf,* TGRT, TVNet ve devletin TRT'sinin de aralarında bulunduğu bir dizi yandaş medya oluşturulmuştur."

İstanbul Baro Başkanı Ümit Kocasakal'ın demeci sertti: "Bu ileri faşizmdir." Doğruydu.

Melih Aşık köşesinde meselenin özünü yazmıştı:

> Odatv medyanın susturulup köşeye sıkıştırıldığı şu dönemde özgür ve cesur yayın yapabilen iki-üç yayın organından biriydi.(...) Soner Yalçın bir de televizyon kurmanın hazırlığındaydı ki, kendisi de baskını bu sebebe bağlıyor.

Vatan gazetesi birinci sayfadan haberi minicik vermişti. Öyle ya bir yayın kuruluşuna "sıradan", "basit" baskını niye büyütsünler? Gazetecilik buydu işte. Hep bir denge arama titizliği! Darbe dönemlerinin hediyesiydi bu anlayış.

Gazeteciliğin onurunu hep yüksekte tutan aynı gazeteden Can Ataklı, Mustafa Mutlu gözaltını kınayan makaleler kaleme almışlardı. Keza Ruhat Mengi "Odatv'nin suçu nedir?" diye soruyordu:

> En çok izlenen, en çok güvenilen internet haber sitelerinden biri olması (...) ülkenin tartışmasız en iyi gazetecilerinden biri olan Soner Yalçın'a ve onunla birlikte gözaltına alınan üç Odatv yöneticisine darbeci etiketi yapıştırılmasına yetti mi? Bu mudur yani?

Akşam gazetesi iki yıldır teknik takipte olduğumuzu haber yapmıştı. Polis tarafından sızdırılan bir yalan haberi de eklemişlerdi.

> Soner Yalçın'ın Ergenekon soruşturması kapsamında ismi geçen 20 kişi ile zaman zaman görüşmeler yaptığı öne sürüldü. Bu kişiler arasında Turan Çömez, Doğu Perinçek ve Bedrettin Dalan'ın da bulunduğu iddia edildi.

Ne diyeyim şimdi buna; en azından yazarları, Oray Eğin'e bu "bilgiyi" soramazlar mıydı? Perinçek'le davalık olduğumu, Dalan'ı 10 yıldır görmediğimi, Çömez'i tanımadığımı ve en önemlisi Ergenekon sanıkları arasında kimseyle görüşmediğimi söylerdi. Ama artık böyle gazetecilik yok. Polis ne diyorsa direkt sayfaya giriyor! Oray Eğin basında beni en iyi tanıyan meslektaşlarımdan biri. Neden gözaltına alındığımı en iyi o biliyordu.

Yazmış bunu:

> Soner Yalçın, bugünlerde yeni bir televizyon kanalı kurmak için çalışıyordu. Ne tesadüf, dünkü baskınlar ve gözaltıları tam da televizyonun yayına başlayacağı günlere denk düştü. Ne denir ki? Manzara yeteri kadar açık değil mi?

Oray Eğin yazısını şöyle bitirmişti:

> Kim gazeteci kim değil anlama zamanı... Soner Yalçın ve odatv.com'a yapılan çok net bir muhalefeti susturma hareketi. Bugün gazetelerde alınan tavırları, köşe yazarlarını göreceğiz. McCarthyciliğe destek mi olacaklar, kişisel hesaplaşmalarının esiri mi olacaklar.

Yanıtını aynı gazeteden Nagehan Alçı hemen vermişti:

> Uzun zamandır insanları hedef gösteren, Ergenekon ve Balyoz davalarını sulandırmak için manipülasyon yapan, kamuoyunu tahrik etmeye çalışan, adeta tetikçilik yapan bir internet sitesi göğsünü gere gere yayın yapıyor, üstelik hatırı sayılır bir kısım medya tarafından da övgü üzerine övgü alıyordu. Yahu tetikçiliğin, hedef göstermenin, manipülasyonun ismi ne zamandan beri muhalefet oldu?

Bu cüretkâr yazar "entelektüel" kime denir bilir mi? Sanmam. Alfred Dreyfus'ü savunanlara, karşıtları muhafazakâr sağcı yazarlar, Fransızcada bir aşağılama sözcüğü olarak kullanılan *intellectuel* sözcüğüyle hitap ediyorlardı. Dreyfusçular bu sözcüğü bir tür meydan okuma olarak benimsedi. "Evet biz entelektüeliz," dediler. Nagehan Alçı ve onun gibiler ne derse kabulümdür...

Cumhuriyet gazetesi gözaltıyı manşet yapmıştı: "Demokrasi ilerliyor!" Benim sözümü spota taşımışlardı: "Bedel ödenecekse ödemeye hazırız."

Bekir Coşkun soruyordu: "Daha ne kadar susacak vicdan?"

Oktay Akbal'ın yazısı hüzünlendirdi beni.

> Evet, ben çok yaşamışım! Keşke bütün bu birbirinden ucube işleri görmeden çekip gitseydim! İlhan'ın, Türkan'ın,

Demirtaş'ın, Deniz Som'un yanına...

Çocuklar birbirine "bak ne yazmış" diye kimi köşe yazarlarını gösteriyor; kiminin Odatv ile nasıl ilişkisi olduğu konusunda birbirlerine bilgi veriyorlardı. Nazlı Ilıcak'ın "münasebetsizlik" başlığı altında *Sabah* gazetesinde yazdıklarına şaşırmışlardı:

> İktidarın 'Ergenekon' gerekçesiyle muhaliflere gözdağı verdiği inancı yaygınken, Odatv'ye baskın, yanlış bir uygulamadır. Odatv, gazeteci Soner Yalçın'a ait muhalif bir internet sitesi. Farz edelim, Ergenekon'la ilişkisi var ya da vardı. Ergenekon soruşturması 2007'de Ümraniye'de ele geçen bombalardan sonra başladı. Baskını yapanlar, o günden bugüne Ergenekon belgelerinin Odatv'de muhafaza edildiğini mi sanıyor?

Yazı çocukların hoşuna gitti. "Eee torunu doğduğunda fotoğrafını koyup tebrik etmiştik, bu nedenle yazmıştır," yorumunu yaptılar. Doğrusu Ilıcak beni de şaşırttı.

Ilıcak'ın aksine *Star* gazetesinin başyazarı Mehmet Altan'ın yazısı sürpriz olmadı:

> Dün Balyoz ve Ergenekon davası ile ilgili gelişmeleri izlerken, özellikle Ergenekon'un bu süreçte ortaya çıkarılmayan yanlarına aklım takıldı. Ergenekon'un medyadaki uzantıları kimler? Bunlar ortaya çıkacak mı? Dünkü hamle acaba Ergenekon'un medya boyutuna yönelik muhtemel bir hamlenin ilk sinyali mi?

Yandaş *Bugün* gazetesi tertibin ipucunu veriyordu!

Bakınız lütfen şu "habere":

> Soner Yalçın, Ergenekon 3. iddianamesinin bir numaralı sanığı olan ve Ergenekon yöneticisi olarak tutuksuz olarak yargılanmakta olan Yalçın Küçük'le irtibatlı olarak yasadışı faaliyetlerde bulunmakla suçlandı. Yalçın Küçük'e bağlı olarak Ergenekon terör örgütü adına faaliyet gösterdiği öne sürülen Soner Yalçın'ın 2 yıldır takip altında olduğu aktarıldı. İkilinin sık sık bir araya geldikleri ve gizli görüşmeler yaptıkları belirtilirken bu görüşmelerin polis tarafından tespit edildiği öğrenildi.

Yalçın Küçük'le üç yıldır sadece iki kez yan yana gelmiştik; o da iki ortak dostumuzun cenazesinde! Herhalde aynı süreçte bir o kadar da telefonla konuştuk. Neydi şimdi bu haber mi? Haksızlık mucizeleri...

Yazarı olduğum *Hürriyet* gazetesi birinci sayfadan "Soner Yalçın gözaltında" diye vermişti.

Hürriyet gazetesinde haftalık tarih yazıları kaleme alan gazeteci yazar olarak tanımlanıyordum. Baskını, gözaltıyı soğukkanlı bir haber diliyle vermişti. Gazeteyi hızlı hızlı çevirdim. Sedat Ergin'in yazısını gördüm:

> Bir yayın organının merkezinin basılması, buradaki bilgisayarların müsadere edilmesi, ayrıca görevli meslektaşlarımızın evlerinin basılarak gözaltına alınmaları, hiçbir şekilde hoş görülebilecek, göz yumulabilecek tasarruflar değildir.

Hürriyet yazarı Yalçın Bayer, televizyon kurma projemden bahsediyordu. Fatih Çekirge ve İsmet Berkan baskını, gözaltını kınayan yazarlardandı.

Barış Pehlivan ve Barış Terkoğlu son dönemde WikiLeaks belgeleri üzerinde çalışıyordu. WikiLeaks'in Türkiye'yle ilgili kriptolarını çevirmiş, konu başlıkları altında analizlerin de yer alacağı bir kitap hazırlığı içindeydiler. Julian Assange'ın avukatıyla da iletişime geçmiş ve yeni belgeler için yanıt bekliyorlardı. Medyanın görmediği ayrıntıları gündeme getirecek bu kitap çalışması, *Sözcü*'nün sürmanşetindeydi.

Aynı gazetede Emin Çölaşan son durumu iyi tahlil ediyordu:

> Dün sabahın erken saatlerinde bu kez Odatv internet sitesi basıldı. Neydi bu Odatv? Tayyip'i ve onun iktidarını sinirlendiren bir yayın kuruluşu idi. Çok iyi haberler yapar, çok güzel yazılar yayınlardı. Yalaka değil, iktidar karşıtı idi. Odatv dün sabah polis tarafından basıldı. Gazeteci arkadaşlarımız Soner Yalçın, Barış Pehlivan ve Barış Terkoğlu gözaltına alındı. Ayrıca onların evleri de basıldı. Demek ki sıra artık medyayı susturmaya gelmişti.

Evet, her despot hükümet yaptığının onaylanmasını, gönlünün okşanmasını ister, karşısında bir köle görmek ister. Biz bunu kabul edemezdik. Hakikat neyse o yazılmalıdır, bizim şiarımız buydu.

Mahkemenin soğuk koridorunda eski gazeteleri okumak iyi geldi doğrusu. Sahiplenilmek moral verdi. Yine çay ve tost ısmarladık.

Bazı 16 Şubat gazetelerini de savcıyı beklerken yine bu arada okuduk. Kemal Kılıçdaroğlu'nun TBMM CHP Grup

Toplantısı'nda yaptığı konuşma, tarihi bir konuşmaydı:

Pazarları Soner Yalçın'ın tarihi güncelleştiren yazılarını dikkatle okurum. Çalışır üretir, besleme değil. Soyadı gibi yalçın bir adam.

Hürriyet'te Yılmaz Özdil o harika üslubuyla yazmıştı yine...

Kasvetli bi hava var dışarıda.
Tükürür gibi yağıyor.
Güya ampul yanıyor...
Oda'larda ışıksızım...

Savcıyı bekliyoruz hâlâ...

Hepimizin elinde bir gazete var.

Aramızda espriler yapıyorduk ki... "Gözaltına alınmamız en çok Hasan Cemal'in kafasının açılmasına neden olmuş," dedi biri.

Hasan Cemal Ergenekon soruşturmasına en faal desteği veren gazeteciydi. Tartışamazdınız bile. Sanıyordu ki AKP, Türkiye'deki tüm pislikleri, derin yapılanmaları ortaya çıkaracak! "Keşke" diyorduk, "keşke..." Ama öyle olmadığını, meseleyi sadece polisin sızdırdığı "bilgilerle" değil, iddianameyi didik didik eden, karşı tarafı da dinleyen biri olarak biliyorduk. İddialar çok vahimdi ama ortada hiçbir somut delil yoktu. Hasan Cemal'ler peşin hüküm verdiler, imajlar üzerinden yargılama yaptılar. Hukuk ihlallerine gözlerini kapadılar, "bu tür küçük kusurlar olabilir" mantığıyla hareket ettiler. Yanıldılar. Görecekler; yazar yazdıklarıyla zamana karşı sorumludur. Zamanın hükmü şaşmaz...

Şimdi bizim başımıza geleni Hasan Cemal *Milliyet* gazetesinde daha soğukkanlı yorumluyordu:

Soner Yalçın'ı tanıyorum, daha çok gazeteciliğiyle, yazı ve kitaplarıyla. Türkiye'nin ve dünyanın hallerine bakışı, siyasal çizgisi ve yayıncılık anlayışı bana göre değil. Fikirlerimiz öteden beri uyuşmuyor. Olabilir. Ancak Soner Yalçın'ın evine ve odatv.com'a yönelik baskını, Soner'le Odatv yöneticilerinin karşılaştığı muameleyi bir gazeteci olarak içime sindiremiyorum. Tabii şurası da bir gerçek: Ergenekon, Balyoz ve asker-siyaset ilişkisi gibi konularda çok farklı düşündüğümü hepsi biliyor. Ama onlarla özgür ve eşit bir ortamda tartışmayı diliyorum.

Milliyet'ten Güneri Cıvaoğlu da tanıdığı kadarıyla portremi yazmıştı:

Odatv, 'sert muhalefet' yapan, nesli tükenmekte olan medya kuruluşlarından biri. Haberlere göre Odatv internet sitesi televizyon yayınına geçmek üzereymiş. Soner Yalçın'la tanışmazdık. Kitaplarını okumuştum. "Araştırmacı" kişiliği ve cesur muhalefet çizgisiyle dikkat çeken bir meslektaşımız. Son yıllarda Bodrum'da, denizde birkaç kez karşılaştık. Zaman zaman lafladık. Siyaset değil... Sahil keyfinin sohbetleri... Gerçekten sahilde eşi ve çocuğuyla oluşturdukları mutluluk tablosuna bakarak; o sakin sevecen sakallı adamın, dinamit gibi satırlara imza attığını tahmin etmek mümkün değildi. Kitaplarını, köşesini yazmak, internet sitesini yayınlamak; ama göze batmadan arka bahçesindeki aile mutluluğunu yaşamak istiyordu. Böyle bir yaşam dengesinden "Ergenekon macerası" nasıl çıkar?

Basının birbirini nasıl etkilediğine iyi bir örnek: Yandaş *Bugün* gazetesinin dünkü yazdığı habere, yani Yalçın Küçük'le sık sık konuştuğumuz, Ergenekon'un firari sanıkları, Turan Çömez ve Bedrettin Dalan'la telefon görüşmelerimin dinlemeye takıldığı yalanına *Vatan* da yer vermişti. Polis bülteni gibiler. Yazık. Demek habercilik böyle; polis yazdırıyor artık.

Yahu! Çömez ve Dalan'la telefonda görüşsem hemen Odatv'de haber yaparım, bundan güzel atlatma haber mi olur? Bu kadar mı polis sızdırmasını akıl sürecinden geçirmiyorsunuz? Esir mi düştünüz yoksa...

Milliyet'te Aslı Aydıntaşbaş basın özgürlüğüne dikkat çekiyordu. Endişeliydi.

Bu satırları yazarken aklımın bir köşesinde medyanın, muhalif haberciliği nedeniyle gözaltına alınan Soner Yalçın'ın durumuna tepkisizliği de var. Bir meslektaşımız susturulmak istenircesine gözaltına alındı. Ergenekon üyeliğiyle suçlanıyor ve 2011 Türkiye'sinde herkes sus pus. Soner'i sevmeseniz bile, fikirlerini paylaşmasanız bile, onun itiraz etme ve muhalefet yapma hakkına sahip çıkmak zorundasınız. Aksi takdirde kendi oksijen kaynağınızı kesersiniz.

Vatan'dan Ruşen Çakır'ın makalesi "tuhaf"tı:

Hemen hemen aynı zamanlarda gazeteciliğe başladığımız

Soner Yalçın ile kelimenin gerçek anlamıyla "ayrı dünyaların insanları"yız. Yıllar boyunca temel birçok meselede zıt görüş açılarına sahip olduk. Son olarak Ergenekon, Balyoz gibi soruşturmalara da çok farklı açılardan baktık. Gazetecilik yapış tarzlarımızın da farklı olduğunu, ilgilisi bilir. Bu noktada, Odatv'yi düzenli olarak izlediğimi, başarılı bulduğumu ama beğenmediğimi rahatlıkla söyleyebilirim. Ama bir insan sadece kendisi gibi olanların değil, kendisinden farklı düşünenlerin, hatta düşmanlarının da hak ve hukukunu gözetmesi halinde demokrat olabilir.

Bayılırım bu "görüşlerine katılsanız da katılmasanız da" şeklindeki ihtiyat payına. Sanki mesele benim kişisel meselem, sanki Odatv'nin elektrik borcu yüzünden gözaltına alınmışız! Bu tür cümlelere ne gerek var? Tehlikeli anlarda yumuşak dönüşlerin ibareleri mi?

Avukatlarımızdan, ABD Ankara Büyükelçisi Ricciardone'nin bizi destekleyen açıklamasını öğrendik:

> Basın özgürlüğü demokrasinin olmazsa olmaz şartıdır. Eleştirel de olsa basın özgür olmalıdır. Bir taraftan özgür basından söz ediliyor diğer taraftan gazeteciler gözaltına alınıyor, bunu anlayamıyoruz.

Keza, *New York Times* da Odatv baskınını eleştirel bir bakışla sayfalarına taşımıştı. Aramızda esprisini yaptık: "Gel de açıkla şimdi Odatv okuruna bu ABD desteğini!"

Bu arada "ziyaretimize" Basın Konseyi Genel Sekreteri Avukat Ersü Oktay Huduti geldi. Tüm basın örgütlerinin Odatv'de bir araya gelerek basın toplantısı yaptıklarını söyledi. "Dışarıda olanlara bir mesajınız var mı?" diye sordu. Şöyle dedim: "Bu ne Soner'in ne Odatv'nin sorunu. Bu Türkiye'de basın özgürlüğü meselesidir. Bu yolda şehit olan Abdi İpekçi, Çetin Emeç, Uğur Mumcu gibi meslek büyüklerimiz varken, biz dört gün gözaltına alınsak ne olur? Tüm meslektaşların basın özgürlüğü konusunda birlikte hareket etmesi gerekir."

Habertürk gazetesi bana ne sorulacağına kafayı takmıştı. Dün "Soner Yalçın'a Ersever'i soracaklar" diye manşet yapmışlardı. Bir gün sonranın haberi ne dersiniz:

"Soner Yalçın'a Menderes'i soracaklar"(!)

Öyle ya *Efendi-1* kitabımda Adnan Menderes'in ailesi Evliyazadeleri yazmıştım ya; eh o halde Adnan Menderes'i de bana soracaklarmış! İyi de bana niye sorsunlar? Murat Bardakçı'nın başına aynı olay gelse biz de "Vahideddin'i Bardakçı'ya soracaklar" diye mi haber yapacaktık?

Habertürk'ün yarınki manşetini merak etmiyorum. Manşetleri şu olabilir mi:

– "Soner Yalçın'a Hiram Abas'ı soracaklar." Hani *Bay Pipo* kitabını yazdık ya...

– "Soner Yalçın'a Abdullah Çatlı'yı soracaklar..."

– "Soner Yalçın'a Behçet Cantürk'ü soracaklar" vs. vs.

Şaka gibi: Hangi kitabı yazdıysam onu soracaklarını sanıyorlar!

Cemaat medyası ne düşünüyordu? Tavırlarında şaşırtıcı bir durum yoktu. Hüseyin Gülerce *Zaman*'da şöyle yazmıştı:

> Ergenekon dostları yine ayağa fırladılar. Bu davayı sürekli sulandırmaya, bulandırmaya, saptırmaya uğraşan ve savcıları, hâkimleri sindirmeye çalışan odaklar, yine 'basın özgürlüğüne' sarıldılar. Sayın Kılıçdaroğlu da, her zamanki aceleciliği ile 'İktidar artık internet sitelerine bile tahammül edemiyor. Odatv, yazılmayanları yazan, doğruları yazan bir site' deyiverdi. Halbuki bu site yalanlarıyla şöhret oldu. Üstelik burada gazetecilik değil, tam bir tetikçilik yapılıyor. İnsanlar hedef gösteriliyor. Tahrik, manipülasyon, dezenformasyon, hakaret, kin, nefret bu sitede hepsi var.

Ne diyordu Émile Zola:

> Gerçeği gömmeniz boşuna, toprağın altında yol alıyor; bir gün, her yandan fışkıracak, öç bitkileri olarak açılacaktır...

1999 sonbaharı...

Sabah gazetesi yazıişleri müdürüyüm.

Bir gün, Genel Yayın Yönetmeni Ufuk Güldemir'e şişman, genç biri geldi. Güldemir meşguldü, ben ilgilendim. *Milliyet*'te birlikte çalışmışlardı, "merhaba" demeden, "*Sabah*'a yazıişleri müdürü olmaya geldim," dedi. Güvenine şaşırdım. "Ne güzel" dedim, "bizim de yükümüz azalır."

Ufuk'la görüştü, editör olarak başladı. Gazetede dördüncü ya da beşinci sayfayı yapıyordu. Yani o sayfanın haberlerini tashih ediyor; başlıklar, fotoğraflar koyuyordu. Yazıişleri toplantılarında pek habercilik zekâsı gördüm diyemem; entelektüel de değildi. Bir de anımsadığım; hep Ufuk'u sıkıştırıyordu, "*Günaydın* ekinde magazin köşe yazayım" diye. Olmadı.

Sonra Ufuk'la ben *Sabah*'tan kovulduk. Emre Aköz *Sabah*'ın zor dönemlerini iyi değerlendirip köşe yazarı oldu. Şimdi neler neler yazıyor. Medya o kadar çölleşti ki; Emre Aköz köşe yazarlığı yapabiliyor! Şunu yazmıştı *Sabah*'ta:

> Geçen gün polisçe aranan ve *Hürriyet* yazarı Soner Yalçın başta olmak üzere, yöneticileri gözaltına alınan Odatv, bu kampanyanın bir parçası olarak öne çıktı. "Ergenekon dostu" bir yayın çizgisi izleyen sitenin temel işlevi, vesayet rejimine karşı çıkanları karalamaktı. Mustafa Balbay ve Tuncay Özkan için geçerli olan, Soner Yalçın ve şürekâsı için de geçerli: 'Muhalefet' ettikleri için değil, gıllıgışlı taraklarda Ergenekon bezleri dokudukları iddiasıyla içeri alındılar.

Bilmiyor Emre Aköz: Nefret insanı köreltir. Kişiliği kemirir. Bayağılaştırır ve küçük çıkarlardan başka bir şey göremez hale getirir... Nokta.

Sabah gazetesinden Sevilay Yükselir, kötülüğün en büyüğünün sığlık olduğunu ispatlamıştı yazısında:

> Önceki gün onun gözaltına alındığı haberini duyunca kesinlikle ondan nefret ettiğimi anladım. Nedense için için sevindim. Çünkü yerden göğe kadar haklıyım! Çünkü şahsım tam bir Soner Yalçın zededir!
>
> Kahramanmışşş, Muhalif bir yürekmişşşş... Kalemmiş... Sakın ola inanmayasınız bu safsatalara! Çünkü hepsi palavra! Ergenekon Soruşturması kapsamında gözaltında olan Soner Yalçın'ı bu noktaya getiren mesele muhalif gazeteciliği falan değildir! Onu bugün adaletin terazisine oturtan tek neden vardır. O da kötücül kalbi ve her daim tetikçi gibi kullandığı o pis kalemi! Mutluyum. Çünkü şimdi yıllarca kalemini neden bir silah gibi kullandığının, hizmet ettiği karanlık güç ve düşünceler için tehlike arz eden herkese neden bel altı vurduğunun hesabını verecek adalete! Bakın şaşırmayın sakın bu yazdıklarıma. Çünkü bu adam ve çetesinden gerçekten nefret ediyorum. Pisler! Pislikler! İster istemez ağzımdan sadece şu iki cümle döküldü: "Sen büyüksün Tanrı'm! Seni seviyorum!"

Bu alıntı için özür dilerim ama tarih, medyanın düzeyini görsün istedim...

Yaklaşık 2500 yıl önce Sokrates savunmasına başlarken şöyle konuşur: "Ey Atinalılar! Beni suçlayanlar öyle ifadeler kullandılar, öyle suçlamalar yönelttiler ki, ben bile kendimi tanıyamadım. Ancak anlattıklarının hepsi yalan."

Yine de Sokrates kadar yalnız değildik...

Hürriyet yazarı soğukkanlı Yalçın Doğan bile yandaş gazetecilere kızgındı:

Odatv baskını ile bağlantılı olarak Soner Yalçın ve üç meslektaşımızın gözaltına alınması birilerine yeniden fırsat veriyor. Eskiden halim selim tavrıyla kendine çevre yaratmaya çalışan bir "gazeteci(!)" şimdi şahsiyetini buluyor. Ne zaman gazeteciler gözaltına alınsa, gazeteciler ne zaman susturulmak istense, hazret anında televizyonlarda: "Ancak, iyi bilinsin ki, medya, bürokrasi, iş dünyası ve terör örgütü arasındaki ilişkiler eninde sonunda (Türkçesi de bozuk, önünde sonunda olacak, yd) gün yüzüne çıkacak." Hazret kime güveniyor ve hangi bilgilere sahip? O bilinmez, bilinen televizyonlarda ve yazılarında sürekli olarak, görevini bağımsız ve objektif yapan gazetecileri tehdit etmekle meşgul.

Sözcü gazetesi yazarı, usta kalem Necati Doğru, Odatv'nin beslemeliği kabul etmediğini dile getirmişti:

Odatv adlı site dikleniyordu. Beslemeliği kabul etmiyordu. İktidar gibi düşünmüyor, Başbakan ne derse 'hemen onaylayan' düzenin kalemi, yazarı, muhabiri olmayı kabullenmiyor ve Ergenekon dava dosyalarındaki delilleri çürütecek gazetecilik yapıyorlardı. İktidara diklenen Soner Yalçın ve arkadaşlarının karşısında ise savcılar gibi düşünen, hâkimlerin bakışıyla olana bitene bakan, iktidara yandaş, kayrılan 30'a yakın televizyon kanalı, 300'den fazla internet sitesi, 400'den fazla yazar 'iktidar ne düşünüyorsa onu yazıyor, savcılar ne yapıyorsa ve hâkimler nasıl karar veriyorlarsa' aynen tekrarlıyorlardı. Yandaşların gücü çoktu. Odatv'nin gücü eleştiriydi. Referandum nutukları sırasında gırtlakları patlarcasına söyledikleri 'nasıl bir ileri demokrasiye geçiş' ise muhalefet yapan Odatv'nin kurucularını hapse koydular. Gerçekten ileri demokrasi hedeflenmiş olsaydı; Soner Yalçın ve arkadaşları gibi iktidara eleştiri gözlüğüyle bakan gazetecileri 'korkutup sindirmeyi' düşünmezlerdi. Bilesiniz ki! İleri faşizm tehlikesi varsa! O, son Soner olmayacak!

Hani diyorlar ya; "Odatv bizi eleştirdi." Evet herkesi eleştirdik. Yine yapacağız; bilmedikleri, insan değer verdiğini eleştirir. Örneğin... Hikmet Çetinkaya'yı da eleştirdik. Ama bakın *Cumhuriyet*'te "Yurtsever bir gazeteci Soner Yalçın" başlığında ne yazmıştı:

> Soner Yalçın muhalif bir gazeteciydi, onun yazdığı kitaplardan faili meçhul cinayetleri, özellikle Cem Ersever'in kim olduğunu, devlet içinde örgütlü çeteleri öğrenmedi mi bu toplum? Soner Yalçın sapına kadar gazetecidir... Ne kalemini satar ne de düşüncelerini...

İşte... Usta bir kalem...

Türkiye yakın tarihinden onun yazdıklarını çıkarın pek bilgi/belge bulamazsınız. Demokrat Parti döneminde hapse atılmış bir yazar. Cüneyt Arcayürek *Cumhuriyet*'te ne yazmıştı:

> Gerçek budur: Soner Yalçın gazeteci olarak hem Odatv'de hem de *Hürriyet*'te her pazar yayımlanan araştırma ürünü, tarihsel olayları güncelleştiren yazılarında iktidarı eleştirdi. Birçok yanları hâlâ gizemli Ergenekon, Balyoz gibi davalarda kamuoyunun bilmediği gerçekleri belgeleriyle açıkladı. Odatv'deki belgeli haberler, yorumlar... Ergenekon savcısının Soner Yalçın'ı "terör örgütüne üye olmak ve... halkı kin ve düşmanlığa tahrik etmek" suçlamasıyla gözaltına almasına neden oldu. Soner Yalçın'ın suçu, adı Ergenekon savcılarının iddianamelerinde yer alan, ancak varlığını hiçbir resmi makamın doğrulamadığı bir terör örgütüne üyelikse; bu suçlamayı bir kalem geçiniz efendim. Soner Yalçın medyaya sesleniyor. Tabii anlayana: Bugün bana yarın sana!

Hürriyet'ten Mehmet Yılmaz aynı konuya dikkat çekmişti:

> Odatv isimli internet sitesinin sahibi Soner Yalçın ve internet sitesinde çalışan üç gazetecinin tutuklanmasının bir tek amacı var: Muhalif gazetecilere gözdağı vermek, 'aklınızı başınıza almazsanız sizin de sonunuz kodes olur' demek! Olmayan bir suç yaratılmış ve yaratılan bu suç ile her muhalif sesi hapse tıkabilirsiniz! Basın özgürlüğü, askeri darbe dönemleri

dışında bu kadar fütursuzca ayaklar altına alınmamıştı. Halkın bir bölümünde "kin ve nefret duygularına" yol açan bir durum varsa, o da işte tam olarak budur! Bakalım seçimlere kadar sırada daha kimler var?

Radikal'den Murat Yetkin Nâzım Hikmet'in şiirinin bir satırını başlık yapmıştı. "Mesele esir düşmekte değil..." Devamını biz getirdik: "Teslim olmamakta bütün mesele..."

Haber geldi. Savcılar hazırdı. İlk Ayhan Bozkurt gitti. İfadesi kısa sürdü. Yanımıza getirmediler. Sonra Barışlar gitti. Yalnız kaldım. O sırada yanıma Feza geldi. Sohbete başladık. Tam olmasa da, iyileşmeye başladığımı, fakat hastalığın beni güçsüz bıraktığını söyledim.

Feza, gazeteci Mustafa Balbay'ın Silivri Cezaevi'nden Odatv'ye gönderdiği mektubu getirmişti. Orada okudum:

> Soner Yalçın'ın zengin arşivine ve yazdığı kitaplara bakıp bir Ergenekon Savcısı mantığıyla onun için bir çırpıda şu suçları üretebilirsiniz;
>
> – Hizbullahçı; – PKK koordinatörü; – Hizbullah-PKK haberleşmesini sağlayan köprü yönetici; – Devletin gizli belgelerini saklamak, çalmak, yayımlamak; – Kişilere ait verileri kaydetmek, saklamak; – Toplumu inanç ve etnik yapılarına göre bölmek; – Halkı hükümete karşı silahlı isyana teşvik etmek; – Kısmen ya da tamamen hükümeti cebren işlevini yapamaz hale getirmek; – Kaos ortamı yaratmak; – Devlet büyüklerini aşağılamak; – Terör örgütü ile medya arasında koordinasyon görevi üstlenmek...
>
> Nasıl? Çok korkunç değil mi? İki sene önceye kadar normal gazetecilik mesleğimi yürütürken tutuklandım ve hiçbir somut delil olmamasına karşın benzer suçlamalara karşı savunma yapıyorum. Sonuç umarım benzemez, ancak biz bu filmi daha önce gördük ve inanın bu sadece basın ayağı, diğer insanlara da en az bizimki kadar asılsız suçlamalar uydurma delillerle isnatlar yapıldı, yapılmaya devam ediyor. İşte Odatv böyle bir ortamda, cesurca, bağımsızca, özg... (evet artık özgürce yazamıyorum umarım yazarım) bu hukuksuzlukları, Emniyet'in kasıtlı "sehven"liklerini haber yaptığı için bugün Emniyet'in misafiri(!) konumunda...

Mustafa Balbay'ı şahsen tanımam. Sadece 1994'te Ankara temsilcisi olduğunda, çalışmam için *Cumhuriyet*'e davet etmişti. Olmadı. Sonraki yıllar hiç görüşmedik. Ama ortak noktamız şuydu: Her zaman zorba güç yalnızca "alkış" ister; biz bunu yapmadık. Düşünsel bağımsızlığımızı koruduk...

Sigara içmeye dışarı çıkan avukat Hasan Fehmi Demir de sohbete katıldı. "Böyle davalarda avukatlar pek söylemez ama sizi tutuklamazlar; ortada hiçbir şey yok," dedi. Feza da aynı görüşte. Ben temkinliyim. Çünkü Ergenekon sürecinde insanların başına nasıl çoraplar örüldüğünü biliyorum. Gerçi çok karamsar olmaya da gerek yok savcılıktan serbest bırakılan da var. Göreceğiz...

Barış Pehlivan'ın da sorgusu bitti. Ve fakat sorguya giren avukatlarımızın getirdiği haber, koridora bomba gibi düştü; Odatv'nin bir bilgisayarında tuhaf "belgeler" çıkmıştı! Nasıl yani? Ne belgesi? Kim göndermiş? Barış Pehlivan bilmiyordu; o bilmezse hiçbirimiz bilemezdik; haberin merkezinde o vardı; genel yayın yönetmeniydi. Neler oluyordu?

Gizli bir el faaliyete geçmişti demek ki...

Birçok Ergenekon sanığını şaşırtan olay işte bizim de başımıza gelmişti; çoğu kişi savcılık sırasında öğrenmişti evinde, işinde çıkan sözde belgelerin varlığını!

Polisler, tıpkı diğer bazı Ergenekon sanıklarının bilgisayarlarında, yüzlerce CD, DVD arasında "delili" nasıl buldularsa, işte bizde de, onca kaset, CD, DVD, bilgisayarlar arasında binlerce word dosyası arasından "belgeyi" buluvermişti! Bravo...

Evet mesele açıktı... "Prosedür" yerine getirilmişti.

Ne yalan söyleyeyim, pek inanmasam da gözaltıyla bu işin biteceğine kendimi inandırmaya başlamıştım yavaş yavaş.

Mesele aydınlandı.

Feza hemen Odatv'ye gitti; neyin nesiydi bu "belge"? Evet kaç kişi aynı şaşkınlığı yaşadı bu süreçte. İnsanlar devletin tezgâh kuracağına inanamıyor. Oysa birileri dört yıldır "Kral Çıplak" diye bağırıyordu. Kötü niyetin hedefinde şimdi biz vardık...

Sorgu sırası bana geldi. Savcı bekliyordu. Kalktım. Avukatım Hasan Fehmi Demir'le savcının odasına gittik. Savcı Zekeriya Öz odada yoktu. Küçük bir oda. İki masa var; ortasında kâtip oturuyor; önünde bilgisayar. Kâtibin karşısında sandalye var; oraya oturuyorum. Hasan Fehmi Bey cam kenarındaki masanın yanındaki koltuğa oturuyor.

Savcı geldi. Ayağa kalktım. Başıyla selam verdi; oturabileceğimi söyledi. Oturdum.

"Asrın davasının iddianamesini bu küçük odada mı hazırlıyorsunuz?" diye hemen söze girdim. Samimiydi; "gör halimizi," dedi; "iki savcı yan yana bu kadar yükün altından kalkmaya çalışıyoruz."

Basında başka haberler okumuştum; Levent Ticaret Merkezi'nin üst katında, 30 kişilik bir ekiple çalıştıkları iddia ediliyordu. Bir şey demedim.

"Su alabilir miyim?" diye ricada bulundum. "Tabii tabii, istediğiniz kadar içebilirsiniz," dedi. Teşekkür ettim, plastik bardaklardan bir tane alıp su sebilinden doldurdum. İçtim. Hazırım.

"Ergenekon Silahlı Terör Örgütü'ne üye olmak, halkı kin ve düşmanlığa tahrik etmek ve devlete ait gizli belgeleri temin etmek şüphesiyle ifadeniz alınacaktır..."

"Devlete ait gizli belgeler..." Ev-büro arama gerekçesinde bu yoktu. Evet demek "belgeler" bulunmuştu! Önce aranıyorsunuz. Sonra hemen belge buluveriyorlar ve suç ortaya çıkmış oluyordu! Yeni hukuk yöntemi bu: Sezgi hukuku![26]

50 yıllık avukat Turgut Kazan gibi deneyimli, bilgili hukukçular Ergenekon sürecindeki adli kıyımlara, "bu nasıl hukuk, böyle hukuk olmaz" diye ağır eleştiriler getirdi. Maddi delil, somut durum olmadan nasıl yargılama olurdu? Oysa...

Yeni hukuk anlayışı vardı artık! Bu hukuk anlayışını ABD yarattı: "muhtemel tehdit"; yani gerçekte oluşması ihtimali olan

---

26 16. Ağır Ceza Mahkemesi'ndeki savunmamı "sezgi hukuku" üzerine yaptım. Tek tek, 14 Şubat'ta evime, işyerime gelene kadar ellerinde doğru-düzgün hiçbir delil olmadığını ortaya serdim. Ergenekon tutuksuz sanığı Önal İnanç'la, "Aydınlıkçılar'dan niye ayrılmıştın" diye esprili bir konuşma, Ergenekon'da hakkında kovuşturmaya yer yoktur kararı verilen Erhan Göksel ile, "ABD neoliberalizmi terk ediyor, bütün finans kurumlarını kamulaştırıyor" sohbeti ve Tuncay Güney'in 2009'da "Ersever'i Aydınlıkçılar'a Veli Küçük'ün gönderdiğini tahmin ediyorum" sözü. Evet hepsi bu. Ellerindeki delil buydu! Türkiye'de gündemi belirleyecek, ABD Beyaz Sarayı'ndan AB'ne kadar tepki gösterilecek bir operasyonu bu sözüm ona delillere dayanılarak yapılabilir miydi? Hayır. O halde niye evimi ve işyerimi basmışlardı; demek ki "belge" bulacaklarından emindiler! Bizim bilmediğimiz sözde word dosyalarını buluvermişlerdi! Gün gelecek o virüslü belgeleri kimin nasıl koyduğu da ortaya çıkacak...

bir suç kavramı yarattılar. Bunu kabul ettirebilmek için her daim yaptıklarını sahneye koydular; Hollywood. Örneğin, *Azınlık Raporu* filmini bilir misiniz? Suç işlemesi muhtemel kişi veya kişiler, "gerçeği gören kâhin" yardımıyla engellenir, öldürülür! Böylece insanlık âlemi, Amerika kurtarır!

Yani, ortaçağdaki cadı avıdır bunun adı. Cadı, şeytanı çağırmadan, yakılarak öldürülür. Toplum kurtarılır.

Paul Wolfowitz ne diyordu: "11 Eylül bize kesin bilginin lüks olduğunu, bize gereken adil bir davadan çok, savaşa yakın olmayı göstermiştir." Bu paranoyak yorum, işte yeni hukuk anlayışını doğurdu. 11 Eylül saldırısından sonra ABD'den (Yurtsever Yasaları) İngiltere'ye (Anti-Terörizm Yasaları) terör yasası değiştirildi. Bunun adı düşman ceza hukukuydu. Teorisyeni İngiliz filozof Thomas Hobbes'tur. Bu yeni teoride ceza suçun karşılığı değildir; yani yurttaş ceza hukuku yok, düşman ceza hukuk vardır. Bu cezanın amacı müstakbel eylemlerin önlenmesidir; yani suç işlemeden! Fiil yokken ceza verilebilir... Şüphe, kanıtın yerini almıştır. En temel hukuk kuralı; "kuşkuya dayanılarak insan tutuklamak gayri insanidir." Bu anlayış rafa kaldırıldı artık. Evet, devletin o kutsal otoritesi için kişisel ve toplumsal özgürlükler yok ediliyordu. Amaç belliydi: Halk için yasa yapılmıyor, yasaya uygun halk oluşturuluyordu.

Peki, Türkiye bu hukuku nasıl benimsedi:

Yıl 2005. Türkiye ile ABD arasında OPDAT programı dahilinde terörle mücadeleye ilişkin yasaların çıkarılıp uygulanması konusunda işbirliği yapıldı.

"Kamu Düzeni ve Güvenliği Müsteşarlığı Yasası" ile "Yabancı Uzman Çalıştırma" kabul edildi. Birini tanıtayım:

Adı: Susanne Hayden.

2006 yılında Türkiye'ye sürekli "hukuk danışmanı" olarak geldi; Türkiye'den önce Rusya, Macaristan ve Sırbistan'da, yani Sorosçu renkli devrim projelerinin olduğu ülkelerde görev yaptı. Sırbistan'da 2006-2007 sürecinde "yargı reformu" adı altında bir günde tüm yargıç ve savcıların görevden alınıp renkli devrim taraftarı genç sivil toplumcu hukukçuların atanmasının akıl hocasıydı!

Susanne Hayden adı basında hep emniyetçiler, savcılarla yaptığı toplantılarla gündeme geldi. *Milliyet* gazetesinin haberine göre, İstanbul Emniyet Müdürlüğü'nde bir dizi çalışma yaptı

(2 Kasım 2007). Bu ilk toplantı değildi; 25-26 Ocak 2007'de İstanbul Hâkimevi'nde Almanya, Belçika, Hollanda ve İngiltere'den terörle mücadele alanında çalışan hukukçular ile CMK 250'nci maddeye bakan özel yetkili savcılar bir araya gelmişti. 12-14 Kasım 2008 tarihindeki Ankara'da yapılan toplantının konusu ise "Savcılar İçin Siber Bilinçlendirme Semineri" idi.

Susanne Hayden polis ve savcılarla o kadar samimi oldu ki, 27 Mayıs 2007'de Sait Halim Paşa Yalısı'ndaki düğünün şahidiydi. Bir diğer şahit de İstanbul Emniyet Müdürü Celalettin Cerrah'tı!

Susanne Hayden kuşkusuz tek başına "yargı reformu"nun akıl hocalığını yapmadı. Örneğin bir başka hukukçu Larry Taman da, BM Kalkınma Programı çerçevesinde Türkiye'ye geldi. Arnavutluk, Afganistan, Bosna-Hersek gibi ülkelerin "yargı reform"larında görev almıştı.

Peki... "Yargı reformu" halledildi, o halde soru şu: "Kâhin" kim? Türkiye'nin "kâhini" Pennsylvania'da oturuyor olabilir mi!

Evet, ABD'nin dünya üzerinde uygulamaya koyduğu bu yeni "hukuk anlayışı" Türkiye'de de hayata geçirildi: "Büyük bir iyilik için kötülüğe başvurabilirsiniz." Yani; yalan, sahte deliller icat edebilirsiniz, ABD'nin Irak'a Afganistan'a, Libya'ya müdahalesinin nedeni gibi. Makyavelizmdi bunun adı: "İktidara tutunmak için yalnızca aldatma ve kalleşlik sanatlarında hüner sahibi olmanız yetmez, gerekli hallerde onları kullanmaya da hazırlıklı olmalısınız." Gereklilik, Machiavelli'nin kılavuz ilkesiydi ve Türkiye'de "yeni hukukun" felsefesiydi...

Savcı Zekeriya Öz'ün makamında sorgu başladı... Bir ekleme yapmalıyım: Savcılık ifadeleri dahil olmak üzere soruşturmanın gizliliği esastır. Fakat "nereden sızdıysa" sorgum basında çarşaf çarşaf yer aldı. Ergenekon soruşturmaları bugüne kadar neden basına hep sızdırıldı?[27]

Şimdi ben de sorgudayım ve Savcı Zekeriya Öz'ün karşısındayım. Ne yazık ki gizlilik kararına rağmen savcılık ifadem basına

27 Bu konuda sadece bir tek örnek vermek istiyorum. *Akşam* gazetesinin polis muhabiri Ufuk Türkyılmaz, Ergenekon davası üzerine yaptığı haber nedeniyle "gizliliği ihlal" suçlamasıyla jet hızıyla yargılandı. Gazeteci Türkyılmaz'a 1 yıl 3 ay hapis cezası verildi. Aynı gün cemaatin yayın organı *Zaman*'ın manşetinde Şişli 2. Asliye Ceza Mahkemesi Hâkimi Hakkı Yalçınkaya'nın Kemal Kerinçsiz ile yaptığı telefon konuşması tapesi vardı. Yalçınkaya daha önce de *Taraf*'ın hedefi olmuştu. Kısacası gizliliği ihlal yalnızca cemaat gazetelerinin hakkıydı!

sızdırılıp çarşaf çarşaf yayınlanacaktı. Her gazete bir yanını parçalayıp yayın politikasına uygun olan ifademi kamuoyuna sunacaktı...

Soruldu: Daha önce herhangi bir suçtan cezaevine girdiniz mi? Herhangi bir suç kaydınız var mı?

Cevap: Cezaevine girmedim, yaptığım haberlerden dolayı hâkim karşısına çıktım.

Soruldu: Herhangi bir sendika, dernek, siyasi parti ve benzeri bir kuruluşa üyeliğiniz var mı?

Cevap: Türkiye Gazeteciler Cemiyeti üyesiyim. Basın Konseyi'ne üyeyim. Çağdaş Gazeteciler Derneği'ne üyeyim. Bunun dışında hiçbir siyasi partiye ve sivil toplum kuruluşuna üye değilim.

Soruldu: (Ergenekon) Örgütün amaç ve hedefleri doğrultusunda yayın yapılması kapsamında sizin herhangi bir çalışmanız ya da faaliyetiniz oldu mu?

Cevap: Yok.

Soruldu: Odatv isimli internet sitesini ne zaman, kimlerle birlikte ve ne amaçla kurdunuz?

Cevap: Odatv'yi 2007 yılının son aylarında Cüneyt Özdemir ile birlikte kurduk.

Soruldu: Yalçın Küçük ile irtibatınız hakkında ayrıntılı bilgi veriniz?

Cevap: Yalçın Küçük'ü entelektüel bir aydın olarak tanırım. Sık görüşmeyiz, çok sık telefonda da görüşmeyiz. Yazılarını ve televizyonda yaptığı programları elimden geldiği kadar takip etmeye çalışırım. Kitaplarını okurum. Aramızda ast ve üst ilişkisi yoktur.

Soruldu: 19 Eylül 2010 tarihinde Ulusal Kanal'da yayınlanan "Kalemler ve Kılıçlar" isimli programda Yalçın Küçük sizinle ilgili olarak; "Şimdi biz Soner'le çok iyi arkadaşız. Arkadaş olduğumuz gibi işbirliği yaptık..." Yalçın Küçük'ün bahsettiği, sizinle ilgili "işbirliği" konusu nedir? Yalçın Küçük ile ne tür bir ortaklığınız vardır?

Cevap: Yalçın Küçük'le işbirliği yapmadım, bu açıklamayı niçin yaptı, anlamadım. Yazdığım Sabetayizm ile ilgili kitapları kastediyorsa da tezlerimiz farklıdır. Herhangi bir ortaklık da yapmadım.

Soruldu: Yalçın Küçük'ün yazmayıp size verdiği bulgular nelerdir?

Cevap: Yalçın Küçük kendi bulsa kendi yazar bunları. Son 4 yılda kendisiyle sadece 2 cenaze töreninde yan yana geldik.

Soruldu: 21 Temmuz 2009 günü saat 22.43'te Hüseyin Soner Yalçın ile Ünal İnanç/Ceyhan Mumcu'nun yaptığı telefon görüşmesinde özetle; görüşmenin başında Ünal İnanç ile bir süre konuştuktan sonra Ünal İnanç'ın telefonu yanında bulunan Ceyhan Mumcu'ya verdiği, C. Mumcu'nun "Ya Sonerciğim teşekkür ediyorum şimdi her gün bizim partiden şey geliyor mesaj, 'Soner oku'. Şimdi nasıl bayılıyorlar bizim partililer sana; senin yazdığın o yazılara Şimdi bir dönem nasıl saldırılar vardı sana; şimdi 'acele *Hürriyet*'te oku abi, Soner bizim için çok güzel yazmış' diyorlar. Çok güzel yazdığını anlıyorum da... Hikmet'in yazısı kıçımdan bir türlü benim gitmiyor" dediği, bir süre daha konuştukları konuşmanın devamında C. Mumcu'nun "Fakat Abi bu unutulmayacak bir jest adamları düştüğü gün adamların lehine kaç tane yazı yazdın" dediği anlaşılmıştır.

Görüşmenin içeriğinden Ergenekon sanığı Hikmet Çiçek'in bir dönem sizin aleyhinize yazılar yazdığı halde, sizin Ergenekon davası sürecinde İşçi Partili sanıklar lehlerine yazı yazdığınızı konuştuğunuz anlaşılmaktadır.

Geçmişte problem yaşadığınız Hikmet Çiçek'in de aralarında bulunduğu Ergenekon sanıkları lehine haber yapmanızın sebebi nedir? Bu durumun aranızdaki örgütsel bağla bir ilgisi var mıdır?

Cevap: Ben birkaç sefer Hikmet Çiçek lehine yazılar yazmıştım. Aydınlıkçılar da benim aleyhime yazdıkları yazılara rağmen, benden böyle bir tavır görünce bunu takdir etmiş olabilirler. Ben gazeteciyim, doğru bildiğimi yazarım. İşçi Partili değilim.

Soruldu: Tuncay Güney ile 2001 yılında yapılan mülakatta Tuncay Güney, sizinle ilgili olarak Veli Küçük'ün talimatı ile hareket ederek *Aydınlık* dergisine girdiğinizi ve bir takım bilgilerin Veli Küçük tarafından size iletilmekte olduğunu tahmin ettiğini beyan etmiştir.

Veli Küçük'ü tanıyor musunuz? Tanıyor iseniz ne zaman ve nerde tanıştınız? Aranızdaki ilişkiyi açıklayınız.

Cevap: Veli Küçük'ü, Tuncay Güney'i hiç tanımam. Söyledikleri doğru değil.

Soruldu: Odatv'de yapılan aramada bulunarak el konulan

dijital veriler içerisindeki "Projeler" isimli word belgesinin başlangıcında, tarafınızdan Didem isimli bayana yazıldığı anlaşılan bir notun olduğu, söz konusu notta sizin CNN TÜRK'te yayınlanması için bazı program önerileri sunacağınızdan bahsettiğiniz, belgenin devamında bu programlarla ilgili genel bilgiler verildiği, söz konusu programlar arasında "Harika Çocuklar" isimli programın amacının ise "Türkiye'nin dört köşesindeki harika çocukları bulup onlara burs, eğitim olanağı vermek" olduğu belirtilerek, bu programla ilgili "ÇYDD vb. kuruluşlar ile işbirliği yapılabileceği" yazılmaktadır.

Buna göre, söz konusu programla ilgili olarak özellikle ÇYDD ile işbirliği yapılabileceğini belirtmenizin nedeni nedir? Bu proje ile ilgili olarak daha öncesinde ÇYDD ile görüştünüz mü?

Cevap: 6-7 yıl önce CNN TÜRK'e bir çocuk programı yapmak için çalışma hazırladık. 1940'lı yıllarda Dâhi Çocuk Projeleri vardı. Ressamları, müzisyenleri devlet yetiştirmiştir. Biz de yapacağımız programa Anadolu'daki dâhi çocukların ortaya çıkmasını düşündük. ÇYDD'nin de Çocuklar Projesi olduğu için birlikte yapabiliriz diye düşündük. Sadece proje aşamasında kaldı. Bizim gibi program yapanların sürekli projeleri olur. Bunların bazıları sunulur, bazıları sunulmaz, bu proje sunulmadı.

Soruldu: Odatv isimli internet sitesinin yayınlarına bakıldığında;

"Öcalan Diyarbakır'daki Kürtlere Mısır'daki Gibi Sokağa Çıkın Dedi",

"Herkes Mısır'ı Konuşuyor. Ya Türkiye'de Devrim Olursa",

"Mısır'daki Olaylar Türkiye'yi Etkiler mi?"

Başlıklı haberlerle, son günlerde Mısır'da yaşanan olaylar örnek gösterilerek ülkemizde de halkın sokağa dökülmesini teşvik eden haberler yapıldığı görülmüştür.

Bu şekilde halkı sokağa dökmeye teşvik eden haberler yapmanızın sebebi nedir? Halkın sokağa dökülmesi ile ne amaçlanmaktadır? Bu kapsamda özellikle PKK terör örgütü elebaşısı Abdullah Öcalan'ın açıklamalarının kullanılmasının sebebi nedir?

Cevap: Birlik ve beraberlikten yanayız biz. Tarafsız yayın organı iseniz her görüşten kişinin düşüncelerini vermek zorundasınız. Keza sadece Odatv'de değil bu tür haberlerin yer almasının sebebi devletin Abdullah Öcalan'la görüştüğünün açıklamasıdır. Bunlar haberdir. Herkes yazdı.

Soruldu: Birlikte hareket ettiğiniz Yalçın Küçük'ün PKK

terör örgütü bağlantıları ve size ait internet sitesinde yapılan haberlerdeki etkinliği göz önünde bulundurulduğunda, terör örgütü elebaşısı Abdullah Öcalan'ın halkı kin ve düşmanlığa tahrik eden, ülkede ayrımcılığı amaçlayan açıklamalarını yayınlamanızda Yalçın Küçük'ün nasıl bir rolü vardır? Diğer haberlerde olduğu gibi PKK terör örgütü ve Abdullah Öcalan'la ilgili haberlerde herhangi bir yönlendirmesi var mıdır? Bu şekilde halkın sokağa dökülmesini teşvik eden haberlerle neyi amaçlamaktasınız?

Cevap: Yalçın Küçük'ün böyle bir etkisi olduğunu kabul etmiyorum. Yalçın Küçük'le PKK'nın arasının iyi olduğunu sanmıyorum. Ne halkı isyana teşebbüs ettiririz, ne askeri darbeyle yönetim değiştirme taraftarıyız.

Soruldu: Yapılan çalışmalar sırasında, sizin *Akşam* gazetesinde köşe yazarı olan Oray Eğin'e kendi yayın politikanız doğrultusunda yazılar yazdırmaya çalıştığınız ve bu konuda yönlendirici olduğunuz tespit edilmiştir.

1 Temmuz 2009 günü saat 14.58'de Hüseyin Soner Yalçın ile Oray Eğin'in yaptığı telefon görüşmesinde özetle; H.S. Yalçın'ın "Abi, yani bu Türkiye içsavaş yaşıyor", "İçsavaş işte bombalar atıldığı zaman içsavaş yaşanmaz yani", "Bir Genelkurmay Başkanı çıkıp da kâğıt parçası diyor", "sen onunla ilgili kâğıt parçasıyla ilgili hiçbir şey yapmıyorsun, bir örgüt üyeliği yapıyorsun, örgüt üyeliğinden neye o örgüt üyeliği içeriye atıyorsun", "Burada düşünmemiz gereken ne oluyor, Hepimiz hukuka takılmışız, peşine takılmışız, ben orada değilim diyeceksin, ne oluyor, kim ne yapmak istiyor", "Bu kadar saf mısınız abi yani bir şeyler oluyor, büyük bir şey dönüyor burada", "...içsavaş var bu ülkede de ya", "Darbe mi yapılsın isteniyor, ben onu anlamıyorum, darbe mi yapılsın isteniyor, ondan sonra toptan bir temizleme mi yapmak istiyorlar askeriyede de" dediği, O. Eğin'in "Okey, tamam darbe mi istiyoruz darbe mi olsun istiyoruz gibi başlık..." dediği, H.S. Yalçın'ın "Evet ya da darbe olacak korkusuyla büyük bir operasyon yapıp TSK'yı yani işte Ortadoğu'ya sürmek istiyorlar bütün hedefleri bu yani" dediği tespit edilmiştir.

Bu telefon görüşmesi ile ilgili yapılan araştırmada, Oray Eğin'in, bu görüşmeden hemen bir gün sonra yani 2 Temmuz 2009 tarihli *Akşam* gazetesinde, "Birileri Gerçekten Darbe İstiyor" başlıklı yazı yazdığı ve yazının içeriğinde, sizin telefonda yazmasını söylediğiniz cümleleri birebir kullandığı tespit edilmiştir.

Oray Eğin'e yazdığı yazılara yönlendirici olmanız, örgütün diğer medya kuruluşlarını kontrol altına alması kapsamında yürütülen faaliyetlerden midir?

Değilse bu şahsa özellikle ülkede içsavaş olduğu yönünde yazılar yazdırmanızın sebebi nedir?

Cevap: Bu yazı tamamen darbe karşıtı makaledir. Birileri "Türkiye'de darbe yapılmasını zorluyor" diye kamuoyunun uyanık olmasını söylüyorum. Darbe karşıtı yazılar yazılmasını istiyorum. Oray Eğin meslektaşımızdır. Biz kendisiyle siyaseti de, hayatı da, nasıl yemek yapılması gerektiğini ve hangi sinemaya gidileceğini de konuşuruz.

Soruldu: Yine Odatv isimli internet sitesinde yapılan diğer haberlere bakıldığında;

"Hükümet TSK İçinde Darbeye mi Hazırlanıyor?",

"Genelkurmay Başkanı Sanık Olur mu?",

"İktidar Emrindeki Askerle Kavga Ediyor",

"İşte Aşama Aşama TSK'nın Tasfiye Projesi",

"İşte Orduya Yapılan Komplonun Belgesi",

"TSK Ergenekon'a Suskun mu?",

"TSK'ya Saldırılar Bitti mi?",

"Yeni Gündem Yeniden Türban, Hedefte ise Asker Var" şeklinde haberlerle hükümetle Türk Silahlı Kuvvetleri'ni karşıt iki grup olarak göstermeye çalışan yayınlar yaptığınız görülmüştür. Yayınlarınızda hükümetle TSK'yı iki karşıt grupmuş gibi göstermeye çalışmanızın amacı nedir? Bu yayınları yapmanızın amacı nedir?

Cevap: Son 4 yılın medyasına baktığınız zaman sadece Odatv'nin değil, bütün medyanın konusudur bunlar, bunların hepsi haberdir, hepsi gerçeği bulmaya çalışan yorumlardır. Bunların hepsi televizyonda ve medyada konuşulup yazılan konulardır. Bize özgü değildir. Analizdir.

Soruldu: 25 Şubat 2010 günü saat 12.07'de Doğan Yurdakul ile yaptığınız görüşmede; bir soruşturma kapsamında tutuklanan askerlerle ilgili konuştuğunuz, görüşmenin ilerleyen bölümünde "Tek çıkış yolu vardır, sorunun başka türlü çözümü yok. Bu iş böyle giderse gerçekten Türkiye'de çok kötü şeyler olacak. Bu adamlar gerçekten tanklar ile çıktığı zaman nasıl bir daha tanklar içeri sokulacak hakikaten sokulamaz ya" dediği anlaşılmıştır.

Bu görüşmeyi açıklayınız.

Cevap: Bu da darbe karşıtı bir görüştür, tankları çıkartmamak lazım. Birileri tankların çıkmasını istiyor, birileri askeri tahrik ediyor, bunun olmamasını istiyoruz.

Soruldu: Yine 1 Temmuz 2009 tarihinde Odatv'de yayınlanan ve sizin tarafınızdan kaleme alındığı anlaşılan "Süreci Analiz Edemediniz" başlıklı dönemin Genelkurmay Başkanı İlker Başbuğ'a hitaben yazılmış mektup şeklindeki yazınızda "Ya konsepte uygun karşı adımlar atacaksınız ya da bu savaşta yenileceksiniz" diyerek neyi kastetmektesiniz? Özellikle burada "SAVAŞ" olarak vurguladığınız şey nedir?

Cevap: Bu yazıyı ben yazdım, ancak sonunda da İlker Başbuğ'a "Darbe Yapmayın" çağrısında bulundum. Makalede o cümle vardır, aynen "tankları çıkarmayın, uçakları uçurmayın, darbe yapmayın" diyorum. Çünkü kendisi basın toplantısında psikolojik harekât yapılıyor diye açıklamada bulunmuştu. Bunlar fikirdir. TSK'ya yapılan psikolojik saldırıyı Genelkurmay Başkanı açıklamıştır. Ben de bununla mücadele edin darbe yapmayın diyorum.

Soruldu: 2 Temmuz 2009 günü saat 17.03'te Hüseyin Soner Yalçın ile *Genelkurmay Basın Sözcüsü Metin Gürak'ın yaptığı* telefon görüşmesinde özetle; M. Gürak'ın "Müsaitseniz yarın için sizi buraya davet etmek istiyoruz. Komutanımız bir görüşmek isterler," dediği anlaşılmıştır. Bu daveti kabul etmemenizin sebebi nedir? Bu görüşme ile yazdığınız yazı arasında herhangi bir ilişki var mıdır?

Cevap: Ben *Hürriyet*'te bir yazı yazmıştım, Rönesans'ın Avrupa'ya gelişine ilişkin, İtalyan Medici ailesiyle ilgili. İlker Başbuğ da bu konuyla ilgiliymiş, beni Genelkurmay'a çağırdı. Ben de o dönem itibariyle böyle bir görüşmenin beni bir tarafın adamı olarak gösterecek polemiklerinden uzak durmak için gitmedim.[28]

---

28 Tabii o anda aklınıza gelmiyor; Yoksa diyeceksiniz ki, madem telefonlarım dinlenmiş, o halde AKP'li bakanlarla yaptığım telefon tapelerini de açıklayın. Örneğin;
– Milli Savunma Bakanı Vecdi Gönül,
– Devlet Bakanı Faruk Çelik,
– Çevre ve Orman Bakanı Veysel Eroğlu...
Madem soruşturma tüm yönleriyle yapılacak, basına telefon kayıtlarını "servis" edenler bu telefon görüşmelerini de ortaya dökmeliler. Onlar da görüşmek istemiştir. Çeşitli haberlerle ilgili sohbet etmişimdir. Bir gazetecinin Genelkurmay'a davetini savcı soru yapıyorsa hükümetin bakanlarıyla konuşmamı da sormalıdır. Ama savcı ben değilim, vardır herhalde bir bildiği...

Soruldu: İkametinizde *yapılan aramada bulunarak el konulan 154 no'lu dokümanda "Ben buna kesinlikle inanıyorum, Türkiye'de bir darbe olacaktır. Zamanını bilmiyorum ama olacak. Bak Kürt sorunu yüzünden darbe olmazdı, o zaman Avrupa ayağa kalkardı. Kimseye bir şey anlatamazdın. Ama fundamentalizmi önlemek için yapılabilir. Doğan Güreş keleklik yapıyor. Ortamı kızıştırıyor. Ne gerek var kardeşim. Neden oyuna geliyorsun?" şeklinde ibarelerin yazılı olduğu görülmüştür.*

Söz konusu notların içeriğini açıklayınız. Bu notlar kim tarafından tutulmuştur? "Buna kesinlikle inanıyorum Türkiye'de bir darbe olacaktır" demekle kastedilen husus nedir?

Cevap: Bunlar 1990 yılının değerlendirmeleridir, kimin yazdığını hatırlamıyorum. İlgili yazı eski ajandadan alınmıştır.

Soruldu: Odatv'de yayınlanan yazılara bakıldığında;

"Ergenekon'da Kara Delik Büyüyor",

"Ergenekon Soruşturmasının Aşure Çorbası İle Ne İlgisi Var?",

"Ergenekon Davasında Darbe Karşıtı ABD Karşıtı Subaylar Tasfiye Ediliyor",

"Ergenekon İddianamesi İle Paris Hilton'un Ne İlgisi Var?",

"Ergenekon'un Merkezi Bulundu: Çemberlitaş",

"İnanmayacaksınız Ama Bunları da Ergenekon Yapmış",

"Psikiyatride Yeni Bir Hastalık Türü: Ergenekon Saplantısı",

"Sonunda Madımak Katliamını da Ergenekon'a Yıktılar",

"AB'nin Ergenekon Davasındaki 7 Rolü",

"Ergenekon Operasyonunda ABD Parmağı",

gibi yüzlerce haber ve yazının Ergenekon dava sürecini etkileme, kamuoyu nezdinde yürütülen soruşturma ve kovuşturmanın ciddiyetini kaybetmesine yönelik olarak hazırlandığı anlaşılmıştır. Bu şekilde haber yapmanızın nedeni nedir?

Cevap: Ergenekon, Türkiye'nin en çok konuşulan en çok merak edilen konusudur, bizim genç arkadaşlar da haberlerinin okunması için, çünkü bu internet habercilikte bir tarzdır, renkli, ilgi çekici başlıklar atmışlar. Ama tümünün haber içeriğini hatırlamıyorum.

Soruldu: 26 Ekim 2009 günü saat 11.58'de Barış TERKOĞLU ile yaptığınız telefon görüşmesinde özetle; "E, nerede Zekeriya Öz varsa alıp buraya koyuyorsun be ağabeycim gerek yok ki biraz akıl istiyorum sizden. Ya zeki adamsınız yine bunu düşünemiyorsunuz, gerek yok abi, bak akıl akıl" dediğiniz,

B. Terkoğlu'nun "Zekeriya Öz değil yani... düğününe nikâh şahidi olmuş, biz bunu da dava dilekçesine koyacaz yani anlatabiliyor muyum böyle bi haber olmuş bakın diye," dediği, sizin "Abi bak gene koy, bak gene biraz daha ya sadece akıl istiyorum akıl, beni anlayın biraz gerek yok, her Ergenekon haberini ve her Zekeriya Öz'ü alıp oraya resmiyle koymana gerek yok, gerek yok ağabeycim bırak onu da Mehmet Yılmaz yapsın ya," "Ergenekon paratoneri olduk yani nerde Ergenekon haberi bilmem ne varsa alıp koyuyoruz başka hiç mi bizim haberimiz yok abi, dünyamız yok mu başka", "Ama öyle bakıyorsun algıda seçicilik öyle bakma gazetelere öyle bakma."

Görüşmede Mehmet Yılmaz olarak bahsettiğiniz şahıs kimdir?

Cevap: Mehmet Yılmaz *Hürriyet* yazarıdır. Biraz da başka gazeteciler yazsın diye örnek veriyorum sadece.

Soruldu: Görüşmede "Biz yeteri kadar yaptık ettik son noktayı da iyi vuruyoruz", "Ama her şeyi yaptığın zaman etkisi kayboluyor", "Vurun kaçın diyorum" diyerek ne kastediyorsunuz?

Cevap: Ben Genelkurmay Başkanı çağırdığında bile gitmiyorum; buradaki uyarım bile haberin etkisinin azalmamasıdır. Aynı konuda sürekli haber okuyucuyu sıkar çünkü. Haberde eşik sorunu vardır, eşik aşınırsa inanırlığını kaybeder.

Soruldu: Odatv'de yayınlanan haberlerin yapılan incelemesinde, 5 Ekim 2009 günü "Bu Fotoğraflar Olay Yaratacak" başlıklı haber yapıldığı, haber içeriğine bakıldığında "Ergenekon polisleri, savcıları ve hâkimleri işbirliği halinde Ergenekon Davası sürecini başlattılar", "Duruşmalar başlamadan önce ise iftar yemeği verildi. İftar yemeğinden bir ay sonra Ergenekon davasının duruşmaları başladı" şeklinde beyanların olduğu ve hâkim, savcı ve emniyet personellerinin fotoğraflarının yayınlandığı görülmüştür.

Söz konusu fotoğraflar sizin elinize ne şekilde ulaşmıştır? Bu şekilde haber yapılarak ne amaçlamaktasınız?

Cevap: Haber bilgim dahilinde yazılmıştır. Bu fotoğraflar ya Barış Terkoğlu'na ya da Odatv'ye gelmiştir. Ben bu fotoğrafların doğru kişiler olup olmadığının araştırılmasını istedim. Hatta bu konuyu polislerin bir yemekli toplantıda slayt olarak gösterdiklerini öğrenince yayınlanmasında sakınca olmadığını söyledim ve yayınlandı.

Soruldu: 19 Şubat 2010 günü saat 17.53'te Barış Pehlivan ile yaptığınız telefon görüşmesinde özetle; sizin "şimdi bir başlık veriyorum onu atacağım hemen girelim veriyorum", "cemaat okullarından çıkan savcılar bugün nerede?", "...bir tane şey yapın teraziyi tutan kadın var ya gözü bağlı onu koyun anladın mı", "Gözü bağlı olsun", "Şey olsun kafasında da belki bir sarık koyarsın onun" dediğiniz tespit edilmiştir.

Konuyla ilgili yapılan çalışmalarda 19 Şubat 2011 tarihinde www.odatv.com isimli internet sitesinde, "Cemaat Okullarından Çıkan Savcılar Bugün Nerede?" başlıklı bir haber yayınlandığı anlaşılmıştır. Söz konusu haberde, Türkiye'nin gündemindeki davalara bakan savcıların çok genç olduğundan bahsedilerek, "Şimdi daha iyi anlaşılıyor; cemaat okullardan çıkan çocukların neden hep mülki yöneticiliği, hukuku ve emniyeti seçtikleri. Tek giremedikleri yer neresiydi; TSK. Onun da başına neler getirilmeye çalışıldığını artık herkes görüyor..." şeklinde haber yapıldığı tespit edilmiştir.

Telefon görüşmeleri ve yayınladığınız haber birlikte değerlendirildiğinde Ergenekon soruşturmasını yürüten savcıları yıpratmaya yönelik faaliyetleriniz açıkça görülmektedir. Bunu hangi maksatla yapmaktasınız?

Cevap: Gülen cemaatinin "Altın Nesil" projesindeki gençlerin nerede olduğuna dikkat çekmek istedim. Bu konuda haber yapılabilir mi onu gündeme getirmek istedim.

Soruldu: Yapılan teknik takip çalışmaları sonucunda; 2 Şubat 2010 günü saat 13.50 sırasında Beyoğlu İlçesi Gümüşsuyu İnönü Caddesi İndigo Apartmanı 7. Kat 41/7 sayılı adreste bulunan Odatv'de, *Yeni Mesaj* gazetesi yazarı Muharrem Bayraktar ve Bağımsız Türkiye Partisi (BTP) Genel Başkan Yardımcısı Selim Kotil ile görüşme yaptığınız tespit edilmiştir.

BTP Genel Başkan Yardımcısı Selim Kotil bu görüşmede size "bir araya gelmemiz lazım", "birbirimize destek olalım" diyerek ne kastetmektedir? Hangi konu ile ilgili sizden destek istemiştir? Siz bu talepler doğrultusunda neler yaptınız?

Cevap: Odatv'de Haydar Baş'a niçin yer vermediğimize dair, Haydar Baş'ın da birlik beraberliği savunan bir kişi olduğunu ve medyada daha fazla desteklenmesi gerektiğini söylediler.

Soruldu: 20 Ocak 2011 günü saat 15.23'te Aslı Aydıntaşbaş ile yaptığınız telefon görüşmesinde özetle; görüşmenin başında bir süre konuştuktan sonra A. Aydıntaşbaş'ın "... İlhan

Cihaner'le görüştüm onu yazacam şimdi," dediği, sizin "ne diyor ayrılıyor mu mesleğinden?" dediğiniz, A. Aydıntaşbaş'ın "... Kılıçdaroğlu gibi çok heyecanlı böyle... karizmatik falan değil ama çok derin bir adam, klasik solcu yani," dediği, sizin "milletvekili yapalım mı?" dediğiniz tespit edilmiştir.

İlhan Cihaner'in milletvekili yapılması konusu nedir? Sizin bu yönde bir çalışmanız oldu mu? İlhan Cihaner'in milletvekili olmasını nasıl sağlayacaksınız? Bu konuda ne tür çalışmalar yaptınız?

Cevap: Aslı Aydıntaşbaş *Milliyet* gazetesi yazarıdır, arkadaşımdır. İlhan Cihaner'e ben göndermedim, İlhan Cihaner'i tanımam. Telefonla dahi görüşmemişimdir, ancak yukarıdaki görüşme bana aittir. Her yayın organı bir parti adayını destekleyebilir. ABD'de gazeteler bunu açıkça yazarlar da.

Ara verildi...

Tuvalete gittim, bir kat aşağıdaydı. Saat gece yarısına geliyordu. Adliye boştu. Meraklı bakışlar yoktu. Tuvaletimi çabuk yaptım, hemen döndüm. Bir an önce sorgu bitsin ve eve gideyim acelesi mi bu acaba?..

Kısa süre sonra Savcı Öz de geldi.

Sorguya başlamadan, sohbet ettik...

"Ben okumuyorum," diye söze başladı, "arkadaşlar söylüyorlar, Odatv benimle ilgili haberler yapmış."

Pek yapmadığımızı söyledim; yapsak da bunun normal habercilik olduğunu, çünkü Türkiye'nin dört yıldır konuştuğu/tartıştığı bir davanın savcısı olduğunu belirttim.

Lafı *Hürriyet* gazetesine getirdi. "*Hürriyet* beni manşet yaptı. Neymiş kilolarım yüzünden askerlik yapmamışım, bu mu haber yani."

Hürriyet'in editoryal kadrosunda olmadığımı, ama yazıişlerinin de aynı kaygıyla "merak edilen savcı" olduğu için haber yaptıklarını tahmin ettiğimi anlattım. İkna olmamış gibiydi. "Neler neler yazdılar," dedi.

Basına kızgın gibiydi; şaşırdım. Oysa Ergenekon sürecinde medya soruşturmaya sınırsız destek verdi. Yetmemişti demek ki...

Yalan yazacak değilim, Savcı Öz çok sıcak davrandı. İki kez çikolata ikram etti. İlkinde aldım, ikincisinde teşekkür edip almadım. Savcı Öz, ayağa kalkıp kolonya bile döktü elime. Aslında dışarıda oturulup hoş sohbet edilecek bir savcı görünümündeydi. Hatta sevimli bulduğumu bile yazabilirim. Stockholm sendromu!

Yorgundu, sık sık esnedi; hatta bir seferinde özür bile diledi. Yorgun olmadığını, sinüzütten dolayı yorgun göründüğünü söyledi. Kayağa gitmişti, biraz üşütmüştü. Sinüzit konusunda birkaç laf ettik, ben de aynı hastalıktan mustariptim. Almanya'dan bir ilaç getirmiş bayağı iyi geliyormuş, ama bitmiş yenisini getirecekmiş.

Birden, Tolstoy'un *İvan İlyiç'in Ölümü* adlı eseri aklıma düştü o an. 45 yaşındaki sorgu yargıcı İvan İlyiç, hastalığıyla birlikte iç dünyasındaki hesaplaşmasını anlatır. "Kitabı okudunuz mu?" diyecek değildim.

Ayrıca... Çok kilolu olduğunu, rejim yapması gerektiğini söyleyecektim; vazgeçtim, o kadar da samimi olmamak lazımdı herhalde. Bilemedim.

Bir de... Nedense ceketinin kol boyu dikkatimi çekti, uzundu; niye bir terziye gönderip kısalttırmamıştı acaba? Hazır takım elbiselerine pek dokunmuyor sanırım. Ama bu da söylenir mi, şimdi?..

Fakat şunu sordum:

"Kimi gazeteciyi tanık, kimisini ise sanık olarak sorguladınız, ilk Can Dündar'la görüştünüz, herhalde *Ergenekon* kitabından dolayı," dedim.

Can Dündar'dan pek yararlanamadığını söyledi. Sözlerinden Can'a biraz kızgın olduğunu çıkardım. *Milliyet*'te Savcı Öz için "elinde tespih vardı," diye yazmıştı; ondan olabilir mi?

Mustafa Balbay'dan da hiç hoşlanmadığını söylesem Savcı Öz'e haksızlık yapmam herhalde. Sık sık su içmem üzerine, sohbet bu konuya geldi. "Balbay ikinci kez geldiğinde çok güveniyordu kendine; belgeler çıkınca, çok terleyip ardı ardına su içmeye başladı."

Bundan ne anlam çıkarmalıyım şimdi? Ben de çok su içiyordum. Bir şey söylemedim. Kalkıp bir bardak daha soğuk su doldurdum.

Sohbet bir ara Türkiye'deki resmi tarih anlayışına geldi; "Sultan Vahideddin'in, Mustafa Kemal'i Anadolu'ya gönderdiğini yazamazsınız," dedi pat diye.

Şaşırdım.

Hayır, şaşkınlığım bir cumhuriyet savcısının nasıl böyle bir cümle söyleyeceğine dair değildi. Cüretkârlığına şaşırdım.

Düşündüğünü söylüyordu işte, iyi bence. Bir yerde okumuştum Mustafa Kemal'den, "Beton Kemal" diye bahsettiğini. Mustafa Kemal'i farklı değerlendirdiğini tahmin ediyorum. Ama böylesine bayağı konuşmayı bir cumhuriyet savcısına yakıştıramayacağım için "sanmam" demek istiyorum.

"Vahideddin konusunda bir çevre sizin gibi düşünüyor, ama bunun belgesini bulmak zor. Fakat Ankara'ya karşı harekete kalkışanları desteklemesine, hatta Kuvayı İnzibatiye Ordusu kurup ulusal güçleri bastırmak istemesine vs. baktığınızda Vahideddin'in Mustafa Kemal'den rahatsız olduğunu çıkarabiliriz," dedim.

Tartışmak istemedi.

Saat gece yarısını geçmişti zaten.

Tekrar sorguya, tarihin karışık labirentlerinden gerçek hayata döndük...

Soruldu: Yapılan teknik takip çalışmaları neticesinde, bir televizyon kanalı satın almak için girişimlerde bulunduğunuz, bu kapsamda önce Halk TV isimli televizyon kanalının satın alınması için görüşmeler yaptığınız, daha sonraki süreçte ise başka televizyon kanalları için girişimlerde bulunduğunuz tespit edilmiştir. Halk TV isimli televizyon kanalı kime aittir? Bu televizyon kanalını satın almak için kim ya da kimlerle görüştünüz ve neler yaptınız? Açıklayınız.

Cevap: Deniz Baykal ile görüştüm, Hurşit Güneş ile görüştüm, Kemal Kılıçdaroğlu ve Gürsel Tekin ile görüştüm.

Soruldu: 2 Şubat 2011 günü saat 11.14'te Kemal Kılıçdaroğlu ile yaptığınız telefon görüşmesinde özetle; K. Kılıçdaroğlu'nun "...bizim Kahramanmaraş Milletvekilimiz Durdu Özbolat İstanbul'a gelecek akşam", "Sizinle görüşecek", "Bugün akşam vaktiniz var mı bilmiyorum ama" dediği, sizin "Var efendim var var," dediğiniz, K. Kılıçdaroğlu'nun "Sizin telefonunuzu ona verebilir miyim?" dediği, Sizin "Tabi tabi tamam çok teşekkür ediyorum..." dediğiniz,

2 Şubat 2011 günü saat 18.34'te Durdu Özbolat ile yaptığınız telefon görüşmesinde özetle; D. Özpolat'ın "...Ben geç saat de olsa ilk uçakla geleceğim", "Bir de aktaracağım şeyler var onları konuşuruz ondan sonra ben dönerim", "Kemal Bey'e anlatırım gelişmeleri," dediği tespit edilmiştir.

Konu ile ilgili yapılan teknik takip çalışmaları sonucunda,

Durdu Özpolat ile 3 Şubat 2011 günü Levent'te buluşarak görüşme yaptığınız tespit edilmiştir.

Telefon görüşmesinde Durdu Özpolat'ın "aktaracağım şeyler var" diyerek bahsettiği konu nedir? Durdu Özpolat ile yaptığınız görüşmenin içeriğini açıklayınız.

Cevap: Durdu Bey'in bir televizyon projesi varmış, onu hayata geçirebilir miyiz diye kendisiyle buluşup görüştük.[29]

Soruldu: 4 Ocak 2010 günü saat 20.51'de X Bayan ile yaptığınız telefon görüşmesinde özetle; X Bayan'ın "...İzzettin Doğan Hocamla daha önce görüştüğünüzde randevu istemişsiniz efendim", "Yarın saat müsaitseniz beş buçukta sizi kanala bekliyoruz," dediği, Sizin "...tamam beş buçukta yarın geliyorum," dediğiniz.

5 Ocak 2010 günü saat 14.25'te Murat Ongun ile yaptığınız telefon görüşmesinde özetle; "Saat 17.30'da görüşeceğiz bugün", "İşte şey ile Cem TV" dediğiniz,

Cem TV ile ilgili olarak yürüttüğünüz faaliyetlerin amacı nedir? Neden Murat Ongun'u Cem TV'nin başına getirmeye çalışmaktasınız?

Cevap: Murat Ongun'u 1997 yılında stajyer bir muhabirken Ankara Show TV'de tanıdım, Murat Ongun'la birlikte İstanbul'da Star Haber'e geldik, daha sonra Murat Ongun değişik yerlerde çalıştı, benim yakın dostum olan Ufuk Güldemir'in sahibi olduğu Habertürk'ün genel yayın yönetmen yardımcısı oldu. Turgay Ciner kanalı satın alınca kendi yakın çevresini televizyona getirdi, o da istifa ederek Habertürk'ten ayrıldı. Murat Ongun uzun bir süre iş bulamadı, 2 çocuk sahibidir. Ben bunun üzerine Cem TV genel yayın yönetmeni arıyordu, İzzettin Doğan Hoca'ya gittim, Murat Ongun'u söyledim, çok iyi bir haberci olduğunu söyledim ve orada çalışmasına referans oldum.

Soruldu: İkametinizde yapılan aramada bulunarak el konulan dokümanların yapılan incelemesinde Eşfak Aykaç, Mustafa Denizli, Alp Yalman, Kemal Ilıcak, Nazlı Ilıcak, Yavuz Donat, Uluç Gürkan, Zafer Mutlu, Mesut Yılmaz, Leyla Yeniay Köseoğlu, Ayten Gürger, Nafiz Kurt, Sönmez Köksal, Güner Özmen, Ertuğrul Otan, Halil Tuğ, Mehmet Ağar, Hüseyin

29 Düşünebiliyor musunuz, bir TV kanalı almak için görüşmeler yapıyorum ve hepsi teknik takiple izleniyor. Gözaltına alınmadan iki gün önce Kılıçdaroğlu, Gürsel Tekin gibi CHP'lilerle yemek yememizin bile teknik takibe alındığı sonucunu çıkarabiliriz. Ana muhalefet partisi polis takibi altında ve bunun adına "ileri demokrasi" diyorlar.

Özalp, Hasan Kocadağ, Kerem Durmuş, Orhan Uzeller, Cemil Erhan (Erkan), Ahmet Hatipoğlu isimli şahısların özel hayatları hakkında bazı notların tutulduğu ve fişleme mahiyetinde bilgiler olduğu görülmüştür.

Söz konusu bilgileri ne şekilde elde ettiniz? Bu notları hangi maksatla kaydetmektesiniz ve neden saklamaktasınız?

Cevap: Bunlar benim *2000'e Doğru* dergisindeyken parlamento muhabirliği yaptığım dönemde yararlı olur diye aldığım bilgi notlarıdır. 20-25 yıl öncesine aittir.

Soruldu: Odatv'de yapılan aramada yarım kapak karton dosya bulunduğu, dosyanın üzerinde "Diyarbakır İli Lice İlçesi'nde Oturan Ermeni Vatandaşların Nüfus Kayıt Örnekleri" ibarelerinin yazılı olduğu, dosya içersinde ise çok sayıda kişiye ait nüfus kayıt bilgilerinin olduğu görülmüştür.

Bu bilgileri nerden temin ettiniz? Hangi amaçla saklıyorsunuz? Açıklayınız.

Cevap: 1996 yılında *Behçet Cantürk'ün Anıları* kitabını yazarken Behçet Cantürk'ün gerek MİT, gerek Emniyet gerekse mahkeme tutanakları vardı, söylenen belge sanıyorum o dava tutanakları ile ilgilidir. Çünkü iddia Behçet Cantürk'ün annesi Ermeni idi. ASALA ile işbirliği yapıyordu o nedenle ben de akrabaları için bunu temin etmiştim.

Soruldu: Yine sahibi olduğunuz Odatv'de yapılan aramada başka bir dosyanın bulunduğu, dosyanın ilk sayfasında elyazısıyla "Çok Gizli, Devletin İllegal Yayını Aşiretler" şeklinde ibarelerin yazılı olduğu, devam eden sayfalarında ise ülkemizde değişik vilayetlerde bulunan onlarca aşiretle ilgili çeşitli bilgilerin yazılı olduğu görülmüştür.

Bu dosyayı nerden temin ettiniz? Hangi amaçla saklamaktasınız? Şimdiye kadar herhangi bir yerde kullandınız mı?

Cevap: Bu dosya *2000'e Doğru* dergisinde kapak haberi oldu, ayrıca kitap olarak da çıktı, oradan kalmış olabilir.

Soruldu: Odatv'de yapılan aramada bulunarak el konulan ST3120827AS_4MS1TF89 seri numaralı harddiskin yapılan ön incelemesinde, çok sayıda örgüt dokümanı bulunmuş, bu dokümanlar incelendiğinde daha önceki operasyonlarda diğer şüphelilerden ele geçirilen dokümanlar olduğu görülmüştür. Bu dokümanlardan birkaç örnek vermek gerekirse; "Bilderberg Çetesi", "*Cumhuriyet* Gazetesi", "Dergi Proje Analiz" "Fabrikatör", "mafia", "mit medya", "panzehir", "TV Analiz

Proje" ve "Ulusal Medya" şeklinde belgeler olduğu görülmüştür.

Bu dokümanların yanı sıra ayrıca "Ulusal Medya 2010" isimli word dosyası bulunmuştur. Belgenin yapılan incelemesinde daha önceden şüphelilerden ele geçirilen "Ulusal Medya 2001" dokümanında olduğu gibi Ergenekon'un medya yapılanmasının yeniden düzenlenmesi ile ilgili belirlenen stratejilerin anlatıldığı görülmüştür. Bu bilgisayarla alakalı çıkan belgelerle ilgili olarak aşağıdaki soruları cevaplandırın.

Bu örgüt dokümanını kim ya da kimler hazırlamıştır. Kimlerin talimatı ile hazırlanmıştır. Bu dokümanda belirlenen stratejilerle ilgili neler yapılmıştır?

Cevap: Ben bu belgeleri ilk kez görüyorum, daha önceden görmedim. İçeriğini de bilmiyorum, ben genelde evden çalışırım, Odatv'ye nadir giderim. Odatv'de kullandığım bir bilgisayar yoktur. Evimde 3 adet bilgisayarım vardır, şu an onları kullanıyorum. Belgeler Odatv'de olsaydı kesin haberim olurdu. Gizli belge bulundurma suçlamasını kabul etmiyorum. Darbe çağrısı suçlamalarını da kesinlikle kabul etmiyorum.

İfade bitti. Dışarı çıktım. Savcı Zekeriya Öz'ün vereceği kararı bekleyeceğiz: Tutuklayıp mahkemeye mi sevk edecek, serbest mi bırakacak?

Canım sıkkın. Ergenekon sürecini iyi takip etmişseniz şu gerçeği bilirsiniz; dört yıldır yürütülen bu soruşturma salt silah ve mühimmat üzerine yürümedi; bilgisayarlar, CD ve DVD'lerden çıkan "belgeler" davayı "siber" hale getirdi. "Dijital belgeler" önemli yer tutu. Bu durum sanıkları adeta bilişim uzmanı yaptı.

Savcılık sorgusu sürerken Feza Odatv'ye gidip, bu "tuhaf belgelerle" ilgili çalışmaya başlamıştı. Biz bile şimdiden "Sizin olmadığını ispatlayın bakalım" savunmasına başlamıştık işte. Bizim yaptığımızı polisler ya da savcı yapamaz mıydı; virüs olup olmadığının, nereden geldiğinin, araştırılması o kadar zor muydu? Niye hiç lehte delil toplamıyorlar? Avrupa'da siber terörle ilgili birçok çalışma var; hukuk böyle bir belgeyi kanıt saymıyor ama Türkiye'ye bunlar henüz çok uzak.

Avukatlarla kendi aramızda yorum yapıyoruz: Tamam "belgeler" bizim değil ama yine de bir haber merkezinde bulunan "belgeler" için gazeteci suçlanır mı?

Birden Zekeriya Öz'ün, "Mustafa Balbay kendine çok güveniyordu, belgeler çıkınca bardak bardak su içti" sözünün anlamını kavradım. Zavallı Balbay aynı şimdi benim gibi şaşkın olmalıydı; onun da bilgisayarına girmişlerdi. 26 Şubat 2007'de saat 01.58'de dosya oluşturulmaya başlanmış. 1 dakika 15 saniye sürmüş; sonra 03.58'de başlamış 2 dakika devam etmişti. Bu kadar sürede dosya oluşturmak imkânsızdır.

Avukatlar artık dijital uzmanı olmuşlardı. Bilgisayarlardan nasıl "suç" delil yaratıldığını iyi biliyorlardı. Biri anlattı:

Ergenekon sanıklarından ODTÜ mezunu bilişimci Birol Başaran 17 Aralık 2009'daki duruşmada mahkeme başkanına, bilgisayardaki bir dosyanın içeriğinin adeta iz bırakmadan nasıl kolayca değiştirilebildiğini uygulamalı olarak göstermişti. Bilgisayardaki bir dosya üç adet tarihi saklar: Dosyanın ilk ne zaman yaratıldığı, en son ne zaman değiştirildiği ve en son ne zaman ulaşıldığı/açıldığı. Birol Başaran, duruşmada basit bir bilgisayar programıyla hepsini değiştirebilmişti. Bununla da kalmamış; duruşmada dosyanın içeriğine, değiştirme tarihiyle oynamadan müdahalelerde bulunmuştu.

Bu neden önemliydi?

Polis, eğer bilgisayarlarınızı alıp, bir kopyasını size vermezse, "hash" değeri ortaya konmazsa, işte o zaman her şey yılan hikâyesine dönüyordu. Çünkü polisin, o bilgisayardaki herhangi bir dosyanın içeriğini değiştirmediği kanıtlanamazdı.

Tüm bu süreç CMK'da belirtilmesine rağmen, dört yıldır süren operasyonlarda bu hukuki zorunluluğa hiç dikkat edilmedi. Mustafa Balbay'a bilgisayarının kopyası hâlâ verilmedi! Nasıl verilsin; 1 Temmuz 2008'te el konulan harddisk imajı 7 Temmuz 2008'de alındığı ortaya çıktı! O bir haftada neler yapıldı? Sadece bu mu; TÜBİTAK raporuna göre adli emanetteki Mustafa Balbay'ın harddiskine 14 Ocak 2010'da müdahale edilmişti! Balbay, bin gündür bağırıyor; "günlüklerime müdahale edildi, bazı cümleler benim değil." Dinleyen var mı?

Hukuk mu? Adalet mi?

Dört gündür bu yaşadıklarımızdan sonra hâlâ bu kutsal sözcüğü anımsamamız çok trajik değil mi?

Aslında savcının sorularına şu yanıtları vermem gerekmiyor muydu:

– "Bu soru Anayasa'nın 25. maddesine aykırı."

– "Bu soru Anayasa'nın 26. maddesine aykırı."

– "Bu soru Avrupa İnsan Hakları Sözleşmesi'nin 1. maddesine aykırı."

Bu maddeler neler mi?

Anayasa'nın 25. maddesi: Herkes düşünce ve kanaat hürriyetine sahiptir. Her ne sebebiyle ve amaçla olursa olsun kimse düşünce ve kanaat sebebiyle kınanamaz, suçlanamaz.

Anayasa'nın 26. maddesi: Herkes düşünce ve kanaatlerini söz, yazı, resim veya başka yollarla tek başına veya toplu olarak açıklama ve yayma hakkına sahiptir.

Avrupa İnsan Hakları Sözleşmesi'nin 1. maddesi: Herkes görüşlerini açıklama ve anlatma özgürlüğüne sahiptir.

Evet, sorgu sırasında insanın bazen nutku tutuluyor; aslında gerginlik çıkarmak istemiyorsunuz. Ve yorgun bırakılıyorsunuz zaten. Dört gündür gözaltındasınız ve gece yarısı savcılık sorgusu yapılıyor. İşin özünde suçsuz olduğunuzu biliyorsunuz; sanıyorsunuz ki iddia makamı da bunu hemen anlayacak, asıl vermeniz gereken sert yanıtı vermiyorsunuz...

Vermek lazım aslında. Neyse geçti Bor'un pazarı...

Saat gece yarısını epey geçti...

Savcı Zekeriya Öz'ün kararını, "kader anını" bekliyoruz; evet mahkemeye sevk edecek mi? Bırakacak mı?

Çok bekletmedi: Tutuklama istemiyle mahkemeye sevk etti. Sürpriz değil.

Sevindirici gelişme; Ayhan Bozkurt serbest bırakıldı. Kaldık üç kişi.

Duruşma salonu en alt kattaydı.

Polisler beni bu kez oraya indirdi. Hâkimi bekleyecektim; Barışlar başka yerdeydi, göremedim onları. Benden önce hâkim karşısına geçmişlerdi. O duruşmaya giren avukatlar umutluydu, çünkü hâkim gizli "belgelerle" ilgili hiç soru sormamıştı. Demek önem vermemişti. Eee, geriye ne kalıyordu?

Savların büyük çoğunluğu Yalçın Küçük ile "irtibat" üzerindeydi. Avukat Yiğit Akalın duruşmada, Yalçın Küçük'ün Ergenekon davasından kuvvetli suç şüphesi olmadığı için tahliye edildiğini belirtip, "Böyle bir karar, sırf telefonla gazetecilik amacıyla yapılan görüşme nedeniyle ağır bir kusur verilemez," gibi sözler sarf etmişti.

Herkes hâlâ iyimserdi. "Kanıtı olmayan ceza mı olur?" diyorlardı. Hâkimi beklerken sohbet ediyoruz.

Bizim olaya benzeyen bir vaka yaşanmıştı. Konya'da *Milli Çözüm* adlı dergiye "Ergenekon kapsamında" operasyon yapılmıştı.

Konya Emniyet Müdürlüğü KOM Şubesi 1 Kasım 2007 tarihinde, Adana Cumhuriyet Başsavcılığı'dan, bazı kişiler hakkında soruşturma ve teknik takip için izin istedi. Çeşitli adli suçların yanı sıra örgütlü suç şüphesi vardı. İzin verildi ve teknik takip başladı. Polis bazı dinleme kayıtlarına dayanarak bu kişilerin "Ergenekon örgütü" ile bağlantılı olabileceğini savcılığa bildirdi. Savcılık da Ergenekon savcılarına yazarak bu kişiler hakkında delil ya da bilgi varsa gönderilmesini istedi. İstanbul'daki Ergenekon savcıları Adana'ya kişiler hakkında bir bilgi veya belge göndermedi; sadece "Ergenekon-Lobi, Analiz ve Yeniden Yapılanma" gibi kendi dava dosyalarında olan tartışmalı belgeleri gönderdi.

Bu arada, dinleme sonucu bazılarının telefonda konuşurken, "kriz çıkmasını istediğini, darbe olmasını beklediğini" söylediği; Ergenekon soruşturmasını eleştirdiği; hatta başbakana, cumhurbaşkanına hakaretler ettiği ortaya çıktı. Yani koşullar hapse atılmalarına son derece müsaitti! Üstelik bu kişiler *Milli Çözüm* adında dergi de çıkarmakta ve hükümete muhalefet yapmaktaydı ki; maazallah "Ergenekoncu" olmaları an meselesiydi!

Konya polisi düğmeye bastı. 2008 Temmuz'unun son günleriydi. Gözaltılar televizyon haberlerinin ilk sırasındaydı. Kendini "Ergenekon uzmanı" olarak tanıtan bazı gazeteciler bu devasa "Ergenekon örgütünün" Konya'daki uzantıları hakkında akıl almaz yorumlar yapmaya başladı. Konya'daki üst düzey bazı polis yetkilileri bile "çok sağlam delillere sahip olduklarını ve gözaltılarının Ergenekon kapsamında olduğunu" ilan ettiler. Yandaş gazete manşetleri benzer yayınları sürdürdüler.

İstanbul polisi yapar da, Konya polisinin nesi eksiktir!

Yapılan aramalarda bulunanlar Ergenekon soruşturmasının doğasına çok uygundu: Bazılarının bilgisayarlarından müstehcen görüntüler çıktı! Bazı bilgisayarlarda çeşitli şahısların nüfus kayıt bilgileri, 28 Şubat 1997 tarih ve 406 sayılı MGK kararı (üstelik imzalı fotokopisi, 3 tabanca, şarjörler, mermiler, bıçaklar...

Dahası bazı kitaplar, dergiler, CD ve DVD'ler bulundu... Daha ne olsundu...

Polis sorgusunun ardından düzenlenen fezleke ile "Ergenekon örgütü üyeleri" Özel Yetkili Adana Savcılığı'na sevk edildi.

Savcılık gerekli incelemeyi yaptıktan sonra, 10 Ocak 2009'da "kovuşturmaya yer olmadığına" karar verdi; ama hem tarihe geçecek hem de bazı "yargı mensuplarına" ders olacak nitelikte bir gerekçe yazdı. Adana Cumhuriyet Savcılığı özetle dedi ki:

– MGK kararı internette kolaylıkla bulunabilir.

– Silahlı terör örgütü olabilmesi için, örgütün terör eylemlerine başvurması gerekir. Ama ortada örgütlü bir terör eylemi olmadığı gibi bulunan silahlar da bunun için yeterli değildir.

– ABD, AB, İsrail, hükümet, iktidardaki siyasi parti, Ergenekon adıyla bilinen soruşturmayı eleştirmek, hükümetin yıkılacağı ve kriz çıkacağı konusundaki tahmin ve temenniler, darbe olacağı konusundaki tahmin ve temennilerin Ergenekon dosyasındaki Ergenekon belgeleriyle paralellik arz etmesi ve *Milli Çözüm* dergisinin Ergenekon'a bağlı basın kuruluşu olduğu kabulü mümkün değildir. (Soruşturma No: 2007/638, Karar No: 2009/8)

Yani isteyen istediğine birbiri hakkında istediğini söyleyebilirdi. Darbe olmasını isteyebilirdi, hükümetin yıkılmasını bekleyebilirdi vs... Bunların hiçbiri bir şey ifade etmezdi.

Cumhuriyet'in savcısı... Başka ne diyordu?

– Türkiye Cumhuriyeti hükümetini ortadan kaldırmaya veya görevini yapmasını engellemeye teşebbüs için yeterli silahlı güç ve silah yoktur.

– Halkı hükümete karşı silahlı isyana tahrik etmek için, konferanslar ve panellerde yapılan konuşmaların, yazılar yazmanın hükümeti eleştirir ve darbe olmasını tahmin eder nitelikte olması ve Ergenekon soruşturmasının bu yazı ve konuşmalarla eleştirilmesinin Ergenekon örgütüne üyelik için yeterli olduğunun kabul edilmesi mümkün değildir.

– Cumhurbaşkanı ve başbakana hakaret edilmesi, iki kişi arasında yapılan telefon görüşmesine dayandığı için suç unsuru oluşmamıştır.

– Silah bulundurmak vb. gibi suçlar tefrik edilmiştir. Yani kendi başına ayrı bir suç olarak yargılanmaktadır.

İki savcı, iki farklı karar. Bizde silah bile yoktu. Herhalde Özel Yetkili Adana Savcısı Amerikalı hukuk danışmanı Susanne Hayden ile tanışmamıştı! Başka bir açıklama yapılabilir mi? Bir makam; o makamda oturan kişinin ne yaptığıyla değer kazanır...

Saat 03.00'ü geçti. Tan yeri ağarmak üzere, Beşiktaş Adliyesi'nde bekliyoruz.

Bu yorucu saatlerden sonra 12. Ağır Ceza Mahkemesi hâkimi karşısına çıkıp savunma yapacağım! Sadece yorgun değil hastayım. Bakın iddia ediyorum, meslektaşlarım araştırsın. Ergenekon sorguları, duruşmaları neden hep genellikle sabaha karşı yapıldı?

İnsan bilinci olmadık yerde olmadık olayları hatırlıyor. Ergenekon duruşmasında sanıklar gözaltına alınma biçimlerinden hep şikâyetçi oldu. Bazılarının "hastaydım", "yeni ameliyat olmuştum", "o gece acile kaldırılmıştım" sözlerini anımsadım. Bu kişilerin hepsinin telefonları dinleniyordu; polis bilerek mi en güçsüz durumda insanları gözaltına alıyordu acaba? Hasta kişiyi sorgulamak daha mı kolaydı? Hadi polisi biliyorduk, ama savcının, hâkimin bu tavrının sebebi neydi?

Sonuçta duruşma salonuna çağrıldım. Salona girdim.

Kâtip ayağa kalkmamı işaret etti; hâkime yorgun ve hasta olduğumu söyleyip oturma izni istedim. Başıyla onayladı. Bu konuşmayıp, başıyla onaylama bir hukuk ritüeli mi?

Kimlik tespitine geçildi. O sırada...

Feza duruşma salonuna geldi; savcının sorduğu "belgelerle" ilgili bilgilere ulaşmış mıydı? Elindeki kâğıdı Avukat Hasan Fehmi Demir'e verdi. Bana döndü, fısıltıyla "virüs," dedi. Bilgisayarımıza girip word dosyaları yüklemişlerdi...

Bu ne anlama gelecekti!

Feza rahatlamış görünüyordu; hâkim virüs olduğunu anlayıp bizi serbest bırakacak mı?

Artık bunları düşünecek durumda değilim, bayılacak gibiyim. Bugün çok mu ilaç içtim? Gücüm tükendi; bitse de gitsek diyorum, nereye gideceksek, gidelim, yeter ki gidelim.

Hâkim, Savcı Öz'ün uzun uzun yazdırdığı sözde belgeleri yine uzun uzun yazdırdı kâtibe.

Aynen kelime kelimesine yazdırdı:

> Odatv'den el konulan "ST3120827AS_4MS1TF89 seri no'lu harddiskte Nedim, Orgmu, Hanefi, Sayın komutanım, Tertemiz, Toplantı, Sabri Uzun, 000Kitap, Y Belgesi, koz, Bilinçlendirme isimli Word dosyaları ile Abdülkadir Aygan... isimli pdf dosyaları ve üzerinde gizli ibaresi bulunan çok sayıda resim

dosyaları bulunduğu... şeklinde notların bulunduğu belge okundu soruldu.

Yanıt: Bu belgelerden haberim yoktur, dedi. Bu belge Samanyolu TV'deki kötü dizi senaryolarına benzemektedir.

Soruldu: Yine Sabri Uzun isimli word belgesinde: "Şık-Sabri kitap başlıklı belgede Sabri'nin kitap konusunda çekincesi var ikna etmeye çalışalım, kitap seçimden önce yetişmeli... Nedim Ahmet Şık'la bu konuda görüşsün. Kitaba çalışırken cesur olun... Nedim'i kutlarım, Ahmet'i çalıştırsın..." Hanefi isimli word belgesinde, "Hanefi'nin kitabı ne durumda, referandum öncesi yetiştirmeli. Nedim'i sıkıştırın hızlandırsın..." NEDİM isimli word belgesinde, "Nedim ve Hanefi'nin Dink konusundaki görüş ayrılıkları gündem yapılmamalı..." (Savcının sorusunu aynen yazdırıyor. Soruyu kimlerin hazırladığı sır değil, polis!.. S. Y.)

Yanıt: Bu belgeleri görmedim, haberim yoktur.

Bu virüslü dosyaları/belgeleri hâkim okudu, yazdırdı, okudu, yazdırdı; ben de bilmediğimi söyledim hep.

2011 yılında bir cumhuriyet hâkimi ve savcısı virüsle geldiği belli olan, dili vasat, fikir gücü, bilgi birikimi, üslubu olmayan sözde "belgeler" üzerine 25 yıllık bir gazeteciye sorular yöneltiyordu ardı ardına.

Bir de "örgüt" üyeliğiyle suçlamazlar mı?

Örgütün ne olduğunu, ne olmadığını bilmeyecek kadar toy bir gazeteci miyim? 25 yıldır bu konuları haber yapan, kitap yazan gazeteciyim ben. Örgütüm olsa niye saklayayım, her türlü sorumluluğunu alır gurur duyarak açıklarım; ne sanıyorlar bizi?.. İnsanlar örgütleri için ölüme gitti; darağacında örgütünü haykırdı son sözü olarak. Bizi, devletin karanlık izbe yerlerinde tezgâhlar kuran, adi bir hilekârlıkla bilgisayarımıza virüs koyanlarla karıştırıyorlar.

Yorgunluk, hastalık beni çok yıprattı; bitsin istiyordum, sadece bitsin. Bu hukuk oyununun piyonu olmak ağırıma gidiyor.

Avukatım ayağa kalktı, iddiaların gerçeği yansıtmadığını söyledi:

"Müvekkilim hakkındaki suçlamalar iki ana başlık altında bulunmaktadır. Bunlardan biri yapılan haberlerin suç gibi gösterilmesi; diğeri ise gizli olduğu öne sürülen belgelerdir.

Bu belgelerin asıllarının ilgili kurumlarda olup olmadığı araştırılmalıdır. İsnada konu gizli ya da diğer okunan belgelerin söz konusu bilgisayarlara virüs yoluyla bulaştırıldığını tahmin ediyoruz, bu konuda araştırma yapılsa bu ortaya çıkacaktır, bu belgeler delil niteliği teşkil etmez. Televizyon kanallarında programlara çıkan Yalçın Küçük isimli şahsın verdiği beyanatlardan yola çıkarak sanki müvekkile talimat veriyormuş gibi değerlendirmeler yapılması da doğru değildir. Yine Odatv'de yayınlanan haberlerden dolayı müvekkile ya da ilgili haber sitesine karşı açılmış bir dava yoktur. Verilen haberler suç unsuru teşkil etmemektedir. Yine yazılan yazılar ve yazı başlıklarının sorgulanması düşünce özgürlüğünü kısıtlar. Soruşturma Türkiye'yi ortaçağ karanlığına götürecek hukuksuzluğu içermektedir, müvekkilin tutuksuz yargılanmasını ve serbest bırakılmasını talep ediyoruz.

Feza'ın getirdiği virüslü e-postayla ilgili belgeyi hâkim hiç dikkate almadı. "Teknolojiden anlamıyorum ben," dedi. Nasıl yani, "Siber suç" nedeniyle karşısında değil miyiz? Virüslü e-postayla gelen "belgeler" nedeniyle sorgulanmıyor muyuz?

Hâkim, Barışlar'ın da duruşmaya getirilmesini istedi. Kararı yüzümüze karşı okuyacaktı.

Feza sürekli eli ve yüzüyle sakin olmamı istiyor.

Kızgınım. Başıma geldiği için değil sinirlenmem; umarım Barışlar serbest bırakılır. Çocuklara üzülüyorum; daha çok gençler, onlara yazık etmeseler.

Ve Barışlar geldi; dimdik duruyorlar. Ne kadar olgun davranıyorlar. Böyle gençleri görmek gurur verici.

Hâkim kararı okudu:

GEREĞİ DÜŞÜNÜLDÜ:

Şüpheli Hüseyin Soner Yalçın'a isnad olunan Silahlı Terör Örgütüne Üye Olma ve Devletin Güvenliğine İlişkin Belgeleri Tahrip Etme Amacı Dışında Kullanma Hile ile Alma Çalma suçunu işlediğine ilişkin kuvvetli suç şüphesinin varlığını gösteren olguların bulunduğu, suçun vasıf ve mahiyeti, şüphelinin üzerine atılı eylemin CMK 100/3 ve devamı maddeleri sayılan suçlardan olduğu dikkate alınarak şüphelinin CMK'nun 100 ve devam maddeleri uyarınca TUTUKLANMASINA...

"Siz beni değil 25 yıllık gazeteciliğimi hapsediyorsunuz!" diye bağırdım.

O sırada Feza hâkimin karşısına yürüdü ve bir metre mesafede durdu. Dimdik, doğrudan hâkime baktı: "On bir yaşındaki oğlum evde babasını bekliyor, Allah'a inancınız varsa, onun kul hakkı bu andan itibaren sizin omuzlarınızda kalacak," dedi.

Feza'nın tepkisini hiç beklemiyordum. Hâkim "Üzgünüm. İtiraz edersiniz," dedi. Cüppesini çıkarıp, dosyayı alıp gitti. Evet tutuklandık...

Gerçek yargı tarihin yargısıdır... Sonsuzluğun avukatı tarih, iktidar ve güç uğruna hiçbir şeyden çekinmeyen, çıkar ve amaçlarını her şeyin üstünde tutan, bu uğurda herkesi ezip geçen, her farklı düşünen insanı entrikalarla yok etmeyi planlayan kişilerden, cemaatlerden hesap soracaktır kuşkusuz. Kaba güç, sonsuz değildir...

Polisler bizi mahkeme salonundan çıkarıp tekrar aynı banka oturttu. Artık serttiler. Hepimizin sinirleri gergin. Ufak bir tartışma bile yaşandı.

Kararın yazılmasını bekleyeceğiz. Ne deniyor; adaletin kararına saygılı olacağız. Hangi adalete?..

Bu 12. Ağır Ceza Mahkemesi'nin bir hâkimi kısa bir süre önce davadan çekilmemiş miydi?..

Necat Ede, Başkent Üniversitesi Rektörü Prof. Mehmet Haberal'ın tutukluluğuna yapılan itiraz öncesinde, yandaş bazı gazete ve internet sitelerinde, "General Hurşit Tolon'u tahliye eden hâkim, Haberal'ı da tahliye edecek" şeklinde çıkan haberlerin ardından, "baskı altında" olduğunu söyleyip, Ergenekon davası kapsamında kendisine görev verilmemesini istemişti. Bakırköy'e atanmıştı.

Yine İstanbul 12. Ağır Ceza Mahkemesi üyesi Hâkim Oktay Kuban, Balyoz davasında 21 subay hakkında "kuvvetli suç şüphesi olmadığı" gerekçesiyle tahliye kararı verince, hemen Eskişehir Çocuk Mahkemesi'nde görevlendirilmemiş miydi?

Keza...

İstanbul 9. Ağır Ceza Mahkemesi'nin hâkimleri Yılmaz Alp ve Tuncay Aslan, Balyoz davasında 26 asker için tahliye kararı verince özel yetkileri kaldırıldı ve Aslan, Bakırköy Çocuk Mahkemesi'ne; Alp ise, Fatih adliyesine gönderildi...

Albay Dursun Çiçek'in tahliyesine karar veren İstanbul 13. Ağır Ceza Mahkemesi üye hâkimi Faik Saban Bakırköy Ağır Ceza Mahkemesi Başkanlığı'na gönderildi! Yerine ise Erzincan eski Cumhuriyet Başsavcısı İlhan Cihaner hakkında soruşturma yürüten müfettişlerden Adalet Bakanlığı Müfettişi Dursun Ali Gündoğdu getirildi.

Hepsi kuşkusuz tesadüftü...

Gazeteci Hikmet Çiçek ve Avukat Nusret Senem'in tahliyesini isteyen, Albay Dursun Çiçek'in ve Mehmet Haberal'ın tahliyesi yönünde oy kullanan İstanbul 14. Ağır Ceza Mahkemesi Başkanı Erkan Canak Sakarya'ya düz hâkim olarak atandı. Ne tesadüf ki, yerine gelen Rüstem Eryılmaz, Dursun Çiçek'i ilk tutuklayan hâkimdi.

Balyoz davasına bakacak İstanbul 10. Ağır Ceza Mahkemesi Başkanı Zafer Başkurt davanın başlamasına 48 saat kala görevden alınarak Gebze'ye gönderildi. Hâkim Başkurt, uzun tutukluluk hallerine karşı olmasıyla tanınıyordu. Buraya küçük bir parantez açalım. Hâkimler Canak ve Başkurt bir süre önce Ankara'ya gidip HSYK Başkanvekili Kadir Özbek'le görüşüp, "Soruşturma tehdidi altındayız," demişlerdi. Her iki isimde Sakarya ve Gebze'ye atandıktan sonra mesleklerinden istifa ettiler.

Ankara Savcısı Mehmet Kaftan, Zir Vadisi'nde yapılan aramalarda yapılan usulsüzlükleri araştıracakken Samsun'a tayin edildi.

Başbakan Yardımcısı Bülent Arınç'a suikast iddiasıyla başlatılan "Kozmik Oda" soruşturmasında üç askerin ifadelerini alıp serbest bırakan Ankara 12. Ağır Ceza Mahkemesi üyesi Erol Tatar ve Musa Yeşil'in özel yetkileri kaldırıldı. Hâkim Tatar Ankara 17. Asliye Ceza Mahkemesi'ne, Hâkim Yeşil Ankara 21. Asliye Ceza Mahkemesi'ne gönderildi!

Sadece görev değişikliği yapılmadı. Hukuku uygulamak isteyenler hep ağır saldırılara maruz kaldı.

Örneğin...

Karargâh Evleri soruşturmasını yürüten Askeri Savcı Yüzbaşı Mehmet Çelik, "gizli mal beyanını yayımlayarak kişilik haklarına saldırıda bulundukları" gerekçesiyle, *Taraf* gazetesine 250 bin TL'lik manevi tazminat davası açtı. Dilekçede şöyle dedi:

> "Davaların haber bütünlüğü içinde sürekli ve ısrarla vurguladıkları özne, Çelik'in mal varlığı ve diğer gerçekdışı suçlamaların kamuoyuna açıklanması değildir. Asıl örtülü amaç

(...) soruşturmayı asıl mecrasından saptırmak, öncelikle Çelik'i korkutmak, sindirmek, başarılı olamazlarsa medya gücü ile soruşturmadan uzaklaştırmak ve yerine gelecek askeri savcıyı pasifize etmek ve yargıyı etkilemektir."

Dava dilekçesinde, 13 Mart 2009 tarihinde yayımlanan "Karargâh Savcısına 420 Villalık Hediye" başlıklı haberde de "gerçekdışı bilgilere yer verildiği" belirtildi. Savcı Çelik şanslıydı. Niye mi?...

Daha neler olmadı ki:

"Karargâh Evleri" ve "Fethullahçı Astsubaylar" soruşturmalarını yürüten Hava Kuvvetleri Komutanlığı Askeri Hâkimi Albay Ahmet Üçok gıyabında yapılan telefon konuşmaları nedeniyle tutuklandı. Hâkim Albay Üçok, "arazi yolsuzluğu yapmak", "yağmalamak" ve "çürük raporu çetesi üyesi olmak" iddialarıyla tutuklanarak Hasdal Askeri Cezaevi'ne gönderildi.

Hâkim Albay Üçok'un "suçu" çoktu. Kayseri'de cemaatçilerin düzenlediği komployu da açığa çıkarmıştı. Soruşturma kapsamında, 3 Mart 2009 tarihinde Kayseri 2. Hava İkmal Bakım Merkezi ile 12. Hava Ulaştırma Üs Komutanlığı'nda görev yapan üç astsubay gözaltına alınmıştı. Gözaltına alınan astsubaylar, Işık Evleri'nde yetiştiklerini ve ağabeylerinin isteği üzerine sahte belge hazırladıklarını itiraf etmişlerdi.

Cemaatle ilgili soruşturma açan herkesin başına bir "bela" açıldı. Devlet Güvenlik Mahkemesi Cumhuriyet Savcısı Nuh Mete Yüksel, Fethullah Gülen'le ilgili soruşturma başlatıp dava açtı.

Sonra...

Savcı Yüksel'in bir kadınla uygunsuz vaziyette gizlice görüntüsü çekildi; bu görüntülerle tehdit edildi. Savcı Yüksel geri adım atmadı. Görüntüyü çekenler başta Adalet Bakanı olmak üzere devletin üst makamlarına CD'yi ulaştırdılar. Sonunda beklenen oldu; Savcı Yüksel DGM Savcılığı'ndan alındı.

Fethullah Gülen ile ilgili Ankara 11. Ağır Ceza Mahkemesi'ndeki davayı Cumhuriyet Savcısı Salim Demirci temyiz etti; beraat kararının bozulmasını isteyip konuyu Yargıtay'a taşıdı.

Aynı gün...

Savcı Demirci'nin, başta Başbakan Erdoğan olmak üzere bazı kişilere küfür ettiği iddia edilen telefon kaydı basına sızdırıldı!

Neler olmadı ki?

Keza...

HSYK seçimine aday olduğunu açıklayan üç hâkimin telefon dinlemeleri aynı gün internete sızdırıldı.

Örneğin... "Birileri" ısrarla Prof. Haberal'ın hastaneden çıkarılması için epey uğraştı. Taburcu etmeyen Prof. Cengiz Çeliker, Prof. Erhan Kansız Silivri'ye atıldı.

Prof. Dr. Mehmet Haberal, hiçbir gerekçe göstermeden sürekli tahliye taleplerini reddeden İstanbul 13. Ağır Ceza Mahkemesi üyeleri Hasan Hüseyin Özese ve Sedat Sami Haşıloğlu ile yedek üye Hüsnü Çalmuk hakkında her biri için 20 biner liralık manevi tazminat davası açtı. Prof. Haberal, Beşiktaş mahkemelerinde görevli dokuz yargıç hakkında da tazminat davası açmıştı. Yargıtay 4. Hukuk Dairesi dokuz yargıcı tazminat ödemeye mahkûm etti. (15 Haziran 2010) Ve ardından AKP hükümeti yasa teklifi hazırladı; dava hâkim ve savcılara açılmasın, bakanlığa açılsın!

Hangisini yazayım...

Evet, tutuklanmıştım. Adalete güvenmeliymişim. Neyse... Ağır yazmayayım şimdi...

Cezaevindeki belirsiz günlerim başlayacaktı. "Belirsiz" diyorum çünkü adaletin olmadığı yerde belirsizlik vardır.

Birkaç yıl sonra gülünecek bir virüslü e-postayla cezaevine atılıvermiştik. Hepsi bu kadar basit. Türkiye'de aydının "kaderidir"; itilerek, bastırılarak, eziyet edilerek yalnızlığa yükseltilir. Bilmezler ki, bu yalnızlık insanı çoğaltır...

Kararın yazılmasını bekliyorum... Bu arada nedense hâkimin yüzünü hatırlamaya çalıştım, hatırlayamıyorum. Ya da hiç dikkat etmedim. Yüzü yok. Önemli mi? Değil. Ama dikkatsizliğime şaşırdım. Fakat...

O gün, o saatte, orada olan polislerin de yüzlerini anımsamıyorum. Niye? Bilmiyorum. Gazeteciyim ben, mesleğim bu; görmeyi öğrendim ben. Yok ama yok, yüzleri yok.

Sadece zabıt kâtibini hatırlıyorum, şişman, kılsız bir yüz. Saçı kısaydı. Gömlek ve kravat vardı üzerinde. Niye bir tek onun silueti gözümde...

Sevgili Rilke'nin *Notlar*'ı aklıma düştü; yüzleri anlatıyordu:

> "Bir sürü insan var, fakat yüzler daha da fazla; çünkü her insanın yüzü birkaç tane."

Haber geldi, karar yazılmıştı.

Polisler üçümüzü dışarı çıkardı; kelepçe takmadılar; Barış Terkoğlu'yla aynı arabaya bindirileceğiz.

Yakınlarımızın seslerini duyuyoruz. Sadece aileler ile bir-iki dost var dışarıda.

İstanbul uyuyor; ağır uyuşturucu bir uyku tortusu içinde...

Bizi bekleyenlere el salladım. Kimseyi seçemedim.

Yola çıktık; istikamet Metris Cezaevi...

Yolda düşündüm; suçum büyüktü...

Silahlı terör örgütüne üye olma ve devletin güvenliğine ilişkin belgeleri tahrif etme, amacı dışında kullanma, hileyle alma çalma suçu...

"Belgeleri" ilk kez duydum, nerede kullanmışız, belli değil. Nasıl çalmışız, belli değil. Nasıl almışız, belli değil. Nasıl 35 ayrı bilgisayar harddiski içinde elleriyle koymuş gibi buluvermişlerdi, belli değil. Ne belli: Cezaevi.

Bakınız düşmanınız kurnaz, şeytan olabilir bununla başa çıkabilirsiniz, akıldışı ise asla...

Odatv'de bulunan belgeler nedeniyle tutuklandık.

Belge? Virüslü e-postayla gönderilen akla ziyan "belge": "Ulusal Medya 2010" vd.

Hayır, bu ciddi hiçbir insanın inanacağı "dokümanlardan" bahsetmeyeceğim. Yol boyu kafamı kurcalayan başka sorularım var. Belge manyağı yapıldık! Gerçeğin yerini word dosyaları aldı.

Word dosyasında yazıyorsa "tamamdır", "doğrudur" diyorlar. Bu sanal dünyadır; yaşamın gerçekliği yoktur burada.

Tüm gerçeği belge üzerinden konuşuyoruz. "Belgesi var mı; var, tamam o halde," haydi cezaevine.

Düşünme, öğrenme, araştırma yok artık.

Bilirkişiler, kriminal laboratuvar, adli tıp merkezleri devreye sokuluyor. Teknoloji sayesinde gerçeğe ulaşacağımız inancındayız. Oysa gerçeği sanal dünyanın uçuşan word dosyalarıyla öğrenemezsiniz. Gerçeğe böyle varamazsınız. Hakikate, bilgiyle ulaşırsınız. Onu da yılların birikimiyle yapabilirsiniz.

Belge tek başına sizi aptallaştırır. Tapılacak nesneye dönüştürür. Bulaşıcı toplumsal bir hastalığa sebep olur: "Belgemani" tıpkı megalomani, kleptomani gibi. Hayatla bağınızı koparmaktır bu. Hekimlerin yerini muskacıların alması gibi. Dinin yerini hurafenin alması gibi... Televizyonlarda Ergenekon'u tartışan yandaş gazetecileri gözünüzün önüne getirin; hayatın gerçeğiyle bağları yoktur, sanal bir dünyayı anlatırlar sürekli: "Çıkan belgeye göre..."

Belge aklı ortadan kaldırdı. İtirazsız, şüphe duymadan kabul edilen bir bilgi olur mu?

Belge fetişizmidir bunun adı.

Bu satırları 25 yıldır belgeli haber yapan bir gazetecinin yazdığını hatırlatırım. Bıraktık Odatv'deki virüslü e-postayla gelen belgelerin doğruluğunu yanlışlığını, belgeye bu kadar boyun eğmemize neden olan hastalıklı dogmatik yapıyı bu açıdan gözden geçirmeliyiz.

Evet, kim bizi "belge manyağı" yaptı?

En olmadık/olmayacak "belgelere" bile nasıl inanır hale getirildik?

– "Ahmet kitabı seçimden önceye yetiştirsin..."

– "Nedim, Hanefi ile Hrant Dink cinayetindeki..."

– "Şehit haberlerini abartalım..." Ve neler neler...

Bırakın virüsle gelip gelmemesini; akıllı bir insan/bir gazeteci/bir savcı-hâkim "belgede" yazıyor diye buna nasıl inanır?

Bu abuk sabukluğa "belgede" yazıyor diye nasıl biat eder?

Toplumu sürüleştirmenin yöntemi bu. Akıl tutulması bu. Ortaçağ bu. Cadı avları nasıl kolay yapıldı sanıyorsunuz? Bilimin toplumsal yaşamdan kovulmasıdır bunun nedeni. Şimdi bu tespiti yaptım ya, "bakın belgeyi kabul etmemek için neler yazıyor," derler! İşte geldiğimiz yer bu sığlıktır...[30]

Metris Cezaevi yolunda kafamda bin bir düşünce uçuştu.

Polis otosunda hiç konuşmadık.

İçerisi çok sıcak, zaten sıkı giyinmişim; ter içindeyim. Paltoyu, kazağı çıkardım. İyi ki ellerimiz kelepçeli değil.

Son kez İstanbul'a bakıyorum...

Biliyorum ki gazetecileri, yazarları cezaevine atmak hiçbir dönemde hiçbir iktidara, mahkemeye onur vermemiştir. Bir

---

30 Odatv bilgisayarlarındaki harddisklerin virüs içerdiğini; trojan adı verilen zararlı yazılımların mevcut olduğunu, bunların bilgisayarlarda çalıştığını, Yıldız Teknik Üniversitesi Bilgisayar Mühendisliği Bölümü, Boğaziçi Üniversitesi Bilgisayar Mühendisliği Bölümü, ODTÜ Bilgisayar Mühendisliği Bölümü ve ABD Data Devastation adlı bilişim ve siber suçlar şirketi tespit etmiştir. Yargılandığımız mahkeme ise ayrı bir bilirkişi raporu için TÜBİTAK'a başvurmuştur. Kitap yazılırken sonuç gelmemişti...

ülkenin cezaevinde ne kadar gazeteci-yazar varsa, o ülkede o kadar zihin katliamı vardır. Hiçbir zorba yöntem, bir sesi bir harfi sonsuza kadar susturamamıştır.

Cezaevinden ne zaman çıkacağımı kestiremiyorum. Hukuka inanmıyorum. Adalet olsa tutuklanmayacağımızı bilecek yetkinlikteyim. Herkesi delil yaratıp içeri attılar. Tarih bunu yazacak. Onurumla girdiğim cezaevinden utançla çıkmaya hiç niyetim yok. Bir insanın onuru varsa bir yerde vardır, yoksa hiçbir yerde yoktur...

Medya ne yazık ki bu dört yıllık sürede hiç iyi bir sınav vermedi. İmajlar üzerinden yargısız infazlar yaptı. Örneğin Ergün Poyraz. Tanımam, hiç görüşmedim. Sadece son kitabı *Takunyalı Führer*'i okudum. Bir de *Musa'nın Çocukları*'na göz atmıştım o kadar.

Ergün Poyraz'ın tüm kitapları hep ses getirdi. Sert, kaba bir dili vardı. Bu üslup beni okurken rahatsız eder. Keza iddialarının dayanaklarını yetersiz bulurum. Ayrı düşünce dünyasının insanıyız.

Ergün Poyraz, iktidarın hedefinde oldu hep, medyanın da. Ve hiç görülmedi, yok sayıldı. Başına gelenler sorgusuz kabul edildi bu nedenle.

27 Temmuz 2007'de Ankara'da gözaltına alınırken, bir polis "Sen misin o, başbakanımız hakkında çirkin iddialarda bulunan yazar?" demişti. Öylesine tepki alıyordu anlaşılan.

Ergün Poyraz sadece kitap yazmadı; Fethullah Gülen'le ilgili Devlet Güvenlik Mahkemesi Savcılığı'na önemli belgeler vermişti. Verdiği bazı kasetler televizyon ekranlarında yayınlanmıştı. Öyle miydi bilmiyorum, böyle haberler çıktı. Artık hiçbir habere inanmama noktasına geldim.

Bu ilişkileri nedeniyle Ergün Poyraz Jandarma Genel Komutanlığı'na bağlı çalışan bir yazar olarak gösterildi. Doğru muydu? Ergenekon duruşmaları sürecinde bu soru Jandarma'ya, Emniyet'e ve MİT'e soruldu; her üç kurum da, ilişkileri olmadığını resmen bildirdi. Ama gazeteler hâlâ öyle yazıp, yazarlar ekranda öyle konuşuyor. Kasıt mı var bilmiyorlar mı?

Evet, yazdığı kitaplar ve kitaplardaki üslubu nedeniyle eleştirilecek, belki tazminat davaları açılacak bir yazar Ergün Poyraz. Sanıyorum davalar da açıldı; gazetelerde okumuştum. Peki.

Muhalif olduğu için mi Ergenekon davasına dahil edildi? Ergenekon'la bir ilgisi var mıydı? Medya içine almadığını, içinde barındırmadığını hep itham etme kolaycılığına sahip bunu biliyorum. Ergün Poyraz'ı önyargıyla suçlu ilan ettiler. Bu tavra kim olursa olsun hep karşı çıktım, çıkmaya devam edeceğim...

Bakın bir ayrıntı yazmalıyım.

Ergün Poyraz'ın evinden yedi koli belge çıktı.

Bilgisayarına el koydular.

"Terör örgütü üyesi" olduğu iddiasıyla Organize Suçlar Şubesi'nde sorgulandı.

Soruldu: "Avrupa'daki İrticai Faaliyetler" başlıklı yazılı doküman sizin mi?

Cevap: Evet.

Soruldu: "Hizmete Özel" Genelkurmay Başkanlığı'nın Ankara DGM'ye gönderdiği terör örgütüyle ilgili belgeler sizin mi?

Cevap: Evet.

Soruldu: "Çok Gizli" ibareli Mülkiye Başmüfettişi Candan Eren'in İstanbul DGM'ye vermek üzere hazırladığı R.Tayyip Erdoğan, Ali Müfit Gürtuna ve Albayraklar Grubu hakkında hazırladığı rapor sizin mi?

Cevap: Evet.

(...)

Ergün Poyraz evinden çıkan benzer gizli belgelerin hepsini kabul etti. Belgeleri nereden temin ettiğini de tek tek söyledi. Öyle ki bunların çoğu "gizli" damgalı belgelerdi, bunları reddetmedi. "Benim," dedi. Fakat bazı belgeler vardı ki bunlar kabul ettiklerinin yanında önemsizdi; bunları hiç görmediğini söyledi. Kendisinin olsa niye kabul etmesin? Kabul ettikleri daha önemli, belki suç olacak belgelerdi. Peki, Ergün Poyraz'ın reddettiği belgeleri evine birileri mi koymuştu? Ayrıca...

Yine bir "CD" vakası vardı:

Soruldu: İlgili mahkeme kararı gereği ikametinizde elde edilen bilgisayarlarınız ve CD'lerinizin incelenmesinde tarafınıza da gösterilen belgelerden milletvekilleri, valiler, emniyet mensupları, üniversite görevlileri, doktorlar, hemşireler, ebeler, Milli Eğitim Bakanlığı görevlileri hakkında kişisel bilgiler içeren çok sayıda veri görülmüştür. Bu verileri ne amaçla bulunduruyorsunuz? Siz mi hazırladınız? Kimden temin ettiniz?

Cevap: Bana göstermiş olduğunuz bilgisayarımdan çıkan

ve evimde bulunan CD'lerden çıkan verileri hatırlamıyorum. Böyle bir şeyin olmaması gerekir. Bunların olmasına hiç anlam veremiyorum, şu an hatırlamıyorum.

Soruldu: İlgili mahkeme kararı evinizde yapılan aramada elde edilen bir numara ile numaralandırılmış CD huzurunda açıldığında "KK İstihbarat Arşivi" ve "Sevgi Erenerol Misyonerlik 2006" isimli klasörler görülmüştür. "KK İstihbarat Arşivi" isimli klasör açılıp incelendiğinde Kara Kuvvetleri Komutanlığı'nda hazırlandığı görülmüştür. Bu bilgileri nereden, ne maksatla aldınız, herhangi birine kopya verdiniz mi?

Cevap: Bana göstermiş olduğunuz CD içerisindeki verileri hatırlamıyorum, nereden aldığımı hatırlamıyorum. Benimle ilgisi yok, kimseye de kopya vermedim.

Soruldu: İlgili mahkeme kararı gereği evinizde yapılan aramada elde edilen laptop bilgisayarın ön incelemesinde bulunan ve tarafınıza da gösterilen Kara Kuvvetleri İstihbarat yapılanmasına ait "gizli" ibareli Kara Kuvvetleri Komutanlığı'nda hazırlandığı görülen verileri nereden, ne maksatla aldınız?

Cevap: Bu verilerin bende olmaması gerekir. Laptop bilgisayar bana aittir. Bu bilgisayarın içinde bu verilerin nasıl yer aldığını bilemiyorum.

Evet. Onlarca belgeyi kabul eden Ergün Poyraz, bu "belgeler" önüne geldiğinde çok şaşırdı. Şimdi siz de şaşıracaksınız.

Ergün Poyraz'ın evinde telefon yoktu. Sadece cep telefonu kullanıyordu. Bilgisayarına asla internet hattı takmıyordu.

Kapısında 24 saat koruması vardı.

Peki, bilgisayarına bu "belgeler" nereden gelmişti?

Ergün Poyraz'ı gözaltına alıp bilgisayarına el koyanlar bunun bir kopyasını çıkarmadı. Niye? Böyle bir durumda bunun delil olamayacağını biliyorlardı. O halde...

Ergün Poyraz medyanın önüne işte böyle atıldı. Polis ne verdiyse herkes onu yazdı. Zaten olağan şüpheliydi!

Bugün artık bilgisayarına bu "belgelerin" nasıl girdiği biliniyor. Poyraz'ın avukatları bu oyunu bozdu; bu tür "belgelerin" bilgisayara eklendiğini ortaya çıkardı: Konu Ergenekon duruşmasına şöyle yansıdı:

Bazı polisler, ocağını söndürmek istedikleri insanların evlerine araçlarına, ceplerine uyuşturucu, silah ve benzeri suç aletleri koyar, sonra muhbirlerine ihbar yaptırarak hedef insanların hayatını karartırlardı. Geçmişte bu işleri yapanlarda mercimek kadar da olsa bir beyin vardı. Kolay kolay hata yapmazlardı; günümüzde ise, teknolojinin gelişmesiyle bırakılan malzemelerin arasında CD ve benzeri maddeler eklenmiştir.

Öncelikle 1 no'lu CD bana ait değildir, polis tarafından bana ait CD'lerin arasına konulmuş ve tarafıma suç isnat edilmek istenmiştir. Ama kendi kazdıkları kuyuya kendileri düşmüştür. Şöyle ki, benim CD'lerimin arasına 1 no'lu yazarak bir CD bırakmışlar; ancak benim 1 no'lu CD'mi diğer CD'ler arasından çıkarıp imha etmeyi akıl edememişlerdir. Bana ait suç unsuru taşımayan 1 no'lu CD imha etmeyi yok etmeyi düşünemedikleri gibi; 8 Kasım 2007 tarihli teslim tesellüm tutanağı içinde suç unsuruna rastlanılmamış diyerek; iki hazırun önünde 1 no'lu CD'yi diğer CD'lerimle beraber avukatlarımdan Burak Güneş'e teslim etmişlerdir.

Ben aylardan beri 1 no'lu CD'de çıkan yok fişleme, yok gizli belge, yok bilmem ne diye besleme basın ve CIA'nın gelinleri tarafından çıkarılan *Taraf* gazetesince sürekli linç edildim, manşetlere taşındım bunun hukuktaki değerinin takdirini bu belgeyi size vererek yine size bırakıyorum. (24 Kasım 2008)

Yine bir CD vakası...

Silivri'deki duruşmaları medya hiç takip etmedi. Örneğin...

Ergün Poyraz basında sürekli yer alan JİTEM'den para aldığı iddiasını da duruşmada şöyle yanıtladı:

Taraf gazetesinin (29 Mart 2008 tarihli nüshasında) Jandarma İstihbarat Başkanlığı tarafından para ödendiğine dair Word belgelerinin bulunduğu yazılmıştır. İddia edilen belgelerin komutanlık arşivlerinde bulunup bulunmadığının araştırılarak neticesinin bildirilmesi tarafımızca istenmiştir. Yapılan araştırmada ve inceleme sonucunda Jandarma Genel Komutanlığı'nda iddia edilen belgelere rastlanılmamıştır. Jandarma Genel Komutanlığı'nın para ödemeyi yalanlamasına rağmen, bu itham yine iddianameye konabilmiştir.

Günlerce Ergün Poyraz hakkında haber yapan *Taraf* gazetesi ortaya çıkan gerçekleri görmemeyi tercih etti. Hep kendi doğrularına hayran, kendi katı sertliğine inanmış bir genel yayın yönetmeninin gazetesinden ne beklersiniz... Konya Karatay Medresesi'nin kapısında şu yazılıdır. Es sual'u nısf-ul-ilm. Soru bilimin yarısıdır. Yıl: 1251. Şimdi yıl 2011; sorusu olmayan gazetecilere övgüler diziliyor...

Suikasta kurban giden Necip Hablemitoğlu ile Ergün Poyraz arkadaştı. Bilgi-belge alışverişi yapıyorlardı kuşkusuz.[31]

Ergün Poyraz mahkemede, Necip Hablemitoğlu cinayetiyle ilgili soruşturma dosyasının gizli olmasına rağmen, Ergenekon ek klasörlerine konularak ifşa edildiğini söyledi. Bunun gizli olarak yürütülen soruşturmayı aksattığını belirtti. Fakat bu soruşturma dosyası içinden bir belge çıkmıştı. Ergün Poyraz, Hablemitoğlu cinayetiyle ilgili cemaatçi polisleri cinayetin sorumlusu olarak gösteriyordu. Poyraz'a göre, Hablemitoğlu *Köstebek* kitabını yazdığı için cemaatin hedefi olmuştu.

Ergün Poyraz, duruşmada cemaatin finansörü kuyumcu Sadettin Çetin'in, Nuh Mete Yüksel'e cemaatle ilgili belgeler veren Emekli Binbaşı İhsan Güven'in öldürülmesi gibi birçok olayı anlattı. 2001 yılında Tayyip Erdoğan'la görüştüğünü, kendisine, "Bizimle uğraşma, Hoca'yla (Erbakan'la) uğraş," dediğini söyledi. Buluşma Ümraniye'de olmuştu.

Sonuç: Ergün Poyraz beş yıldır cezaevinde. Neyin diyeti ödetiliyor kimse bilmiyor mu? Susmak suça ortaklık değil midir?

Vicdanımız bu kadar mı tenekeleşti?

Evet, Ergenekon sürecinde merkez medya ne yazık ki imajlar üzerinden önyargılı haberler yaptı. Ergün Poyraz "kötü yazar" dı; "dili sert, üslubu kışkırtıcı" denilerek peşinen mahkûm edildi. Medya ile Odatv arasındaki fark buydu. Biz önyargılı davranmadık, gerçeğin peşine düştük. Odatv'de Poyraz'ın kitaplarını eleştirdik, ama onun hakkını hukukunu korumak için elimizden geleni de yaptık. Suçumuz buydu işte... Biz bu nedenlerle de tutuklandık; masumiyet karinesine olan inancımızın bedeli ödettiriliyordu bize. Biz mesleğimize hiç ihanet etmedik. Gerçeğin gücüne inandık, hâlâ da inanıyoruz...

---

31 Başta ABD olmak üzere Batı'da sadece özel belgelerden oluşan kütüphaneler vardır. Türkiye'de bu konuda özel kütüphane statüsünde olmasa da, en çok kaynak/belge polis-adliye muhabirliğinin duayeni Ünal İnanç'ta vardır. 70 yaşını aşmış İnanç da Ergenekon kapsamında gözaltına alındı. Kütüphanedeki yüzlerce belge soruldu. Hepsini kabul etti. Sadece birini reddetti: "Takip Edilip Gerekli Yerlere İletilecek Liste" adlı bu dokümanda TSK mensubu 71 subay hakkında özel bilgiler vardı! Şaşırtıcı olan şuydu: İnanç'ın kabul ettiği belgeler arasında "Çok Gizli" ibareli onlarca doküman vardı, onun olsaydı bu dokümanı da kabul ederdi. Ama nedense birileri sürekli devleti oluşturan tüm kurumlardaki görevlileri fişlemişti, ama bunlar tuhaf şekilde bilgisayarlardan çıkıyordu. Kimdi bu fişlemeyi yapanlar? Kaç bin kamu çalışanını fişlemişlerdi böyle?

Tan yeni ağarıyor...

Saat 05.00 suları.

Metris'e geldik.

Kapılar açıldı, kapılar kapandı. Kapılar açıldı, kapılar kapandı.

Otomobilden indik.

Bizi askerler karşıladı. Herkes üzgün görünüyor. Ya da bana öyle geliyor. Askerler, polislerle birlikte bizi içeri sokup gardiyanlara teslim etti. Cezaevinin büyük demir kapısı gürültüyle kapandı. Hapisteyiz...

Anladım ki yaşamımın en keskin virajlarından birine daha girdim...

Beşinci Gün

18 Şubat 2011
Cuma... Sabaha karşı...

Metris...

Başgardiyanın odasındayız. Gardiyanların olan bitene sitem etmesine şaşırdım. Beni kitaplarımdan tanıyorlardı. Çay ikram ettiler, sanırım hazırlık yapmışlardı. "Fedakârlıklar olmasa dünya çöker" demişti Gandi. Herkes kendince fedakârlıkta bulunuyordu işte. Sohbet ediyoruz. Nasıl yardımcı olacaklarını bilemez bir telaştalar, yüzlerinden, gözlerinden belli; halden anlayan bir acıma duygusunun gizli ifadesi var...

Ama prosedür de yerine getirilmeliydi... Kimlik için fotoğraf çekildi, parmak izi alındı. Sıkı arama yapıldı.

Bir tek ricamız var. Üçümüz aynı tecrit koğuşunda kalmak istiyoruz. "Ne demek, elimizden ne gelirse yaparız, sizler bizim misafirlerimizsiniz," deme nezaketini gösterdiler.

Sonra koğuşa götürüldük. Büyük bir koğuş burası. Kimse yok. İlk şaşkınlığım, koğuşun tüm çarşafları eflatun idi! Espri yaptık, kızlar yatakhanesi... Dipteki ranzanın altına malzemelerimi koydum. Barışlar da birer yatak seçti.

Hemen yine çay geldi. Yazdım ya, bizi hoş tutmak için çırpınıyorlardı. Bu arada bazıları gazetede çıkan fotoğraflı haberlerimi getirip imzalamamı istediler, imzaladım; "Metris Cezaevi Anısına. 18 Şubat 2011."

Plastik sandalyeleri çekip küçük masanın çevresine oturduk. Rolleri dağıttık; Nâzım Hikmet, Orhan Kemal ve Balaban...

17 Şubat'ın bazı gazetelerini de Metris'te okuduk.

Barış Pehlivan, Ertuğrul Özkök'ün yazısını gösterdi. Murat Bardakçı ayrılınca *Hürriyet*'te nasıl yazar olduğumu yazmıştı:

> "İşte o günlerde aklıma Soner Yalçın geldi. Arayıp ona bu sayfayı teklif ettim. Kabul etti. Beni ilk arayan kişi rahmetli Ufuk Güldemir oldu. 'Fevkalade isabetli bir karar almışsın. Seni tebrik ediyorum,' dedi. Soner, Ufuk'un en beğendiği gazetecilerden biriydi. Uzun yıllar birlikte çalışmışlar ve olağanüstü başarılara imza atmışlardı.

Sonra öğrendim ki Soner, benimle konuştuktan sonra Ufuk'u arayıp fikrini sormuş. O da, 'Hemen kabul et. İşte Ertuğrul budur,' demiş.

Daha başladığı günden itibaren yeteneğini ve farkını gösterdi. Murat (Bardakçı) gittiği yerde yine çok güzel işler yapmaya devam ederken Soner, tamamen farklı bir konsepti benimseyerek, birbirinden güzel portreler ve olaylar yazdı. *Hürriyet*'te çok sadık bir okura sahip oldu.

Evinin arandığı haberi cep telefonuma geldiğinde, Paris'te Dünya Editörler Forumu'nun (WEF) yönetim kurulu toplantısındaydım. Bunu hemen duyurdum. Buz gibi bir hava esti.

Önümüzdeki sonbaharda Viyana'da yapılacak olan kongrede, 'Basın özgürlüğü üzerindeki yeni tehditleri' ele alan bir panelin düzenlenmesi fikri ortaya atıldı.

Odatv'ye yapılan polis baskını ve dört gazetecinin gözaltına alınması, bu meslekte vicdanını hâlâ koruyan herkesi derinden etkiledi. Ülkemizin özgürlükler bakımından zaten sakatlanmış görüntüsünü daha da aşağı çekti. Bu gözaltına, hem Soner hem de mesleğimiz adına çok üzüldüm. Olay hakkında yazılanlara bakınca şunu da gördüm. Mesleğimizde vicdanını tamamen kaybetmiş kişi sayısı sandığımız kadar fazla değilmiş. Sayıları azdı ama içlerindeki kin o kadar büyüktü ki, o da beni korkuttu."

Demek hakkımızda neler neler yazılıyor, söyleniyordu ki Ahmet Hakan da bu konuya değinmişti:

"Soner Yalçın'a yaptığı haberlerden ya da yazdığı kitaplardan dolayı öfke duyan, ifrit olan, intikam ateşiyle yanıp tutuşan ne kadar adam ve kadın varsa...

Hepsi 'oh olsun' havasında.

'Benim için şunları yazmıştı, belasını buldu,' diyorlar.

'Kitapları çok kötüydü,' diyorlar.

'Eskiden Aydınlıkçı idi,' diyorlar.

Diyorlar da diyorlar.

Ergenekon'a herhangi bir gönderme yapma gereği bile duymuyorlar. Sadece şahsi öfkelerini söz konusu ediyorlar.

Açıkça... Hiç çekinmeden... Pervasızca...

'Ayıp olur' demeden...

'Ergenekon davası zarar görür,' diye kaygılanmadan..

Demek ki neymiş? Ergenekon, sadece 'muhalif cezalandırma aracı' haline gelmemiş.

'Şahsi intikam alma aracı' haline de gelmiş. Ne diyelim? Durmak yok, yola devam."

Ah be Ahmet Hakan; Arapça'dan dilimize girmiş bir deyim vardır: "Galat-ı meşhur." Doğru sayılan yanlış demektir. Medyamız artık, Galat-ı meşhur olmuştur, hepsi bu.

Basında hep sağduyunun sesi olan Yalçın Doğan da aynı konuya dikkat çekmişti *Hürriyet*'te: "Yarın utanacaksınız".

"Önce iktidar yanlısı olacaksın. Bunu her fırsatta kanıtlayacaksın, yazılarınla, tavırlarınla, hiç sektirmeden. İktidar sahipleri bunu fark edecek. Artık emin olunca, önce çeşitli davetlere katılacaksın. Sonra televizyon faslı gelecek. İktidar yanlısı televizyonlardan birinde program yapmaya başlayacaksın. Yetmez ama, gerekirse oğlunla, kızınla aile boyu televizyon programları yapacaksın. O programlarda iyi para ödenecek. Aldığın her para, senin iktidara verdiğin desteği biraz da katmerli hale getirecek.

Meslektaşın Soner Yalçın gözaltına mı alınıyor, nefretini hemen kusacaksın. Basın özgürlüğü, demokrasi gibi abuk sabuk değerler ne ki, parrra var parrra, TiVi var TiVi. Arkandan kıs kıs gülseler de, sen kendini önemli biri sanacaksın. Yetmez ama, gözaltında savunmasız meslektaşına bindir ki bindir, gün bugündür. Yarın utanacaksın..."

ABD Ankara Büyükelçisi Ricciardone'nin yorumuna AKP hayli sert tepki göstermişti. Genel Başkan Yardımcısı Hüseyin Çelik, "Büyükelçiler iç işimize karışamaz," demişti. Başbakan Erdoğan ise "acemi büyükelçi" diye Ricciardone'yi üstü kapalı eleştirmişti. ABD Dışişleri Bakanlığı sözcüsü Crowley ise büyükelçisine sahip çıkmıştı: "Gazetecilerin yıldırılmasına yönelik eğilimlerden geniş kaygılarımız bulunuyor. Bu konuyu Türk hükümeti nezdinde dile getiriyor ve yakından izliyoruz. Dost, müttefik ya da hısım olsun, bir ülkenin evrensel ilkelere saygıda çizgiyi aştığını düşünürsek, bunu gündeme getiririz."

Siyasetin, medyanın, diplomasinin gündeminde bizim tutuklanmamız vardı.

Doğal olarak yandaş medya "kolları sıvamıştı".

Star gazetesine göre bizler, mezhepsel çatışmaya zemin hazırlamak için haberler yapmışız! İyi de, Odatv arşivi ortada değil mi, var mı böyle bir haber? Keza bu konuda niye kimse önceden bir eleştiride bulunmadı? Kim kimi kandırıyor?

Aynı gazete, *Habertürk* gazetesi gibi hâlâ Bedrettin Dalan ve Turan Çömez'le sık sık telefonla görüştüğümü iddia ediyordu. Üstelik Dalan ve Çömez haberler konusunda beni, "şöyle yap, böyle yap" diye uyarıyorlarmış! Yalanın düzeysizliği insanın canını sıkıyor.

Hele medyanın küçük kızları ne büyük laflar ediyorlardı öyle. *Akşam*'dan Nagehan Alçı benim "nefret suçu" işlediğimi yazmıştı:

> "Bu suçun kapsamına giren birçok yazı ve esere imza attı Soner Yalçın... *Hürriyet*'teki bir yazısında 'Feodalizmin tasfiye edilmesi gerekiyordu, Seyit Rıza da devlet içinde devletti,' diyerek Dersim Katliamı'nı açıkça savundu mesela. Ya da yapımcısı olduğu 'Sağır Oda' dizisinde, Kürtleri Irak'ın kuzeyinde Türkmenleri dağlara sürüp, öldürenler olarak gösterdi. Bu yolla ulusalcı kitleleri Kürtlere karşı kışkırttı. Daha böyle çok örnek var maalesef... Bu örnekleri 'katılmadığım ama saygı duyduğum bir düşünce' diye geçiştirmek doğru mu?"

N. Alçı'yla Dersim meselesini mi tartışmalıyım şimdi? Okuduğunu bile anlamamış; ya da sahiden okudu mu? Kim akıl veriyor bu kız çocuklarına? Bir de dizi meselesi var; aman Allah'ım nasıl bir Kürt düşmanıyım ben! Oysa hâkim "Öcalancı" diye tutukladı! PKK'yı öven yayınlar yapmışım; hanginiz doğrusunuz? Ya da: Nereniz doğru ki?..

Uğur Mumcu'nun oğlu Özgür Mumcu'nun *Radikal*'deki yazısından üzüntü duydum; içim buruldu:

> "Soner Yalçın gözaltına alındı. Görüşlerini kendime yakın hissettiğim biri değil. Kitaplarıyla memleketteki antisemitizm dalgasına katkısı olduğunu, komplo teorilerine fazlaca önem verdiğini ve zamanında konsept danışmanlığını yaptığı dizilerin berbat olduğunu düşünüyorum. Ancak herhalde bu, gözaltına alınması ya da tutuklanması için bir sebep değildir."

Şimdi Özgür Mumcu'ya ben ne yanıt vereyim. Çünkü kitaplarımı okumamıştı, okuyan bunu yazmaz. O da rüzgâra kaptırmış kendini. Tabii ki hiç Uğur Mumcu'dan bahsetmeyeceğim; Troçki, Çan Kay Şek'in oğlundan bahsederek "herkes layık olduğu evladı sular" diye çok ağır konuşmuştu. Troçki'nin oğlu intihar etti!

Benim de oğlum var; Özgür Mumcu'yu babasıyla karşılaştırmam imkânsız. Sadece bildiğim şudur:

Dönemler vardır gazeteci doğurur...

Dönemler vardır gazeteci katleder...

Milliyet'ten Nuray Mert ve Can Dündar gözaltına alınmamıza tepki göstermişlerdi. Nedense "ama" sözcüğünü eklemek ihtiyacı hissetmişlerdi. Yaşadığımız dönemin zorluğundan mı, "ama ben onlardan değilim" demek zorunda kalmışlardı? Gerçekten mesele ben miyim? Evi basılan gazeteciler; ve basılan bir yayın organı değil mi? Bu olayı nasıl kişiselleştiriyorlar anlamıyorum. Saldırının basın özgürlüğüne yapıldığını görmüyorlar mı?

Nuray Mert şöyle yazmıştı:

> Zamanında, Yalçın'ı, *Efendi* kitabı nedeniyle çok eleştirdim, hem *Radikal*'de, hem *Virgül* dergisinde ağır yazılar yazdım. O nedenle, tanışmadığımız halde sert tepkilerini bana ulaştırmanın yolunu buldu. O zamanlar, Yahudi köken üzerinden büyük çıkarsamalar yapan kitabına muhafazakâr veya demokrat çevreden kimsenin çıkıp bir şey dediğini hatırlamıyorum. Çok sonradan, fikir düzeyinde olmasa da, ortak arkadaşlarımız vesilesi ile sosyal düzeyde barıştık. Sadece Soner değil, düşüncelerine katılmadığım birçok insanla bir ölçüye kadar sosyal ilişki sürdürmekte hiçbir mahsur görmedim, halen de görmüyorum.

Can Dündar'ın yazısı da benzerdi:

> Odatv'ye de CHP lideri gibi kefil olamayacağım. Daha geçen ay, onlarca tanık önünde yaşadığım bir sahneyi "Yok artık" dedirten bir çarpıtmayla yayınladılar. Yalanladığım halde "Doğruladı" diye yazdılar. Tanıkların açıklamasını görmezden geldiler. Haberi inatla düzeltmediler.
>
> Soner'le yaşıtız. Tanışırız. Daha önce de haksız yere yazdığı, yazdırdığı yazılarda kulağını çınlatmışımdır. Ama köşemi kişisel polemiklerde kullanmam; daha önce olduğu gibi bu son hadiseyi de yazmadım, dava da açmadım. Odatv'yi aradım ve "Soner'e selam söyleyin. Gün gelir yapmadığınız bir şeyle suçlanırsanız, tepkimi daha iyi anlarsınız," dedim. Bunu söylediğim kişi, şu anda Soner'le birlikte içerde...

Neden yazdım bunu? Buna rağmen Odatv'yi ve Soner Yalçın'ı savunacağım da ondan...

Sağ olsunlar; Odatv'yi ve Soner Yalçın'ı savundukları için minnet borcumuz var! Tevfik Fikret ne güzel yazmış:

Kimseden fayda ummam, dilemem kol kanat
Kendi boşluk ve gökkubbemde uçar giderim
Eğilmek, esaret zincirinden ağırdır boynumda
Fikri hür, vicdanı hür, irfanı hür bir şairim...

Geçelim, çünkü Can Dündar diyor ya, "Bunu söylediğim kişi, şu anda Soner'le birlikte içerde..." Ne diyeyim şimdi? Evet, Metris'te ve daha 28 yaşında! Gazetecilik dersiniz için teşekkür ederiz. Laf mı şimdi bu yazdıkları; sözün, sözcüğün bir ağırlığı olduğunu bilmezler mi? Sanıyorum Can Dündar ve Nuray Mert yazdıklarını şimdi yeniden okusa üzülürler. Bilirim ikisi de arkadaşımdır, vicdanlıdırlar.

Sözcü gazetesinin manşetinde de Kılıçdaroğlu'nun sözü vardı: "Benim ve ailemin de telefonlarını dinliyorlar."

Bu insancıl tepkiye *Taraf* şu manşet yanıtı vermişti: "Kemal Bey panik odasında."

Taraf aynı zamanda Halk TV'yi almak istememi de büyütmüştü. Güya Baykal bu satışa karşıymış!

Bu gazete gerçek yüzünü, psikolojik harp merkezi olduğunu ispatlamıştı yine. Halk TV satışını iki hafta önce Odatv'de ayrıntılarıyla yazdık; gizli saklısı mı vardı? Bilmiyorlar mıydı; biliyorlardı ama amaç haber vermek değildi, doğruyu aramak hiç değildi. Ergenekon sürecinde hep aynı pis tezgâhı sahneye koydular. Hep yalan yazdılar. Engizisyon yargıçlığı yaptılar.

Yandaş *Yeni Şafak*'ın manşeti de benzerdi: "Soner Yalçın'a Baykal vetosu." Sanki aynı haber merkezinden yararlanıyorlardı. Kimse bilgiye ihtiyaç duymuyordu. Polis, o gün bu "haberi" sızdırmıştı demek ki!

Günler önce Odatv'de yazdığımız Ayhan Bozkurt imzalı haberi anımsatayım size. İşte o 4 Şubat 2011 tarihli yazı:

"CHP'nin kanalı olarak bilinen Halk TV sessiz sedasız kapandı. Çalışanlar duygusal bir açıklama yaparak şöyle bir sitemde bulundu: 'Filler tepinirken çimenler mi ezildi?' Ama şunu iyi biliyoruz ki yönetimde küçük bir değişimle ya da yönetime küçük bir takviyeyle fırtına gibi olabilecek bir kanal karardı. Biz mi çok kötüydük? Yoksa yönetici diye seçtikleri mi? Daha anlayamadık. Türkiye'nin yollarının çatallandığı bir kavşakta hem. Herkesin Türkiye'ye saldırdığı bir cadı kazanı bölgenin ortasında. Seçimlere birkaç ay kalmışken. Türkiye göçüyorken! Hukuk, yargı, ekonomi, hepsinden önemlisi insanımızın bilinci hallaç pamuğu gibi atılıyorken! Çalışanlar gerçeği bilmiyordu. Ne olduğunu anlamamışlardı. Şimdi çalışanlar soruyor: 'Gidiyoruz... Neye, kime kızacağımızı bilmeyerek... Ne olduğunu daha anlamayarak. Olanlara, hazır bir kanalın böyle tuhaf biçimde bırakılabileceğine inanamayarak! Ülkemiz elden gidiyor. Seçimlere üç-beş ay kaldı, aklınızı mı kaçırdınız? diye ağlayarak arayan izleyicilerimize birkaç kırık sözden başka bir şey söyleyemeyecek buruşuklukta bir sesle.'

Meseleyi aydınlatmak yine Odatv'ye düşüyor. Öncelikle belirtmemiz gerekiyor ki: Ortada 'fillerin tepinmesi' yok...

Önce: TV macerasının nasıl başladığını anlatalım.

Başından beri dönemin genel sekreteri Önder Sav'ın tüm karşı çıkmalarına rağmen, bir Baykal projesi olarak gelişen Halk TV, Baykal'ın genel başkanlıktan uzaklaşmasıyla, gözden de gönüllerden de ırak düştü...

Baykal'ın başarısız TV projesini yeni CHP yönetim sahiplenmek istemedi...

Zaten 'anayasa gereği' TV sahibi olmak bir parti için kapatma nedeniydi.. Dolambaçlı yollar, etik değildi... Ama en önemlisi, parti kontrolündeki medyadan asla bir şey olmazdı. İnandırıcı değildi çünkü...

CHP'nin yeni yönetimi bu 'hastalıklı yapı'dan kurtulma yanlısıydı... Bu iş profesyonelce yapılmalıydı. Hem sermayesi, hem editoryal yönetimi bağımsız olmalıydı...

Bu durum Baykal'a dobra dobra söylendi: 'Biz bu işi böyle devam ettirmeyeceğiz. Siz de eşinizin akrabaları (ki yönetim kurulu başkanı Deniz Baykal'ın baldızı Acun Hanım'ın oğlu Haluk Akıltopu idi) ve kontrolünüzdeki göstermelik ortaklar üzerine (beş ortak da Antalyalı) kurduğunuz bu TV'den vazgeçin. Biz bu geçiş döneminde size yardımcı olalım; bu işi gelin profesyonel ellere devredelim, biz parti olarak elimizi çekelim. Tabii, çağdaş Atatürkçü çizgiye uygun ellere teslim edelim.'

Baykal bu teklifi getiren genel başkan yardımcısını odasından kovdu. 'Ne hakla' diyordu, 'bana böyle bir teklif getirirsiniz.'

Bu tavır karşısında CHP yönetimi Halk TV ile ilişkisini tamamen kopardı. İpler Baykal'ın elindeydi, TV'nin asıl sahibi oydu.

Ve ne yazık ki başta Şamil Tayyar olmak üzere yandaşlar bilmiyordu ki, Halk TV CHP'nin değil Baykal'ın kanalıydı.

Halk TV'nin yaşamasını isteyen bazı gazeteciler yan yana geldi, Baykal'ın kapısını çaldı.

Baykal'dan kanalı borçları (yaklaşık 1 milyon dolar) karşılığı istediler. Böylece personelin borçları ödenecek, göstermelik hisse sahipleri de kaldıramayacakları borç yükünden kurtulacaklardı. Üstelik karşısındaki gazeteciler Baykal'ın siyasi çizgi olarak güveneceği gazetecilerdi. Baykal satışa karşıydı. Kiralama olabilirdi. Ancak onun için de şartı borçlar ödenecek ve 2 yıl sonunda 2 milyon dolarlık teminat mektubu verilecekti. Gazeteciler şaşırdı. Bu kadar para onlarda yoktu. Ayrıca böyle bir ticari anlaşma reel değildi. Gazeteciler kiralama değil, satın almakta kararlıydı.

Baykal çok büyük bir para karşılığı satacağını söyledi. İfade ettiği rakamlar 7 milyon dolara yakındı!

Halk TV, geliri olmayan, şişkin bir personeli olan, elektrik parasını ödeyemeyen, tuvaletlerine girilmeyen, Digitürk'ten atılmış vs. bir kanaldı ve Baykal hayatın gerçeğine hiç uymayan paralar telaffuz ediyordu.

Üstelik gazeteciler dışında Halk TV'nin alıcısı da yoktu.

Ama... Baykal yine de 'hayır,' dedi.

Çünkü beklentisi bambaşkaydı: Baykal Haziran 2011 seçimlerinden sonra tekrar CHP'nin kontrolünü ele geçireceğine inanıyordu. Hatta, 2012'de Erdoğan'a karşı cumhurbaşkanlığı-başkanlık seçimlerinde aday olmak veya genel başkanlıkta kalmak eğilimindeydi... Olmazsa tekrar parti kurup, Halk TV'yi de kendisi için çalıştırma eğilimindeydi... Bu nedenle Halk TV; ya kendi kontrolünde olmalıydı ya da yok olup gitmeliydi.

Sonuç? Baykal'ın dediği oldu: Halk TV tarihe karıştı. Hem de böylesine bir dönemde..."

Tüm gerçeği Odatv'de 4 Şubat 2011 tarihinde işte böyle yazdık. Bizim kimseden gizlimiz saklımız olmadı.

Sonuçta bizce mesele kapanmıştı; yoksa niye Odatv'de "bitti" diye haber yapalım? Yazdım ancak Şaban Sevinç ve Hakan Aygün, Baykal'la görüşmeye devam ettiler. Ben CHP Milletvekili Durdu Özbolat'la başka bir kanal projesi yürütüyordum hepsi bu.

Telefonları dinleyenler, bilgisayarlarıma, e-postalarıma el koyanlar bunları bilmiyor mu? Biliyorlar.

Biliyorlar, ama gerçeği aramıyorlar ki; onlar karanlık bir tezgâh peşinde işlerine geleni basına servis ediyorlardı.

Bir ayrıntı yazmalıyım. Halk TV işini çok dar bir grup arkadaşla konuşurken, yandaş *Bugün* gazetesi köşe yazarı Adem Yavuz Arslan Kasım 2010'da iki makale yazdı, "Soner Yalçın, Halk TV'yi satın alıyor" diye. Nereden duymuştu acaba? (13 Mayıs 2009'dan beri telefonlarımın dinlendiği ortaya çıkacaktı mahkeme sürecinde.) Yani, sonuçta Halk TV'yi satın almam gizli-kapaklı değildi; her aşaması haber yapılmıştı. Ama şimdi itibarsızlaştırma kampanyasına malzeme lazımdı.

Artık gazete okuyacak gücüm kalmadı, bu pespaye, küstah yalancılara katlanamayacağım. Dipteki ranzanın altına girip giysilerimi çıkarmadan uzandım. Her şeye rağmen güneş kirli pencerenin ardından doğuyordu işte. Sadece dirileri ısıtan güneş...

Kendime söz verdim ilk cezaevi günümde. Sokmaya çalıştıkları tabuta girmeye hiç niyetim yok...

Uyumuşum... Sabah sayımıyla saat 08.00'de uyandık; ilk sayımım; gardiyanlar öylesine bakıp gittiler.

Uykumu alamamıştım, hâlâ yorgunum. Ama mecburen kalktım. Çocuklar da uyandı.

Biraz sonra çorba geldi.

Avluya bakan penceremizin dibinde duran plastik masa etrafına yine toplandık ve çorbamızı içmeye çalıştık.

Aynı soruyu soruyoruz birbirimize: Silivri'ye bugün götürürler mi? İstiyoruz ki, bir an önce belirsizlik bitsin, gidip yerleşip düzenimizi kuralım. Araya hafta sonu giriyordu; bugün gitmezsek pazartesiye mi sarkardı acaba? Acemi mahpuslarız!

Pek bir şey yemedim, canım istemedi. Tekrar ranzama döndüm.

Barışlar aralarında WikiLeaks kitabını nasıl yazacaklarını konuşuyorlar. Gazetecilik bu işte; yaşamın anlamı ve biçimi. Hangi koşullarda olursa olsun bir hazine değerindeki gerçeğe ulaşmak için sürekli "kazı" yapmak. Odatv; dürüstlüğün havarisi, gerçeğin fanatiği bir okuldu. Şimdi Metris'te iki öğrencisi "mezuniyet" çalışması yapıyordu...

Başka gençler de vardı meraklı; avluya birkaç genç mahpus geldi; koğuşa bakıyorlar; kalktım; pencereyi açıp selam verdim. Televizyonda görmüşler bizi. "Sizin suçunuz ne, bizim koğuşta kimse anlamadı," dediler. "Düşünce suçu" desem çocuklar yine anlayamayacak. İçlerinden biri, artık kime olduğunu siz tahmin edin, okkalı bir küfür etti; işte budur, durumu bundan güzel ne anlatabilirdi. Demek aslında meseleyi çözmüşler...

O sırada...

Koğuş kapısı açıldı. Silivri'ye nakil var; gidiyoruz.

Mahpus çocuklara veda ettim; "Allah kurtarsın."

Yatağı düzenleyip poşetimi elime aldım. İçinde yedek gözlüğüm, ilaçlarım var. Rahmetli anneme benzedim, her yere bir torba dolusu ilacıyla giderdi.

Aramalardan geçtik yine. Gardiyanlara veda edip dışarı çıktık; gardiyanlar askerlere teslim etti bizi.

Silivri'ye gidecek başka tutuklular da vardı.

Sıraya dizildik, en öndeyiz.

Biz "özel tutuklularız". Nakil aracının önüne aldılar. Cezaevi aracı içindeki hücrenin kapısını da kapatmadılar; kapalı ortam korkum olduğunu söyledim; anlayışla karşıladılar. Prof. Erol Manisalı benden daha kötü durumdaymış; hiç duramıyormuş. Ben alışıyorum artık, zor dönemlere hemen uyum sağlama özelliğim var.

Nakil aracı diğer tutukluların gelmesiyle doldu ve araç hareket etti. Cezaevi aracının içindeki küçücük hücrede üç önde üç arkada, bitişik, plastik altı koltuk var. Aracın her yanına isimler kazınmıştı. Türk halkının "imza atma" geleneği burada da uygulanmıştı!

Tam kafamın üstünde hoparlör var; Ankara-Sincan oyun havaları çalıyor; "Yakalarsam tık tık...". Böyle durumlarda hiç sıkıntı çekmem; halkımız neler dinliyor, sözler nasıl yazılmış öğrenmeye çalışırım.

Barışlar bu gürültüye rağmen uyuyor. Gurur duyuyorum onlarla. Hiçbir zayıflık belirtisi göstermediler. Hayat erken olgunlaştırdı onları; gençliğe vergi o tasasız avareliği asla bilmediler... Hep sorumluluk duygusu taşıdılar; Odatv'yi yarattılar.

Bir ara ayağa kalkıp nakil aracının tavana yakın, demir

parmaklıklı küçük penceresinden dışarı baktım. Hayat sürüyor; kalabalık ve uğultulu bir halde...

Yorgunum ayakta duramadım. Sonra büzülerek plastik koltuğa tekrar oturdum. Gözlerimi kapattım.

Tam o sırada Musa Eroğlu türküye başlamasın mı:

Telli turnam selam götür sevgilimin diyarına
Üzülmesin, ağlamasın, belki gelirim yanına
Hasret kimseye kalmasın
Sevdalılar ayrılmasın...

Yanaklarımdan yaşlar mı süzülüyor ne...

Çocuklar görmese...

Silivri Cezaevi'ndeyiz.

Jandarmalar bizi cezaevi personeline teslim etti. Ergenekon tutuklularının kaldığı 4 No'lu L Tipi Cezaevi'nde kalacaktık.

Girişte doktorun muayene odasına alındık. Genç bir doktor geldi; ne kadar sıcak davrandı. Yeni mezun olmuş Hacettepe Üniversitesi'nden. Ülkeyi kastederek "Nereye gidiyoruz?" diye sordu. Güldüm. "Biz koğuşa gidiyoruz," dedim.

Klasik muayene. Sonra çeşitli prosedürler. Bir odada fotoğraf çektirdik, vesikalık. Bir odada kimlik tespiti, kayıt yaptırdık ve parmak izi verdik.

Bir tek endişemiz var; üçümüz de aynı koğuşta kalabilecek miyiz? Önümüze gelene soruyoruz, acemilik.

Bu arada girişte minik bir sorun yaşadık. Barış Pehlivan'ın deri montunu içeri almadılar; deriden tünel bacası yapılabilirmiş, yasakmış! Kaçmak için tünel kazacağız ve deri montu hava bacası yapacağız! Şaka gibi geliyor ama biz, terör örgütü üyesiyiz, gazeteci değil. "Vay canına" diyoruz, biz neymişiz. Zaten verdikleri kimlik kartında sicil no karşısında "terör" yazıyor. Sicil no: Terör...

Bürokratik giriş işlemleri bitti.

Koğuşlara gidiyoruz.

Yine güvenlik kontrollerinden geçtik; bu kez bayağı sıkı bir arama yaptılar. Girişte bizi teslim alan gardiyan, görevi diğer gardiyanlara bıraktı. Demir parmaklıkların biri açılıp biri kapandı. Koridorlarda her 10 metrede bir demir parmaklık var.

Yıllar öncesine gittim; cezaevine ilk girdiğim o güne...

1980'li yılların sonu...

Şimdi Silivri Cezaevi'nde Ergenekon örgütü mensubu olmak iddiasıyla tutuklu bulunan gazeteci Hikmet Çiçek ile *2000'e Doğru* dergisinde çalışıyoruz.

O yıllarda cezaevlerindeki gazeteciler, 12 Eylül 1980 darbesi hukukunun basın üzerindeki baskısının kaldırılması için açlık grevi yapıyorlardı. Bu gazetecilerin önemli bir bölümü Çanakkale Cezaevi'ndeydi. Çanakkale Başsavcısı Ertem Türker, arkadaşım Türker Türker'in babasıydı; beni de çok severdi. Telefon edip cezaevindeki gazetecilerle röportaj yapmak istediğimi söyledim, izin verdi.

Çanakkale'ye Hikmet Çiçek'le gittik. Açlık grevindeki gazetecilerden biri ilkokul öğretmenim Arif Demir'in oğluydu. Bir diğeri Hikmet Çiçek'in 68 kuşağından arkadaşı Ertan Günçiner idi (ki Ertan Günçiner'le daha sonra aynı dergi ve gazetede çalışacaktık.)

İlk kez bir cezaevine giriyordum.

Türlü aramalardan sonra demir parmaklıklar birbiri ardına açılıp kapandı. Koridorlarda ardı ardına demir kapılar vardı. Hepsini geçtik...

Açlık grevindeki gazeteciler bir koğuşa konmuştu; girip röportaj yaptık. Sonra demir kapıları ardı ardına geçerek dışarı çıktık. Bu görüntüyü hiç unutmadım. Çok etkilenmiştim. Bu kadar çok demir kapıların olduğu yerde nasıl bir yaşam vardı?

Şimdi... Yıllar sonra...

Aynı Çanakkale Cezaevi'nde olduğu gibi Silivri Cezaevi'nde demir parmaklı kapıların biri açılıp biri kapanıyordu. Bu kez üç gazeteci, kapalı kapıların ardında ne olduğunu bilmediğimiz bir belirsizliğe doğru götürülüyoruz...

Bir odadan nevresim takımı, yastık ve iki battaniye aldık. Battaniyeler çok kötü kokuyordu. Nevresim takımı ise açılmamış paketteydi, yeniydi.

Koridordaki bir banko önünde cezaevi müdür yardımcılarından biri yaklaştı. Elinde belgeler vardı. Öyle ya devlet demek belge demekti; bürokrasiyi belgesiz düşünemezsiniz. Müdür yardımcısı koğuşta kimin kiminle kalacağını açıkladı. Barış Terkoğlu başka bir koğuşa verildi. Prof. Cengiz Çeliker ve Mehmet Koral'la kalacaktı. Israr ettik, birlikte kalmak istediğimizi söyledik. Müdür yardımcısı yasa, yönetmelik vs. gibi sözler sarf etti. Bilmiyorduk ne derece doğru olduğunu ama ne yapabilirdik, razı olduk.

Ben ve Barış Pehlivan, Oktay Yıldırım'ın yanına verilmiştik. Koğuşumuz: F-2.

Gardiyanın elindeki belgenin ne olduğunu anladım; "koğuşta birlikte kalacağım bilmem kimle husumetim yoktur," diye imzamız gerekiyordu.

Oktay Yıldırım, Ergenekon'un 1 numaralı sanığıydı. TSK harp malulü astsubaydı. Ümraniye'de bulunan 27 bombanın ona ait olduğu iddia ediliyordu. Geçen yıl *Ergenekon Bombalarının Sırrı* adlı kitabı yazmıştı. Bu kitabı okumamış ama göz atmıştım. Okumak için masamın üzerine koymuş ama bir türlü fırsat bulamamıştım.

Barış Pehlivan gözüme bakıyor. Çünkü cezaevine gelirken yolda Barış Terkoğlu "Abi, ben herkesle kalamam," diyerek bazı tutuklularla birlikte olamayacağını söylemişti. Barış Pehlivan o nedenle, Ergenekon'un 1 numarasıyla aynı koğuşta kalıp kalamayacağımızı gözüyle bana soruyor. "Husumetim yoktur" belgesine imza attım...

Bir tuhaflıktan bahsetmeliyim: Savcı-hâkim bizi "Abdullah Öcalancı" olmakla itham edip cezaevine attı. Cezaevinde ise yıllarca PKK'yla savaşmış bir gazi Mehmetçik ile aynı koğuşa konuluyoruz! Nereden bakarsanız tutarsızlık, nereden bakarsanız... Neyse, herkes neyin ne olduğunu iyi biliyor aslında; "tiyatro oyununu" sürdürüyoruz.

Ne kadar kalacağımı bilmediğim yeni ikametgâhım olacak koğuşa doğru, yine demir parmaklıkların biri açılıp kapanarak uzun bir koridordan yürüyorum. Koridorun sağ tarafında demir parmaklıklı büyük pencereler vardı. Pencerelerden mini bir futbol sahası görülüyor.

Ve eşofmanlı bir adam, başı önde, neredeyse çamur olmuş sahada bata çıka yürüyor. İlk gördüğüm Ergenekon tutuklusuydu o adam; "Susurluk Kahramanı" emekli polis müdürü İbrahim Şahin!

Ne garip; Doğan Yurdakul'la birlikte yazdığım *Reis* kitabında İbrahim Şahin'in Susurluk sürecindeki rolünü deşifre etmiştik. Şimdi, onunla aynı "örgütün" üyesi olmakla suçlanıyordum!

İbrahim Şahin, Susurluk çetesinin en kilit, en korkutucu

isimlerinden biriydi. Polis Enstitüsü öğrencisiyken (1975-1976) bütün hayali futbolcu olmak olan Şahin, "derin devlet" denilen çetenin aktörü halini almıştı. Yoksul bir aileden geliyordu. Fanatik bir ülkücüydü. İlk görevi, 1976'da Nevşehir Kozaklı'da komiser muavinliğiydi. 12 Eylül öncesinde, Nevşehir Avanos'ta sivil kıyafetle çarşının ortasında silah kullanmış ve ün kazanmıştı.

Şahin, 90'lı yılların başında "Gladio'nun Türk Tetikçisi" Abdullah Çatlı'yla tanıştı. Çatlı'yı dönemin İstanbul Emniyet Müdürü Mehmet Ağar'la tanıştıran da İbrahim Şahin'di. Her karanlık olayda adı geçiyordu. Örneğin; 1995'te MİT mensubu Tarık Ümit'in kaçırılmasından, hemen sonrasında Azerbaycan darbesinde etkin rol almasına kadar. Yargılanmış, 6 yıla mahkûm olmuştu. 28 Mart 2000'de geçirdiği trafik kazası sonrası oluşan "duyma ve hafıza kaybı" gerekçesiyle önce tahliye edildi, sonra cezası affedildi. Şahin'in sağlık raporları çok tartışıldı.

Onu, o çamurlu futbol sahasında izlerken, bir fotoğraf geldi aklıma. 3 Eylül 1995 tarihinde, İstanbul Yenikapı'da iki çocuğun sünnet düğünü yapıldı. Çocukların kirveleri dönemin Özel Harekât Dairesi Başkan Vekili İbrahim Şahin ve Abdullah Çatlı'ydı. İşte o düğünde, Şahin ile Çatlı'nın karşılıklı göbet atmaları medyaya yansımıştı. Susurluk'un simgelerinden biri olmuştu o kare.

Aradan yıllar geçti...

İbrahim Şahin, 7 Ocak 2009 günü gerçekleştirilen Ergenekon'un 10. dalgasında gözaltına alındı. Üç gün sonra tutuklandı.

İddianameye göre İbrahim Şahin'de çok sayıda kroki ve suikast şeması bulundu. Krokiler üzerinden yapılan kazılarda patlayıcı maddeler, el bombaları, lav silahları ortaya çıktı.

En çok konuşulan ise S-1 (Sefir) adlı bir örgütlenme şemasıydı. Genelkurmay'ın talimatıyla kurmaya hazırlandığı ileri sürülen bu örgütün, "Türkiye'nin iç temizliğinden ve Kuzey Irak'tan" sorumlu olduğu iddia ediliyordu.

İddiaya göre bu örgütte muvazzaf teğmenler ve özel harekâtçı polisler görev alacaktı. Örgütün suikast listesi de hazırdı: Alevi Bektaşi Federasyonu Başkanı Ali Balkız, Pir Sultan Abdal Derneği Başkanı Kazım Genç, Ermeni Patriği Mesrob Mutafyan ve PKK'ya yardım ettiği iddia edilen isimler...

Suikast listesi medyanın manşetlerinde yer aldı günlerce.

Ali Balkız ve Kazım Genç, "Ergenekon'un hedefi olduklarının" açıklanmasıyla, ardı ardına röportajlar verdiler. Medyanın da desteğiyle, "Alevilerin hedefte olduğunu" dile getirdiler. Davaya müdahil oldular.

Peki, sonra ne oldu?

S-1 örgütlenmesinde yer aldığı iddia edilen, yani bu suikastları gerçekleştireceği söylenen birçok isim tutuklandı. Ama duruşmalar başlayınca, teker teker tahliye oldular; kimse kalmadı cezaevinde!.. Ama hâlâ televizyonlarda iddianamedeki suikastlardan bahsediliyor.

Ergenekon davasında İbrahim Şahin'in yerini anlayabilmek için bir kadından, Fatma Cengiz'den bahsetmek gerek.

Adı: Fatma Cengiz.

37 yaşındaydı. Kayseri'de yaşıyordu.

Kendisini "ilkokul mezunu" diye tanıtıyordu ama o bile şaibeliydi. Yani ilkokulu bile bitirmediği söyleniyordu.

MHP kökenli bir aileden geliyordu. "Asena" mahlasını kullanıyordu. Kendisini çok önemli biriymiş gibi tanıtıyordu çevresine. Annesi, kızı Fatma Cengiz'le ilgili şunları söyleyecekti:

"Hayal dünyasında yaşar ve kendisini tanımayanları da buna inandırırdı. Sık sık Kayseri Emniyet Müdürü'yle görüştüğünü bile söylerdi. Maceraperest biriydi ve çok yalan söylerdi."

Annesinin bu sözleri, Fatma Cengiz'in İbrahim Şahin'le yaptığı binlerce, evet binlerce telefon görüşmesinde ve SMS trafiğinde daha bir anlam kazanacaktı.

Peki, Fatma Cengiz'in İbrahim Şahin'le yolu nasıl kesişti?

Fatma Cengiz, bir akrabasının telefonundan Şahin'in numarasını görüp aldı ve o günden itibaren İbrahim Şahin'le iletişime geçti. Kendini İbrahim Şahin'e Kayseri Hava İndirme Tugayı'nda çalışan bir sivil memur olarak tanıttı. Ama aslında bir çanta imalathanesinde çalışıyordu.

Günler geçtikçe Cengiz ve Şahin'in telefonda samimiyetleri arttı. Fatma Cengiz, İbrahim Şahin'e "devletin kuracağı yeni bir terörle mücadele kurumunun başına kendisinin getirileceğini" söyledi ve İbrahim Şahin'i inandırdı.

Hayal dünyasının doruklarını zorlayan telefon görüşmelerinden örnekler vermeliyim size. Bunları okurken İbrahim Şahin'in demans (bunama) hastası olduğunu göz önünde bulundurmak gerek. Ama...

İkili arasındaki telefon görüşmelerini okuyunca anlıyorsunuz ki; helikopter alıyorlardı ama telefon kontörleri yoktu! Genelkurmay Başkanı'yla veya İçişleri Bakanı'yla doğrudan görüşebiliyor, Pentagon'u karıştırıyorlardı; yani, adeta dünyanın merkezindeydiler... Aralarındaki konuşmalarda İçişleri Bakanı Beşir Atalay'dan, Hilmi Özkök'e kadar herkes vardı, bir tek akıl ve mantık yoktu.

Uzatmayalım. İşte telefon görüşme trafiklerinden bazıları:

Tarih: 30 Haziran 2008.

Asena (Fatma Cengiz)-İbrahim Şahin arasındaki SMS trafiği:

Asena, eski Genelkurmay Başkanı Hilmi Özkök'le birlikte olduğunu iddia ederek İbrahim Şahin'e mesaj atıyor. Asena, kendi telefonundan mesaj üzerinden "Dede" dediği Özkök ile Şahin'i görüştürüyor. Nasıl oluyor demeyin, telefon tapelerine göre böyle oluyor:

Asena: Birazdan Dede gelecek görüştüreyim sizi iyi mi... şimdi vali ve emniyet müdürü girdi içeri...dur geliyolar Dedenin dizinin dibine varıyım veririm tlf...bizim emniyet müdürü özel harekât kökenli biliyon mu.Yani ögrencin...abi viryom tlf.eline iyi mesaj yazarmış komutan...ali aydın paşa da ordu evinde biz kaçıyoruz 8-10 kişi...arabada yazayım diyor Dede.– sıkıldım dedi hisarcık dogru cıkıyoruz.

Fatma Cengiz bu sözlerle kendi telefonunu Hilmi Özkök'e verdiğini söylüyor ve İbrahim Şahin yine mesajla yanıt veriyor:

İbrahim Şahin: Komutanım saygılar sunuyor ellerinizden öpüyor vatanım bayrağım onurumdur diyerek emirlerinizi bekliyorum.

Şimdi diyeceksiniz ki, koca Genelkurmay Başkanı neden başkasının telefonundan mesaj atsın. Eski Özel Harekât Daire Başkanı buna nasıl inanır? İddianameye göre böyle görüşmeler var. Bakın Orgeneral Hilmi Özkök "Asena"nın telefonundan İbrahim Şahin'e ne diyordu:

Hilmi Özkök: Merhaba Şahin Bey nasılsınız? Kitap yazıyor diyor bu çocuk kitabın konusu nedir?

İbrahim Şahin: ABD ve AB kıskacında Türkiye komutanım.

Hilmi Özkök: Bu kız başımıza bela oldu. Ağabeyim diyor

başka bir kelime çıkmıyor ağzından (...) bu kızla çok uğraştık ama olmadı evladım. Bu kıza neden fırça attın (...) abim bana kızdı diye ağlıyor.

Düşünebiliyor musunuz, Orgeneral Hilmi Özkök ve İbrahim Şahin'in en büyük derdi Asena'nın gözyaşları! Peki telefondaki Hilmi Özkök kimdi? Fatma Cengiz, bazı garibanları kandırıp, onlara iş, rütbe vereceğini vaat edip bu oyuna katıyordu. Örneğin...

Fatma Cengiz, Orhan adında bir kişiyi arayıp ona yine akla hayale sığmayacak sözlerle General Doğan Yurt'muş gibi davranması direktifini vermişti. Orhan, İbrahim Şahin'i arayacak ve General Doğan Yurt rolü oynayacak.

Orhan, Asena'ya şöyle diyordu:

"Tamam da benim konturum yok ki. Bi konturum var."

Asena kızıyordu:

"Ulan oğlum bedavan yok mu lan."

Tarih: 15 Ekim 2008.

Konu: Beşir Atalay'a verildiği söylenen bir CD.

Asena: Başkanım dün Beşir Atalay'a iki tane CD verdim görüp getirdi getirdi getirmedi bütün basın yayına dağıtıcam ben o CD'leri kendi de izledi...geldi geldi gelmedi veriyom valla isteklerim yerine geldi geldi gelmedi veriyom valla.(...) Türkiye'de abi Türkiye'de din iman satıp da Amerika'da plajlarda üstsüz altsız yatmalar ne demekmiş görürük.

Güce bakın, İçişleri Bakanı Beşir Atalay'a şantaj CD'si veriyordu! Ama telefon kontörleri yoktu!

Asena gün geliyor, İbrahim Şahin'i Orgeneral İlker Başbuğ'la görüştürmeye niyetleniyor, "Talat Paşa"yı devreye sokuyordu. Kendini İbrahim Şahin'e telefonda "Talat Paşa" olarak tanıtan kişi Fahri Kepek adlı 29 yaşında işsiz biriydi aslında.

Fatma Cengiz'in hayal dünyasının sınırı yoktu. Ve İbrahim Şahin, o ne derse inanıyordu. Trajikomik bir örnek verelim; helikopter bile alıyorlardı.

Tarih: 1 Aralık 2008...

Asena: Abi Isparta'dan senin helikopterler geliyomuş onları bekliyomuş Doğan Bey gelir gelmez diyo helikopterler iner inmez diyor arayıp haber verecem gelsin bi tane baksın diye diyor, helikopterleri de göstereceklermiş bir baksın beğenirse alacaklar şey yapacaklarmış alın kullanın diye vereceklermiş beğenmezler beğenmezseniz sıfırını verecekler... Helikopterleri bekliyorlarmış pilotlar ondan yola çıkmışlar ondan gelsin de diyo öyle gidelim alayım bi daha gel gel git yaptırmayım adama diyor adama iyi mi.

Şimdi bu hayal dünyasından hayatın acı gerçeklerine dönelim. Bir gün sonra Asena işyerinden İbrahim Özyürek adlı kişiyi arıyordu:

Asena: Lan bana kontur şey yap ya Başkanı arıycam bulamadım bi türlü konturum de yok eski 18deyim moladan evvel ararsan açamıyom biliyon...molada da benim aramam lazım onun telefonuna şey çağrı bile atamıyom 545 yeni telefonu arıycam mecburen valla bulamıyom ne yapıp bana beş on kontur bişey bul gardaş.

Düşünebiliyor musunuz, Genelkurmay başkanları onun telefonundan konuşuyor, ama o, 5-10 kontör için arkadaşlarına yalvarıyordu!

Bir örnek daha verip konuyu kapatayım.

Fatma Cengiz, İbrahim Şahin'le Genelkurmay başkanlarını sadece SMS üzerinden kendi telefonundan görüştürmüyor, varlığından bile haberdar olmadığımız yüksek teknolojiler de kullanıyordu! İbrahim Şahin de buna inanıyordu.

Tarih: 20 Aralık 2008

Asena: Valla şey kaydına alıyorum Başkanım. Çünkü İlker Başbuğ senin sesini duymak istiyor. Bizden burdan senin sesini verecez. karşıdan sen ne yazarsan senin sesinden o konuşma şeklinden gidecek. Şahini çalıştırdık sonunda. Sen yazacaksın. biz burdan telefon konuşuyormuş gibi verecez seni bilgisayardan. Direk bilgisayardan verecez.

İşe bakın... Orgeneral Başbuğ sesini duymak istediği adamla doğrudan konuşmuyor, araya Fatma Cengiz giriyordu! Bu da yetmiyor, konuşma SMS üzerinden her nasıl oluyorsa, sese çevrilip Orgeneral Başbuğ'a iletiliyordu!

Hani demiştik ya, bu konuşmalarda her şey var. Bir tek akıl ve mantık yok. Benzerleri iddianamenin ek klasörlerinde bol bol var. "Asrın Davası" bunların üstüne kurulmuştu!

Ergenekon davası iddianamesinin ve duruşma zabıtlarının bazı sayfalarını okurken bir mizah dergisi okuduğunuzu sanabilirsiniz. Ya da bazı tanıkların ifadelerinde kendinizi bir stand-up izliyormuş gibi hissedebilirsiniz. Aslında hukukun trajedisidir bu. Birkaç örnek vereyim.

Adı: Aysel Sağlam.

Duruşmada mesleği sorulduğunda, araştırmacı gazeteci, eğitimci, edebiyatçı, besteci, şair, vücut dili uzmanı, kooperatif yöneticisi, öğretmen, ozan, yazar vs. olduğunu söyledi.

Başta *Taraf* olmak üzere yandaş basında, Danıştay Suikastı'nın sürpriz tanığı olarak tanıtıldı. Herkes onun anlatacaklarını bekledi. Ergenekon duruşmalarının 172. celsesinde (27 Ocak 2011) konuştu.

Mahkeme Başkanı: Maddi gerçeği bulmak açısından gerçekleri ve doğruları söylemeniz yargılama açısından çok önemli.

Tanık Aysel Sağlam: Evet. Bunun için buradayım.

Mahkeme Başkanı: Bu Danıştay baskını olayında en önemli tanıklardan birisi sizsiniz.

Tanık Aysel Sağlam: Hiç ilgisi yok Sayın Hâkimim. Sayın Başkanım çünkü ben tanık değilim. Olay günü olan olay.

Mahkeme Başkanı: Tamam onları daha sonra alırız yani.

Tanık Aysel Sağlam: Peki.

Zavallı kadın, Danıştay Suikastı'yla ilgili hiçbir şey görmemişti. Cinayetten bir gün önce oradan geçtiğini iddia ediyordu. O gün yolda karşılaştığı takım elbiseli ve elleri çantalı üç kişiden birinin Alparslan Arslan olduğunu söylüyordu. Tanık olmadığını defalarca söyledi. Sanıklardan kimseyi tanımadığını anlattı. Ama onun esas anlatmak istedikleri başkaydı: "JİTEM'in korkunç yüzü..."

Aysel Sağlam'ın esas anlatmak istediklerinden birkaç örnek daha verelim: Kazanamadığı sınavları JİTEM kazandırtmamıştı. JİTEM ile 1973'te karşılaşmış, halk onlara "yumurtacı" diyormuş. JİTEM, bestelerinin duyulmasını engellemişti. Annesinin mezar taşını kırmıştı. Kendisini borçlandırmış; evini ve ana babasını kaybettirmişti, bunların hepsinin altında JİTEM vardı.

İşinden atılması da JİTEM'in tezgâhıydı.

Mahkeme Başkanı: Buyurun.

Tarık Aysel Sağlam: Ama nereden nasıl başlayacağımı bilemiyorum. Çünkü benim anlatacağım konularla başlı başına bir dava olması gerekir. Açılması gerekir yani. 2 Aralık 2010 tarihinde sayın mahkemede görülmüş olan duruşmada (tutuklu sanık) SESAR Başkanı İsmail Yıldız şifreli bir mesaj gönderdi. Bu ölüm mesajıydı ve bana gönderildi. Bu mesaj "35, 37 gün önce Fethullah Gülen ve Tuncay Güney öldü," diyerekten. Bu şifreyi çözdüm. Bayramda annemin ve eşimin mezarları tahrip edilerek; ikisini topladığınız zaman 2 tarihi topladığınız zaman bazı sırları söylemeyeceğim, çünkü işine gelmeyenlerin kahkahalarına neden oluyor. Ve sayın mahkemeye bunları gizli olarak sunmak istiyorum. 2 rakamı topladığınız zaman 72 gün ediyor. 72 gün, ayın 2 Aralık'tan itibaren saydığınız zaman 12 Şubat tarihi ki annemin öldürüldüğü tarih. Benim de öldürüleceğimin mesajını verdiler bana. Birçok kişinin kimliklerinin değiştirildiğini sayın mahkemede vermiş olduğu bütün ifadelerini hemen internette aynı gün takip ettim. Ne gariptir ki birkaç gün sonra internetteki bu ifadeler birileri tarafından değiştirildi. Bu nedenle sayın mahkemeye sunacağım o gizli bazı hususların duruşma tutanağını tetkik ettikten sonra sunmam gerekiyor. Çünkü ilk ben daha çıktı almadan internetten de takip edildiğimi anladım. Çıktıyı almadan SESAR Başkanı İsmail Yıldız'ın açıklamaları değiştirildi. Ve bu kişi JİTEM'in mesajını iletti bana. Ben sana JİTEM'i anlatmak için geldim buraya.

Durun, durun! Aklınıza mukayyet olun. Buna duruşmadaki İsmail Yıldız şöyle karşılık verdi:

Sanık İsmail Yıldız: Hayır şimdi Sayın Başkanım şöyle bir mantık yürütülecek ben hanımefendiye çok fazla soru sormayı gerek görmüyorum. Ama hanımefendinin adı Aysel Sağlam'mış galiba kısaltılınca A.S. olacak demek A.S. ortadaki noktayı kaldırırsak as anlamına geliyor Aysel Sağlam Hanım buraya beni asmaya gelmiş ben böyle bir şey algılayacağım galiba."

Burada bir parantez açıp, İsmail Yıldız'dan söz etmemiz gerekiyor: İsmail Yıldız 1964 Aydın doğumlu. Ankara'daki Siyasi, Ekonomik, Sosyal Araştırmalar ve Strateji Geliştirme

Merkezi'nin (SESAR) sahibi ve başkanı. 2003-2004 yıllarında AKP ve Melih Gökçek'e danışmanlık yaptı.[32]

İsmail Yıldız çevresine kendini vali olarak tanıttı; Genelkurmay Başkanlığı'nın stratejilerini belirleyen uzman olarak anlattı.

Bazı emekli polisleri Ergenekon'un MİT yapılanması adı altında örgütlediği iddiasıyla, 18 Temmuz 2007'de gözaltına alındı, üç gün sonra tutuklandı. Halen Silivri Cezaevi'nde yatıyor. Yani beş yıldır hapis.

İsmail Yıldız, Silivri duruşmalarının ilginç isimlerinden. 2 Aralık 2010 tarihli duruşmada tanık Aysel Sağlam'ın söylediği konuda bakın ne "bilgiler" verdi:

> **Sanık İsmail Yıldız:** Fethullah Gülen öldü, bir o istihbarat servisi hava, yani tahrip olduğunda Fethullah Gülen öldü Sayın Başkanım ve bundan yaklaşık 35 gün kadar önce oldu bu olay ya da 37 gün kadar önce Fethullah Gülen Hoca öldü. Çünkü Fethullah Gülen Hoca esirdi, yurtdışında bir ülkede esir olarak tutuluyordu. Ve bir başka ilginç nokta bunu da araştırmanız gerekiyor bu davanın belkemiğinin temelini oluşturan şahsın ismi: İsmail Tuncay Güney'dir, bu da öldü. Ve İstanbul'da görüldüğü doğrudur, tebrik etmek lazım kim tespit ettiyse ülkesine gelip gitmesine izin verildi, ama o da öldü.

İsmail Yıldız'ın 3 Aralık 2010 tarihli duruşmada ağabeyinin kim olduğunu açıkladı:

> "Sayın Başkanım Fethullah Gülen benim öpöz ağabeyimdir, nüfus kütüklerine bakılabilir. Aydın Doğan da öpöz ağabeyimdir, nüfus kütüklerinde bakılabilir. Adı, İsmail Aydın Doğan'dır. İsmail Aydın Yıldız'dır, kütüklerden bakılabilir. İsmail Bedrettin Dalan da öpöz ağabeyimdir. Sayın Başkanım nüfus kütüklerinden sabittir, bunlarda herhangi bir sorun yok. Sayın Başkanım. Beni yurtdışında Ehmose İsmail Yıldız olarak bütün istihbarat servisleri bilir. Ehmose İsmail Yıldız'dır, bütün istihbarat servislerinin en üst listesindeyimdir ve beni

---

32 12 Ağustos 2008 tarihinde birinci Ergenekon iddianamesinin 22 Numaralı ek klasörüne giren bir faturayı Odatv'de haberleştirdik. 13 Ekim 2003 tarihli faturanın sıra numarası 12730'du. Faturada ödeme yapan kişi olarak Melih Gökçek görünüyordu. Yapılan işler listesinde ise R. Tayyip Erdoğan ve AKP gibi kelimeler seçiliyordu. 355 bin TL'lik ödeme, yöneticileri Ergenekon sanığı olan SESAR'a yapılmıştı. Ergenekon davaları bu ödemeyi iddianameye alarak kamuya açtı. Yani İsmail Yıldız, AKP çevresinden iyi para kazanmıştı.

ararlar hep, ben size dedim ki Sayın Başkanım ben ofisimden çıkarken 13 tane istihbarat servisinin takibiyle ofisime, evime gidebiliyorum ya da dolaşabiliyorum. Şimdi bu şartlar altında konuşacağım."

İsmail Yıldız hâlâ Silivri'de tek kişi kaldığı koğuşunda eli kulağında günde 8 saat telefonla konuşuyor! 6 ay Bakırköy Ruh ve Sinir Hastalıkları Hastanesi'nde, 6 ay Silivri Cezaevi'nde kalıyor.

Sadece o mu?

Kenan Temur, Savcı Zekeriya Öz'ün eşinin eski koruma polisiydi. Aslında önce öğretmenlik yaptı; babası da öğretmendi. Sonra İbrahim Şahin'in de koruma polisliğini yaptı. Ne olduysa bu görev döneminde oldu. İbrahim Şahin'le tanışıklığı başına dert oldu; S-1 dokümanında adı geçiyordu. Ergenekon örgütü üyeliği iddiasıyla 1 yıl 8 ay tutuklu kaldı. Bakırköy Ruh ve Sinir Hastalıkları Hastanesi'ne sevk edildi. Peki ne olmuştu?

Bir türlü tutuklanmasını kabul edememişti. Koğuşta sürekli dini kitaplar okuyordu. Bir gece Silivri'deki koğuşundan "ben Habibi Neccar'ım, öldürün beni" diye bağırmaya başladı. Teskin edilemeyince arkadaşları gardiyanları çağırdı. O gece emniyetli (yumuşak) koğuşa nakledildi. Sonra Bakırköy'e sevk edildi.

Erkut Ersoy, Ümit Sayın, Kahraman Şahin Erol Ölmez hangisini yazayım; hepsinin psikolojik sorunu olduğuna dair raporları vardı.

Aysel Sağlam da, aslında GATA Hemşirelik Okulu'nda öğretmendi. Ruh sağlığı bozuk olduğu için işinden *atılmıştı*. Bu rapor mahkemeye de sunuldu, ama yine de tanık olarak dinlendi. *Taraf*'ın manşeti, "Tanığa Sus Baskısı".

"Asrın Davası" ne hale geldi?

Kim getirdi bu hale? Bakırköy Ruh ve Sinir Hastalıkları Hastanesi'nde olması gerekenler gazete manşetlerinde hâlâ... Bu durumu ne zaman sorgulayacak gerçek gazeteciler? Kuşkusuz korku bulutları dağıldığı zaman...

Çamurlar içinde bata çıka yürüyen İbrahim Şahin'den nerelere geldik...

Akşama doğru...

Saat: 16.45.

Koğuşa adım attık. Koğuş arkadaşımız Ergenekon davasının

1 numaralı sanığı Oktay Yıldırım ile tokalaştık, ilk sözü "Size geçmiş olsun" demiyorum, "çünkü suçlu değilsiniz," oldu. Uzun boylu, iri kemikli, esmer, alnı açık, bıyıklı keskin burunlu ve gözleri kararlı bakan mert biri. Soğukkanlı.

Geleceğimizi biliyormuş. Çay yapmıştı, ikram etti. Karanfilliydi çay. Servisi elleriyle yaptı. Oktay Yıldırım'ın bir ayağı aksıyordu; harp malulüydü. Gazi'ydi.

Sigara içiyor sürekli; Barış da ona uydu. Dumandan rahatsızım ama ne diyebilirim ki hemen. Koğuşu tanıma turuna çıktım. İki katlı, üst katta beş hücre var. Ortadaki ikisini Barış'la paylaştık. Hücrede ikisi ranza, beş yatak var. Dört gözü olan iki de dolap var.

Alt katta iki hücre vardı, birinde Oktay Yıldırım kalıyordu. Salon ortak kullanım alanı. Köşede mutfak için kullanılan bölüm var; açık mutfak yani! Salonda üç masa ve üç sandalye var, plastik. Tuvalet ve banyo ikişer küçük mekândan ibaret. Tüm kapılar mavi renkli demirden. Pencerelerin önünde demir mazgallar var. Sevindirici olan Oktay Yıldırım'ın kitaplarının olması...

Yorgunum. Kısa bir hoş sohbetten sonra "odama" çekildim. Merhaba yeni mekânım. Barış'ın yardımıyla odayı/hücreyi temizleyip nevresimleri yerleştirdim. Yatağa uzandım. Şimdi hücrede yabancıyım; cezaevine ilk kez düşmüş herkes gibi ve yalnız, bir başına. Akıntıya kapılan bir kişiliğim, mizacım yoktur; yönetirim kendimi. Çoğalmayı bilen bir belleğe ve hayat deneyimine sahip olduğumu söyleyebilirim; çevreye hemen dahil olacağımdan uyum göstereceğimden eminim. Bilirim ki, gerçek yaşamlarını nasıl sürdürdüklerini bilmediğimiz insanlarla ortak yaşam güçtür. Fakat zorluk aşılmak için vardır.

Teslim olmam. Tek bir korkum var, bir arada yaşama koşullarına uymakta zorlanabilirim; çünkü düzensever bir dağınığım!

Oğlum geldi aklıma; çünkü bugün cuma. Gözlerim doldu. Cuma bizim baş başa hamburger yiyip televizyon seyretme günümüz. Bu yıllardır değişmedi; şimdi ilk kez... Islak gözlerimi sımsıkı yumdum.

Keyifsizim. Fakat.

Bunun nedeni hasret; sevdiklerimden ayrı düşmek. Yoksa "ışıklar şehri"nden; tatlı avarelik günlerinden uzak olmam değil. Gözüm arkada değil yine de, derin kaygılarım yok. Hepimiz aşarız bu karanlık tertibi, bunu biliyorum. İnsanın ruhuna keskin bir ışık düşer böyle zamanlarda; kendinizi yeniden keşfedersiniz.

Evet, evet, düşünsel bir yorgunluk içinde değilim; aksine diriyim. Bilirim ki, sen yoruldukça yol uzar...

Yakın tarihimizin en baskıcı, en kargaşalı dönemlerinden birini yaşıyoruz; düşen kalkamaz böyle anlarda; içimde gürül gürül akan akarsuyu kurutmaya niyetim yok.

Tarafım ben; katıksız vicdandan, saf gerçekten yana; hakikat aşkıyla doluyum. İnsanı var edenin medeni cesareti olduğuna inanırım. Aydınlanmadan, yaratıcılıktan yanayım. Taviz vermeye hiç niyetim yok. İnsanoğlunun tarihsel yürüyüşü kolay olmadı; zorlu engeller, fedakârlık yapanlar sayesinde aşıldı. Yine aşacağımıza olan umudumu koruyorum.

Ancak bir hile sonucu hapse atılmak insana aşağılandığı duygusunu veriyor, bunu saklayamayacağım. Aklıma geldikçe sarsıldığımı söyleyebilirim. Ucuz ve korkak oyunlara/tezgâhlara ihtiyaç duyan, hocaefendilerine kölelik yapan bu iradesi başkasının elinde olan kişiliksizler ile aynı atmosferde/ülkede yaşamanın zorluğu sarsılmama neden olan.

Bilmiyorlar ki bir inanç için acı çekmek, o inanç uğruna zulüm etmekten bin kez daha iyidir. Utanç duygusunu yitirmişlerden korkarım; bu sebeple yaptıkları aklıma gelince elim ayağım birbirine dolanıyor, ne yapacağımı bilemiyorum. Böyle anlarda nesnellikten uzaklaşıp düş dünyasına gitmek en iyisi; dakikaların ve saatlerin değerini yitirdiği bu zaman boyutunda...

Cezaevinde ne yapmam gerektiğini kaçınılmaz biçimde biliyorum; yazarak özgürleştim ve yazarak özgürleşmeye devam edeceğim...

Yine gerçekliğe ilişkin kanıtlar yazacağım. Gerçeğin ulaşılması zor sırlarının peşine düşeceğim bu dört duvar arasında. Evet. Yazacağım, çünkü anlatmak istediklerim var; bunların bilinmesini istemiyorlar; o nedenle cezaevine atıldım.

Ve size kendimi de yazacağım ama anlatılan aslında sizin hikâyeniz olacak. Yaşamın yeni perdesi açılıyor. Bunun ileride belleğimde nasıl bir iz bırakacağı benim elimde. Hapise yenik düşmemek gerekir...

Peki yazmama izin verilecek mi? Gizli gizli mi yazacağım? Arthur Koestler mahpusta kâğıt verilmeyince *İspanya'da Ölüm*

Güncesi'ni iki, sadece iki sayfaya sığdırmıştı.

Kuşkusuz edebiyatçı değilim.

Kekemeye benzetirim edebiyatla ilişkimi. İçimdeki fırtınayı yazıya dökme yeteneğine sahip olmak isterdim. Üslup ustalığını önemserim. Ama şunu yazabilecek birikimim var; cezaevleri yalnızlık laboratuvarı; ve bu, insanın suretini damla damla yeniden yaratması için iyi bir fırsat.

Biraz uyudum galiba...

Aşağıdan Oktay Yıldırım'ın sesi geldi. Barış'a moral veriyor; "Siz yakında çıkarsınız, arkanızda medya var." Medya! Hangi medya? Ve ne desteği? Hücreme Oktay Yıldırım'ın gazetelerini götürmüştüm. Gazetelere baktım.

Fatih Altaylı'nın 15 Şubat'taki *Habertürk*'te yayımlanan "misyon gazeteciliği" tanımına Oray Eğin *Akşam*'dan yanıt vermişti:

Nereden çıkarmışsa, Soner Yalçın için "misyon gazetecisi" diyor Fatih Altaylı. Soner Yalçın misyon gazetecisi falan değildir. Bir toplumsal hareketin önderi, bir siyasi oluşumun mimarı da değildir. Konuşup insanları örgütlemek, paneller yapmak, Anadolu'ya açılmak, siyasetçilik oynamak gibi olaylarla da hiç işi olmaz. Bir misyonu, gizli bir ajandası, bir hedefi falan yoktur. Hiç de olmamıştır. Röportaj bile vermiyor, o kadar kendini göstermekten, kendi reklamını yapmaktan uzak, düşünün artık... Bunu bilmez mi Fatih Altaylı?

Soner Yalçın düpedüz gazetecidir. Bildiğimiz anlamda gazeteci, hatta artık unutmakta olduğumuz tanımda. Araştırır, okur, konuşur, karşılaştırır, çalışır ve yazar. Yazdıklarının neye hizmet ettiğini, neye faydası olup kime dokunacağını da düşünmez. Bu yüzden de yıllarca derin devlet tarafından tehdit edilmiştir.

Bugün evcilik oyunuyla gazeteciliği karıştıran zavallılar daha doğmamışken o Yeşil'i, Jitem'i, Cem Ersever'in ölümünü, derin devleti, MİT'i, Gladio'yu ilk yazan, ilk ortaya çıkaran gazetecidir.

Odatv'nin yaptığı da misyon gazeteciliği değildi. Sadece gazetecilikti. Türkiye bir akıl tutulması sürecinden geçtiği için 'gazetecilik' tanımı, bu mesleğin temel şartlarını yerine getirmek bile şaşkınlıkla karşılanır oldu. Odatv'nin pırıl pırıl gençleri gecelerini gündüzlerine katıp okudular, araştırdılar, çalıştılar, avukatlarla konuştular ve olağanüstü haberler yazdılar. Başka hiçbir medya kuruluşunun girmeye cesaret edemediği haberlerin altına imza attılar. Hiçbiri için gazetecilikten daha fazla bir şey yapmaları, başka bir ilişkiye girmeleri gerekmiyordu. Her şey ortadaydı zaten; Watergate'i ortaya çıkaran gazeteciler gibi otoparklarda 'Derin Gırtlak'la buluşmalarına, birilerinin belge sızdırmasına, fısıldamasına bile gerek yoktu.

Var olan kayıtlar üzerinden bile ne çarpıklıklar olduğunu Odatv'nin haberleriyle gördük. İddianameler, ifadeler, mahkeme kayıtları, avukatlarda yer alan deliller yeterli malzemeydi. Keşke diğer medya kuruluşları da bu haberciliğin 10'da birini yapsalardı...

Bu dokümanlara isteyen başka gazetecilerin de erişimi vardı; asıl sorgulanması gereken neden medyanın geri kalanının bu topa girmediği, bu işlerden çekindiğiyken Odatv'yi ve Soner Yalçın'ı "misyon gazetecisi" gibi göstermek hedef şaşırtmak.

Hürriyet'in deneyimli gazeteci yazarları darbeler dönemini yakından bildikleri için son tutuklamayı sağlıklı ve önyargısız değerlendiriyorlardı. Tufan Türenç "İki Soner"i yazmıştı:

Soner Yalçın iktidarın şarkısını söyleseydi şimdi bir eli yağda, bir eli balda olurdu. Pek çok "misyoner gazeteci" gibi..

Sonra, büyüklerin uçağındaki mümtaz yerini alır, iltifatlara boğulurdu. TRT'de programlar yapar, yüklü ücretler alır, lüks içinde yaşardı. Pahalı İtalyan elbiseler giyer, marka gömlek ve kravatlar kullanırdı. 50 bin Euro'luk Franck Muller saat takardı. Böyle bir Soner'in evi ve bürosu sabahın köründe basılmaz, 30 saat aranmazdı. Polis bulduğu her şeye el koymaz, onu ve 3 arkadaşını alıp götürmezdi. Ama Soner sabah akşam iktidarı eleştirdi, belgeler, görüntüler yayınladı. AKP'lilerin sinirlerini bozdu.

Odatv'yi muhalif internet sitesi haline getirerek iktidarı rahatsız etti. En ilginç gelişme Odatv'nin basıldığı gün ziyaretçi akınına uğraması oldu. Site zaman zaman kilitlendiği için yayın yapılamadı.

Kısacası Soner Yalçın eğer doğru bildiğini yazmayıp iktidar şakşakçılığı yapsaydı baş üstünde taşınırdı. Taşınırdı ama o zaman da bugünkü Soner Yalçın olmazdı. "Misyoner Soner Yalçın" olurdu ama onursuz, başı öne eğik yaşardı. Benim tanıdığım Soner başını eğmeyenlerdendir.

Sözcü sürmanşet yapmıştı bizi: "Bugün Sıra Kimde?"

"Gazeteciler güne bu soruyla başlıyorlar" spotlarıyla haber vermişlerdi. Doğru yazmışlardı. Suikast sadece silahla, bombayla olmaz. Ülkemizde kalemşor müfrezesi var, ellerindeki kalemlerle her gün birini kurşuna diziyorlar. Ve hiç doymak bilmiyorlar; sürekli iktidarı, polisi, savcıyı kışkırtıyorlar: "Bir daha.. Bir daha..." Haz duyuyorlar. Gücün şaşkınlığını yaşıyorlar.

Taraf gazetesi yine yalanına devam ediyordu. Yalçın Küçük'le ayda mutlaka bir-iki kez telefonla veya yüz yüze görüşüyormuşuz. Görüşmüyoruz ama hadi görüşüyoruz diyelim, suç mu ya da bu haber mi?[33]

Gazete okumayı bıraktım.

Kimin ne yazacağını biliyorum; bir yanda namuslu vicdanlı gazeteciler vardı ve olayı basın özgürlüğü, demokrasi çerçevesinde ele alıp polis devletine doğru hızla yol alan, otoriterleşen Türkiye hakkındaki kuşkularını korkularını dile getiriyorlardı; diğer "özel yetkili medya" ise insanlar nasıl itibarsızlaştırılır anlayışıyla kalem oynatıyorlardı. Yorucu gerçekten...

Televizyonda haberler başlamıştı. Tekrar aşağıya indim. 37 ekran televizyonun karşısına geçtim. Sabaha karşı, Beşiktaş Adliyesi'nden çıkış görüntülerimiz vardı. Ne çok kamera vardı o saatte.

Şimdi Silivri'deki koğuşta da iki kamera var; 24 saat izleniyoruz! Sadece hücrelerde ve tuvalette takip edilmiyorsunuz. Kamera için ışıklar açık bırakılıyor, kapatmak yasak. 24 saat ışık altındasınız. Oktay Yıldırım cezaevi kurallarını anlattı:

Acil durumlarda gardiyanlara seslenmek için koğuşta bir alarm düğmesi var, ona basıyorsunuz. Gecikildiği durumlarda demir kapıyı yumrukluyorsunuz. Cezaevinde her isteğinizi dilekçeyle belirtmek zorundasınız. Sözlü talep yasak. Kantin ihtiyaçlarını da fişlere yazıyorsunuz. Kantinde satılan malları dışarıdan getiremiyorsunuz. Örneğin çorap, külot, fanila, bere vs. dışarıdan getirtmek yasak. Kantinde şarküteri için ayrı fiş,

---

33 İddianame ek klasörleri ortaya çıktığında görüldü ki, Yalçın Küçük ile telefonda 3 yılda sadece 9 kez görüşmüştüm. Yılda toplam 7500 telefon görüşmesi yapmışım: üç yılda 22.500 eder. Yani 22.500 telefondan 9'u Yalçın Küçük'le! 3 kez de, ikisi Ankara'da cenazede olmak üzere yanyana gelmişiz. Duruşmada söyledim, "Huzurunuzda Yalçın Küçük'te özür dilerim, son yıllarda çok az aramışım, keşke 9 kez değil 999 kez görüşseydim. Suçsa kabulümdür. Ama şunu biliniz, kimse bize emir-buyruk veremez, bu kimsenin haddi de değildir. Savcılar insanın fikir-görüş belirtmesiyle, bir işi yaptırması arasındaki farkı bilmiyorlar..."

meyve ve sebze için ayrı fiş dolduruyorsunuz. Kırtasiye ihtiyacınızı da kantinden temin ediyorsunuz. Haftada en fazla 200 lira harcayabiliyorsunuz.

Koğuştan avluya açılan kapı (ki avluyu sadece koğuşta kalan üç kişi kullanıyor) sabah 07.00'de açılıyor, akşam 17.00'de kilitleniyordu. Dışarıyla; açık havayla tek bağlantınız bu kapı. Avlu yaklaşık 50 metrekare. Yüksek duvarların üstünde dikenli teller var; kafanızı kaldırdığınızda bir avuç gökyüzü görüyorsunuz.

Akşam yemeğinden sonra, Oktay Yıldırım bize yine çay yaptı; bu kez limonlu çay.

Çay içerken sohbet ettik.

Yanımdaki kişi Türkiye'nin merak ettiği, Ergenekon'un 1 numaralı tutuklusuydu. Serde gazetecilik var; konu ister istemez Ümraniye'deki bombalara geldi. Ümraniye'deki bombalar meselesini ayrıntısıyla sordum. 27 el bombası onun muydu? Hepsini yanıtladı. Sohbetimiz o gece saatlerce sürdü...

Oktay Yıldırım. Kırk yaşında. Gazi. Astsubaydı, 2005'te harp malulü olarak emekli oldu. Evli, iki küçük çocuğu var; kızı Aybüke ve oğlu Efe.

Milliyetçi *Yeni Hayat* dergisinde yazıyordu. AKP'ye muhalifti. "Kaymakam Kemal Bey", "Kıbrıs Şehitlerini Anma", "Hocalı Katliamını Kınama" gibi etkinliklerde konuşmalar yapmıştı. Televizyon programlarına katılmıştı. Ayrıca Aras Holding ve İstanbul Güvenlik A.Ş.'de çalışmıştı, 12 Haziran 2007 gecesi, saat 24.00'te gözaltına alındı.

Çekmeköy'deki evinde dört saat arama yapıldı. Polis evinden bıçak koleksiyonundaki bazılarını aldı. Yıldırım, ruhsatlı 4 tabancasını, 1 tüfeğini çıkardı polise verdi. Yalnız o telaşta 1 tabancasının ruhsatı bulunamadı. Ancak o tabanca zaten Kara Kuvvetleri envanterinde Oktay Yıldırım adına kayıtlı ve ruhsatlıydı. İddianamede nedense bu tabancanın ruhsatsız olduğu belirtildi! Oysa bu ruhsat avukatlar tarafından iddianame hazırlanırken savcılığa verilmişti; herhalde gözden kaçtı! Ancak basın hep bu ruhsatsız tabanca meselesini yazdı.

Oktay Yıldırım aramadan sonra sabaha karşı İstanbul Emniyet Müdürlüğü'ne götürüldü. Suçu büyüktü...

Tarih: 12 Haziran 2007, İstanbul.

Ümraniye'de bir gecekondunun çatı arasında, üzerinde

askeri mühimmat istif kartı bile yapıştırılmış, bir sandık bomba bulundu.

Bombalar bir telefon ihbarıyla ele geçirildi. Arayan kişi, Trabzon Jandarma Komutanlığı'nın 156 numaralı hattına gizli numaradan, ismini vermeden ihbarını yaptı:

> Ümraniye Çakmak Mahallesi Muhtarlığı'nın karşısındaki tek katlı binanın –önünde büfe var– çatısında, elektrik direğinin yanında el bombası ve C-4 patlayıcı madde var. Bombaları Mehmet Demirtaş adlı şahıs saklıyor. Bombaları temin eden kişi ise bir astsubay.

İhbarcı işi şansa bırakmak istemiyordu o gün, tam dört kez aradı. Bombaların bulunduğu gecekonduyu ayrıntılı tarifle nokta koordinatı vererek bildirdi!

Trabzon bu ihbarı İstanbul Jandarma Komutanlığı'na iletti. Fakat bu bilgi paylaşımında tuhaflık vardı. Trabzon'a ihbar 12.55'te yapılmıştı. Fakat Trabzon ihbarı 12.40'ta İstanbul'a bildirdi! Yazım hatası diyelim! Ancak şunu da eklemeliyim: Trabzon'a yapılan ihbarın yazıldığı kâğıdın üzerinde, tarih olarak, 12 Mart 2007 yazılıydı. Sonra bu tarih silinip 12 Haziran 2007 tarihi düşüldü. Niye? Herhalde yine yazım hatası! Devam edelim, bakalım daha ne tuhaflıklar göreceğiz asrın en tehlikeli örgütü Ergenekon soruşturmasıyla ilgili...

İhbarı değerlendiren Ümraniye Asayiş Büro ve İstanbul Terörle Mücadele (TEM) Birimi Şubesi polisleri, Ümraniye Savcılığı'nın 2. Sulh Ceza Mahkemesi'nden aldığı arama kararıyla gecekonduyu bastı.

TEM'in bu aramada ne işi olduğu hâlâ anlaşılamadı. Şöyle olması gerekiyordu: Asayiş polisleri gider, bombayı bulacak bulur ve TEM'e haber verirdi. Prosedür böyle olmalıydı, ama olmadı. TEM belki bomba ihbarı olduğu için operasyona katıldı. Bu tahmin! Gerçek şu: İstanbul Jandarma'dan ihbarı alan İstanbul Emniyeti nedense Ümraniye Savcılığı'na değil Beşiktaş Özel Yetkili Savcılığı'na bildirdi. Ve Beşiktaş'taki savcılık arama yaptırma yetkisi olduğu (üstelik kendi esasına kaydedildiği) halde ihbarı Ümraniye Cumhuriyet Savcılığı'na bildirdi. Beşiktaş Özel Yetkili Savcılığı araya Ümraniye Savcılığı'nı niye soktu? Bu sorunun yanıtını Beşiktaş Özel Yetkili Cumhuriyet Savcısı Mehmet Ali Pekgüzel, 38. Ergenekon duruşmasında kendilerinin olaya sonradan dahil olduğunu söyleyerek, her şeyin tesadüf olduğunu belirterek verdi. Olabilir...

Bakalım başka ne tesadüfler vardı:

Gecekonduya ilk gelen Ümraniye Asayiş Büro polisleri ve TEM polisleri oldu. Tesadüf: Polisler tam eve girecekken, gecekonduyu 10 gün önce boşaltmış olan Ali Yiğit de taksiyle olay yerinden geçerken kalabalığı gördü ve taksiden inip eve yaklaşıp polislere neler olduğunu sordu. Polisler, Ali Yiğit'in evin kiracısı olduğunu öğrenince, "Biz de seni arıyorduk, gel bakalım evde arama yapacağız," dediler. Tesadüf işte!

Ama Ali Yiğit'te evin anahtarı yoktu. Bir polisle beraber ağabeyinin oto sanayi sitesindeki kaportacı dükkânına gidip anahtarı alıp geri döndü.

Fakat bu olayın bir-iki versiyonu vardı. Polis tutanağına göre anahtar Ali Yiğit'in üzerindeydi! Aynı tutanağa göre Ali Yiğit zaten polisi kapı önünde bekliyordu. Aradan dört yıl geçti, hâlâ netleşmedi Ali Yiğit'in "pozisyonu!"

Devam edelim. Evde arama başladı.

İhbarda belirtilen çatıdaki elektrik direğinin yanında, üzerinde siyah renkli naylonla örtülmüş, haki renkli, her iki tarafında taşımak için halattan ip bulunan, tahta sandıkta, savunma ve taarruz tipi el bombaları bulundu. Ve tutanak altına alındı.

Peki saat kaçtı?

Eve gelen her polis ekibine göre saat değişiyordu!

Ümraniye Asayiş Büro ve TEM polislerine göre bombalar saat 19.40'ta bulundu.

Bombaları etkisiz hale getirmek için, gecekonduya çağrılan bomba uzmanlarının tutanağına göre ise saat 20.30'da bulundu.

İstanbul Emniyet Müdürlüğü'ne bağlı 49-54 numaralı parmak izi ve olay yeri inceleme ekibi de oradaydı. Fakat bu ekip bombaların bulunduğu gecekonduya değil, Çakmak Karakolu'na çağrıldı. Bu ekibin tutanağına göre, bombalar 19.20'de karakoldaydı! Bitmedi. Karakolda bombaların fotoğrafları çekildi. Bu fotoğrafların birinde bir dosya kâğıdı dikkat çekiciydi. Fotoğraf büyütüldüğünde o kâğıt üzerindeki saat 18.30'u gösteriyordu!

Şimdi söyleyin bakalım, bombalar saat kaçta bulundu? Biraz daha karıştırayım kafanızı: Ali Yiğit'in mahkemedeki ifadesine göre bombalar 16.00-17.00 arasında bulundu.

Bakınız:

Televizyona çıkan, gazetesindeki köşesinde Ergenekon'la ilgili yorum yapan neredeyse her kişi, mutlaka "Ümraniye'de bulunan bombalar," diye söze girdi. Fakat hiçbiri bombalarla ilgili bir araştırma yapmadı. Polis ve iddia makamı medyanın eline ne tutuştursa ona inandı. Yazmak zorundayım. Yargısız infazlar yapılmasında ne yazık ki medyanın büyük rolü oldu.

Oysa... Bakın Ümraniye'deki gecekonduda neler oldu neler...

Ümraniye'deki gecekondu önce bir evdi. Mehmet Demirtaş oturuyordu. Sonra Mehmet Demirtaş evden çıktı ve evi yeğeni Ali Yiğit'e kiraladı.

Ali Yiğit bir buçuk yıl oturdu. Sonra evde büyük bir tadilat yapıldı ve ev, biri manav diğeri büfe olmak üzere iki işyerine dönüştürüldü. Ali Yiğit evin iki odasında da oturmayı sürdürdü. Bu arada manavı ve büfeyi işletmeye başladı. Tarihi 21 Ocak 2006 idi.

"Ne var bunda?" demeyin.

Ali Yiğit'in ifadesine göre, bombalar gecekonduya kendi taşınmadan bir buçuk yıl önce getirilmişti. Yani evde dayısı Mehmet Demirtaş otururken bombalar çatıya konmuştu. Yani bombalar üç yıldır evdeydi.

Aklınıza hemen "Tadilat yapılırken işçiler bombaları görmemiş miydi?" sorusu gelebilir. İsabetli bir soru... Çatı katında üzerinde mühimmat istif kartı olan bir sandık içindeki bombaları kimse görmemişti. Çatı arasından su, elektrik hattı çekilmiş, manav tezgâhı için çatıdan yere doğru kalaslar uzatılarak paravanlar, demir kaynaklar yapılmıştı ama işçiler bombaları görmemişti işte!

Aslında, Ali Yiğit de görmemişti. Ali Yiğit gecekondunun çatısındaki bombalardan nasıl haberdar olduğunu poliste, savcılıkta, mahkemede hep farklı anlattı. Anlattıklarından çıkarılan sonuç şuydu: Bombaları çatıya dayısı Mehmet Demirtaş inşaattan önce koymuştu. Yani 21 Ocak 2006'dan bir buçuk yıl önce. Aradan yıllar geçmiş, bombalar hep çatıda durmuş ve sonunda Ali Yiğit'in babası Şevki Yiğit bombaları bulunca, "Bu kimin?" diye sormuş, oğlu "dayımın" demişti. Kimselerin görmediği bombaları Baba Şevki Yiğit bir gidişte buluvermişti. Sonra isimsiz ihbar sonucu gecekonduda bombalar bulundu. İhbarcının kimliği bilinmiyor, araştırılmadı.

Olayın bir diğer kişisini tanıyalım:

Adı: Mehmet Demirtaş.

Trabzon Oflu; uzun yıllardır İstanbul'da yaşıyordu. Taksiciydi, LPG taşımacılık da yapıyordu. Halk otobüsleri de vardı. Ayrıca bir dönem LPG istasyonuna sahipti. Hali vakti yerindeydi.

O gün yani 12 Haziran 2007'de, gecekonduda arama bittikten sonra, polis Mehmet Demirtaş'ı telefonla eve çağırdı. Demirtaş "Yeğenim başını yine polisle belaya mı soktu?" diye düşünerek yarım saat içinde, 18.00 sularında gecekonduya geldi. Gelir gelmez, "Hakkında gözaltı kararı var," diye karar gösterilip Çakmak Polis Karakolu'na götürüldü. "Terörist" Demirtaş ayaklarıyla tıpış tıpış olay yerine gelmişti.

Peki... Size bir soru daha. Ümraniye'de kaç bomba bulundu? 27'mi? Siz öyle sanırız!

Beş yıl geçti; daha sorunun yanıtı belli değil.

Şaşırdınız mı?

Bakınız: Evde bombalara ilişkin hiçbir tutanak düzenlenmedi. Karakolda düzenlenen tutanaklar sanki gecekonduda düzenlenmiş gibi gösterildi. O tutanaklarda ne yazılıydı:

Ümraniye Asayiş Şubesi'nin tutanağına göre 27 adet bomba bulundu. Bunun 18'i MKE yapımı, 7'si DM-41 NATO standardı, 2'si ise Alman yapımıydı.

Bomba uzmanlarının tuttuğu tutanakta ise, 27 adet bombanın birer birer numaraları yazıyordu. Bombanın numaraları ve modellerinin yazıldığı başka tutanaklar da vardı. İstanbul Emniyet Müdürlüğü tarafından düzenlenen İnceleme Raporu'nda yer alan bomba numaralarının bazıları, gecekondunun çatısında bombaları etkisiz hale getiren uzmanların tutanağıyla çelişkiliydi. Örneğin: İnceleme Raporu'nda kafile numarası "HAND FRAG M-26 5-53 COMP-B LOT-LS 14-107" ibaresi bulunan bomba gövdesi, bomba uzmanlarının olay günü yazdığı tutanakta yoktu!

Buna benzer numara farklılıkları o kadar çoktu ki, farklı numaraları alt alta yazıp topladığınızda ortaya 39 adet bomba çıkıyor!

Bitmedi...

Bomba modellerinde de farklılıklar vardı. Örneğin, Ümraniye Asayiş Şube görevlilerinin tutanağında 2 adet Alman el bombası vardı. Bombaları imha eden ekibin tutanağına göre, hiç Alman el bombası yoktu!

Bomba imha uzmanlarına göre, 18 MKE, 4 DM-41 NATO, 3 M26, 2 adet de RFX Amerikan el bombası vardı. Bunlar yukarıda yazdığımız, gecekonduda bombalar bulan Ümraniye Asayiş Şube tutanağıyla çelişkiliydi. Tüm bu çelişkilere bilirkişinin verdiği cevap neydi: "Sehven." (21 Mart 2011)

Devam edelim...

Bombaların askeri malzeme olduğu iddia edilince savcılık İstanbul 1. Ordu Komutanlığı'yla irtibata geçti. Ve bir askeri heyet bombaları incelemek için İstanbul Emniyet Müdürlüğü'ne gitti. Askeri uzmanlar bombaların numaralarını tek tek kaydetti. Hay bin kunduz! Bu kayıt da diğer polis tutanaklarıyla çelişkiliydi. Örneğin, askeri heyetin raporundaki kafile numarası, "KF MKE-168 5-85" ibareli bomba; diğer polis tutanaklarında yoktu! Ve ne yazık ki bu durumun da birçok örneği vardı. Hadi birini daha verelim: "KF MKE 1-4-5-88" ibareli bomba, polis tutanaklarının hiçbirinde yoktu!

Size bir örnek daha...

26 Haziran 2007 tarihli bomba imha tutanağında 20 bomba gövdesi ve 20 maşa grubunun imha işleminden sonra, bomba kalıntılarının TEM'e teslim edildiği ayrıntılı olarak yazılıydı. 7'si ise tamamen yok edilmişti. Ancak imha sonrası çekildiği iddia edilen fotoğraflar, mahkeme heyeti huzurunda sayıldığında, 28 maşa grubu olduğu görüldü. İmha işleminde 27 adet maşa grubu görülmüş, bunların 20 tanesi iade edilmişti. Ama imha sonrası fotoğraflarda 28 maşa sayılmıştı.

Siz de yavaş yavaş bu 27 el bombasıyla ilgili şüphe duymaya başladınız değil mi? Durun bekleyin...

Ergenekon davasının en önemli kanıtı olan Ümraniye'deki bombaların başına daha neler geldi.

Tarih: 26 Haziran 2007.

Yani bombaların bulunmasının üzerinden 14 gün geçmişti. İstanbul 10. Ağır Ceza Mahkemesi, bombalar bulunduktan sadece saatler sonra imha kararı verdi. Bu kararını Ceza Muhakemeleri Kanunu'nun 137. maddesine dayandırdığını yazdı. Oysa ilginçtir, bu madde telefon dinleme tutanaklarının eğer suç unsuru yoksa imhasını düzenleyen maddeydi! El bombasının imhasıyla hiç ilgisi yoktu!

Mahkeme neden böylesine çabuk karar vermişti. Biliniyor ki, CMK'ya göre hiçbir kanıt yargılama tamamen bitene kadar yok edilemez. Suç eşyası yönetmeliğinin 10. maddesi, bulunan patlayıcı maddelerin yargılama sonuna kadar askeri depolarca muhafazasını şart koşmaktadır. Ayrıca bombaları gören askeri heyet, bombaları ayrıntılı incelemek ve askeri malzeme olup olmadığına karar vermek için istemişti. Bu talebin tarihi 25 Haziran'dı. Bombalar ne zaman imha edildi. 26 Haziran'da!

Sizce bu acelenin sebebi neydi? Dikkat ediniz, asrın davasının en önemli delilini anlatıyoruz.[34]

Şimdi de bombaların nasıl imha edildiğine bakalım: 27 bombayı imha için sadece iki polis görevlendirildi. El bombalarının imhası jandarma bölgesinde bir holding arazisinde yapıldı. Nedense jandarmaya haber verilmemişti. Askeri birliklerde, bu iş için özel olarak hazırlanmış alanlarda değil de, niye bir holding arazisinde 27 bomba patlatılmıştı? Ve işin garibi, bomba seslerini kimse duymamıştı. Bombaların imhasını gösteren hiçbir video ya da fotoğraf kaydı da yoktu.

Bombalarla ilgili o kadar karmaşa var ki, inanamazsınız. Kafanızı hiç karıştırmayayım. Ama bir örnek vereyim: İmha edildiği iddia edilen 27 bomba kalıntısı 7 Ağustos 2007'de adli emanete kimin adına teslim edildi, biliyor musunuz? "Oktay Yıldırım" diyeceksiniz. Hayır. Ergün Poyraz! Şaka gibi...

Hatırlar mısınız: İhbarcı, gecekonduda C-4 plastik patlayıcının da olduğunu söylemişti. Polisin hiçbir tutanağında C-4 yoktu. Demek ki ihbarcı yanlış görmüştü! Fakat gören vardı: Askeri heyet! Emniyette 27 bomba yanında C-4 patlayıcısı ve kapsüller gördüklerini 3. Kolordu Askeri Mahkemesi'nde beyan ettiler. (25 Haziran 2009). Peki C-4'ler neredeydi? C-4'ler Ümraniye'deki gecekonduda değil, ama Ergenekon soruşturması kapsamında aranan başka yerlerde çıktı! Gel de Yarbay Dönmez'e hak verme; aynı malzemeler değişik yerlere mi konmuştu?

Bir not eklemeliyim.

Bırakın C-4'ü! Sözü edilen 27 bombayı avukatlar, sanıklar ve hatta imha kararını veren hâkim bile görmedi. Tek gören Ali Yiğit, babası ve polislerdi. Gerçi Ali Yiğit de her beyanında farklı konuştu.

---

34 Ankara'daki Zir Vadisi ve Gölbaşı'nda kazılar yapıldı, silahlar, bombalar vs. bulundu. Yarbay Dönmez iddia ediyor ki, bu iki kazıda çıkanların çoğu birbirinin aynı. Yani, polis her iki yere de aynı mühimmatları koydu demeye getiriyor. "Örneğin," diyor; "Zir Vadisi'nde de, Gölbaşı'ndan da çıkan sis kutularını getirin ben tüm suçu kabul edeceğim," diyor. Emanette sadece İbrahim Şahin adına düzenlenmiş 3 sis kutusu makbuzu var. Yarbay Dönmez'inki yok. Bekliyor 40 aydır...

Gelelim en kritik soruya: Bombaların sahibi kimdi? İhbarcı, "Mehmet Demirtaş ve bir astsubay," demişti.

İddiaya göre, Mehmet Demirtaş, evde yapılan arama sırasında "bombaların Oktay Yıldırım'a ait olduğunu," söyledi. Gazetelere de böyle geçildi haber. Oysa tüm ifadelerinde Demirtaş böyle bir söz sarf etmediğini, zaten bunun hiçbir ifade tutanağında olmadığını belirtti.

Mehmet Demirtaş 1994 yılında Astsubay Oktay Yıldırım'ın Kilis'te askeriydi. Yıldırım İstanbul'a tayin olduğunda tesadüfen karşılaştılar, aralıklarla görüşmeye başladılar. Oktay Yıldırım bazen Demirtaş'ın LPG istasyonuna gidiyor, gaz alıp arabasını temizletiyordu.

Mehmet Demirtaş kabul etmiyordu, o halde bombalar Oktay Yıldırım'ın mıydı?

Sorudan önce şunu sormalıyız: "Oktay Yıldırım" adını bu olayda ilk kim telaffuz etti. Çünkü iddianamenin aksine Demirtaş ve Yiğit duruşmada "bombaların Oktay Yıldırım'a ait olduğunu biz söylemedik," dediler. O halde polise "Oktay Yıldırım" adını kim vermişti? Daha bombalar bulunmadan önce büfeyi çalıştıran Burhan Yılmaz'a polis "Mehmet Demirtaş, Ali Yiğit ve Oktay Yıldırım'ı tanıyor musunuz?" diye sormuştu! (25 Haziran 2009) İhbarcı, Oktay Yıldırım'ın adını söylememişti; "bir astsubay" demişti polis Oktay Yıldırım ismini nereden biliyordu? Geçelim ve gelelim bombaların kimin olduğu sorusuna...

Ali Yiğit duruşmalarda bombaların bulunduğu sandığı açtığını, bombaların yanında siyah renkli ve yapışkan bantla sarılı bir kutu olduğunu, kutuyu alıp salladığını anlattı. Bir parantez açalım; Ali Yiğit ifadelerinde bombaları ihbardan bazen 3 ay, bazen 1 ay, bazen de 15 gün önce bulduğunu söylüyordu. Parantezi kapatalım.

Bombaların bulunduğu sandıkta Ali Yiğit'in parmak izi yoktu. Kimin vardı: Oktay Yıldırım'ın!

Ergenekon Davası'nın 1 numaralı sanığı olan Oktay Yıldırım'ın bant üzerinde parmak izi bulundu. Gazeteci Şamil Tayyar *Operasyon Ergenekon* kitabının 192. sayfasında şöyle yazdı:

> "Emekli Astsubay Oktay Yıldırım'ın parmak izlerinin bulunduğu 27 adet el bombası ele geçirildi (!)"

Atıyor, bombalarda parmak izi incelemesi yapılmadı. Parmak

izi araştırması için bombalar, 49-54 kod numaralı olay yeri inceleme ve parmak izi tespit ekibi tarafından istendi. Fakat, verilmedi. Niye? 49-54 kod numaralı ekip de bunu sordu ve tutanağa yazdı.

Oktay Yıldırım'a emniyette ifade verirken, bant üzerinde parmak izinin bulunduğunu söylediler. Şaşırdı. Duruşmalarda daha da şaşıracaktı. Çünkü parmak izi ekspertiz raporunun tarihi 18 Haziran 2007'ydi. Oysa emniyette "parmak izi bulundu" bilgisi 15 Haziran'da ifadesi alınırken söylenmişti. Polisler ekspertiz raporundan önce bilmişti! Dahası üç sanık içinden, sadece Oktay Yıldırım'ın parmak izi otomatik karşılaştırma yapılmaya gönderildi. Polisler nedense nokta atışı yapıyordu.

Parmak izi konusunda iddianamede de çelişki vardı. 446. ve 533. sayfalarda parmak izlerinin kasa üzerinde bulunduğu yazılıydı. 421. ve 534. sayfalarda ise parmak izinin bombaların üzerinde çıktığı belirtiliyordu! Fakat yapışkan banttan hiç söz edilmiyordu. Üstelik bu yapışkan bant mahkemenin el koyma kararı verildiği deliller arasında da yoktu...

Hep bir karışıklık var...

Bir ayrıntı daha yazmak istiyorum. İstanbul gibi nem oranı yüksek bir yerde bir parmak izi üç yıl nasıl dayandı? Üstelik karton yüzeye yapıştırılmış bir bandın yüzeyinde. Böyle bir parmak izinin bir haftadan fazla dayanmasının imkânsız olduğunu uzmanlar bilir. Ama Oktay Yıldırım'ın parmak izi her nasılsa zamana direnmişti! Bu arada 10-15 gün önce "elime aldım, salladım," diyen Ali Yiğit'in hiç parmak izi bulunamadı.

Oktay Yıldırım mahkeme kararıyla Jandarma Kriminal Daire Başkanlığı'na başvurdu: "Piyasada satılan bantlarla, cam ve metal yüzeylerden parmak izi alınabilir mi, taşınabilir mi?" Cevap netti: "Evet." 18 denemenin tamamı başarılı olmuştu. 8 denemede ise parmak izleri ikinci bir yüzeye aktarılmıştı.

Oktay Yıldırım duruşmada "Gözaltına alınır alınmaz polislere ruhsatlı silahımı teslim ettim ve gözaltındayken dört gün boyunca polis müdürlerinin odalarında çay içip sohbet ettim. Silahımın veya bardakların üzerindeki parmak izlerimi taşımış olabilirler," dedi. (11 Eylül 2008)

Peki ya bombalar? Onların üzerinde neden parmak izi incelemesi yapılmadı. Esas delil onlar değil miydi? Yapılmadı; yapmak isteyen 49-54 numaralı olay yeri inceleme ekibine engel olundu.

Evet...

Asrın davası Ergenekon'u başlatan Ümraniye bombalarının bulunduğu gecekonduda hiçbir olay yeri incelemesi yapılmadı. Olay yeri tespit tutanağı yoktu. Olay yeri krokisi yoktu. Aramayı gösteren tek bir kare fotoğraf veya video da yoktu.

Üstelik 49-54 numaralı ekibin tutanağına göre, evde arama yapan polislere video ve fotoğraf çekimi yapılıp yapılmadığı sorulmuş, "Yapıldı," yanıtını almışlardı. Niye yalan söylüyorlardı?

İşin garip yanı, olay yeri inceleme ekibi gecekonduya sokulmadı. Parmak izi incelemeleri için bulunan malzemeyi istediler, verilmedi. Onlar da bu bilgileri kendi düzenledikleri tutanağa yazdılar. Yazdıkları tutanağın delil tespit sayfalarını boş bıraktılar. Bir şey daha yaptılar; karakolda bulunan bombaları videoya kaydettiler. Ancak ses kaydı yaptıklarından oradaki hiç kimsenin haberi yoktu. Ve bakın haberi olmayan polisler aralarında neler konuştu...

– "Mahkemede deyin olay yerinde tutulan tutanak."

– "Adam diyecek ki, sana çatıya bilgisayar mı çıkardın olay yerinde."

– "Ama şöyle de düşünülür yani, olay yerinde not almış sonra karakolda tutanak tutmuş gibi de anlaşılabilir."

– "Abi ilerde mahkûm oluruz çağırın insanları buraya."

– "Hıı bi şey olmaz diyorsun... Olur mu?"

– "Bilgisayarda yaz yaa bi şey olmaz!"

– "O zaman sen de şey dersin, evden biri vardı... Yaşlı."

– "Genelkurmay filan var bunun altında."

– "O... çocuğu..."

– "Ya bu komutanlar gerçekten toplumu kutuplara ayırdı."

– "Allah'tan hâkimler çok iyi..."

– "Soruşturma Ergenekon olduğu zaman s...kerim hâkimi de savcıyı da."

– "Ha bunu kime diye bulalım aramada?"

– "Şey yazsana hani Muzaffer diye."

– "O burada yok."

– "O Vatan'a (İstanbul Emniyet Müdürlüğü) gelir."

– "Hıı..."

Aslında bu konuşma her şeyi özetliyor. Fazla söze gerek bırakmıyor. İşin tuhaf yanı daha Ergenekon soruşturması başlamadan; polisler "Ergenekon" adını telaffuz ediyordu.

Kayıtlara göre, Ali Yiğit dışında aramaya tanık olan hiç kimse yoktu; ne muhtar ne de avukat. Ama... İzinde olan polis aramada varmış gibi gösterilip tutanağa imza attırıldığı ortaya çıktı!

Tüm bunlar kafanızı karıştırdı kuşkusuz.

Sorunuzu duyuyorum; "Ümraniye'de 27 el bombası bulundu mu?" Bunlara mahkeme karar verecek. Sadece şunu söyleyebilirim. Gecekondunun çatısına sadece dışarıdan girilebiliyordu. Yani herkes girebilirdi. Siz olsanız böyle bir bomba sandığını orada saklar mısınız? Hele Oktay Yıldırım gibi bir askerseniz?

Artık uzatmak istemiyorum. İşte asrın davasının en önemli delillerinin hikâyesi bu.

Diyebilirsiniz ki, "sanki Ergenekon kapsamında hiç bomba bulunmamış gibi yazıyorsunuz." Hayır olur mu öyle şey. Tabii ki bulundu. Hatta bir örnek vereyim...

Adı: Fikret Emek.

1963 Elmadağ doğumlu. 1993'te Özel Kuvvetler Komutanlığı'na üsteğmen rütbesiyle girdi. 1995'te Kuzey Irak operasyonu dönüşünde Cudi Dağı'nda yaralandı. Karaciğer, akciğer, mide, böbrek, bağırsak ve pankreasında ağır hasar oluştu. Bir buçuk yıl hastanede yattı. 1996'da Muğla Seferberlik Tetkik Kurulu'nda çalıştı. 2001-2004 yılında MAK'ın (Muhabere Arama Kurtarma Birliği) İKK (İstihbarat ve İstihbarata Karşı Koyma) Şube Müdürü olarak Ankara'da görev yaptı. 2004'te emekli oldu.

Dinine çok bağlıydı; ibadetini hiçbir zaman aksatmıyordu. Ergenekon duruşmalarında bile oturduğu sandalyede namaz kıldı hep.

Emekli Binbaşı Emek'in evinden çıkanlar günlerce Türkiye'yi meşgul etti... Ümraniye'deki el bombalarının bulunması üzerinden 16 gün geçmişti...

Tarih: 28 Haziran 2007.

Polisler, Eskişehir Hariciye Mah. Dumruloğlu Sok. No: 22/5 adresine baskın yaptı. Evde 1 Kalaşnikof, 1 Kanas, 1 Lama tabanca, 1 tüfek, 1 adet Browning tabanca, 5 adet taarruz tipi, 5 adet savunma tipi, 2 tıpası üzerinde takılı bomba, 12 adet TNT kalıbı, mermiler, kovanlar bulundu.

Emekli Binbaşı Emek, annesinin evindeki silahları ve bombaları reddetmedi, kendisine ait olduğunu kabul etti. İfadesine göre 1992-1995'de Kuzey Irak operasyonunda "çatışmalar sonucunda leşlerden (ölen PKK'lılardan, S. Y.)" kalan silahlardı!

Peki niye bu silahları almıştı:

"Şahsi silahları ağırdı, çatışmalarda çok ses çıkarıyordu." Şimdi bunu okuyunca "Bu da nedir?" diyorsunuz. "Bir Türk subayı, Kanas ve Kalaşnikof'u PKK'dan niye alır?" 1993-1994'e kadar Kanas ve Kalaşnikof, TSK'nın elindeki G3'ten üstündü. Örneğin, Kalaşnikof hiç tutukluk yapmayan, hem de sesi duyulsa bile sesin çıktığı noktayı yanıltıcı bir yapıya sahipti.

Kanas, o yıllara kadar TSK'nın hiç karşılaşmadığı bir keskin nişancı tüfeğiydi. Asla "sıfırlaması" (namlu ile dürbünün gördüğü yerin eşitlenmesi) bozulmayan, arka arkaya ateşlenebilen ve uygun hava koşullarında yaklaşık 1.300 metre nokta atışı yapan bir silahtı. TSK o güne kadar savunma silahı G3 piyade tüfeğinin üzerine taktığı keskin nişancı dürbünlerini "sıfırlaması" bozulmasın diye bir bebek gibi taşıyordu. Araziye kolay kolay çıkarılmıyordu, sadece denetlemelerde kullanılıyordu. Bu nedenle bazı TSK mensupları PKK'yla girilen savaşlarda buldukları Kanas ve Kalaşnikof'u gizlice alıp operasyonlarda kullanıyorlardı. Ganimet gibi yani.

Ele geçirilen malzemeyi yine savaşta kullanıyorlardı, çünkü bir asker üzerinde bu kadar malzeme taşıyamıyordu.

Ve tabii silahları bazen hatıra olarak alıyorlardı.

Emekli Binbaşı Emek, bölgeden yıllar önce getirdiği malzemeleri yararlandıktan sonra unuttuğunu, 15 yıldır ilgilenemediğini söyledi. Silah, mühimmat 11 yıldır annesinin evindeydi. İfadesinde bu tür malzemelerin özel koşullarda depolanması gerektiğini, bunların raf ömrünün çoktan tükendiğini belirtti. Örneğin TNT 1950 yılından kalmaydı, çoktan oksitlenip tahrip olmuştu.

Kuşkusuz, Emekli Binbaşı Emek'in annesinin evinde bulunan silah ve mühimmat gerekçesinin ne derece doğru olduğunu mahkeme tayin edecek. Ancak...

2009 Ocak ayı başında Ankara Zir Vadisi'nde yapılan kazıda neredeyse küçük çaplı bir cephanelik bulundu. Yarbay Dönmez şahsına ait silahlar dışındakileri kabul etmedi. Yarbay Dönmez'in adını buraya almamın nedeni başka. Yarbay Mustafa Dönmez'e ait olduğu ileri sürülen silahlar, mühimmat ortaya çıkınca Türkiye'de ne oldu? Çoğu kişi "zulasındaki" silah ve muhimmatı sokağa attı:

13 Ocak 2009: Ankara Oran'da naylon poşet içinde 200 G3 piyade tüfeği mermisi;

14 Ocak 2009: Ankara Demetevler'deki bir parkta poşet içinde 2 adet el bombası; İstanbul Aksaray'da Ergenekon Apartmanı önünde 3 el bombası, 1 sis bombası, 13 mermi;

15 Ocak 2009: Ankara Pursaklar'da 13 el bombası; İstanbul Büyükçekmece'de 15 G3 piyade tüfeği mermisi, bir uçaksavar mermisi; Konya Kulu'da 600 9 mm tabanca mermisi;

16 Ocak 2009: Ankara Etimesgut'ta 1 el bombası; Konya'da bir apartmanın bodrumunda 3 el bombası; İzmir Bayraklı'da bir ağacın dibinde 4 Kalaşnikof, 5 G3 mermisi;

17 Ocak 2009: İstanbul, Fatih'te Kalaşnikof, 2 tabanca ve çok sayıda mermi; Mersin Silifke'de el bombası; Adana'da kanalda çuval içinde 200 tüfek mermisi; İzmir Konak'ta pet şişede denize atılmış 38 mermi; İstanbul Eminönü'nde poşette 4 el bombası;

18 Ocak 2009: Mersin Taşucu'nda 1 el bombası;

19 Ocak 2009: Ankara Elmadağ'da 70 tabanca mermisi;

Balıkesir'de boş arsada poşette 171 mermi;

20 Ocak 2009: Ankara Hasandağ ilçesinde gazeteye sarılı 70 mermi;

21 Ocak 2009: İzmir Konak'ta denizden 1 el bombası;

26 Ocak 2009: İzmir Buca'da çöpe atılmış 2 uçaksavar mermisi, 674 M-16, 29 şeritli M16, 8 G3, 18 şeritli G3 ve 15 Kalaşnikof mermisi;

27 Ocak 2009: İzmir Buca'da 16 mermi; Narlıdere'de poşet içinde 173 G3 ve 5 Kalaşnikof mermisi;

28 Ocak 2009: Ankara Batıkent'te poşette 7 el bombası, 3 tüfek bombası, 10 Lancester bombası, 15 kutu (450 adet) M16 mermisi. Buranın yakınında ise 461 Kalaşnikof mermisi; Antalya'da boş arazide 65 mermi bulundu. İstanbul Sultanbeyli'de araziye atılmış poşetlerden 1.000 makineli tüfek mermisi ve 1.000 tabanca mermisi; İzmir'de 200 makineli tüfek mermisi;

29 Ocak 2009: İzmir Balçova'da çöp bidonunda 23 Biksi makineli tüfek mermisi bulundu. Eskişehir'de 51 G3 mermisi;

30 Ocak 2009: Ankara Şenyuva'da 700 tüfek mermisi bulundu.

Dikkat edersiniz genellikle metropol kentlerde sokağa, bir ayda atılan silah ve mühimmat bunlar. Taşrada sağa sola atılanları ve bulunmayanları siz düşünün...

Şimdi buradan iki sonuç çıkıyor:

1) Ergenekon üyeleri silah, mühimmatından kurtuluyor.

2) Ergenekon'la ilişkili görünmemek için insanlar silah ve mühimmatı sokağa atıyordu.

Sizce hangisi?

Savcıya göre Emekli Binbaşı Emek'in silah ve mühimmatı Ergenekon örgütüne aitti. Bunu da örgüt üyeleriyle irtibata dayandırdı. Fikret Emek'in avukatı Mustafa Dokumacı duruşmada bu irtibatla ilgili şöyle dedi:

> (Fikret Emek'in) İrtibatları ise şöyle tanımlanmıştır: Muzaffer Şenocak ile bir CD nedeni ile iş ilişkisi çok detaylı anlatıldı. İddianamenin 325'inci sayfasında Fikret Emek'in Mehmet Zekeriya Öztürk ile okulda devre arkadaşı olduğu ve tanıdığı; "Mehmet Fikri Karadağ'ın 4 Ağustos 1987-1 Ağustos 1991 tarihleri arasında Dördüncü Piyade Tümeni 55. Zırhlı Alay, 1. Mekanize Piyade Tabur Komutanı, Keşan, Edirne'de görev yaptığı; Fikret Emek'in örtüşen tarihler 8 Eylül 1986-12 Haziran 1989 olay tarihinden nerden baksanız, yirmi yıl önce; tarihleri arasında 4. Piyade Tümen, 46. Piyade Alay, 1. Piyade Hava Takım Komutanlığı, Keşan, Edirne'de görev yaptığı; Genelkurmay Başkanlığı Ankara Askeri Savcılığı'nın 15 Nisan 2008 tarih vesaire sayılı yazılarından anlaşılmıştır" denilerek bu irtibatlar kurulmaya çalışılmıştır. Bu husus iddianamede defalarca tekrar edilmiştir. Koşan'da birbirlerinden habersiz askerlik yapmışlar. Terör örgütlerinin birbiri ile irtibatı olduğu ileri sürülen tek gerekçe budur. Bunu destekleyecek bir tek ilave delil yoktur.

İddianameye göre örgütün oluşumunda, Emekli Yüzbaşı Muzaffer Tekin'in bu grubun başında olduğu, Oktay Yıldırım, Mehmet Zekeriya Öztürk, Mehmet Demirtaş ve Fikret Emek'in bu silahların saklanmasına yardımcı oldukları belirtiliyor.

Muzaffer Tekin'in ofisinin genelde buluşma ve toplantı yeri olarak kullanıldığı iddia ediliyordu. Fikret Emek'in avukatı Dokumacı duruşmada iddialarla ilgili şöyle dedi:

> Müvekkilim adına bir defa, Muzaffer Tekin'in bürosuna gittiği anlamında bir delil ortaya konulursa, bütün iddiaları kabul etmeye hazırız. Müvekkilim adına sayılan şahıslardan Muzaffer Şenocak dışında, birisi ile maddi, elektronik, fiziksel bir irtibat hiçbir şekilde bu iddianame ve ek klasörde bulunmamaktadır. Bu müvekkilime bu örgüt için biçilmiş rolü, varsayarak buraya yazılmış bir ifadeden ileri gelmektedir. Eğer ceza yargılaması delillerle sürecekse, mutlak suretle bunun delillerini savcılık veya iddia makamı mahkeme huzuruna sunmak

zorundadır. Bağlantı anlamına gelecek ne iddianamede ne de 445 klasörde bir tek delil dahi yoktur. Bu ifade müvekkilim için sadece varsayım olarak bütün çıplaklığı ile ortada durmaktadır. Şüpheli Fikret Emek'in Zekeriya Öztürk ile yukarıda ifade ettiğim gibi, örgüt bağlantısı sadece Harp Okulu'ndan mezun olmaları; 15 yıl kadar önce komando kursu görmüş olmalarıdır. Bunun dışında geçen bu 15 yıl içinde bir tek görüşmeleri dahi olmaması, nasıl olursa bir bağlantı ve iz veya delil olmadan örgüt üyesi oldukları bu durumda ileri sürülebilmektedir. Bu varsayımdan ileri gitmemektedir.

İddianameye göre Fikret Emek'in kod adı "Şamil" idi. Keza iddianameye göre, Muzaffer Tekin'in kod adı da "Zafer". İddianamede bu isimlerin her geçtiği cümlede örneğin "Zafer (kod) Muzaffer Tekin" diye yazıldı. Kod adı olgusu ilk anda size ne anımsatıyor? Ortada örgüt var ve gizlilik gereği hepsinin birer kod adı var!

Bu algıya niye ihtiyaç duyuldu. Fikret Emek ifadesinde şöyle dedi: "Şamil kod ismi örgütsel amaçla değil, istihbaratçıların genelde birlik/bölük içinde ve operasyonlarında kullanılır; zaman zaman değiştirilir."

İstihbaratçıların gerçek kimlikleri deşifre olmaması için bu tür kod isimler kullandıkları sır değildi. Hatta bröve aldıklarında da ismi içinde kod adı da vardır: Fikret Şamil Emek.

Zaten duruşmada bunu da kanıtladı. Bir diğer belgede ise adının "Fikret Caner Emek" olduğunu gösterdi.

"Zafer" ise Muzaffer'in kısaltmasıydı. Yakın çevresinin ona öyle hitap ettiği, hatta düğün davetiyesinde bile bu şekilde yazdığını belgeledi. Peki niye bu algı yaratılmaya çalışılıyordu?

Hep konu konuyu açıyor ve cezaevindeki ilk günüme bir türlü dönemiyorum.

Örneğin...

"*Cumhuriyet* gazetesine atılan bombanın seri numarası Ümraniye'de bulunan bombaların seri numarası aynı," diye yazıldı hep.

"Eskişehir'de bulunan bombaların seri numarasıyla *Cumhuriyet* gazetesine atılan bombaların seri numarası aynı..." diye konuşuldu hep.

Buna benzer çok haberler yapıldı.

Bombaların üretimi, satın alımı, seri numarası vb. konularda kafaları bilinçli olarak karıştırıldı.

Bu konuyu netleştirmeliyim:

Genellikle el bombası silah değil mühimmattır. Yani kullanıldığında tamamen yok olan malzemedir. Silah olmadıkları için üzerlerindeki numaralar seri numarası değil, kafile numarasıdır.

Anlaşılacağı gibi, her numara bir bombayı değil, üretildiği kafiledeki binlerce hatta bazı üretimlerde on binlerce bombayı temsil eder.

Daha açık anlatayım:

Aynı numara, 10 bin el bombasının üzerinde de yazıyor olabilir. Bu anlamda *Cumhuriyet* gazetesine atılanla veya herhangi adi bir suçta kullanılan bombayla bu dava kapsamındaki herhangi bir el bombasının numaranın aynı olması pek bir anlam ifade etmez. 10 bin bombadan bahsediyorsunuz... Ve üretilen bombalar askere de veriliyor, polise de.

Örneğin, Güneydoğu'daki PKK sığınağında ele geçirilen bir el bombası da MKE yapımı olabilmektedir. Bir çatışmada patlamayan, kaybolan, karakoldan çalınan vs. bombalar örgütün eline geçebiliyor.

Örneklerle açıklayayım:

Fikret Emek'in Eskişehir'deki evinde bulunan el bombası (M-204-A KF-MKE 1-91 12-77) 1978'de üretilip Kara Kuvvetleri Komutanlığı'na 8.800 adet verildi. Aynı kafile numarasından Emniyet, Jandarma, Deniz, Hava Kuvvetleri'ne ne kadar verildiğini bilmiyoruz.

Yani, kafile numarasının benzeşiyor olmasının hiçbir anlamı yoktur. Nitekim Türkiye gerçekleştirilen birçok eylemde kullanılan el bombaları aynı kafileden olabilir. Kaldı ki, *Cumhuriyet* gazetesine atılan bombayla Ümraniye'de bulunan el bombaları aynı kafileden değildi!

Bu gerçek ortaya çıkınca bu kez yandaş medya şunu yazdı:

Cumhuriyet gazetesine atılıp patlamayan M204 A2 MKE 173-9-85 seri numarası ile, Ümraniye'deki iki bombanın M204 A2 MKE 169-5-85 seri numarası "benzeşiyor!" Biri 1985 yılının 9. ayında, 173 kafile numarasıyla üretilmişti; diğeri ise 1985 yılının 5. ayında 169 kafile numarasıyla üretilmişti. Benzeşme buydu! Hep zorladılar; amaçları gerçeği bulmak değildi, manipülasyondu.

Bu konuyu bir haberle noktalayalım: Çünkü bu haber *Yeni Şafak, Zaman* gibi gazetelere manşet oldu.

Tarih: 14 Aralık 2008.

Trabzon'da polis ve jandarma beş ayrı yere baskın yaptı. 9 el bombası, 1 tabanca, Kalaşnikof şarjörleri ve çok sayıda mermi buldu. Dört kişi gözaltına alındı. Bulunan el bombaları gazetelere yansıdığına göre Ümraniye'de bulunanlarla aynı kafilelerdendi. Gözaltına alınanlardan birinin özel harekâtçı polis olduğu ortaya çıktı.

Sonuç: Kişilerin silah kaçakçılığı yaptığı, Ergenekon'la ilişkili olmadığı tespit edildi. Manşet yapanlar mahkeme kararını görmezlikten geldi.

Yani el bombasının kafile numarasının aynı olması örgüt anlamına gelmiyordu. Sanırım bu örnekleri uzatmaya gerek yok; mesele anlaşılmıştır.

Evet... Fikret Emek'in evinde bulunan bir el bombasıyla, *Cumhuriyet* gazetesine atılanlardan bir tanesinin kafile numarası aynıydı.

Ama...

18 Mayıs 2003'te Merzifon'da bir evin bahçesine atılan;

29 Temmuz 2007'de Alanya'da bir evde bulunan;

2009'da Şabanözü'nde bir evde bulunan;

30 Kasım 2006'da Tuzla'da bulunan el bombaları da aynı kafiledendi!

Keza: 18 Mart 1999'da Şırnak'ta Hizbullah'ın İlim kanadına yönelik operasyonda ele geçirilen 6 el bombasından birinin kafile numarası, Ümraniye'de ele geçirildiği iddia edilen el bombalarının kafile numarasından idi. 26 Şubat 1999'da İzmir Urla'da ele geçirilen 10 el bombası; 30 Aralık 2000'de İzmir Karşıyaka'da 1 adet el bombası; 9 Nisan 2005'te Kırıkkale'de ele geçirilen 2 adet el bombası vd. kafile numarası Ümraniye'dekilerle aynıydı...

Bir anekdot yazmalıyım...

El bombalarıyla ilgili kafile numarası hep bir aldatma/kandırma stratejisine dönüşünce dönemin Genelkurmay Başkanı Orgeneral İlker Başbuğ düzenlediği basın toplantısında, karışıklığı gidermek için her kafiledeki el bombalarına bir de seri numarası koyacaklarını açıkladı. Başbuğ'a göre bu takdirde hangi el bombasının nereden çıktığı belli olacaktı. TSK çalışmaya başladı; el bombaları toplanıp Kırıkkale'ye gönderilmeye başlandı. Tam o günlerde...

Tarih: 10 Mart 2010.

TRT 2'nin "Son Dakika" haberi deyim yerindeyse gündeme bomba gibi düştü.

Ankara Emniyeti'ne saat 15.57.97'de e-postayla bir ihbar gelmişti. Gönderici "mehmetali06168@hotmail.com" şöyle diyordu:

"06 BD 9915 plakalı MAN kamyona dikkat!!! Ankara Seferberlik Tetkik Kurulu ve Kozmik Oda'da yapılan aramalardan sonra Seferberlik üyeleri telaşa düştü. Ankara Seferberlik Tetkik Kurulu kullanmış olduğu silahları birer birer toplayarak Ankara'ya getirtiyor. Az önce Afyon'dan yola çıkan ve Ankara'ya gelecek olan 06 BD 9915 plakalı MAN kamyona uzun namlulu silahları olan şahıslar nezaret ediyor. Polis uygulamasından kurtulmak için araca subay kimliği taşıyan silahlı bir kişi bindirildi. Bu aracı mutlaka kontrol edin ama dikkatli olmalısınız. Çünkü silahlara nezaret eden uzun namlulu silah taşıyan kişi gerekirse çatışmaya girmeye de hazır olacak. Sevkiyatın ilk durağı Ankara, silahlar burada elden geçirildikten sonra namluları temizlenecek, seri numaraları değiştirilecek."

Kamyon Ankara Emniyeti TEM polisleri tarafından Gölbaşı'nda durduruldu. İş anlaşıldı. Kamyonda el bombaları vardı. 4 Mart 2010 tarihli sevkiyat belgesinde şu yazılıydı:

"Seri numarasız el bombalarına seri numarası verilmesi faaliyeti kapsamında ilgi A gereği Mühimmat Ana Depo Komutanlığı/Yahşihan/Kırıkkale'ye tesliminin sağlanması maksadıyla Güllük Milas'taki Genelkurmay Özel Kuvvetler Destek Grup Özel Eğitim Merkez Takım Komutanlığı envanterindeki mevcut el bombalarının tümü Oğulbey Kışlası'na nakledilecektir."

Gelelim işin özüne; ama önce bazı bilgiler vermeliyim. Bu tür sevkiyatlarda güzergâhtaki kolluk teşkilatlarına (jandarma-polis) bilgi verilir. Eskort alınır. Ankara polisinin bu kamyondan bilgi sahibi olmaması imkânsız. O halde, televizyon ekranlarından duyurularak polis operasyonunun yapılmasının sebebi nedir? Ve üstelik polisten bilgi aldığı belli olan TRT 2 daha sonra haberinde kamyondaki el bombalarının seri numaralarının silinmiş olduğunu niye söyler? Yahu zaten seri numarası olmayan bombalara seri numarası verilmek için bu çalışma yapılıyordu. Neden birileri kamuoyuna hep, "askerler gizli kapaklı işler çeviriyor" mesajı vermek istiyordu? Amaçları neydi? TSK gözden düşürmek ise, bunun kime yararı vardı?..

Konu konuyu açıyor hep, Fikret Emek'e dönersek, Fikret Emek suçlu mu suçsuz mu bilemem. Ama iddianamenin zorlama olduğunu söyleyebilirim. "Keşan'da aynı dönemlerde bulunmuşlardı" gibi absürd değerlendirmelere hiç girmek istemem. Kuşkusuz ben sivil biriyim; askerliği bilmem, anlamam. "Eşim dul olmasın" diye emekli olunca evlenen, daha yeni bebeği olmuş, hasta, emekli bir subayın cephaneyi annesinin evinde saklamasını ve bulunan silahlarla-mühimmatlarla eylem yapıp yapamayacağını bilemem. Buna mahkeme karar verecek kuşkusuz.

Ancak. Benim anlamadığım bir konu vardı. Bir emekli subayın evinde daha cephane bulunmuştu; ama nedense ona muamele farklı olmuştu. Karşılaştırma yapmanız için kısaca özetleyeyim...

Adı: Arif Doğan.

1945'te Hatay-Kırıkhan-Abalak köyünde doğdu. İÜ Hukuk Fakültesi'nden ayrılıp Harp Okulu'na girdi. 1967 asteğmen olarak mezun oldu. Meslek hayatının önemli bir bölümünü Jandarma Karargâhı'nda Ankara'da geçirdi. Kendi ifadesine göre, deneme amaçlı oluşturulan JİTEM'i kurdu. Kadrosu tasdikli değildi yani. Tamamen sivillerden (herhalde çoğu PKK itirafçısı) olan JİTEM'in her biriminde 20 kişi vardı. Operasyoneldi. Kuşkusuz bu nedenlerle birçok cinayete karıştı. Ve sonra JİTEM lağvedildi. Arif Doğan da Güvercinlik'teki Jandarma Okullar Komutanlığı'nın Destek Kıtalar Komutanlığı'na atandı.

Bir dönemin, hem de en karanlık dönemin kilit ismi Emekli Albay Arif Doğan'a operasyon yapıldı...

Tarih: 13 Ağustos 2008.

Polisler gelen bir ihbarı değerlendirip Beykoz-Polonezköy yolu üzerindeki bir depoya baskın düzenledi. Depoda 2 Kalaşnikof, 2 tabanca, 3 tüfek, 1.034 kovan, 9 şarjör, 1.218 fişek, 8 uçaksavar mermisi, 4 telsiz ve 1.367 gram esrar bulundu. Ayrıca çok sayıda "Gizli" ibareli belge ele geçirildi.

Silah ve malzemeler Emekli Albay Arif Doğan'a aitti. 16 Ağustos'ta tutuklandı.

İfadesinde silahların öldürülen Emekli Korgeneral Hulusi Sayın'a ve Emekli Binbaşı Ahmet Cem Ersever'e ait olduğunu söyledi.

İlginçtir. Nedense Arif Doğan'a silahlarla ilgili pek soru

sorulmadı. "Faili meçhul cinayete kurban giden Binbaşı Ersever'in silahları sende ne arıyor?" diye soru yöneltilmedi. Çünkü başta Mehmet Eymür olmak üzere çok kişi, Ersever'in patlayacılarının MİT'te olduğunu yazıp söylediler! Evet: Bir soru bile sormadılar bu konuda... Detaya girilmedi. Sadece Jandarma İstihbarat kadrolarıyla ilgili sorulara yanıt istendi.

Arif Doğan da özellikle Emekli General Veli Küçük hakkında sert ifadelerde bulundu. "Veli Küçük'ün Sedat Peker'le ilişkisi olduğunu, ona mesleğiyle yakışmayacak şekilde 'Reis' diye hitap ettiğini" vs. söyledi. Fakat "İyi bir istihbaratçıdır" diye hakkını da teslim etti!

Arif Doğan renkli bir sanıktı; sorgusunda bol bol küfretti. Aklına ne gelirse söyledi. Örneğin, Ergenekon soruşturmaları konusunda ekranlara çıkan, gazetelere demeçler veren eski Emniyet Müdürü Bülent Orakoğlu; 2004'te yapılan yerel seçimlerde Genç Parti'den Eskişehir belediye başkanı adayı olmuş ve seçim çalışmalarında kullanması için Arif Doğan'ın aracılığıyla Sedat Peker'den para yardımı almıştı!

Kimin eli kimin cebinde belli değil. Sedat Peker Ergenekon'dan yargılanıyor. Orakoğlu Ergenekon aleyhine kitap yazıyor!

Neyse biz yine Arif Doğan'a dönelim....

"Ah," diyordu, "ah beni dinleselerdi PKK'nın kökünü çoktan kazırdım." Öcalan'ın yanına kadar casus sokmayı başarmıştı; talihsizlik sonucu operasyonu başarılı olmamıştı!

Öldürülen Tuğgeneral Temel Cingöz'ü, Korgeneral Hulusi Sayın'ı, Korgeneral İsmail Selen'i hep uyarmıştı, "Dikkatli olun, öldürüleceksiniz," demişti; dinlemedikleri için üçü de öldürülmüştü! Benmerkezci bir kişiliği vardı.

Fakat, nedense Arif Doğan bir yıl tutuklu kaldı. Bu süreyi de hastanede geçirdi. Sonra tahliye olunca yandaş medyaya demeçler verdi. Yandaş yayınevi editörlüğünde *JİTEM'i Ben Kurdum* diye kitap çıkardı.

Lütfen şimdi bana söyler misiniz; Fikret Emek mi, yoksa Arif Doğan mı daha kuşkulu bir sanık? Niye biri el üstünde tutulurken diğeri cezaevinde ömür tüketiyor? Sadece soruyorum. Anlayamıyorum. Nasıl anlayayım:

JİTEM, Yeşil, faili meçhul cinayetler konusunda ilk bilgileri kim kaleme aldı? *Binbaşı Ersever'in İtirafları* kitabıyla Soner Yalçın...

"JİTEM kurucusu" olduğunu iddia eden Arif Doğan hakkında ilk soruşturmayı (1389/274) kim yaptı? İdil Savcısı İlhan Cihaner! Şırnak'ın İdil ilçesinde Tahsin Sevim, Hasan Utanç ve Hasan Caner gibi faili meçhul cinayetleri araştıran ve sorumluları adalete teslim etmek isteyen Savcı Cihaner'in çabaları hep "görülmez eller" tarafından engellendi.

Şimdi çeteyi yazan Soner Yalçın, çeteyi soruşturan İlhan Cihaner "Ergenekon" çetesine üye öyle mi? Ayrıca Odatv davasında irtibatlı gösterilmeye çalışılıyoruz. Oysa tanışmıyoruz bile...

Nereden nereye geldik. Kitap boyunca hep nereden nereye sürükleneceğiz. Çünkü bir olayı salt kendi başına ele alamazsınız; alırsanız büyük manzarayı göremezsiniz...

Gerekçe makul bulunup nice hayatlar bir silindirle ezilir gibi harcanıyor.

Oktay Yıldırım'ın başucunda iki küçük çocuğunun fotoğrafı asılı.

Oktay Yıldırım anlatırken gözüm hep iki masum çocuğun yüzüne odaklanıyor... Sadece ahlaki değil zihin vicdanını da kaybettik biz, hepimiz.

Pervasız, dinginlenemez nefretlerin sebebi bu...

Evet, bu benim Silivri'de ilk gecem.

Bu karmaşık, kirli, karanlık ilişkileri entrikaları, hayat yıkıcılarını ruhumda temize çekmek için en iyi yöntem sonsuz hayal gücüne başvurmak. Gelecek mutlu günlere dair yaratıcı düşler kurmak...

Altıncı Gün

19 Şubat 2011
Cumartesi...

08.00...

Anonsla uyandım: "Sabah sayımı için düzen alın."

Her sabah bu anonsla aşağıya inip, kendimi göstereceğim bir yeni yaşam dönemim başladı. Cezaevi kurallarını çabuk öğrenmeliyim. 17 saat su yok. Sıcak su haftada iki gün, iki saat. Spor haftada bir gün, 45 dakika.

Anlaşılan günler koğuşta geçecek.

Ama...

En kötüsü ses izolasyonu. Ufak bir ses koğuşta dev bir gürültüye dönüşüyor; sesi emecek materyal yok çünkü. Hele demir koğuş kapısının açılması anlatması zor bir çirkin gürültü çıkarıyor.

"Haklarımı" öğreniyorum: Haftada bir telefonla görüşme hakkım var; 10 dakika.

Açık görüş ayda bir kez, bir saat; kapalı görüş ayda üç kez, 45 dakika, bir cam arkasında telefonla görüşüyorsunuz.

Kütüphane var, bakalım ne zaman çıkma izni alabileceğim? Bazen gardiyanların, bazen gardiyan ve askerlerin aniden gelip arama yaptıkları oluyormuş; henüz karşılaşmadım.

Gardiyanlarla ilişkiler genelde iyi. Ufak tefek sorunlar çıkmıyor değil, ama hallediliyor.

Her koğuş istediği kadar gazete talep edebiliyor. Ay başında hangi gazeteleri istediğinizin listesini veriyorsunuz. Yazmaya gerek yok, parasını hesabınızdan düşüyorlar. Kahvaltıdan sonra geliyor gazeteler genellikle.

Peynir ve zeytinden ibaret kahvaltıdan sonra gazeteleri okumaya başladık. Gündemde hâlâ biz varız.

Merkez medyada "suç delili" olarak gösterilen belgelerin virüsle geldiği haberleri vardı:

Hürriyet, bilişim uzmanının görüşünü birinci sayfaya taşımıştı.

Sabit diskte, "Lost&Found" adlı silinmiş gizli bir klasör bulundu.

Bu klasör, 28 Eylül 2010 saat 11.54'te yaratılmış ve aynı anda silinmiş. Lost&Found adlı klasör otomatik oluşturulmuş bir klasördür. Mac OS veya Linux sistemleri tarafından oluşturulur. Windows XP sistemleri tarafından kesinlikle yaratılamaz.

Ayrıca yine aynı klasör 20 Aralık 2010 günü saat 09.46'da yeniden yaratılıp içindeki dokümanlarla birlikte aynı anda yeniden silinmiştir. Kullanıcının bu klasöre erişimi kesinlikle mümkün değildir. Bu klasör ve içindeki dokümanlardan yaratılma ve silinme aynı anda olduğundan, kullanıcının müdahale olanağı yoktur.

Bu klasör ve dosyanın yaratılma işlemi ancak trojan virüs programı ile makineye izinsiz giriş usulüyle mümkündür. Makinenin genel kullanım odasında ve kablosuz ağ bağlantısı üzerinden internete devamlı bağlı olması nedeniyle, bu belge ve dokümanın kimin tarafından yüklendiğinin tespit edilmesi mümkün değildir.

Balbay'ın avukatlarının yıllardır gitmedikleri bilirkişi kalmamıştı. Virüs olduğunu ispatlamışlardı; hatta harddisk adli emanette iken bile girildiği tespit edilmişti. Sonuç, Balbay hâlâ cezaevinde! Bizim için de belirsizlik söz konusu. Bekleyecektik. O kadar... Adalete güvenecektik!.. O kadar...

Doğan Yurdakul'un NTV'ye konuşması *Hürriyet*'e haber olmuştu:

Yurdakul şunları söyledi: "Arkadaşlar dijital korsanlık yoluyla üretilmiş bir delil nedeniyle tutuklandı. 28 Eylül 2010'da ofisimizdeki bilgisayara spam yani virüslü bir dosya gönderiliyor. Virüs tarama programı siliyor. Dosya bilgisayarımızda kalıyor. 30 sayfalık, Ergenekon'la ilgili bir dosya. Arkadaşlar bu dokümanın çıktısı mahkemeye verilerek tutuklandı. Savcılık bunun ne şekilde bizim bilgisayarımıza girdiğinin izahını vermiyor. Avukatlar, teknik arkadaşlarla araştırıp, o dosyayı bulup mahkemeye götürdüler ve hâkime görüntülü olarak da sundular. Mahkeme hâkimi, 'Bu teknik bir konu, beni aşar. Bunu itirazınızda kullanın,'" dedi.

Gazeteler virüsle bilgisayara word dosyalarının nasıl yerleştirebildiğini haber yapmaya başlamıştı. *Milliyet*, bilişim uzmanı avukat Gökhan Ahi ile röportaj yapmıştı. "Bunlar çok komplike işlemlerdir, herkes yapamaz" demişti. Kimin yaptığını biliyoruz biz, emniyet içine sızmış cemaatçi polisler... *Cumhuriyet*'in birinci sayfasında ise Odatv bilgisayarında bulunduğu iddia edilen dokümanları nasıl geldiğiyle ilgili haber vardı. Bu virüse "Truva Atı" ya da "trojan" deniyordu. Peki bunlar neydi?

Truva atları (Trojanlar) zararlı program yüklemesi yaparlar ve barındırırlar. Trojanlar bilgisayar sistemlerine sisteminiz dışından sızarlar ve yine size (çoğunlukla) fark ettirmeden söz konusu bilgisayarlardan bu kez dışa doğru bilgi sızdırabilirler. Bazen de sisteminizin bazı portlarını açarak bir bilgisayar korsanının dışarıdan yönetimine zemin hazırlarlar. Bunlar kendi başına olan şeyler değildir. Kullanıcı trojan içeren programı bir şekilde çalıştırırsa aktif olur. Bir bilgisayarda bu yöntemle yapılabilecek pek çok şey olabilir. İşin en kötüsü bunlar yapılırken genelde kullanıcıların ruhu duymaz.

Dün televizyon izleyememiştik, atlamışız; Başbakan Erdoğan tutuklama "gerekçemizi" açıklamış: "Odatv'nin yargılananları yazılarından, düşüncelerinden dolayı değil başka bir eylemden dolayı takip altında ve bunu yapan yargı."

Haberi birinci sayfadan veren *Cumhuriyet* gazetesi ekliyordu; "Erdoğan dosya içeriğini nereden biliyor?"

CHP lideri Kılıçdaroğlu da yanıt vermişti. "Kılıçdaroğlu, Erdoğan'ın Soner Yalçın'ın yazılarından değil eylemlerinden dolayı soruşturulduğuna ilişkin görüşleri üzerine, 'Başbakan ayrıntıları kamuoyuna duyursa daha iyi olur. Belki iddianameyi de kendi hazırlıyordur,' diye konuştu. 'Sayın Soner Yalçın'ın tutuklanmasına niye şaşırıyorsunuz arkadaşlar, şaşırmayın, burası Türkiye. Davanın savcısı belli, yargıçları belli, hangi mahkemeye çıkarılacağı belli. Bunu sağduyusu olan her yurttaş gayet iyi biliyor,' dedi."

Ertuğrul Özkök, beni hedef alan yazılara karşı "Ey Sırtında 'Amalı Haç' Taşıyanlar" başlıklı bir makale kaleme almıştı:

Çok gençleri anlıyorum. Onlar hayatlarında hiç askeri darbe yönetimi yaşamadılar. 12 Mart, 12 Eylül nedir bilmiyorlar. Askeri vesayeti bilemedikleri için, sivil vesayetin daha beter olduğunu hiç bilmiyorlar. Ama ya ağabeyleri? Onları affedemiyorum. Soner Yalçın olayını eleştirirken bile 'ama' diye başlamaları, bahane aramaları yok mu beni çıldırtıyor.

O her "ama"nın arkasında bir "amalı haç" sembolü görüyorum. Nedir bu olup biten haksızlıklar, gaddarlıklar karşısındaki "kayıtsız modern" tavrı. Anlamıyorum, inanın anlamıyorum. Bu "cemaat korkusu", bu "cemaat tesanüdü" artık midemi bulandırıyor. Üstelik çoğu eski solcu. Eski devrimci.

Ey siz "amalı haç" taşıyan eski solcular, eski devrimciler. Bugün hepiniz "Kol kırılır yen içinde kalır", "Kurunun yanında yaş da yanar", "Geçmişte bize de yapıldı" bahanesinin mide bulandırıcı aktörleri haline geldiniz.

Ece Temelkuran da *Habertürk*'teki köşesinde "ama" ile başlayan cümle kuranlara ve "eteğindeki taşları dökenlere" yanıt veriyordu:

> Soner Yalçın için yazılan ve basın özgürlüğüne halel geldiğini savunan hemen bütün yazılar aynı şekilde başlıyor: "Düşüncelerine hiç katılmam, ama..."
>
> "Soner Yalçın'dan ve sitesinden hiç hazzetmem doğrusu, fakat..."
>
> "Benim hakkımda da yalan şeyler yazmışlardı, ancak..."
>
> Bu ihtiyaç nereden kaynaklanıyor? Bir paragrafçık kınama yazılacak diye paragraflar dolusu "Aman beni de onun gibi bilmeyin" telaşının gerekçesi ne? Korku elbette. Ama bir değil iki korku var burada. Şöyle ki...
>
> Tıpkı patronu işten attıktan sonra gittiği yeni gazetede eski patronuyla, eski genel yayın yönetmeniyle ilgili aleyhte yazı yazanlar gibiler. Soner Yalçın birkaç gün öncesine kadar dışarıdaydı. Eğer Yalçın'la ilgili herkesin eteğinde bu kadar taş vardıysa niye dökmediler?

Taraf gazetesi tutuklanmamızı "zil takıp oynayarak" kutluyor. Bizi bilgisayarımızda çıkan 30 sayfalık "belgeler" yakmış!

Bir de genç bir yazarı var ki, bizi uyarmış ama dinlememişiz. Bakın Rasim Ozan Kütahyalı ne yazmıştı:

> Ergenekon ahtapotunu tüm yönleriyle deşifre etmek zorundayız... Bu ahtapot hâlâ ODA yapılanmalarıyla propaganda, dezenformasyon, manipülasyon ve provokasyon faaliyetini sürdürmekte... Bu ülkenin vicdan sahipleri çok uyanık olmalı... Bu satırları ben 20 Haziran 2009'da *Taraf*'ta yazdım... Bugün 19 Şubat 2011... Tam 20 ay önceden gören gözlerin anlayabileceği bu net realiteleri ifade ettim. Bugün Yalçın tutukluyken ve yakın zamanda da Yalçın'a yardım ve yataklık edenler tutuklanmak üzereyken bunları gündeme getirmiyorum. Özellikle son

cümlemde özellikle "Ergenekon'un ODA yapılanması" istiaresiyle neyi kastettiğim çok açıktı. Bu aslında bu hücrenin lideri Soner Yalçın ve ekibi için de iyi niyetli bir uyarıydı. Ergenekon işlerini 20 ay önceden tamamen bıraksalardı bu tutuklamalar olmayacaktı. Çünkü eskiden Ergenekon'la ortak çalışmış ama sonradan tövbe etmiş kişiler çoğunlukla serbest. Israrla bu işlere devam ettiler ve olacak olan oldu. Bu son yaşananları "Basın özgürlüğüne saldırı" olarak görenler yakın gelecekte çok ama çok utanacaklar...

Ucuz şöhret peşinde koşan, şöhret olmaya kölece tapan bu genç adamla diyalog, ancak onun seviyesinde olur ki, bunu beceremem. Cahillik etrafımızı sarmış durumda; üstelik doğası gereği kendinden emin, her şeye burun kıvıran küstah bir tavır içinde. Nasıl baş edeceksiniz?..

Yine *Taraf*'tan liberal solcu Roni Margulies "Kim Korkar Hain Hukuktan" başlıklı makalesinde şöyle diyor:

> Soner Yalçın bin yıl hapis yatsa umurumda bile olmaz. Tahliye olduğu gün arkadaşı Veli Küçük'e "Darısı başına Veli Abi, senin de kala kala iki yüz yılın kaldı, göz açıp kapayıncaya kadar geçer!" dese, mutlu olurum. Kapıda Doğu Perinçek'le Yalçın Küçük onu yolcu etse, "Dışarıda hayat senin için zor olacak, örgüt mörgüt kalmadı, yeniden örgütlenmenin koşullarını kolla, ziyarete geldiğinde tartışırız," deseler, keyfime diyecek olmaz. Bunlar kişisel zevklerim. Hukukla filan pek alakası yok.

Kişinin, ideolojik-siyasi değişimine/dönüşümüne kim ne diyebilir? İnsan hayat içinde farklı fikirlere savrulabilir. Bunlar "dönek" değildir.

Peki kimdir "dönek"?

"Döneklik" kariyer/statü planlamasıyla ortaya çıkar.

Ama kişi bu gerçeği kendisinden gizler.

Hiç olur mu; para, pul, ün/şöhret, koltuk, yeni sınıfa kabul edilmek için "döndüm" denir mi? Kusuru meziyete dönüştürür. Kurnazlık yapar; dönekliğini fikirle taçlandırmak ister.

Tamam, güzel, buna da eyvallah! Fakat döneklik dönmekle sona ermez. Bu kez bir türlü yok olmayan "çağdışı dinozorlara" kızar. Çünkü bunlar onu, kendisinden bile sakladığı "döneklik gerekçesiyle" yüzleşmek zorunda bırakır.

"Dönek" bu etkiden kurtulmak için vicdanını tenekeleştirmeye çalışır. Bunun reçetesi ise nefret duygusudur. Döndüğü yere, fikre ve insanlarına kin kusar. "Zayıf anını" gösterenlere karşı despot olur. Konuşmalarına, yazılarına kötülük, mutsuzluk hâkim olur.

Emre Kongar aslında süreci en iyi analiz eden kalemlerden biriydi, çünkü bilimadamıydı; bilimin namusuna inanıyordu.

> Haksızlık ne kadar büyükse, bu haksızlıkları dile getirenlere karşı yapılan saldırılar da o kadar şiddetli oluyor! Bu aslında evrensel bir kural: İktidar sahipleri, iktidarlarını genişletmek ve derinleştirmek istediklerinde başvurdukları yöntemler tepki doğurdukça, baskılarını arttırır. Her baskı daha çok tepki doğurur. Daha çok tepki daha çok baskıya yol açar. Sonunda zulüm bütün topluma egemen olur! İşte demokrasi, laiklik ve hukuk devleti, bu baskı-tepki-baskı sarmalı olmasın, yöneticiler zulüm yapmasın diye icat edilmiş kavramlardır.
>
> Soner Yalçın ve Odatv olayı münferit, tekil bir olay değildir. Tek başına ele alındığında olayın önemi ve anlamı iyice idrak edilemez.

Bu arada *The Economist* dergisi de Emre Kongar'ı doğruluyordu:

> Ülkenin en büyük medya holdingini dize getirmesinin ardından hükümet, şimdi de başka muhalif sesleri hedef alıyor. Son kurban ise ordu yanlısı eğilime sahip internet haber sitesi Odatv oldu.

"Ordu yanlısı" ne demekse ya da "ordu karşıtlığı"? Daha birkaç yıl önce orduyu küçük düşürmekten yargılanmıştım. Niye kimse, meseleye haber açısından bakmıyor. Bugün TSK ağır bir saldırı altında, bunu görmemek, bunun haberini yapmamak "neden" sorusunu sormamak gazetecilik değildir. Saldırının nedenini yazmak, yorum yapmak da "ordu yanlısı" olmak değildir. Mesele sadece gerçeğe bağlılıktır, gazeteci görevini yaparken, haberi yaparken tek ilkesi vardır; haberin doğru olması, hepsi bu...

Yeniçağ gazetesinden Sabahattin Önkibar gazetecilik meşalesini elinden düşürmeyen ender basın emekçilerinden biri.

Sağcı, inançlı ve Erdoğan'ın hemşehrisi olmasına rağmen bunları kullanıp rant elde edeceğine, hep gerçeklerin peşine düştü; gazetecilikte ısrar etti. Makalesinde beni utandıracak bir tanım yaparak başlık koymuştu: "Cesur Yürek Soner Yalçın".

1) Soner Yalçın şerefli bir gazetecidir ve işi gereği herkesle konuşabilir ve de her türlü belgeyi kitap yazmak için muhafaza edebilir.

2) Avukatları Soner Yalçın ve Odatv'nin bilgisayarlarına hackerler vasıtası ile korsan yüklemeler yapıldığını söylüyor ki bu her şeyi anlatmıyor mu?

3) 4. yılına giren Ergenekon davası ile ilgili bu son tutuklamalar aslında bu davayı anlatmaktadır; zira dünyada böyle ucu açık bir soruşturma örneği yoktur.

4) Soner Yalçın'a operasyon dalgasının hemen seçim öncesine denk gelmesinin hiç mi anlamı yoktur, güldürmeyin beni!

5) Keza bu operasyonun araştırmacı gazeteci Soner Yalçın ile arkadaşlarının AKP'nin pisliklerini duyurma hazırlıklarında olmaları öncesinde olması zihinleri bulandırmıyor mu?

6) Cesur Yürek Soner Yalçın'ın AKP'ye muhalif yayın yapacak bir televizyon kanalı için kollarını sıvadığı bir süreçte bütün bunların olması üzerinde durulacak bir başka ayrıntı değil mi?

7) Keza operasyonun Kemal Kılıçdaroğlu ile Halk TV'nin satışı konusunda buluşmasının hemen ertesine denk gelmesi de üstünde durulması gereken bir başka boyut değil mi?

Gazete okumayı bıraktım...

Tüm gazetelerde biz varız. Halen tedavülde çok geçerli olan, Montaigne'nin yazdığı gibi, yararsız, değersiz ve en sahte akçe olan şöhreti elimin tersiyle itekledim hep; sevmiyorum. Bu yazılardan, haberlerden rahatsız oluyorum. Gazetecilikte elde ettiğim başarıyı hep büyük bir sorumluluk olarak değerlendirdim. Bu sebeple gerçeği bulma ve yazma konusunda katı oldum; kimseye taviz vermedim... Dürüstlük tutkusu saplantı haline geldi bende. Tek dostum, bilgelik oldu. Nietzsche'nin dediği gibi, "Dürüstlüğümün bittiği yerde, kör olurum; bilmek istediğim yerde de dürüst olmak isterim; yani; sert, katı, acımasız." Kimileri "orta yolcu" olmadığım için kızıyor bana... "Ah, ah, çok sertti..." Oysa radikal olmayan gerçeklik hiçbir ahlaki değer taşımaz... Neyse...

Bugün banyo günü. İki saat sıcak su var.

İki duş yerinden birini kullanıyoruz; diğeri su deposu işlevini görüyor; çöp kutusunda su depoluyoruz!

İlk duş sırası benim. Ancak banyo çok soğuk; kalorifer peteği yok çünkü. Banyo biraz olsun ısınsın diye, sıcak suyu on dakika açık bırakıyoruz; yani önce "buhar banyosu" yapıyoruz.

Kaç günün ardından sıcak su iyi geldi. Rahatladım.

Saç kurutma makinesi yok. Tek şansımız yaşayan bir koğuşa getirilmemiz; sabun, şampuan, havlu, terlik ihtiyacımızı Oktay Yıldırım sağladı.

Oktay Yıldırım'ı "koğuş ağası" ilan ettik. Reddediyor. Oysa çok deneyimli, dört yıldır cezaevinde. Örneğin yemekler çok kötü. Şansımız Oktay Yıldırım; tüm yemekleri sıcak suyla yıkıyor, çeşitli baharatlarla yeni yemekler "icat" ediyor.

Gerçi iştahım yok, zorlukla yiyorum. Alışmalıyım. Son bir haftada epey kilo verdim. Kilo vermem iyi ama güçsüz düşmek istemiyorum; bir de hastalıkla uğraşamam. Bu arada cezaevine atılmamla aftlar yok olup gitti...

Akşam televizyon seyrediyoruz. Haberlerde hâlâ biz varız.

Hep münzevi ve neredeyse bir keşiş hayatı yaşayan, gece gündüz çalışan, haftanın çoğunu bir odadan çıkmadan geçiren ben, ekranda ve gazetelerdeyim; hiç hoşuma gitmiyor. Hemen kaçıp saklanmak ihtiyacı hissediyorum. Hücreme/odama gittim. Yatağa girdim. Böyle anlarda en iyi "ilaç" ezberimdeki Ahmed Arif şiiri yine...

Art arda kaç zemheri,
Kurt uyur, kuş uyur, zindan uyurdu,
Dışarıda gürül gürül akan bir dünya...
Bir ben uyumadım,
Kaç leylim bahar,
Hasretinden prangalar eskittim...

Acımızda hiçbir şey boşuna değil...
Yeter ki, çekilen acılardan ders çıkaralım...

Yedinci Gün

20 Şubat 2011
Pazar...

Bugün pazar; bugün ilk defa güneşe çıkmadım ama bugün ilk defa cezaevi böreği yedim! Oktay Yıldırım yaptı; hazır lavaş ekmeği kullanarak, içine kavurma-beyaz peynir koyarak. Semaverin su buharında pişirdi. Zahmetli iş; "Komando usulü" diye tarif etti.

Barış Pehlivan sürekli Oktay Yıldırım'a hukuki süreçle ilgili sorular yöneltiyor. "İtiraz dilekçesi ne zaman yazılır?" vs.

Kahvaltıdan sonra volta atmaya beton avluya çıktım; elimde Oktay Yıldırım'ın hediye ettiği zeytin çekirdeklerinden cezaevinde yapılmış tespih var...

Sonra koğuş arkadaşlarım da eşlik etti. Barış volta atmakta zorlanıyor, sürekli yolumuzu kesiyor; öğreteceğiz artık.

Voltanın gündemi, *Hürriyet* yazılarının nasıl yazılacağıyla ilgili. Bugün pazardı ve haftalık yazım yoktu; yazamamıştım doğal olarak. Peki cezaevinden kaynakça bulup yeni yazılar kaleme almak zor olmayacak mıydı?

Oktay Yıldırım'ın küçük bir kitaplığı vardı; biraz da dergi. İlk kaynaklar bunlar olacak mecburen. Sonra dışarıdan kaynaklar getirtirim.

Peki makaleyi *Hürriyet*'e nasıl göndereceğim; acele posta servisiyle. O halde hemen yazmaya başlamalıyım ki gazeteye yetişebilsin.

Tutuklanmadan önce sivil hayatta her perşembe gününü *Hürriyet* yazısına ayırırdım; sanıyorum cezaevinde yazı günüm cumartesi ya da pazar olacak.

Bu arada, Oktay Yıldırım dört yıllık cezaevi yaşamında *Ergenekon Bombaları'nın Sırrı* ve *Savaşmadan Kaybetmek-Türkiye'nin Silahsız İşgali* adlı iki kitap yazmıştı. Bugünlerde de *Mehmetçik; Tarihsel ve İdeolojik Kökeni* kitabını bitirmek üzereydi. Türk askerlik tarihi konusunda sürekli soru yöneltiyordu. Harp ve askerlik tarihine hep merak salmışımdır. İyi ki okumalar yapmışım zamanında, az da olsa bilgi sahibiyim. Ama Oktay

Yıldırım'ın isteği bitmek bilmeyecek gibi. Bir de okumak üzere kitabının ilk nüshasını vermesin mi; daha cezaevine geleli iki gün oldu, çalışmaya başladım.

İlk görev kitap editörlüğü! Karşılığında, "Yemek yapmaya karışmam," dedim. Kabul edildi; bulaşığı da Barış yıkayacak.

Bir de *Hürriyet*'e yazacak konu bulsam hiç "derdim" kalmayacak. Yaşadığım gözaltı-tutukluluk sürecini anlatsam harika pazar yazısı olur; ama *Hürriyet*, yazacaklarımı "taraflı" bulabilir. Zaten iktidarla hep sorun yaşıyorlar, bir de ben yük olmayayım. Gazeteler geldi, bakalım neler yazılmıştı yine?

Evet şaşırtıcı bir durum yok. Neo-liberal çevreler ile cemaatçiler elbirliğiyle itibarsızlaştırma kampanyasına devam ediyor. Eli silâhlı (kalemli) idam mangasının önündeyiz; ellerimiz, kollarımız bağlı... Bunu Ahmet Hakan'ın yazısından anladım yine.

> Bir tiyatrocu, dolandırıcılıktan içeri atıldığında "Memlekette sanat düşmanlığı aldı başını gidiyor" demek ne kadar mantıksızsa... Bir edebiyatçı, karısını öldürmekten içeri atıldığında "Ülkede kültür düşmanlığı aldı başını gidiyor" demek ne kadar mantıksızsa... Bir gazeteci de, örgüt üyeliğinden içeri atıldığında "Gitti basın özgürlüğü gitti" diye feveran etmek, o kadar mantıksızmış!
>
> "Yazıp çizmek" ayrı bir işmiş, "örgüt üyeliği" ayrı bir işmiş.
>
> Bu nedenle... "Gazeteciler içeri atılıyor, sıra kimde?" diye çırpınmak yerine, "Tehlikeli bir örgüt üyesi içeri atıldı" diye kendimizi güvende hissetmemiz gerekirmiş.
>
> Kimden mi çıktı bu "çakma Çin malı" argüman? Kimden çıkacak? Uçsuz bucaksız bir özgürlük şampiyonu olan Gülay Göktürk'ten... Bir başka özgürlük şampiyonumuz Cengiz Çandar da, "Argümansız kaldım anne" edasıyla atladı bu görüşün üzerine ve heyecanla alıntıladı köşesine...
>
> Madem öyle... O halde "Biraz sakin olun şampiyonlar!" diye seslenerek bu iki ismi aklıselime davet edelim.
>
> Bakın, şampiyonlar!
>
> Soner Yalçın karısını kör testereyle keserken suçüstü yakalanmış olsa ve biz de "Eyvah gitti basın özgürlüğü" diye ağlaşsak, sonuna kadar haklı olursunuz.
>
> Ya da... Soner Yalçın, kar maskesiyle banka soyarken suçüstü yakalanmış olsa ve biz de hep bir ağızdan "Sıra hangimizde?" diye sorup dursak, yine sonuna kadar haklı olursunuz.
>
> Ama insaf edin ve elinizi, eğer gramı kaldıysa vicdanınızın üstüne koyarak söyleyin: Bir ressamın "resim yapması" ile

"dolandırıcılık yapması" arasındaki kesin ve muazzam alakasızlık, Soner'in durumunda söz konusu edilebilir mi?

Ya da... Bir edebiyatçının "kitap yazması" ile "karısını doğraması" arasındaki kesin ve müthiş alakasızlık, Soner'in durumuna uyarlanabilir mi? Hadi savcıların gözaltındaki Soner Yalçın'a "Hişt, gazeteci! Söyle bakalım o haberleri neden yaptın?" diye sormasını es geçelim.

İnsan hiç değilse... Ergenekon Davası'nın açıklarıyla ilgili haberler yapan bir gazetecinin, Ergenekon'dan içeri alınması karşısında minicik bir "şüphe" duyar yahu!

Bir ressam dolandırıcılıktan içeri alındığında tabii ki "Memlekette sanat düşmanlığı yapılıyor" diye feveran edilmez. Ama Ergenekon'un açıklarını haber yapan bir gazetecinin Ergenekon'dan içeri alınması durumunda "Basın özgürlüğü elden gidiyor," denir. Haykırılamıyorsa en azından minicik de olsa bir "şüphe" belirtilir, fısıltıyla da olsa bir "acaba" denir. Bu da yapılamıyorsa en azından susulur ve "çakma Çin malı" argümanlarla gülünç duruma düşülmez.

Ahmet Hakan niye şaşırıyor ki? Bu gazeteci üslubunun bunlara kimden miras kaldığını bilmiyor mu? Bugün Türkiye'de, herkesi küçümseyen, sürekli aşağılayan, her şeyi bildiğini sanan ve hep haklı olduğunu düşünen kibirli bir gazeteci-yazar grubu var. Bunların demokrasi, özgürlük, Kürt açılımı, resmi tarih, Ergenekon, Balyoz vb. konularda kafalarında bir şablonları var, buna karşı çıkanlara akla gelmeyecek ithamlarda bulunuyorlar. İyi eğitimli, entelektüel, Batı'yı görmüş-Batı'da yaşamış, üniversitelerde ders veren bunlar, bu kaba üslubu bakın kimden miras aldılar:

Refik Halit Karay... Refi Cevat Ulunay... Cenab Şahabettin... Rıza Tevfik Bölükbaşı... Mevlanzade Rıfat... Abdullah Cevdet... Ömer Feyzi... Ali Kemal...

Hepsi devrin önemli gazetecileri, yazarlarıydı...

Hepsi iyi yetişmiş Osmanlı münevveriydi.

Birkaç dil biliyor, "üniversitede" ders veriyorlardı.

Hasta Adam Osmanlı'nın iyileşmesi için hepsinin kafasında benzer "kurtuluş reçeteleri" vardı. Batı'nın elvermesiyle ülkenin düzeleceğine inanmışlardı. Burunlarının dibine kadar sokulan, İstanbul'u, Anadolu'yu işgal eden ve ettiren İngilizlere emperyalist gözüyle bakanlara düşmandılar.

Kuvayı Milliye'nin yok edilmesi için İngilizlere yalvardılar.

Bunun nedeni, Ankara Hükümeti'nin kafalarındaki "kurtuluş şablonuna" uygun hareket etmemesiydi. Onlar yüzünden İngilizlerin Osmanlı'ya kızıp, ülkeyi kurtaramayacağını düşünüyorlardı!

Yani, aynı bugün olduğu gibi...

Örneğin, dün işçi sınıfının kurtuluşu için mücadele veren bir eski solcu, gün geldi "Şimdi zamanı mı?" diye eylem yapan Tekel işçilerine kızdı. Çünkü Tekel işçisinin mücadelesi bu köşe yazarının kafasındaki teoriye uymuyordu! Arkasından bildik itham geldi: "Bu işçiler Ergenekoncuların oyununa geliyor!"

Kafa, bildik o kafa...

Hiç değişmiyor aslında...

Hürriyet gazetesinin haberine göre, *Star* gazetesi Ankara temsilcisi Şamil Tayyar bir televizyon programına çıkıp bilgisayarımda bulunan bir mektubu okumuştu. Demek, soruşturma böyle yürütülüyordu. Bilgisayarımdaki özel bir mektubum televizyon ekranlarından okunuyordu. Tek başına bu bile hukukun ne hale getirildiğinin göstergesi değil mi? Alıştırdılar artık.

Peki neydi bu mektup?

Madem "özel yetkili gazeteci" Şamil Tayyar mektubun bir bölümünü okumuştu; ben de tamamını yazayım.

Mektubu CHP iletişim koordinatörü Baki Özilhan'a yazıp göndermiştim. Baki Ağabey'le 25 yıldır tanışırız. Halk TV'yi almak istediğimi biliyordu. Neden bu işe kalkıştığımı yazmıştım. Şöyle demiştim:

> Baki Ağabey,
>
> 2011 seçimlerine aylar kaldı.
>
> Hepimiz aynı siyasi değerlendirmeyi yapıyoruz; bu seçimler Cumhuriyet kazanımlarının korunması için çok önemli. Bu seçimlerde CHP'ye çok iş düşüyor. Bu değerlendirmeyi uzatmaya gerek yok, biliyorsunuz. 2011 seçimlerinde güçlü bir medya desteği de CHP için elzemdir.
>
> Güçlü medya demek, inandırıcı medya demektir.
>
> Güçlü medya demek etkili - güvenilir medya demektir.
>
> Güçlü medya kamuoyunun takdir ettiği insanlara yer veren, yazılarını okutan, söylediklerini dinleten demektir.
>
> Güçlü medya var mı? Maalesef yok.
>
> Korkarım size gelen bilgiler de gösteriyordur ki, artık tarafsız olan medya grupları da bertaraf olmamak için iktidarı desteklemeye başladı. Yazarlar, başlarına Bekir Coşkun'unki gibi

bir işten atılma belası gelmemesi için suskun. Televizyonlar iktidara muhalif olanları ekrana çıkarmamaya başladı. Kimi gazeteci-yazar-televizyoncu ise kurnazlık edip döndü, dönek oldu.

Evet 2011 seçimlerine medya bu halde girecekken CHP ne yapmaktadır? Bakınız bir gerçeğin altını çizmeliyiz: Halk TV ihtiyacı karşılayamamaktadır. Halk TV'nin önümüzdeki günlerde etkili olacağı umudu kimsede yoktur.

Baki Ağabey,

Bildiğiniz gibi, Sayın Kılıçdaroğlu'na bu tespitleri yapıp Halk TV'ye talip olduğumuzu açıkladım. Kuşkusuz bu işi tek başına yapacak değilim. Bu bir ekip işi ve ekibimiz hazırdır. Bugün medyada sesi kısılmış, işten atılmış yığınla yurtsever, aydın, gazeteci-yazar arkadaş var. Daha ayrıntılı yazmam gerekirse haber merkezinde Murat Ongun, Ahu Özyurt, Hakan Aygün, Murat İde, Özlem Gürses, Serdar Akinan gibi isimleri görevlendirirken ekran önünde program yapmak için şu arkadaşlar bizlerle olacaktır: Ruhat Mengi, Mehmet Tezkan, Mustafa Mutlu, Nilgün Cerrahoğlu, Oray Eğin, Sedat Ergin, Nihat Genç, Emin Çölaşan, Mine Kırıkkanat, Şükran Soner, Yazgülü Aldoğan, Çiğdem Toker, Özlem Çelik, Orhan Bursalı, Nuray Mert, Pınar Türenç vd.

Evet bu güvenilir, saygın gazetecilerle ekrana çıkacağız. Gerçek habercilerle haber sunacağız. Gündemi takip eden değil gündemi yaratan bir yayın organı olacağız. Cesur olacağız. Kimseye hakaret etmeyeceğiz. Sadece haber vereceğiz, herkesin konuşmasının ortamını sağlayacağız. Solun sola propaganda ettiği bir yayın organı olmayacağız. Halkı kazanmaya çalışacağız. Oyunları bozacağız. Haberciliğin nasıl yapılacağını göstereceğiz. Saygın olacağız.

Baki Ağabey,

Benim üne şöhrete paraya pula ihtiyacım yok.

Bizleri sizler yetiştirdiniz; bu ülkeyi sahipsiz bırakamayız.

Ben elimi taşın altına koyuyorum. Bunun sonucunda başıma her türlü çorabı da örebilirler; bunun bilincindeyim. Ama ben aydın sorumluluğu gereği tarihsel görevimi yaptığıma inanıyorum. Dün de öyle davrandım; inandıklarımı, doğru bildiklerimi yazdım. Bugün de öyle yapıyorum. Yarın da öyle yapacağımı biliyorsunuz.

Baki Ağabey,

Biz Halk TV'ye talibiz. CHP, TV'yi bize devretmelidir. Dünyanın hiçbir yerinde parti organları kamuoyunda etkili olamamıştır. İyi niyetli çabalara rağmen Halk TV ölü doğmuştur. Onu diriltecek olan biz gazetecileriz.

Sizden istediğim bu meselenin olup olmayacağının kısa zamanda aydınlığa kavuşmasıdır. Bürokratik işlemlerle iş uzarsa zaman kaybederiz. En kısa zamanda CHP ekibiyle yan yana gelmeliyiz. Neyi, ne zaman, nasıl yaparız, konuşmalıyız. Biz hazırız. Saygılarımla.

Soner Yalçın,

(27 Eylül 2010)

Not: Baki Ağabey, bu yazdıklarımı Sayın Kılıçdaroğlu'na da okutabilirsiniz.

İşte mektup bu...

İşin doğrusu da buydu; Soner Yalçın Halk TV ya da bir başka kanal alıp habercilik yapmaması için zindana atıldı.

Kimi medya bu mektubu "başına çorap örüleceğini biliyormuş," diye haber yaparak bana acıdı!

Bakınız...

İnsan korkar, ama korka korka gerçeğin yanında durur, hakikati haykırır, bu onun insan olmakta ısrar ettiğini gösterir.

Bir TV kurmaya kalkışacaksınız ve başınıza "çorap örmeyecekler," olur mu öyle bir şey? Burada cemaat var! Burada AKP var! Türkiye siyasi iklimini bilmemektir bunun aksi durumu.

Tuncay Özkan, Mehmet Haberal, Mustafa Özbek, Doğu Perinçek TV sahibiydi; ne oldu, hepsi Silivri'ye atıldı.

Gürbüz Çapan Cumhuriyet TV'yi kuracak diye zindana sokuldu.

Şimdi de ben. Ama, biliyorum ki, yarın yine biri çıkacaktır; yine kolları sıvayıp TV kurmaya çalışacaktır. Gerçeği öldüremezsiniz... Bu ülkenin özgür düşünceye ihtiyacı var... Düşünme izne tabi tutulamaz...

Dönelim tekrar gazete okuma çilesine!..

Düşünce namusuna sahip Cüneyt Ülsever'in *Hürriyet*'teki makalesi Cengiz Çandar'ın bitmek tükenmek bilmeyen kişisel tiksindirici düşmanlığını her platformda nasıl sürdürdüğü üzerineydi:

18 Şubat Cuma günü ABD İstanbul Konsolosluğu'ndan 10 gün önce yapılmış bir davet üzerine ABD Büyükelçisi Francis Joseph Ricciardone'nin davetlisi olarak 6 gazeteci bir toplantıya katıldık.

1) Bay Ricciardone toplantıda söylediklerinin "off the record" kalmasını istediği için bu yazıda onun sözlerine doğrudan yer vermeyeceğim.

2) Ancak, açıkça sordum ve açık cevap aldım. Toplantının kendisi gizli değildi. (Zaten olamazdı.)

3) Ayrıca toplantıya katılan gazetecilerin hiçbirisi sarf ettikleri sözler için "off the record" demedi. Bu yazı bu üç saptama çerçevesinde yazılmıştır.

Toplantıya katılan gazeteciler: Abdülhamit Bilici *(Zaman)*, Amberin Zaman *(Habertürk)*, Sami Kohen *(Milliyet)*, Cengiz Çandar *(Radikal)*, Mehmet Barlas *(Sabah)* ve ben idik.

ABD'li ev sahipleri ise hali ile Büyükelçi Ricciardone, İstanbul Başkonsolosu Scott Frederic Kilner ve diğer birkaç ABD'li yetkiliden oluşuyordu.

Hatırlatayım, davet "Odatv baskını" olmadan önce çıkarılmıştı.

Ancak, Büyükelçi, "Soner Yalçın ve arkadaşları" hakkında iki gündür sarf ettiği sözleri nasıl yorumladığımızı sorarak toplantıyı açtı.

Aramızda Hükümet'i açıktan destekleyen üç arkadaştan bizim grupta olanı (Cengiz Çandar, S.Y.) anında topa girdi ve çok uzun bir tiradla Büyükelçi'nin 'Odatv baskını' konusunda konuşarak büyük hata yaptığını söyledi. Büyükelçi içişlerimize karışmıştı. Ayrıca zamanlaması da yanlıştı. Kişisel duygularını konuşmasının en başında "I am appalled" (appal(ed)=sükutu hayale uğratmak, yese/dehşete düşürmek) cümlesini kurarak beyan etti. Ben de arkadaşın Büyükelçi'ye "haddini bildiren" tavrından dolayı dehşete düştüm. Herhalde, bir Hükümet temsilcisi toplantıda olsa idi, çok daha dikkatli olurdu.

Bu arkadaşa göre Soner Yalçın'ın tutuklanması gazeteci olduğu için değil, gizli örgüt üyesi olduğu için gerçekleşmişti. Konunun "basın özgürlüğü" ile alakası yoktu. Baskın sırasındaki "hukuki yanlışlar" gereksiz genellemeler idi.

Hükümet yanlısı gazetede çalışan genç arkadaş (Abdülhamit Bilici, S.Y.) benzer görüşlerini çok daha dikkatli ve nazik sözler ile ifade etti. Diğer Hükümet yanlısı, "tecrübeli ağabeyimiz" (Mehmet Barlas, S.Y.) ise hiç ağzını açmayarak "Ne şiş yansın, ne kebap!" politikası güttü.

Öbür üç kişi ise "baskının" hukuken vahim hatalar ile dolu olduğunu, hatta Türk kanunlarına ters düşen bir sürü nitelik taşıdığını, tüm yaşananların basın özgürlüğüne açık darbe olduğunu, evrensel özgürlüklerin ihlali konusunda yapılacak uyarıların içişlerine karışmak olmadığını vurguladı. Toplantı sırasında ortaya çıktı ki Hükümet'in iki ilgili üyesi de "Odatv baskınının" somut nedenini anlamamıştı.

Evet, Cengiz Çandar şaşırtan davranış içinde değil. Peki...

Toplantıda suskun kalan Mehmet Barlas makalelerinde de Odatv ve benim üzerime şüphe duyulmasını isteyen yazılar kaleme aldı. Aslında Barlas için artık yazılacak "sözcük" kalmadı; hepsi edildi, yazıldı. Apayrı incelenmesi gereken bir medya figürü. Barlas aslında derinliği olmayan, tehlike barındırmayan konuları kaleme alır. Gazetecilik heyecanı yoktur; gazetecilik uyuşturucu bağımlılığı gibidir, haber gelince duramazsınız, ucunda ne olursa olsun mutlaka yazarsınız, çünkü onun mutluluğunun hayatta başka karşılığı yoktur.

Barlas, hep durmuştur; idare etmiştir, susmuştur. İşin doğrusu, babası tarafından bu mesleğe konulmuş mesleksiz biridir; bukalemundur, iflah olmaz dönektir. 1960-70'lerde sol rüzgâr esince solcudur. 1980'lerde neo-liberal/Özal havasına kaptırır kendini. Aslında hiç "kendini kaptırmaz"; her adımını dengeleri ve kişisel çıkarını gözeterek atar. "Komünizm gelecekse onu da biz getiririz" diyen Nevzat Tandoğan gibi isimlerin mutlak destekçisidir. Nevzat Tandoğan gider, yerini Recep Tayyip Erdoğan alır, onun için değişmez; ve aslında Mehmet Barlas diye biri yoktur. Varmış gibi yapıyoruz hepimiz. Duygulanmıyor, hissetmiyor hep plan yapıyor, stratejisine uygun yazıyor, konuşuyor. Dünyaya, olaylara hep iktidarın/gücün/efendilerin perspektifinden bakıyor...

Odatv'deki arkadaşlar basın açıklaması yapmışlardı. *Milliyet*'ten okudum; demek arkadaşlar çalışmaya hızla devam ediyorlardı. Ne güzel.

Basın açıklamalarında bile gazetecilik yapıyorlardı. Virüsün peşindeydiler:

> İncelemede anlaşıldığı üzere klasör, 28 Eylül 2010 saat 11.54'te yaratılmış ve aynı anda silinmiştir. Bilgisayarda bulunan, otomatik oluşturulmuş bir klasördür. Gene aynı klasör, 20 Aralık 2010 saat 09:46:33'te yeniden yaratılıp içindeki dokümanlarla birlikte aynı anda yeniden silinmiştir. Kullanıcının böyle bir klasöre erişimi kesinlikle mümkün değildir. Bu klasörün ve içindeki

dokümanların yaratılıp silinmesi aynı anda olduğundan, kullanıcının müdahale etme gibi bir şansı da bulunmamaktadır. Böyle bir klasör ve dosyanın yaratılma işlemi ancak dışarıdan "trojan" tipi casus programların makineye izinsiz girmesiyle mümkündür.

Nitekim, suçlamaya dayanak olan belgelerde herhangi bir imza ya da dosya adresi, dolayısıyla arkadaşlarımıza ait olduğunu belirten herhangi bir işaret de bulunmamaktadır. Bu lehte kanıtlar mahkemeye sunulmuşsa da nöbetçi hâkim bunun teknik bir konu olduğunu ve kanıtların karara itirazda kullanılabileceğini söyleyerek arkadaşlarımızın tutuklanmasına karar vermiştir. Dolayısıyla, Odatv olarak tam bir dijital terör saldırısıyla karşı karşıyayız. Bu tür tertiplere artık şaşırmıyoruz.

Melih Aşık *Milliyet*'teki köşesinde olayın hukuki yönünün gözden kaçmaması gerektiğinin altını çizmişti. İdare Hukuku Profesörü Ülkü Azrak'ın Odatv baskınıyla ilgili değerlendirmesine yer vermişti:

Odatv'ye uygulanan işlem, Anayasa'nın "Basın Araçlarının Korunması" başlığını taşıyan 30. maddesine açıkça aykırı ve bu nedenle suç oluşturan bir işlemdir. Bu maddeye göre: "Kanuna uygun şekilde basın işletmesi olarak kurulan basımevi ve eklentileri ile basın araçları, suç aleti olduğu gerekçesiyle zapt ve müsadere edilemez veya işletilmekten alıkonulamaz."

Arkadaşım Tuğçe Tatari'nin *Akşam*'daki yazısını sanki yanıma gelmiş de, sohbet ediyoruz gibi okudum. İyi geldi; bu soylu duruluğu seviyorum.

Çok tuhaf yazılar okumakla meşgulüm. Her gün daha da tuhaflaşan, yeni yeni yazılar. Bir adamdan bahsediliyor ama o adam benim tanıdığım adam değil. Oysa onu anlatanlardan, savunan veya eleştirenlerden çok daha iyi tanıyorum ben o adamı. Hepiniz gibi uzaktan takip ettiğim, kitaplarını okuduğum, hayran olduğum bir gazeteciydi o. Yıllar önce çok eğlenceli bir Bodrum akşamında tanıdığım ve sonrasında hayatımın en renkli günlerini beraber geçirdiğim, vazgeçilmez dostlarımdan biri oldu o adam.

Oysa okuduklarıma göre terörist o, karanlık, bölücü, yıkıcı, darbeci. Ayrıca "birilerinin adamı". Hay Allah'ım! Bir yanlışlık olmalı.

Bahsedilen Soner'le benim tanıdığım Soner aynı kişi olamaz. En iyisi beraber aydınlanalım. Ben size benim dostum olan Soner Yalçın'ı anlatayım...

Keskin bir zekâ, yüksek espri anlayışı, büyük bilgi birikimi ve sağlam bir dost. Tüm bunların yanında gerçekten eğlenceli biri... Her telefon konuşmamızda "bana bak bunlar artık seni kaç koldan dinliyorlarsa, sesin bayağı uzaktan geliyor," diyordum. Bu sözlerim üzerine "aman telefonda konuşmayalım bunları" diye bir yanıt almadım. Hep gülüyorduk... Ya ben ona ya o bana "dur o zaman dinleyen çocukların da hayatı renklensin, sana komik bir şey anlatacağım" gibi cümlelerle devam ediyorduk konuşmaya.

Şimdi siz söyleyin bana. Ben kendime mi inanacağım yoksa iddialara mı? Şu an içinde bulunduğu durumda arkadaşım için "acaba sağlığını kaybeder mi?" endişesinden başka hiçbir endişe taşımamaktayım...

Aslında pek gazete okuyan biri değilimdir. Gazetelere sadece hızla bakarım. "Kitap kuşağına" dahil sayarım kendimi. İnsan gazete okuyarak aydınlanmaz; "havadis" alır; gazetecilerin çok önemsenmesi hele hele sık sık televizyonlara çıkıp ahkâm kesmeleri, yorumlar yapmaları azgelişmiş toplumlara özgüdür. Aslolan kitaptır. Aslolan bilgiyi analiz edecek entelektüelliktir.

Neyse, bu ayrı bir makale konusu. Bu kadar "gevezenin" olduğu medyada otosansür-sansür vahim bir hal aldı artık. *Hürriyet*'e sansürü mü yazsam? Düşünceye, bilgiye düşmanlığın adıdır sansür. Toplumsal dönüşümlerin hız kazandığı dönemlerde sansür de hız kazanır. Çünkü düşüncenin maddi bir güce dönüşmesinden korkarlar. Bu süreçte sansürcüler zorbalık, şiddet ve baskıdan güç alırlar. Aslında, sansürün varlığı günümüze kadar ulaşmıştır, sadece biçim ve görünümü değişmiştir. Örneğin sansürcü sadece korkutup sindirmez, satın da alır! Biliniz ki, nerede bir sansür varsa orada jurnalcilik ve ispiyonculuk da vardır. Merkezi otorite güçlendikçe muhbir kullanımı ve muhbir sayısı da artmaktadır.

Günümüz medyasında hızla sosyal bir felaket haline dönüşen, bazı muhbir köşe yazarlarının, bazı yazarları, gazetecileri siyasal iktidara, patrona, savcıya, polise ispiyonlamasının altında kişilik zafiyeti yatar. Bu "İspiyon Sosyolojisi" araştırılması gereken konulardan biridir.

Yok bu konu "ağır" gelir şimdi gazeteye, yanlış anlayabilirler!

Hürriyet'e ne yazmalıydım; aslında hem yaşadıklarımı yazmalıyım hem de yazmamalıyım! Görüyor musunuz, yıl 2011, yazmak için hep dengeleri gözetmek zorunda kalıyorsunuz. Kendiniz için değil, 3 milyar dolara yakın mali borç çıkarılan patronunuzu düşünüyorsunuz. Ne ülke olduk; sözümüzü saklayarak yazacağız işte.

Peki öyle olsun...

Ve evet, yazacağım konuyu buldum, niye cezaevinde olduğumu yazacağım. Hücreme çekildim. Aldım elime kalemi, yazmaya başladım... Daktilodan bilgisayara geçen kuşağın gazetecisiyim ben. Ama şimdi kaleme geri dönüş yaptım; cezaevinde daktilo, bilgisayar yasak, elle yazıyorum... Konum: Ütopya...

> Ütopya, insanın yeryüzünde bir cennet hayatı oluşturma çabasıdır. Düşseldir. Daha iyiye, güzele ulaşma isteğidir. Platon'un *Devlet*'i belki Batı edebiyatında ütopya türüne ilk örnek sayılabilir. Ancak yeniçağ Avrupa'sında ütopyalara daha çok tanık oluruz.
>
> Türkiye'nin "ütopya" kavramıyla tanışması 19. yüzyılın ortalarına denk geldi. 150 yıllık bir geçmişe sahip Türk ütopyası, genel anlamda 'siyasi rüya'yla başlar. Bu süreç aynı zamanda Türkiye toplumunun çağdaşlaşma ve modernleşmesinin başlangıcıdır.
>
> İnsanın insan üzerindeki baskısı arttıkça hep yeni / alternatif bir toplum projesi / ütopya anlayışı doğdu.
>
> Ütopyalar, aslında toplumsal çelişkilere dikkat çeken ilk eleştirel metinlerdi. Manifestolardı.
>
> *Ütopya*'nın (Utopia) yazarı Thomas More bir politikacıydı. Başbakanlık yaptı. İngiltere başbakanı olmasına rağmen, bu eseriyle ezilenlerin ve özellikle de köylülerin içinde bulunduğu yoksulluğa dikkat çekti. Ancak *Ütopya* zengin çevrelerin tepkisini çekti. More gözden düşürüldü. Ve idam edildi!
>
> Ütopyalar yerleşik iktidarları hep korkuttu...

Hayli geç saate kadar yazıya çalıştım, bitirdim; umarım beğenilir...

Yoruldum. Kafamı yastığa koydum...

Evet. Ağzıyla konuşanları susturabilirsiniz ama yürekten gelen sesi kim bastırabilir ki; yaşasın ütopya...

Ütopya hiç bitmez...

Bitmeyecektir...

Sekizinci Gün

21 Şubat 2011
Pazartesi...

Sabah erken kalktım.

Artık hep erken uyanıyorum. Yatakta kitap okuyorum; notlar alıyorum. Bir yandan bazen gözüm kayıyor. Gökyüzünü seyrediyorum. Bugün kurşuni. Düşünüyorum hep. Ruhumda tarifsiz huzursuzluk var. Sonra anlıyorum, bu kısacık zamana rağmen uzaklara susamış bir özlem bunun sebebi. Terk edilmişlik duygusu gibi, ya da unutulmuşluk. Oysa ne terk edildim ne unutuldum. Gözlerimi gökyüzüne mıhlayıp duruyorum. Son günlerde bir sözcüğü ne çok tekrarladım, "dayanmak"...

Saat 08.00'de sayıma gardiyanlar geldi. *Hürriyet* yazımı postaya verilmesi için gardiyanlara teslim ettim. Acele posta parası benden kesilecekti.

Tekrar yatağa döndüm, biraz daha okudum.

İbn Fadlan, *Seyahatnamesi*'nde İdil Bulgarlarını anlatırken güzel bir anekdot yazar. Türk kavmi Bulgarlar, zekâsı ve bilgisiyle dikkat çeken birini, "bu adam tanrıya hizmet etmeye layık" diyerek, boynuna bir ip geçirip ağaca asıyor ve çürüyene kadar ağacın üstünde bırakıyorlardı. Yeniliğe karşı bir önlemdi bu aslında!..

Bugün Türkiye'de niye hep ölü aydın sevilir; Nâzım Hikmet, Ahmed Arif, Sabahattin Ali, Deniz Gezmiş, Musa Anter, Bahriye Üçok, Uğur Mumcu, Hrant Dink vs...

Dirisini cezaevine sokuyor, nefret ediyor. Ölüye özgürlük var sadece bu ülkede. Ne karmakarışık bir düğüm...

Bu ikiyüzlülüğü düşünmek cezaevinde insanı çaresizliğe teslim ediyor; uzaklaşmak lazım; iyimserlik insanın ışığını artırıyor çünkü...

Okumadan sonra aşağıya inip televizyonu açtım. Koğuşa gazeteler geç geldiği için manşetleri sabah televizyon haberlerinden öğreniyorum. Aralarında en çok Ulusal Kanal'da Halil Nebiler'i seyrediyorum. Harika. Yorumları esprili, gülümsetiyor.

Sabah televizyon seyrederken Oktay Yıldırım'la genellikle elma yiyoruz. Barış sayımdan sonra tekrar hücresine çekiliyor çoğunlukla, geç iniyor aşağıya; uyuyor mu, okuyor mu bilmiyorum.

Kahvaltıyı öğleye doğru yapıyoruz; cezaevinde 'brunch'!

Sonra gazete okuyoruz. *Hürriyet* gazetesinin okur temsilcisi Faruk Bildirici'nin haftalık değerlendirmesinde bir ayrıntı dikkatimi çekti.

"Basın özgürlüğüyle ilgili tartışmalar, *Hürriyet* gazetesi yazarı ve Odatv internet sitesinin imtiyaz sahibi Soner Yalçın'ın hapse atılması vesilesiyle geçen hafta medyada geniş bir yer buldu. İyi de oldu."

Hürriyet gazetesinde 3 yıldır tam sayfa pazar yazıları kaleme alıyorum. Gözaltı ve ardından tutuklandıktan sonra, *Hürriyet* gazetesi; nedense ilk günden sonra benim gazetelerinin yazarı olduğumu yazmadı; "Odatv sahibi"ydim. Aman bize "bulaşmasın" ihtiyatlılığı galiba bu! Bu kararı kim verdi, bilemem. Sevgili arkadaşım *Hürriyet* okur temsilcisi sanki bunu eleştirmek amacıyla "*Hürriyet* yazarı" vurgusu yapmıştı. "Bizim medyada" yararlılığınıza göre değer verirler. Zindana atılan gazeteci; iktidarın, cemaatin, yandaş medyanın hedefinde ise, "değeri" düşüverir! Neyse. Ben içinde yaşadığım çağa ve ülkeme karşı bir gazeteci olarak sorumluluğumu yerine getirdiğim için hapiste olduğumu biliyorum... *Hürriyet*'in tavrı onun sorunu...

Ama ne varsa gençlerde var; iktidara meydan okuyorlardı. Yaşasın asi çocuklar! Neler yaptıklarını keyifle okudum:

Ergenekon soruşturması kapsamında, Odatv imtiyaz sahibi gazeteci Soner Yalçın'ın tutuklanması CHP'liler ve ADD'li gençler tarafından tiyatro oyunuyla protesto edildi. Atatürkçü Düşünce Derneği Bakırköy Şubesi Gençlik Kolu ve Cumhuriyet Halk Partisi Bakırköy İlçe Gençlik Örgütü üyesi yaklaşık 50 kişi saat 14:00'te Bakırköy Özgürlük Meydanı'nda toplandı. Kalabalık, "ODAmızdan çık Tayyip", "Atatürk gençliği görev başına" ve "Balbay-Yalçın-Özkan aramızda" yazılı pankart ve döviz açtı. Gençler daha sonra Ergenekon soruşturması kapsamında gazetecilerin gözaltına alınmalarını tiyatro oyunuyla protesto etti.

Oyunda, "F Tipi Polis" yazılı yelek giymiş bir genç masa üstünde bulunan ve hepsinde bir gazetecinin adının yazılı olduğu kalemlere yaklaştı. Önce Tuncay Özkan yazılı kalemi alıp, "Sen çok konuştun," dedikten sonra çöpe attı. Sonra Mustafa Balbay yazan kalemi alıp "Sen çok yazdın" deyip çöpe attı. Son olarak ise Soner Yalçın yazılı kalemi alıp "Sen de çok yayın yaptın" deyip çöpe attı. Masa üzerinde kalan "Ve sıradaki" yazılı kaleme bakan genç 'Sen biraz daha bekle" diyerek oyunu bitirdi...

Gazeteciliğine değer verdiğim Serdar Akinan *Akşam*'daki köşesinde cemaate "mektup" kaleme almıştı:

"Soner Yalçın ve arkadaşları tutuklandı. Tutuklanmaları için sunulacak kanıtı merak ediyordum. Dehşet saçıcı bir yol bulmakta nasıl mahir olacaklarını gösterdiler. Bu ülkede e-posta adresi olan milyonlarca insan artık susmalı... Şu anda hepsi potansiyel birer Ergenekon üyesidir. Şüpheniz olmasın. Marifet böyle bir e-postayla kirletilmek değildir. Marifet, bunu araştıran birinin, binlerce spam arasında (hem de 72 saat içinde) önce o e-postayı ve ardından da ekinde bu kirli belgeyi bulmasıdır... Bu bile başlı başına tüm süreci ilga eder ama artık detay elbette... Zira şaşırtıcı değil. Bu ülkede delil üretmek artık sıradan bir olay.

Soner Yalçın ne yaptı? Gazetecilik... Tutuklanma gerekçesi ne? Terör örgütü üyesi olmak... Sorulan soru ne? 'Neden sana "yapma" denilen haberi yaptın?' Kanıt ne? Sanal ortamda, bilgisayarına yollanan ve kontrolü imkânsız binlerce çöp (spam) arasından cımbızlanan bir e-postadan çıkan bir kirli doküman..."

Ruşen Çakır'ı *Vatan*'da okuyunca onun adına yine üzüldüm; neden hep kendinin ne olduğunu ve benimle farklı siyasal görüşte olduğunu belirtme ihtiyacı duyuyor; haklı bile olsa, kişi kendi "doğrularını" başkasının "yanlışı" üzerinden göstermeye niye ihtiyaç duyar ki? Ne gerek var?

Örneğin Odatv ve Yalçın hakkındaki görüşlerim baskınla oluşmuş, diğer bir deyişle 'korkup da yazılmış' değil.

Her şey bir yana Yalçın'la ve Odatv'de yazıp çizenlerin çoğuyla demokrasiye bakış konusunda çok farklı düşünüyoruz. Daha açık söylemek gerekirse Yalçın'ın ve onunla birlikte hareket edenlerin demokrasiye fazla önem verdiklerini sanmıyorum. Fakat kendilerini birer "demokrasi kahramanı" olarak görmüyorum diye Yalçın ve arkadaşlarının hak ve özgürlüklerinin ihlal edilmesine sessiz kalmam da asla söz konusu olamaz.

Yandaş medya, birkaç aydır Ruşen Çakır'ın Hanefi Avcı'nın yazdığı *Haliçte Yaşayan Simonlar* adlı kitabın yazımına yardım ettiği veya yazdığı gibi absürd yorumlar yapmıştı. Ruşen Çakır bu tür gereksiz diyaloglara hep girdi. Seviyesiz cahillerle, zorba üstünlüğün kuklalarıyla tartışarak onlara ucuz şöhretin kapısını açtı. Şimdi de yine benzer ithamlara yanıt vermek için bizimle / benimle "ayrı" olduğunun altını çiziyordu. Yazık. İnsan kendi değerinin farkında olmuyor. Sıradanlığa mahkûm oluyor.

Sözcü gazetesi sözümü manşet yapmıştı: "Ya kalemini kıracaksın, ya gazetecilik yapacaksın."

Aklıma bir kitap geldi...

Sandor Marai, *Bir Burjuvanın İtirafları* romanında, "iyi gazeteci her zaman agresiftir, bir şeyi onayladığı, uygun bulduğu, rıza gösterdiği zaman bile; olup bitenleri 'evet' ve 'amin' diye onaylayıp duran bir (yandaş) gazeteci ise sıkıcı ve pek az inandırıcıdır" diye yazar. Ona göre, "gazetecilik 'uyuşturucu bağımlılığı' gibidir; insan bu yüzden mahvolabilir; ama o vakte kadar muhteşem bir mutluluk hissi verir insana."

Gazeteleri okurken gardiyan geldi. Avukat görüşmem vardı. Üç gün sonra ilk kez koğuş dışına çıkacağım. Cezaevinden çıkar gibi mutlu oldum. Dışarıyla temasın duygusu harika; insanın ışığını artırıyor.

Gardiyan koğuştan çıkarken üzerinizi arıyor; ilk başta şaşırdım; ama zamanla alışacağım herhalde.

Avukat görüşme odasına girdiğimde karşımda, Avukat Celal Ülgen'le birlikte çalışan Avukat Hüseyin Ersöz'ü buldum. Medyanın desteğinden mutluydu. Birçok Ergenekon-Balyoz davası sanığının avukatıydı; ilk kez bu kadar olumlu tepkiyle karşılaştığı için sevinçliydi. "Tuncay Özkan'a neler neler yazdılar, söylediler biliyorsunuz," dedi. Haklı. Odatv operasyonu, bakalım gerçeklerin ortaya çıkmasında bir kırılma yaratacak mı?

Hüseyin Ersöz, Emekli Orgeneral Çetin Doğan'ın da avukatıydı. Çetin Paşa Balyoz davası nedeniyle bizim gözaltına alındığımız gün tutuklanıp Silivri Cezaevi'ne konmuştu. Darbe planlamakla itham ediliyordu. 1 numaralı sanıktı.

Çetin Paşa'yla tanışmamıştım. Türkiye'nin bu davayla tanıdığı Çetin Paşa hakkında basında hiç biyografi çalışması yapılmamıştı. Türkiye medyası günlerdir bir paşayı konuşuyor, tartışıyor ama kimse portresini yazmıyordu. *Hürriyet*'te yazdım. Hüseyin Ersöz'le o yazıyı konuştuk...

Çetin Doğan'ın savunmasının nasıl titiz hazırlandığını anlattı. "Manifesto" adını vermişti savunmasına.

Görüşmemiz bittikten sonra koğuşa dönerken, gardiyanlar bir poşetim olduğunu söyledi; avukatlar bazı ihtiyaçları getirebiliyordu; öyle sandım. Poşete baktım, üç kazak vardı, iki Barışlar'a, bir bana ve ayrıca içinde de bir mektup.

> Sn. Soner Yalçın,
>
> Size bu satırları müşterek yazdığım için bağışlayın. Çetin'in teslim olduğu gün, sizi de götürdüler. İnanın içim, Çetin kadar sizler için de dağlandı. Ülke çok zor günlerden geçiyor, kurban olarak bizleri seçtiler. Bu karanlıklar, sizler gibi aydınlık insanların ışığında yok olacak.
>
> Biz asker eşleri, Hasdal'a, Silivri'ye yolladığımız eşlerimizin arkasında olduğumuz kadar, sizlerin de arkasındayız. Her platformda sizlere yapılan haksızlıkları, hukuksuzlukları dile getirip lanetliyoruz.
>
> Bizden istediğiniz her şeyi yapmaya hazırız. Lütfen sabırlı olun, yakın gelecekte güzel günler bizlerin olacak. En önemlisi sağlığınıza dikkat edin.
>
> Sonsuz sevgilerimle,
> Nilgül Doğan.

Bir mektup zihin yorgunluğumu alıp götürdü. Hayatımın en güzel hediyelerden birini Silivri Cezaevi'nde aldım ben.

İnsanlık bayrağını yere düşürmeye hiç niyetim yok; yüce gönüllü annelerimiz, ablalarımız, kardeşlerimiz var çünkü...

Balyoz davasının "1 Numara"sı Çetin Doğan Paşa ve 55'i general 367 sanıklı askerin neden yargılandığını anlamamak için hiç tarih bilmemek gerekir. Kökü derindedir bunun; okuyun ve benzerliğe şaşırın:

Büyük emperyal güçler arasındaki yeni sömürge pazarlarını kapma mücadelesi, Birinci Paylaşım Savaşı'na/Birinci Dünya Savaşı'na neden oldu.

Osmanlı bu savaştan yenik çıktı. Galiplerin arasında en güçlü olan İngilizlerdi. İngilizler, Mezopotamya, Suriye ve Arabistan'ı

Osmanlı'dan koparıp almak istiyordu. Kurmayı planladıkları kukla devletler arasında Ermenistan ve Kürdistan da vardı. Osmanlı idari yapısını, milliyet esasına göre parçalayıp, federatif hale getirmeyi planladılar.

Siyasi emellerinin yanında İngilizlerin, iktisadi amaçları da vardı. Birinci Dünya Savaşı başında Osmanlı'nın tek yanlı olarak kaldırdığı kapitülasyonları yeniden uygulamak istiyorlardı. Osmanlı maliyesini tümüyle Düyun-u Umumiye'nin denetimine vermek amacındaydılar. İngilizler biliyordu ki, Osmanlı siyasi yaşamında İttihatçılarla birlikte ordunun da büyük etkisi vardı. Ordunun siyasal düşüncesi belliydi; milliciydi.

O halde tüm bunları yapabilmeleri için ordudaki ulusçu/milliyetçi komutanların tasfiyesi gerekiyordu.

Önce bir kurnazlık yaptılar:

Bir süre İttihat ve Terakki Hükümeti'yle çalıştılar. Ağır şartları onlara kabul ettirip, nüfuzlarını kırıp, bir daha iktidar olma olanağını ortadan kaldırmak için! Tam başarılı olamadılar. İçinde İttihatçıların bulunduğu İzzet Paşa Hükümeti'ne ağır şartları kabul ettiremediler, ancak bazı tavizler koparabildiler.

Bunlardan en önemlisi Mondros Ateşkes Antlaşması'ydı. İngilizler, savaşta Hamidiye zırhlısıyla olağanüstü başarılar kazanan Rauf (Orbay) Bey'in imzaya gelmesini özellikle istediler. Başarılı komutanları halkın gözünden düşürmek istiyorlardı. Sonra tutuklayacaklar, sürgüne göndereceklerdi. Hepsini adım adım yapacaklardı...

İngilizler, İttihatçıları kolay kolay kullanamayacaklarını anlayınca, sertleşme politikası güttü. Bunda İttihatçılara kin duyan Sultan Vahideddin'in de etkisi vardı.

Sultan Vahideddin, İngilizlerin tertiplediği gerici 31 Mart (1909) olayının hazırlayıcılarından Derviş Vahdeti'nin kurduğu İttihat-ı Muhammedi Cemiyeti'nin üyesiydi. (Savcı Öz'ün kulakları çınlasın!)

Bir dönem perde arkasındaki ilişki artık açıkça ortadaydı. Vahideddin, İngilizlerin desteğiyle iktidarını güçlendireceğini ve düşman gördüğü ulusalcılardan tamamen kurtulacağını düşünüyordu. Bu nedenle İngilizleri de arkasına alarak İttihatçı hükümeti yıkıp, Tevfik Paşa Hükümeti'ni kurdurdu. Şimdi sıra İttihatçıların cezaevlerine tıkılmasındaydı.

İngiliz ve Saray ittifakının elinde önemli bir gerekçe vardı: Savaş dönemindeki Ermeni ve Rum tehcirleri. Tehcir kararının altında imzası olan olmayan tüm sivil-asker İttihatçılar cezalandırılmalıydı. 2.500 kişilik bir tutuklama listesi hazırlandı.

Ama önce... Meclis feshedildi. Basına sansür getirildi. Harp Divanı kuruldu. Ve ardından gözaltılar, tutuklamalar başladı. Bunlar kısa sürede "cadı avına" dönüştü.

Yeniden kurulan liberal-dinci ittifak partisi Hürriyet ve İtilaf, daha çok kişiyi tutuklamadığı için hükümeti uyuşuklukla itham eden bir bildiri yayınladı.

Bu partinin yayın organları *Peyam*, *Sabah* ve *Alemdar* gazeteleri, daha çok İttihatçı subayın tutuklanması için var gücüyle çalıştılar. Sürekli hedef gösterdiler; İttihat ve Terakki'nin hemen kapatılmasını, partinin ileri gelenlerinin hemen tutuklanmasını istiyorlardı.

Tehcire izin veren Diyarbakır Valisi Dr. Reşid'in cezaevinden kaçması bu çevreleri daha da saldırganlaştırdı. Yaptıkları mitingle bu kaçışı protesto ettiler.

Sonunda bu kaçışla ilgili inanılmaz bir iddia ortaya attılar: İttihatçılar darbe yapacak!

Vahideddin'in has paşası Ömer Yaver Paşa, İstanbul'daki İngiliz Yarbay Murphy'ye giderek, darbe olacağını, kesinlikle İstanbul'dan ayrılmamalarını rica etti. Murphy, Osmanlı paşasını gülerek dinledi.

Zavallı Yaver Paşa bilmiyordu ki, bu iddianın ortaya atılmasını sağlayanlar İngilizlerdi.

Darbe iddiaları üzerine yeni bir tutuklama dalgası başladı; 30 kişi daha sorgusuz sualsiz cezaevine kondu. Milli Kongre'nin başkanı Dr. Esat (Işık) gibi saygın ulusalcılar gece yarıları pijamaları, terlikleriyle evlerinden alındılar.

İttihat ve Terakki'nin tüm mallarına el konuldu.

Sonra sıra subaylara geldi. İngilizler savaş tutsaklarına eziyet ettikleri iddiasıyla 23 subayın hemen tutuklanmasını istedi.

Ordunun önde gelen isimleri tutuklanınca, İngilizler bu kez bazı kurumların da "darbeyi planladıklarını" gündeme getirdi.

Bunların başında Enver Paşa'nın kurdurduğu istihbarat örgütü Müsellah Müdafaa-i Milliye vardı. Savaş döneminde İngilizlere zorluklar yaşatan Osmanlı istihbarat örgütü küçültülüp etkisizleştirilerek Harbiye Nezareti'ne bağlandı.

Osmanlı'nın deniz kuvvetlerini güçlendirmek için kurulan Donanma Cemiyetleri, Bahriye Nezareti'ne bağlandı.

Jandarma, ordudan koparılarak Dahiliye Nezareti çatısı altına sokuldu.

İleride tehlikeli olacağı düşünülen genç mektepli subayların rütbeleri indirildi. Amaç, istifaya zorlamaktı.

İttihatçılar döneminde emekli edilen alaylı subaylar tekrar orduya alındı. Etkin görevlere getirildiler. Emekli alaylı askerlerin kurduğu Nigehban Cemiyeti, basına verdiği demeçlerde mektepli subaylara ağır hakaretler etti. *Hukuk-u Beşer* gazetesi mektepli subaylar için "haydut başları" başlığını atacak kadar ileri gitti.

İngilizler, Tetkik-i Hesabat ve Seyyiat Komisyonu kurdurarak, Harbiye Nezareti'nin kozmik odalarına girip tüm belgelerini didik didik ettirdiler.

Amaçları belliydi; orduyu küçültmek, halk üzerindeki etkinliğini kırmak.

Orduyu sadece iç güvenlik örgütü olarak polis, jandarma ve muhafız kıtaları seviyesine getirmek istiyorlardı.

Bu arada İngilizler ile Fransızlar arasında jandarmanın yönetimi kimin kontrolünde olacak tartışması çıktı.

İnanması güç ama Saray'ın bırakın bunlara karşı çıkmasını, Vahideddin ve Damat Ferid Paşa ikilisi, ordu komutasını İngiliz subaylarına verme talebinde bile bulundu. İngilizler reddetti.

Dönemin partisi Hürriyet ve İtilaf'tı.

Ülkenin dört köşesinde şubeler açan bu liberal-dinci ittifak partisi, artık hükümet olmak istiyordu. Ve nihayet, 4 Mart 1919'da Damat Ferid Paşa başkanlığında hükümeti kurdular.

Bu hükümete, İngiliz ajanı Hüseyin Hilmi'nin gazeteci dostlarıyla kurduğu Sosyalist Fırka da destek verdi! (Taraf'taki "solcuların" kulakları çınlasın!)

Damat Ferid Paşa Hükümeti'nin ilk icraatı, ulusalcıları yargılayan Divan-ı Harp mensuplarına yüksek maaş ödemek oldu.

Bu arada Divan-ı Harp'in üyeleri sürekli değişti. Damat Ferid Paşa, *Takvim-i Vekayi* gazetesine "güvenilir bir başsavcı bulmakta zorlandıklarını" açıkladı. Yeni hükümetle birlikte yandaş medyadaki "tutuklayın", "kapatın", "neden cezalandırmıyorsunuz?" yayınlarında artış oldu. *Alemdar* gibi yandaş gazeteler, "Sehpalar bile bu adamlara layık değildir, kafalarının koparılması gerekir," diye yazdı.

Liberal gazeteciler, *Alemdar*'da Refi Cevat (Ulunay), *Peyam*'da Ali Kemal "daha ziyade şiddet" diye makaleler kaleme aldı. "Bu adamlar için ölümden daha hafif ceza aklımıza gelmiyor" diye yazdılar.

Kamuoyu oluşturulduktan sonra istekleri yerine getirildi.

Ermeni tehcirinde kusurlu bulunan Yozgat Mutasarrıf Vekili Kemal Bey idam edildi. Fakat umulmadık bir olay gerçekleşti; yandaş medyanın "cani" olarak gösterdiği Kemal Bey'in cenazesine on binler katıldı. Hükümet cenazeye gidenler hakkında soruşturma açtı; içlerinde toplumun çeşitli katmanlarından doktor, tıp öğrencisi, subay, imam, tekke şeyhinin de olduğu bazı kişiler tutuklandı. Üsküdar mevki kumandanı cenaze törenini dağıtmadığı için görevinden azledildi.

İngilizler gündemi hep sıcak tuttu. Tehcir ve darbe iddiaları gündemden düşünce hemen yenisi bulundu, "eski defterler" açıldı. Örneğin, intihar eden veliaht Yusuf İzzeddin Efendi'yi Enver Paşa'nın öldürttüğü iddia edildi! Adliye Nazırı Sıtkı Bey hemen soruşturma açtırdı.

Bu olay sıcaklığını kaybedince hemen yeni bir gündem yaratıldı. Sultan II. Abdülhamid tahttan indirildiğinde, içinde 1 milyon liralık mücevher bulunan çanta kaybolmuştu. Çantanın peşine düşüldü. Ayrıca Yıldız Sarayı'nı kimlerin yağma ettiği konusunda spekülasyonlar yapılmaya başlandı. Subayların hırsız olduğu yazılıyordu.

Partiler, gazeteler bu suni gündemlerle oyalanırken, İngilizler emellerini tek tek gerçekleştirdi. Kapitülasyonları yeniden uygulamaya koydular. Osmanlı maliyesini tümüyle Düyun-u Umumiye'nin denetimine verdiler.

İttihatçıların yerli sermaye oluşturmak için kurdurduğu milli şirketlerin bazıları tasfiye edildi, bazılarının müdürlüklerine liberal isimler getirildi.

Levant Limited gibi şirketler kurdular; Vickers, Metropolitan Carriage, British Trade Corparation gibi şirketleriyle Osmanlı pazarına daldılar.

Türk bankalarına İngiliz denetçi gönderdiler. Denetleme işi bitinceye kadar bankaları kapattılar. Türk Milli Bankası'nı ele geçirdiler. Kendileri yeni bankalar kurdular.

Hıristiyanlara ait "emval-i metruke" sayılarak satılan mallar gibi birçok konu gündeme getirildi.

Diğer yanda...

Osmanlı münevverleri olan biteni seyrediyorlardı; şaşkınlardı. Kurtuluş "reçeteleri" arıyorlardı. Çoğu bağımsızlığın Batı eliyle gerçekleşeceğine inanıyordu!

Kimi ABD'nin sömürgeci olmadığına inanıp, Wilson Prensipleri Cemiyeti'ni kurdu.

Kimi kurtuluşu İngilizlerin Osmanlı yönetimine el koymasında görüp İngiliz Muhipleri Cemiyeti'ne girdi.

Halkına güvenen münevver sayısı parmakla sayılacak kadar azdı...

Tüm bunlar olurken İngilizler, Fransızlar, İtalyanlar ve Yunanlılar Osmanlı topraklarını işgal ettiler. Taktik hep aynıydı. İngiliz basını, İzmir ve çevresinin, uyduları Yunanistan tarafından ilhak edilmesi için yoğun bir "Barbar Türk" kampanyasına başladı. Bu yayınlara göre Türkler, Rumları yok etmek için gizli planlar yapıyordu!

Ve hep ekliyorlardı: "Zaten bu barbar Türkler Ermenileri de katlettiler!" Bu gerekçe, Batı basınının en etkili propaganda silahıydı.

Sonra Yunanlılar İzmir'e çıktı.

Batı basını yine Türkleri suçladı: "Türkler inatçı bir direnme gösterdi!" Peki, İzmir'in işgali konusunda yandaş medya ne yazdı: "İngilizleri istiyoruz."

Bu başlığı *Alemdar* gazetesi başyazarı Refi Cevat attı. Osmanlı'yı her türlü beladan kurtaran İngilizlerin, İzmir'i de bu işgalden kurtaracağına inanıyordu!

Teâlî-i İslam Cemiyeti ise, işgalin hemen sonrasına rastlayan ramazan ayında, bazı memurların oruç yediğine, kimi kadınların tesettüre uymadığına dikkat çekip zabıtaların daha uyanık olmasını istedi.

Saray ile hükümet, Paris Konferansı'na hangi bakanların gidip gitmeyeceği tartışmasını yapıyordu.

Bu arada bir "anket" yayınlandı ve Müslüman halkın yüzde 60'ının İngiliz yönetimini istediği ortaya çıktı!

Memnun olmayanlar da vardı: Mustafa Kemal ve bir avuç arkadaşı. Samsun'a çıktılar. Onu kısa bir süre sonra Mehmet Âkif gibi yurtseverler takip etti.

Düşünüyorum da, Mehmet Âkif hayatta olsaydı ve Türkiye'nin yaşadığı son yıllardaki olayları görse ne söylerdi acaba? "Hiç ders alınsa tarih tekerrür eder mi?"

Hediyelerimizi o gün ikinci kez avukat görüşmesine çıktığım Feza'ya da anlattım; gözleri doldu. Ama bu gibi durumlarda hemen toparlanıyoruz.

Feza ve diğer avukatlarımız itiraz dilekçesi hazırlamaya başlamışlardı. Hâlâ cezaevinden bu dilekçeyle çıkacağımıza inanıyordu. Ya da moral vermek için böyle konuşuyordu.

Ben rahatım. Hukuki değil siyasi nedenlerle cezaevine atıldığımı biliyorum. Var olan ortaçağ hukuku çünkü: "Bir şüpheli ya da sanık ne ile suçlandığını asla bilmemeli! Sanığa iddianame gösterilmemeli!" Bu sözler Engizisyon Mahkemesi Yargıcı Nicholas Eymenich tarafından 1376 yılında kaleme alındı. Daha sonra da Francisco Pena tarafından geliştirilerek Engizisyon mahkemelerinin temel başvuru kaynağı olan, *Engizisyon Yargıcının Elkitabı*'nda yazıldı.

Bu gerçeğin tartışılmayacak kadar ortada olduğunu, kendimizi savunmak için bilirkişiye gönderdiğimiz bilgisayar kopyamıza bile savcılık el koyduğunda daha iyi anlayacaktık. Hadi sorun bakalım. Kendini nasıl savunacaksın? Suçunu bile bilmiyorsun...

Feza hukukçu; yine de bir yol bulacağına inanıyor! Umarım hayal kırıklığına uğramaz. Sohbet sonuçta cezaevi yaşamına iyi geliyordu. Cezaevinde önemli olan tek gerçek, hasta olmamak, sağlığı korumak. Silivri çok soğuk çünkü.

Feza kayak yaptığı için soğuk iklim fanilası gibi kıyafetler getirdiğini söyledi. Yavaş yavaş yerleşiyoruz artık yeni mekânımıza.

Kaç gün geçti; oğlumun sesini duyamadım. Yazdığım gibi dışarıya telefon hakkı haftada bir kez 10 dakika. Kimleri arayacaksanız (en fazla üç kişi) telefonları, faturası, kimlik ve ikâmetgah bilgilerinin cezaevi yönetimine verilmesi gerekiyordu. Daha yeni belgeleri getirip teslim etti Feza. Sadece oğlumun telefonunu yazdım; pazartesi günleri 10 dakika sadece onunla konuşacağım.

Oğlumuzun konusu geçince ikimizin de gücü azalıyor, böyle anlarda gözlerimizi birbirimizden kaçırıyoruz.

Diğer tutukluların avukatlarından bazıları minik odaya gelip "geçmiş olsun" dileklerini iletiyor. "Her türlü yardıma hazırız" diye kartvizitlerini veriyor kimi. Silivri'de başka bir hayat var. Zorluk insanları birbirine dost etmiş; herkes birbirine yardım etmek için çabalıyor.

Feza'yla görüşmeyi uzatmak istemiyorum. Görüşme saat 17.00'de bitiyordu. İki Barış'la da görüşsün; koğuştan çıkıp dışarıda biriyle sohbet etmek onlara da iyi gelecek.

Feza'yla vedalaşıyorum.

Gardiyanlar avukat görüşmesinden sonra da üstünüzü

arıyordu, kural bu. Sıkı güvenlikli bir cezaevinde kalıyoruz; "terörist" olmak kolay değil. Feza'nın kıyafetler getirdiği çantayı imzalayıp aldım. Koğuş yoluna düştüm gardiyanlar eşliğinde...

Dönüş yolunda birden köşede bekleyen biri dikkatimi çekti. Üzerinde eşofman vardı; hemen aklıma, "eşofmanla koğuştan çıkmak yasak" kuralı geldi! Demek ona izin vardı!

Eşofmanlı adama yaklaştık; bir yerden tanıyorum ama...

Yaklaştık iyice ve tanıdım.

Elini uzattı. "Avukatınızla görüşüyordunuz, rahatsız etmek istemedim; tebrik etmek için sizi bekledim."

Tokalaştık. Karşılıklı "geçmiş olsun," dedik. Ne kadar kibardı, dikkat çekici şekilde. Ayrıldık, o yanındaki gardiyanlarla, ben yanımdaki gardiyanla koğuşlarımızın yolunu tuttuk.

"Niye tebrik etti?" diye düşündüm koridor boyu. Odatv'deki yansız haberciliğimiz yüzünden herhalde, bilemedim. Ya da *Hürriyet* yazılarım mı? Kitaplarım mı? Ne?

Kendisiyle ilgili hiç haber yaptığımızı anımsamıyorum. Aslında ona karşı bizim de önyargımız vardı. Ama o beni tebrik etti. Niye? Ne yapmıştım ki?

Sizi merakta bırakmayayım; kim miydi o tutuklu: Emekli Yüzbaşı Muzaffer Tekin. Ergenekon davasının "en tehlikeli" tutuklusu!..[35]

61 yaşındaydı.

1950 Çankırı doğumlu. Ailesi sekiz göbekten asker.

1972 Kara Harp Okulu mezunu, komandoydu. Kıbrıs Barış Harekâtı'na katıldı. Kıbrıs'ta "Saint Hilarion Kalesi" adıyla bilinen tepeye bugün "Zafer Tepe" denmesinin sebebi, onun tepeyi bir takım askerle ele geçirip Yunan kuşatmasını yarmasıydı. Adı tepeye verildi. Üstün Cesaret ve Feragat Madalyası aldı.

1975'te evlendi. Bir kızı var.

1982'de Tuzla Piyade Okulu'nda görevliyken, bazı teğmenler okul yakınındaki restoranda dövüldü. Bu olaydan birkaç gün sonra teğmenler lokantaya giderek arkadaşlarını dövenleri darp etti, lokantayı dağıttı. O gece nöbetçi amiri Yüzbaşı Muzaffer

---

35 Sonra öğrenecektim teşekkürün sebebini; *Hürriyet*'te "Başka Ergenekon'u yazdım kimse üzerine alınmasın" (26 Haziran 2008) başlıklı yazımda, Sırbistan, Ukrayna, Gürcistan'da yapılan "renkli devrimlerin" nasıl polis ve Soroscu "sivil toplum" örgütleri işbirliğiyle yapıldığını yazmıştım. Muzaffer Tekin bu yazımı savunmasında kullanmış, bu nedenle teşekkür etmişti.

Tekin'di. Yüksek Askeri Şûra'nın oyçokluğuyla re'sen emekli edildi.

Emekliliğinde İstanbul'da ağabeyiyle birlikte bir müddet kalorifer yakıtı işinde çalıştı. Daha sonra ticareti bıraktı, ama bürosunu kullanmayı sürdürdü.

Küçük bürosu tüm meslektaşlarının uğrak yeriydi. Ofis duvarlarında meslek fotoğrafları, Atatürk resimleri, Türk ve Kıbrıs bayrağı ve çeşitli şiirler vardı. Ve: Madalyası asılıydı.

Atatürkçüydü. Hiçbir derneğe üye değildi. Ancak İstanbul'daki, Kıbrıs Şehitlerini Anma Günü, Gaziler Günü, Kaymakam Kemal Bey'i Anma Toplantısı, Şemdinli İddianamesini Telin Etkinliği, Hocalı Soykırımını Anma Mitingi gibi etkinliklere katıldı.

Muzaffer Tekin'in hayatı Danıştay Suikastı'yla değişti.

Türkiye tarihinin önemli suikastlarından Danıştay saldırısının ayrıntısına girmeden; Muzaffer Tekin'in "rolünü" anlamak için katil Alparslan Arslan'ı da tanımak şart...

Alparslan Arslan, Bingöl, Kığı ilçesi, Nacaklı köyü nüfusuna kayıtlıydı. İdris-Porsor çiftinin çocuğu olarak 1977'de doğdu. Marmara Üniversitesi Hukuk Fakültesi'nden 1998'de mezun oldu. Avukattı.

Öğrencilik yıllarında cemaatin Işık Evleri'nde kaldı. Dindardı. Asosyaldi. Odasına kapanır hep okurdu.

Milliyetçi-İslamcı Büyük Birlik Partisi'nin gençlik örgütü, Nizam-ı Alem'e yakındı. Üniversitede bazı eylemlere katıldı. Kavgalarda ön saftaydı. O bir "Reis" adayıydı.

Avukatlık yaparken, İETT'den emekli ve çevresinin "Şeyh" dediği Nurcu Salih Kunter'in Gültepe'deki evine gidip gelmeye başladı. Kunter'e "zaman kutbu" diyorlardı. Şeyh Kunter'e onu götüren okul arkadaşı Avukat Süleyman Esen'di. Süleyman Esen, Şeyh Kunter'in sağ koluydu. Okul arkadaşı Teoman Ekşioğlu'nun duruşmadaki ifadesine göre Alparslan Arslan Şeyh Kunter'in evine gidip gelmeye başladıktan sonra, beş vakit namaza başladı.

Alparslan Arslan politikti. Siyasal İslamcıydı. Çeşitli gösterilere katıldı. 3 Aralık 2005'te İstanbul Göztepe Parkı'na cami yapılmasına karşı çıkan Kadıköy'ün CHP'li belediyesini protesto eden gösteriye katıldı. 16 Nisan 2006'da Diyarbakır'da Hizbullah'a yakın Mustazaflar Derneği'nin düzenlediği "Kutlu Doğum Haftası" mitingine katıldı.

Ve... Siyasal eylemi kısa zamanla bombalı şiddete yöneldi. Hedef *Cumhuriyet* gazetesiydi...

Şeyh Salih Kunter, bir gün sık yaptığı ev sohbetinde, yayınladığı "türbanlı domuz" karikatürü nedeniyle *Cumhuriyet* gazetesini kâfir gazete ilan etti.

Mürit Alparslan Arslan'ın mahkemedeki ifadesine göre, etrafında topladığı "kopuk adamlarla" gazeteyi 5 Mayıs 2006'da bombaladı. Bomba, pimi çekilmediği için patlamadı. Beş gün sonra 10 Mayıs'ta yine bomba attılar. Bu da patlamadı.

Ertesi gün, yani 11 Mayıs'ta "Sizin imanınız zayıf o yüzden bombalar patlamadı" diye "kopuk adamlarına" kızıp bombayı kendisi attı. Ve bomba patladı. Ayrıca o gün *Cumhuriyet* gazetesinin demir parmaklıklarına içinde Arapça yazılı başörtüsü astı.

Cumhuriyet gazetesindeki bir karikatür nasıl gazetenin bombalanmasına neden olduysa, bir başka gazetede yer alan bir manşet de büyük bir suikasta neden olacaktı...

Dinci *Vakit* gazetesinin 13 Şubat 2006 tarihli "İşte O Üyeler" manşetiyle verdiği ve tüm Danıştay 2. Dairesi üyelerinin fotoğraflarının yer aldığı haber, kıvılcımın çakılmasına neden oldu. Danıştay üyelerinin hedef gösterilmesinin nedeni, türbanla okul bahçesine bile girilemeyeceği kararıydı. Karar yine türbandı yani.

Tarih: 17 Mayıs 2006.

Ankara...

Alparslan Arslan çantasında GNF 823 seri numaralı, 9 milimetrelik Glock 19 Austria marka silahla, avukat kimliğini gösterip Danıştay'a girdi. Girişte kapı dedektörü sinyal verdi, ama avukat kimliği aranmasına gerek duyulmadan geçmesini sağladı.

Doğruca 2. Daire'nin olduğu beşinci kata çıktı. Yeri çok iyi biliyordu, çünkü bir gün önce silahsız olarak Danıştay'a girip keşif yapmıştı.

"2. Daire Başkanı" yazan kapıyı açmak istedi. Kapı kilitliydi. Çay götüren görevli kimi aradığını sordu. Dosya takip ettiğini söyledi. Çaycıdan heyetin toplantı halinde olduğunu öğrendi. Çaycının ardından toplantı yapılan odaya girdi. Heyete kısa bir süre baktı. Silahını çıkardı. Beş el ateş etti. Ve şaşırtıcı bir şekilde beş isabet kaydetti. Üye Mustafa Yücel Özbilgin şehit oldu. Diğer üyeler ve başkan yaralandı.

Alparslan Arslan hızla odadan dışarı çıktı. Sekreteri korkutmak için bir el de havaya ateş etti. Sonra dışarı çıktı. Dış kapı önünde polisi görünce bir el daha havaya ateş etti. Ama yakalanmaktan kurtulamadı.

Bu cinayet Türkiye'yi ayağa kaldırdı.

Alparslan Arslan yalnız mıydı? Arkasında örgüt var mıydı? Bu soruların yanıtları için bir hafta önceye dönmemiz gerekiyordu...

Alparslan Arslan ifadelerinde ve duruşmalarda lideri olarak hep bir kişiden bahsetti: Avukat Süleyman Esen! Hani Şeyh Kunter'e kendisini götüren sınıf arkadaşı.

1977 Eskişehir doğumluydu.

O da bekârdı.

Şeyh Salih Kunter'e en yakın iki kişiden biriydi. Diğer kişi; Şeyh Kunter'in veliahtı Salih Yaşar idi. İsmailağa Cemaati'nden gelmişti. Ona sonra döneceğiz, şimdi Süleyman Esen'le devam edelim.

Alparslan Arslan ve Süleyman Esen, Şeyh Kunter'in tüm özel işleriyle ilgileniyor, alışverişini bile yapıyorlardı. Sadece Alparslan Arslan değil, babası İdris Arslan da zaman zaman Gültepe'deki dergâha gelip gidiyordu.

Alparslan Arslan'ın ifadelerine göre, *Cumhuriyet* gazetesine atılan üç bombayı kendisine veren kişi Süleyman Esen'di.

Süleyman Esen bu iddiayı hep reddetti. Bu konuya da ayrıntısıyla döneceğiz çünkü önce birilerini tanımamız gerekiyor. *Cumhuriyet* gazetesine bomba atarken Alparslan Arslan'ın "kopuk ekibi" vardı; kimdi bunlar ve nasıl bir araya gelmişlerdi? Bu isimler bilinmeden sadece Danıştay Suikastı değil "Ergenekon"u da anlayamazsınız. İşte "örgütün" diğer elemanları.

Adı: Osman Yıldırım.

Ergenekon davasının en önemli sanığı, tanığı. Karışık gelmiş olabilir; bir kişi aynı davada nasıl hem sanık hem de tanık olabiliyor! İşte bu nedenle bu adı iyi tanımak gerekiyor...

1969 Kars-Kağızman, Çayarası köyü nüfusuna kayıtlıydı. Evli, üç çocuk sahibiydi. Sultanbeyli'de bir kumarhaneye/kahveye ortak olduğunu söylüyordu. Sabıka dosyası kabarıktı.

1) Eyüp 1. Ağır Ceza Mahkemesi'nin 1995/78 sayılı kararı: Kasten adam öldürmeye teşebbüs ve ruhsatsız silah taşımak suçundan 9 yıl 4 ay 15 gün hapis cezası.

2) Akhisar Ağır Ceza Mahkemesi'nin 1989/32 sayılı kararı: Ablasını öldürmek suçundan 20 yıl hapis cezası.

3) Kırklareli Asliye Ceza Mahkemesi'nin 1998/225 sayılı kararı: Nüfus kâğıdında sahtecilikten mahkûmiyet.

4) Erzurum 1. Asliye Ceza Mahkemesi'nin 1998/391 sayılı kararı: Ablasının kızı öz yeğeni Z.G.'yi fuhuşa sürüklemekten ve fuhuşa aracılık etmekten 2 yıl 6 ay hapis cezası. (18 yaşındaki yeğenini Erzurum'da üç ayrı erkeğe 200 lira karşılığı satmıştı.)

Kendi beyanına göre 1989'da yakalandı.

Manisa Cezaevi'nde bir yıl, Kars Cezaevi'nde iki yıl yattı.

1993'te tahliye oldu. Bir yıl sonra yine cezaevine girdi.

Bayrampaşa Cezaevi'nde 1 yıl yattı.

1998'te yine ceza alıp hapse kondu.

Kars Cezaevi'nde bir yıl, Yozgat Cezaevi'nde 2 yıl 6 ay, Muş Cezavi'nde 2 yıl 6 ay yattı. 2000 yılında tahliye oldu.

Manisa ve Gaziantep'te askerlik yaptı. GATA'dan psikolojik bozukluk raporu vardı.

Cumhuriyet'e el bombası ve Danıştay saldırısını gerçekleştiren diğer sanıklar kimlerdi?

Adı: Erhan Timuroğlu.

1979 Kars-Digor nüfusuna kayıtlı. İstanbul'da oturuyordu. Bekârdı. Pazarcılık yapıyordu. Hemşehrisi Osman Yıldırım'ın kahvesine sık gidip geliyordu.

Adı: İsmail Sağır.

Kahramanmaraş-Afşin, Armutalan Köyü nüfusuna kayıtlıydı. İnşaat işçisiydi. Bekârdı.

Adı: Tekin İrşi.

Kars-Digor, Köşeler köyü nüfusuna kayıtlıydı. Bir süre özel şirketlerde güvenlik görevlisi olarak çalıştı. Bu üç ismi, Alparslan Arslan'la tanıştıran Osman Yıldırım'dı.

Osman Yıldırım, üçüne de gazeteye bomba atma karşılığı 10-15 milyar lira para alacaklarını söylemişti.

Alparslan Arslan ise, Osman Yıldırım'la bir müvekkili aracılığıyla 2000'li yılların başında tanıştı.

Üye Hâkim Hasan Hüseyin Özese: Osman Yıldırım'ı ilk olarak ne zaman tanıdınız, hangi yıl tanıdınız?

Sanık Alparslan Arslan: 2002 olmalı, 2001 de olabilir, 2002'de olabilir.

Hâkim Özese: Tam olarak söyleyebilir misin?

Sanık Arslan: 2001 yılı veya 2002.

Hâkim Özese: Peki, aranızda nasıl bir ilişki vardı?

Sanık Arslan: Ya evvelden birbirimizi görmemişiz de, ama ben halini gördüm çok sevdim kendisini, tamam dedim yani ben bu adamla her türlü arkadaşlık, avukatlık umurumda değil yani anlatabildim mi? Veya lehçesi, düzgün konuşmaması da umurumda değil, hal denen bir şey var ben bunla her şeyi, her şeyi demeyeyim de yani yaşarım bu insanla, giderim çay bahçesinde otururum, restoranda gider yemek yerim, takım elbise giyer güzel yerlere gideriz. Anlatabildim mi? Yaşarım yani Osman Yıldırım'la yaşarım, ama edep adap olmazsa olmaz, neticede kesinlikle öyle yani.

Hâkim Özese: Peki, bazen alacakların tahsilinde onu yanınızda götürdüğünüz oluyor muydu?

Sanık Arslan: Yav, bu konular bazı alacakların tahsilinde tam hatırlamıyorum, bir defa gittik de diğerlerini, var yani var böyle şeyler var. Gittik yani tahsilata. (Celse: 117, 20 Ekim 2009)

Alparslan Arslan avukatlığını yaptığı bazı icra davalarının takibini eli silahlı sabıkalı Osman Yıldırım'la birlikte yaptı. Hatta silahların çekildiği bazı alacak verecek anlaşmazlıklarında bile beraberdiler.

Alparslan Arslan, 19 Nisan 2006'da türban giymiş domuz karikatürü yayınlayan *Cumhuriyet* gazetesine eylem yapmayı düşündüğü fikrini ilk Osman Yıldırım'a açtı.

Osman Yıldırım yardım edebileceğini söyledi. Yardımdan kastettiği sadece bomba atmak değil, bomba atacak gençler de bulmaktı. Alparslan Arslan "kopuk adamları" böyle buldu.

Osman Yıldırım, hemşerileri Erhan Timuroğlu'nu, Tekin İrşi'yi ve kahveye gelen İsmail Sağır'ı, Alparslan Arslan'la tanıştırdı.

Ekip hazırdı. *Cumhuriyet*'e ilk bombayı Tekin İrşi; ikinci bombayı İsmail Sağır; üçüncü bombayı ise Alparslan Arslan attı.

Türkiye'nin en köklü ve muhalif gazetesi *Cumhuriyet*'e atılan üç el bombasını polis nasıl araştırdı? Ya da şöyle sormalıyım; niye araştırmadı?

Bu konuda Avukat Vural Ergül, 11 Mart 2011 tarihinde İstanbul 13. Ağır Ceza Mahkemesi'ne sunduğu araştırmasında bakın hangi bulgulara dikkat çekti:

– Emniyet Müdürlüğü; patlamayan iki bomba eylemiyle ilgili MOBESE kayıtlarını istemedi.

– Civarındaki işyerlerinin güvenlik kamera kayıtlarını talep etmedi.

– Olay saatinde olay yerinden sinyal veren cep telefonlarını tespit etmeye çalışmadı.

– Bu telefonların abone kimlik bilgileri tespiti yöntemiyle teknik istihbarat çalışması yapılmadı. Bunlar ancak Danıştay cinayetinden iki gün sonra, Alparslan Arslan'ın ifadesinden sonra belirlendi.

– Üçüncü bomba atıldıktan üç gün sonra kamera kayıtlarını MOBESE'den istedi. Ama sadece kaçış güzergâhını talep etti. Gönderilen kayıtlar, eylemden sonraki saatleri içeriyordu. Doğru kayıtlar ancak 15 Mayıs günü gönderildi.

– Üzerinde imza, mühür, sayı numarası olmayan polis raporuna göre, eylem sırasında civardaki hiçbir işyerinin kamerası kayıtta değildi.

Avukat Vural Ergül duruşmada olay yerine gittiğini, eylemin yapıldığı yeri gören birçok güvenlik kamerasının olduğunu, üstelik bunların ilgili güvenlik şirket merkezlerinde online olarak kaydedildiğini tespit ettiğini söyledi.

Polis, ilk iki bomba eylemiyle ilgili robot resmi çizdirecek tanık da bulamamıştı. Üçüncü bomba atılması olayında tanık bulundu. Tanıkların ikisi asker kökenli, üçü polisti. Yani tecrübeliydiler ve teşhis konusunda bilgiliydiler. Yine de robot resim çizimi nedense beş gün sürdü!

Bu kadar ihmal nasıl olabilirdi?

Avukat Ergül bu durumun ancak, sistemli ihmaller zinciri ve suç ortaklığı boyutunda olduğunu söyledi. Bu görmezden gelmeler, aymazlıklar Danıştay cinayetine giden yolun taşlarını döşedi.

Cumhuriyet'e atılan bombalar ve Danıştay Suikastı'nın olması için "birileri" Alparslan Arslan ve "kopuk ekibi"ne yol mu verdi? Kimdi bu "birileri?" Birinci bomba atıldığında yapmadılar, ikinci bomba atıldığında yapmadılar, üçüncü bomba atıldığında ancak yeterli güvenlik önlemlerini aldılar. Niye geç? Soruların yanıtını belki Danıştay saldırısına bakarak verebiliriz.

Önce, Danıştay Suikastı'ndan iki gün önceye gidelim.

Tarih: 15 Mayıs 2006.

Alparslan Arslan 34 BE 0126 plakalı otomobiline aldığı bombacı ekipten Osman Yıldırım, Erhan Timuroğlu ve İsmail Sağır ile Ankara'ya doğru yola çıktı.

Hedef Danıştay'dı.

Otomobilde iki adet Glock, bir adet Browning marka tabanca vardı. Alparslan Arslan Glock tabancaları taksi şoförü Aykut Metin Şükre'den satın aldı. 1997'de Aykut Metin Şükre çay bahçesi işletirken tanışmışlardı. Alparslan Arslan, taksi şoförü Aykut Metin Şükre'yi Süleyman Esen aracılığıyla tanıyordu. Süleyman Esen'i anımsadınız değil mi; Şeyh Kunter'den biliyorsunuz. Ayrıca Alparslan Arslan'ın *Cumhuriyet*'e atılan üç bombayı aldığını söylediği kişiydi. Devam edelim...

Suikast ekibi Ankara yolundayken Alparslan Arslan kız kardeşi Elif'i cep telefonuyla aradı. "Dön-Gel namazı" kılmasını istedi. Çünkü onun günahsız olduğunu düşünüyordu. "Dön-Gel namazı"nı Şeyhi Salih Kunter'den öğrenmişti. Bu namaz Şeyh Kunter'in icadıydı; rüyasında Allah'tan öğrendiğini söylüyordu! Namaz ayakta kılınıyor; eğer yapılacak iş hayırlıysa vücut sağa dönüyor, hayırsızsa sola dönüyordu. Bu dönmeler siz isteseniz de istemeseniz de oluyordu! Elif Arslan, "Dön-Gel namazı"nı kılıp durumu ağabeyine bildirdi.

Alparslan Arslan yol boyunca transa girmiş gibiydi, hiç yemek yemedi; oruçlu gibiydi.

Otomobilin torpido gözünde *Vakit* gazetesinin 13 Şubat 2006 tarihli "İşte O Üyeler" manşetli haberi vardı; Danıştay 2. Dairesi üyelerinin fotoğraflarının yayınlandığı...

Alparslan Arslan'ın üzerinde bir de, 2 adet 30 Mayıs 2006 ve 30 Haziran 2006 tarihli, Osman Yıldırım adına düzenlenmiş 20 bin TL'lik senet vardı! "Kopuk ekibin" ne için Ankara'ya gittiği belliydi, para!..

Suikast timi Ankara'ya geldi. Ulus'ta Selvi Otel'de kaldılar. Alparslan Arslan ve Osman Yıldırım otel kayıtlarında yoktu. Diğer ikisi adına giriş yapıldı. Odalarda ikişer kişi kalacaklardı; Alparslan Arslan, Osman Yıldırım'la kaldı.

Tarih: 16 Mayıs 2006.

Suikastten bir gün önce...

Alparslan Arslan sabah erkenden kalktı; otomobili Danıştay'ın yakınına bıraktı. Tek başına, silahsız, keşif için Danıştay'a gitti. Keşfi yapıp otomobile döndü.

Alparslan Arslan keşiften sonra Ankara'da bazı arkadaşlarını görmek için ekipten ayrıldı. Avukat arkadaşı Tarkan Toper'le görüştü. Yemeğe çıktılar. Gittikleri yerde Koray Yılmaz ve Leyla Ecir ile buluştu. Alparslan Arslan masada kadının bulunmasından rahatsız oldu, kısa zamanda çıkıp gitti. Otele gidip odasında uyudu.

Yazdım: Sabah kalktı. Danıştay'a gitti, suikastı gerçekleştirdi. Yakalandı.

"Yakalanmasaydım (ADD Başkanı) Emekli General Şener Eruygur ve Cumhurbaşkanı Sezer'i öldürecektim. Bunlar haddlerini aşıyorlar. Süleyman Esen benim liderimdir. Danıştay'a yaptığım silahlı saldırı olayları ve ilgisini Süleyman Esen açıklayacaktır," dedi...

Danıştay Suikastı Türkiye'de infial yarattı. Muhalefete göre, saldırı doğrudan laik Cumhuriyet'e saldırıydı ve muhalefetin hedefinde Başbakan Recep Tayyip Erdoğan vardı. Çünkü başbakan üç ay önce Danıştay'ın türbanla ilgili kararını 11 Şubat 2006'daki AKP Mersin il toplantısında söyle yorumlamıştı:

> Bu kararı hukuk ilkeleri içinde tanımlamıyorum. Kalkıp da bir anaokul öğretmenine, öğretmenlik yaparken başını açtın, dışarıda da başı açık olarak gezeceksin deme hakkına kimse sahip değildir. Bu anlayış, hiçbir hukuk anlayışı içinde tanımlanamaz. Kalkıp da, Türkiye'de kendine göre alanlar belirlemek suretiyle vatandaşımızın din ve vicdan özgürlüğünü kimsenin kısıtlamaya hakkı yoktur. Bu böyle biline.

Danıştay Suikastı'ndan üç saat sonra Başbakan Yardımcısı Mehmet Ali Şahin TBMM'de şöyle konuştu: "Bekleyin ve hazırlıklı olun. Sürprizlere şaşıracaksınız. Gladio tipi bir yapılanma var."

Gladio? O da nereden çıkmıştı? İlginç açıklamalar yapılıyordu ardı ardına... Başbakan Erdoğan, "Bu iş başörtüsüyle ilişkili değil. Susurluk, Küre/Sauna bağlantıları var. Saldırı iktidarımıza yöneliktir" diye açıklama yaptı.

Aynı gün... İstanbul. Saat 20:00 suları...

İstanbul Terörle Mücadele polisleri Emekli Yüzbaşı Muzaffer

Tekin'in evini aramaya geldi. Müge Tekin şaşkındı; hemen eşini aradı.

Muzaffer Tekin Fenerbahçe Orduevi'nde yemekteydi. Masada Harbiye'den sınıf arkadaşı Rafet Arslan, İsmail Eksik, Emekli Binbaşı Mehmet Zekeriya Öztürk vardı.

Muzaffer Tekin eve gitmek istedi hemen. Zekeriya Öztürk ve İsmail Eksik "Komutanım, siz durun, biz eve gidip ne olduğuna bakalım," deyip eve gittiler.

Kısa bir süre sonra Mehmet Zekeriya Öztürk, Muzaffer Tekin'i telefonla aradı, polislerin Danıştay Suikastı nedeniyle evde arama yaptıklarını söyledi. Ve sonra emekli savcı Avukat Ertaç Giray'ı alarak Muzaffer Tekin'in yanına döndü. Avukat Ertaç Giray, Muzaffer Tekin'e "Telefonunu artık kapat, Danıştay saldırısıyla ilgili aranıyorsun, bugün perşembe, hafta sonuna kadar olay netleşir; ben sizi pazartesi Ankara'ya savcıya götürürüm, ifadenizi verip döneriz. Gözaltında kalmanız sizi rencide eder," dedi.

Muzaffer Tekin "Böyle onursuz bir olayla basına bir tek sözcükle geçersem canıma kıyarım, bunu kabul edemem," diye yanıt verdi.

Avukat Ertaç Giray, Muzaffer Tekin'in nüfus cüzdanını alıp Orduevi'nden ayrıldı. Zekeriya Öztürk, Muzaffer Tekin'i bir arkadaşının evine götürdü. Muzaffer Tekin bu evde 18 Mayıs saat 21.00'e kadar kaldı. Eve gelen İsmail Eksik, "evin emniyetli olmadığını" söyleyerek Muzaffer Tekin'i kendi evine götürdü. Bu arada televizyonlarda ve gazetelerde Muzaffer Tekin adı "azmettirici-çete reisi" olarak söylenmeye, yazılmaya başlandı. Medyaya "Muzaffer Tekin" adı fısıldanmıştı. Muzaffer Tekin'in bürosunda 18 Mayıs'ta bulunan içi boşaltılmış "el bombası" ile Alparslan Arslan'ın kartviziti anında medyaya servis edildi. Soruşturma "şeffaf" yapılıyordu!

Televizyonlar sürekli son dakika haberleri veriyordu. *Sabah* gazetesi "Ergenekon" yazı dizisine başladı. Danıştay Suikastı'yla ilgili operasyon ışık hızıyla ilerliyordu ve her gelişme anında medyada yer alıyordu. *Radikal* gazetesi "Ergenekon iddianamesi" yazmaya başlamıştı bile...

19 Mayıs günü saat 16.00'ya kadar Muzaffer Tekin bu yeni getirildiği evde kaldı.

Ancak bir kez daha ev değiştirildi; Muzaffer Tekin eski askeri, Emekli Astsubay Mahmut Öztürk'ün evine götürüldü. Bu ev inşaat halindeydi. Emekli Yüzbaşı Tekin niye ev ev dolaştırılıyordu, bir şey mi saklanıyordu? Bu arada evde yalnız kalan Muzaffer Tekin izlediği televizyon haberlerinden çok etkilendi. İçişleri Bakanı Abdülkadir Aksu, "bu olayın arkası başka, Muzaffer Tekin var" diyordu. Muzaffer Tekin çetebaşı olarak gösterilip, asker kimliğinin gündeme getirilmesinden büyük rahatsızlık duydu. "Benim başıma çuval geçiremeyecekler," diyerek, bıçağıyla intihara teşebbüs etti. Bıçağı kalbine iki kez sokup çıkardı, kalp zarını zedeledi. Kanlar içinde yığıldı.[36]

20 Mayıs sabahı eve kahvaltı getiren Emekli Astsubay Mahmut Öztürk, komutanını kanlar içinde yerde buldu. Altunizade'deki Acıbadem Hastanesi'ne kaldırdı.

Medya haberi "son dakika" olarak duyurdu.

Türkiye şaşkındı. Neler oluyordu? Emekli bir askerin Danıştay Suikastı'yla ne ilgisi olabilirdi? Cinayetin arkasında Gladio mu vardı?

Alparslan Arslan'la tanışıyorlar mıydı?

Diğer yanda...

Danıştay cinayetinin işlendiği o gün, Emekli Yüzbaşı Muzaffer Tekin için neden hemen arama emri çıkarıldı? Muzaffer Tekin'in ismine polis nasıl ulaştı? Polis, hangi delili bularak arama emrini çıkardı?

Bu arama emrinin çıkması için Alparslan Arslan ile Muzaffer Tekin arasında eyleme yönelik bir ilişki olması gerekiyordu.

Polis ne bulmuştu?

Basına göre, aralarında telefon görüşmesi vardı. Toplam 35 görüşme / mesaj vardı. Ekim 2004-Mayıs 2006 tarihleri arasındaki görüşme kaydı 27 adetti. Peki, bu doğru muydu? Bu sıklıkla görüşmüş müydüler? Nasıl tanışmışlardı? Kafalar hep karıştırıldı.

Gelin, bu sorulara yanıt bulmaya çalışalım:

Muzaffer Tekin'in bürosu Kadıköy Kuşdili Caddesi'ndeki bir handaydı. İki odaydı, çok küçüktü. Aynı anda altı kişi gelse oturacak yer bulamazdı.

Yandaki hukuk bürosu Alparslan Arslan'ın arkadaşı avukat Adnan Güleç'e aitti. 2004 yılında Alparslan Arslan'ın bu büroya ziyarete gelmesiyle tanıştırılmışlardı. Samimi olmadılar. Son gö-

36 Muzaffer Tekin ifadesine göre TSK'dan ayrıldıktan sonra ruhsatlı tabanca almamıştı, silahı yoktu. Kuzey Irak'ta Amerikalılar tarafından Mehmetçik'in başına çuval geçirilince, Rauf Denktaş'ın "Muzaffer Yüzbaşı olsaydı çuval geçiremezlerdi" sözünü anımsayıp, böyle diyerek intihara teşebbüs etmişti.

rüşme 1-1,5 yıl öncesine dayanıyordu. İddianın aksine telefonla da sık görüşmüyorlardı; toplam 90 saniye olan görüşme ve 3 mesaj olduğu TİB kayıtlarında ortaya çıktı.

Bu noktada iddianameden bir alıntı yapmak zorundayım:

"En sonuncusu 16 Kasım 2005 tarihinde yapılan, 35 adet telefon görüşmesinin aralarındaki bağlantının tanışıklıktan öteye geçtiğini gösterdiği gibi, bu tarihten sonra telefon görüşmelerinin aniden kesilmesinin hayatın olağan akışına uygun olmadığı, kişilerin bu ani kesintiyi gerektirecek bir olay gerçekleştiğini de beyan etmedikleri, bu hususun aralarındaki bağlantının koptuğunu değil, aksine Ergenekon Terör Örgütü içerisindeki yönetici konumu ilgili bölümde ayrıntısıyla açıklanan Muzaffer Tekin'in artık provokatif terör eylemlerinde görev vermeyi düşündüğü Alparslan Arslan ile irtibatının kurulamaması için, bilinen telefon hattıyla görüşmeyi kestiğini, aynı semtde bulunduklarından yüz yüze görüşme veya herkesçe bilinmeyen telefon hatlarıyla konuşma yoluna gittiğini göstermektedir. (s. 432)"

Konuşsan bir türlü konuşmazsan bin türlü! Sezgi hukuku. Savcı güzel diyordu da; bu iddiasının delili neydi? Hukuk deliller üzerinden yürümez mi? Savcı, sanığın ne düşündüğünü nasıl delillendirirdi? Oysa TİB kayıtları iddianameyi boşa çıkardı.

Sadece iddianame değil, yandaş medya da peşin hükümlüydü.

Aytekin Gezici *Ergenekon* kitabında yazdı:

"*Cumhuriyet* gazetesi yöneticileri, Kızıl Elma'nın fikir babası Veli Küçük ile sık sık görüşen Muzaffer Tekin'i gazetenin yönetim katında ağırlamaktan çekinmiyordu. Nasıl oluyorsa oluyor, Ergenekoncular, *Cumhuriyet* gazetesine rahatça girip çıkabiliyordu. İlhan Selçuk, Deniz Som gibi isimlerle Muzaffer Tekin'i aynı odada buluşturan sebep ne olabilirdi? (s. 151)"

Oysa Muzaffer Tekin hayatında *Cumhuriyet* gazetesine gitmemişti. İlhan Selçuk ve Deniz Som'la hiç tanışmamıştı.

Onlarca örnekten birini daha yazayım:

Yeni Şafak'ta Doğu Perinçek'in oğlu Mehmet Perinçek ile Emekli Yüzbaşı Muzaffer Tekin'i birlikte gösteren bir fotoğraf yayınlandı. (25 Mayıs 2006)

Ama fotoğraftaki kişi Mehmet Perinçek değildi!

Basit bir fotoğraf hatası değildi bu; Danıştay saldırısından bir hafta sonra *Yeni Şafak*'ta yayımlanmıştı. Danıştay katliamına emekli subay Muzaffer Tekin "bulaştırılmıştı" ve bu fotoğraflı mesaj açıktı: Danıştay saldırılarının ardında Perinçek ailesi var! Psikolojik savaş aralıksız sürdürüldü; haberin, belgenin, bilginin doğru ve yanlış olup olmamasının önemi yoktu. Kamuoyu yönlendiriliyordu, kamuoyu hazırlanıyordu. Bu görevi yandaş medya yaptı hep. Sonra İlhan Selçuk, Doğu Perinçek vs. hapse atıldı... Ünlü olmak, mükâfat almak vb. nedenlerle Engin Bağbars, Gökhan Başoğlu gibi akla hayale gelmeyecek iddialar ortaya atan sabıkalı kişiler ortaya çıkarıldı. İddialarının yalan olduğu ortaya çıktı ama yıllar sonra; o günlerde kamuoyu bunlara inandırılıyordu.

Muzaffer Tekin ile Emekli General Veli Küçük hayatlarında bir kez, 9 Nisan 2006'da Beyazıt Meydanı'nda Boğazlıyan Kaymakamı Kemal Bey anısına düzenlenen anma töreninde yan yana geldiler. 5 dakika ayaküstü konuştular; Muzaffer Tekin'in, Veli Küçük'ün elini öptüğü ve yan yana durdukları fotoğraflar gazetelere servis edildi. *Zaman* gazetesinin 23 Mayıs 2006 tarihli haberine göre Muzaffer Tekin ve Veli Küçük 6 aydır takip ediliyordu. "Niye ediliyorlardı?" sorusunun yanıtı yoktu. Gazetelerde ardı ardına fotoğraflar yayınlanıyordu. Hangisini yazayım?

30 yıldır Mersin'e gitmemiş Muzaffer Tekin'in Kuvayı Milliye Derneği'nde yemin ederken çekilmiş fotoğrafı basına sızdırılmıştı. Oysa o kişi de Muzaffer Tekin değildi...

En temel hukuk kuralıdır. Savcı iddia makamıdır, yargı makamı değil. Yargılamayı hâkim yapar. Ne yazık ki Ergenekon iddianamesinde savcı nedense yargıya varan cümleler kurdu. Kafasında hiç soru yoktu; hep yanıt vardı. Çok emindi. Örneğin...

Savcı, Alparslan Arslan ile Muzaffer Tekin'in irtibatlı olduğunu sadece telefon görüşmesine dayandırmadı. Muzaffer Tekin'in bürosunda Alparslan Arslan'ın avukat kartviziti bulundu. Bir de Doğuş Factoring meselesi vardı. Kâğıt üzerinde de olsa Muzaffer Tekin bu şirketin ortağıydı. İddiaya göre, Alparslan Arslan da bu şirketin avukatlarından biriydi. Ancak henüz resmi bir hüviyet kazanmasa da Alparslan Arslan bu şirkete yeni avukat olmuştu, Muzaffer Tekin ise 2004 yılından itibaren şirketle ilişkisi olmadığını Kadıköy Asliye Ticaret Mahkemesi kararıyla mahkemeye sundu. (2004/662)

Şimdi bunlar Danıştay Suikastı'nın azmettiricisi olduğunu gösteren delil midir, ayrı bir tartışma.

Asıl soru şu: Danıştay cinayetinden üç saat sonra neye dayanılarak Muzaffer Tekin "çete başı" ve "azmettirici" yapıldı?

Bunun tek sebebi olabilir. Alparslan Arslan sorgusunda Muzaffer Tekin'in adını söylemiştir. Ama böyle bir ifade de yoktu. Aksine sanık bunu hep reddetti. "Muzaffer Tekin isimli şahsı tanırım. Kendisiyle yoğun bir samimiyetim yoktur. Bildiğim kadarıyla Muzaffer Tekin'in siyasal görüşü bana yakın değildir. Kemalist solcu olarak bilinir." Muzaffer Tekin adının kendisine sorulmasına Alparslan Arslan da şaşırmıştı...

O halde Muzaffer Tekin'in adına polis nasıl ulaştı? Bunların yanıtı hiçbir yerde yok!.. Gazeteci İsmet Berkan'ın yazdığına göre, polis o günlerde hükümete verdiği bir brifingte bir şema gösterdi. Şemada Veli Küçük dışında başka emekli askerler de vardı. (9 Nisan 2008, *Radikal*)

Polisin hızı şaşırtıcıydı; tüm "örgütü" ortaya çıkarıvermişti!..

Oysa Muzaffer Tekin Danıştay Suikastı'nı araştıran Ankara Cumhuriyet Savcılığı tarafından ifadesi alınıp serbest bırakıldı. Hakkında takipsizlik kararı verildi; adı Danıştay Suikastı iddianamesine girmedi.

Fakat...

Başbakan Recep Tayyip Erdoğan 27 Mayıs tarihinde konuyla ilgili bir açıklama yaptı: "Yüzbaşının serbest bırakılmış olması suçsuz olduğu anlamına gelmez."

Anayasa'nın 138. maddesinin ikinci ve üçüncü paragrafı ne diyor biliyor musunuz: "Hiçbir organ, makam, merci ve kişi, yargı yetkisinin kullanılmasında mahkemelere ve hâkimlere emir ve talimat veremez; genelge gönderemez; tavsiye ve telkinde bulunamaz. Görülmekte olan bir daha hakkında Yasama Meclisi'nde yargı yetkisinin kullanılması ile ilgili soru sorulamaz, görüşme yapılamaz veya herhangi bir beyanda bulunamaz..."

Peki, nerede kaldı masumiyet karinesi? Kim kimi kandırıyor?.. Oyunun kuralları yeniden mi yazılıyordu? Düğmeye basılmıştı. *Zaman* gazetesi "Ergenekon"u yazmaya başladı. Mehmet Eymür "özel oluşumlar var" diye bir başka cemaat yayın organı *Aksiyon*'a konuştu. (25 Mayıs 2006)

31 Mayıs'ta Ankara'da Atabeyler Operasyonu yapıldı. Bazı subaylar gözaltına alındı. Tutuklandılar. Yandaş medyanın

gündeminde TSK vardı artık... Kimine göre ise "derin yapılanmalar" ortaya çıkarılıyordu...

Bu gelişmeler yaşanırken Ankara'daki Danıştay Suikastı davasının İstanbul'daki Ergenekon davasına eklenmesi için hukuki çalışmalar başladı:

17 Mayıs 2007: Savcı Zekeriya Öz, Ankara 18. Ağır Ceza Mahkemesi'ne mütalaa yolladı.

12 Haziran 2007: Ümraniye'de bir gecekonduda bombalar bulundu. Bu Ergenekon soruşturmasının başlangıcı oldu. (Bombaların hikâyesini yazdım; okudunuz, fazla söze gerek yok.)

15 Haziran 2007: Savcı Zekeriya Öz, Ankara Emniyet Müdürlüğü'ne yazdığı bir yazıyla, Danıştay Suikastı soruşturmasının dosyasını istedi.

Ve 6 Şubat 2008: Ankara'da Danıştay Suikastı davası kararına 7 gün kala, sanık Osman Yıldırım, Süleyman Esen'in avukatı Mehmet Ener'le tutuklu bulunduğu Sincan F Tipi Cezaevi'nde görüştü. Burada yanıtı hâlâ bulunmayan bir soru var. Mehmet Ener niye Osman Yıldırım'la görüştü?

Soru şundan önemli:

Osman Yıldırım kendi dört avukatına değil, Mehmet Ener'e "itiraflarda" bulundu: *Cumhuriyet* gazetesine attığı bombaları, İstanbul Ataşehir'de bir evde yapılan toplantıda Veli Küçük, Muzaffer Tekin ve Oktay Yıldırım'dan aldığını söyledi! Ne zaman "itiraf" etti? Ankara 18. Ağır Ceza Mahkemesi'nin kararından bir hafta önce! Ağırlaştırılmış müebbet ceza alacağını biliyordu. Karardan önce, Gizli Tanık Koruma Yasası ve Etkin Pişmanlık Yasası'ndan yararlanmak istiyordu. 20 ay sonra ifadesini değiştirdi.

Devam edelim: Osman Yıldırım'la görüşen Süleyman Esen'in avukatı Mehmet Ener, Sincan Cezaevi'nden çıkınca doğruca nereye gitti dersiniz. Şamil Tayyar'a!

Avukat Mehmet Ener, Osman Yıldırım'ın bahsettiği Ataşehir toplantısını *Star* gazetesi Ankara Temsilcisi Şamil Tayyar'a anlattı. O da 8 Şubat 2008 tarihinde bunu köşesinde yazdı. Ardından *Taraf* gazetesine tam sayfa röportaj verdi. "Danıştay Suikastı'nın arkasında Ergenekon var!"

İlginç bir süreç başlatıldı. Sonuçta, Danıştay davası Ergenekon'la irtibatlandırılmaya çalışılıyordu.

Ayrıntıları yazacağım, ama bir not eklemeliyim: Alparslan Arslan'ın 26 Haziran 2006 günü savcılıkta, "liderim" dediği ve "üç el bombayı talebim üzerine benim evime getirip verdi" dediği, 10 yıla mahkûm olmuş Süleyman Esen sürpriz bir kararla 28 Ağustos 2009'da, daha Ergenekon davasında ifade bile vermeden tahliye edildi! Avukatı Mehmet Ener'in başarısıydı kuşkusuz bu durum! Başarılı avukat Mehmet Ener'le ilgili de bir bilgi vermeliyim: Duruşmalardaki ifadesine göre Saadet Partili'ydi; Başbakan Erdoğan'ı yıllardır tanıyordu. Şamil Tayyar'ı nereden tanıyordu acaba ki, Osman Yıldırım'ın "itiraflarını" hemen onunla paylaşmıştı. Duruşmadaki ifadesine göre yeni tanışmışlardı. Tuhaf...

Danıştay Suikastı davasında artık tanık olan Süleyman Esen, 139. duruşmada, avukatının Osman Yıldırım'la Sincan Cezaevi'nde görüşmesini şöyle anlattı:

S. Esen: Osman Yıldırım bana, "Avukatınızla görüşmek istiyorum. Görüşmem sizin için de iyi olur," dedi. Tamam dedim. Mehmet Ener'e ilettim. Avukatım gelmiş, kendisiyle görüşmüş.

Mahkeme Başkanı Köksal Şengün: Ne görüşmüşler sormadınız mı? Neymiş lehinize olan?

S. Esen: İçeriğini sormadım.

Başkan Şengün: Hâlâ merak etmiyorsun yani, öyle mi?

S. Esen: Yok, sormadım. Osman Yıldırım'ın ifadelerini daha sonra basından öğrendik.

Başkan Şengün: Avukatınız size anlatmadı mı hiç?

S. Esen: Hayır, sormadım.

Başkan Şengün: Mehmet Ener sizin avukatınız. Osman Yıldırım sizin de lehinize olacağını söylediği için, avukatınızı görüşmeye siz gönderiyorsunuz. Nasıl sormazsınız? Siz de avukatsınız. Bunları ilk önce bilmesi gereken siz değil misiniz? Siz müvekkillerinizi böyle mi savunuyorsunuz?

13 Şubat 2008. Ankara 11. Ağır Ceza Mahkemesi'nin hâkimi Orhan Karadeniz, Savcı Zekeriya Öz'ün gönderdiği Ergenekon delillerini inceleyerek kararını açıkladı:

Davanın Ergenekon'la bir ilişkisi yoktur. Yapılan inceleme ve değerlendirmeler sonucu sanıklar ve sanıklara isnat edilen eylemler ile ilgili yürütülen hazırlık soruşturması arasında suç vasfını sanıkların hukuki durumunu ya da sübutu etkileyecek şekilde bir bağlantı tespit edilememiştir.

Alparslan Arslan, Osman Yıldırım, İsmail Sağır ve Erhan Timuroğlu'na müebbet hapis cezası verildi. Tekin İrşi ve Süleyman Esen 10 yıl cezaya mahkûm oldu.

Osman Yıldırım'ın mahkemede karardan sonraki sözleri Danıştay Suikastı'nın neden yapıldığını açıklıyordu:

> O, İngiliz piçinin kurduğu Cumhuriyet'i başınıza yıkacağız. Evet, benim yegâne görevim Cumhuriyet'i yıkıp 2. Osmanlı Devleti'ni kurmaktır. Bunu kuracağım. Benim şahitlerimi dinlemedin, mahkeme başkanı sen de onun piçisin.

18 Şubat 2008. Başbakan Erdoğan Ankara 11. Ağır Ceza Mahkemesi kararını açıkladığında tepkisini şöyle dile getirdi: "Ergenekon operasyonunda yürütme ve yargı uyum içinde çalışacaktır."

Gazeteci Derya Sazak'ın 3 Mayıs 2008 tarihli *Milliyet*'te yazdığına göre, Danıştay Suikastı'yla ilgili Başbakan Erdoğan şöyle diyordu: "Bütün bilgileri gönderdik ama nedense yargı bu bağlantıyı kurmaktan kaçındı."

17 Aralık 2008. Yargıtay 9. Ceza Dairesi, Osman Yıldırım'ın ifadelerinin Ergenekon davasıyla ilişki iddia ettiğine ve bunun araştırılması gerektiğine hükmederek Ankara 11. Ağır Ceza Mahkemesi'nin kararını bozdu.

Ankara 11. Ağır Ceza Mahkemesi, 23 Mart 2009'da kararında ısrar ettiğini bildirdi.

Yargıtay Ceza Genel Kurulu bir ufacık iddianın bile araştırılması gerektiğinden bahisle davayı bozdu ve dava dosyasını –aradaki irtibat iddiasının– araştırılması için İstanbul 13. Ağır Ceza Mahkemesi'ne gönderdi. Dava Ergenekon'la birleştirilmiş oldu.

Peki, Ergenekon iddianamesi ne zaman tamamlandı: 10 Temmuz 2008. Yani, daha birleştirilme kararı verilmeden! Ergenekon iddianamesinde en önemli suç neydi? Danıştay Suikastı! Dikkatinizi çekerim dava birleştirilmeden önce...

Bu arada daha bu karar çıkmadan hukuki prosedür sürerken Ankara Sincan Cezaevi'nde hareketlilik çoktan başlamıştı bile... Bu hukuki süreçler hiç ele alınmadı. Karar çoktan verilmişti. Başbakan demeçler veriyordu ardı ardına. Örneğin, Başbakan "bütün bilgileri gönderdik" demişti. O bilgileri nasıl elde ettiğine bakalım.

12 Mart 2008'de, yani dava henüz birleşmeden, Ergenekon davasına bakan savcılar Zekeriya Öz ve Mehmet Ali Pekgüzel yanlarında bazı polislerle mesai saati dışında, Sincan Cezaevi'ne gitti. Amaçları Osman Yıldırım ve diğer sanıklarla görüşmekti.

Sanıklar akşam "Sizi revire götüreceğiz" denilerek koğuşlarından alındı. Götürüldükleri yerde onları polisler bekliyordu. Yasalara göre polis cezaevine girip sorgu yapamaz ama yasayı kim dinliyor? Alparslan Arslan davanın başından beri ne biliyorsa bir daha anlattı; söyleyeceği başka sözü yoktu. Diğer sanıklar da duruşmadaki sözlerini tekrarladılar. Sadece Osman Yıldırım davanın gidişatını değiştiren ifade verdi. 12 Mart ve 13 Mart 2008 tarihindeki Sincan Cezaevi'ndeki görüşmede Avukat Mehmet Ener'e söylediklerini bu kez savcılara anlattı:

> 29 Nisan 2006 tarihinden sonra Ümraniye semtinde Alparslan Arslan ile buluştuğunu, Alparslan Arslan'ın kendisine "Harekete geçeceğiz, yarın buluşalım, Ataşehir Migros'un tam önüne gel. Bir arkadaş seni alacak" dediği; bir gün sonra ilgili yere gittiği, Migros'a 500 metre mesafede dubleks villadan oluşan bir site içerisinde villaya gittiklerini, Alparslan Arslan'ın bekâr arkadaşlarının kaldığı bu evde Muzaffer Tekin, Alparslan Arslan, Oktay Yıldırım ile birlikte kendisinin tanımadığı 10-15 şahsın daha olduğunu, Muzaffer Tekin'in burada 3 adet bombayı yanında koruması gibi duran kişiye yan odadan getirerek kendisine "Bunlar *Cumhuriyet* gazetesine atılacak, rahat ol kimse ölmeyecek. İş bitince sana 500 bin dolar para vereceğiz, senin, bombayı attıracağın kişilere vereceğin paraya karışmayacağız" dediği, kendisinin iki adet bombayı alıp cebine koyduğunu, bir tanesini de Alparslan Arslan'ın alıp çantasına koyduğunu söyledi. (İddianame: s. 410)

Muzaffer Tekin'in avukatı Selin Deviren Tahtabiçen, sözde Ataşehir toplantısına ilişkin mahkemeye deliller sundu:

> Muzaffer Tekin'in telefon dökümlerine baktığımızda, müvekkilimin sözde toplantının yapıldığı tarih olan 30 Nisan 2006'da, Göztepe-Ziverbey-Maltepe-Pendik'te olduğu tespit edilmiştir. Ataşehir'de değildir. Sözde toplantının yapıldığı gün Ataşehir'de bulunan villada Muzaffer Tekin koruması Rasim Görüm'e yan odadan bombaları getirterek Alparslan Arslan'a verdirtmişti. Rasim Görüm'ün telefon dökümlerine baktığımızda Rasim Görüm'ün 29 Nisan 2006-12 Mayıs 2006

tarihleri arasında Hendek'te olduğu tespit edilmiştir. Ve nitekim Muzaffer Tekin'le sözde koruması Rasim Görüm'ün bu tarihler arasında hiçbir görüşmesi bulunmamaktadır.

Türkiye İletişim Başkanlığı (TİB) kayıtlarına göre, zaten Osman Yıldırım da 29 Nisan 2006'da İstanbul'da değildi. İzmir-Manisa yolundaydı! Alparslan Arslan İstanbul'daydı, ama hiç Ümraniye'de görünmüyordu!

Ergenekon davasının 19 ve 21 Ekim 2010 tarihli duruşmalarında, Ataşehir'deki evin sahibi ve komşular dinlendi. Tanıklar, sanıklardan hiçbirini tanıyamadı. Toplantıyı görmediklerini söylediler.

Recep Özkan Ataşehir'deki evin sahibi. İstanbul'daki polis ve savcılar ifadesini almadı. Sadece sanıklar dinlenmesini isteyince tanık sıfatıyla duruşmaya geldi. Toplantı olmadığını söyledi.

Şaşırtıcı olan apartman kapıcısının ifadesiydi. Apartman kapıcısı 2007 Aralık ayında, polislerin apartmana gelerek keşif yaptığını ve bazı fotoğrafları gösterdiğini belirtti. Dikkat ediniz, polisler ellerinde fotoğraflarla keşfe geldiğinde daha Osman Yıldırım "itiraf"a başlamamıştı! İtiraf tarihi, 6 Şubat 2008 idi.

Danıştay davası Ergenekon davasıyla, Osman Yıldırım'ın bu "itirafıyla" birleşince işin içinden çıkılmaz bir hal aldı.

Osman Yıldırım'ın beyanlarına çok önem verdi iddia makamı. Olabilir. Ama bir örnek vermeliyim. Osman Yıldırım *Cumhuriyet* gazetesine atılan bombaları önce bir holdinge attırdığını, patlamadığını, daha sonra adamlarına aldırarak pimini tekrar taktığını ve *Cumhuriyet* gazetesine yeniden attırdığını söyledi! Aklıyla alay ettirmek isteyenler için söylenecek bir şey yok; ama bu adam muteber tanık!.. Zaten duruşmada çapraz sorguda sanıklar tarafından o kadar sıkıştırıldı ki, "bu konuda konuşmak istemiyorum," dedi.

Aslında Osman Yıldırım bir hukuk dersidir.

Danıştay Suikastı davasında müebbet hapis cezası alan Osman Yıldırım'ın itirafları sonucu hayatı değişti. Sanıktı, "tanık" da oldu!

Ergenekon duruşmalarında avukatların bulguları ve gizli tanık ifadesinde iddia makamının ona "Osmanım" diye hitap ettiği ortaya çıktı! Peki Osman Yıldırım'ın iddialarından hangisi doğruydu? Şöyle:

– Ergenekon örgütü üyesi mi?

9 Kasım 2009: Ben Ergenekon'un üyesi değildim. Eğer Ergenekon bir örgütse, bağımsız bir şekilde çıkar amaçlı bir iş almışım. Buradaki kimseyle aynı anlayışı paylaşmam da imkânsızdır. (Silivri'deki 120. celse.)

11 Eylül 2008: Ergenekon terör örgütü üyesiyim. Örgütü çökerttiğimden ailem için can güvenliği istiyorum. (Ankara 12. Asliye Ceza Mahkemesi'ne dilekçe.)

– Muzaffer Tekin'i tanıyor mu?

30 Mart 2007: Muzaffer Tekin'i tanımıyorum. (Ankara 11.Ağır Ceza Mahkemesi'ne dilekçe.)

9 Kasım 2009: Benim Veli Küçük, Muzaffer Tekin, Oktay Yıldırım gibi İstanbul Cumhuriyet Savcılığı'nın yaptığı soruşturmadaki önemli isimlerle zaten geçmişe dayalı bir tanışıklığım bulunmaktadır. (Silivri'deki 120. celse.)

– *Cumhuriyet* gazetesini bombalamak için Alparslan Arslan ile görüştü mü?

20 Mayıs 2006: 3 Mayıs 2006 günü Üsküdar'da bulunan açık hava çay bahçesinde Alparslan ile buluştuk. Kendisinde el bombalarının olduğunu söyledi. (Ankara TEM'de verdiği ifade.)

21 Mayıs 2006: Alparslan ile *Cumhuriyet* gazetesine bomba atılması yönünde herhangi bir görüşme yapmadım. (Ankara Cumhuriyet Başsavcılığı'na ifadesi.)

9 Kasım 2009: Şimdi "bu bombayı bu gazeteye atalım, gidip paramızı alalım" demesinden sonra, ya bekle dedim gece yarısı git, gündüz insanlar var, polis var inceleme yapıyor, madem ikna olmuyorsun, gece git insanlar zarar görmesin. Yok dedi, gündüz gidip gündüz atalım, baskıya yetişsin. (Silivri'deki 120. celse.)

– *Cumhuriyet*'e bomba atma talimatını kimden aldı?

12 Mart 2008: Talimatı Muzaffer Tekin'den aldım. (Ergenekon savcılarına ifadesi.)

1 Nisan 2008: Talimatı Veli Küçük'ten aldım. (Ergenekon savcılarına ifadesi.)

23 Ekim 2009: Kimseden, bir yerden emir/talimat almadım, alamadım. Benim doğama aykırı. (Silivri'deki 119. celse.)

– Bomba atmak için kimden para aldı?

12 Mart 2008: Muzaffer Tekin'den 500 bin dolar taahhüt aldım. (Ergenekon savcılarına ifadesi.)

1 Nisan 2008: Veli Küçük 500 bin dolar verecekti. (Ergenekon savcılarına ifadesi.)

– Bombaları kim kime verdi?

6 Şubat 2008: Bombaları Veli Küçük'ün Alparslan Arslan'a verdiğini mi söylesem? (Süleyman Esen'in avukatı Mehmet Ener'le görüşme.)

12 Mart 2008: Bombaları Muzaffer Tekin'den bizzat aldım. (Ergenekon savcılarına ifadesi.)

1 Nisan 2008: Bombaları Veli Küçük verdi. (Ergenekon savcılarına ifadesi.)

10 Kasım 2009: *Cumhuriyet* gazetesi ile ilgili işveren Veli Küçük'tür, bombaları veren de Muzaffer Tekin'dir. (121. celse.)

13 Kasım 2009: Ben bombaları Veli Küçük'ten aldığımı söylemedim. (Silivri'deki 123. celse.)

– Bombalar nasıl verildi? Ataşehir'deki toplantıda kimler vardı?

12 Mart 2008: 10-15 kişilik grubun önünde, yan odadan getirilerek verildi. (Ergenekon savcılarına ifadesi.)

1 Nisan 2008: Bombaları Veli Küçük, sadece ben ve Alparslan Arslan'ın bulunduğu bir ortamda verdi. (Ergenekon savcılarına ifadesi).

17 Nisan 2008: Toplantıda Muzaffer Tekin, Fikri Karadağ, Mehmet Zekeriya Öztürk, Kuddusi Okkır ve Oktay Yıldırım vardı. Bombaların teslim edildiği toplantıda Veli Küçük yoktu. (Ankara Cumhuriyet Başsavcılığı'na verdiği ifade.)

10 Kasım 2009: O toplantıda Muzaffer Tekin, Hüseyin Görüm'ün yeğeni, Oktay Yıldırım, Fikri Karadağ, Orhan Kadı, Alparslan Arslan ve tanımadığım başka kişiler vardı. (Silivri'deki 121. celse.)

13 Kasım 2009: Ataşehir'de Veli Küçük bombaları Alparslan Arslan'a verdi. (Silivri'deki 123. celse.)

24 Eylül 2010: Bombalar Ataşehir'deki evde değil, başka bir evde verildi, önce oraya gittik, sonra Ataşehir'deki eve geçtik. (156. celse)

– Bombaları ne zaman aldı?

20 Mayıs 2006: 3 Mayıs 2006 günü Üsküdar'da bulunan açık hava çay bahçesinde Alparslan ile buluştuk. Kendisinde el bombalarının olduğunu söyledi. (Ankara TEM'de verdiği ifade.)

12 Kasım 2009: Bombaları 1 Mayıs 2006 günü aldım. (Silivri'deki 122. celse.)

12 Kasım 2009: Bombaları aldığımın ertesi günü *Cumhuriyet*'e attırdım. (Aynı celse.) [Bu ifadeye göre 4 Mayıs 2006-S.Y.]

– Ataşehir toplantısı'nın yapıldığı evin özelliği?

12 Mart 2008: Migros'a yaklaşık 500 metre uzaklıkta. Dubleks villalardan oluşan bir sitenin içindeki bir villaya götürüldüm. (Ergenekon savcılarına ifadesi.)

12 Kasım 2009: Site de değil, villa da değil. Yani yeni yapılmış binalar. Yan tarafında duvarlar vardı, yani oranın çevresi duvarlı. Yan taraf, yolun yan tarafı, yüksek duvarlarla şeyli, yani o zaman onların yeni yapıldığı, yeni yapılan binalar. (Silivri'deki 122. celse.)

8 Aralık 2009: Dubleks, yani yeni yapılan dubleks binalar olmalı. Üç katlı da olabilir. Yani katları saymadım, öylesine gözüme çarptı yani. (...) Yani üç katlı, iki katlı, dört katlı. (Silivri'deki 125. celse.)

– Danıştay saldırısını hangi örgüt yaptı?

27 Haziran 2007: Şeriatçı bir yapılanma, Anadolu İslam devleti için gazeteyi bombalattı, Danıştay cinayetini işletti. (Ankara 12. Asliye Ceza Mahkemesi.)

10 Kasım 2009: Alparslan Arslan'ı kullanan Veli Küçük'tür. Muzaffer Tekin'dir. Bunların üstündeki de Şener Eruygur'dur, Hurşit Tolon'dur. Fikri Karadağ'dır. (Silivri'deki 121. celse.)

Osman Yıldırım, söz aldığı pek çok duruşmada da "Danıştay Ergenekon'un işi" ifadesini kullandı.

– Fethullah Gülen'le ilgili neler dedi?

24 Temmuz 2006: Fethullah Gülen, Alparslan Arslan ve Kemalettin Gülen'i beraber okuttu. Fethullah Gülen kendi inançlarına yakın asker, subay, paşalar ve mafyalarla birlikte bu insanlık dışı çirkin tezgâhın sahibidir. (Ankara 11. Ağır Ceza Mahkemesi'ne dilekçesi.)

12 Mart 2008: Fethullah Gülen'i beğeniyorum, yani inançlı bir insan. Onun ağlamaklı görüntülerini gördükçe adama karşı bir sempatim oluyor. (Ergenekon savcılarına ifadesi.)

9 Kasım 2009: Fethullah Gülen'den özür diliyorum. Kendimi dinletebilmek için öyle dedim. (Silivri'deki 120. celse.)

– Hayat görüşü ve tarzı?

20 Mayıs 2006: Alparslan Arslan ile hayat görüşü olarak birbirimize yakın durmaktayız. Güçlü, dürüst bir kişiliği olan, sözüne güvenilir, sağlam bir insan olarak kendisini bilirim. Ben de muhafazakâr ve sağ görüşlü bir insanımdır. (Ankara TEM'de verdiği ifade.)

29 Ağustos 2006: Ben mesleğim gereği içkici ve kumarbaz bir adamım. Dindar insanlar ile benim işim olmaz. Hele ki gericilerle hiç işim olmaz. (Ankara 11. Ağır Ceza Mahkemesi'ne dilekçesi.)

23 Ekim 2009: Alparslan ateisttir. Ben elhamdülillah Müslüman'ım. Ben normal bir vatandaşım. (Silivri'deki 119. celse.)

Osman Yıldırım duruşmalarda da kendisi gibi ifade vermeyen diğer suç ortaklarını da ikna etmeye çalıştı. Çapraz sorgudaki ilginç diyaloglar tutanağa geçti. Bu konuşmalar öyle bir noktaya geldi ki Mahkeme Başkanı Köksal Şengün müdahale etti. (136. celse)

Sanık Osman Yıldırım: (Sanık arkadaşlarına) Madem ki, madem ki haksız ceza aldığınızı söylüyorsunuz burada, ne güzel Ankara 11. Ağır Ceza Mahkemesi'nden kurtulup yeni ve ayrı bir mahkeme heyeti tarafından yeniden yargılanma şansı elde edeceksiniz ve aldığınız haksız cezadan kurtulacaksınız. Ve meramınızı anlatma fırsatı bulacaksınız. Siz buna rağmen Yargıtay'ın bozma kararına direnilmesini talep ediyorsunuz. Buna ne diyeceksiniz?

Sanık İsmail Sağır: Buna cevap verdim, bir daha vereyim sana. İlk duruşmada bunu söyledim. Mahkeme bozdu. O zaman birleştirilecek diye bir karar çıktı mı mahkemeden? Biz davayı birleştirdik, ne söylersen söyle diye bir karar çıktı mı? Çıkmadı. Bana görüşümü sordu sen ne diyon, dedi bu görüşe dedi ee benim ben şeyle Ergenekon'la alakam yoktur. Kimseyi de tanımıyorum. Direnilmesini istiyorum dedim ben, dava birleşmesin diye, çünkü tanımıyorum adamları. Onun için söyledim diyorum sen de şeyi lafı alıp başka yere götürme yani.

Sanık Osman Yıldırım: Bak bak şimdi az çok siz de hapis yatmışsınız. Şimdi Yargıtay dosyaları birleştirmiş, davaları birleştirmiş. Artı haksız ceza aldığınızı söylüyorsunuz. Ve Yargıtay'ın bozma kararından sonra kaç tane duruşma yapıldıysa iki veya üç; üçünde de Yargıtay'ın bozma kararına direnilmesini talep ediyorum diyorsunuz. Yani Ankara'da yapılan son duruşmada buraya geleceğinizi bile bile Yargıtay'ın bozma kararında direnilmesini talep ediyorum diyorsunuz.

Sanık İsmail Sağır: İlk duruşma söyledim evet.

Sanık Osman Yıldırım: Az çok hapiste yatmışsınız. Şimdi Ankara 11. Ağır Ceza.

Mahkeme Başkanı: Öğrenmemiş işte hapiste yattığı sürede o olayların o bölümünü öğrenememiş.

Sanık İsmail Sağır: Senin kadar öğrenemedim işte yani evet.

Mahkeme Başkanı: Cezaevinde yani nasıl konuşulacağını öğrenememiş!..

Osman Yıldırım'ın "itiraflarının" gerçek olmadığını ispatlamak için savunma avukatları olağanüstü çabalarla TİB kayıtlarına ulaştılar. Telefon takibi aslında kimin kiminle nasıl bir ilişki içinde olduğunu gösteriyordu. Örneğin, Süleyman Esen ile Alparslan Arslan arasında *Cumhuriyet* gazetesine bombalar atılmadan önce ve atıldıktan sonra sıkı bir telefon irtibatı vardı. *Cumhuriyet* gazetesine atılan bombaları temin ettiği söylenen Süleyman Esen'in baz istasyonu kayıtları duruşmada ayrıntılarıyla konuşuldu. Fakat nedense, iddia makamı bu konuya gerekli özeni göstermemişti.

Ergenekon davasının 23 Mart 2010'da yapılan 139. duruşmasında Süleyman Esen, Osman Yıldırım'la ilişkisini de, Alparslan Arslan'a bombaları verdiğini de inkâr etti. Ancak 140. duruşmada yapılan çapraz sorgusunda ortaya çıkan kayıtlar, her iki beyanını da yalanlar nitelikteydi. Kayıtlara göre Süleyman Esen, Osman Yıldırım'la çok sayıda telefon görüşmesi yapmıştı ve çok seyrek görüştüğünü söylediği Alparslan Arslan'la da *Cumhuriyet* gazetesinin bombalanması eyleminden iki gün önce sıkça görüşmeye başlamıştı.

25 Mart'ta yapılan 140. duruşmada baz istasyonu kayıtları konuşuldu. Bu konu önemli; Muzaffer Tekin-Alparslan Arslan ilişkisinin en önemli kanıtı telefondu çünkü...

Alparslan Arslan, bayramlarda ve Kadir Gecesi'nde Muzaffer Tekin'e mesaj atmıştı. Toplam 90 saniyelik telefon ilişkisi vardı. Peki...

Alparslan Arslan'ın başka telefon kayıtlarına bakalım. Kayıtlara göre, Süleyman Esen ile Alparslan Arslan arasındaki telefon trafiği 17 Nisan 2006'da başlıyor. 3 Mayıs'a kadar üç kez görüşüyorlar. *Cumhuriyet* gazetesinin ilk bombalanmasından iki gün önce, 3 Mayıs 2006'da ise görüşmeler yoğunlaşıyor. Ve o gün tam yedi kez konuşuyorlar. Hemen belirtelim, Süleyman Esen ile Alparslan Arslan, bu tarihten önceki 166 gün boyunca yalnızca üç kez görüşmüşlerdi.

Süleyman Esen ile Alparslan Arslan arasında, *Cumhuriyet* gazetesinin bombalanmasından iki gün önce yoğunlaşan bu telefon trafiği, Danıştay saldırısına kadar devam ediyordu. Süleyman Esen bu durumu şöyle açıklıyordu:

> Biz Alparslan'la okuldan arkadaşız. Zaman zaman arayıp yemek yiyelim, kâğıt oynayalım derdi. Ya da hukuk bilgisi almak için arardı. Avukatlık bilgisinin yeterli olmadığını söylerdi, bana danışırdı.

İyi de, ilk bombanın atıldığı gün iki kere mesajlaşmışlardı. Ertesi gün yine iki görüşmeleri, beş mesajlaşmaları vardı. 6 Mayıs'ta gerçekleştirdikleri 11 haberleşmeden yedisi Alparslan'la idi. Bu yoğunluğu şöyle açıklıyordu:

> "Hal hatır sormak için, zaman zaman birlikte bir şeyler yapmak için birbirimizi ararız. Belki bir dava konusunda danışmak için aramış olabilirim."

Bu kadar...

Süleyman Esen'le Osman Yıldırım arasındaki görüşmeler, *Cumhuriyet*'in bombalanmasından bir gün önce, 4 Mayıs 2006'da başlıyordu. Süleyman Esen, tanımadığını iddia ettiği Osman Yıldırım'la yapılan görüşmeleri şöyle açıkladı: "Alparslan Arslan benim telefonumdan görüşmüş. Kendi şarjı bitmiştir."

Ancak kayıtlara göre, Süleyman Esen'in telefonundan 4 Mayıs'ta önce Alparslan Arslan'ın, sonra Osman Yıldırım'ın arandığı ortaya çıktı. Bu görüşmelerden 40 dakika sonra Alparslan Arslan, Osman Yıldırım'ı kendi telefonundan aradı. Bu kayıtlara göre, Alparslan'ın kendi telefonunu kullanmaktan çekinmediği ya da şarjının bitmediği anlaşılıyordu. Aynı saatlerde Alparslan Arslan Üsküdar'da, Osman Yıldırım Sultanbeyli'de, Süleyman Esen Alemdağ'da sinyal veriyordu. Süleyman Esen telefonla Osman Yıldırım'ı arıyor ve iki dakika sonra Alparslan Arslan, Osman Yıldırım'la konuşuyordu. Hepsi ayrı ayrı yerlerdeydi. S. Esen'in de buna yanıtı, "Dediğim gibi olmuştur. Şimdi teferruatını hatırlamıyorum," oldu.

S. Esen, bir önceki duruşmada Ergenekon Savcısı Mehmet Ali Pekgüzel'in benzer bir sorusuna da aynı yanıtı verdi. Bunun üzerine Pekgüzel şöyle dedi:

> "Aynı saatlerde Alparslan Arslan Üsküdar'da, Osman Yıldırım Sultanbeyli'de. Siz ise Alemdağ'da sinyal veriyorsunuz. Sizin telefondan Osman Yıldırım aranıyor ve iki dakika sonra da Alparslan Arslan telefonuyla Osman Yıldırım'la konuşuyor. Hepiniz ayrı ayrı yerdesiniz."

Bitmedi: *Cumhuriyet* gazetesine ikinci bombanın atılmasından bir gün önce, 9 Mayıs 2006'da da Osman Yıldırım, Süleyman Esen'in telefonundan altı kere arandı. Bu görüşmelerin yapıldığı saatlerde Alparslan Arslan da kendi telefonundan kız kardeşiyle mesajlaşıyor.

Yani, Alparslan Arslan'ın kendi telefonunu kullandığı anlaşılıyordu. Şarjı bitik telefondan mesaj atamazdı. Yoksa Osman Yıldırım'la S. Esen'in görüştüğü belli değil miydi? Süleyman Esen ifadesini tekrarlayarak "Osman Yıldırım'ı tanımıyorum," diye yanıt verdi...

11 Mayıs 2006'da *Cumhuriyet*'in üçüncü kez bombalanmasının hemen ardından Alparslan Arslan'ın aradığı ilk kişi Şeyh Salih Kunter, ikinci ise Süleyman Esen!..

Avukatlar TİB'den gönderilen kayıtlar üzerinde araştırma yaparak Süleyman Esen, Alparslan Arslan, Salih Kunter, emekli polis Hamza Öztürk ve Fethullah Gülen'in yeğeni Kemalettin Gülen'in yoğun telefon bağlantılarını ortaya çıkardı.

TİB kayıtlarına göre, Şeyh Salih Kunter'in dergâhının bulunduğu Gültepe civarındaki bir baz istasyonunun adresi (oradan yapılan tüm görüşmeler göründüğü halde), TİB kayıtlarında görünmüyordu. Sanki görüşmeler görünmez bir baz istasyonundan yapılmış gibiydi:

24 Nisan 2006 itibariyle Süleyman Esen'in 19:22'den sonraki 3 görüşmesinin baz istasyonu yok.
25 Nisan'da 19:01'den sonraki son 4 görüşmesinin adresi yok.
26 Nisan'da 17:26'dan sonraki son 5 görüşmesinin adresi yok.
27 Nisan'da 16:05'ten sonraki son 5 görüşmesinin adresi yok.
28 Nisan'da 21:47'den sonraki son 9 görüşmenin adresi yok.
29 Nisan'da hiç baz istasyonu bilgisi yok.
30 Nisan'da 14:09'dan sonraki 2 görüşmenin adresi yok.
1 Mayıs'ta 17:18'den sonraki 3 görüşmenin adresi yok.
2 Mayıs'ta 17:55'ten sonraki 1 görüşmenin adresi yok.
3 Mayıs'ta 19:46'dan sonraki 5 görüşmenin adresi yok. Baz istasyon kayıtlarının verilmediği saatlerdi bunlar. Bu saatlerden sonra 6 Mayıs'ta 17:48'den sonra; 7 Mayıs'ta 18:15'den sonra; 8 Mayıs'ta 19:52'den sonra; 9 Mayıs'ta 18:58'den sonra...

Daha da devamı var... Yani Süleyman Esen telefonunu kullanmaya devam etmiş fakat hangi baz istasyonunu kullandığına ilişkin bilgi yoktu. Saatler çok dikkat çekiciydi; hep akşamüzeri saatinde kesiliyordu. Yani o saatlerde Süleyman Esen bir yere gidiyor, gittiği yeri de bir önceki görüşmesinden ve istikametinden anlıyoruz, son görüşmesi ya Levent'ten ya Mecidiyeköy tarafından, Dördüncü Levent'ten, Birinci Levent'ten... Bunlardan sonrakiler yok. Süleyman Esen "bir yerde" o saatlerde telefon görüşmelerini yaparken, Alparslan Arslan'a bakılıyor; o da orada.

Alparslan Arslan 4 Mayıs'ta 18:30; 5 Mayıs'ta 21:13; 7 Mayıs'ta 22:27; 8 Mayıs'ta 16:06; 9 Mayıs'ta 19:04; ikinci bombanın atıldığı 10 Mayıs'ta 13:53... Bunların devamında başka görüşmeleri devam ediyor ama baz istasyonları yok. Nerede oldukları bilinmiyor!

Salih Yaşar'ınkine, Küçük Salih'inkine bakıldığında şu ortaya çıktı: 24 Nisan'da saat 16:32 ile 22:18 arası yok. 25 Nisan'da saat 15:34 ile 15:51 arası yok, 27 Nisan'da saat 15:10, 28 Nisan'da saat 11:32 ile 21:05 arası yok. 29 Nisan'da saat 21:07'de Süleyman Esen'le görüşmüş çünkü Süleyman "orada" değil. Bunu çeşitlendirmem çok mümkün. Avukat Zeynep Küçük TİB kayıtlarından yola çıkarak çok detaylı bir araştırma yaptı. Duruşmada şöyle dedi: Yaptığım analizin sonucunu sizinle paylaşmak istiyorum burası "bir yer"... Burası, bu telefonların "orada" bulunduğu sırada baz istasyon kayıtlarının listede çıkmadığı "bir yer".

Mahkeme Başkanı: Silinmiş mi? Yani baz istasyonsuz mu görüşüyorlar?

Av. Zeynep Küçük: Hayır "orada" olanın baz istasyon kaydı yok, yani kim "oradaysa" baz istasyon kaydı yok.

Mahkeme Başkanı: Yani orada bazsız mı görüşülüyor? Yani "orada" dediğin yerde?

Av. Zeynep Küçük: Hayır, bazsız görüşülür mü?

Mahkeme Başkanı: Bilmiyorum, silinmiş mi?

Av. Zeynep Küçük: Şimdi ben bunu mantıkla açıklamaya çalıştım, yani ne olabilir? Böyle bir tesadüf olabilir mi? Bu bir tesadüf olabilir mi?

Mahkeme Başkanı: O silinme nasıl olur avukat hanım, onu da açıklar mısın, o silinme nasıl olur?

Av. Zeynep Küçük: Ben onu Sayın Mahkeme'ye soruyorum. Biz baz istasyonlarını aldık, Sayın Mahkeme'nin de bunu çok daha önceden fark etmiş olması gerektiğini düşünüyorum. Çok kritik telefon görüşmelerinin baz istasyonları yok. Mesela *Cumhuriyet*'in bombalandığı günlerde 9 Mayıs tarihinde... Süleyman Esen'in telefonundan Osman Yıldırım'a yapılan 5 aramanın baz istasyonu yok. O sırada Alparslan'ınkiler de yok, çünkü Alparslan'la Süleyman bir aradalar. Yani "oradalar"...

İddia makamı neden bu kayıtların üzerine gitmedi? Saldırıdan bir-iki saat sonra Muzaffer Tekin'i şüpheli olarak belirleyen polis neden bu araştırmayı yapmadı? Şeyh Salih Kunter dergâhı dokunulmaz mıydı? Avukat Zeynep Küçük'ü dinlemeye devam edelim:

Şimdi sorgulamadan gidiyorum, Alparslan Arslan "bu bombaların Osman Yıldırım'a kendisi tarafından verildiğini, bombaları da kendisinin Süleyman Esen'den aldığını" söylüyor. Böyle bir ilişki var bizim elimizde, bir Süleyman Esen var, Alparslan Arslan var ve Osman Yıldırım var. Bunlardan yola çıkmamız gerek.

Alparslan Arslan diyor ki, "Bir gün önce verdim ertesi gün atıldı." Osman Yıldırım da diyor ki, "ben aldığımın ertesi günü attırdım." Bomba 5 Mayıs'ta atıldı. Bu durumda bombaların teslim tarihi olan 4 Mayıs'a ilişkin baz istasyon kayıtlarını ve görüşme kayıtlarını sizinle paylaşmak istiyorum.

Alparslan Arslan, Osman Yıldırım'a bu bombaları 4 Mayıs 2006 tarihinde gerçekten 23:20 ile 23:38 saatleri civarında vermiş. Nereden anlıyoruz? Alparslan Arslan o sırada uzunca bir süre Ataşehir'den baz istasyonu (sinyali) veriyor. Sürekli Osman Yıldırım ile konuşuyor. Osman Yıldırım'ın da cep telefonu kayıtlarından Ataşehir'e geldiğini görüyoruz. 23:38'de Alparslan ve Osman Yıldırım Ataşehir'deler ve konuşuyorlar. Alparslan o sırada Osman'ı aldırıyor ve o irtibatı sağlıyorlar, "Nasıl buluşacağız, nereye geleceğim, kim alacak?" Alparslan bu bombaları Osman'a teslim ediyor ve o gün başka görüşmeleri olmuyor. Ertesi gün Alparslan, sabah saat 09:30 gibi savcıların sorduğu o meşhur mesajları Osman Yıldırım'a atmaya başlıyor. Saat 09:49 itibari ile önce arıyor, sonra da 09:51, 09:52, 09:58, 09:59; 10:50; 14:46'da mesajlar atıyor. O mesajların içeriği dosyada var. Ne diyor? "Her şey tamam mı? İş halloldu mu? Şöyle oldu mu?" Gece verdiği bombalar ile ilgili olarak...

Çünkü Alparslan Arslan beyanında, "Ben bombaların o gece atılmasını istiyordum," diyor. Alparslan Arslan'ın sorgu zaptında bu var ve sabah kalkar kalkmaz Osman'ı arayıp mesajlaşmaya başlıyor "İş halloldu mu?" diye.

Osman Yıldırım ne yapıyor? Hemen Erhan Timuroğlu'nu arıyor. Osman'ın cep telefonu kayıtlarından baktığımız zaman 5 Mayıs'ta çok yoğun bir şekilde Erhan ile görüştüğünü görüyoruz. Saat 12:17, 12:23, iki görüşme... Saat 15:38, 15:39, 15:42, 16:24 devam ediyor. Bu sırada da Alparslan ile görüşmeye devam ediyor, bombanın atılmasını organize ediyor. Bütün diğer sanıkların beyanları ile aynen uyuşuyor bu...

Her şey (Ankara'daki) Danıştay dosyasında anlatılan ve karar altına alınanlara aynen uygun gibidir. Orada sanıklar tarafından verilen beyanların aynısını telefon baz istasyonlarından izleyebiliyorsunuz. Ne zaman görüşmüşler, nerede buluşmuşlar, ne zaman yola çıkmışlar, hepsini görüyorsunuz. Neye göre? İlk ifadelerine göre... Osman Yıldırım'ın da Danıştay dosyasında ilk verdiği ifadeye uygun olaylar.

Ergenekon duruşmalarında Şeyh Salih Kunter'in dergâhına ilişkin başka bilgiler de ortaya çıktı.

Avukat Zeynep Küçük'ü dinlemeyi sürdürelim:

(Fethullah Gülen'in yeğeni) Kemalettin Gülen nerede? (Emekli polis) Hamza Öztürk kim?

Alparslan Arslan bu bombaları (*Cumhuriyet*'e) atmadan önce Süleyman Esen, Küçük Salih Yaşar (Salih Kunter'in evinde bulunan ve yerine yetiştirdiği hoca) ve Hamza Öztürk adına kayıtlı bir telefon ile çok yoğun şekilde görüşmüş. Hamza Öztürk adına kayıtlı telefonu ise kimin kullandığını bilmiyorum. Zabıtlara baktım, Alparslan Arslan'a "Hamza Öztürk kimdir, bu telefon kime aittir?" diye sorulmamış...

Bu Hamza Öztürk kim, kiminle görüşür? Ben bu sefer bunu araştırmaya başladım. Hamza Öztürk, Alparslan Arslan'ın kendisi tarafından atılan ve patlayan üçüncü bombadan sonra aradığı ikinci kişi... Önce Şeyh Salih Kunter'i arıyor, kaçarken haber veriyor... Sonra Hamza Öztürk'ü arıyor, ondan sonra Süleyman Esen'i arıyor. Üçüncü bombayı attıktan sonra 3 telefon görüşmesi yapıyor ve sonra Gültepe'ye gidiyor. Ben Hamza Öztürk'ün kim olduğunu bilmediğim için kiminle görüştüğüne baktım.

Hamza Öztürk'ün bu eylem itibari ile son bir buçuk ayda en çok görüştüğü insan kim biliyor musunuz? Kemalettin Gülen... Kemalettin Gülen kimdir? Alparslan'ın beyanına göre, Alparslan'ı çağırıp bürosunda *Vakit* gazetesinin "işte o üyeler" isimli kupürünü Alparslan Arslan'a veren kişidir. Peki, Kemalettin Gülen bu sırada ne yapıyordur, nerelerdedir, kimler ile görüşüyordur bilebiliyor muyuz? Maalesef bilemiyoruz, çünkü bu dosyada Kemalettin Gülen'e ait bir tek baz istasyon kaydı bile yok. Hiç mi alakası yok Alparslan Arslan ile Kemalettin Gülen'in? Ben size söyleyeyim; ayın 12'sinde (*Cumhuriyet*'e atılan üçüncü bombadan bir gün sonra, 12 Mayıs'ta) yaptıkları görüşmeler: Kemalettin-Hamza; Alparslan-Hamza; Alparslan-Hamza; Hamza-Alparslan; Alparslan-Hamza; Hamza-Alparslan; Hamza-Alparslan; Süleyman-Alparslan...

Bir şey daha söyleyeceğim. Alparslan Arslan Danıştay'a gitti. Danıştay üyesini katletti... Bu katletmeden sonra Süleyman Esen'i ilk arayan kim? Hemen akabinde saat 10'u biraz geçe bu olaydan haber veren kim? Hamza Öztürk... Peki, Hamza Öztürk, Süleyman Esen'i aramadan önce kimi arıyor? Kemalettin Gülen'i... Önce Kemalettin Gülen'i arıyor, "iş bitti"; sonra defalarca Süleyman Esen ile konuşuyor, defalarca...

Bakın 1 Nisan 2006 ila 28 Mayıs 2006 tarihleri arasında Kemalettin Gülen, Hamza Öztürk, Alparslan Arslan, Süleyman Esen, Küçük Salih dediğim hocamızın (!) yetiştirmesi ve Salih Kunter kendi aralarında tam 145 görüşme yapıyorlar. Tam 145 görüşme.

Burada bir hatırlatma yapayım. Alparslan Arslan veya adı geçen bu kişiler ile Ergenekon davasına Osman Yıldırım'ın beyanlarıyla sanık yapılan kişiler arasında bir tek telefon irtibatı yoktu. Baz istasyonlarının birlikte sinyal verdiği bir tek örnek yoktu. Aralarında bağlantı olduğunu gösteren bir tek kanıt yoktu... Eee'si yok! Avukat Zeynep Küçük'le devam edelim.

Bir şey daha söyleyeceğim, siz Alparslan'ın Danıştay saldırısı için yola çıkmadan önceki son gün nerede olduğunu, kimler ile olduğunu iddianamede görebildiniz mi? Alparslan, Danıştay için, "o cihada" giderken kiminle görüştü, kiminle konuştu, nereden aldı o cesareti görebildiniz mi? Ben size söyleyeyim: ayın 14'ü Alparslan Arslan, Süleyman Esen ve bizim Küçük Salih'imiz Üsküdar Toygar Hamza'da buluştu. 14 Mayıs tarihi kritik tarih, Alparslan 15'inde yola çıkacak, hazırlık yapıyor. 14 Mayıs tarihinin telefon baz istasyon kayıtlarını incelediniz mi? Burada 14 Mayıs tarihli baz istasyon kayıtlarını inceleyen olduğunu zannetmiyorum. Ben size anlatayım: 14 Mayıs tarihinde Alparslan, Süleyman ve Küçük Salih bir aradalar. Buluşuyorlar... Telefonları Üsküdar Toygar Hamza'dan sinyal veriyor. İncelerseniz göreceksiniz, önce Süleyman'la Küçük Salih buluşuyor. 16:55'te Küçük Salih'in telefonu buradan sinyal vermeye başlıyor. Sonra Alparslan'ı arıyorlar, en geç 17:17'de buluşmuş oluyorlar. Küçük Salih 16:55, Süleyman 16:54-18:32, Alparslan 20:18-20:40 arasında oradan mesaj veriyor, ondan sonraları da yok. Süleyman, "Ben bir gün önce gördüm," (Alparslan'ı) dedi ama ikisi de Küçük Salih'i söylemedi. Ne Alparslan, ne Süleyman... Söylemezler çünkü oraya dokunamazlar. Salih Kunter'e, Küçük Salih'e, Hamza Öztürk'e, Kemalettin Gülen'e dokunulmasını istemiyorlar. Süleyman'ın, Alparslan'ın ve Küçük Salih'in ayın on yedisinden sonra "bulundukları yerin" belli bir saatten sonraki baz istasyon kayıtları yok. Gültepe'deler, Salih Kunter'in evindeler ve bu kayıtlar silinmiş, gönderilmemiş.

Avukat Zeynep Küçük'ten bir an için sözü alıp bir hatırlatma daha yapayım. Alparslan Arslan mahkeme huzurunda (117. celse) Danıştay'a yapılan saldırıyla ilgili olarak, Danıştay'ın başörtüsü kararını unuttuğunu ve daha sonra nasıl hatırlatıldığını şöyle anlattı:

"Hiç aklımda yok yani böyle bir şey, öyle bir yerde söylendi ki bu bana, daha sonra infilak ettim yani ben, anlatabildim mi? Ama öyle bir yerde söylendi bana ben infilak ettim, bu böyle bir şey olamaz yani, örtüyü kimse yasaklayamaz yani, anlatabildim mi? (...) Mustafa Birden'in evine gidebilirim. Danıştay'ı çok rahat vururum eminim yani."

Tutuklu sanıklar tarafından tanık olarak mahkemeye çağırılan Şeyh Salih Kunter duruşmada siyasal tavrını saklamadı; *Cumhuriyet* gazetesinin "kâfir gazete" olduğunu, Danıştay'ın kararının "Allah'a iftira" olduğunu söyledi. Bu açıklamayı, Alparslan Arslan'ın "infilak ettim" dediği ruh iklimi anlaşılsın diye yapıyorum. Alparslan Arslan'ı "infilak" ettiren kimdi? Kimden etkilendi? Şeyh Kunter'in dergâhında neler yaşandı?

Tekrar avukat Zeynep Küçük'e dönelim.

Peki, bu işin arkasında bir azmettirici var mı? Soruyorum, var mı? Ben merak ediyorum, şuradan hareketle söylüyorum, bu işin arkasında bir azmettirici varsa, ben hâkim kürsüsüne otursam ne yaparım? "Bu Alparslan Arslan'ı azmettiren adam kim olabilir?" diye açarım dosyaları, ondan bir-iki ay öncesinden itibaren, kimler ile bir araya gelmiş, kimler ile konuşmuş, nerelerde buluşmuş? Öyle ya, varsa bir azmettirici buradan çıkacak. Ben 1 ay öncesinden baktım. Benim asistanım yok, naip hâkimim yok, 10 tane kalem memurum yok, ben yalnız başıma bakıyorum, öyle bir imkânım yok. Hatta benim imkânım olsa bir sene öncesinden bakardım.

Peki, bu Kemalettin Gülen bu işin neresinde bakabilir miyiz biz bu dosyadan? *Vakit* gazetesinin kupürünü bürosunda Alparslan Arslan'a veren, Alparslan Arslan'ın ilk aradığı adamın en çok görüştüğü kişi olan ve Alparslan Arslan'ın da sık sık görüştüğü Kemalettin Gülen bu işin neresinde? Bunu nereden anlarız, siz nereden anlarsınız? Baz istasyonlarından... Var mı? Var mı dosyada biliyor musunuz? Yok... Ben de öğrenemedim. Kemalettin Gülen nerede? Saklı. Karıştırılmıyor, oraya çomak sokamıyoruz, araştıramıyoruz...

Bu işin göbeğinde, bütün kritik telefonlarda, ya öncesinde ya sonrasında Küçük Salih (Yaşar) aramış... Ya da arada ya Alparslan aramış ya Süleyman (Esen) aramış. Birbirlerine dönmüşler, sürekli telefonlaşmışlar. Öyle bir trafik kurmuşlar ki, kendi aralarında bu işin göbeğindeler... Ben şimdi soruyorum, Süleyman Esen bu işin neresinde?

Süleyman Esen dışında, Muzaffer Tekin içinde... O tutuklu, Süleyman Esen tutuksuz. Saldınız... Süleyman Esen'in sorgusunu yapmadan saldınız. Bu baz istasyonlarına bakmadan saldınız. Süleyman'ın kiminle ne zaman nerede telefonla konuştuğunu bilmeden saldınız. Alparslan'la nasıl kol kola girdiğini anlamadan saldınız. Hepsi bu dosyadan çok rahat çıkıyor. Sizce şu anda Süleyman mı şüpheli, Muzaffer Tekin mi şüpheli? Muzaffer Tekin kaç kere konuşmuş Alparslan Arslan'la? Veli Küçük kaç kere konuşmuş? Bombaları verdiği iddia edilen Oktay Yıldırım kaç kere konuşmuş? Bombaların atıldığı günlerde o yoğun telefon görüşmesini kim yapmış? Muzaffer Tekin mi yapmış, Süleyman Esen mi yapmış? Ama o dışarıda, bu sanıklar içeride.

Size soruyorum Alparslan Arslan *Cumhuriyet* gazetesine attığı üçüncü bombadan sonra ilk Salih Kunter'i arıyor, ikinci olarak Veli Küçük'ü arasaydı tavrınız ne olurdu? İkinci olarak Süleyman'ı aradı, Süleyman Esen serbest... Veli Küçük serbest olabilir miydi? Süleyman'ı serbest bıraktınız. (Ergenekon: 141-144. celse zabıtları.)

Evet, Ergenekon soruşturmasında savcılar bazı sanıklarla ilgili derin araştırmalar yapıp küçük bir delili bile çok önemserken, diğer şüpheliler için neden ayrıntılı araştırma yapmamışlardı?

Bazı bilgiler daha vermeliyim; ne yazık ki olay bu boyutuyla ele alınmadı...

Tarih: 19 Ekim 2009.

Celse no: 116.

Av. Vural Ergül, söz istedi verildi: Efendim Ben de Alparslan Arslan'a sorular soracağım. Emniyet kartına ilişkin sorum olacak. Alparslan emniyetten sana verildiğini düşündüğümüz.

Sanık Arslan: Otoparkla, otoparkla, otoparkla.

Av. Ergül: Otopark onu açıklar mısın?

Sanık Arslan: Açıklanacak bir şey yok, emniyetçi arkadaştan aldım yani hepsi o.

Mahkeme Başkanı: Kim o?

Sanık Arslan: İsmini söylemeye gerek yok ki Başkanım.

Av. Ergül: Şubesini söyle.

Sanık Arslan: Şube, Fenerbahçe Basketbol Şubesi, ne diyebilirim size, önünde duran nöbet tutan bir gariban.

Mahkeme Başkanı: Alparslan'la bak onunla ilgili, onunla ilgili bulunan kartla ilgili emniyete yazı yazdık, bu kart bize ait değil diye cevap geldi.

Sanık Arslan: Sahte o zaman Başkan Bey, ne diyeyim yani?

Mahkeme Başkanı: İşte kim, o kim, o kim; işte sana o sahte belgeyi veren kim?

Sanık Arslan: O sahteyse ben düzenledim o zaman.

Mahkeme Başkanı: Efendim?

Sanık Arslan: Ben düzenledim evet. Ben düzenledim yapacak bir şeyim yok yani, kayda böyle geçsin.

Mahkeme Başkanı: Şimdi demin başka söyledin, şimdi ben düzenledim diyorsun.

Sanık Arslan: Şimdi bu bana veren şahıs.

Mahkeme Başkanı: Ha şimdi sen polisten aldın ama polisin ismini mi söylemek istemiyorsun?

Sanık Arslan: Ya söylememek daha güzel olur.

Mahkeme Başkanı: Peki.

Av. Ergül: Alparslan, "Allah'ın Aslanları" adında bir örgütlenmeden bahsediyorsun ve şeriat istediğini söylüyorsun zaman zaman ifadelerinde. Bu "Allah'ın Aslanları" örgütlenmesinden bahseder misin?

Sanık Arslan: Yav ben Allah'ın aslanı olmak istemiyorum diyenden ben endişe duyarım yani. Allah'ın köpeğiyim, Allah'ın itiyim, Allah'ın piçiyim, Allah'ın götüyüm yani anlatabildim mi? Allah'ın yarattığı bokum. Buna saygı duyarım başka da bir şey demem kendine, iyi bak sağlığına sıhhatine dikkat et, maneviyatına dikkat et. Allah senin sahibin onu konuşmayın, onu konuşulacak burası değil, ya git Allah'a dua et yani anlatabildim mi? Başka şeylerle uğraş.

Av. Ergül: Alparslan, Fethullah Gülen cemaatine ilişkin.

Sanık Arslan: Çok sevdiğim insanlar.

Av. Ergül: Alparslan iraden dışında sana hipnoz uygulanmış olabilir mi acaba?

Sanık Arslan: Ya iradem dışında bana hipnoz uygulanmış, büyü denen bir gerçeklik olduğunu biliyorum yani.[37]

---

37 Şeyh Salih Kunter'in halefi Salih Yaşar çevresinde "nefesi kuvvetli" diye biliniyordu. Büyü, nazar bozduğu söyleniyordu. İnsanların içinden cin çıkardığı iddia ediliyordu. Danıştay saldırısından önce Alparslan Arslan'a cin çıkarma seansı yaptığı belirtilmişti. Salih Yaşar tanık olarak dinlendiği duruşmada bunları reddetti (6 Aralık 2010). Alparslan Arslan, Süleyman Esen, Fikri Cora, Fethullah Kaya, Teoman Ekşioğlu, Recep Özkan, Kemalettin Gülen, Orhan Kadı bunların hepsi okul arkadaşı ve hepsi Salih Kunter'in müridiydi. Bir ortak noktaları ise cinlerin kendilerine musallat olmaları. Salih Kunter ve Salih Yaşar'ın ortak noktası ise, cinci hoca olmaları; yani cin çıkarıyorlardı. Zaten Salih Kunter duruşmada muska yazdığını çünkü cinlerin insanlara bazı suçları işletebileceğini söyledi (23 Ağustos 2010). Alparslan Arslan 6-7 aydır evine sohbete geldiğini belirtti. Salih Kunter'in evinde Alparslan Arslan'a cin seansı yapıldı. Birkaç kişi Alparslan Arslan'ın üzerine binerek cini çıkarmaya çalıştı. Ve bu sırada Salih Yaşar Kuran'ı Kerim okuyordu; giderek artan bir tempoda...

Av. Vural Ergül: Açıklar mısın onu, ona ilişkin düşüncelerini, görüşlerini.

Sanık Alparslan Arslan: (Diyanet İşleri Başkanı) Ali Bardakoğlu'na bunu sormak lazım da, ama tam bilmiyorum yani anlatabildim mi? Büyü de takdire bakar yani takdir neyse o anlatabildim mi? Yaradılış denen bir şey var. Yağmur yağıyor. Yağmur yağıyorsa toprak var.

Mahkeme Başkanı: Evet, başka var mı?

Av. Vural Ergül: Var efendim devam ediyorum. Fethullah Gülen'den özür dilediğini söylüyorsun bir duruşmadaki beyanında niçin özür dilemiştin kendisinden?

Alparslan Arslan: İçimden geldi özür diledim ya. Samimi söylüyorum şey değil bakın Doğu Perinçek'le ilgili ben ifade verdim önce sevmiyorum etmiyorum falan ya ben bu adamı seviyorum yani anlatabiliyor muyum? Kendisi de burada. Yani bu tür şeyleri yani düzeltmeye çalıştığım şeyler oldu kafamda.

Av. Vural Ergül: Neydi düzeltmeye çalıştığın o aksaklık?

Alparslan Arslan: Arkadaş içimden geldi Fethullah Gülen'den özür diledim, ya aleyhinde bir şey mi söylemiştim ya da duydum tepki mi vermedim bununla alakalı bir şey vardı yani anlatabildim mi? Ama ben Fethullah Gülen'i seviyorum yani cemaatini de seviyorum, yapılanmasını da seviyorum. Hepsi bu kadar.

Av. Ergül: Nedir Kemalettin Gülen'le olan münasebetiniz?

Sanık Arslan: Kemalettin Gülen aynı okulda okuduğum arkadaşlarımdan biri, sevdiğim insanlardan biri; Fethullah Gülen'in yeğeni olarak biliyorum ben kendisini Erzurumlu; hepsi bu vesilelerle işte bu olaylarda ismi geçti kendisinin.

Av. Ergül: Kemalettin Gülen seni kendi arkadaşlık çevresiyle de tanıştırmış mıydı?

Sanık Arslan: Evet.

Av. Ergül: O suretle mi cemaatle birtakım ilişkiler kurdun?

Sanık Arslan: Ben üniversiteye başlamadan evvel ilişkiliydim zaten cemaatle ya.

Av. Ergül: Fethullah Gülen cemaatiyle.

Sanık Arslan: Evet, evet, evet.

Av. Ergül: Işık evlerine ilişkin bir bilgin var mı?

Sanık Arslan: Işık yayınevi mi?

Av. Ergül: Işık evleri. Cemaat evleri.

Sanık Arslan: Cemaatin evlerinde benim kalmışlığım da var. Gidip gelmişliğim de.

Av. Ergül: Kimlerdi, o cemaatte tanıdığın arkadaşların?

Sanık Arslan: Üniversiteli gençler, liseli gençler, lise talebeleri ne bileyim yani böyle.

Av. Ergül: Aralarında hâlâ savcılık yapan tanıdığın isimler var mı?

Sanık Arslan: Ya Türk milletinin değişik ekonomik sosyal siyasal mertebelerinde, katmanlarında yaşayan insanların mensup olduğu bir cemaat anlatabildim mi? Bu yani tanıdıklarımız vardır yani. Bir çay içmişim, çorba içmişim, dua etmişim, dualarını almışım hepsi bu.

Aynı konu 20 Ekim 2011 tarihli bir sonraki duruşmanın da konusuydu.

Üye Hâkim Hasan Hüseyin Özese: Kemalettin Gülen'i nereden tanıyordunuz? Ne zamandan beri tanıyorsunuz?

Sanık Arslan: Üniversiteden, ülkücü bu çocuk. Kemalettin Gülen bildiğim kadarıyla Fethullah Gülen'in yeğeni, bildiğim kadarıyla. Ha DNA tespiti adli tıpta yapılır mı? Yapılmaz mı? Bilemem de, ikisinin de soyadı Gülen tipleri falan aynı yani gençliğinin fotoğrafını gördüm ben Fethullah Gülen'in, fotokopi bunlar. Bakın bıyık ince bıyık bıraksa o Fethullah Gülen dersiniz yani Kemalettin Gülen'e anlatabildim mi? Böyle bir çocuk iyi bir insan, ülkücü, Nurcu, cemaatçi, Müslüman, abdestli, namazlı bir çocuk yani.

Hâkim Özese: Bu Kemalettin Gülen size herhangi bir telkin ve tavsiyede bulundu mu? Bu *Cumhuriyet* gazetesi bombalanması veya Danıştay baskınının yapılması konusunda?

Sanık Arslan: Yav Kemalettin Gülen'in Mustafa Birden'i telefonla arayıp küfretmesi benim çok hoşuma gitti. Yaşam gayeleri, yani yaşam kaynaklarımdan biridir yani. Sorumluluk sahibi anlatabildim mi? Sorumluluk sahibi.

Hâkim Özese: Yani size özel olarak bir şey söylemedi mi? Söyledi mi? Bu konularda.

Sanık Arslan: Yav, böyle bir şey, aradım bu sorumluluk sahibi bir Müslüman'ın, iyi bir gencin, uçkun, bıçkın bir Müslüman'ın anlatabildim mi? Bıçkın, sokakçı bir Müslüman'ın tavrıdır ve benim çok hoşuma gitti. Benim yaşam pınarlarımdan biridir, su içerim ben buradan yani çişini içerim ben bu çocuğun.

Hâkim Özese: Kemalettin Gülen'le devamlı görüşüyor muydunuz? Aradaki samimiyet nedir?

Sanık Arslan: Yok, yok, yok sadece sahip çıkma boyutunda görüşüyorum ben, başka görüşmem yani.

Hâkim Özese: Yani Kemalettin Gülen bana geldi dediniz.

Sanık Arslan: Kemalettin Gülen'e gittim, Kemalettin Gülen'le bunu çıkarmaya başladık biz. Aradık Telekom, melekom hepsini çıkardı. Kemalettin Gülen'le Mustafa Birden'in adresini, ev telefonunu, Kemalettin Gülen'le birlikte aldık biz. Kemalettin Gülen'in Üsküdar'da çalıştığı ofiste aldım ben ama Kemalettin Gülen'in bu olaydan haberi yok yani. Hal denilen bir şey varsa kendisine sormak lazım, yalnız bana dedi ki, böyle, böyle küfrettim dedi ağabey. Benim çok hoşuma gitti, genç, bıçkın bir çocuk örtüye sahiplenmiş, sorumluluk duymuş ya.

Hâkim Özese: Yani, Kemalettin Gülen size Mustafa Birden'in telefon numarası ve adresini mi verdi?

Sanık Arslan: Evet, evet, evet.

Hâkim Özese: Siz mi istediniz? O mu verdi?

Sanık Arslan: Ya ben, almaya gittim zaten yani.

Hâkim Özese: Nereye gittiniz?

Sanık Arslan: Ofise, onun çalıştığı ofise gittim.

Hâkim Özese: Niçin verdi böyle bir adresi ve telefonu?

Sanık Arslan: Ben istedim.

Hâkim Özese: Bahsettiniz mi? Gerçekleştireceğiniz planlardan?

Sanık Arslan: Yok, yok ben konuşmam bu tür şeyleri.

Hâkim Özese: Sormadı mı? Niçin istiyorsunuz diye?

Sanık Arslan: Ya lazım ben de telefon edeceğim, mektup yazacağım, işte kargo göndereceğim yani, hal ile anlarsa kendisine sormak lazım da. Kargo yani ya, vuracağım bu adamı belli yani, Mustafa Birden'i vuracağım yani anlatabildim mi? Takdir böyle başka bir şey diyemem yani.

Hâkim Özese: Ne zaman vermişti?

Sanık Arslan: Ya akşam gittik, çay içtik, sohbet ettik.

Hâkim Özese: Tarih olarak, tarih olarak, söyleyebilir misiniz?

Sanık Arslan: Hatırla... hatırlamıyorum Yargıç Bey, hatırlamıyorum.

Hâkim Özese: Ya bu Danıştay saldırısından ne kadar önce?

Sanık Arslan: Bir hafta falan olabilir yani, bir hafta. Bir hafta, bir hafta.

Hâkim Özese: "Bu İşte O Üyeler" başlıklı *Vakit* gazetesi 13 Şubat 2006 tarihinde yayınlanmış.

Sanık Arslan: Vallahi hatırla...

Hâkim Özese: Kemalettin Gülen'in bahsettiği haber bu mu?

Sanık Arslan: Bu değil, bakayım yani bu olabilir, olabilir, evet, evet bu.

Mahkeme Başkanı: Başka yok zaten (2-3 kelime anlaşılamıyor).

Hâkim Özese: Kemalettin Gülen dışında başka Fethullah Gülen cemaatinden tanıdığınız var mı?

Sanık Arslan: Ya ben üniversite hazırlık kursunu ondan sonra Kovancılar'da yaşadım, Elazığ'ın Kovancılar ilçesinde 10 yıl yaşadım ben yani çocukluk ve ilk gençlik dönemi ilk gençlik dönemim çocukluk ve ilk gençlik dönemim Kovancılar ilçesinde oldu. Orada ben bunlarla haşır neşirdim yani arkadaşlarımı buraya götürürdüm ben. Gece giderdik işte ders çalışma bahanesiyle kendimizi atardık namaz kılardık. Film izlerdik, Hoca Efendi'nin kasetlerini izlerdik, yalandan ağlardık. Ama Müslüman'ız, yani seviyoruz çünkü anlatabildim mi? Böyle şeylerdi yani gerçek.

Hâkim Özese: İsimlerini verebilir misiniz?

Sanık Arslan: Arkadaşların mı? Kovancılar'dakilerin mi? Yoksa hepsininki mi?

Hâkim Özese: Tanıdıklarınızın.

Sanık Arslan: Ya var, gerek yok, çok insan var yani. Yani ismi isim sayarım burada da on tane sayarım hatırlamam lazım.

Alparslan Arslan'ın "Ergenekon Örgütü"yle ilgili sorulan sorulara verdiği yanıtlardan da birkaç örnek yazayım. Bakalım kimleri tanıyor, kimleri tanımıyor. (Celse no: 116)

Cumhuriyet Savcısı Mehmet Ali Pekgüzel: (27 el bombasının bulunduğu iddia edilen) Ümraniye, Çakmak Mahallesi'nde herhangi bir irtibatınız var mı?

Sanık Arslan: Akrabalarım var, işte tanıdıklarım var. Sürekli gidip geliyorum ama bu diğer bu, bu tip konularla ilgili olarak yakalananlarla ilgili hiçbir şeyim yok, irtibatım yok. Oktay Yıldırım mesela duymuşum medyadan ama bir irtibatım yok, tanışıklığım yok, tanıdığım yok.

Savcı Pekgüzel: Siz bu dava sanıklarından Veli Küçük'ü tanıyor musunuz?

Sanık Arslan: Medyadan ve burada gördüm, yani evvelden hiç görmüşlüğüm yoktu. Sadece Muzaffer Tekin'i tanıyorum.

Savcı Pekgüzel: Muzaffer Tekin ile ne zaman tanıştınız?

Sanık Arslan: O olaylardan bir yıl evvel tanıştık.

Savcı Pekgüzel: Ne vesileyle kim tanıştırdı?

Sanık Arslan: Doğuş Factoring vardı. Dudullu'da İstanbul Dudullu'da vesilelerle ben bunlara tanışmıştım. Aralarında iyi insanlar var yani factoring ama iyi insanlar var. Yani içlerinde, bunların vesilesiyle birkaç defa ismi geçti Muzaffer Komutan, Muzaffer Komutan falan, ben de devlet, millet, vatan, ülke, ülkücülük falan bu konulara şeyim yani ilgiliyim alakalı bir insanım hasbelkader ha Kadıköy'de ofisleri Rıza Petrol, Rıza Petrol adliyeler falan da hep o bölgelerde zaten yani Bahariye'de benim ofiste çalıştığım ofis de Bahariye'deydi. Vesileyle bu Ayhan Parlak vesilesiyle zannedersem tam hatırlamıyorum bir vesile ile gittik oraya tanıştık.

Savcı Pekgüzel: Telefonla görüşmeniz oldu mu?

Sanık Arslan: Müsait misiniz komutanım ona göre gelirim. Değilseniz gelmem, gidip rahatsız etmenin bir anlamı yok.

Savcı Pekgüzel: Tek başınıza mı giderdiniz yanınızda kimse olur muydu?

Sanık Arslan: Yalnız gitmeye özen gösterirdim. Ama yani hallendiğiniz zaman anlatabiliyor muyum? Birilerini götürmeniz lazım ki karşılıklı bir şey olsun alışveriş olsun yani, yani gör ilgilenenler var boş değiliz yani ne ben boşum ne sen boşsun ne gittiğimiz adamlar boş ilgilenenler var. İster büyük, ister küçük affedersiniz küçük görme, anlatabiliyor muyum? Böyle insanlar var yani, yani yaşlı bir asker vardı orda gördüm, çok mutlu oldum. Adamın halini görmek yetiyor. Yaşam kaynağı beyaz saçlı bir adam yaşam kaynağı yani. Askerleri sevmiyorum 28 Şubat sürecinden dolayı nefret doluyum hâlâ da içimde kin var yani.

Savcı Pekgüzel: Muzaffer Tekin'in bürosunda hangi konuları konuşuyordunuz?

Sanık Arslan: Bu tip konular, yani bu konularda fikirlerimi ben açıklıyordum yani mesela, anlatabiliyor muyum? Kıbrıs meselesi yani gönder oraya 20 tane eğitimli genç, altını üstüne getir sağlam bir Kıbrıs ortaya çıkar. Her yerden Avrupa Birliği'yle vurmanın bir anlamı yok. Öyle kalite bir hale gel ki, aş Kuzey Kıbrıs'ı, Güney Kıbrıs'ı aş yani. Aş orayı ya, anlatılanlar o gidip görmedim ama Türkiye hâlâ Kıbrıs'la uğraşıyorsa büyük problem yani.

Savcı Pekgüzel: Muzaffer Tekin ile görüşmeleriniz ne zamana kadar devam etti?

Sanık Arslan: Toplam 3-5 defa görüştük.

Savcı Pekgüzel: Telefon görüşmesi olarak en son Kasım 2005 tarihinde görüşmeniz var.

Sanık Arslan: Savcı Bey tam hatırlamıyorum ama telefon görüşmelerimin temel sebebi ofisine gitmeden önce müsait olup olmadığını öğrenmek. Müsaitse gitmek, değilse gitmemek.

Savcı Pekgüzel: İbrahim Özcan savcılık ifadesinde, "Muzaffer Tekin'in bürosunda ayrı bir bölümde bazen gizli toplantılar da yapılıyordu. Bu toplantılara beni almazlardı. Genelde Muzaffer Tekin, Hüseyin Görüm, Mehmet Fikri Karadağ ve Mehmet Zekeriya Öztürk ayrı bir yerde konuşuyorlardı. Ne konuştuklarını bilmiyorum" diyor. Böyle gizli toplantı yapıldığına siz şahit oldunuz mu Muzaffer Tekin'in bürosunda?

Sanık Arslan: Hayır, hayır, hayır. Muzaffer Tekin'le Danıştay, *Cumhuriyet*, bombalama, silahlanma bunlarla ilgili konuşmuşluğum yok yani.

Savcı Pekgüzel: Sedat Peker'i tanır mısınız?

Sanık Arslan: Medyadan tanıyorum.

Savcı Pekgüzel: Kemal Kerinçsiz'i tanıyor musunuz?

Sanık Arslan: Medyadan tanıyorum, aynı şeyleri kendisine de söyleyebilirim. Edepli adaplı bir insan gördüğüm kadarıyla. Samimi söylüyorum düzgün bir adam yani sempatim ve sevgim olan bir insan, başka bir şey yok.

Savcı Pekgüzel: Sizin herhangi bir derneğe veya kuruluşa üyeliğiniz oldu mu hiç Büyük Hukukçular Birliği isminde bir dernekten haberiniz oldu mu?

Sanık Arslan: Büyük ihtimalle bu Kemal Bey'in oluşturduğu birlik ama yok yani benim onlarla bir irtibatım yok.

Savcı Pekgüzel: Kuvayı Milliye 1919 isminde bir dernek duydunuz mu?

Sanık Arslan: Abi yok sadece tanıdıklarım vardır, sadece sohbete giderim.

Cumhuriyet Savcısı Nihat Taşkın: Osman Yıldırım, Ankara'da cezaevinde tanık sıfatıyla verdiği ifadesinde Veli Küçük ile tanıştığını, hem de eskiden itibaren tanıştığını söylüyor. Siz en azından 2003 yılından itibaren birliktesiniz. Size böyle bir şeyden bahsetti mi?

Sanık Arslan: Hayır, yani ben konuştuğumuzda Veli Küçük sohbeti sürekli geçer. Ülkücü camiada devletin, derin devletin, siyasetin, mafyanın konuşulduğu benim bildiğim, yani şahit oldum; kendisi kabul eder veya etmez bilemem de, ismi geçer anlatabildim mi? Ben de uzaktan kendisine saygı duyduğum bir insan, saygı başka bir şey yok. Saygı duyduğum bir insan başka diyeceğim bir şey yok yani. Emekli olduğunu, emekli ettirildiğini ben bu konuda çok kızmışımdır yani, kendisinin kabullenip kabullenmemesi çok umurumda değil ama Veli Küçük ismi Türkiye'de bir şeydir yani bir semboldür.

Alparslan Arslan duruşmalar sırasında yer yer kavga çıkardı. Kavga ettiklerinden birisi babası İdris Arslan'dı:

Sanık Arslan: Ulan Allah'a kurban olmayan piç defol. Şerefsiz kimsin lan sen sikinin ucundan düştüm diye oğlun muyum lan puşt. Ben Allah'ın fedaisiyim ulan senin sikinle mi uğraşacağım siktir ol git buradan.

Alparslan Arslan'ı duruşmalar sırasında en çok kızdıranlardan biri "liderim" dediği Süleyman Esen'di. Süleyman Esen, Alparslan Arslan'la bir ilişkisinin olmadığını söylediğinde Alparslan Arslan onu yalancılıkla itham etti, küfretti.

Tanık Süleyman Esen: Daha önceki savunmalarımı tekrar ediyorum. Ben sanık Alparslan Arslan'ı yalan beyanı ve iftirasıyla dosyaya dahil edildim. Ben sanık Alparslan Arslan'a bomba vermedim, *Cumhuriyet* gazetesinin bombalanması olayından Danıştay saldırısı olayından bilgim ve haberim yoktur.

Sanık Alparslan Arslan söz almadan konuştu: Allah'tan korkmuyor, kalabalıktan utanıyor, korkuyor terbiyesiz, şerefsiz, haysiyetsiz.

Mahkeme Başkanı: Tamam sus, tamam oturduğun yerden konuşma otur.

Sanık Alparslan Arslan söz almadan konuştu: Allah'ın huzurunda sen böyle konuşmaya utanmıyor musun?

Mahkeme Başkanı: Alparslan dinle biraz, otur tamam.

Sanık Alparslan Arslan söz almadan konuştu: Uyku nasıl

varsa, konuşmak nasıl varsa, ölüm de Allah'ın emri, kimi suçluyorsun? (...) Piçlik yaptın lan, terbiyesiz yalancı, Allah'tan utan.

Tanık Süleyman Esen: Evet efendim doğrudur. Alparslan Arslan benim telefonumu işte ben tutuklanmadan bir ay önce zaman zaman alıyordu, değişik yerleri arıyordu.

Sanık Alparslan Arslan söz almadan konuştu: Ne kadar soysuz bir adamsın ya.

Alparslan Arslan ile Osman Yıldırım'ın duruşmada sürekli küfürleşmelerine hiç girmeyeyim. Sonuçta, bu konu daha çok su kaldırır. Mahkeme en iyi kararı verir demekten başka elden ne gelir! Ama... Şunu yazmalıyım; biz gazeteci olarak iddianameyi ve duruşma tutanaklarını haber yaptığımız için "Ergenekoncu" yapılıverdik. Ey okuyucu, sizin okuduğunuz bu satırlar haber değil midir; niye bunları gazetelerde, televizyonlarda görmediniz; biz de mi görmemeliydik acaba?

Bakın; "gazeteciler" nasıl haberler yaptılar; bir örnek vereyim sadece. Osman Yıldırım *Cumhuriyet* gazetesine bombaları atması karşılığında kendisine 500 bin dolar teklif edildiğini söyledi. Ergenekon aracılığıyla Muzaffer Tekin Ataşehir'deki evde teklif etmişti (12 Mart 2008 savcılık ifadesi). İki el bombası atma karşılığı 500 bin dolar!

Rakamın astronomik olması bir yana, bu 500 bin dolar rakamının Osman Yıldırım'ın zihnine nereden girdiğini merak ettim...[38]

Yazdım ama şimdi biraz açayım konuyu: Danıştay Suikastı'ndan bir buçuk ay sonra 6 Temmuz 2006'da *Yeni Aktüel* dergisinde Ecevit Kılıç imzasıyla bir haber çıktı: "Danıştay Cinayeti 150 Milyon Dolar İçin."

Milyon dolar!..

Habere göre Danıştay saldırısı Kuzey Irak'tan taşınan 500 milyon dolar paranın komisyonu için işlenmişti. Komisyon 150 milyon dolardı.

Haberin kaynağının MİT olduğu yazılıydı. Evet, iddia büyüktü.

38 Malatya Zirve katliamında da bir 500 bin dolar rakamı vardır. Cinayetten hükümlü eski Astsubay Metin Doğan, savcı Zekeriya Öz'e cezaevinde mektup gönderdi. Yazdığına göre, Veli Küçük Malatya Zirve katliamı için kendisine 500 bin dolar teklif etmişti! Bu mektup Ergenekon'un ek delil klasörüne kondu. Veli Küçük herkese 500 bin dolar dağıtıyordu! Ya da gazeteleri okuyup, TV seyreden herkes eline kâğıt kalem alıp "itirafa" başlıyordu!..

500 milyon dolar Ankara'da "Hakkı Hoca" lakaplı birine teslim edilmişti. Alparslan Arslan paranın yüzde 30'unu alacaktı! Alamayınca eski MİT'çi D. F.'ye başvurup "Beni Veli Küçük'le görüştür, o bize yardımcı olur" demiş ve arkasından *Cumhuriyet* ve Danıştay saldırıları gelmişti!

Habere göre Alparslan Arslan komisyonunu alabilmek için bu saldırıları yapmıştı!

Haberi okuyunca irkiliyorsunuz, dehşete kapılıyorsunuz, "Neler oluyor?" diye soruyorsunuz. Ancak zaman, soruların yanıtını ortaya tek tek çıkardı. Haber tamamen yalandı. MASAK iddianın saçma olduğunu belirten rapor verdi mahkemeye.

Ergenekon duruşmalarında haberde adı geçen –haberi yapan gazeteci Ecevit Kılıç da dahil– hepsi tanık olarak konuştu. Gazeteci Kılıç haberinin hiçbir satırını savunamadı. "Bilmiyorum", "hatırlayamıyorum," "haber kaynağım beni yanıltmış olabilir," dedi (Nisan 2011). Topu MİT'e attı. "Kanı bilgisi" gibi basın terminolojisine geçecek katkıda bulundu!

Burada aslında asıl mesele şuydu. Yine bir gazeteci, eline tutuşturulan sözüm ona bilgiyi, araştırmadan soruşturmadan haber yapmıştı. Peki kaynağı kimdi?

MİT bu konuyla ilgili 3 Kasım 2010 tarihinde Ergenekon davasına bir yazı gönderdi. Danıştay saldırısından hemen sonra teşkilata gelip bilgiler veren bir çalışanının "marifetini" anlatıyordu:

> MİT mensubu Mehmet Eymür'ün talebi üzerine 30 Haziran 2006'da yapılan görüşme sırasında, anılan tarafından müsteşarlığımıza intikal ettirilen hususların anılan dönemde incelenmesi sonucunda, M. Eymür'ün şahıs/olay/kurum ve kuruluşlar ile ilgili iddialarının tamamen kendi kişisel bilgilerine yönelik olduğu belirlenmiş olup, teşkilatımızda da bahse konu iddiaları teyit edebilecek bilgilere rastlanılmamıştır.

Ne tesadüf bu görüşmeden bir hafta sonra sözde gazeteci Ecevit Kılıç *Yeni Aktüel*'de ilgili o haberi yazdı. Yine sorayım: Kaynağı kimdi acaba?

Bitmedi: Aynı bilgiler daha sonra Ergenekon savcılarına da gönderildi. Savcılar bu bilgilerin tespit edilemeyen bir adresten gönderilen bir zarfın içindeki CD ile geldiğini söylediler.

Yargılamalar sırasında ne mektup zarfı ne de CD ortaya çıkarıldı. İkisi de kayıptı. Ancak savcılara gönderilen bilgi notunun altında *"mhtml:file://M: | MEHMET EYMUR | Desktop | SAVCI | Yeni*

Aktüel_sayi_52.mht" dosya adresi vardı.

Savcılar bu imza ortaya çıkınca, bu bilgilerin başsavcı vekilinin odasında flash bellekle verildiğini söylediler! (2 Ocak 2009) Bu kaçıncı sehven?

Ama ne gariptir ki, aldıkları bilgiye ilişkin tutanak düzenlemek yerine mektupla geldiğini iddianameye yazdılar. Yorum yok...

Sonuçta:

Danıştay Suikastı'nı Ergenekon'a bağlayabilmek için kimler ne tür gizli tertiplere girmişti şaşkınlıkla takip ediyorsunuz. Nasıl şaşırmazsınız. Cemal Alparslan Ertuğ adını anımsadınız mı? Semih Tufan Gülaltay'ı Mehmet Eymür'e götüren kişi. Gülaltay yakından tanıdığı Ertuğ hakkında 26 Aralık 2008 tarihli duruşmada şöyle dedi: "Cemal Alparslan Ertuğ şu Danıştay cinayetini işleyen genç avukat Alparslan'ı, Yeditepe hukuk bürosunu kiralayıp, tefriş edip, dayayıp döşeyip Alparslan'ı oraya alıp istihdam eden adamdır." Ertuğ bu konuda nedense hiç sorgulanmadı!...

Mehmet Eymür adı daha birçok olayda geçecekti... Hep yazdım. Bu tür karanlık olaylarla ilgili kitaplar yazmış biri olarak söyleyebilirim ki, Ergenekon operasyonları dahil her kirli tezgâhın altından özellikle bir isim çıkar: Mehmet Eymür! Tuncay Güney'le ilişkisi konusunu kitabın ilk bölümlerinde yazmıştım. 1. MİT Raporu ve 2. MİT Raporu'nu kaleme alan Mehmet Eymür Ergenekon operasyonunda kiminle ortak hareket ediyordu acaba? ABD'deki ilişkileri de gün gelir açığa çıkar mı?

Semih Tufan Gülaltay, 26 Aralık 2008 tarihli duruşmada bir dönem emrinde çalıştığı M. Eymür için şunları söyledi: "1993'te Ankara gümrüğüne P2 Mason Locası'nın finansörü bir ailenin otomobil fabrikasından özel yapım bir zırhlı araç geldi, diplomatik permiyle Mehmet Eymür'e. Bu araç Ankara Tandoğan'da bir galeride Mehmet Eymür'ün bir diplomat arkadaşının üzerinden çekilip satıldı."

Mehmet Eymür üzerine ayrı bir kitap yazmak lazım...

O kadar araştırdım bulamadım; Danıştay Suikastı'nın hemen ardından polis Muzaffer Tekin adına nasıl ulaştı? "Saklan, ben sizi pazartesi Ankara'ya götürürüm" diyen Ertaç Giray aynı zamanda Mehmet Eymür'ün de avukatıydı. Mehmet Eymür o gün Fenerbahçe Orduevi'ndeki masada Muzaffer Tekin'in yanında oturan M. Zekeriya Öztürk'ü de tanıyordu. Muzaffer Tekin'in babası vasıtasıyla yakın görüştüğü Demir Bükülmez, kurmarhaneler kralı

Sudi Özkan'ın sağ koluydu. Bilindiği gibi Mehmet Eymür de Sudi Özkan'ın yanında danışman olarak çalışıyordu. Bir şey ima etmek için yazmıyorum; sadece kafamdaki soruya yanıt bulmaya çalışıyorum. Muzaffer Tekin'i birileri oyuna mı getirdi? Sorular bitmez...

Örneğin...

Danıştay Suikastı'nı Ergenekon davasına bağlamak için niye çok çaba harcandı? İddianamede bir zorlama olduğu ortada, Alparslan Arslan çevresiyle ilgili pek bir araştırma yapılmamışken, Ergenekon tutuklularının suikastla irtibatını kurmak için olağanüstü bir çaba göze çarpıyordu. Niye?

Terörle Mücadele Yasası'nın birinci maddesi 29 Haziran 2006 tarihinde değiştirildi. Bir fiilin terör suçu olması için birden fazla kişinin örgütlenip, silah, mühimmat bulundurması yeterli değildi; cebir ve şiddet içeren eylem gerekiyordu.

Yani Ergenekon'un, terör örgütü kapsamına alınması için yakalanan kişiler, ele geçirilen silahlar yeterli değildi; şiddet içeren eylem gerekiyordu! Yani... Yanisi şu, Danıştay Suikastı Ergenekon'a bağlanınca, örgüt "terör örgütü" oluverdi!

Bunları hiç konuşmadık, bunları hiç yazmadık. Herkesi uyuttular...

Ya da...

Uslu uslu durmayıp yazanı Silivri Cezaevi'ne attılar...

Artık uzatmayayım.

Sanıyorum Danıştay Suikastı konusunda yine de bir fikir sahibi oldunuz.

Muzaffer Tekin'le cezaevinde karşılaşmak beni nerelere götürdü. Muzaffer Tekin suçlu mu masum mu? Bunun kararını bir gazeteci veremez. Gazeteci bıkmadan usanmadan sorularının peşinden gider; her türlü zorbalığa, bilgi kirliliğine rağmen inandığı gerçekleri yazar; ben buna inanırım. Ve 25 yıldır hep böyle yaptım. Evet. Yazdığım gibi mahkeme kuşkusuz en doğru kararı verecektir; buna inanmak dışında elden ne gelir!..

Dokuzuncu Gün

22 Şubat 2011
Salı...

"Tutuklu ve hükümlülerin dikkatine, sabah sayımı için düzen alın." Kalktım. Pencereyi açtım. Hava buz gibi, Trakya soğuğu bu. Bu kış gökyüzü kar ile yağmurun sürekli düellosuna sahne oluyor. Benim için pek fark etmiyor, ikisi de kederlendiriyor. Yaz mevsimi çocuğuyum; sıcak neşelendiriyor.

Özenle giyindim. Az sonra –sanki kale kapısı açılıyor gibi– büyük bir gürültüyle koğuşun demir kapısı açıldı.

Gardiyanlar sayımı yapıp dilekçeleri alıp gitti. "Ayrıksı bir terör suçlusu"yum; üzerimde gri ropdöşambr, altımda kareli pijamam var. Gardiyanlar şaşkınlıkla bakıyor her sayımda. Cezaevinde pek görülen bir sabah kostümü değil herhalde. Sosyetik terörist! Sayımdan sonra yatağa döndüm; cezaevinde en çok bulunan zamanı doya doya kullandım. Duvarda bir böcek var; İstanbul'daki evde olsa yerimden fırlarım, şimdi yatakta, ellerim ensemde sadece gözümle takip ediyorum "Gregor Samsa"yı! Kafka, *Dönüşüm*'de; "herkes, beraberinde taşıdığı bir parmaklığın ardında yaşıyor," der. Benim parmaklık çift kat oluyor bu durumda...

Kahvaltı zamanı; genellikle çay, peynir, zeytinimiz var.

Kepek ekmek için bugün dilekçe yazdım. Dedim ya "sosyetik terörist"im ben.

Kahvaltı sonrası avluda volta attık; Oktay Yıldırım ve Barış Pehlivan sigara içiyorlar sürekli. Odada sigara yasağı başlatmam lazım. Onlar da farkında; dipteki hücreyi sigara odası yapmaya karar verdik.

Dışarısı soğuk, rüzgâr nemli; avluda fazla kalamadık.

Oktay Yıldırım'ın bir sürprizi oldu: Türk kahvesi.

Nasıl yapacaktı? Ne cezve vardı ne de kahve makinesi. Konserve kutusundan cezve yapmıştı; semaverde kaynayan suyun içine konserve kutusunu koydu, sıcak suda kahve pişirmeye başladı. Türk kahvesini cezaevinde yapmak hayli emek istiyor. Yarım saat sonra kahvemiz hazır. Fincanımız su bardağımız. Doğal olarak kahve falı yok! Fala da gerek yok, hapis hayatımız, iktidarın, cemaatin iki dudağının arasında, bilmeyen mi vardı?

O sırada gazetelerimiz geldi...

Gazeteci Nedim Şener, *Zaman* gazetesi ve benim hakkımda suç duyurusunda bulunmuştu. *Milliyet*'teki haber şöyleydi:

> *Milliyet* muhabiri Nedim Şener, Ergenekon kapsamında tutuklanan ve işyerindeki bilgisayarda ele geçirilen ve kendisine ait olmadığını söylediği, "Ulusal Medya 2010" isimli belgede yer alan "Nedim" ismindeki kişi için "Adı geçen şahıs gazeteci Nedim Şener olabilir" ifadesini kullanan Soner Yalçın ile *Zaman* Gazetesi Sorumlu Yazıişleri Müdürü Hayri Beşer hakkında "iftira" iddiasıyla suç duyurusunda bulunacak.

Ne diyebilirim, Nedim Şener haklı! Ama sanıyor ki ortada bir hukuk-adalet var. Odatv'ye virüsle gelen uyduruk "Hanefi'nin kitabı ne durumda, referandum öncesine yetiştirilmeli. Nedim sıkıştırsın, hızlansın" şeklindeki absürd yazıyı hâkim sorunca şöyle dediğimi anımsıyorum: "Samanyolu TV'nin uyduruk dizi senaryosuna benziyor."

Gerçekten böyle bir metne ne diyebilirsiniz? Kızgındım. Aklıma geleni söyledim. Ne söylediğimi bile hatırlamıyorum; evet belki yersizdi kızıp tepki göstermem, ama söylesem ne olur, söylemesem ne olur? Kirli bir oyun bu. Nedim Şener'le hiç yan yana gelmedim. Hanefi Avcı'yı yıllardır görmemişim, görüşmüyorum; ne yani şimdi, bu uyduruk word parçasına göre biz örgüt müyüz?

Nedim Şener'e kızmam, kızamam. Ne diyor koca şair Aragon: "Bütün dünya tutuştuğu anda ateş insanı yakmaz demenin bir anlamı yoktur."

CHP Grup Başvekili Kemal Anadol, Baki Özilhan'a yazdığım özel mektubu kimin sızdırdığını TBMM'de yazılı soru önergesi haline getirip Başbakan Erdoğan'a sormuştu:

> Soner Yalçın'ın Baki Özilhan'a yazmış olduğu mektubun kamuoyuna yansımış olması, hükümetinizin sadece telefonları dinlemekle kalmadığının, aynı zamanda tüm elektronik yazışmaların, faksların ve mektupların da takip edilerek fişlendiğinin de bir göstergesi midir?

Yandaş medya soluk almadan yalan habere devam ediyor.

Kervana "demokrat-liberal" diyenlerin de katılmasına medyanın kıdemli yazarı Hıncal Uluç da sitem etmişti:

Bu ülkede, haklarında verilmiş hiçbir mahkûmiyet hükmü olmayanları, kaçma ve delilleri yok etme ihtimalleri de yokken, aylarca içerde tutan, tutukluluğu mahkûmiyete çeviren savcı ve yargıçları destekledin mi demokrat; kutsal savunma hakkını kullanan avukatlar yönünde fikir yürütüp, 'Masumiyet Karinesi'nden söz ettin mi, faşist oluyorsun... Yani fikir ve ifade özgürlüğünde geldiğimiz noktaya bakar mısınız?..

Yaşasın benim, liberal ve demokrat meslektaşlarım...

Yandaş medyanın havasını basındaki sağduyulu kalemlerden Yalçın Doğan veriyordu:

Geçen gün bazı gazeteler, Soner Yalçın'la birlikte yeni bir TV'de çalışacağı öne sürülen gazetecilerin isimlerini yayınlıyor. Doğru bile olsa, sanki o isimler suçlu ve Ergenekon sanık adayı. Liste yayınlayarak korku salmak, insanları deşifre etmek. Tam "Cadı Kazanı". Bunu yapanlardan biri de, her hafta medyaya ahlak ve fazilet dersi vermeye kalkan Ekrem Dumanlı yönetimindeki *Zaman* gazetesi. Dinimizde insan avına çıkmak var mı?

Yandaş medya...

"Özel yetkili gazeteciler"...

Aklı cüzdanında olan gazeteciler...

İrade kişiliğin temel taşıdır; iradesi başkasının hâkimiyetinde olanların, bırakın gazeteci, yazar olmayı, insan bile oldukları şüphelidir; kuldurlar.

Hakkımda o kadar çok yalan yazı var ki, beni cehennem kazanında kaynatmaya karar vermişler. Sanıyorum bu derece nefretin sebepleri arasında kıskançlık da var. Bu korkunç haksızlığın başka açıklamasını bulamıyorum. Sonuçta, "suç" ne ki; düşünce; katılırsın veya katılmazsın. Bu zalimlik niye? Ya o dil-üslup yavanlığı; bayağılık zayıfların dayanışmasıdır. Bu nedenle bunlarla muhatap bile olmamak gerekir. Aksi durum bunlara değer biçmek anlamına gelir. Artık buraya yazılarını alıntılamaya değmez...

Koğuş kapısının ortasındaki demirden pencereyi/mazgalı açan gardiyan seslendi: "Soner Yalçın... Avukat..."

Gazeteleri bıraktım hemen. Gardiyan kapıyı açtı, üstümü aradı. Demir parmaklıkların biri açılıp diğeri kapanarak, avukat odasına gittim.

Feza gülerek karşıladı. İlk günler cezaevine alışkanlık dönemi olduğu için haftada beş gün gelmeye kararlı. Onca yolu büyük özveriyle aşıp geldiği için teşekkür ediyorum her seferinde. İnsan dostunu böyle zor anlarda keşfediyor.

İlk sohbet konusu oğlumuz. Biraz sinirliymiş. Okulda bir arkadaşı cezaevinde olmamla ilgili konuşmuş, canı sıkılmış. Feza, öğretmeni aramış. Öğretmen, oğluma bir görev verip sınıftan uzaklaştırınca, sınıfa benim cezaevine neden girdiğimi anlatıp bu konuda kimsenin konuşmamasını tembihlemiş.

Oğlumun ne hissettiğini iyi biliyorum, ama ne düşündüğünü bilemiyorum. Birlikte "Prison Break" dizisini seyrediyorduk; hatta o da benzer bir cezaevi hikâyesi yazmıştı. Şimdi babası cezaevinde; neler geçiyor kafasından acaba? Zor soru. Ceza, içerdekilere değil, dışarıdakilere veriliyor aslında; en ağırı da çocuklara. Ah benim güzel oğlum; biliyorum ki tüm çocuklar gibi ne yüce bir kalbi var...

İnce hüzünlü konuları hızla geçtik...

Sonra konu gazetecilerin tutuklanma meselesine geldi. Medyada bir korku hâkimmiş, herkeste aynı soru varmış: Sıra kimde?

Artık Ergenekon soruşturmasında biliniyor ki, gözaltına alınanlara kimlerle görüştüğü sorulursa, o kişiler bir sonraki dalgada gözaltına alınıyordu. Bu nedenle basın mensupları şimdi "Silivri-Toto" oynuyormuş. Darbe döneminde bile böyle olmadığını söylüyormuş deneyimli gazeteciler. Türkiye hızla faşizme yol alıyordu; kimileri ise hâlâ "orta yolculukta" ısrar ediyordu. "Ben yaramaz gazetecilerden değilim" makaleleri yazıyorlar. "Tanırım ama samimi değilim..." Öyle ya biz vebalıyız...

Feza, Nihat Genç'in Odatv'ye yazdığı makaleyi getirmiş. Öğrendim ki *Radikal* gazetesinden Yıldırım Türker bizi "uyarmış"tı. Üslubumuzdan dolayı hapse atıldığımızı düşünüyor; ülkemin aydın prototipi işte; geldiğimiz yer burasıdır. Nihat Genç harika yazmıştı:

> Vahşi yazar kimdir, artık iyice öğreniyoruz, bir telefon kaydında adı geçti diye sanatçı Nurseli İdiz'in iç çamaşırlarının dahi Ergenekon Davası'nda manşetlere taşındığı o günlerde yazar Perihan Mağden "oh olsun" çığlıkları atmıştı. Değişen bir şey yok, şimdi aynı gazetenin Yıldırım Türker'i "durmak yok, yola devam" diyor.
>
> Suskunlukları büyüdükçe vicdanları ciğerleşen (!) tuhaf

yaratıklar... Unutmayın, fazla susmuş insanların vicdanı denetimden çıkar...

Kalkmış Soner Yalçın'ı "karanlık" kelimesinin şaibesiyle mahkûm etmeye çalışıyor, şu onlarcasından sadece biri Cengiz Çandar'ın siyasi ilişkilerinin tarihine bir baksın, güzel bir Saklanmış Amerika Dış Politikası romanı okumuş olur ve bu da bin ciltlik romanın sadece ilk cildi ancak olur...

Nihat Genç, ahlaklı, vicdanlı, gözüpek, inatçı ve sevgi dolu bir kalem. Yıldırım Türker'ler, Cengiz Çandar'lar nefret dolu; kişiliklerini kemiren, içlerindeki nefret duygusu. Hiç bitmez bu öfke; kendinden başka herkesi öldürür ve bu nedenle ölüdürler aslında... Neyse, bu kadar yer vermeye bile değmezler; döneme bağlı yazarlar her devir değiştiğinde dönerler; kişilikleri tahrip olmuş bir kere...

Feza'yla tutukluluğa itiraz dilekçesi üzerinde çalışırken küçük avukat odasının önünden eşofman giymiş yeraltı dünyasının tanınmış isimlerinden Sedat Peker geçti.

Ergenekon'da yok yok!

Feza cezaevine girişte Sedat Peker'in eşiyle tanışmış; avukatmış; hafta içi her gün cezaevine gelip eşiyle görüşüyormuş. Bilmiyordum, şaşırdım. Ne hayatlar yaşanıyordu cezaevlerinde.

Feza'yla çalışmamız bittikten sonra, kapıya vurarak gardiyanı çağırdım. (Hep böyle çağırıyorsunuz, oysa bir zil koysalar olmaz mıydı?) Gardiyan gelince "Barış Terkoğlu'nu getirene kadar biraz daha görüşeyim," dedim. Kabul etti. Aslında yasak; tutukluların bu tür karşılaşmalarına izin yok. Barış Terkoğlu gelince sarıldık, iyi gördüm. En büyük sıkıntımız, ayrı koğuşlarda olmamız. *Hürriyet* yazısını sordu, yazıp gönderdiğimi söyledim. Sevindi. Fazla sohbete izin yok. İkisine de veda edip odadan çıktım. Çıkışta yine arandım. Koğuşa girerken yine arandım.

Koğuşumuzdaki küçük beton avluya çıkıp volta atmaya başladım. El kadar gökyüzüne baktım. Kafamda yine fırtınalar uçuşuyor; neler düşünmüyorum ki. Özlemin bu kadar kısa zamanda bu kadar artmasına şaşırıyorum... Böyle anlarda hemen duygusallıktan uzaklaşıp, derlenip toparlanıyorum. Kendimi uyarıyorum. Dirençli olmalıyım... Zamanın beni ezmesine, çürütmesine izin vermemeliyim. Kapana kısılma duygusunu sevmiyorum.

Cezaevinde yalnızlığı yüceltmenin, insanı çoğaltmanın, sessizliği söze dökmenin yolu yazmak. Kendime inatla, sabırla tutkular yaratmayı ve cüretkâr olmayı seviyorum. "Cüretkâr" kelimesini yazmamın nedeni, savcılıktaki sorgum. Savcı, beni Öcalan'ın direktiflerine uygun gazetecilik yapmakla itham etti. Ve ben ilk gün yazdığım gibi, Kürt tarihi üzerine bir çalışma yapıyordum. Ne yapmalıyım şimdi; vazgeçmeli miyim? Olacak şey mi? Övgü de alsam, sövgü de alsam ve cezalandırılmak istensem de ben "günahkâr" olmayı tercih ederim. Yazma iradem, merakım ağır basar hep. Kokuşmuşluğa, sinsiliğe karşıt olmanın, kötülükleri çözümlemenin, insana getirdiği güçlü olma hissinden keyif alırım ben. Bunun adı gazeteciliktir. Ya da, aydın sorumluluğu mu demeliyim...

Şimdi dört duvar arasında haber yapmam, yazı yazmam engellenmek isteniyor. Hapse atarak bunu becerebilirler mi? Zaman gösterecek...

İnsanın artısı mıdır, eksisi midir tartışılır. Abartılı çalışma konusunda saplantılı biriyim; sanıyorum orta sınıfın protestan ahlakına sahibim. "Tembellik hakkı"ndan ürkerim. Çalışmayı; yaratmakla, ruhu zenginleştirmekle eş tutarım. Yani "ruh firarından" korkarım. Bu nedenle hapiste hemen kolları sıvadım. Üzerinde çalıştığım Kürt tarihiyle ilgili kütüphanemden bazı kitapları istedim. "Kütüphanede girişin tam karşısının sağ yanındaki üstten üçüncü sıradaki 6-7 kitabı getirin."

Bugün getirdiler.

Şaka gibi; kitaplardan biri: Abdullah Öcalan'ın iki ciltlik *Sümer Rahip Devletinden Halk Cumhuriyetine Doğru Özgür İnsan Savunması* idi.

Bu kitabın o rafta olmaması gerekiyordu; sanırım polisler kütüphanede arama yaparken her yanı altüst etmişlerdi.

Öcalan'ın bu kitabı yasaklanmıştı. Dolayısıyla cezaevi yönetimi kitabı bana vermedi. Cezaevi yönetiminin kayıtlarında yasak kitaplar listesi var; gelen kitaplar bu listeye bakılarak veriliyor. Benim anlamadığım şu; Bedrettin Dalan'ın eğitimle ilgili yazdığı kitabı delil olarak görüp alan polis, Öcalan'ın bu kitabına niye el koymadı! Üstelik kitabın üzerinde çalışmış, notlar yazmıştım. Öyle ya, ben savcının iddiasına göre, Öcalan'ın direktifleriyle haber yapan biri değil miyim?! Sanırım polisler bile bu gerekçeye inanmadı.

Ancak...

Öcalan'ın bu kitabı Ergenekon soruşturması paralelinde başka bir evden çıktı ve delil olarak iddianameye kondu. Aynı kitap kişiye göre delil oluyor!

"Uyuşturucu ve borç batağına düşmüş bir deniz subayı"nın 15 Temmuz 2009 tarihli ihbarı üzerine polis, Deniz Kuvvetleri Komutanlığı'nda "bir uyuşturucu ve fuhuş çetesi"nin peşine düştü. Polis ihbara öyle inandı ki, pek üzerinde çalışma yapmadan iki gün sonra 11 adrese baskın yaptı!

Kocaeli Değirmendere'de, teğmenler Faruk Akın ve Sinan Efe Noyan'a ait evde, üçlü çekyatın altında Abdullah Öcalan'ın bu kitabı bulundu ve delil olarak el konuldu.

Sadece Öcalan'ın kitabı bulunmadı; mutfakta siyah poşet içinde MKE yapımı 100 fişek "ele geçirildi." Poşette ilginçtir, katlanmış şekilde bir de beyaz kâğıda yazılmış not bulundu: "Albay Tayfun Duman'dan gelecek fizibiliteye göre Uğur ve Metin Paşa'ya yapılacak operasyonun detay ve tarihlerini Levent Bektaş, Orhan Yücel üzerinden iletilecek. Size teslim edilen malzemeleri korunaklı bir yerde tutunuz."

Nottaki "Uğur Paşa," Deniz Kuvvetleri eski Komutanı Oramiral Eşref Uğur Yiğit; "Metin Paşa" ise yine Deniz Kuvvetleri eski Komutanı Oramiral Metin Ataç Paşa idi.

Öcalan kitabı, Paşalar'a suikast notu ve MKE fişekleri "meseleyi" ortaya koyuyordu. Ama koskoca amirallere fişekle suikast olmazdı; mutfakta buzdolabının motor bölümüne gizlenmiş 500 gram patlayıcı madde TNT kalıbı bulundu. "Amiral Battı" oyunu başlamıştı...

"Özel yetkili medya" yayınlara başladı. Öcalan okuyan teğmenler komutanlarını öldüreceklerdi!

İddianame ortaya çıkınca görüldü ki, "Amirallere suikast" iddianamede yoktu. Zaten beyaz kâğıda yazılı not, tutuklanan hiçbir kimsenin elyazısıyla uyumlu değildi. Ve teğmenler Öcalan'ın kitabını ilk kez görüyorlardı; onların değildi yani.

Sonunda tüm teğmenler salıverildi.

Mesele bu kadar basit olmamalıydı; çünkü Yarbay Ali Tatar bu ağır iddiayı onuruna yediremeyip intihar etti. Cenazesinin başında suikast yapacağı iddia edilen iki komutanı vardı; Metin Paşa ve Uğur Paşa. İkisi de gözyaşlarını tutamamıştı, bu erdemli ölüm karşısında...

Ali Tatar, Doğu Perinçek'in kuryesi olmakla itham ediliyordu! Medyada İşçi Partisi'nin TSK içinde "Karargâh Evleri" var denildi aylarca; sonra bu davadan tutuklu kimse kalmadı...

"Uyuşturucu ve borç batağına saplanmış" kimliği belirsiz kişinin ihbarıyla baskın yapılan evlerden biri de, yine Kocaeli Değirmendere'de bekâr subaylar Alperen Erdoğan, Yakut Aksoy, Tarık Ayabakan ve Burak Düzalan'ın kaldığı Paksan Apartmanı'nın bir dairesiydi.

Tesadüf bu evde de Öcalan'ın, *Diriliş Tamamlandı, Sıra Kurtuluşta* adlı kitabı bulundu. Ve ilginçtir, bu kitap içinde ayrıca, içinde çocuk ve hayvan pornosu görüntüleri olan bir DVD bulundu! Ayrıca banyo dolabının altında esrar ve ecstasy haplar çıktı.[39]

Ve en önemlisi, Tarık Ayabakan'ın eşyaları arasında bir adet DATA Traveler 2 GB 04183-332AOOLF ibareli Kingston marka flash bellek bulundu. Bu flash bellekte "eylemler" sıralanıyor, bol bol subay isimleri veriliyor ve "Perinçek Başkanımızın Emirleri" yer alıyordu! İşte Yarbay Ali Tatar'ın, Perinçek'in kuryesi olduğu iddiası da bu flash bellekte yazıyordu. Flash bellek ayrıntısına girmeden şunu eklemeliyim ki, hiçbir subayın kanında uyuşturucu bulgusuna rastlanmadı. Ayrıca uyuşturucunun bulunduğu yer toz içindeyken, uyuşturucu paketlerinin tertemiz olması gibi ayrıntılara hiç girmeyeyim.

16 Ekim 2010 tarihinde, İstanbul 12. Özel Yetkili Ağır Ceza Mahkemesi duruşmada, TÜBİTAK'tan gelen bilirkişi raporunu okudu. Rapora göre, Tarık Ayabakan'a ait olduğu iddia edilen flash bellek hiçbir subayın bilgisayarında kullanılmamıştı! Tarık Ayabakan, Alparslan Erdoğan, Burak Düzalan, Yakut Aksoy o gün tahliye edildiler. Peki, iyi de flash bellek kimin tarafından eve konulmuştu? Ve daha acıklı soru; Yarbay Ali Tatar'ın intihar etmesine kimler yol açmıştı? Bunun hesabını gün gelecek vermeyeceklerini mi sanıyorlar?

Nerden nereye geldik.

Benim kütüphanemden çıkan Öcalan'ın kitabını "delil" bulup almayanlar, başka evlerden "kanıt" diye Öcalan kitapları topluyordu. Ya da şöyle mi yazmalıyım: Kendi koymadıklarını almıyorlar...

39 Kendi aramızda –acıdır ama– espri konusuydu. "Allah tezgâhın rezilinden korusun" diyorduk. Çünkü bu karanlık polis operasyonlarında neredeyse her evde bir çocuk-hayvan pornosu "çıktı." İtibarsızlaştırma kampanyasında "sıtmaya razı" ediliyorsunuz; "Allah'tan bize porno koymamışlar" diye!

Voltayı sürdürürken yapılan anonsu duydum:

"Televizyona DVD film konulacaktır, duyurulur."

Cezaevindeki tüm anonslar bizim koğuşa da geliyor; "121 numaralı personel revirde bekleniyorsunuz" gibi. Alışacağız, ilk günler her anonsu dikkatlice dinliyordum.

Hava kararmak üzere, zaten üşüdüm, koğuşa girdim. Oktay Yıldırım kitabıyla ilgili çalışıyor; Barış ise su gelmiş bulaşık yıkıyor. Birazdan akşam yemeği hazırlanacak. Oktay Yıldırım kitabından başını kaldırdı. "Film ilginç, seyretmediysen izle," dedi. Merak ettim...

Cezaevi yönetiminin seçtiği filmin adı "Girdap".

Selçuk Yöntem, Ali Sürmeli gibi usta oyuncularla gençlerin rol aldığı bir film. Seyrettim.

Senaryo ilginçti: Taşralı modern-orta sınıf bir ailenin çocuğu üniversitede okumak için İstanbul'a geliyor. "Tesadüf" eseri tanıştığı iki Müslüman öğrenciyle aynı evi paylaşıyor. Öğrenci bekâr evindeki doğaüstü olaylardan etkileniyor, arkadaşları tarafından bir hocaya yönlendiriliyor. Bu ilişki genci yeni bir çevreye sokuyor. Burada tanıştırıldığı biri Afganistan'da savaşmış bir mücahit.

Bu ilişkiler sonucu gencin hayatı değişiyor, sevgilisinden ayrılıyor, sakal bırakıyor vs. Sonunda yapılan konuşmalardan etkilenip canlı bomba oluyor ve Sultanahmet Meydanı'nda bir turist otobüsünü havaya uçuruyor.

Filmin sonunda anlıyoruz ki bu genç bir tuzağa düşürülmüş. Evdeki doğaüstü olaylar kurguymuş. Filmin finalinde ev arkadaşları, hoca ve mücahit, ellerinde viskiyle toplantı yapıyor ve yeni bir av üzerine kahkaha atarak konuşuyorlardı.

Dini ritüeller kullanarak bir genç tuzağa düşürülmüştü. Yani; dış güçler komplosu!

"Girdap" bir film...

Gerçek bir olaydan yola çıkılarak senaryolaştırıldığı yazılıydı filmin başında, ilginç.

Türkiye'de hiçbir suikast/cinayet arkasında "derin güçler" olmadan gerçekleşmiyor gibi kolaycı komplo teorisi yerleşti zihinlere artık.

Hangi cinayet işlense, katil neden işlediğini, nasıl yaptığını açık açık anlatsa da "Hayır, o bilmiyordur, arkada mutlaka birileri vardır" diye düşünülüyor. Sıradan vatandaştan politikacıya, gazeteciden savcıya kadar herkes koro halinde bunu seslendiriyor: "Arkada birileri var!"

Ve özellikle Müslümanlar cinayet işlemiyor, hep "kullanılıyorlar". Çok gerilere gitmeyelim; Aksoy, Üçok, Mumcu, Kışlalı, Emeç cinayetlerini yazmıyorum, ya da bombalama eylemlerini, Madımak'ı vs.

2006 yılından bugüne bakalım.

Trabzon'da rahip, Malatya'da misyoner, Ankara'da Danıştay, İstanbul'da Dink cinayetleri...

Failleri biliniyor; dini duyarlılığı olan lümpenler.

Hayır. Arkasında hep "derin ilişkiler" aranıyor. Tamam aransın. Olabilir de. Hatta, vatandaş, hadi gazeteci, hadi politikacı komplo teorilerini dile getirsin. Ama insaf edilsin; bu dinciler hiç mi cinayet işlemiyor?

Bu sorunu görmeyip dışarıda "düşman" arayan anlayış, kendi gerçeklerimizle yüzleşmemize sürekli engel olmuyor mu?

Siyasal İslam'ın şiddetle ilişkisini değerlendirmiyoruz ya da travmatik bir gençliğin olduğuna gözümüzü kapatıyoruz. Toplumsal yaşama dair psikolojik, sosyolojik tartışmalar yapacağımıza sürekli komplo teorileriyle kendimizi avutuyoruz. Kolaycılık. Hep perde arkasında "birileri" var! Bu hastalıklı bir ruh hali olmaya başladı. Ve ne yazık ki bu; sadece küçük bir grubun anlayışıyken, iktidardaki AKP ve cemaat medyasının "birileri bize kumpas kuruyor" paranoyasıyla tüm ülkenin konuşup tartıştığı acıklı ve de tehlikeli bir hal aldı.

"Bizi istemeyen bir düşman var ve bunlar Müslüman gençleri kullanarak cinayetler işliyor." Türkiye'nin korku toplumu haline getirilmesinin sebebi bu cümledir işte. Bu sağlıklı değildir; gerçeklikten/asıl nedenden kopmadır. Gerçek sorunu görmemektir. Ne yazık ki bu sorunlu hal kendini politika kürsüsünde, iddianamede, Samanyolu TV gibi kanalların dizilerinde de gösteriyor: "Kötü olayları düzenleyen bir parmak var."

Bu nedenle kendisinden olmayan herkese düşman! Müslüman genç cinayet işlemez; o kullanılmıştır!..

Geliniz sizi çok eskilere götürmeyeyim. Aksoy, Üçok, Mumcu, Kışlalı cinayetlerini işleyen İslami Hareket Örgütü'nden vs. bahsetmeyeceğim. Son 5 yılda işlenen bazı cinayetlerden ayrıntılar sunacağım:

Tarih: 17 Mayıs 2006.

Ankara'daki Danıştay 2. Dairesi üyelerine saldırı gerçekleşti. Üye hâkim Mustafa Yücel Özbilgin öldü. Daire Başkanı Mustafa

Birden ve daire üyeleri Ayla Gönenç, Ayfer Özdemir ve tetkik hâkimi Ahmet Çobanoğlu yaralandı.

Saldırının Gerekçesi: Danıştay 2. Dairesi'nin 26 Ekim 2005 günü türbanla ilgili verdiği (okul bahçesinde bile giyilemez) kararıydı.

Tarih: 18 Nisan 2007.

Malatya'daki Ağbaba İşhanı 3. Kat 9 numarada faaliyet gösteren Zirve Yayınevi'ne saldırı gerçekleşti. Alman Tilman Ekkehard Geske, Uğur Yüksel, Necati Aydın defalarca bıçaklanıp boğazları kesilerek öldürüldü.

Saldırının Gerekçesi: Hıristiyan inancıyla ilgili kitaplar dağıtıp, toplantılar yaparak misyonerlik faaliyeti yapmaları.

Danıştay Saldırganı: 1977 Bingöl doğumlu Alparslan Arslan idi. *Cumhuriyet* gazetesine üç kez bomba atan "ekip arkadaşları" 1969 Kars doğumlu Osman Yıldırım, 1983 K.Maraş doğumlu İsmail Sağır ve 1979 Kars doğumlu Erhan Timuroğlu ile birlikte Ankara'ya gelmişlerdi. Eylemi Alparslan Arslan tek başına gerçekleştirdi. Kaçarken yakalandı.

Zirve Saldırganı: 1988 Malatya doğumlu Emre Günaydın, 1987 Malatya doğumlu Salih Gürler, 1988 Adıyaman doğumlu Abuzer Yıldırım, 1988 K.Maraş doğumlu Hamit Çeker, 1987 Malatya doğumlu Cuma Özdemir. Saldırganların "lideri" Emre Günaydın ve Abuzer Yıldırım kaçarken, diğerleri ise kan gölüne dönen Zirve Kitabevi'nde yakalandılar.

Saldırı Silahı: Danıştay Suikastı'nda Alparslan Arslan cinayeti ABD'lilerin Kuzey Irak'a hibe ettiği Avusturya yapımı Glock marka tabancasıyla gerçekleştirdi. Tabancayı taksi şoförü Aykut Metin Şükre'den İstanbul'da satın almıştı.

Trabzon'da 5 Şubat 2006'da rahip Andrea Santoro'yu öldüren 16 yaşındaki O.A. da bu cinayeti Glock marka tabancayla gerçekleştirmişti. Tabanca ağabeyinindi.

Malatya Zirve Katliamı'nda cinayet aracı nalburdan alınan 5 bıçaktı. Ancak katliamdan bir gün önce Emre Günaydın ve arkadaşları şehir dışında silah atışı yapmışlardı. İhbar üzerine polis yolda durdurduğu gençlerin kurusıkı silahına el koyup 58 YTL para cezası kesip serbest bıraktı. Zirve Kitabevi katliamında Emre Günaydın'a ait bu kurusıkı tabanca da bulundu.

Cinayet Öncesi Takılan Muskalar: Danıştay saldırganı Alparslan Arslan cinayet öncesi Salih Kunter'in öğrettiği "Döngel namazı" kıldı. Boynunda yine şeyhinin verdiği muska vardı.

Saldırıdan kısa bir süre önce şeyhi Kunter'in evinde Alparslan Arslan'a "cin çıkarma" seansı yapılmıştı.

Zirve Katliamı'nı gerçekleştirenler eylem sabahı abdest alıp şükür namazı kıldılar. Hepsi de birer muska tatkılar. Ve yine hepsi ailelerine Allah için savaşa gittiklerini belirten mektup yazdılar.

3 Haziran 2010 tarihinde İskenderun'da rahip Luigino Padovese'yi bıçaklayıp boğazını keserek öldüren Murat Altun, cinayetten önce içinden, cinayetten sonra ise yüksek sesle ezan okundu. Murat Altun kısa bir süre önce dayısı tarafından Mardin'de bir din hocasına götürülmüştü; hoca bir Hıristiyan tarafından kendisine büyü yapıldığını söyleyip muska yazmıştı! Ve keza rahip Santoro'yu öldüren O.A. da saldırıdan önce boy abdesti alıp namaz kılmıştı.

Tekbir Getirildi: Danıştay saldırganı Alparslan Arslan'ın cinayet sırasında "Allah'ın askeriyim" deyip demediği hâlâ tartışma konusu. Fakat Arslan'ın duruşmalar sırasında her fırsatta dini sloganlar attığı gerçek. Zirve Katliamı'nı gerçekleştirenlerin cinayet sırasında 3 saat ne konuştuklarının pek ayrıntısı yok; "sohbetin Hıristiyanlık üzerine olduğu(!)" yazılıydı.

Rahip Santoro'yu öldüren O.A.'nın tekbir getirdiği konusunda herkes hemfikir. Keza Rahip Padovese'yi öldüren Murat Altun'un ezan okuduğu da...

Gazete Etkisi: Alparslan Arslan'ın Danıştay cinayetini dinci *Vakit* gazetesinin 13 Şubat 2006 tarihli "İşte O Üyeler" manşetiyle, türban kararını veren Danıştay üyelerinin fotoğraflarını yayınladığı haberden etkilendiği söylenebilir. Çünkü olay günü bu gazetenin kupürü Arslan'ın otomobilinin torpido gözünde bulundu. Bu gazete kupürünü Alparslan Arslan'a verenin ise Fethullah Gülen'in yeğeni Kemalettin Gülen olduğu ortaya çıktı. Gülen, davada sanık değil, tanık oldu.

Malatya'da Zirve Katliamı'ndan önce, aynı yerde faaliyet gösteren Kayra Yayınevi'ni hedef alan kimi dinci-ırkçı yerel gazetelerde yayınlar yapılmaya başlamıştı. Hatta biri, M. Ali Ağca'nın Vatikan'da Papa Jean Paul'u vurmasına "nazire" yaparak, "Sıra Vatikan Temsilciliğinde" manşeti atmıştı.

Keza yine bir yerel gazetenin "Şehrimize 10 bin İncil geliyor" kışkırtmasıyla şehirde eylem yapılmıştı. Bu kışkırtmalar üzerine kitabevi sorumlusu Martin De Lange Malatya'yı terk etmişti.

Trabzon'da öldürülen Santoro hakkında da dinci-ırkçı yerel

bazı gazetelerde, misyonerlik yaptığını belirten hedef gösterici yayınlar yapılmıştı.

Cemaat Etkisi: Danıştay saldırganı Alparslan Arslan lise öğrenimi sırasında ışık evlerinde ve cemaat yurtlarında kaldığını söyledi. Duruşmalarda Fethullah Gülen'e duyduğu saygıyı hep belirtti; saldırıyla Gülen'in hiç ilgisi olmadığını vurguladı.

Alparslan Arslan'ın dini yönden gelişiminde Nur cemaatine mensup eski vaiz Şeyh Salih Kunter'in çok etkisi vardı. "Liderim" dediği avukat arkadaşı Süleyman Esen sayesinde tanışmıştı. Şeyh Salih Kunter'in Gültepe'deki evine 2,5 yıldır gidiyordu.

Zirve Katliamı "lideri" Emre Günaydın, Malatya'da adını Said-i Nursi'nin doğduğu yer Nurs köyünden alan "Nurs" apartmanında liseli, üniversiteli öğrencilerin gittiği bir eve gidiyordu. Keza cemaatin dershanesi Yeni Hamle'ye de gidiyordu. Yeni Hamle dershanesi ile Nurs apartmanındaki sohbet evinin organik ilişkisi vardı. Matematik gibi ek dersler bu sohbet evinde de veriliyordu. Emre Günaydın bir dönem eylem arkadaşı Salih Gürler ve Cuma Özdemir ile İhlas Vakfı öğrenci yurdunda da kaldı. Akşam namazında yoklama yapılıyordu ve ardından gece yarına kadar dini sohbetler ediliyordu.

Siyasal Örgüt İlişkisi: Danıştay saldırganı Alparslan Arslan üniversite yıllarında Alperen Ocağı'na bağlı; "Reis" diyorlardı. Solculara karşı yapılan eylemlerde en öndeydi.

H. Dink cinayeti sanıklarının Alperen Ocakları'na bağlı olduğu biliniyor.

Zirve Katliamı "lideri" Emre Günaydın Ülkü Ocakları'na kayıtlı olduğunu söylüyor.

Rahip Santoro'yu öldüren O.A.'nın annesi Necmiye A., AKP Trabzon Kadın Kolları üyesi. Anne A., oğlu 18 yıl ceza alınca "Allah için yatıyor" diye bağırdı.

Uzatmayayım; fakat tüm davalarda bir konu nedense göz ardı edildi: Sanıkların polis ilişkisi.

Örneğin, Zirve Katliamı'nın 2 numaralı sanığı Abuzer Yıldırım, "Emre Günaydın'dan neden korkuyorsun?" diye soran mahkeme başkanına şöyle diyordu:

> "Ben Emre'nin kendinden değil, arkasındaki güçlerden korkuyordum. Emniyetteki müdürlerle oturup kalktığını söylerdi. Düşüncem; Emre devlet adına misyonerleri takip ediyordu."

Bu sözleri eden Abuzer Yıldırım'ın Ankara Özel Harekât Daire Başkanlığı'nda görevli C.K.B. adlı polisle telefon görüşmeleri yaptığı ortaya çıkıyordu.

Hrant Dink'in katillerinin polis ile ilişkisi, polis elemanı olması ayrıntılarıyla yazıldı. Söylemek istediğim;

Bir dönem "bana sağcılar suç işliyor dedirtemezsiniz" deniyordu. Bazı siyasiler şimdi, "bana Müslümanlar suç işliyor dedirtemezsiniz" diyor! Kim kimi kandırıyor; niye gerçekle yüzleşmiyoruz. Yeni düşünceye eski sözcüklerle ulaşacağımızı sanıyoruz...

Onuncu Gün

23 Şubat 2011
Çarşamba...

Yüreğim sızlıyor; derin bir hüzünle boğuşuyorum. Sebebi belli; oğlumu özledim... Sesini duymak istiyorum. İki gündür dilekçe yazıyorum, oğlumla telefonda görüşmek istiyorum; telefon günümüz pazartesiydi, ama belgeleri tamamlayamadığımız için kaçırmıştım.

Kantinden telefon kartımı filan aldım; 50 kontör 3,75 lira.

Cezaevi yönetiminden anlayış bekliyorum...

Kahvaltı yaparken gardiyan müjdeyi verdi: "Soner Bey telefon." Ama bu saatte olmaz, oğlum okulda. Ben de ne çok talepkârım! Cezaevi yönetmeliğinde haklar çok kısıtlı, cezaevi yönetimi yine anlayışlı davrandı...

Akşamı zor ettim. 16:30'da telefona götürüldüm.

Ağlamamalıyım...

Cezaevi koridorunda kafamda bin soru. Roberto Benigni'nin 1997 yapımı "Hayat Güzeldir" filmini bilirsiniz, İkinci Dünya Savaşı'nda Yahudi olduğu için toplama kampına atılan bir baba, Nazilerden gizlediği oğlunu kampta saklar; ona tüm yaşananların bir oyun olduğunu anlatır hep.

Bu filmden yıllar önce, benzer bir olay 1971'de Ankara'da zindandaki yazar-yayıncı Erdal Öz'ün başına gelir. Üç yaşındaki kızı Senem, babasının askeri okulda yatılı öğrenci olduğunu sanmaktadır. Bir gün ziyaretine gider. Erdal Öz cezaevi yöneticisi yarbaydan rica eder; Senem babasının elinden tutup koğuşa gider, babasının yattığı yeri ve arkadaşlarını görür. Bu oyuna herkes katılır; herkes askeri öğrenci olur. Senem'e –ellerinde sadece o vardır– ceviz ikram ederler.

Bu topraklarda çocuklarımıza ne büyük acılar yaşattılar...

Telefon ahizesini kaldırdım. Kartı sokup numarayı çevirdim; oğlumun sesi... Gözyaşlarıma engel olamıyorum. "Oğlum," dedim ve sustum. Konuşamıyorum...

Oğlum 11 yaşında ve o ne kadar olgun, ağırbaşlı konuşuyor;

hiç cezaevinden bahsetmiyor. Benim konuşamadığımı anladı. Sözlerim boğazımda düğümlendi, hâlâ çıkmıyor bir türlü. Yuh olsun bana. Oğlum babasını güçsüz mü sanacak şimdi? Hep o anlatıyor; dersleri, sınıfı, hafta sonu gittiği izcilik kampını...

Kendimi toparlamayı başarıyorum. Nihayet. Cezaevinde nasıl rahat olduğumu, yine bol bol kitap okuduğumu, arkadaşlarımın da burada olduğunu, spor yaptığımızı anlatmaya başladım. Yalanı doğruyu karıştırıyorum artık. Pembe, Roberto Benigni yalanları...

Ve: 10 dakika ne çabuk sona erdi; telefon pat diye kesildi. Gardiyana "Veda edemedim, bir daha açayım," dedim. Telefonlar otomatik olarak 10 dakikayla sınırlı. Koca 10 dakika ne çabuk tükendi, bir yel gibi. Gardiyan iyilik yaptı; yine numarayı çevirdim.

Oğlumla vedalaştım, onu çok sevdiğimi söyleyebildim.

Telefonu kapatıp, birkaç saniye öylece kalakaldım. İnsan beyni olmadık yerde olmadık şaşırtıcı şeyleri anımsıyor; Turgenyev'in, *Babalar ve Oğullar* romanındaki bir cümlesi aklıma geldi; "hapishanede zaman Rusya'dan çabuk geçer!" Romanın adından ötürü mü bu cümleyi anımsadım; yoksa zaman ya da mekân kavramı nedeniyle mi? İnsan beyninin şaşırtıcı yanları işte. "Hapishanede zaman, Rusya'dan çabuk geçer." Silivri'de değil ama...

Telefon kartını alıp cebime koydum, gardiyanın masasına gittim, telefonla konuştuğumu gösteren belgeyi imzaladım.

Tekrar koğuş yoluna düştüm gardiyanla... Kişi ne derece sevinse yine de bir an evvel kurtulmak istediği dokunaklı durumlar var. Bu mahzun halimden kurtulmam lazım. Çok sürmedi Ergenekon "gerçeğiyle" yüzleşip hayatın katı yanına dönmem...

Koridorda karşıdan biri geliyor; yapılı, uzun boylu ve gözlerinin içi gülüyor sanki. Elini uzattı; "Ben Levent Bektaş," dedi... Tanıştık. Hikâyesini biliyordum.

Emekli binbaşıydı. SAT komandosu...

1981'de Deniz Lisesi'ne girdi.

Deniz Harp Okulu'nu bitirdikten sonra 2002 yılına kadar SAT Grup Komutanlığı'nda çeşitli görevlerde bulundu. 2007'de hareketsiz bir hayat yaşamak amacıyla ordudan ayrıldı. Özel bir firmada çalışmaya başladı.

23 Şubat 2009'da İstanbul Emniyet Müdürlüğü'ne yapılan

bir ihbara göre, "Poyrazköy'de bazı şüpheli kişiler" görülmüştü. Polis tornavidalarla işaretlenmiş ağaçları takip ederek yeni kazılmış toprak yığınını açınca silahlar, patlayıcılar buldu: 500 gram ağırlığında 27 adet TNT kalıbı, 100 gram C-4 patlayıcı, 155 cm infilak fitili, 3 adet elektrikli fünye, adaptör...

Üç hafta sonra...

Bir ihbar daha yapıldı ve bulunan mühimmatın Ergenekon ekibine ait olduğu belirtilip, Levent Bektaş'ın da adı geçirildi.

Polis teknik takibi başlattığında bu kez 14 Nisan 2009'da yine bir ihbar mektubu geldi. Bu ihbarda da isimleri bildirilenlerin Ergenekon adına yeni eylemlere hazırlandığı bilgisi vardı.

Polis 21 Nisan 2009'da Poyrazköy'de yine arama ve kazı yaptı. 6'sı boş 21 adet lav silahı, 14 el bombası, 24 adet el bombası fünyesi, 450 gram C-3 patlayıcı, 7 hakem bombası, 3 gösteri bombası, 5 adet bubi tuzağı, 2 adet kullanılmış bubi tuzağı, 23 işaret fişeği, 45 adet sis bombası, 15 adet aydınlanma fişeği, 30 metre infilak fitili, 38 metre saniyeli fitil, 3017 adet fişek, 1 adet kamuflaj kremi tüpü ele geçirildi.

Emekli Binbaşı Bektaş'ın Beykoz'daki evi ve Hadımköy'deki işyeri arandı. Burada da karşımıza yine bir "DVD hikâyesi" çıktı.

Polisler Bektaş'ın işyerinde 23 Aralık 2008'de oluşturulduğu iddia edilen bir DVD buldu. (Benzeri deliller hep polis operasyonlarından birkaç ay önce oluşturulmuş oluyor nedense!) Bu DVD'de soruşturmayla ilgisi olmayan bazı video görüntüleri vardı. Buna 3 no'lu DVD dediler. Ayrıca işyerinde bir de "mezuniyet töreni" adlı bir 1 no'lu CD buldular. 1 no'lu CD'nin içinde dataslash isimli özel bilgisayar programı olduğunu keşfettiler. Sonra 3 no'lu DVD'deki alakasız görüntüleri seyrederken her nasılsa o görüntülerin arkasına gizlenmiş "ac.rar" isimli bir arşiv dosyası fark ettiler. "Her nasılsa" diyorum, çünkü bu dosyayı normal kullanıcılar fark edemezdi. Demek ki polisler teknik konularda çok iyi yetişmişlerdi! Ya da... Neyse.

Polisler bu "ac.rar" adlı sıkıştırılmış arşiv dosyasını diğer CD'deki dataslash isimli programla açabileceklerini düşündüler. Bingo!

Yani gizli dosyayı buldukları Levent Bektaş'ta, gizli dosyanın anahtarını da buldular ve gizli dosyayı açtılar, Türkiye'yi sarsacak bilgilere ulaştılar: "Kafes Eylem Planı!"

Bu planda suikastlar, görev dağılımı, eylem birimleri, silah ve mühimmat listesi gibi, suçlama konusu olabilecek birçok bilgi vardı. Polis "şanslıydı," DVD'de ne ararsan vardı!

Normal koşullarda anlatıldığı gibi bir örgütte bu kadar çok bilginin bir kişide olması imkânsızdı. Çünkü eğer silahtan sorumluysa, sadece silah bilgisi olurdu. Suikast timiyse onunla ilgili bilgi olurdu.

Bu DVD'de ne ararsan vardı... Psikolojik harp var, öldürme var, silah var... Her şey var...

Oysa... Levent Bektaş bir askerdi, üstelik SAT'çıydı. Askeri kuraldır: Bir birlikten başka bir birliğe kriptolu bir mesaj gönderildiğinde, mesajı kripto anahtarıyla bir kişi alır; fakat okuyamaz. Onu, kriptoyu açabilecek yetkili-bilgili üstüne götürür. O farklı bir anahtar kullanarak açar.

Eğer kendi yetki seviyesinden yüksek ise, o da okuyamaz. Bir üste çıkar. Bu sadece TSK'da değil, Dışişleri Bakanlığı gibi tüm kritik kurumlarda böyledir.

Evet. Levent Bektaş'ta bulunduğu iddia edilen DVD'de yok yoktu. Üstelik kriptoyu açacak anahtarı da hemen yanındaydı. Diyoruz ya "polis şanslıydı"!

Bunlar arasında benim ilgimi çeken bir konu var. Azınlıklar!.. Bu cinayetlerin ardı ardına işlenmesi bana pek "doğal" gelmiyor çünkü...

Gizlice kaydedilmiş bu DVD'de "2006 Adalar Abone Listesi.xls" adlı Excel dosyasında, Kınalı, Heybeli, Burgaz ve Büyükada'daki toplam 212 *Agos* gazetesi abonesinin kimlik, adres ve telefon bilgileri vardı.

- "Kafes adresleri.xls" isimli Excel dosyasında ise, çeşitli kentlerde bulunan çok sayıda kişi, topluluk adresleri ile gerçek şahıslara ait isim, adres, telefon kayıtları vardı.
- "Kafes liderler 2.xls" isimli Excel dosyasında da, farklı şehirlerdeki kiliseler ile sorumluların kimlik bilgileri, telefon numaraları vardı.
- "Toplantı adresleri.xls" isimli Excel dosyasında ise, farklı illerde bulunan 14 kişinin adresleri, kimlik bilgileri kaydedilerek, "Misyoner, Yehova Şahitleri, Bahailik Faaliyetleri" gibi nitelemeler yapılmıştı.
- "İbadet yerleri.xls" isimli Excel dosyasında, "Ülke Genelinde Faaliyette Olan Yabancılara Ait İbadethanelerin İllere Göre Dağılımı" başlığı altında değişik illerde bulunan farklı

azınlıklara ait ibadethanelerin adresleri kayıtlıydı.

- "Misyonerlik-Hıristiyanlık Faaliyeti Gösteren İnternet Adresleri" isimli belgede de, 50 ayrı internet sitesinin faaliyeti konusunda bilgi vardı.
- "Üye listesi.doc" isimli Word belgesinde, aralarında yabancı isimlerin olduğu kişilere ait bilgiler bulunuyordu.

Dosyayı daha ayrıntılı inceleyelim.

2009 Mart'ında hazırlandığı belirtilen "Kafes Operasyonu Eylem Planı"nın "Genel" bölümünde, "Rahip Santoro, Malatya Zirve Yayınevi ve Hrant Dink operasyonları sonrasında Türkiye'de yaşayan gayrimüslimlerin irticai grupların hedefinde olduğu yönünde kamuoyu oluşmuş, ancak AKP tarafından karşıt medyanın da desteğiyle söz konusu olayların Ergenekon tarafından organize edildiği şeklinde yoğun propaganda faaliyetlerinde bulunulmuştur" ifadesi var. Planda bu durumun tersine çevrilmesi için "gayrimüslimler üzerinde korkutucu propagandanın icra edileceği" vurgulanıyor. (...)

"Hazırlık", "Korku oluşturma", "Kamuoyu oluşturma" ve "Eylem" olmak üzere dört safhadan oluştuğu belirtilen planda "Hazırlık" safhasında yapılacaklar şöyle sıralanıyordu:

– Gayrimüslim nüfusun isim ve adresleri belirlenecek.

– Gayrimüslimlere ait gazete, dergi vb. abone listeleri elde edilecek.

– Gayrimüslimlere ait eğitim kurumlarının öğrenci, veli ve çalışanlarının listeleri tespit edilecek.

– Gayrimüslimlere ait vakıf ve ibadethanelerin cemaat listeleri elde edilecek.

– Gayrimüslimlerin dini bayram/önemli günleri ve nerelerde ayin/tören düzenledikleri tespit edilecek.

– Eyleme uygun gayrimüslimlerin mezarlıkları belirlenecek.

Eylemin "Korku oluşturma" safhasında planlananlar ise şöyleydi:

– Tespit edilen *Agos* gazetesi abonelerinin listeleri paylaşım siteleri ve irticai web siteleri başta olmak üzere internet ortamında yayınlanacak.

– *Agos* gazetesi abonelerine tehdit telefonları açılacak ve tehdit mektupları gönderilecek.

– Adalar bölgesindeki yoğun güzergâhlardaki duvarlara tehdit içerikli sloganlar yazılacak.

– Abone listeleri çoğaltılarak, Adalar'da yaşayan vatandaşların kolaylıkla görebilecekleri bölgelere bırakılacak.

Medya ve internet siteleri kullanılacak.

Planın "Eylem" bölümünde ise kaos yaratacak eylemlerin nasıl olacağı anlatılıyordu:

– Adalar bölgesindeki mahallelerde bomba patlatılacak.

– Azınlık haklarını hararetle savunma konusunda ön plana çıkmış kişi/kişilere suikast düzenlenecek.

– *Agos* gazetesi civarı gibi belirlenen yerlere ses bombaları konacak.

– Birçok yere şüpheli paket bırakılıp, ihbar edilerek güvenlik güçleri meşgul edilecek.

– Adalar'da vapur seferi düzenlenen iskelelerde bombalı eylemler düzenlenecek.

– Gayrimüslimlere ait mezarlıklara yönelik olarak sansasyonel eylemler icra edilecek.

– Tanınmış gayrimüslim işadamı ve sanatçılardan belirlenen bir ya da birkaçı kaçırılacak.

– Gayrimüslim nüfusun yoğun bulunduğu bölgelerde sık aralıklarla araç, ev ve işyeri kundaklanacak.

– İstanbul ve İzmir gibi gayrimüslimlerin yoğun olarak yaşadığı illerde de benzer eylemler yapılacak.

– İcra edilen sabotaj, adam kaçırma, suikast eylemleri özel plan hücre lideriyle kurulacak koordineyi müteakip, belirlenecek irticai örgütler adına üstlenilecektir.

Levent Bektaş'ta bulunduğu iddia edilen DVD'deki "2006 Adalar abone listesi.xls" isimli dosya, hasta olduğu üç kez ayrı ayrı Adli Tıp raporuyla kesinleşen İbrahim Şahin'in, "suç ortağı" ilkokul mezunu "hayalci Asena" Fatma Cengiz'de de ele geçirilmişti! Örgüte bak, bu mu sahiden Ergenekon? Neyse devam edelim...

"Durmuş Ali Özoğlu.doc" isimli klasör içerisinde; "Yabancı uyruklu öğrenciler" isimli Excel sayfasında; 3.073 öğrenci hakkında kimlik bilgileri, burs durumu, iş durumu vs. bilgiler vardı.

Levent Bektaş'ın işyerinde "Mason Listeleri" başlığı altında birçok kişinin isim ve mesleklerinin yazılı olduğu faks çıktısı bulundu.

Bu noktada araya girip bir şüphemi sizinle paylaşmama izin veriniz:

Emekli general Veli Küçük'ün evindeki harita metot defterinin sayfaları arasında ise şunlar bulunmuştu:

- "İLİŞKİLER-BAĞLANTILAR" başlıklı yazıda Hatay'da kökü geçmişe dayalı menfaat çetesinin oluşturduğu tehlikeli yapılanmanın üyelerinin adları vardı.
- Şeffaf dosya içerisinde "Avrupa Hür Demokratlar", "Alman vekiller Trabzon'da" gibi haber kupürleri vardı.

Bir isimden daha bahsetmeliyim. Hasan Atilla Uğur, emekli albay. Daha önce yazdım. Öcalan'ı yakalandıktan sonra sorgulayan ekipte yer aldı. 2 Temmuz 2008'de "kardanadam@gmail.com" adresinden polise gönderilen ihbarla gözaltına alınıp tutuklandı. İddiaya göre, Emekli Albay Uğur'un, El Kaide Türkiye grubunu kurup bazı gazetecileri ve papazları öldürmeyi planlayan Murat Tetik'le dolaylı irtibatı vardı! Uğur'un evinde yapılan aramada "Doğu Karadeniz'deki Pontusçuluk Faaliyetleri", "Ermeni Sarısu", "Fener Rum Patrikhanesi" gibi belgeler bulunmuştu.

Emniyet'te "belgelerim" arasında gördüğümde şaşırdığım; "Diyarbakır İli Lice İlçesinde Oturan Ermeni Vatandaşların Nüfus Kayıt Örnekleri" adlı dosya hakkında savcı Zekeriya Öz de soru yöneltmişti. Yanıtımı okudunuz; Behçet Cantürk Lice'liydi, annesi Ermeni'ydi; her araştırmacı, birinin portresini yazıyorsa nüfus kayıt bilgilerine ulaşır. Yıllar önceki bir olay, zaten kitabın kaynakça bölümünde belirtmiştim. Ama şimdi bu dosyanın neden delil olarak değerlendirildiğini anladınız mı?

Konuyu biraz daha açmak istiyorum.

5 Şubat 2006. Trabzon'da Rahip Santoro öldürüldü.

19 Ocak 2007. İstanbul'da Hrant Dink suikasta uğradı.

18 Nisan 2007. Malatya Zirve Yayınevi'nde Hıristiyan misyonerler katledildi.

Tüm bu bilgileri alt alta koyunca, bir sonuca varmak kolay görünüyor. Cinayetleri Ergenekon işledi...

Belki de bu kadar basit tüm gerçekler.

Ama işte gazetecilik böyledir; şüphe peşinizi bırakmaz.

Bırakın tüm Ergenekon sürecini, iddianamelerini, duruşmada söylenenleri, soru bazen çok basittir ve zor olan da odur. Ergenekon azınlıklara ait detaylı bilgileri niye toplar? Toplayabilir mi diye sormuyorum bile. Ve niye azınlık mensuplarını öldürür?

Çoğu kişiye göre yanıtı bellidir: Darbe yapmak için!

İddia makamının tezi bu.

Şimdi bu tezde bilgi-tecrübe eksikliği vardır.

Şöyle ki: Suikast kişiyi ortadan kaldırmayı amaçlar.

Provokasyon ise toplumu bir amaç etrafından buluşturmayı hedefler.

Uğur Mumcu cinayetinin amacı ise toplumu infiale sürükleyen bir provokasyon amaçlı cinayettir.

Türkiye'de azınlıkları öldürerek toplumda endişe, korku, heyecan yaratamazsınız. O halde bu üç acı olay salt kişileri ortadan kaldırmayı hedeflemiştir.

O zaman burada başka bir soru ortaya çıkar.

Cinayetler Batı kamuoyunu etkilemek için mi yapıldı?

Denebilir ki: "Ergenekon, darbeye Batı desteğini almak için bu tür azınlık cinayetlerini planlamıştır." O halde, Ergenekoncular göze sokar gibi niye ortalığa çıktı. Örneğin: Veli Küçük'ün, Hrant Dink'in "Türklüğe hakaret" davasına müdahil olması; Kemal Kerinçsiz'in Orhan Pamuk'a aynı gerekçeyle dava açması çok aptalca olmaz mı?

Devam edelim.

21 Mayıs 2008'de Avrupa Parlamentosu şu açıklamayı yaptı:

> "Türk makamlarını Ergenekon suç örgütü soruşturmasını kararlılıkla sürdürerek, örgütün devlet yapısı içine sızmış şebekesini bütünüyle ortaya çıkarmaya ve mensuplarını adalete teslim etmeye teşvik ediyoruz."

İddia makamı ve yandaş gazeteciler gibi AB de Ergenekonu itham ediyor. İyi. Peki ya tersi geçerliyse... Birileri, karanlık tertipçiler, Ergenekon soruşturması konusunda, kamuoyunun, hükümetin ve Batı'nın desteğini almak için, bu cinayetleri işlettirmiş ya da göz yummuş olamaz mı? Bu soruyu yok sayabilir misiniz? Ergenekon operasyonunu kimse bir polis vakası gibi görmüyor. Karşıt görüşler bile meselenin özüne rejimin değiştirilme olgusunu koyuyor. O halde bu cinayetler, Ergenekon'un nasıl tehlikeli bir örgüt olduğunu dünyaya göstermek için "birileri" tarafından yaptırılmış olabilir mi, ya da "birileri" göz yummuş, cinayetleri önlememiş olabilirler mi? Soru'suz gazetecilik olmaz...

Kamuoyu ne biliyor? Ergenekon milliyetçi. Ergenekon ulusalcı. Peki, Ergenekon azınlık düşmanı mı?

Ergenekon iddianamesine göre öyle gözükmüyor.

Ergenekon tutuklusu Sevgi Erenerol Türk Ortodoks Patrikhanesi sözcüsü. "Ergenekoncular" ile Noel yemeği yedikleri iddianamede yazılı. Hem Noel yemeği yiyip hem Hıristiyan düşmanlığı yapılabilir mi?

Keza, Ergenekon sanığı Muammer Karabulut, İshak Haleva, Cengiz Çandar gibi isimlerle "Noel Baba Konseyi" kurucusu. Dinlerarası diyalog çalışmasını başlatan isimlerden biriydi.

Peki, Ergenekoncuları azınlık düşmanı gösteren dinci yayın organları, Ergenekon davasında birçok sanığın avukatlığını yapan Celal Ülgen'in "karısı Ermenidir" diye niye yayın yaptılar günlerce...

Benzer örnekler çok var...

Bu nedenle başa dönüp Levent Bektaş'ta bulunduğu iddia edilen, uzmanlık gerektiren o sıkıştırılmış Kafes Eylem Planı'nı kimin yazdığını mahkemenin bulması gerekiyor.

Ergenekon davasının en önemli belgelerinden biri o DVD.

Şüphe başlangıçtır, sonuç değil. Ergenekon'un azınlıklara düşman olup olmadığını başka hangi olgularda anlayabiliriz...

Bir siyasal örgütün ortak bir programı ve amacı vardır. Ergenekon'un programı ve amacı nedir? Örgüt Marksist mi, şeriatçı mı, liberal mi, faşist mi, ne?

Peki, kuruluş yılı? İddianame 1999 diyor. Niye bu yıl? Hangi ihtiyaçla kuruldu? Örgütün varlığı gibi programı ve amacı da iddianamede yok. İdeolojik birlik hiç yok bu "örgütte". Görünen o ki "belge" diye ortaya dökülenler sadece bilgi yığınlarıyla derlenmiş düzeysiz yazılar; bunlardan örgüt çıkmaz.

Sanıklar arasında program ve amaç birliği de yok. İrtibatlı olduklarını gösteren hiçbir kanıt yok. Örgüt toplantısı yapıldığına ilişkin ipucu yok. Örneğin toplantı denilen, "Milli Egemenlik Hareketi" adlı 1990'da TBMM çatısı altında kurulan Diyalog Grubu'nun, 14 Ocak 2008'de Ankara Patalya Otel'de medyanın gözü önünde yapılan toplantısı. Haberleri çarşaf çarşaf yapıldı. Katılımcı milletvekilleri bu toplantıyı yıllardır yapıyordu. Üstelik aralarında Bülent Arınç, Nazlı Ilıcak gibi isimler de vardı. İddianamede, Diyalog Grubu "Ergenekoncu" oluvermişti. Hedef belliydi: Amaç, merkezde yeni bir parti kurulmasın. Aman AKP oyları bölünmesin...

Osmanlı döneminden beri yapılan Encümen-i Daniş, 1977'den beri düzenlenen Taksim Toplantıları Ergenekon buluşmaları iddiasıyla iddianameye yazıldı.

Hangisini yazayım?

Örgüt üyelerinin çoğunun 65 yaşından büyük olduğunu mu? Üstelik çoğu hasta. Birbirlerini de tanımıyorlardı. Ayrıca gevezeydiler, sürekli telefonda konuşuyorlardı, gizliliğe dikkat etmiyorlardı yani!.. Nasıl örgüt bu?

İddianamede hep suikast ve sabotaj gibi terör eylemi planlandığından, terör eylemi düşünüldüğünden bahsediliyordu. Bu öyle bir örgüttü ki, bu tür düşünceleri hayata bir türlü geçiremedikleri bir yana, şiddet eylemlerini bilgisayarlara yazıyor, CD'lere yüklüyorlardı! Kimi öldüreceklerini telefonda günlerce konuşuyorlardı!

Neler neler vardı.

Ancak hiç fiil yok. İddianamede hep bir zorlama var: Danıştay, Malatya, Zirve...

İşte...

Burada yine Levent Bektaş'ta bulunduğu iddia edilen "belgeler" meselesine dönmeliyiz. Tarihe önyargılı/peşin hükümlü yazıların/haberlerin kalması haksızlıktır. Sözü savunmaya da bırakmak gerekir.

Türkiye günlerce "Kafes Eylem Planı"yla yattı kalktı. Neler neler yazılmadı, ne manşetler atılmadı; insanlar "ama" diyecek oldu, hemen sindirildi: "Ergenekoncu Faşist".

Gelin size Levent Bektaş'ın suçlanmasına neden olan ve kamuoyuna korku filmi gibi gösterilen kanıtlar hakkında sadece birkaç örnek vereyim.

Önce CD ve DVD'lerden bahsedelim. Hani şu içinde darbe planlarının, suikast hazırlıklarının olduğu DVD'den.

Mahkeme tarafından imajı alınarak sanıklara verilen 3 no'lu DVD ve 1 no'lu CD üzerinde Levent Bektaş tarafından hem yurtdışında hem de Boğaziçi Üniversitesi'nde inceleme yaptırıldı. İncelemeyi yapan kurumların her ikisi de konularında adli bilirkişi vasfı taşıyan uzmanlardan oluşuyordu. İnceleme sonucuna göre, polisin ve savcılığın varlığını iddia ettiği ve içeriği suç oluşturan dosyalar DVD ve CD'de yoktu! Evet, şaşırmayın yoktu, bulunamamıştı.

Üstelik Levent Bektaş'ın incelettirdiği bu imaj hâkim huzurunda bir TÜBİTAK yetkilisi tarafından hazırlanmıştı. İçinde ne "Kafes Eylem Planı" ne de bahsi geçen dataslash isimli anahtar program vardı. Sıkı durun: Bunların sonradan eklendiği ortaya çıktı! Ortada apaçık bir komplo vardı.

Durun bitmedi, dahası var...

O CD'ler, DVD'ler Levent Bektaş'ın ofisinden alınan CD'ler, DVD'ler miydi, o bile belli değildi. Çünkü ilk başta imajı alınmamıştı. "Sehven" değiştirilmiş olmasının önünde hiçbir engel yoktu.

Aslında bu CD ve DVD'nin nasıl bulunduğu da çarpıcı ayrıntılarla dolu; bunlar Levent Bektaş'ın ofisinde bir çekmecede bulundu. Çekmecenin hemen yanı başında elektronik şifreli bir kasa vardı, ama her nedense bu kadar gizli planlar o kasaya konulmamıştı! Zaten Ergenekon operasyonlarında hep böyle olmadı mı? SAT komandosu olsa da, istihbaratçılık yapsa da Levent Bektaş da gizli dosyaları, belgeleri ortada, masa üzerinde bırakmıştı!

Bu aramada polisin her zaman olduğu gibi müthiş önsezilerinin de payı büyüktü. İçinde "dünyalar barındıran" o CD ve DVD'lerin alındığı çekmecelerde, onlarca CD ve DVD vardı. Ancak polis bunların içinden sadece "Kafes Eylem Planı"nın olduğu DVD ve CD'yi aldı. Hep aynı cümleyi yazacağım: Türk polisi öyle iyi yetişmişti ki, onca CD ve DVD arasından hangisine el koyacağını iyi biliyordu! Ama bu kaçıncı "kendi eliyle koymuş gibi bulma" başarısıydı!.. Bravo doğrusu... İkramiye aldılar mı acaba?

Silivri duruşmaları artık benim için sanıkların savunmalarıyla kendilerini temize çıkarma yeri değil. Ben artık salt şunu merak ediyorum; bu karanlık tezgâhı kuranların elinde ne tür böyle bilgiler var? Örneğin azınlıkları niye fişlemişlerdi? Ve şimdi sorumu bir de siz düşünün, Santoro, Malatya Zirve, Hrant Dink cinayetlerinde kimin parmağı var? "İhmalleri var" diye cemaatçi bazı polislerin adlarının geçmesi tesadüf olabilir mi?..

İnsan yazarken utanıyor. Sanmayın ki CD ve DVD meselesi bu kadarla sınırlı; hayır. Anımsarsınız, televizyonda sürekli yayınlanan Koç Müzesi'ndeki bir denizaltında bomba bulunduğu iddiası vardı. Hani müzeyi gezen çocuklar bu bombayla öldürülecekti! İşte bu "hain plan" da 3 no'lu DVD'nin içindeydi.

Gelin şu meselenin de ayrıntısına, duruşmalarda neler olduğuna bakalım.

"Çocukları öldürme planı" (!) iddiaya göre "aa/Cihan'dan/notlar.txt" adlı bir dosyada bulundu. Ortaya çıktı ki, DVD'deki bu dosyanın oluşturulma tarihi 27 Nisan 2009'du. Yani bu tarihte DVD'ye kaydedilmişti. Fakat ekran çıktıları incelenince görüldü ki bu dosyanın değiştirilme tarihi 10 Ekim 2008'di. Yani; dosya daha var olmadan değişikliğe uğramıştı. Olmayan şey değiştirilebilir mi? Elbette hayır. Levent Bektaş'ta bulunduğu söylenen DVD'lerin imajı ve teknik detayları polis aramasında alınmamıştı. Bu da bu DVD'lere sonradan bir dosya eklenmesini mümkün kılabiliyordu. Hatta DVD bile bütünüyle değiştirilebilirdi. Çünkü aramada bulunan DVD'lerin seri numaraları da tespit edilmemişti. Aynı renk ve marka bir DVD pekâlâ diğerinin yerini alabilirdi. Yok yok, kasten değil, "sehven" alabilirdi.

Bitmedi...

Levent Bektaş'ın suçlandığı aramalarda da (kamuoyu bunu Poyrazköy diye biliyor) dikkat çekici ayrıntılar var. "Şeytan" ayrıntıda gizliydi...

Bulunan mühimmatlar, yazdığım gibi üzeri tornavidayla işaretlenmiş ağaçlar takip edilerek bulundu. Dedektörün sinyal verdiği arazi kazılmak yerine, bazı polislerin yine o müthiş önsezileriyle gösterdiği yerler kazıldı ve hemen toprağın 20 cm altında mühimmatlar bulunuverdi!

Bu çok iyi eğitimli SAT komandoları, gizli belgeleri ortalıkta bırakmakla kalmıyor, mühimmatlarını da hemen bulunacak şekilde gömüyorlardı!

Zaten polisin yaptığı aramanın birkaç noktası da dikkat çekiciydi: "Lastik Ev."

İhbarda "Lastik Ev" diye bir yerden bahsedilmemesine rağmen, polis aramaya buradan başladı. Görgü tanığı subay ve astsubayların anlatımına göre, bazı polisler SAT birliğinin nizamiyesine gelerek "Lastik Ev"i sormuşlardı. İşe bakın ki iki "Lastik Ev" vardı! Subay, astsubaylar mevcut "Lastik Ev"i gösterdi. Ancak polisler "onu değil, eski olan 'Lastik Ev'i aradıklarını" söylediler. Dedik ya, önsezileri çok kuvvetli Türk polisinin!

Yine ihbar metninde olmamasına rağmen, bazı polislerin sorduğu adreslerden biri de "Büyük Çınar Ağacı" idi. Bu adeta nirengi noktası gibiydi. Yani araziyi bilmeyen biri için "Lastik Ev" ve "Büyük Çınar Ağacı" yer tarifi açısından iki belirgin noktaydı. Ama iş bu ya, bu noktaların ikisinden de ihbar metninde söz edilmiyordu! Daha açık yazayım. Polise yapılan yer tarifi ile ihbar metnindeki yer tarifi birbirinden farklıydı.

Muhtemelen gömüyü yapanlar bu iki belirgin noktayı nirengi noktası seçip aramayı yapacak polise anlatmışlardı. Aslında o kadar dikkatsizlerdi ki, gömdükleri materyal üzerine 14 cm uzunluğunda kızıl renkli saç tellerini bile bırakmışlardı. Hiçbir askerde 14 cm uzunluğunda saç olmazdı. Peki, uzun saçlı kimdi acaba? Kimler uzun saç bırakıyor? Modern görünümlü polisler olabilir mi?

Hülasa...

Sol terminolojiye göre son tahlilde...

Bu aramalardaki ayrıntılar, "bazı medya organlarının" asla girmek istemeyeceği türdendi. Ama ne diyorum hep; benim gazetecilik anlayışım şüphe ve sorgulamanın yok sayılmasını reddeder. Sürekli araştırır, sorar. Sormaya başlayınca işte böyle sonuçlar çıkar. Bunları yazdığınız için cezaevine atılırsınız... O da başka...

Ne olursa olsun, kalemimizi kırmadığımız sürece devam edeceğiz gerçeği yazmaya...

Daha önce belirttim; 14 Nisan 2009'da SAT'ların eğitim yaptığı bölgede mühimmat gömülü olduğuna ilişkin bir ihbar mektubu üzerine polisler 21 Nisan 2009 günü SAT Grup Komutanlığı'na geldi ve günlerce arama yaptı.

Polislerin arama yapacakları yeri gösteren kroki ne iddianamede ne de ek klasörlerde vardı. Sanık Albay Ali Türkşen, bu konuyla ilgili duruşmayı izleyenlere "pes" dedirten bir soru sordu: "İddianame eklerinde yer almayan, ancak Mehmet Baransu'nun *Karargâh* adlı kitabının 226. sayfasında yer alan kroki, memur arkadaşların –polislerin– cebinde ne aramaktadır?"

Polislerin mühimmatları bulmalarını sağlayan bu kroki ilk olarak *Taraf* gazetesinde 11 Kasım 2009'da yayımlanmıştı!

Poyrazköy'de yapılan kazılar günlerce sürdü. Oysa tüm mühimmat ilk iki günde çıkarıldı; geriye kalan altı günü de, televizyonlar aynı heyecanla yayınladı. Fakat bu süre içinde oldukça ilginç gelişmeler yaşandı. Polisler ilk iki gün dedektörlerin sinyallerine rağmen "hissettikleri" yerleri aradılar, diğer günler ise dedektörlerin sinyal verdiği yerlerde ne mi çıktı? Bolca teneke kutu ve lastik parçası. Oysa bu malzemeler mühimmatın bulunduğu günlerde de toprağın altındaydı ve dedektörler bu cisimlerin üzerine geldiğinde sinyal veriyordu. Fakat polisler mühimmatı hissetmiş olacak ki, bu sinyali değil önsezilerini dikkate aldılar.

Albay Türkşen, "Bu arazi oldukça geniş. İhbarda verilen bilgiyle mühimmatın bulunması imkânsız," diyordu. Fakat maharetli polis mühimmatı eliyle koymuş gibi buldu. Ayrıca polislerin patlayıcı mühimmatları aramak için dev iş makineleriyle gelmesi de aramaya tanıklık eden askerlerin gözünden kaçmadı. Albay Türkşen, aramanın yapıldığı dev makinenin fotoğrafını savunmasında göstererek, şunu sordu: "Terörle Mücadele ekipleri ve bomba imha uzmanları, ne bulacaklarını nereden biliyorlardı ki; ya da gömüyü yapanlar konusunda bu kadar eminler miydi ki, hiçbir delil, iz arama ihtiyacı hissetmeden züccaciye mağazasına giren filler gibi, araziye iş makineleriyle girmişler ve tüm izleri yok etmişlerdi?"

Mühimmatın gömülü olduğu yerde bubi tuzağı olup olmadığından nasıl emindiler ki, hiçbir önlem almadılar?

Hangisini yazayım? Bir son örnekle nokta koyayım; yoksa kitap sadece bu tezgâhı anlatmakla sınırlı olacak.

Kamuoyunda, "Amirallere Suikast" soruşturması olarak bilinen Gölcük operasyonu 15 Temmuz 2009'da İstanbul Emniyet Müdürlüğü'ne ulaşan isimsiz ve imzasız bir ihbar e-postasıyla başlatıldı.

İstanbul Emniyeti Narkotik Şube Müdürlüğü'nün hazırladığı "Sanık Karar Takip Formu" incelendiğinde çarpıcı bir gerçek ortaya çıktı. Belgenin üzerindeki tarih, ihbar e-postasından 18 gün önceye aitti! "Tarih ve Suç No" ibaresinin karşısında şöyle yazıyordu: 28 Haziran 2009.

Demek ki formu hazırlayanlar, teğmenler hakkındaki soruşturmayı söylendiği gibi ihbar e-postası üzerine başlatmamışlardı!

Şaşırdınız mı? Ümraniye bombalarında da benzer ihbar, hatalı tutanak düzenlenmesi tesadüf müydü?

Bakınız:

Teğmenler hakkındaki soruşturmanın ihbardan önce planlandığının bir başka işareti daha var. "Sanık Karar Takip Formu"nda 35 kişinin adı geçiyordu, ihbar e-postasında yer almayan kişilerin adı da bu listede yer alıyordu. Örneğin Albay Tayfun Duman ve E. Dz. Binbaşı Levent Bektaş... "Sanık Karar Takip Formu"nda bu iki kişi için "takipsizlik" kararı verildiği yazıyordu. İhbar e-postasında ise Tayfun Duman ve Levent Bektaş'ın adı geçmiyordu!

Peki, bu iki subayın adı takip formuna nasıl girdi? Tayfun

Duman ve Levent Bektaş'ın adı, teğmenlerin evinde bulunduğu iddia edilen bilgi notunda nasıl yer aldı? Bu bilgi notu da, teğmenlerin evine yapılan operasyondan sonra ortaya çıktı. İhbar e-postasında yer almayan, belki de "unutulan" isimler, arama sırasında "bulunan" bilgi notuyla "tamamlanıverdi"!

Utanç verici...

İki yıldır cezaevinde yatan Levent Bektaş'a "merhaba" deyip "Siz Kardak'a çıkanlardan mısınız?" diye sordum. Güldü. Anladım. Konuşmak istemiyordu. Hatır sorduk karşılıklı ve temennilerde bulunduk. Zaten başımızdaki gardiyanlar konuşmamıza izin vermiyor. Vedalaştık. O telefona, ben koğuşa...

Koğuşta gazete okumayı sürdürdüm...

Bu kez yandaş medyaya polisin Odatv'de "ele geçirdiği" AKP'lilere ait iki CD servis edilmişti... CD'lerden haberim yoktu. Bilmiyordum. Bunu şimdi kime anlatabilirsin ki?

Bu konuda tavrımız belliydi; gizli ses ve görüntüyü yayınlamama kararımız vardı. Bunu defalarca Odatv'de açıkladık, haberler yaptık. Bunlara ulaşmak zor değildi; bu CD'leri manşet yapanlar Odatv arşivinden bu açıklamalarımızı bulabilirlerdi. Ama aradıkları gerçek değil ki; itibarsızlaştırmak. Kamuoyunun basın özgürlüğü konusunda ses çıkarmaya başlamasıyla gizli eller devreye sokuldu. Her gün yeni biri sürülüyor gündeme.

Neymiş, gizli çekim CD'ler bulunmuş!

Barış Pehlivan'a sordum, "Nedir bu CD'ler?" Çünkü Genel Yayın Yönetmeni olarak Odatv'ye neyin gelip gittiğini o biliyordu. Anlattı:

> "Bundan birkaç ay önce 2010 sonbaharında adını şimdi hatırlayamadığım biri Odatv'yi aradı. Bir haberle ilgili Soner Yalçın'la görüşmek istediğini söyledi. Sizin genelde tanımadığınız kişilerle görüşmediğinizi bildiğimden, 'Soner Yalçın'ın ofiste olmadığını, haberin içeriğini bana anlatabileceğini' söyledim.
>
> Kendisini bir işadamı olarak tanıttı. Telefonda anlatamayacağını söyleyince, haberle ilgili belgeleri posta yoluyla göndermesini istedim. Aradan bir süre geçti. Unutup gitmiştim. Bir gün Odatv merkezine geldi ve kendisini tanıttı. Urfalı bir işadamı olduğunu söyledi, ama ismini hatırlamıyorum. Toplantı odasına geçtik. Yanlış anımsamıyorsam kardeşinin yaptığı kanunsuzlukları haberleştirmemizi istiyordu. Kardeşinin AKP'li siyasetçiler

ve bürokratlarla ilişkisi olduğunu söyledi. Bu ilişkileri kullanarak dolandırıcılık yaptığını anlattı. 'Neden kardeşinizi ihbar ediyorsunuz bir gazeteciye?' dediğimde, kardeşinin kendi aile hayatını da bozduğunu aktardı. Konuyla ilgili içinde ATV, TRT gibi televizyon kanallarının da olduğu birçok medya organına gittiğini, emniyete şikâyet ettiğini, ama sonuç alamadığını söyledi.

Açıkçası, güvenilir bir kişi izlenimi vermiyordu, ama gazetecilik dürtüsüyle dinlemeye devam ettim. Anlattıklarını metne de dökmüş ve bazı belgelerle bu durumu kanıtlamaya çalışmıştı. Yanında getirdiği CD'lerle birlikte bu metni ve belgeleri bana verdi. CD'lerin içinde kardeşinin görüntüleri olduğunu söyledi. Açıkçası başımdan savmak için, 'Bunları inceleyelim eğer ilkelerimize uygun görürsek haberleştiririz,' dedim. İletişim numaralarının, bıraktığı dokümanlarda yer aldığını belirtti ve ayrıldı.

Bir poşetin içinde verdiği CD'leri ve dokümanları bir kenara koyup işime geri döndüm. Aradan birkaç gün geçtikten sonra tekrar Odatv'yi aradı. Haberleştirip haberleştiremeyeceğimizi sordu. 'Daha karar vermediğimizi ve incelemeye devam ettiğimizi,' söyledim. Halbuki daha bakmamıştım bile. Sanırım buna neden, haber kaynağına güvensizliğimdi.

Telefonu kapattıktan sonra, poşet içindeki CD'leri çıkardım ve bilgisayara koydum. Grafikerimiz Şahin Çakmaklı ile birlikte baktığımız görüntüler kötü kalitede kaydedilmiş gizli çekimlerdi. Necati Çetinkaya, Cemil Çiçek, Abdülkadir Aksu gibi birkaç AKP'li bir yerde oturup sohbet ediyorlardı. Tüm CD'leri izlemeden hızlıca geçtik. Oturup ayrıntılı izlemedim, çünkü gizli çekimleri yayınlamama ilkemiz vardı.

Birkaç gün sonra, o adam tekrar aradı. Odatv'nin ilke gereği, gizli çekim yayınlamadığını ve bu yüzden böyle bir haberi yapamayacağını söyledim.

İsmini hatırlamadığım Urfalı işadamı, CD'leri ve metinleri kendisine geri göndermemizi rica etti. İşte tam da burada, 'ihmalim' var; Odatv'nin yoğun mesaisinden, o CD'leri geri postalayamadım. Sanırım gazetelere konu olan 'gizli çekim' meselesi bürodaki o CD'deki görüntülerdi.

İşin kritik yönü, Odatv baskınında el konulan o CD'ler, konuyla ilgili metinlerle birlikte aynı poşetin içindeydi. O metinlerin içinde, Odatv'ye o CD'leri kimin ne amaçla getirdiği, telefon numaralarıyla birlikte vardı. Ancak polis, o metinde yazanları servis etmeyerek, Odatv'yi itibarsızlaştırmaya çalışmıştı. Keza Odatv'nin telefonlarının yıllardır dinlendiği malum. Konuşma tapelerimiz, poliste mevcut. Onlar ortaya çıksa, yine her şey belli olur.

Şimdi düşünüyorum da; o CD'leri geri postalasaydım kim bilir ne gelirdi başıma! Geri postalasaydım o gizli çekimleri bizim çektiğimizi uydurup, karşımıza bir komployla çıkarlar mıydı? Cezaevindeyim ve şu yaşadıklarımızdan sonra her türlü olasılıktan şüphelenir hale geldim. İsmini hatırlamadığım o haber kaynağını da zan altında bırakmak istemem. Ama dedim ya, uğradığımız komplo, artık gazetecilik şüpheciliğimi bile aşmama neden oldu.

Barış'ın anlattıklarını dinleyince, ben de ona sordum, "o kadar CD arasında AKP'lilerin olduğu CD'yi bulmaları ne ilginç değil mi?"

Gazetelerde, Halk TV'yi almak istemem ve bazı gazetecilerle program yapmak istemem de konu ediliyordu. Ruhat Mengi *Vatan*'da yazmıştı:

> Ben tüm gazetelerdeki "anlam ifade etmeyen" yazıları okumam, zaman ve enerji israfından hoşlanmadığım için. Soner Yalçın'ın "Halk TV'yi alma ve bazı gazetecileri orada çalıştırma" konusundaki telefon görüşmesini ve mektubunu "sanki önemli bir şey ifşa ediyormuş, ilk kendisi dillendiriyormuş ya da orada ismi anılan gazetecileri bağlayan bir durum varmış gibi" yazan ve bunu da gazetecilik sananların (ki liste veren gazete ve gazeteciler herkesin malumudur) yazılarını da okumadım. Ama yurtdışından bile okuyup bildiren, hatta gönderen okurlarım oldu. O yazılara ve onları destekleyenlere bakınca da inanın aklımdan ilk geçen şuydu: Bu kadar aptallığın arka arkaya yapıldığı ülkede "aptal" sözüne niye kızılıyor ki, pes yani...
>
> – Her şeyden önce, kendisini sadece yazılarından tanıdığım ve özellikle tarih, araştırma yazılarını büyük ilgiyle okuduğum Soner Yalçın'ın tutuklanmasına neden gösterilen "darbe iddialarıyla" hiçbir ilgisinin olmadığına, yazı ve haberlerinden dolayı başına bunun geldiğine, dün yaptığı açıklama dahil tepkilerindeki haklılığa inanıyorum, bu bir...
>
> – Ülkede "çekinmeden siyasi eleştiri yapabilen, tarafsız olarak her partiye ve görüşe aynı derecede yer verebilen TV kanalının kalmadığı" bilinirken, Halk TV ile ilgili söylediği

"parti organı halindeki TV'lerin dünyanın hiçbir yerinde etkili olmadığı, bu nedenle o TV'nin de ihtiyacı karşılamadığı" sözü ve "değişmesi gerektiği" görüşü son derece yerindedir, bu iki... (Her ne kadar devlet televizyonu TRT bile artık bir parti TV'sine dönüştürülmüşse de... Adı hâlâ korunuyor.)

– Yine bu kanalı alırsa 'herkesin konuşmasını sağlayacakları, kimseye hakaret etmeyecekleri, cesur olacakları, haberciliğin nasıl yapılacağını gösterecekleri, saygın olacakları' benzeri vurgular da ancak takdir edilebilir, bu üç. Yani ortada bir yanlış, eleştirilecek bir konu yok, bağımsız, herkese açık bir kanal aranmış hepsi bu.

Ruhat Mengi ülkenin bu zor döneminde en zor olanı yaptı; eşsiz bir cesaret örneği sergiledi. En başarılı TV programını yapmasına rağmen "hükümeti eleştiriyor" diye yayından kaldırıldı. O yine de geri adım atmadı; inandığı gerçekleri yazmakta inat etti.

Oscar Wilde yazdı: "Tanrılar tuhaftır. Bizi cezalandırmak için yalnızca kötü huylarımızı kullanmazlar. İyi, yumuşak, insancıl, şefkatli yanlarımızla da mahvederler bizi." İsmail Küçükkaya hırslı bir gazeteci. Hırsı doyurmak zordur. *Akşam* gazetesine genel yayın yönetmeni olduğunda hemen ziyaretime geldi; "Yardımlarınızı bekliyorum," dedi. Kendisini hep övdüm, cesaretlendirdim. 23 Şubat tarihli *Akşam* gazetesinin manşetinde koskoca fotoğrafım var: "Sorgu 'Oda'sı Tutanakları".

Vay be! Birinci sayfanın yarısını bana ayırmıştı.

Peki, ben neyim? Ne var sorgumda? Niye bu abartı?

İsmail Küçükkaya utanmıyor mu? Ne amaçla bu kadar büyük veriyor gizli olması gereken sorgu tutanaklarını? Suç değil mi bu? Bilinçlere şırınga yapıyorlar; Ergenekon örgütünün üyesi bir terörist!

Demek ellerim kelepçeye vurulduğu anda bu kadar pervazsız hale geliveriyor küçük adamlar. İçlerindeki cüce nasıl ortaya çıkıveriyor?

Savcılık sorgumu okuyorum; sahi manşet olacak ne var bunda? Suç ne? Hepsi gazetecilik faaliyeti, yapılan haberler vs. Bir gazeteci bunları suç'muş gibi nasıl kamuoyuna manşetten sunar? Basın özgürlüğünü niye savunmaz?

Duygularımı, düşüncelerimi hangi sözcüğe sığdırabilirim? Zalim bunlar. Bunlar gazeteci değil. Bunlar makamın, koltuğun, yapay itibarın kölesi olmuş dar kafalılar. Güce tapan modern dünyanın köleleri bunlar...

Tuncay Özkan, *Akşam*'ın da aralarında bulunduğu Çukurova Medya Grubu'nun başkanlığını yaptı. Duruşmada grubun patronu Mehmet Emin Karamehmet'in İsmail Küçükkaya'yı ne amaçla Ankara bürosunda tuttuğunu anlattı; telefon kayıtları ek klasörlerde var. Biz bu özel görüşmeleri Odatv'de hiç yayınlamadık; yapamaz mıydık bu iğrenç bel altı vuruşlarını? Geçelim lütfen...

Gazeteleri bırakıyorum...

Bu yazılanları okuyunca, insanın ne derece çirkinleştiğini görünce dehşetten serseme dönüyorum; güçlü olmaya çalışsam da.

Odama/hücreme çekiliyorum.

Yaşamak için, kirlenmemek için, herkesten saklanmakta yarar var.

Cezaevi bir iç yolculuktur aslında. Bundan yararlanmasını bilmek lazım. Anılara sarılıp uyuyorum...

On Birinci Gün

24 Şubat 2011
Perşembe...

"Sivil hayatta" bugün *Hürriyet*'e yazı günümdü. Bir gün boyunca yazı üzerinde çalışıyordum. Okurları hep çok önemsedim. Hiç baştan savma yazmadım. Sorumluluk duydum. Titiz oldum; yazının kutsallığına inananlardanım ben. O kuşaktan sayarım kendimi.

Cezaevindeyim. Dolayısıyla yazı günüm değişti; artık hafta sonu çalışacağım.

Bugün spor salonuna çıktık. Ayda iki kez kapalı spor salonunda 45 dakika spor yapma hakkımız var. Oktay Yıldırım yok; bu hafta duruşmaya gidip geliyor. Barış'la gittik salona. Genç bir gardiyanla masa tenisi oynadım. 2-0 yenildim. Gardiyan oynaya oynaya masa tenisimi ilerleteceğimi söyledi. "Biraz idman yapayım görürsün," dedim. Ortaokul yıllarından beri oynamıyordum; geçen yaz biraz oynamıştım, o kadar. Demek cezaevi sporum masa tenisi olacak. Biraz da basketbol oynadım; bu sporu da gençliğimde yapmışlığım var. Barış benden pek beklemediği hareketleri görünce şaşırdı. 45 dakika çabuk bitti. Koğuştan çıkmak yine de iyi geldi.

Döndüğümüzde gazeteler gelmişti. Kâbusumuz!

Gazetelerin gündeminde hâlâ biz varız. Bel altı vuruşlar devam ediyor. Ne nefretmiş!

Akşam gazetesi yine manşetten vermişti: "Savcı Öz'den 'ince' sorular." Odatv'de yazı yazan İklim Bayraktar'ın benimle yaptığı telefon görüşmesi *Akşam*'a sızdırılmıştı. Artık bu telefon görüşmelerinin haber/manşet olması yadırganmıyor. Bir de "şok kayıt" demişlerdi haber spotunda! Şok kayıt... Sanki kayıtı yapan biziz, kafa bulandırıyorlar.

İklim Bayraktar, CHP Milletvekili Muharrem İnce ile yaptığı görüşmeyi telefonda bana anlatıyor, bunu manşete taşımışlardı.

Akşam Genel Yayın Yönetmeni İsmail Küçükkaya hiç mi muhabiriyle sabun köpüğü sohbet yapmaz? Sorsan yapmaz! Çift kimlikli bir hayat sürüyor kimimiz.

Bir de... Yalçın Küçük'le tam sayfa röportaj yapmışlar; beni soruyorlar. Ee, savcı bizi örgütle irtibatlandırıyor ya, gazete üzerine düşeni yapıyor: Al sana örgüt bağlantısı!

Bu "haberler" üzerine İsmail Küçükkaya'ya mektup yazdım. Yayımlamadı. Günlerdir manşetine taşıdığı meslektaşından mektup geliyor –bırakın mesleki dayanışmayı– haberlerini devam ettirmesi, karşı tarafın görüşünü alması ilkesi gereği yayımlamalıydı.

Yapmadı.

İşte o mektubum:

"Sayın İsmail Küçükkaya,

Lütfen mesleğin çiğnenmesine izin vermeyiniz. *Akşam* gazetesinin birinci sayfasında "Oda'yı yakan 'teRTEmiz' belge" başlıklı bir haber yer aldı. Haberinize göre, Odatv'deki bilgisayarlardan çıkan dokümanlarda bizden isteklerde bulunuluyormuş; AKP'ye yönelik muhalefeti artırmamız, şehit haberlerini vermemiz vs. isteniyormuş!

Sayın Küçükkaya,

Beni ve Odatv'yi ne kadar tanıyorsunuz, bu konuya hiç girmeyeceğim. Bana-bize birilerinin 'şu haberi yapın' demesiyle haber yapıp yapmayacağımız konusuna da değinmeyeceğim.

25 yıllık gazeteciyim.

Bugüne kadar neler yaptığım konusunu da yazmayacağım.

Ama sizden, bir gazeteci olmanız nedeniyle bir talepte bulunacağım. Lütfen şunu araştırır mısınız: Bahsettiğiniz sözde belge, Odatv'ye iki ayrı tarihte casus program aracılığıyla giriyor ve aynı anda çıkıyor, siliniyor. 15 bilgisayarımızın harddiski, 900 küsur CD ve 3.600 kasetimiz içinden, polisler böylesine bir virüsü şıp diye 48 saat içinde buluveriyorlar!

Hâkime de söyledim: 'Bu sözde belgelerde yazanların dili, anlatımı benim genel kültürüme hakarettir. Komiktir. Samanyolu TV'deki kötü dizilerin senaryolarına benzemektedir.'

Sahi, siz bu sözüm ona belgeye inanıyor musunuz?

Bizim neden cezaevinde olduğumuzu gerçekten bilmiyor musunuz? Lütfen ne kendinize ne de bize haksızlık yapın. Biz gazeteciliğimizin bedelini ödüyoruz. Bunu gölgelemeyin, biz içerde aslanlar gibi yatarız. Güle oynaya da çıkarız. Siz kendinize ve mesleğimize sahip çıkın. Bu oyunun parçası olmayınız. Çoğu meslektaşımız gibi korkabilirsiniz, bunu anlarım. Ama hiç değilse o zaman susun. Biz gazetecilik mücadelemizi cezaevinden de sürdürürüz. Lütfen siz de bu tertibin piyonu olmayı kabul etmeyiniz; mesleğimizin ayaklar altında çiğnenmesine izin vermeyiniz. Habercilikte ısrar ediniz."

Yayınlamadı mektubumu. Yayınlarına devam etti. Ben onu anladım. Onun anlamadığı ise şu: Efendileriyle yükselenler, efendileriyle düşerler...

Akşam, sızdırılan gizli soruşturma dosyasıyla tüm medyayı "atlatmıştı". Ne harika gazetecilik değil mi? Artık habercilik ödülü bu tarz gazeteciliğe veriliyor! Akıl, hakikatin kapısını açan anahtardır. Bu nedenle akıl tutulması yaşadıklarını söylemek gereksizdir. Anlamazlar.

Her gazete "özel yetkili" bir polis muhabiri bulunduruyor artık; cemaatten olmayan polis muhabirleri pek iş yapmıyor/yaptırmıyorlar. Polis, yandaşı olmayana gazetecilik yaptırmıyor. Bu "özel" yetkili polis muhabirleri de, soruşturma dosyalarındaki tüm yalan dolanı gerçekmiş gibi yazıp kamuoyu oluşturmanın sacayağı oluyorlar: Polis-Savcı-Gazeteci.

"Özel yetkili yazarlar" da yok değil; neler yazıldığına iki örnek vermeliyim. Biri, *Sabah* gazetesinden Mahmut Övür...

> Nefret üreten sorunlu bir zihniyet var karşımızda. Bunun basın özgürlüğüyle hiçbir ilişkisi yok. Soner Yalçın bugün değil, dün de bu ülkeyi ceberut biçimde yöneten darbeci zihniyetlerle iç içe bir medya çalışanıydı. Daha açıkçası 'Apoletli gazeteci'ydi.
>
> Görevini bugün değil dün de eksiksiz yerine getirdi. Beni her gördüğünde gazeteciliğime saygıda kusur etmeyen Yalçın, 2009 yılı başlarında *Taraf* gazetesinde Neşe Düzel'le yaptığım söyleşide, Ergenekon operasyonlarının süreceğinden söz edince çılgına dönüp, saldırıya geçti. Bugünlerin geleceği o günden belliydi.

Hep kişisel intikam hırsıyla yazılan satırlar. Bu düzeyde nasıl bir tartışma yapabilirsiniz ki? "Allah'ım bana da biraz bayağılık ver" demekten başka elden ne gelir?!

Odatv/ben "nefret üreten bir zihniyete" sahipmişiz! Ne yapmışız, yazmışız açıklasa ya, yapamaz; öyle bir derinliği hiç olmadı. Biz boyun eğmedik; düşünsel bağımsızlığımızı koruduk; kör bir gücün uşağı olmadık; onlar dik durmadılar, biat ettiler; şimdi bunun kinini kusuyorlar.

Aslında yazdıklarını hiç önemsemedim; sadece tarihe kalması için bu tür "bilirbilmezler"i alıntıladım. G. Flaubert, *Bilirbilmezler*'de ne güzel anlatır, bilgisizliklerinden kaynaklanan sınırsız gözü karalıklarıyla her konuya el atıp gülünç duruma düşenleri...

1761'de diri diri yakılan Portekizli Cizvit R. P. Malagrida diyor ki: "Söz insana, düşündüğünü saklayabilsin diye eriştirilmiştir." Yani "ağzınla değil kafanla konuş" diyor!

Yıldırım Türker'in hakkımda, "faşist bir işadamı", "tetikçi", "muhbir", "bataklık" sıfatlarını içeren yazısına, Odatv'de Barış Zeren yanıt vermişti:

> Türker gibilerin hıncını katmerleyen korku şudur: Olur ya, sola meraklı bir önyargısız okuyucu, onun küfrettiği insanların kim olduklarını merak eder; Soner Yalçın'ın –bugün toplu mezarları araştırılan– kontrgerillayı didik didik ederken, kaynağının kanlı kimliği kendisine gönderilmesine rağmen kitaplar yazmış bir gazeteci olduğunu okuyabilir.
>
> İşte o zaman herhalde Yıldırım Türker'e dönüp şunları sorması kaçınılmaz olur: Ey vicdan timsali demokrat aziz, peki sen kimsin?
>
> Acaba 90'larda Kürtler sokaklarda satırlanırken, o insanlar bunlara karşı çıktığı için evlerinde ışıkları söndürüp oturabilirken yaşamıyor muydun (ya da nasıl yaşıyordun)?
>
> Daha önemlisi: Sen nasıl bir "muktedirle" kavga ediyorsun ki, bu ülkede iktidarlar her devirde, 60'larda, 90'larda ve 2000'lerde, hep bu "küçük kahramanları" cezaevinde, tehdit ve sürgün altında tutuyorken, Yıldırım Türker gibi sivil, vicdanlı ve tutarlı demokratlar piyasada gezebiliyor?
>
> Nedir bu işin sırrı, azizin koruyucu tılsımı? Biraz da her yazısını adlarıyla süslediği devrimci gazetecilere, tutuklulara o tılsımdan verse de, bu "mağdurlar", o "lanetli" aydınlarla her devirde aynı kaderi paylaşmaktan kurtulsalar!
>
> Uzaktayım, bunları Paris'te, arkadaşımın kaldığı bir "chambre de bonne"dan, yani dadı odasından yazıyorum. Eski Fransız soylularının ve yeni burjuvaların tavan arasına kurduğu bu küçük odalar, şimdi de bebek bakıcılarına ve öğrencilere, çok ucuza kiraya veriliyor. Çoğu sefil haldedir, mutfak yakınsa şanslı sayılırsınız. Biz şanslıydık; mutfağa gittim, ışığı yaktım, böcekler kaçıştılar.
>
> Böcekler, ışıklar sönünce meydana çıkıyorlar.

Medya çürümüştür. 12 Eylül artığı isimler basından gidecektir. Geçmişini kaybeden her şeyini kaybetmiştir çünkü. Barış Zeren gibi genç yazarlar bu yozlaşmanın önüne geçecektir; inanılan, güvenilen basını bu nesil yaratacaktır. Buna inanıyorum. Bu nedenle Odatv'de genç arkadaşlara yer açtık ve hepsi kısa sürede başarılı oldular...

Melih Aşık, *Milliyet*'te, savcının sorularını ele almıştı:

> Burada suç nerede? Prof. Yalçın Küçük'le haberleşmek neden suç olsun? (İmralı'da Apo ile görüşmek bile suç değil...) AKP'yi eleştiren haber ve yorum yapmak ne zamandan beri suç sayılıyor? Olağan gazetecilik faaliyetinin suç gibi yansıtılması, AKP eleştirisinin suç gibi belletilmesi, kimi gazetecilerin suçlu gibi takdimi... Bugünlerde bu yönde yoğun bir beyin yıkama faaliyeti gözleniyor. Yargıya siyaset girince bakın neler oluyor...

Hürriyet yazarı Mehmet Yılmaz da sorgu tutanakları üzerine yazmıştı:

> Soner Yalçın'ın 'sorgu tutanağı' neredeyse tam metin olarak yayımlandı. 4,5 saat süren sorguda 132 soru sorulmuş.
>
> "O haberi niye yayımladın, bu haberi niye yayımladın, bilmem kim sana şöyle haber yap dedi mi, şu tutukluyu tanır mısın, bu tutukluyla ilişkin nedir, bu haberin amacı nedir?" gibi sorular.
>
> Terör örgütü üyeliğini destekleyecek kanıtlar ile ilgili herhangi bir soru yok! "Bu silahı nereden buldun", "Bu soygunu kimle planladın? gibi sorular da!
>
> Şimdi benim de sormak istediğim iki konu var:
>
> 1- Bu bir terör örgütü soruşturması ise neden sadece yazılıp çizilenler ile ilgili sorgulama yapılmış? Bu sorunun yanıtını yandaş liberallerden bekliyorum!
>
> 2- Hazırlık soruşturması gizliyken, ifadenin neredeyse tamamı gazeteye nasıl sızmış? Bu sorunun yanıtını kimseden alamayacağımı bildiğim için öylesine, ortaya soruyorum. Belki Adalet Bakanı ile İçişleri Bakanı üzerlerine alınırlar diye!

Savcı Zekeriya Öz'ün sorduğu benim yanıtladığım sorgu tutanağı gazetelerde tartışma konusu olmuştu. Mahkemeden önce medya tartışıyordu ve yandaş medya beni her daim yaptığı gibi peşinen suçlu ilan etmişti.

Mustafa Mutlu ise *Vatan*'daki yazısında "karşı sorular" soruyordu:

Soner'in, Ergenekon sanıklarından Doğu Perinçek'i, Mustafa Balbay'ı ve Tuncay Özkan'ı nereden tanıdığı da sorulmuş...

Pes yani! Bir gazetecinin bu insanları tanıması değil, tanımaması ayıp sayılmalı.

Ayrıca, Soner'in 25 Şubat 2010'da Doğan Y. ile yaptığı telefon görüşmesinde, bir soruşturma kapsamında tutuklanan askerlerle ilgili konuştuğu, "Tek çıkış yolu vardır, sorunun başka türlü çözümü yok. Bu iş böyle giderse Türkiye'de çok kötü şeyler olacak. Bu adamlar gerçekten tanklarla çıktığı zaman nasıl bir daha tanklar içeri sokulacak, hakikaten sokulamaz ya" dediği hatırlatılarak, bu sözlerle neyi kastettiği...

Yani; darbecilerden yana olup olmadığı...

Ergenekon haberlerine neden bu kadar çok yer verdiği...

Elinizi vicdanınıza koyun ve düşünün:

'Bu adamlar gerçekten tanklarla çıktığı zaman nasıl bir daha tanklar içeri sokulacak, hakikaten sokulamaz ya' diye kaygılanan bir insan, DARBECİ ya da ERGENEKONCU olabilir mi? Askerin yönetime el koymasını isteyen biri, Genelkurmay Başkanı'nın davetine koşa koşa gitmez mi? Dün yayınlanan sorgu tutanaklarını baştan sona okudum ve Soner Yalçın'la iki arkadaşının neye dayanılarak 'Ergenekon Terör Örgütü üyesi' olmakla suçlandıklarını anlayamadım.

Bu nedenle davanın savcılarına ve yargıçlarına tüm saflığımla soruyorum: Bu adamlar neden tutuklandı?

En "harika" haber *Sabah* gazetesindeydi! Milli Güvenlik Kurulu'na sunulmak üzere hazırlanan bir dosya bende çıkmıştı! Üstelik Savcı Zekeriya Öz de bunu bana sormuştu ve net yanıt verememişim! Gazete bir de bilgi eklemişti haberine:

"Aralık ayında Gölcük Donanma Komutanlığı'nda yapılan aramalarda ele geçirilen belgeler arasında da 2004 yılına ait MGK tutanaklarının yer alması dikkat çekmişti."

Bu yalan haberde en çok, "net yanıt veremedi" notuna "hayran" oldum! Ah, nasıl yakalanmışım öyle! Ah, bu belgeler, belgeler; polisler "ele geçirmekten" usanmadılar! Yuh artık.

Sevindirici gelişmeler de yok değildi ama...

Demek oyunun farkında olanlar var...

Doğan Kitap, *Hürriyet* gazetesinde yarım sayfa kitaplarımın ilanını vermişti. Görünce sevindim. Demek Doğan Kitap yazarına sahip çıkıyordu.

Odatv'nin geride kalanları da boş durmamıştı. *Hürriyet*'teki haber şöyleydi:

> Odatv Ankara Temsilcisi Mümtaz İdil, Uğur Mumcu'nun öldürüldüğü sokakta basın açıklaması yaparak, Soner Yalçın'dan gelen mesajı okudu ve Yalçın'ın tutuklanmasını kınadı. "Odatv tüm yazarlarıyla ve sistemiyle ayakta ve çalışmaktadır. Yazarlarımız tüm özverileriyle, üç kolunu, üç kanadını kaybetmiş olan sitemizin ayakta kalması için tüm varlıklarıyla çalışmaktadır," dedi. İdil, "sıkıntılı ve utanç verici" durumun aşılacağını, bayrağı yere düşürmeden taşımaya devam edeceklerini ifade etti. Basın açıklamasına gazeteciler ve CHP milletvekilleri Kamer Genç ve Şahin Mengü de katıldı.

Uğur Mumcu'nun katledildiği yerde basın açıklaması yapılması çok anlamlıydı. Öldürseler de, zindana atsalar da basının gerçeklerden taviz vermez tutumu, mücadelesi sürüyordu işte. Bizler düşünceye mahkûmuz...

Bugünlük gazete okuma yeter...

Akşamları koğuşta küçük televizyonumuz açık.

Genellikle "bizim olay"la ilgili tartışma programlarını izliyorduk. Ekranlardaki açık oturumlar, iki ayrı düşüncenin tartışmasına sahne oluyor. Aslında bu yeni değil; dört yıldır Ergenekon sürecinde bu programlar hep oldu.

Pek televizyon seyreden biri değilim. Konu biz olunca mecburen geçiyorum beyazcamın karşısına. Açıkoturumlara katılanların genelde belli isimler olması dikkat çekiciydi. Hangi kanalı açsak karşımıza örneğin Faruk Mercan adlı "gazeteci" çıktı. Kanal kanal dolaşıyordu, yorulmadan. Cezaevinde onun kanallar arasında koşturmasını merakla, bıkkınlıkla takip ettim. Arkadaşlara da söyledim, "Hangi kanalda ise beni çağırın" diye.

Kendisini tanıyordum; pek ekrana çıkan biri değildi.

Niye ilgimi çekiyor yazmalıyım.

Tutuklanmamdan önce beni ısrarla cemaatin düzenlediği "Türkçe Olimpiyatları"na davet etti. Daha önce cemaatin yurtdışı gezilerine de davet edilmiştim. Gitmedim hiç. Ancak bu kez

Faruk Mercan çok ısrarcıydı. Üstelik Başbakan Erdoğan'ın da geleceğini, protokolde –sanki çok umurumdaymış gibi– iyi bir yerde ağırlayacaklarını söyledi.

Gitmedim. Sebep cemaat organizasyonu olması değildi; bu tür sosyal gecelere hiç katılmıyordum. Sonuçta gazeteciyim, kim davet etmişse etmiş, niye gitmeyeyim. Giderim ve gördüklerimi düşüncelerimi yazarım. Gazetecinin görevidir bu sonuçta...

Gitmedim, ama bu ısrarlı davete de anlam veremedim. Cemaat bana son bir şans daha mı vermek istemişti acaba?

Bilemem.

Bildiğim şu:

Faruk Mercan şimdi kanal kanal dolaşıp şöyle diyordu:

"Odatv, yayınlarıyla Ergenekon davasını çökertmek istiyordu."

"Bulunan belgeler gösterdi ki Odatv'nin yaptığı gazetecilik değil."

Ve neler neler...

Kesin kararını vermişti: Odatv, Ergenekoncuydu!

İyi de...

Bu Faruk Mercan değil miydi; daha dün "Soner Bey sizinle program yapalım" diyen? Kanal 24'te, CNN TÜRK'teki "Oradaydım" programımızın benzerini yapmamı teklif eden!

Bu "lütufkâr" Faruk Mercan değil miydi, "Soner Bey, İstanbul patlamalarıyla ilgili film yapalım" diyen? "Susurluk dizisi çekelim" diyen? Eh sermaye hazırdı! "Sizin gazeteciliğinizi, sizin sessiz sedasız arka planda kalma duruşunuzu, iradenizi örnek alıyorum" diye iltifatlar yağdıran? Şimdi ne oldu da, ekran ekran gezip rezil bir şüpheyle kirletiyor beni? 2002 yılındaki "Gülen Soruşturması" dosyasında, cemaatin polis içindeki gazeteci uzantılarından biri olduğu yazılıydı.

Faruk Mercan'ın küstah ve arsız tavırla benim hakkımda iç karartıcı biçimde atıp tutmasının sebebi neydi? Birileri özel olarak onu mu görevlendirmişti? Bu aslında ona bir ceza mıydı, beni "devşirememe" cezası! Öyle ya oyun basitti ve hep yapılagelmişti. Bir süre sessiz kalacaktım, iktidar ve cemaat çevresine yaltaklanarak (ki buna ideolojik-siyasi bir kılıf bulacaktım kuşkusuz) kendimi sevdirecektim. Bu kurnazlık ve uysallık bekleniyordu benden. En "kötü yolu" yani dürüstlük ve dolaysız yolu seçerseniz işte sonucu bu olmaktaydı. Hangi yoldan gideceğinize siz karar veriyorsunuz; "kırmızı halı" döşenen yoldan yürüyen çok kişi oldu. Aslında tüm bunlar hep geliyor bir noktaya dayanıyor: Kişilik...

İkiyüzlülükten, bayağılıktan, fevkalade utanmazlıktan, unvan avcılarının hırsından hep nefret ettim...

Böyle anlarda... Duygularımı anlatacak mısralar bulamam, Necati Cumalı usta ne güzel yazmıştı:

Varmayın üstüme yeter, beni söyletmeyin
Ben bilirim dost kim, düşman kim
Bilirim kim sinsi adımlarla peşimizde gezer de
Göz göze gelince başını eğer...

On İkinci Gün

25 Şubat 2011
Cuma...

Sabah karar verdim:

Uzun ve tekdüze günleri, güzel şeyler yaratmaya dönüştürme zamanı geldi. İlk kararım: Artık pek gazete okumayacağım! Okudukça lekelendiğimi hissediyorum. Okumaya, dinlemeye devam edersem kişiliğimin sakatlanacağından korkuyorum. Çünkü yalan söyleyemeyeceğim, ıstırap duyuyorum. İğreniyorum.

Örneğin, Odatv'ye yazan İklim Bayraktar bize hiç yakışmayan sözler sarf ediyordu. Konu yine CHP Milletvekili Muharrem İnce'yle yaptığı görüşmeydi. Öyle konuşuyordu ki ruhumda depremler oluyordu. "Muharrem Bey, şu anda erken öten horoza benziyor. Biliyorsunuz, erken öten horozun da başını keserler. Muharrem Bey de mahcup olur. Herhalde sadece telefon görüşmesi sanıyor, benim de salak olduğumu sanıyor!"

Düzeye bakar mısınız; Odatv'de mi yazıyordu bu kişi? Ah Mümtaz Ağabey ah! Senin gibi bir entelektüel böyle birini nasıl yazar yapar? Bu kadının dili ne derece ölçüsüz. Ölçüsüzlük bayağılık değil midir? Bu kabalık, çiğlik bizim içimize nasıl sızdı?

Şimdi ben bir başka "köşe yazarına" sitem ederken aynı dili konuşan biri nasıl "bizden" olur? Odatv "yeni medya"yı böyle mi kuracaktı?

Gazete okumamak, televizyon seyretmemek en iyisi; ne yapayım bazen gerçeklerden uzaklaşmak gerekiyor...

Avluya çıkıp volta atmaya başladım. Hızlı hızlı yürüdüm. Cezaevinde bazen zamanın solucan hızıyla geçtiğini anladım. Başka şeyler düşünmeliyim...

Cezaevi bir keşif; daha önce fark etmediklerinizi keşfediyorsunuz. Niye kendimi cezaevindeymiş gibi hissetmiyorum? Depresyon belirtisi mi? Cezaevi üzerime çektiğim yorgan mı? Yoksa, hayal gücü duvar dinlemiyor mu?

Niye cezaevinde kimse artık "kader mahkûmu" değil? Kimseye "kader mahkûmu" denmiyor! Acıma duygusunu mu kaybettik?..

Koğuşun demir kapısı yine büyük bir gürültüyle açıldı.
"Soner Bey, avukat." En güzel haber...

Feza'yla sohbet ederken Avukat Vural Ergül geldi. Uğur Dündar'ın da avukatıydı. Dün beraberlermiş, Nedim Şener'in benden davacı olmasına kızmışlar. Ben hiç kızgın değilim; Nedim Şener bu süreci tahlil edemedi, aynı "mahallenin çocuğu" değiliz; politik düşünemiyor doğal olarak. Ama onun cesur gazeteciliğini, habercilikteki ısrarını hep takdir ettim. Onu kurtaracaksa, beni şikâyet edebilir. Canı sağ olsun.

Avukat Ergül'ün tespiti doğru: Yeni Ergenekon dalgaları gelecek. Dört yıldır bu davayı takip ediyordu, süreci iyi analiz eden hukukçulardan biri.

Feza endişeli. Çünkü bazı avukatların da tutuklanacağı konuşulmaya başlanmıştı. "Oğlumu yalnız bırakamam," dedi. Haklı olarak korkuyor. Bir avukat, görevini yaptığı için tutuklanmaktan korkuyor, düşünebiliyor musunuz; yıl 2011.

Herkesin siniri bozuk; dün İşçi Partili olduğunu söyleyen tanımadığı bir bayan telefonla aramış, "görüşelim," demiş, Feza sert çıkmış. Herkesten şüpheleniyor. Bu şartlarda nasıl savunma yapacağız? Yine de tüm bu zorluklara rağmen itiraz dilekçesini yazıp vermişti.

Moral vermek için –fıkra gibi– Ergenekon haberleri anlattım. *Zaman* gazetesi yazarı Mehmet Kamış, dönemin Fenerbahçe teknik direktörü Christoph Daum'un "Ergenekoncu" olduğunu yazmıştı! Daum'un Atatürk rozeti takmasının, Atatürk'ü sürekli övmesinin ve sıkça Türk bayrağını eline almasının nedeni "Ergenekoncu" olmasıydı. İnanın şaka değil bu. 19 Eylül 2009 tarihli *Zaman* gazetesinde yazdı.

Yeni Şafak'ta Fehmi Koru, "Taha Kıvanç" adıyla 18 Aralık 2009'da yazdığı makalesinde, özelleştirmelere karşı eylem yapan Tekel işçilerini "Ergenekoncu" ilan etti. Oral Çalışlar da destek verdi Koru'ya!

Bazıları komplo teorisinde sınır tanımıyordu. *Zaman* gazetesi yazarı Abdullah Aymaz, 20 Aralık 2009 tarihli yazısında, Menemen'de Kubilay'ın kafasını Ergenekon'un kestiğini açıkladı!

Ve en komiğini *Milli Gazete* yazarı İsmail Kıllıoğlu kaleme aldı. 26 Şubat 2010 tarihli yazısında Dostoyevski'nin *Suç ve Ceza* adlı romanındaki Raskolnikof karakteri "darbeci"ydi! Ergenekoncular onu örnek alıyordu!

Feza'ya espri yaptım: "Sen de Rusça biliyorsun, kesin darbecisindir..." Küçük avukat odası biraz olsun kasveti üzerinden attı. Artık gitmem gerekiyor. Barışları da görecek; yazdığım gibi tutukluların koğuşlarından çıkıp dışarıdan gelen biriyle sohbet etmesi insanı rahatlatıyor, yüzünde taze hava hissettiriyor, özgürlüğü soluyor kısa bir zaman için.

Kapıya vurdum. Gardiyan geldi, üstümü aradı. Koğuşa götürüldüm. Yolda ayaküstü adli bir mahkûmla sohbet olanağınız olursa hep aynı cümleyi kuruyorlar: "Sizin gibilerin işi bizden zor!" Bizim dayanmamızın güç olduğu kanısı hâkim; geçmiş politik tutuklulara, gazetecilere aynı sözlerin sarf edildiğini sanmıyorum. Apolitik bir toplumun iyi niyet cümlesi...

Akşam yemek yerken bir yandan da televizyonda haberlere bakıyorum gözucuyla.

Silivri'de ilk tahliye haberini aldım: "İşçi Partisi Karargâh Evleri" denilen "belgenin" son tutuklusu Hava Kurmay Albay Cengiz Köylü tahliye edildi. 7 Ocak 2009 gününden beri tutukluydu. Bu sözde davada 44 sanığın adı geçiyordu ve son sanık Albay Köylü idi. İki yıl cezaevinde yatmıştı.

Kurmay Albay Köylü tutuklanmayıp 2010 Yüksek Askeri Şûrası'nın gündemine gelseydi, büyük ihtimal general olacaktı. Çünkü sıralamada birinci sıradaydı.

Niye mi tutuklanmıştı?

Dönemin MİT Müsteşarı Emre Taner 9 Mayıs 2008 tarihinde İstanbul Cumhuriyet Başsavcılığı'na "Karargâh Evleri"ne ilişkin iddiaların, "ikaz istihbaratı" ve "bilgi notu" niteliğinde olduğunu, yani bunların "ham duyum-iddia" olduğunu ve "teyit edilemediğini," yazdı. MİT'e böyle binlerce haber-duyum geliyordu. Genelkurmay Başkanlığı da 16 Temmuz 2008 ve 31 Temmuz 2008 tarihli iki yazıyla iddiaları reddetti. Mahkeme ne yazık ki MİT'e, Genelkurmay'a değil, imzasız bir ihbar mektubuna inandı.

Sonuç? İki yıllık bir cezaevi hayatı sonrası tahliye...

İki yıllık cezaevindeki hayat sonrası gelen tahliye beni yüz yıl öncesine götürdü; "karargâh evleri"nde yakalanıp gözaltına alınan yüzbaşıların gerçek öyküsüydü bu.

Tarih: Ocak 1905.
Yer: İstanbul.

Sirkeci'de bir eve güvenlik güçleri operasyon düzenledi. Evin kiracıları olan Harp Akademisi'nden yeni mezun iki yüzbaşı gözaltına alındı. İkisi de 24 yaşındaydı.

Baskın düzenleyen askerlerin dikkatini evde bulunan kitaplar çekti. Avrupa'da basılan çeşitli dergi ve gazetelerden kesilmiş kupürler de vardı. Kupürlerin kenarlarında aynı subay tarafından yapılmış yorumlar ve bazı notlar yazılıydı. Ayrıca kitaplar tehlikeliydi; Namık Kemal'in eserleriydi! Hepsine el koyup bir çuvala doldurdular. Subaylardan birinin bir konferans metnini hatırlatan yazılarına da el konuldu.

İki subay evin aranması bittikten sonra Bekirağa Bölüğü olarak bilinen, zamanın siyasi tutuklularının kaldığı (bugünkü Beyazıt'taki İstanbul Üniversitesi ana kampüsü içinde bulunan) cezaevine götürüldü.

Evdeki subaylardan birinin adı İsmail Hakkı idi.

Diğeri ise, Kolağası Mustafa Kemal...

Mustafa Kemal'in Bekirağa Zindanı'ndaki esareti iki ay sonra bitti.

Çünkü iddialar, hiçbir kanıta dayanmayan, ikbal beklentisi içindeki muhbir Fethi'nin senaryosundan ibaretti. Ramazan'ın 15'inde Hırka-ı Şerif ziyareti sırasında "II. Abdülhamid'i bombayla öldürüp darbe yapacakları" iddiasının yalan olduğu ortaya çıkmıştı. Evde bomba filan bulunmamıştı. Yine de Mustafa Kemal'i Şam'a sürgün gönderdiler...[40]

Şimdi... Bugün...

Yüzlerce subay cezaevine atılmış durumda.

Balyoz Davası'ndan ilk anda 163 subay cezaevine kondu. Bu sayı kısa zamanda 249'a ulaştı...

Halkımız gerçekten ne olup olmadığının farkında mı?

"Balyoz Darbe Planı" hakkında kimin ne kadar bilgisi var? Türk Silahlı Kuvvetleri 1989'da Soğuk Savaş'ın bitimiyle Yeni Dünya Düzeni'ne uygun dizayn edilmek için yeni bir konsepte mecbur edildi; karşı çıkanlar tasfiye edildi. Bunu WikiLeaks belgelerinden biliyoruz. Bu genel konuya girmeyip sadece Balyoz Davası iddianamesini ele alacağım. ABD etkisi konusunda *Bu*

40 *Taraf* gazetesi 16 Temmuz 2008'de manşet attı: "1923'te kuruldu 2008'de arınıyor!" Ergenekon Terör Örgütü'nün 1 Numarası'nı şöyle tanımlıyordu: "Mavi gözlü, göçmen tipli, sarışın..." *Taraf*'ın yaptığı açık, Cumhuriyet'in zapt edilmesine yardımcı oluyor, değerlerimizi itibarsızlaştırıyor bu sebeple...

Dinciler O Müslümanlara Benzemiyor kitabımda ayrıntıyla yazdım çünkü.

Balyoz davası, Türkiye'nin gündemine 20 Ocak 2010 günü geldi. *Taraf* gazetesi "haber elemanı" Mehmet Baransu'nun imzasını taşıyan "haberin" iddiasına göre 2003 yılında 1. Ordu Komutanlığı'nda "Balyoz" isminde bir darbe planı hazırlanmıştı. Söz konusu habere göre 5-7 Mart 2003 tarihinde 1. Ordu'da gerçekleşen seminerde hükümetin devrilmesi projesi konuşulmuştu!

Taraf gazetesinin söz konusu iddiayı yayımladığı gün ilginçtir; Anayasa Mahkemesi'nde askerlerin sivil mahkemede yargılanmasına olanak sağlayan yasa görüşülüyordu. Tesadüf!

Darbe girişimi iddiası eski olsa da, Türkiye gündemine bomba gibi düştü. Çünkü, *Taraf* gazetesinin iddiasına göre darbe ortamı oluşturmak için İstanbul'daki Fatih Camii'nin bombalanmasından, Ege'de bir Türk jetinin düşürülmesine kadar toplumda infial yaratacak bir dizi eylem bizzat askerler tarafından gerçekleştirilecekti! Oluşan kaos ortamının sonunda ise İstanbul'daki 1. Ordu yönetime el koyacaktı. Gazetenin iddiasına göre, plan o kadar ayrıntılıydı ki darbe sonrasında tutuklanacak isimler, görev verilecek kişiler birer birer planda yazılıydı.

Bir valiz dolusu "belgeyi" teslim alan Mehmet Baransu'nun var olduğunu iddia ettiği bir valiz dolusu darbe planı, aslında sadece word belgelerinden ibaretti. Yani bilgisayarda yazılmıştı ve hiçbirinde ıslak imza yoktu. Baransu, sözde belgelerin bilgisayar çıktısını İstanbul Cumhuriyet Savcılığı'na teslim etti. Savcılık hemen harekete geçti.

22 Şubat 2010 günü Balyoz Planı'nı hazırladığı gerekçesiyle askerler gözaltına alındı. Önce tutuklama, ardından serbest bırakma, sonra tekrar tutuklama ve serbest bırakmayla devam eden süreç 11 Şubat 2011 günü 163 emekli ve muvazzaf askerin tutuklanmasıyla devam etti.

Peki, Balyoz Darbe Planı gerçek miydi?

Gerçek olduğunu savunanlar, 1. Ordu Komutanlığı'nın 2002 yılının Aralık ayında söz konusu planı hazırladığı, 2003 yılının 5-7 Mart tarihlerinde gerçekleşen seminerde sunduğu, ancak 1. Ordu Komutanı Orgeneral Çetin Doğan'ın Ağustos 2003 tarihinde emekli olması nedeniyle planın yürürlüğe konmadığını iddia ettiler.

Diğer yanda planın sahte olduğunu iddia edenler de vardı; ve onlar ilgili "belgeleri" tek tek çürüttüler.

Kimin "haklı" olduğuna değinmeden öncelikle şundan söz edeyim: Balyoz soruşturmasına konu olan belgeler 19 CD, 10 ses kaseti, 2229 sayfa dokümandan oluşuyordu. Söz konusu 2229 sayfa belgenin darbe soruşturmasıyla ilgisi yoktu. 10 ses kaseti ise, Çetin Doğan'ın isteğiyle kaydedilmiş 5-7 Mart 2003 tarihinde gerçekleşen 1. Ordu Komutanlığı'nda görüşülen plan seminerinin ses kayıtlarıydı. Ses kayıtlarında "Balyoz" adı verilen darbe planına ilişkin bir ifade yoktu.

19 CD'den 16'sı ise yine sanıkların doğru olduklarını kabul ettikleri 5-7 Mart 2003 tarihinde gerçekleşen plan seminerine ait belgelerdi. Soruşturmaya konu olan suçlamalar, kalan (11, 16 ve 17 no'lu) 3 CD içerisinde bulunuyordu. Bu 3 CD içerisinde en kritik olanı ise, "Balyoz Güvenlik Eylem Planı" soruşturmasına konu olan 11 no'lu CD idi!

11 no'lu CD'nin içinde Oraj, Suga, Çarşaf, Sakal gibi eylem planları, darbe sonrası kapatılacak kuruluşların, tutuklanacak kişilerin listesi, darbe sonrasında yapılacak görevlendirmeler gibi suç unsuru taşıyan ve yargılamaya konu olan sözde belgeler bulunuyordu. Belirttiğim gibi bu sözde belgelerin hiçbirinde imza yoktu; tamamı bilgisayar dosyasından ibaretti.

Sanıklar bu belgeler içerisinden söz konusu 3 CD'yi kabul etmedi. 5-7 Mart 2003 tarihinde 1. Ordu'da olası savaş senaryolarının konuşulduğu, bu senaryoların plan semineri programı dahilinde olduğu, ancak söz konusu seminer belgesini ele geçiren birilerinin Balyoz Planı'na konu olan belgeleri bu seminer belgelerine ekleyerek *Taraf* gazetesine servis ettiğini ifade ettiler.

Kısacası gerçek olduğunu kabul ettikleri belgelere, darbe planının montajlandığını söylediler.

Şimdi biraz daha ayrıntıya girelim: Bu bilgisayar dosyalarının kaydedildiği tarih neydi? 5 Mart 2003. Yani gerçekten de darbe planı olarak gösterilen belgelere söz konusu seminerin olduğu tarihte kaydedilmiş olarak görünüyor.

Peki, bu durum bir şey ifade eder mi? Hayır. Çünkü bugün bilgisayarda yazdığınız bir dosyayı 50 yıl önce yazılmış gibi gösterebiliyor, hatta yazan kişi Napolyon'muş gibi belgeyi kaydediyorsunuz.

Ve zaten bu konuya ilişkin tüm bilirkişi raporları da aynı gerçeği vurguluyor. Balyoz davasında Çetin Doğan'ın avukatı Hüseyin Ersöz, bu durumu gösteren savunma yaptı: Mahkemenin gözü önünde, yargıçlar tarafından yazılmış gibi gösterdiği bir yargı planının kayıt tarihini 5 Mart 2003 olarak değiştirdi.

Kısacası eldeki dijital verilerle sorunu çözmek imkânsızdı. Bu CD'lere daha sonra birileri tarafından "Balyoz" adı verilen darbe planı eklenmiş olabilirdi. O halde planın gerçek olup olmadığı nasıl tespit edilecekti?

Bu konuda Türkiye'de bir eksiklikten söz edelim. Ergenekon'dan Balyoz davasına kadar son dönemlerde İstanbul Ağır Ceza Mahkemeleri'nde görülen onlarca dava neredeyse sadece dijital verilerle yürütülüyor. Oysa dijital verilere dayanan verilerin güvenilirliği oldukça tartışmalıdır. Günümüz teknolojisinde bilgisayar virüsüyle felç edilen İsrail kurumlarının bile bulunduğu; ülkemizde ilkokul mezunlarının bile başkalarının bilgisayarına gönderdikleri virüslerle kredi vurgunu yaptığı biliniyor. Vatandaşların bilgisayarlarına istenen belgeler yüklenebilir. Üstelik Türkiye'de bu belgelerin sizin bilgisayarlarınızda bulunması da gerekmiyor. Başka bir yerde bulunan dijital veride adınızın geçmesi tutuklanmanız için yeterli. Keza Balyoz adı verilen plan, ne Çetin Doğan'ın bilgisayarında, ne de 1. Ordu bilgisayarında bulundu. Yalnızca Mehmet Baransu'nun elindeki CD'yle dava açıldı!..

Peki, ne yapılmalı?

Doğru yöntem, dijital verilerin içindeki bilgilerin dijital olmayan bilgilerle soruşturulması. Yani word dosyalarında yazan bilgiler tutarlı mı? Söz konusu fiillerin gerçekleştirildiğine ilişkin bulgular var mı? Bu gibi soruların, derinlemesine yürütülecek bir soruşturmada sorulması ve dijital verilerle sunulan iddiaların bu yolla desteklenmesi gerekiyor. ABD gibi polis teşkilatının geliştiği ülkelerde dijital veriler bu yolla soruşturuluyor. Ancak Türkiye'de ne polis teşkilatı ne de savcılık bu tür bir soruşturma yapıyor.

Türkiye'de bu tür bir sorgulamayı yapmak savunma makamına düşüyor. Balyoz planlarını peşinen doğru kabul etmeden, sanıkların masumiyet karinesini koruyarak sorgulama gerekiyordu. Sonuçta Balyoz adı verilen planın doğru olamayacak çok çelişkisi olduğu ortaya çıktı.

Askeri yazışma usulleri, askeri planlama teknikleri, askeri terminoloji açısından incelendiğinde, Balyoz adı verilen darbe planının ciddi açıkları mevcuttu. Bir darbe planı olduğu iddia edilen yazılı belgede darbeyi yapacak birlikler ve bunların görevleri bile yazılı değildi. Bütün ülkede iktidarı düşürecek darbede Ankara'da görevlendirme yoktu! Deniz, Hava ile 1. Ordu dışındaki kara orduları ne yapacaklardı, planda yoktu. Örneğin, 2. Ordu, 3. Ordu, Ege Ordusu darbede ne görev yapacaktı; yoktu. Planda kullanılan pek çok ifade de askeri usullere uymuyordu.

2003 yılının Mart ayında görüşüldüğü ifade edilen, savcılığın da 5 Mart 2003'te son halinin verildiğini iddia ettiği planda, bu tarihten sonra gerçekleşen yüzlerce olay yer alıyordu! Bu durum, söz konusu planın çok daha sonra yazıldığını ortaya koyuyordu. Balyoz planını hazırlayarak seminer belgelerine ekleyenler bu ayrıntıyı unutmuştu!

Örneğin, planda adı bulunan Avrupa Şafak Hastanesi, bu adı 15 Aralık 2004 tarihinde almıştı. Medical Park Hastanesi adı, Haziran 2008 tarihinden itibaren bu hastane tarafından kullanılıyordu. Nisa Hastanesi, adını Aralık 2004'te almıştı.

Belgelerde dost kuruluşlar arasında yer alan Türkiye Gençlik Birliği, 19 Mayıs 2006'da kurulmuştu. Kapatılacak dernekler arasında bulunan Liberal Avrupa Derneği adını 8 Nisan 2006'da genel kurul kararıyla almıştı. Türk-İran Sanayicileri ve İşadamları Derneği, Mart 2003'te sunulduğu iddia edilen Balyoz Planı'nda kapatılacak dernekler arasında yer alırken valiliğin resmi belgelerine göre adı geçen dernek, 3 Temmuz 2004 tarihinde bu adı almıştı. Belgede bulunan Yeni Recordati ilaç firması ise Temmuz 2009 tarihinde bu adı almıştı.

Yalnız bu kadar değil. "Güvenilir Emniyet Personeli" listesinde adı bulunan emniyet müdürlerinin birçoğu planın hazırlandığı iddia edilen Mart 2003'ten sonra belgede geçen yerlerde göreve başlamıştı. Adı geçen emniyetçilerden en çok şaşkınlık yaşayan Diyarbakır Emniyet Müdür Yardımcısı Kerim Taş idi. Kerim Taş'ın adı belgede Kocaeli'nde görevli olarak geçiyordu. Oysa Taş, Kocaeli'nde göreve, Eylül 2003'te başlamıştı. Taş'ın şaşırmasının nedeni ise kendisinin *Taraf*'a yazdığı yazılarla tanınıyor olmasıydı! Bir *Taraf* yazarı, yine *Taraf* gazetesi tarafından yayımlanan belgelerle "darbeci" ilan edildi. Mesele daha sonra çözüldü, Emniyet Müdürü Taş, yandaş medyada yer alan haberlere göre Ergenekon'dan hapse atılan Emniyet Müdürü Hanefi

Avcı'ya yakındı. *Taraf*'a belgeleri servis edenler bu yolla Kerim Taş'ı darbeci gösteriyordu! "Darbeciler" özel olarak seçilip, üzerlerine çarpı işareti konulmuştu!.. Listeyi kim, neye göre yapmıştı?

Yine belgelerin 5 Mart 2003 sonrasında hazırlandığını gösteren delillerden devam edelim: Belgelerde Havelsan ve Aselsan'da çalışan ve darbeye destek verecek isimler olarak adı geçen kişiler, kurumda 2007 yılında çalışmaya başlamıştı. Yine Hazine Müsteşarlığı'nda çalışan isimlerin de görevlerine 2004'te başladıkları anlaşıldı. Sözde darbe planında adı geçen dört sivil memur Hava Kuvvetleri'nde hiç görev yapmamıştı. 2008 talimnameleri vardı darbe planında...

Balyoz planının parçası olduğu iddia edilen "Milli Mutabakat Hükümeti Programı" kopyala yapıştır yöntemiyle oluşturulmuştu. 4 Haziran 1999 tarihinde ilan edilen 57. Hükümet programı ve 7 Temmuz 1992'de ilan edilen 55. Hükümet programından aynen alınan ifadelerin bu belgede yer almasından daha şaşırtıcı olan 27 Kasım 2005 tarihinde Bağımsız Türkiye Partisi Başkanı Prof. Dr. Haydar Baş'ın yaptığı konuşmanın bir bölümünün de belgede yer almasıydı. Yine belgede yer alan, hükümetin adım adım laikliği ortadan kaldırdığına ilişkin ifadeler AKP'nin 2002 Kasım'ında iktidar olduğu düşünülürse oldukça abartılıydı.

"Fatih Camii bombalanacak" deniliyordu; ayrıntı da veriliyordu; "Cami ve çevrede bulunan kamera sistemleri tespit edilecektir." Oysa, o bölgede kamera sistemi 2005'te kuruldu! Neler yok ki: "Operasyon esnasında haberleşme, emniyetli cep telefonlarıyla sağlanacak" deniliyordu. Oysa ASELSAN ve TÜBİTAK tarafından üretilen cep telefonları ilk kez 2 Aralık 2008'te kullanılmaya başlandı.

Bini aşkın böyle maddi hata vardı. Hepsini yazmam mümkün değil. Son bir örnekle nokta koyayım; 3 Kasım 1998'de vefat eden Emekli Tuğamiral Nevzat Hilmi Serte; 5 Temmuz 2000'de vefat eden Emekli Tuğamiral Burhan Durcan, 2003'de darbe yapacak komutanlar olarak gösteriliyordu!

Sanırım artık anlaşıldı, fazla söze gerek yok...

Tüm bu deliller ışığında iki ihtimal ortaya çıkıyor.

1- "Balyoz Darbe Planı" savcılığın ve *Taraf*'ın iddia ettiği gibi Mart 2003'te hazırlanıp görüşülmüş ve bahsi geçen gelişmeler büyük bir öngörüyle önceden tahmin edilmişti! Bu ihtimal akıldışıydı.

2- Ya da plan Mart 2003'ten sonra en erken Temmuz 2009'da hazırlanmıştı. Tüm deliller ikinci seçeneği ortaya koyuyordu. Bu durum Balyoz Planı'nın birileri tarafından Temmuz 2009'dan sonra yazıldığını ve *Taraf* gazetesine servis edildiğini açığa çıkarıyordu.

İddiaya göre; 5-7 Mart 2003 tarihinde 1. Ordu'da gerçekleşen seminere toplam 162 asker katılmıştı. Seminere katılanlar arasında Ankara'dan gönderilen 15 gözlemci vardı. Bu gözlemcilerin raporlarında plan seminerinde Balyoz Darbe Planı'nın konuşulduğuna ilişkin herhangi bir ifade yoktu. Seminer sırasında Çetin Doğan'ın talimatıyla ses kaydı da alındığını belirttim. Bu kayıtlarda da Balyoz Darbe Planı'nın konuşulduğuna ilişkin bir ifade yoktu. Ses kayıtlarında olası bir savaş senaryosu ele alınıyordu. Seminerin düzenlenmesinden önce 1. Ordu ile Kara Kuvvetleri Komutanlığı arasında gerçekleşen yazışmalarda da Balyoz Planı'na ilişkin bir ifade yoktu. Nitekim seminerin gerçekleşmesinden beş ay sonra semineri düzenleyen Çetin Doğan'ın görev süresini tamamlaması nedeniyle emekli olacağı biliniyordu. Kısacası seminerde Balyoz Planı'nın görüşüldüğü iddiasının altı boş olduğu açıkça görülüyordu.

Dikkat çekici bir başka nokta daha var. Seminere 162 asker katıldı. Oysa Balyoz davasının sanıklarından yalnızca 48'i bu seminere katılmıştı. Diğer sanıklar sadece darbe planı olduğu iddia edilen belgelerde adı geçtiği için sanık sandalyesinde oturuyordu. İddiaya göre, savcılık seminere katılanlardan bazılarını ve adı geçenlerden bir kısmını seçerek dava açtı. Bu isimler neye göre seçildi? Neden bir kısmına dava açılmadığı ise tartışmalıydı. Örneğin, seminere katılarak ayrıntılı açıklamalarda bulunan dönemin İstanbul Jandarma Bölge Komutanı Tuğgeneral Abdülkadir Eryılmaz davada sanık olmadığı gibi, savcılık ifadesi dahi alınmamıştı. Seminere katılmadığı halde sanık olanların ise hangi kritere göre seçildiği belli değildi.

Bir başka önemli nokta ise, bilirkişi raporları ve savcılığın bu raporlara karşı tutumu. Savcılık, sanıklar aleyhine görünen bilirkişi raporlarını iddianamede kullanırken, sanıklar lehine olanları mahkemeden sakladı! Bu olay, dava başladıktan sonra ortaya çıktı. Savcılık, TÜBİTAK'a yazdığı yazıda bilirkişi olarak özellikle Dr. Hayrettin Bahşi'nin görevlendirilmesini istedi. Bahşi'nin hazırladığı birinci TÜBİTAK raporu, ne dediği belli olmayan bir rapordu.

Sanıkların talebi üzerine bilirkişiye sorular sorarak hazırlanan ikinci rapor ise CD'lerin sonradan hazırlanmış olabileceğini ortaya koyuyordu.

Ayrıca TSK tarafından hazırlanan üç ayrı bilirkişi raporu var. İlki Binbaşı Ahmet Erdoğan'ın hazırladığı rapor. Erdoğan'ın raporu özetle, "eğer Balyoz belgeleri gerçekse bir darbe planıdır," diyor. Savcıların belgelerin gerçek olmadığına ilişkin iddiasını aydınlatacak bir olgu ortaya koymadığı gibi, rapor ön açıcı bir değerlendirmede de bulunmuyordu.

İkinci askeri bilirkişi raporu darbe planı olduğu iddia edilen belgelerin olduğu 11, 16 ve 17 no'lu CD'lerin sahte olabileceğini söylüyordu. 19 CD'nin 16'sında 1. Ordu'nun vermiş olduğu numaralar vardı. Örneğin, CD No: 83-4 ya da direk No: 33 gibi. Bunların CD kapağı üzerinde de numarası yazılıydı. Yani: No: 33'ün CD kapağında da No: 33 yazılıydı. Fakat darbe içeren planın olduğu 11, 16 ve 17 no'lu CD'lerde bu numaralar yoktu! Keza, TÜBİTAK bilirkişi raporu bu 3 CD için, diğelerinden farklı bir programda yaratıldığını belirtti!

Konu üzerine en kapsamlı rapor, hem dijital verilere bakan bilgisayar uzmanlarının hem de askeri yazışma usullerini bilen ve belgelerin tutarlılığına ilişkin sorgulama yapabilen askeri uzmanların değerlendirmelerini içeren 28 Haziran 2010 tarihli askeri rapor idi. Bir tuğgeneralin başkanlığındaki beş kişilik bir heyet tarafından hazırlanan 3.000 sayfalık rapor çok net olarak tüm delilleriyle Balyoz Planı'nın sahte olduğunu, 1. Ordu'dan çalınan seminer belgelerine bu planların sonradan monte edildiğini ortaya koydu. Ancak savcılık bu raporu dikkate almadı.

Ve...

2 Haziran 2011 tarihli Amerikalı Adli Tıp uzmanı Grant R. Sperry ile 13 Haziran 2011 tarihli Adli Tıp uzmanı Doç. Dr. Jale Bafra'nın raporunda bir gerçek ortaya çıktı. 11 no'lu CD'nin Emekli Tuğgeneral Süha Tanyeri'ye ait olduğu iddia ediliyordu. Bunun sebebi CD üzerindeki elyazısının Tanyeri'ye ait olması idi. Raporda ne çıktı biliyor musunuz: CD üzerindeki yazı Tanyeri'nin ajandasından kopya edilip imza makinesiyle CD üzerine nakledilmişti! Nasıl büyük bir tezgâh kurulduğuna bakar mısınız?..

ABD Arsenal Consulting'ten adli bilişim uzmanları, hazırladıkları raporda 11 ve 17 no'lu CD'lerde en az 76 dokümanda sahtecilik yapıldığını tespit etti. Örneğin, 2007'den önce mevcut olmayan XML şemalarına ve Calibri yazı karakterine yer verilmişti CD'lerde! Amerikalı bilişim uzmanlarına göre, CD'ler muhtemelen 2006 yılının ortasında hazırlanmıştı! 2006 yılı ortasında hangi suikastların işlendiğini (Santoro, Danıştay) biliyorsunuz... Birileri düğmeye dört koldan basmıştı anlaşılan... Biz yine dönelim, Balyoz'a...

Esasında Balyoz davası başlamadan önce ortaya çıkan deliller, tutarsızlığı ortaya koymuştu. Belgelerin sonradan üretilmiş olma ihtimali artık *Taraf* gazetesinin bazı yazarları tarafından dahi kabul ediliyordu. İşte bu şartlar altında Balyoz konusunda ikinci bir adım atıldı.

Balyoz davasına bakan savcıların talimatıyla Gölcük Donanma Komutanlığı'nda bir odada döşemenin altında arama yapıldı. Bu kadar net yer belirtmemiz tesadüf değil. Çünkü savcılar komutanlıkta yalnızca bir odanın yükseltilmiş döşemesinin altındaki bölümü görmek istedi. Aynı odadaki dolapları bile aramadı. Yer döşemesinin altı açıldı. Burada kullanılmayan pek çok evrağa, takip edilen eski dergilere el konuldu. El konulan belgeler 10 çuvaldı. Ancak Balyoz'la ilgili olarak değerlendirmeye alınan, 2 adet CD ve 2008 yılından sonra kullanımdan kaldırılmış bir harddisk idi. 2 CD'den birinde daha önce soruşturmaya konu olan 11 no'lu CD'deki belgelerin tamamı bulunuyordu. Harddisk içinde ise Suga ve Oraj gibi Balyoz Planı içinde yer aldığı iddia edilen eylem planlarıyla ilgili olarak ortaya çıkmış yeni belgeler vardı. Diğer CD'de ise jandarmanın hazırladığı iddia edilen kimi belgeler çıktı.

Gölcük aramaları Balyoz davasına beklenen "hayat öpücüğünü" verdi mi? Gölcük aramaları medyada sık sık kullanılsa da, bu soruya "hayır" yanıtı verilebilir. Zira harddisk üzerinde yapılan inceleme gösterdi ki, Gölcük'te 2009 yılına kadar kullanıldıktan sonra kullanımdan kaldırılan harddiske birileri daha sonra belgeler yükleyerek arama yapılan odanın döşemesinin altına koymuştu. Çünkü daha önce Balyoz belgelerinde görülen tarih tutarsızlıkları Gölcük belgelerinde de vardı. Belgelerde düzenlendiği iddia edilen toplantıya katıldığı öne sürülen bazı kişilerin söz konusu tarihlerde yurtdışı görevinde olduğu anlaşıldı. Bir belgeyi hazırlamış görünen kişinin bahsedilen tarihte

ABD'de eğitim aldığı ortaya çıktı. Belgelerin hazırlandığı tarihte TSK envanterinde kayıtlı olmayan TCG Alanya gemisi adında belgeler de olduğu anlaşıldı. Söz konusu tarihte bir subayın çalışıyor göründüğü CC Mar Naples Temmuz 2004'te kurulmuştu. 2005 yılında değişen kanun tasarısı vardı!

Kısacası Balyoz davası belgelerindeki tutarsızlıkların net olarak ortaya çıktığını gören birileri Gölcük aramalarını devreye sokmuş, ancak oradaki belgelerin de sonradan üretilmiş olduğu askeri raporla kanıtlanmıştı. Gölcük'te bulunan belgelerin TSK'daki cemaat köstebekleri tarafından Balyoz davasına kanıt yaratmak için yerleştirildiği iddia edildi.

Gölcük araması sonrasında çıkan belgelere ilişkin polis raporuna dayanarak yandaş medya Balyoz belgelerinin 2003 sonrasında güncellendiğini iddia etti. Böylece kendilerine tutunacak dal buldular! Ancak Odatv'den Barış Terkoğlu polis raporunun yanlış olduğunu belgesiyle ortaya koydu. Emniyet Müdürlüğü bir kez daha "sehven" yazılmış diyerek Odatv'yi doğruladı. Doğru çıkmak artık bir şey ifade etmiyordu. Balyoz sanıkları hakkında tutuksuz yargılama kararı veren hâkimler HSYK tarafından görevden alındı. Yeni heyet ise 11 Şubat 2011 tarihli bir karar vererek önce mahkemenin kapılarını kapattırdı, daha sonra "Yazıklar olsun" sesleri arasında 163 emekli ve muvazzaf Türk subayı hakkında tutuklu yargılama kararı verdi. Yeni Zelanda'daki görevinden 20 saatlik uçak yolculuğuyla mahkemeye gelen subay, kaçma şüphesiyle tutuklandı!

Bitmedi: Ardından Eskişehir'de emekli bir albayın evinde sözde yeni Balyoz belgeleri bulundu. Belgelerde ne mi yazıyordu? Daha önceki belgelerde bilerek/kasten yanlış tarihler, yer ve kişi isimleri verilmişti; amaç kafaları karıştırmaktı. Doğrusu Eskişehir'de çıkan belgelerdeydi! Şaka gibi. Ne diyebilirsiniz, dava sürüyor. Ve ardı ardına subaylar, generaller tutuklanıyor...

Bu tarihsel bir olgudur. Balyoz iddialarını belgeleyerek tek tek çürüten yayın organı odatv.com oldu. Neden cezaevinde olduğumuzu bu bile tek başına anlatmıyor mu? Dünyanın her döneminde her kurulu düzene, planlanmış tezgâhlara çomak sokanların başına ne geldiyse Odatv'nin de başına o geldi. Televizyon kursaydık bunu daha geniş kitlelere duyuracaktık. Bunu biliyorlardı. Gerçeğin görülmesinden korktular... Kalemimizi kırdılar. Hepsi bu... Son bir nokta; bakın oyun ne zaman, nasıl tezgâhlandı:

Tarih: 20 Mart 1999. Cemaatin yayın organı *Aksiyon* dergisi "Ham Eller İşbaşında" diye bir haber yayımladı. Derginin örgütleri incelediği sayısında adını herkesin ilk kez duyduğu bir örgüt ismi, istihbaratçılara dayandırılarak yazıldı. Örgütün adı "Halkın Laik Güçleri" idi. Örgüt üyeleri generaller, siyasiler, gazeteciler ve bürokratlardı. *Aksiyon*'un anlattığına göre, örgütün amacı darbe ortamı yaratmaktı! Bunu da PKK, TİKKO gibi örgütleri kullanarak gerçekleştirmeyi düşünüyordu! Bakın henüz ortada "Ergenekon" adı yok. Neydi bu örgütün adı: "Halkın Laik Güçleri"!

İlginçtir, derginin iddiasına göre, Halkın Laik Güçleri'nin ilk hedefi 1. Ordu'ya İstanbul'da sıkıyönetim ilan ettirmekti! Balyoz Planı'na ne kadar benziyor değil mi? Sizce bu tesadüf mü?

Haberin altında kimin imzası vardı; sık sık televizyonlara çıkarılan yandaş *Bugün* gazetesinin Ankara temsilcisi Adem Yavuz Arslan!..

Bu "haber elemanları"nı daha fazla yazmaya gerek var mı; yüzleri yeterince ortaya çıkmadı mı? Ama bir dönem herkesi inandırdılar. Merkez medyadan ne övgüler, ne ödüller aldılar.

On Üçüncü Gün

26 Şubat 2011
Cumartesi...

Bugün koğuştan çıkış yok.

Hafta sonu mahpusluk içinde mahpusluk yaşanıyor.

Sessizlik günleri...

Hafta sonları sanki, özlem bütün dayanılmazlığıyla sarıyor sizi, ve düşkünlüğünüze şaşırıp kalıyorsunuz. Mesela birden, eşya kokan odanızı özlüyorsunuz. Yarin yanağından hiç bahsetmeyeyim...

Hava yağmurlu. Kasveti dağıtmak, kederli düşüncelerden uzaklaşmak lazım.

Kantinden aldığım el radyosunu açtım. Muazzez Abacı söylüyor: "Bir daha uçmayı gözüm kesmiyor..." Ardından Muazzez Ersoy, "Geçse de gençlik çağım..."

Muazzez Abacı'nın "paltosundan" çıktı; Muazzez Ersoy ve Ebru Gündeş. 1990'lara hâkim olan bu seslerin, Muazzez Abacı'nın sesini taklit etmesini niye hiç irdelemedik acaba? Bu tür konuları magazin programları da hiç ele almadı. İyi bir tartışma konusu aslında. Türkiye Muazzez Abacı'nın ses tonunu niye çok seviyor? Öyle ki taklidini bile çok beğendi. Taklit pek tutmaz aslında, Zeki Müren taklitleri örneğin, beğenilmedi. Ya da taklit edilemedi mi? Bülent Ersoy, Adnan Şenses ise Müzeyyen Senar'ın "paltosundan" çıktı. Onlar tuttu. Dışarıda olsaydım bu konuda okuma yapmak isterdim. Sonra...

Hücremden çıkıp gazetelere sadece şöyle bir baktım. Okumam gerekenleri Barış Pehlivan söylüyor artık.

Gazetelerin yazdığına göre; kitap yazdığı için cezaevine atılan emniyet müdürü Hanefi Avcı avukatları aracılığıyla Silivri Cezaevi'nden bir açıklama yapmıştı.

> Emniyet Müdürü Hanefi Avcı, Odatv yöneticisi Soner Yalçın'la bir kez karşılaştığını belirterek, "Bunun dışında hiçbir irtibatım yok," dedi. Avcı, açıklamasında "Odatv aramalarında bulunduğu iddia edilen, şahsımı ve yazdığım *Haliç'te Yaşayan Simonlar* isimli kitabımın yayımlanma süreciyle ilgili

spekülasyon yaratmaya çalışan yazıların doğru olmasının imkânı yoktur," dedi. Soner Yalçın ile arkadaşlarının tutuklanmasını son derece üzücü bulduğunu söyleyen Avcı, Odatv'nin sahibi Soner Yalçın ile 10 yıl önce bir arkadaşının yanında karşılaşmasının dışında hiç irtibatının olmadığını öne sürdü.

Bekir Coşkun *Cumhuriyet*'te "Bir Örgüt Yakalandı" başlıklı bir makale kaleme almıştı. Televizyon kanalı almak istemem hâlâ birilerinin spekülasyon yapmasına neden oluyordu demek ki. Bekir Coşkun onlara yanıt vermişti:

Biliyorsunuz; örgüt yakalandı...

Örgütün asıl neden suçlandığı, nihayet yandaş medyada yer aldı: "Televizyon kurma işi..."

Daha doğrusu, henüz kurmadıklarına göre... "Televizyon kurmaya teşebbüs" diyelim...

Belki İçişleri Bakanı, Başbakan'ın kulağına eğilerek fısıldamıştır: "Allah muhafaza tam zamanında basılmasa yani... Kabloludan, Dijitürk'ten gireceklermiş..."

Başbakan: "Tehlike diyoruz ya..."

İçişleri Bakanı, elini ağzına kapatarak: "Ha kuruldu, ha kurulacakmış..."

O zaman suç aletleri: İki kamera, üç montaj masası, bir dönerli yönetmen sandalyesi, spotlar, ucu yuvarlak mikrofon, konukların oturacağı U masa, gizli bölümde kabloların geçeceği iki delik...

Medyaya sızan örgüt elemanları ise; çeşitli gazetelerde yazan, çeşitli görüşlerde, çeşitli gazeteciler...

İçişleri Bakanı, Başbakan'ın kulağına eğilerek: "Biz yakalamasak var ya..."

Başbakan: "Maazallah..."

Bakan: "Sıkacaklardı üzerimize, tiiivvvviiiii... tiiiivvvvviiiiiiiii..."

Başbakan: Arkasından "iyi akşamlar sayın seyirciler... Az sonra..." diye patlattı mı, bizi imha mahiyetinde?...

Bakan: "Hamd-u senaa... Hamd-u senaaa..."

Örgüt yakalandı, içeride...

Şurası şaka değil, savcı sormuş:

"Şu televizyon kurma işi nedir?"

Eeee suç...

Bir gazeteci-yayıncının televizyon kurma girişiminin böyle

sorgulanması... O kurulmamış televizyonda, program yapıp-yapmayacağı henüz belli olmayan gazetecilerin birer örgüt elemanıymış gibi isimlerinin liste halinde yandaş medyada yayınlanması...

Söyler misin; hangi demokraside olabilir?..

Tutuklamaların üzerinden bir hafta geçtikten sonra, şimdi anlıyoruz ki amaç medyayı susturmak...

Vah zavallı Türkiye...

Odatv soruşturmasını ve Soner Yalçın, Barış Pehlivan, Barış Terkoğlu'nun suçlarının ne olduğunu öğrenmek istiyorsanız...

Bence yazıyı baştan okumalısınız."

Bazı muktedirlerin görevleri gereği yorulmak bilmeden itibarsızlaştırma tertibi içinde olduğu apaçık ortada.

Peki...

Diğer gazeteciler mesele bu kadar açık iken neden Bekir Coşkun gibi bakamıyorlar?

Star'dan Ergun Babahan ve birkaç yandaş yazdı; "Gazeteci bir TV almaya çalışır mı?" Haklılar! Namık Kemal, Yunus Nadi, Sedat Simavi, Zekeriya Sertel, Ahmet Emin Yalman, Aliv Naci Karacan hata yapmışlardı. Ufuk Güldemir Habertürk TV'yi kurarak hata etmişti? Basın tarihini biliyor mu bunlar? Ergun Babahanlar'ın tek bildiği Bilgi Üniversitesi'nin otoparkını işletmek! Farkımız budur...

Neyse, bugünlük bu kadar gazete haberi yeter. En iyisi böyle zamanlarda kitap okumak. Kitap sığınaktır. Cezaevinde ilk okuduğum roman, *Yıldırım Bölge Kadınlar Koğuşu* oldu.

Yazarı Sevgi Soysal.

Barış Pehlivan'a eşi getirdi, bir günde okudu; bana verdi.

İki kez okumuştum; bir daha okudum.

Sevgi Soysal...

40 yaşında kaybettiğimiz bir edebiyatçı. Aydın. 12 Mart 1971 darbesinde iki kez hapse atıldı. Eşi Mümtaz Soysal da hapisti.

Niye bu ülkede hep devrimciler cezaevine atıldı; 150 yıldır bu değişmez bir gerçek. Hâlâ da atılıyor...

Sevgi Soysal 1971 darbesinin hışmına uğramış, işkence tezgâhlarından geçmiş kadınların koğuşunu anlatır bize. O sıcak üslup karşısında satırların, sayfaların bitmesini hiç istemezsiniz. Koğuştaki devrimci kadınların insani duygularını, düşüncelerini, davranışlarını kendi baktığı pencereden yazar Sevgi Soysal...

Ve... Hayatın sürprizlerine bayılırım...

Sevgi Soysal hayata veda ederken arkasında, üç yaşında Defne, bir buçuk yaşında Funda'yı bıraktı.

İkisi de arkadaşım. Defne'yle çok daha yakınım; dostumdur.

Öğrendim ki, arkadaşım Şeyda Taluk'la birlikte Silivri'ye gelip beni ziyaret etmek istemişler. Tabii izin alamamışlar. Merak etmesinler, yüreklerinden çıkan gizli sesleri duydum ben.

Annesi, babası bir dönem cezaevinde hayatının tüm acılarını çekmiş Defne, aradan yıllar geçmiş yine, cezaevi kapısında. İçerideki adama bundan büyük moral olur mu? Annesi romanıyla, kızı yürekli-insani tavrıyla yanımda.

Biz bu aydınlanma kavgasını veririz. Sıkıntılarını çekeriz. Sonuçta kazanırız. Hiç kimse moralini bozmasın. Çünkü:

Sevgi Soysal'ın kızı nöbettedir. Tohum çatlamıştır.

Bu maya tutmuştur...

Ne yazmıştı Sevgi Soysal:

"Ne güzel suçluyuz biz hepimiz."

Bu suç mirastır bize...

Suç ortağımız ise Sevgi Soysal...

On Dördüncü Gün

27 Şubat 2011
Pazar

Hava ağarmamıştı hâlâ.

Heyecanlıyım. Saatlerin hemen geçmesini istiyorum.

Yatakta dönüp durdum.

Sabah sayım anonsuyla aşağıya indim; televizyonu açtım; gazeteleri okuyan bir kanal bulmak için elimde uzaktan kumanda kanallar arasında dolanıp durdum.

Hah, birini buldum; tam da *Hürriyet*'i okuyor, gazetenin birinci sayfasının bir bölümü ekranda gösterildi; ama birinci sayfanın üçte biri gözükmüyor, talihsizlik. Pazar yazılarım birinci sayfadan anonslanıyordu; onu görürsem rahatlayacağım, demek ki makalemi basmışlardı, ama göremedim, yok. Huzursuz oldum. Yazıyı basmadılar mı?

Cumhuriyet gazetesi Mustafa Balbay'a sahip çıkmış, köşesini hep korumuştu. *Hürriyet*'in tavrı ne olacaktı?

Oktay Yıldırım'a ve Barış'a heyecanımı göstermek istemedim. Yazı benim nefes borum. Dayanma gücüm...

Üç yıldır *Hürriyet*'te yazıyorum; bu süreçte sadece sanıyorum üç kez yazamadım; tatillerde bile elimde kalemim vardı. *Hürriyet* gibi etkili gazetede bir sayfanın çok önemli olduğunu düşündüm hep; bildiklerimi, öğrendiklerimi paylaşmak istedim. Bilginin dönüştürücü gücüne inananlardanım. Yazı ile hiç profesyonel ilişki kurmadım. İlk yazımı ortaokulda yazdım; okulumuzun *Dağarcık* adlı dergisine. 7. sınıftaydım; hâlâ o heyecanı taşıyorum. Zenginliktir bu, öyle bildim.

Şimdi heyecanla bekliyorum; cezaevinde yazdığını okumanın mutluluğunu tahmin edemiyorum.

Ve günün acı sürprizi:

Milli Görüş'ün efsanevi lideri Necmettin Erbakan vefat etti.

Haber kanalları gelişmeleri sıcağı sıcağına vermeye başladı.

Rahmetli Erbakan'ı tanıyanlar ekrana çıkıp, birbirleriyle övgü yarışına girdi. En çok iltifat edenler, ilginçtir, Erbakan Hoca'dan ayrılanlardı! AKP için ne diyordu, arka kapıdan kaçanlar partisi!

Yakın siyaset hayatına damgasını vurmuş liderlerin biyografileri pek az yazıldı Türkiye'de; Menderes'i Özal ve Erbakan'ı yazdım ben. Ekranda konuşanlar hep içi boş, beylik, ezber sözler sarfediyorlardı. Tam bu sırada...

Koğuşun demir kapısının küçük mazgalı açıldı; gazeteler geldi: Hemen birinci sayfaya baktım; anons var mıydı? Evet, yazım çıkmıştı: "Hangi Yazarın Ne Rüyası Vardı."

Sırtında hükümetin onca mali baskısı olan ve bazı muhalif yazarlarıyla yolunu ayırmak zorunda kalan *Hürriyet,* Ergenekon tutuklusu yazarına sahip çıkmıştı! Şaşırdım. Sevindim. Demek bu ülke için umut etmekte haklıydık.

Evet, teslim olmamakta bütün mesele... Evet, her daim dünyaya fildişi kulesinden, gücün kişiyi şımartan, zalim yapan en tepe noktasından bakanlar olabilir; ölçüyü kaçırabilirler; gerçeğin ağırlığını unutabilirler; ve ruhsuzlaşabilirler; ama işte bu mutsuzluğa boyun eğmemek gerekir:

Hürriyet bu tarihi sınavdan başarıyla geçmek istiyordu anlaşılan. Evet, her türlü önyargının üstüne çıkmak meziyettir.

Artık susma zamanı; hücreme çekildim, yazımı okudum. Son cümlesini bir daha bir daha tekrarlayarak okudum: Ütopyalar bitmez...

Sonra diğer gazetelere baktım.

Başak Sayan... Türkiye'nin fenomen dizisi "Yaprak Dökümü"nün oyuncusu. Aynı zamanda *Akşam* gazetesi *Pazar* ilavesi yazarı. Lütfen şu yazdıklarına bakar mısınız; bunu doğru dürüst bir-iki isim haricinde hiçbir gazeteci yazmadı:

> Şu an Silivri'de Ergenekon'dan tutuklu bulunan sanıkları nereden tanıyorsunuz, ilişkiniz nedir sorusu nasıl bir "gazeteci"ye sorulabilir? O kişiler terörist olsa bile bir gazetecinin işi gereği herkesle temas halinde olması gerektiği mesleki hakkıdır.
>
> "Tek çıkış yolu vardır, sorunun başka türlü çözümü yok. Bu iş böyle giderse Türkiye'de çok kötü şeyler olacak. Bu adamlar gerçekten tanklarla çıktıkları zaman nasıl bir daha o tanklar içeri sokulacak? Hakikaten sokulamaz ya..." Bu satırların darbe karşıtı satırlar olduğunu her okuyan anladığı halde savcı neden anlamazdan geliyor? İlle de darbeci yaftası yapıştırmaya kalkıyor?
>
> Madem bu kadar darbeci avına çıkılmış durumda o vakit neden 28 Şubat'ın "suçluları" cezalandırılmaz da aydın gazeteciler içeri tıkılır?

Bir gazeteciye bazı isimlere yönelik notları neden tuttuğunu sormak, bir makyaj artistine neden yanında makyaj malzemeleri taşıyorsun sorusunu yöneltmek gibidir. Nitekim Yalçın da cevabında yaptığı röportajlara yararlı olduğunu söylemiş.

Oray Eğin'le konuşmalarına dair sorulan "neden bilgi veriyorsunuz" sorusuna ne demeli? İki gazeteci arkadaşın kendi aralarında bilgi paylaşımı yapmasından daha doğal ne olabilir? Kozmetik ürünlerini mi tartışıp konuşacaklar bir araya geldiklerinde?

Ben artık gazetelerin eklerini okuyacağım!..

Yoksa Okay Gönensin gibi deneyimli yazarları mı okumalıydım? O da beni misyon gazetecisi yapmıştı! Kimse aynaya bakmıyor mu? Özellikle son 30 yıldır ne "gazeteciliği" yapıyor Okay Gönensin? Herkes ne kadar biliyor! Ne kadar önemsiyor kendini? Meslekteki kıdemine saygı duyup susmak en iyisi...

Evet okumamalı gazeteleri; hep söylüyordum ama kayıtsız da kalamıyorum. Okuyunca da sinirlenip sert sözler sarfediyorum bu kısır ruhlu adamlara. Aslında...

Edip Cansever en güzel yanıtı verdi bunlara:

Güç iştir çünkü bir tarihi insan gibi yaşamak
Bir hayatı insan gibi tamamlamak güç iştir...

Hiç güç işlere omuz vermediler. Hep saklandılar. "Yapar"mış gibi göründüler. Sorsanıza, kaç yıldır yazıyorlar? 12 Mart darbesinde, 12 Eylül darbesinde ve şimdi polis-cemaat darbesinde (ki hepsinin arkasında CIA–Gladio vardır) ne yaptılar; Türkiye'nin önemli "duraklarında" hangi özgürlük mücadelesi içinde yer aldılar. Okay Gönensin, Hasan Cemal, Cengiz Çandar, Ahmet Altan, Mehmet Altan, Hadi Uluengin, Şahin Alpay bu zorlu süreçlerde niye bir gün bile cezaevine atılmadılar? Niye? Tesadüf mü? Sorsanız; hep muhalifler! Oysa sadece kurnaz içten pazarlıklı oldular; "hesap aydını!.." Saf değiştirmeyi meslek edindiler. Çiğdem Talu'nun dediği gibi, "Çevir kazı yanmasın; sağcıyla sağcı, solcuyla solcu..."

Şimdi hücremde düşünüyorum da, Okay Gönensin ve onun gibi cambaz yazarlar dört yıldır Ergenekon süreciyle ilgili neler yazdılar neler.

Biri... Sadece biri Ergenekon iddianamesini okudu mu? İddianameyle birlikte davanın avukatlarıyla buluşup "Avukat

Bey/Hanım, neler oluyor, iddialar çok vahim, ne diyorsunuz," dedi mi? Kuşku duydu mu?

Hiçbirini yapmadılar. Gazetecinin beyin ölümüdür bu.

Bir dava iddianamesinden örnek vereyim... Okay Gönensin "magazin" sevdiği için "fuhuş" dosyasını (!) açayım...

"Askeri Casusluk ve Şantaj" adıyla da bilinen bu dava Poyrazköy, Kafes, Balyoz ve Amirallere Suikast davalarından farklı değil. TSK personeli sahte dijital belgelerle sanık durumuna düşürüldü. Nasıl mı?

Deniz Kuvvetleri Komutanlığı personelinin yargılandığı diğer davalarda olduğu gibi bu soruşturmanın başlangıcı da imzasız e-postalara dayandırıldı.

Davanın 56 sanığı bulunmasına rağmen, sözde delillere, (sadece üç sivil ikametgâh adresinde) evde kimsenin bulunmadığı esnada yapılan aramalarda el konulmasına şaşırmazsınız herhalde artık.

Arama-el koymalar sırasında, kanunda yer almasına ve benzer davalarda bilirkişi raporlarında da açıkça belirtilmesine rağmen, öncelikle yukarıda belirtilen üç ikametgâhta bilgisayar ve diğer dijital ortamlara el konulurken, imajları alınmadı.

Hiçbir sanığın evinde yapılan aramada ele geçirilmediği ve arama-el koyma tutanağında yer almadığı halde, meçhul bir harddiskte bulunan dijital belgelere istinaden suçlamalar yapıldı. Bu, harddisk nereden ve nasıl geldi? Yanıtı yok. Bulunmuştu işte...

Fakat, bir sanığın harddiskinin arama-el koyma tutanağındaki disk seri numarası ile iddianamedeki seri numaraları farklıydı. Yeni seri numarasının diğer harddiskin içinden çıktığı söylenmekteydi. Matruşka harddiskler mi mevcuttu ya da yeni bir sehven olayı mı? İncelemek maksadıyla içinin açılmasına neden ihtiyaç duyulmadı hiç? Yanıt yok...

İçeriğinde suç unsuru olduğu iddia edilen dijital verilerin, imajları/kopyaları, bilirkişi raporları ve de bunlarla ilgili yapılan incelemelerin sonuçları sanıklara verilmedi. Niye? Yine cevap yok. Bu böyle bir dava!

İddianamede sözde örgütün, "gizliliği ön planda tuttuğu" iddia edildi. Ancak, aynı iddianamede sözde örgüt mensuplarının kendi aralarındaki haberleşmeyi CD/flash bellek gibi dijital ortamda yazdıkları mektuplarla sağladıkları belirtilmekteydi. Bu CD/flash belleklerde yer alan mektup içerikleri ile gönderdikleri iddia edilen diğer word/excel dokümanlarında (aynı diğer davalarda olduğu gibi) sanıkların kendi isimlerini açık açık yazdıkları görülmekteydi. Bu nasıl gizlilikti? Bu nasıl örgüttü? Anlamak zor. Bu davayı da akılla anlamak zor.

Örneğin: Ortada tehdit edilen, şantaj yapılan, fuhuşa zorlanan ve bunlardan mağdur olduğunu beyan eden hiçbir şahıs yoktu!

Uygulayıcılar işi yine yüzlerine gözlerine bulaştırmışlardı. İddianameye göre, "Sevgili Ebru1.doc" dosyasındaki mektubun oluşturulma tarihi 16 Ağustos 2009. Son kaydedilme tarihi ise, 20 Şubat 2010 idi. Bu durumda sanık söz konusu mektubu 6 ayda yazabilmişti!

Başka neler vardı...

İddianamede yer alan görüntü ve ses kayıtlarının gizli kayda alındığı iddia edilmekte; ancak söz konusu görüntü ve ses kayıtlarının müştekilerin kendi bilgi ve iradeleri dahilinde kayda alındığı, müştekinin kendi ifadeleriyle sabitti. Müşteki ifadesinde bu husus belirtilmesine rağmen, iddianamenin diğer bölümlerinde, kayıtların sözde örgüt tarafından gizli kamera düzenekleriyle çekilmiş olduğu iddia edildi. Yine bir sehven olayı mı?

Arama yapılan evlerden çıktığı iddia edilen birkaç elyazısı not mevcuttu. Bu nottaki yazılar ile notları yazdığı iddia edilen kişilerin elyazılarının mukayese edilmesi maksadıyla elyazısı örnekleri alındı. İddianamede, yazıların sanıkların elinden çıktığına ilişkin hiçbir tespit yer almadı. Elyazısı örneklerinin kriminolojik inceleme sonuçları nedense sanıklardan gizlendi. Bunun adı hukukta delil karartma değil mi?

İddianamede suç tarihi olarak "28 Nisan 2010 ve önceki tarihler" yazıldı. Ancak aynı iddianamede, suç unsuru olduğu iddia edilen birçok hususun tarihi, "28 Mart 2010 tarihinden sonraki tarihler" şeklinde yer aldı. 1 aylık sehven!

Müştekiler bölümünde dört şahıs (Melis Gizem Özkan, Haydar Mücahit Şişlioğlu, Türker Ertürk, Türkan Pala) için ihtilat şartının gerçekleştiği iddia edilirken, delillerin incelenmesi bölümünde sadece bir, iki şahıs (Türker Ertürk, Haydar Mücahit Şişlioğlu) için ihtilat unsuru oluştuğu iddia edildi. Hangisine inanmalı?

Şaşırtıcı...

Ve hele hele...

ADD, Ulusal Kanal, Avrasya TV ve ÇYDD üyesi bayanların Ergenekon, Balyoz, Kafes, Poyrazköy davalarıyla ilişkilendirilmek istendiği iddianamede açıkça yazıldı. Fuhuş yapıyor denenler bakire çıktı! Ne yazayım şimdi; kimse utanmıyor ki!

İddianamede suç örgütünün aylık periyotlarla toplantı düzenlediği ve toplantı notlarının sanıklardan biri (Burak Çetin) tarafından "Marmaris gündem.doc" isimli dijital word dosyasına Kasım, Aralık, Ocak, Şubat, Mart başlıkları altında kaydedildiği iddia edilmekteydi. Sanık (Burak Çetin) bahsedilen tarihlerde, hatta bahse konu ayların tamamında NATO Daimi Deniz Görev Gücü görevi kapsamında TCG Göksu fırkateyniyle yurtdışında seyirdeydi. Yurtdışında gemiyle görevde bulunduğu dönemde Türkiye'de yapıldığı iddia edilen toplantılara katılıp, üstüne bir de toplantı notlarını tutması nasıl mümkün olmuştu? Üstelik gemide bilgisayar da yoktu. Bu durum "Marmaris gündem.doc" isimli dijital belgenin üçüncü şahıslar tarafından oluşturulup sanığa (Burak Çetin) mal edilmeye çalışıldığının göstergesi değil mi?

İddianamede E. Tolga Uçar'ın sözde örgüt yöneticisine (Zeki Mesten) bağlı olarak çalıştığı, temin ettikleri belgelerle, fuhuş konusunda beraber çalıştıkları iddia edilmekteydi. Sözde örgüt yöneticisi (Zeki Mesten), Gölcük Askeri Hastanesi'nde kadın doğum uzmanı olarak görev yapmakta olup, sanığın eşinin de doktoruydu! Eğer sanık, örgüt yöneticisi olduğu iddia edilen şahsı (Zeki Mesten) fuhuş çetesinin bir üyesi olarak tanısaydı, eşini muayene için kendisine gönderir miydi? Siz gönderir miydiniz?

İddianamede Zeki Mesten'in eşinden avukat olarak bahsedilmekteydi. İddianamede, "... eşine birkaç dava yönlendirilsin" yazılmakta. Ancak eşi avukat değildi!

Hangisini yazayım: Sanıklardan E. Tolga Uçar'ın bilgisayar kullanıcı adının "E.Tolgaucar" olduğu belirtiliyordu, oysa içinde "suç unsuru" bulunarak el konulan bilgisayar kullanıcının adı bu değildi. Üstelik söz konulu dosyanın son kayıt tarihi 23 Mayıs 2009 idi. Sanık Uçar o tarihte, görev nedeniyle TCG Mızrak gemisinde seyir halindeydi! Gemide bilgisayar yoktu... Birileri akıllara durgunluk veren işler çeviriyordu. Ve kim ne derse desin, pervasızdılar...

Medyanın nasıl kullanıldığı da bu davada ortaya çıktı:

İbrahim Sezer ve Zeki Mesten'in ev ve işyerlerinde arama ve el koyma işlemleri 3 Ağustos 2010 tarihinde yapıldı. 4 Ağustos 2010'da basında yer alan bir haber dikkat çekiciydi. "... Operasyon kapsamında Gölcük Askeri Deniz Hastanesi'nde görevli Jinekolog Doktor Binbaşı Zeki Mesten ile ilgili olarak... Çete yöneticilerinin evlerinde devletin gizli belgelerinin de bulunduğu belirtildi."

Aramaların ertesi günü devletin gizli belgelerinin ele geçtiği basında açıkça yer aldı. Aramalar hangi gerekçeyle yapıldı? Fuhuş... Ele geçirilen dijitaller ne zaman incelendi de içlerinde devletin gizli belgeleri bulunduğu anlaşıldı? Polisin ve özel yetkili medyanın hızına artık şaşmamayı öğrendik.

3 Ağustos 2010 tarihinde İbrahim Sezer'in zaman zaman kullandığı evde kimse yokken, yapılan aramada el konulan malzemelerin mühür açma işlemi Emniyet Müdürlüğü'nde aynı gün saat 16.50-18.30 saatleri arasında, imaj alma işlemi de yine Emniyet Müdürlüğü'nde ve aynı gün 21.38-23.03 saatleri arasında yapıldı. Saat 23.03'te imaj alma işlemi henüz bitmiş olan dijitallerin incelenmesi ne zaman yapıldı da gazete baskısına devletin gizli belgeleri çabucak yetişti! Dijitallerde neler olduğu el konulmadan önce bilinmiyorsa, incelenip gazete baskısına yetişmesi de pek mümkün görünmemektedir.

İbrahim Sezer için bile hayali fahişe zaptı düzenlendi. Yazdım: Polis telefon tapesinde Sezer'i fahişe Rus ajan Vika ile buluşturdu. Telefon duruşmada dinlendi, "fahişe Rus ajan Vika" diye konuşma yoktu. Sehvendi! Telefon sehvenlerine yer versek ciltler yetmez: Sanık Durmuş Ali Özoğlu'nun "alacaklı beni arıyor, 20 bin filan siftah gönder" sözündeki "siftah" "silah" oluvermişti. İspatlayana kadar aylar geçti hep...

İddianamede, aramada el konulduğu iddia edilen anahtarlardan ve adreslerden bahsedilmekteydi. Ancak bu anahtarların bahsi geçen adreslerdeki kapıları açmadığı da anlaşıldı!

Deniz Mehmet Irak ve Zeki Mesten davanın iki sanığı olarak, iddianameye göre örgüt üyelerine emir veriyordu. Ancak niye ise, iddianamede iki sanığın yazdığı iddia edilen notlarda, kendilerinden "ben" diye değil isimleriyle söz ediyorlardı!

Neler yoktu ki...

Açık kaynaklardan kolaylıkla elde edilebilecek, Amerikan gemisi FFG-13'e ait fotoğrafların, TCK 334/1 md. kapsamında "Açıklanması yasaklanan ve niteliği bakımından gizli kalması gereken bilgi" olduğu iddia edilerek sanıklar hakkında üç yıla kadar hapis cezası istendi.

Bir geminin NATO görevine ilişkin seyir bilgilerinin Yunanistan'a satılacağı iddia edildi. Yunanistan'ın da üyesi olduğu NATO ülkelerine bildirilen bu bilgiyi kime satabilirsiniz ki? Satmak isteseniz de almazlar. Bu saçma kurgu ancak konu hakkında yarım yamalak bilgisi olan bir çete tarafından kurgulanabilirdi.

Okay Gönensin'ler bu davalarla hiç ilgilenmediler. İşlerini hakkıyla yapmadılar. Kendini beğenmiş bir cüretkârlıkla hep ahkâm kestiler. Bilgiye ihtiyaç duymadılar; sanki öyle doğmuşlardı. Neyse, *bakın yine kendimi tutamayıp bu kibir abidelerini* yazmaya başladım. Tamam. Bugünlük bu kadar. Yazmayacağım. Nokta.

On Beşinci Gün

28 Şubat 2011
Pazartesi...

Hava puslu ve soğuk. Oysa gönül iç parçalayıcı kıştan çıkmak istiyor artık... İnsana sağırlık hissi veren gri sessizlik, "avlu" kapısı kilidi, bir gürültüyle açılıyor. Saat: 07.00. Aşağıya indim, canım kahve istedi; sonra televizyonu açtım.

Modernizm amaçlı bir siyasi uyarının adı Türkiye'de hatalı bir kavramın doğmasına neden oldu: "28 Şubat Postmodern Darbesi!"

14. yılındaymışız; unutmuştum; televizyon anımsattı. Bin yıl sürecek deniliyordu, on yıl sürmedi. Hiç anlamadılar, kabul etmediler; halktan kopuk, köksüz her hareket yok olmak zorundadır.

Gazeteler fazla yer vermemişti 28 Şubat yıldönümüne; hâlâ bizim tutuklanmamızı yazıyorlar. Neler yazmıyorlar ki! Hazırlıklıyım, artık pek ilgilenmiyorum...

Benim için bugünün önemi başka; bugün pazartesi, oğlumla haftalık telefon görüşme günüm. 10 dakika oğlumun sesini duyacağım. Bu ikinci görüşme olacak.

Cezaevine hâlâ "uyum" sağlayamadım; duygusalım bu konuda. Edip Cansever'in "hak edilmiş hüzünlerimiz" dediği bu mu? Akşamı zor ettim zaten. Feza yine avukat görüşüne geldi. Öğleden sonra bir saatlik yürüyüş yapma kararımı bugün uyguladım. Ve işte o an geldi; saat 16:30. Oğlumun sesini duyma saati... Oğlumun sesini duyunca yüreğime yine hâkim olamadım; gardiyanlar görmesin, oğlum anlamasın diye çaba sarf ediyorum, ama sessizce akan gözyaşıma engel olamıyorum. Amma güçsüzmüşüm be!

Oğlum babasından güçlü; basketbolu sevmeye başladığını, Fransızca'dan 100 aldığını, izcilik çadırını değiştirdiğini, kendisiyle ilgili her şeyi bir çırpıda anlatıyor işte.

Konuşmakta zorluk çektiğimi yine anladı sanıyorum. Oğlumla gurur duyuyorum. Büyüdü güzel oğlum.

Kendimi toparlayıp kitap okuduğumu tekrarladım yine. Çünkü bebekliğinden beri babasıyla kitapları özdeşleştirdi;

babasının elinde hep kitap vardı. Kafasında öyle bir resim var, biliyorum. Kitap okuduğumu söyledim ki; hayatımın pek değişmediğini düşünsün, tedirgin olmasın. Bu süreci yaralı geçirmesini istemiyorum. Ne kadar becerebileceğiz, zaman gösterecek. Pek göstermez ama çok duyarlı bir yapısı var. Tüm çocuklar gibi çok temiz, sevecen minik kalbi var oğlumun; kırılsın istemiyorum; bu duygu dayanıksız kılıyor beni.

Bir adım ötesi uçurum olan bu halim değişecek kuşkusuz, kimin sözüydü, nerede okumuştum acaba, "siz uçuruma bakarsanız uçurum da size bakar..." Resim yapıp göndermesini istedim. Tam yanıtı veriyordu ki... Ne yazık ki –her daim olacağı gibi– sözlerimiz bitmeden 10 dakika oldu ve telefon otomatik olarak pat diye kapandı... Buna da alışacağız. Öğreneceğiz. Öğrenirim; ama çocuklarımızın sütüne kirli tezgâhlarıyla tuz atanları affedebilir miyim, emin değilim... Böyle anlarda çok kızgınım çok; umarım nefrete, kine dönüşmez öfkem...

Saat 17.00 suları.

Hava kararıyor. Akşam erken iniyor mahpushaneye...

Acının hırkasının giyildiği böyle anlarda yalnızlığın ölümüne yenilmemek; yalnızlığı damıtarak çoğaltmak gerekir.

Avluda volta atıyorum. Tiryaki değilim ama Barış Pehlivan'dan bir sigara istedim; ve sigaram bitmemişti ki... Koğuşun demir kapısı her zamanki gibi büyük gürültüyle açıldı. Cezaevi ikinci müdürleri, arkalarında gardiyan ordusu koğuşa doluştu. "Hemen hazırlanın, bir saat içinde 1 No'lu Cezaevi'ne naklediliyorsunuz."

"Nasıl olur?"

"Bizim de şimdi haberimiz oldu; emir Ankara'dan geldi."

Gittiler. Şaşırdık kaldık. Bu da nereden çıktı şimdi?

Aslında dört-beş aydır konuşuluyormuş. Bizim şansımız!

Barış Pehlivan'la espri yapmaya başladık; iki haftada üç cezaevi: Metris... Silivri 4 No'lu Cezaevi... Silivri 1 No'lu Cezaevi!

Başladık toparlanmaya. Bizim fazla eşyamız yoktu; Oktay Yıldırım'a yardım ettik. En çok düşündüğü kitapları ve yayınevinden yeni gelen *Mehmetçik* kitabının taslağı.

Ev taşır gibiydik; Oktay Yıldırım Ekim 2007'den beri yaşadığı koğuşu terk ediyordu. Çok eşyası var; kutu, torba ip yok. Naylon poşetlerden ip yaptık. Eşyaları sardık. Ter içinde kaldık.

"Bir saat" demişlerdi, üç saat sonra geldiler. Hazırlık yaparken NTV'de Banu Güven'in konuğu, yeni kitabı çıkan İsmet Berkan'dı.

28 Şubat'ın nasıl postmodern darbe olduğunu anlatıyordu. Medya andıcından bahsediyor; 28 Şubat'ın istemediği yazarlara köşe yazdırmadığını söylüyordu... Barış Pehlivan tespiti yaptı: "AKP bizden, 28 Şubat'ın intikamını alıyor!" Doğruydu. Bunu 1 No'lu Cezaevi'ne gittiğimizde daha iyi anlayacaktık...

Eşyaları üç el arabasına yükledik. Arabaları çekmeye başladık. Gardiyanlar nedense hiç yardım etmedi; herhalde öyle emir verilmişti.

En zoru, her aşamada eşyaları güvenlik bandından geçirmek oldu. Tüm eşyaları teker teker indirip x-ray cihazından geçirdik. Sonra tekrar arabaya yükledik. Bazı torbalar yırtıldı. Gardiyanlar torba yardımı yaptı. Tabii sadece eşyalar değil, biz de sıkı aramadan geçirildik. Aramalar sonucunda, 4 No'lu Cezaevi'nin çıkış kapısına getirildik. Bekleyeceğiz. Öyle dediler.

Beklerken "Ergenekon Terör Örgütü" tutuklularından bazılarıyla ilk kez tanıştım. Zaten bu öyle bir örgüt ki, kimse kimseyi tanımıyor.

Sohbet ettim kimileriyle.

En çok sevindiğimiz Barış Terkoğlu'nu görmek oldu.

Sarıldık. Moraller iyi...

Koğuşlar tek tek gelmeye başladı. Koridor eşyalarla dolu.

Sanki mülteci kampı gibi...

Barış Pehlivan, "Soner Bey, camdan dışarı bakın, uzun zamandır bu kadar geniş bir gözyüzü görmedik," dedi.

Anlam veremediğim bir sevinç vardı içimde, sonra anladım; yalnızlığı seviyorum, ama insansızlığa dayanamıyorum. Şimdi koğuşlardan gelen kalabalık hoşuma gitmişti. Herkesle konuşuyordum.

Prof. Dr. Mehmet Haberal'ı taburcu etmediği için Silivri zindanına atılan Prof. Dr. Cengiz Çeliker'le ayaküstü konuştuk. Durgun görünüyordu. Sessizdi. Moral vermek istedim. "Sizin burada olmanızın nedeni Hipokrat," dedim, "keşke yemininize bağlı kalmasaydınız." Ciddiye aldı, yanıt verdi: "Ya taburcu etseydim ve ölseydi; bu kez yine cezaevine konulurdum..."

Tutuklu Sedat Peker'in eski yakın arkadaşlarından Boğaç Kaan Murathan el etti; çay hazırlatmış; gecenin soğuğunda iyi geldi. Kitaplarımı okumuş, fırsat bulursa imzalatmak istiyordu. Sohbet ediyoruz. *Cumhuriyet* gazetesine molotofkokteyli attırdığı iddiasıyla Ergenekon davasına dahil edilmişti. Göğsünde Atatürk rozeti vardı; Trabzonlu sosyal demokrat bir aileye mensuptu. "*Cumhuriyet*'e nasıl bomba attırırız biz?" diyor. "Kızsak, sinirlensek, tepki göstererek kapısını tekmeleyip gireriz; ama İlhan Selçuk Abi'ye bunu yapabilir miyiz?"

Cumhuriyet'e molotofkokteyli atıldığında cezaevindeymiş. Başka koğuştan çocuk yaşında bir sabıkalı, Alparslan Arslan gibi ünlü olmak için atmıştı. Boğaç Kaan Murathan, azmettirdiği iddiasıyla 30 aydır cezaevindeydi. Olayı anlattı:

Tarih: 29 Mart 2008.

Saat 23.30 sıralarında *Cumhuriyet* gazetesinin İstanbul Şişli'deki merkezine molotofkokteyli atıldı. Bahçedeki çöp tenekesine isabet eden molotofkokteyli, 2 metrekarelik bir ateş çıkardı. Eylemi yapan üç kişiydi. Bedirhan Şinal, Umut Erdoğan ve Oğuzhan Aslan. Umut Erdoğan olay yerinden koşarak kaçarken yakalandı. 15 yaşından küçük olduğu için Şişli Çocuk Büro Amirliği'ne teslim edildi. Gazetenin güvenlik kamerası tarafından saptanan iki arkadaşının adını hemen verdi. Bir gün sonra Şinal ve Aslan da yakalandı. Oğuzhan Aslan da Çocuk Büro'ya teslim edildi onun da yaşı 15'ten küçüktü.

Üç kafadarın ifadelerinde, Eyüp Silahtarağa'da bir benzin istasyonundan 5 liralık benzin aldıklarını, bunu 3 kola şişesine koyduklarını, Umut Erdoğan'ın atletini yırtıp fitil yaptığını, denemek için attıkları şişe kırılmayınca üçünü bir bira şişesine aktardıkları ayrıntılı olarak anlattı.

Bedirhan Şinal sabıkalı, birkaç kez gasp, yaralama vs.'den yakalanmış, cezaevine girip çıkmıştı. Eyüp Ülkü Ocakları'na gidip geliyordu. Şinal, 1 Nisan 2008 günü İstanbul TEM'de verdiği ilk ifadesinde, mahallede "kız yüzünden" tartıştığı arkadaşından, daha önce Bayrampaşa Cezaevi'nde aynı koğuşta kaldığı ve kalmadığı çok sayıda kişinin adını verdi. Bu kişilerin bir kısmı serbest bırakıldı, bazıları ise hâlâ tutuklu.

Bedirhan Şinal'a göre önce İlhan Selçuk öldürülecekti; ardından "İstiklal Marşı'nı i... gibi okuduğu için" şarkıcı Rober Hatemo. Daha sonra da Orhan Pamuk!

Bedirhan Şinal Emniyet dışında ifade vermedi, savcılık ve sorgu hâkimliğinde "susma hakkını" kullandı ve tutuklandı. Neden konuşmadığını daha sonra "Eylemden önce 4 adet hap içmiştim, kendimde değildim," diye açıkladı.

Şinal bir süre sonra Edirne F Tipi Cezaevi'ne gönderildi. Burada Ergenekon sanıklarından Oğuz Alparslan Abdülkadir ve Ali Kutlu ile aynı koğuşta kaldı; Ergenekon'u burada keşfetti!

Şinal buradan bir dilekçe yazarak "itirafta" bulunacağını söyledi. 30 Nisan 2008 günü Beşiktaş'a getirilerek Özel Yetkili Savcı Kadir Altınışık'a ifade verdi. Molotofu "Ergenekon'un talimatıyla" attığını söyledi. İlhan Selçuk, Rober Hatemo ve Orhan Pamuk adlarını bu kez başka ve yeni isimlerle süsleyerek tekrarladı.

"Orhan Pamuk'a karşı yapılacak eyleme ilişkin yönlendirmeyi, Tekirdağ F Tipi Cezaevi'nde Ergenekon soruşturması kapsamında tutuklu bulunan doçent olduğunu öğrendiğim Emin Gürses yapıyordu," dedi.

"Boğaç lakabını kullananan Sedat Peker'in adamı olarak bilinen Emre" adlı bir kişi ile aynı koğuşta kaldığını, talimatı onun verdiğini anlattı. Şinal'ın bu ifadesine dayanarak Boğaç Kaan Murathan olaydan 8 ay sonra tutuklandı. Şinal ile Murathan'ın değil aynı koğuşta, aynı blokta bile kalmadıkları cezaevi yönetiminin belgeleriyle saptandı. Ama Şinal'ın fotoğraflardan bile teşhis edemediği Murathan 30 aydır tutukluydu. Sadece Boğaç Kaan Murathan değil, Seyhun Zaim, Bora Ballı, Fatih Derdiyok ve Bayram Demir de yalnızca Şinal'ın ifadesine dayanarak aylardır tutuklular. Haklarındaki tek "delil" Şinal'ın ifadesi.

Oysa aynı Şinal, 13 Mayıs 2008 tarihli dilekçesinde Murathan için "Polisin bana uyguladığı psikolojik korkutma ve sindirme ile adını verdim, ben cahilim. Babaannemin bile adını verdim, korkudan, heyecandan semt arkadaşlarımı da kendimle birlikte mağdur ettim, cahilliğimin bana yaptırdığı bu olayın bu seviyeye geleceği aklımın ucundan bile geçmezdi," demekteydi. Gene Şinal, 1 Temmuz 2009 günlü duruşmada "Polisler beni yakaladığında kimlerle görüşüp konuştuğumu sordular. Ben de aklıma gelen herkesi söyledim, herkesi gözaltına aldılar, bazılarını bıraktılar, bazılarını eylemle alakası vardır diye tutukladılar," dedi.

Bedirhan Şinal, "etkin pişmanlık" denilen bir yasa olduğunu, eğer suçlarını ve suç ortaklarını açıklarsa cezasının azalacağını polisten öğrenmişti. Ondan sonra ifadelerindeki senaryo sürekli değişti, başka isimleri de katmaya başladı.

Şinal, telefonda babaannesi ile konuşurken "İşin başında Kandıra'da yatan 'V' var," dedi.

19 Aralık 2008 günü cezaevinde polise verdiği ek ifadede,

polisin "Kandıra'da yatan 'V' kim?" sorusuna, Şinal'ın yanıtı, "Veli Küçük isimli şahıstır," oldu. "Veli Küçük'ün adı nereden aklına gelmişti? "Kurtlar Vadisi Pusu"nun 31. bölümünde "İskender Büyük"ün cezaevinden adamlarına talimat vermesinden! Şinal daha sonra Ergenekon duruşmalarında ifadesini tekrar değiştirdi; bu kez cemaatçi polislerin zorlamasıyla bu ifadeleri verdiğini söyledi...

Molotof davası 2 yılı aşkın süre İstanbul 12. Ağır Ceza Mahkemesi'nde görüldükten sonra mahkeme, davanın Ergenekon davasına bağlanmasına karar verdi. Ergenekon'un görüldüğü 13. Ağır Ceza Mahkemesi ise iki dava arasında hukuki ve fiili hiçbir bağlantı olmadığı gerekçesiyle birleştirmeye karşı çıktı. Fakat Yargıtay 5. Dairesi iki davanın birleşmesine karar verdi. Cumhuriyet'e atılan el bombasından sonra şimdi bir de molotofumuz oldu! Birinin "yıldızı" Osman Yıldırım diğerinin ise Bedirhan Şinal! İkisi de "suç makinesi"...

Boğaç Kaan Murathan kızgındı. Yine de sürekli, "biz cezaevine alışkınız, sizin gibi aydınları burada görmek inanın beni çok üzüyor," dedi. Ben de ona moral vermek istedim. Gerçi 30 aydır tutukluydu, ne diyebilirdim ki...

Eşyaları taşıyacak araçlar kapıya yaklaştı. Gardiyanlar pek yardım etmemişti; Mehmetçik eşyaları taşımamıza eşlik etti.

İlk taşınan koğuş biziz. Öndeki kamyonetteyiz. Komutanın isteğiyle şoförün yanına oturdum. Hareket ettik. Etrafı seyrediyorum; "Sahilden gidelim" esprisi yaptım. Her yer duvar, her duvar üstünde teller; görmek istemiyorum artık; gökyüzüne baktım. Türkiye'nin en tehlikeli örgütüne mensubuz; kamyonette sadece bir şoför, bir astsubay, bir de Mehmetçik var! Üçe üçüz yani.

Aklıma Tuncay Güney'in ifadesi geldi: "Ergenekon demek TSK demektir!" O halde altı Ergenekoncuyuz, öyle mi? Böylesine akıldışı ifadelerle bu büyük davaların açıldığını sanmıyorsunuz herhalde.

Yaklaşık beş dakika sonra 1 No'lu Cezaevi'ne geldik. Bekleme odasına aldılar.

Bekleme odasında kaygı içindeyiz; bizi ayırıp farklı koğuşlara mı verecekler? Tek istediğimiz Barış Terkoğlu'nu da bizim kalacağımız koğuşa almak. Yeni cezaevi yönetimiyle iletişime geçtik. "Zor," dediler. Israr ettik. Ama dinlemediler.

Arka arkaya diğer koğuşlar gelmeye başladı. Bekleme odası doldu. Gelenlerin hiçbirini tanımıyorum; Oktay Yıldırım'a soruyorum, "Bu kim, bu kim?" Şaşırtıcı, bazılarını o da tanımıyor; üstelik o, 1 numaralı sanık! 4 yıldır duruşmalara gidip geliyordu.

Sağlık memuru geldi; adı Kadir'miş. Tek tek herkese rahatsızlığı olup olmadığını sordu.

Bu arada gerilim bitti. Barış Terkoğlu'nu yanımıza alamadık; izin vermediler. Mehmet Koral ve Prof. Cengiz Çeliker'le gitti. Vedalaştık. Kimse birbirine duygulandığını göstermek istemiyor. Serinkanlıyız.

Bir süre sonra benim eski "ekip" geldi: Doğu (Perinçek) Ağabey, Nusret (Senem) Ağabey. Yanlarında Gazeteci Deniz Yıldırım var.

Barış Pehlivan'ın tespitini Doğu Ağabey'e söyledim: "28 Şubat'ın intikamını alıyorlar." Doğu Ağabey "Hiç düşünmemiştim, doğru," dedi.

Yıllar sonra Doğu Perinçek'le yan yana oturuyoruz. *Aydınlık*'ı günlük gazete olarak çıkaracaklarını söyledi. Yeniden günlük gazete çıkarma heyecanı duyduğu, ses tonundan belli. Bu yaşam aşkı aslında, çoğu buna "dava" diyor. Oysa hayata böyle dört elle sarılmayanın davası olmuyor. "Provaları-maketleri göndereyim, bir bak," dedi. Hâlâ beni çalıştırıyor!

Gazeteyi anlatırken elleri dikkatimi çekti; parmakları eğilmiş, romatizmadan herhalde. İçim parçalandı. Aynı hayatı kaçıncı kez yaşıyor? Oscar Wilde, "İnsan kaç hayat yaşarsa o kadar ölümle ölür," der.

Nasıl bir ceberut devletimiz var.

Doğu Perinçek hayatı boyunca eline silah almadı.

12 Mart 1971 askeri darbesi sonrası cezaevine atıldı. 1972-1974 yılları arasında iki yıl hapis yattı.

12 Eylül 1980 askeri darbesi sonrası yine hapse kondu. 1980-1985 yılları arasında beş yıl cezaevinde kaldı.

"Demokrasiye geçildi" denen Turgut Özal döneminde Kürt meselesi nedeniyle çıkarılan "Sansür Sürgün Kararnamesi" sonucu yine cezaevine atıldı. Suçu bu kez Kürt sorunu konusunda yazı yazmaktı. Üç ay yattı.

1998'de ise PKK itirafçılarının iftiraları sonucu, bir yıl cezaevinde kaldı.

Şimdi Ergenekon davası nedeniyle 21 Mart 2008'den beri Silivri zindanında.

Yani 12 yıllık bir cezaevi hayatı vardı. 12 yıl dile kolay; dört duvar arasında.

Ellerinin sebebi cezaevi yaşamının zorluğuydu.

70 yaşında. Kızı Kiraz doğduğunda cezaevindeydi. Kiraz'ın kızı Mercan doğdu, yine cezaevinde.

Ve hâlâ düşüncelerinin, sözlerinin bedeli ödetiliyor. Medyada Orhan Bursalı gibi bir-iki onurlu isim dışında kimse Doğu Perinçek adını anmıyor, yazmıyor.

Biz, Doğu Perinçek'le kavga ettik; hakkımda olmadık yalanlar söylediler-yazdılar; mahkemelik olduk. Ama bu, ona yapılanları benim nazarımda haklı çıkarmaz.

Cezaevinde kitap yazdı: *Ergenekon Savunması.* Hâlâ "Savunuyor". Bu devlet hâlâ, iddia ediyor! Kimse utanmıyor mu? Bir ben mi kaldım Doğu Perinçek'i kavgalı olmama rağmen savunan; ve galiba tek utanan. İnsan olmanın, insan kalmanın ağırlığı bu.

Şimdi Silivri zindanında gece yarısı soğuk bir hücrede yan yana oturuyoruz. Kaç yıl oldu böyle yan yana oturmayalı...

Doğu Perinçek'le bir yolculuğumu anlatayım size...

Rengi yeşil miydi, anımsayamıyorum.

Bildiğim, Mercedes otomobil zırhlıydı. Mercedes deyince lüks bir araba sanmayın, hayli eskiydi. "Zırhı var" diye alınmıştı. O yıllar Doğu Perinçek'e ardı ardına ölüm tehditleri geliyordu.

1993 sonlarıydı...

Doğu Perinçek otomobiliyle beni İstanbul'a götürdü. *Aydınlık* gazetesinin tirajları çok düşmüştü; Ankara'dan sürekli eleştiriler yazıp gönderiyordum, "Gel sen yap o zaman" diye kolumdan tutup İstanbul'a götürdü.

Yol boyu sohbet ettik. Özel konulara girdik.

Eşi Şule Perinçek, kızkardeşi Feyza Perinçek, babası Sadık Perinçek hepsiyle yakın oldum. Hepsiyle özel sohbetler ettim. Zamanla yollarımız ayrıldı.

Bir gün olsun, bu özel sohbetlerimizi ne yazdım ne de dedikodu malzemesi yaptım. İnsanların mahremiyetine hep sadık kaldım.

Haber merkezi toplantılarının "kutsallığına" da inandım; senaryo çalışmalarının bile sohbetlerini kimseye anlatmadım. Düşünce fırtınalarının estiği mekânların namusla örtülü duvarlar olduğuna inanırım ben.

O gün İstanbul yolunda, meraklı gazeteci olan ben, hep sordum. Doğu Ağabey hep anlattı. Hiç "yeter artık" demedi. Biliyorum ki kızdığında kızardı yani.

Dönekleri sordum örneğin...

Cengiz Çandar'dan nefret ediyordu, "ajandı" ona göre, ağır bir laf etti. Şahin Alpay'a zamanında haksızlık yaptığını söyledi. Zorla işçilere köylülere bildiri dağıtmaya gönderiyorlarmış ve o hiç istemiyormuş. Herhalde Filistin'deki kampa da zorla gönderilmişti. O da kaçmıştı, dönekliği öyle oldu Şahin Alpay'ın. Ama dönüşü soylu oldu, bazıları gibi hiç pespaye olmadı, son 1 yılı hariç...

Halil Berktay'a üzülüyordu. En büyük hayal kırıklığıydı. "Öyle bir babadan, öyle bir aileden böyle birinin çıkmasına" çok kırılmıştı.

Nuri Çolakoğlu hakkında hiçbir kötü söz etmedi. Hadi Uluengin'i ve Oral Çalışlar'ı önemsemiyordu. Başka kimleri konuştuk anımsamıyorum.

Nasıl gazeteci olduğunu sordum. Okuma dışında gazeteyle ilk ilişkisini, Almanya'da hukuk doktorasını yaparken, bisikletle sabahları evlere gazete dağıtarak kurmuştu. Marksizmle de Almanya'da tanışmıştı.

Aydınlık hareketi içinde yedi yıl kaldım. Partiye katılmadım. Benim ilişkim hep gazetecilik üzerinden oldu. Doğu Perinçek'i ben hep haber toplantılarında gördüm. Çok şey öğrendim. Gerçeğe ulaşma azmine, aşkına hayran oldum. Parti kurulduktan sonra, teoriyi pratikten ve giderek siyasetten koparan yaklaşım içine girdiği iddiasıyla *2000'e Doğru* çatısı altında biraraya gelmiş solcuların kopmasına neden oldu. Yollarımız ayrıldı. 16 yıldır görmüyordum. Köprünün altından ne sular akmıştı; ve biz Silivri zindanında yine yan yana oturuyorduk. Ergenekon iddianamesine göre liderdi o. Neler yoktu ki iddianamede hakkında... 3 yıldır duruşmalarda sehvenlerle uğraşıyordu... Bir bölümünü daha yazmalıyım...

İddianame yazdı: Doğu Perinçek, Suphi Karaman, Hasan Yalçın, Deniz Bilge (böyle biri yok!), Erol Bilbilik; "Ergenekon Yeniden Yapılanma" temel belgesini Bilecik'te hazırladılar.

Savcılar bunu Tuncay Güney'in emniyetteki mülakatına dayandırdığını ifade etti. Ama bu mülakatta böyle bir söz yoktu. Savcılar 31 Mart 2009 tarihli yazıyla hatalarını kabul ettiler!

"Sehven" konmuştu![41]

İddianame yazdı:

"Doğu Perinçek ve arkadaşları 'Ergenekon Yeniden Yapılanma' belgesini Veli Küçük'ün talimatıyla yazdı."

Keza bu da Tuncay Güney'in emniyet mülakatına dayandırıldı, ama bu da uydurmaydı. Savcılar bu hatalarını da kabul etmek zorunda kaldılar. Sehven idi.

Aslında gerçek ne, biliyor musunuz: Aramalarda "ele geçirilen", İşçi Partisi Başkanlık Kurulu'nun parti faaliyeti olarak hazırladığı "Devletin Yeniden Yapılanması" adlı bir Anayasa taslağı idi! Tuncay Güney de böyle olduğunu söylemişti. Bu belge ile "Ergenekon Yeniden Yapılanma" arasında en küçük benzerlik yoktu ama nedense iki metin birbirine karıştırılıyordu. Bu karışıklıklar bu soruşturmada nedense hep olacaktı.

İddianame Ergenekon örgütü içindeki alt-üst ilişkisini belirlemek için Perinçek'in, Veli Küçük'e "arz ederim" diye biten bir mektup yazdığını belirtti. O mektup duruşmada mahkeme başkanına soruldu; "arz ederim" diye hitap yoktu! Sehvendi.

Bu sehven durumu sadece iddianameyle sınırlı değildi; 28 Mart 2008 tarihli *Sabah* gazetesinin manşetindeydi. "Tuhaf diyalog: Perinçek'ten Küçük'e: Arz ederim."

Peki "arz ederim" yoktu; mektup da mı yoktu? Vardı. Ama bu mektup Cumhurbaşkanlığı'na, tüm üst düzey kamu görevlilerine, TSK komutanlarına, gazetecilere, derneklere gönderilmişti. Mektup İşçi Partisi'nin, 4 Haziran 2003 günü TBMM'den geçen etnik gruplara devlet kurma hakkı veren kendi ifadesiyle "ihanet sözleşmesini" eleştiren görüşlerini içeriyordu. Bu mektubu Tuncay Güney çarpıtmıştı, savcılar hiçbir süzgeçten geçirmeden, araştırmadan iddianameye koymuştu!

Neler yoktu ki iddianamede; örneğin...

Abdullah Öcalan Suriye'yi terk edip İtalya'da bulunurken, ardından dünya üzerinde turlarken ve Kenya'da iken; İstanbul'da Doğu Perinçek sürekli Veli Küçük'le "teslimatı" görüşmüşlerdi!

---

41 Sehven olduğuna inanmıyorum. Tuncay Güney'in hakkımda söyledikleri de 266.267 sicil no'lu polis ve savcı Zekeriya Öz tarafından çarpıtıldı. Veli Küçük'ün talimatıyla *Aydınlık*'ta çalışmaya başladığımı güya Tuncay Güney söylemişti. Halbuki Tunca Güney'in ifadesinde böyle bir cümle yoktu. Sehvendi yani öyle mi? Hadi canım sizde...

Oysa ilgili tarihte, yani Öcalan'ın 10 Ekim 1998'de Suriye'den çıkıp 16 Şubat 1999'da Kenya'da yakalandığı dönemde; 24 Eylül 1998-8 Ağustos 1999 tarihleri arasında, Perinçek Haymana Cezaevi'ndeydi! Hiç mi araştırma yapılmamıştı iddianame yazılırken, ya da biz mi çok safız!

Ve yine iddianamede ne yazdı, biliyor musunuz: "Doğu Perinçek, PKK kurucusu ve PKK'nın ikinci lideri"ydi!..

Türkiye'deki sol hareketleri biraz bilen biri, bunun ne kadar anlamsız olduğunu değerlendirir. Bırakın Perinçek'in kurucusu olmasını, PKK'nın kurulduğu 1970'li yılların sonunda aralarında kanlı çatışmalar oldu. Aydınlık grubundan Zeki Ön, Adil Turan, Mehmet Ongan, İnan Özdemir, Hasan Erkılıç PKK tarafından öldürüldü.

Benzer iftirayı PKK itirafçısı Sami Demirkıran 1998'de yaptı; iftira suçundan 1 yıl 3 ay hapse mahkûm oldu. (Ankara 9. Asliye Ceza Mah. 7 Şubat 2000.) İddianame neden bu derece özensiz hazırlanmıştı?

Bu iddialarla Doğu Perinçek'i müebbete mahkûm etmek istiyorlardı. İddianamede, İşçi Partisi'nin "Devletin Yeniden Yapılanması" dokümanında, "Ayrılan ve ihanet eden örgüt üyelerinin öldürüleceği hususu bulunmaktadır," denildi. Ancak söz konusu dokümanda böyle bir ifade yoktu.

İddianamede, Ulusal Kanal'ı Ergenekon'un kurduğu ileri sürüldü. Ticaret Sicili ve RTÜK kayıtlarında Ulusal Kanal'ın kuruluş tarihinin 15 Aralık 1994 olduğu sabitti. İddianameye göre 1999 yılında kurulduğu iddia edilen Ergenekon örgütünün Ulusal Kanal'ı kurmuş olması mümkün değildi.

İddianamede, Doğu Perinçek'in geçmişte yazdığı kitaplarda "Ermeni Soykırımı"nı savunduğu ileri sürüldü. Ancak iddia makamı bu konuda herhangi bir kanıt gösteremedi.

Sıkıldınız mı? Sıkılmayın; insanlar bu iddialarla yıllardır zindanlarda tutuluyor.

İddianamede diyor ki: Doğu Perinçek, Veli Küçük, Sevgi Erenerol, Kemal Kerinçsiz, Sedat Peker yurtdışında buluşup toplantı yaptı. Böylesine bir iddianın doğru olup olmadığını öğrenmek için, emniyetten bu kişilerin yurtdışına çıkış tarihlerini isteyip karşılaştırma yapılamaz mıydı? Hayır, "asrın davası"nda sadece iddialar var. MİT'e bile sorulmamıştı. Sonuçta ilgili kişilerin hepsi bunu reddetti. Mahkeme MİT'ten sordu. MİT yurtdışına giriş çıkış tarihlerini karşılaştırdı. 15 Ocak 2009 tarihli yazısında, "İlgili yazıya konu şahısların yurtdışında toplantı yaptıklarına dair kayıtlarımızda bilgi bulunmamaktadır," dedi.

İddia makamı neden araştırmadan salt duyumu iddianameye koydu? Aslında Doğu Perinçek'in koruması polisler vardı; çağırıp onlara bile sorabilirlerdi. Ama yapılmadı nedense...

Evet, Tuncay Güney söylemiş, doğru-yanlış olduğuna bakılmadan iddianameye girmişti.

"Doğu Perinçek, Devlet Tanıtma Fonu'ndan Ermeni meselesi için 300-400 milyar aldı." Savcılar bunu yine ilgili kuruma sormadan iddianameye koymuştu. Devlet Tanıtma Fonu böyle bir para ödemesini bırakın, sadece Perinçek'e değil; eşine, çocuklarına, bacanaklarına hiç para vermediğini açıkladı!

İşçi Partisi'nde bulunduğu iddia edilen CD'ler meselesini yazmıştım, sehven denmişti!..

Doğu Perinçek sadece Ergenekon davasıyla ilgili değil yaşamının her bölümünde benzer iddialarla yargı karşısına çıkarıldı. Evet 12 yıl hapis yattı ve hâlâ zindanda. Ne diyebilirim ki...

Silivri Cezaevi'nde saat gece yarısını geçti.

Mart ayına Doğu Perinçek'le sohbetle girdik. Yeni çıkacak günlük *Aydınlık* gazetesinde yazmamı istedi. Üçüncü sayfayı teklif etti; "Birinci sayfadan da anonslarız," dedi. Sohbetimiz medya üzerine sürdü.

Bu arada yanımıza Prof. Dr. Erhan Kansız geldi; o da Prof. Dr. Cengiz Çeliker gibi Prof. Haberal'ı taburcu ettirmediği için "örgüte yardım ve yataklık" yaptığı iddiasıyla Silivri'ye atılmıştı. Sohbet sonunda anladım ki; hastaydı, kanser olduğunu söyledi o doktorlara özgü soğukkanlı haliyle. Rengi soluktu. Ama morali hayli iyiydi. Hoşsohbet biri; neden içeri atıldığının bilincinde. (Ne tesadüf ise, Prof. Mehmet Haberal zorla hastaneden çıkarılıp Silivri Cezaevi'ne konduktan sonra Prof. Kansız ve Prof. Çeliker bir ay içinde arka arkaya tahliye oldular! Yaşasın adalet...)

Yeni koğuşlarımıza götürülmeyi bekliyoruz hâlâ...

Bekleme odası doldu. Oturacak yer kalmadı. Herkes sigara içiyor gibiydi; duman nedeniyle pencereleri açtık, soğuk üşütmüyordu sanki. Yeter ki duman altı olmayalım. Böyle bir yerde, böylesine zor koşullarda kime sigara içme diyebilirsiniz ki? Bu arada...

Köşede ayakta duran bir adam dikkatimi çekti. Çok şık. Rugan ayakkabı, kadife pantolon, gömlek ve pahalı bir kazak var üzerinde.

Kirliden biraz uzun sakalı var.

Sessiz, kimseyle konuşmuyor. Ayakta duruyor hep, hiç oturmuyor. Arada bana bakan kaçamak bakışlarını yakalıyorum. Niye bakıyor acaba? Tanıyor mu?

Bir saniye! Ben bu adamı tanıyorum, ama nereden?

Evet kimdi, bu cezaevine pek uygun olmayan şıklıktaki adam?

Davanın en kıdemlisi Oktay Yıldırım'a fısıldadım:

"Köşede ayaktaki adam kim?"

Baktı, fısıltıyla kulağıma söyledi: "Osman Gürbüz!"

Osman Gürbüz... Osman Gürbüz...

Evet hatırladım..

Kod adı: Küçük Hacı... "Ahmet Tecer", "Nurettin Elibol", "Birol Sezer" gibi sahte kimlikler kullandı.

İlk suçunu 16 yaşında işledi; 1978'den 1986'ya kadar gasptan cezaevinde kaldı. Aynı yıl adam öldürme iddiasıyla tekrar hapse girdi, afla çıktı. 1987'de tekrar cezaevine girdi; iki buçuk ay yattı.

1988'de gasp, meskûn mahalde ateş etmek, silahlı baskın, Ülkü Ocakları Başkanı Nuri Şahin'i ayağından vurmak gibi suçları işledi. Firari oldu.

1990'da ağabeyini öldürdü. Ardından 1991'de de kardeşini, eşi Selma Sezer'e sarılırken gördüğü için vurdu. Bu suçlara 1992'de bu kez İstanbul Sarıgazi'de bir kız öğrenciye tecavüz ettiği iddiası da eklendi.

Aynı yıl eşi Selma Sezer'i ayağından vurdu.

1993'te Ankara'da bir barı silahla tarayarak üç kişiyi yaraladı.

1994'te Merzifon'da bir fabrika bekçisini yaraladı. Aynı yılın sonunda BMW otomobiliyle kaza yapınca yakalanma tehlikesi atlattı; polis bacağından vurduysa da kaçmayı başardı.

Eski Başbakan Mesut Yılmaz'ın TBMM Susurluk Komisyonu'nda verdiği ifadeye göre, Osman Gürbüz aslında yakalanmıştı, ancak Ankara Emniyet Müdürü'nün devreye girmesiyle bırakılmıştı. Mesut Yılmaz'ın iddiasına göre, araç

Genelkurmay'a aitti. "Bu BMW arabanın Genelkurmay'a ait olduğu, Ankara'ya gönderilmesi istenmiştir. Sonunda bu otomobil Ankara'ya gönderilmiştir. Ama üç ay öncesine kadar Mehmet Ağar tarafından kullanılmıştır. Önce, seçim sırasında Elazığ'da, daha sonra bakan olduktan sonra eşi tarafından kullanılmıştır:" (1999, Susurluk Araştırma Komisyonu tutanağı.)

ANAP'lı eski bakanlardan Eyüp Aşık da 29 Ocak 1997'de aynı komisyona verdiği ifadede, "Osman Gürbüz JİTEM elemanıydı... 'Bizim adamımızdır' diye genel müdürlükten Kocaeli'ne talimat veriliyor, 'bırakın adamı' diye. 'Yakalanmışsa bırakın, yakalanmadıysa da peşine gitmeyin, itirafçıdır' deniyor. 'Başçavuş Ahmet'in adamıdır' deniyor" diyordu.

Osman Gürbüz yakalanmadı. Suç işlemeye devam etti. Bakırköy'de bir kahvehane işletmecisini ve bir otoparkta üç kişiyi öldürdü. Keza yine bir polisin şehit edilmesine adı karıştı.

Türkiye'de ne kadar karanlık olaylar varsa Osman Gürbüz'ün adı geçti: Gazi olayları dahil... Susurluk Çetesi'nin önemli tetikçilerinden biri olduğu iddia ediliyordu. Hepsini reddetti. Ama MİT'çi Mehmet Eymir'le tanışıklığına "hayır" demedi. "Görüştük," dedi... Ayrıntı anlatmadı. Mehmet Eymür'ün Semih Tufan Gülaltay'la ilişkisini yazmıştım. Eymür benzer kişilerle görüşüp neler neler yaptırmıştı acaba? Asıl "Ergenekon" nerede? Veli Küçük, Abdullah Çatlı, Mehmet Ağar, Korkut Eken, Sedat Peker, Sedat Şahin, İbrahim Çiftçi gibi isimleri tanımadığını söyledi. Susurluk'ta hakkında hiçbir dava açılmamıştı!

Nihayet 4 Nisan 1997'de İstanbul'da yakalandı. Üzerinde "Nurettin Elibol" adına düzenlenmiş polis kimliği vardı. Keza aynı isim adına bir de binbaşı kimlik kartı bulundu. 39 yıl hapis istenen Gürbüz 2000 affıyla çıktı. Toplam 15 yıl yattı cezaevinde.

Peki...

Osman Gürbüz Ergenekon'a nasıl dahil olmuştu?

1 Temmuz 2008'de Antalya Kemer'de ev ve işyerinde arama yapıldı. Suç unsuru bulunamadı. Ama 4 adet telefon fihristi vardı; 2'si iddianameye kondu. Silivri'deki duruşmada dedi ki, "Ahşap kaplı fihristi iddianameye koymamışlar. Bu fihriste sayın Başbakan'ın ismi ve telefon numarası vardı. Antalya (AKP) Belediye Başkanı, bazı MİT ve Emniyet görevlilerinin isim ve telefonları vardı." (8 Şubat 2010) Osman Gürbüz ayrıca evindeki başbakan yardımcısı ve bazı bakanlar ile fotoğrafları olduğunu

onlarında delil olarak niye alınmadığını sordu.

İddianameye göre Ergenekon'un tetikçisiydi: Necip Hablemitoğlu'nu para karşılığı öldürdüğü iddia edildi! Bunun delili ise, Osman Yıldırım'ın ifadesiydi. Osman Yıldırım ifadesine göre Hablemitoğlu'nu öldürmesi için kendisine 1 milyon dolar teklif etmişti ama Osman Yıldırım kabul etmemişti!

İddianamede ve dolayısıyla medyada "Hablemitoğlu cinayetinde Osman Gürbüz'ün parmak izi bulundu" dendi ama duruşmada böyle bir ipucunun olmadığı ortaya çıktı. Diyarbakır Emniyet Müdürü Gaffar Okan'ı da öldürdüğü iddia edildi ama o tarihte cezaevinde olduğu ortaya çıktı! Adı çıkmış, kötü adam Osman Gürbüz "darağacına" gönderilivermişti. Öyle ya potansiyel suçluydu. Duruşmalarda hep tek ricası oldu: "Gazeteler hep küçük kızımla birlikte çekildiğimiz fotoğrafı yayınlıyorlar. Kızımın günahı ne?"

Osman Gürbüz Kuvayı Milliye Derneği'ne üye olduğunu ancak, televizyonda derneğe giren üyelere yaptırılan yemin törenini görüp ayrıldığını söyledi.

Şimdi... Bir odada bu saatte yan yana durduğum Osman Gürbüz'le aynı örgüte üyelikten yargılanıyorum! Bu oyunu kim tezgâhladıysa gerçekten "en iyi senaryo" ödülünü vermek gerekir. Kamuoyunu etkilemek için Soner Yalçın ile sabıkalı, suç makinesi Osman Gürbüz'ü aynı davadan yargılamak muhteşem bir tezgâh! Aslında cüretlerine şaşmak lazım.

Belki benim zayıf yanımdı; duygusal olmak. Osman Gürbüz, hilekârlığı, entrikacılığı öğrenmiş bir profesyonel katildir. Tamam. Ama delil nerede? Gizli-açık tanıkların söyledikleri var sadece. Onlar da kim mi: Osman Gürbüz'ün eski eşi Aysel Keleş ve kocası Mümin Keleş! Zaten 5 yıldır davalılardı. Ne yazayım başka... Doğru kararı mahkeme verecek... (Osman Gürbüz 30 Eylül 2011'de tahliye edildi.)

Yeni koğuşumuza yerleşmek için gece 01.30'a kadar bekledik. Nihayet sıra bize geldi. Koğuşa gitmeden, kimlik için fotoğrafımız çekildi. Yine sıkı bir arama yapıldı. Eşyaları alıp yola düştük. X-ray cihazından geçtik. Çok titizler, her şeyi sıkı kontrol ediyorlar. Detaylı arama sinirleri gerdi. Yer yer tartışmalar çıktı. "Sanki başka cezaevinden gelmemişiz gibi niye yoruyorsunuz insanları." İyi ki gardiyanlar sakin, pek ses çıkarmadılar.

Yorgunuz, eşyaları tekrar alıp arabaya yüklemekte zorlanıyoruz artık. Yine bir arama noktasından geçeceğiz. Sıramızı bekliyoruz.

Yanımıza hayli ilgi çekici bir Ergenekon tutuklusu geldi: Astsubay SAT Komando Ergin Geldikaya.

Niye mi ilgi çekiciydi: Çekik gözlüydü; çıkık elmacıkkemikleri ve omuzlarına kadar uzanan saçlarıyla Orta Asya bozkırından çıkıp gelmiş bir Hunlu gibiydi. Saçlarının yandan sarkan kısmını arkada birleştirerek gösterişli bir hava vermişti.

Sırtında bir silah gibi çaprazlama astığı uzun kutu vardı. Ne vardı içinde? Ok mu!

Yanıtı öğrenince daha şaşırdım; kutunun içinde ney vardı.

4 No'lu Cezaevi'nde, ney kursu vardı; yazılmış; biraz da öğrenmişti. "Tavsiye ederim," dedi. Sonra bu kurslar Ergenekon sanıklarına nedense yasaklandı.

Arama sıramızı beklerken sohbet ettik...

Astsubay SAT Komandosu Ergin Geldikaya 2009'un Nisan ayında emekli olmuştu. Reina'da güvenlik müdürü olarak çalışıyordu. Bir ay sonra 13 Mayıs'ta gözaltına alındı. 16 Mayıs günü tutuklandı. O günden beri Silivri Cezaevi'ndeydi.

Hani derler ya, "başıma gelen pişmiş tavuğun başına gelmedi" diye. Geldikaya'nın durumu tam da öyle:

Geldikaya'nın bir sevgilisi vardı. Samiye Sever Ayarcı. Anlaşamıyor, ayrılıyorlar; Geldikaya sevgilisinden evini terk etmesini istiyor. Sen misin bunu söyleyen! Kavga çıkıyor. Kadın hemen Üsküdar Doğancılar Polis Karakolu'na başvuruyor; Geldikaya'yı "Ergenekon soruşturmasında ismi geçen bazı kişilerle irtibatlı, evinde silah patlayıcı saklıyor" diye ihbar ediyor! Sadece Geldikaya değil, dilekçede bu ayrılıkta Geldikaya'ya arka çıkan arkadaşları da yer alıyor ve hepsi gözaltına alınıyor. Sorgusunu yapan savcı Zekeriya Öz, Geldikaya'nın "Ergenekon terör örgütü üyesi" olarak tutuklanmasını istiyor, ancak mahkeme "patlayıcı madde muhafaza etmek"ten (TCK 174/1) tutukluyor. Çünkü evde silah ve patlayıcı bulunmuştu. Silahlar ruhsatlıydı ama mühimmat konusunu "hatıra" diye aldığını açıkladı.

Geldikaya'nın tutukluluk hali sürerken İstanbul Emniyeti Muhabere Elektronik Haberleşme Müdürlüğü'ne isimsiz ve imzasız bir ihbar geldi. 23 Mayıs 2009 tarih ve 5273 no'lu e-posta ihbarında "yakın zamanda tutuklanan Ergin Geldikaya da Astsubay Halil Cura'ya bağlı bir hücrenin lideridir. Ergin

Geldikaya'nın liderliğini yaptığı hücre de Kafes Eylem Planı dahilinde faaliyet göstermektedir," deniyordu. Söz konusu eylem, yazmıştım, Kafes Eylem Planı çerçevesinde Koç Müzesi'ndeki denizaltına bomba yerleştirmekti (!) Samanyolu Haber gibi tv'ler günlerce animasyonla, film kareleriyle denizaltını patlatıp öğrencilerin ölmesini kurgulayarak haberler yapmıştı. Sonuç? Astsubay Cura tutuksuz yargılanırken, Geldikaya tutuklandıktan altı ay sonra "Poyrazköy'de yapılan kazılarda bulunan mühimmatlar" soruşturmasına dahil edildi.

Ergin Geldikaya, emekli olmadan önce aralarında Bosna ve Kosova'nın da bulunduğu sekiz ülkede SAT komandosu olarak bulundu. Meslek hayatı boyunca üç yıl "sniper" (keskin nişancı) olarak görev yaptı. Paraşüt öğretmenliği yaptı. Türkiye paraşüt şampiyonalarına katıldı. "İşte bu sicil benim sanık olmama yetti!.." diyor.

Geldikaya, ayaküstü orada bize, "Polis içinde asker düşmanı bir tarikat örgütlenmesi hukuk dışı yollarla deliller üreterek karalama, suçlu ilan etme yöntemi kullanmaktadır. Askerin itibarını sarsmak isteyenlerin tezgâhını bozun" diye öneride bulunmayı da unutmadı!

Ah Hunlu kardeşim Geldikaya ah! Nasıl bozacağız? İşte biz de senin gibi yeni koğuşumuzun yolunu tutacağız.

Vedalaştık. (Ergin Geldikaya 12 Ekim 2011 tarihinde tahliye oldu.)

Son arama noktasından geçtik.

Artık canımız çıkmak üzere.

Saat 02.00'yi geçmişti...

28 Şubat'ın bedelini ödüyoruz gerçekten.

Yeni koğuşa giderken yine bir odada, üst araması yapıldı. Bıkkınlık verdi artık. "Artık son," dediler.

Nevresim ve iki battaniye alıp, koğuşa giden tüm engelleri aştık. Yine F-2 koğuşundayız, ama bu kez 1 No'lu Cezaevi'nde. Zaten 1 No'lu Cezaevi hemen her şeyiyle 4 No'lu Cezaevi'nin kopyası. Niye buraya getirildik, meçhul!.. Yer darlığı varmış; Balyoz tutuklanmaları nedeniyle değil herhalde. Yeni cezaevi bir ayda mı yapıldı?

Koğuşun demir kapısı açıldı; içeriye adım attık.

Ve...

Şoke olduk.

Koğuşun her yanı alçı, kireç, çimento artıklarıyla dolu. Yerler toz ve çamur içinde. Hücreler, ranzalar, pencereler her taraf pislik içinde. Tuvaletler girilecek gibi değil.

Soğukkanlı sakin yaradılışınız yerini heyecanlı bir isyana bırakıyor. Söz bitiyor. Gerçi... Hep yaralardan bahsetmenin bir anlamı kalmıyor, işe de yaramıyor. Oktay Yıldırım'ın ayağı sakat; sabaha karşı temizliği Barış ve ben yaparız.

Barış Pehlivan'ın öngörüsü doğru çıktı:

28 Şubat'ın intikamıydı bu; başka bir açıklaması yok.

Peki bu kötülük salt bir intikam alma duygusuyla açıklanabilir mi? Acaba, bizi kışkırtmak mı istiyorlardı; "28 Şubat'ta olay çıkardılar" manşetleri için. Ama. Yine de... Böyle felaketler karşısında insan daha yıkılmaz oluyor, iradesi çelikleşiyor... Kolları sıvadık, önce bir hücreyi temizledik, üçümüz bu gece burada yatacağız; asıl temizliğe yarın başlayacağız. Küçük hücrenin temizliği bile sabaha karşı bitti. Kafamı yastığa koyduğumda yorgunluktan bayılacak gibiydim...

On Altıncı Gün

1 Mart 2011
Salı...

Silivri 1 No'lu Cezaevi'nin gizli gündeminde "28 Şubat zulmü" var: Aynı hücrede kalan gazeteciler Mustafa Balbay ile Tuncay Özkan'ın ayrı ayrı hücrelere konuldukları bilgisi geldi. Bu kararı cezaevi yönetiminin aldığına kimse inanmıyordu. Demek Ankara, Silivri'yle bu derecede yakından ilgileniyordu! Bu kadar kini nasıl biriktirmişlerdi, ürperdim. Bu anlayış Türkiye'yi nereye sürükleyecek?

Cemaat hukukunu hâlâ anlayamamış aydın olabilir mi? Hâlâ iyi niyetimi muhafaza ediyordum; "bilmiyorlar" diye düşünüyordum. Acınası hallerine; bilip de gözlerini kapadıklarına, sırtlarını döndüklerine inanmak istemiyordum. Evet, bu benim iyi niyetli saflığım belki. Diyorum ya, insan karşısındakini de kendi gibi biliyor. Her şeye rağmen yüzeysellik altında derinlik aramayı sürdürüyorum. Ne büyük yanılgı...

Gerçekleri söylemek, yazmak; sizi, hırslı, küçük adamlar tarafından "Ergenekoncu" yapıveriyor. Heyhat; hepsi kendi yalanlarına hayran. Kendileri gibi düşünmeyenleri engizisyon kararları gibi, soğuk ifadeleriyle "Ergenekoncu... Ergenekoncu... Atın hemen içeri" diye yaftalıyorlar. Sonra "yakılma cezası" geliyor; Silivri'ye atılıyorsunuz! Engizisyon yargıcı gibi davranmak, konuşmak yaşamın biçimi haline getirildi. Mustafa Balbay ve Tuncay Özkan'ın Silivri'ye atılması yetmemişti, şimdi de hücreye konuldular. Medyadan ses çıkacak mı; pek sanmam...

Zaten gazeteler kısa bir süre gelmeyecekmiş; hangi gazeteleri istediğimizi yeniden dilekçeyle belirleyeceğiz. Kantin henüz kurulmamıştı; bekleyecektik. Kurulmadıysa, bu acele niyeydi, niye hemen getirildik? Soru, artık gereksiz.

Gazete okuyup televizyon seyredecek zamanımız yoktu; koğuşu temizliyoruz. Bir kolaylık sağlanmıştı; suları kesmiyorlardı, üstelik 24 saat sıcak su var. Bizi merak sardı; acaba su her daim olacak mıydı? Tabii ki temizlik içindi; daha sonraki günlerde yine 17 saat kesik olacaktı.

24 saat elektrik vardı ama niye su yoktu? Cezaevinde bu tür soruların yanıtını bulamıyorsunuz ve zamanla sormamayı öğreniyorsunuz. İnşâat artıklarını temizlemek/kazımak güç istiyordu; biz de epey zorlandık.

28 Şubat "postmodern darbenin" mağdurları, şimdi cezaevindeki yaşlı askerlerdi. Sonra sevindirici haberi aldık; onlara hortum vermişler, suları kovalarla taşımıyorlarmış! Ne sevindirici!..

Temizlik yaparken televizyonumuz hep açık. Rahmetli Erbakan'ın ölümü gündemde. AKP'liler hâlâ "günah çıkarmak" istercesine Erbakan'a methiyeler düzüyor, "Ne büyük bir siyaset dehası" olduğunu söylüyorlar. Dönek ağıdı. "Niye bırakıp gittiniz?" diye soran gazeteci yoktu.

Sorunun olmadığı bir dönemden geçiyoruz.

Soru yoksa hurafe var.

Soru yoksa peşin hüküm var.

Soru yoksa komplo teorisi var.

Son günlerde televizyon izlerken bir sözcük dikkatimi çekti. Bu çevrelerin dillerine pelesenk olmuş bir sihirli sözcük var: "Kullanılıyor!.."

Siyasetin, hukukun, kültürün, dinin temel açıklaması bu sözcük olmuştu. Tartışmalar, analizler bu kelime üzerinden yapılıyordu sürekli.

İster politikacı, ister gazeteci, ister imam olsun dünyayı, Türkiye'yi bu sözcük üzerinden değerlendiriyordu. Sihirli, gizemli ve karanlık bir güç hep birilerini "kullanıyor" idi.

"Öcalan kullanılıyor..."

"Kılıçdaroğlu kullanılıyor..."

"Çetin Doğan kullanılıyor..."

"Tetikçi kullanılıyor..."

"O gazeteci kullanılıyor..."

"Bu yazar kullanılıyor..."

Sorunu hep kendi dışında arayan hastalıklı bir kafa bu... Dünyayı yüzeysel komplo teorileriyle açıklamaya çalışan zihniyet bu... Herkesi düşman görüyor; her taşın altında "kullanılan" insan arıyor. En tehlikelisi, hukuku da bu zemin üzerinde yürütüyorlar...

Televizyonlar Erbakan'a ağıt yakıyor. 10 yıl önce ise tu-kaka ilan etmişlerdi. Dönemsel hastalıklar; iktidara, güce tapınma anlayışı.

Yazdığım, *Hangi Erbakan?* kitabını hep yenilemek istedim, ama hiç zaman bulamadım. Bu nedenle yıllardır yeni baskılarını da yapamıyoruz; aslında iyi bir kitaptır.

Erbakan deyince benim aklıma tavuklu pilav gelir hep!

28 Şubat sürecinde 1997'de başbakandı; Show TV'de çalışıyordum. Kanalın yöneticilerini bir akşam yemeğine davet etti. Başbakanlık Konutu'nun yemek mönüsünde tavuklu pilav vardı.[42]

Allah rahmet eylesin. Renkli bir siyaset adamıydı. Ülkesine bağlıydı. Milliydi. Neoliberalizme karşı çıktı; katı finans pazarına uygun adımlar atmadı, aksine bankalara çeki-düzen vermeye çalıştı; Türkiye dış politikasını alternatif ittifaklar kurarak ABD-NATO dışına çıkarmak istedi vs. O da herkesin yaptığını yaptı. Rilke'nin dediği gibi: "İnsanın bir Tanrısı olsun da kullanmasın, mümkün mü?"

Bu arada, bir dönem hakkında espriler yapıp kahkahalarla güldüğü Erbakan'ı başbakanlık koltuğuna oturtan seçmenin; politik dönüşüm sürecinin nedenleri de hiç ele alınmıyor. Toplumsal yaşamın dinamikleri bu kadar kısa sürede nasıl altüst oldu? Bu sağlıklı bir toplumun emaresi mi? Televizyonlar "Milli Görüş"ün ne ekonomik bakışını, ne dış politikasını vs. konuşuyor, tartışıyor. Öyle ya, kavramlarla düşünmeyen bir toplum meselesini salt kişiler üzerinden tartışır. Bunun zemini de kişi ya övülür kahraman yapılır; ya da yerilir yerin dibine sokulur... Neyse. Şimdi pencereleri silme zamanı... Kaç yıldır pencere silmiyorum acaba? Elimi çabuk tutmalıyım hava kararıyor. Gazete kâğıdıyla pencereyi silerken, martı sesi duydum. Bu cezaevi denize daha mı yakındı acaba; keşke denizin dalga sesini de duysam. Aklıma Camus geldi; "gün boyu kuşlar amaçsız uçsa da, akşam bir hedefe doğru uçarlar..."

Gardiyanlar geldi, "avlu" kapısı kapanacaktı. Oktay bağırdı, "yemek hazır." Yemekte çok güldük, neye güldüğümüzü hiç bilmeden. Öyle ya, "Tanrılar trajediyle uğraşmanın verdiği yorgunluğu komediyle atarlar"mış!..

---

42 Yemekte *Hangi Erbakan?* kitabıyla ilgili bir şey söyleyecek mi diye tedirgin olmuştum. Hiç öyle biri değildi, gülümseyerek karşıladı, hep gülerek sıcak bir hava yarattı ve gülümseyerek uğurladı. Yemekte yanında Abdullah Gül oturuyordu. Çocuğu gibiydi; ona bakarken gözleri parlıyordu. Nereden nereye... Bir gün, politikacıların bendeki izlenimleriyle portrelerini yazmalıyım. Cemal Süreya'nın portreleri harikadır... Ve fakat Stefan Zweig üzerine tanımam!..

On Yedinci Gün

2 Mart 2011
Çarşamba...

Bugün...

Kapalı görüş günü...

Cam arkasından telefonla 45 dakika görüşmemize izin var.

Cezaevine girdiğinizde adını verdiğiniz üç kişiyle görüşebiliyorsunuz; listeyi sonradan değiştirmek de yok.

Sağlam dostları seçmek zorundasınız yani...

Bizim şirketin her şeyi Ali Gören'le emniyetten günler sonra bu kez ilk cezaevinde görüştük. O hep iyi niyetli, tutuklanmayacağımıza inanıyordu. Şimdi de "Yakında çıkarsınız," diyor.

Odatv'yi konuştuk. Herkes çalışıyormuş; Doğan Yurdakul, Mümtaz İdil hasta olmalarına rağmen yükü omuzlamışlar. Okuyucu sayısı çok artmıştı.

O gün...

Kapalı görüşte günler sonra gördüğüm biri daha vardı.

"O"nu yazmayacağım, ne kederli yüzünü, ne ıslak kirpiklerini yazacağım; "o" bana kalsın...

45 dakika çabuk bitti. Telefonlar kesildi. El sallayarak veda ettik. Böyle anlarda, tarifsiz ne büyük yük biner omuzlara; çöküntünüzü herkesin gözünden saklamak için nefse hâkimiyet kurmaya didinirsiniz. İçinizde yanan ateşi bu anlar körükler, alev alevsinizdir. Susarsınız. Oysa bilirsiniz; hiçbir sağanak bunu gideremez. Sözün ağırlığı bile ilaç olmaz ürkek çıplaklığınıza...

İzin olsun hapisane içinde
Seni,
Senden sormalara doyamam
Yarım döner cıgaranın ateşi
Gitme dayanamam. (Enver Gökçe)

Koğuşa gelince beton havalandırmada tur atmaya başladım; yarım saat kimseyle konuşmadım. Yalnız kalmak iyi geldi; duyguların harekete geçtiği anlar bunlar... Tükenmemişliğin, ruh yüceliğinin, kederi kendinle paylaşmanın saatleri... Hızlı hızlı volta atarak bilinmezliğe doğru yürüdüm.

Hücreme gittim. Yalnızlığımı gidermek, güç toplamak için, Edmond Rostand'ın *Cyrano de Bergerac*'ını okumaya başladım...

İstemem eksik olsun!
Yoksa bir sürü keli,
Sırma saçlı diyerek göğe mi çıkarmalı?
Yoksa ödüm mü kopsun bir Allah'ın aptalı
Gazeteye bir tenkit yazacak diye her gün?
Yahut sayıklamak mı lazım:
Adım görünsün, Aman! diye
Şu meşhur Mercure Ceridesi'nde
İstemem eksik olsun!
Ve ta son nefesinde
Bile çekinmek, korkmak, benzi sararmak, bitmek
Şiir yazacak yerde ziyafetlere gitmek
Karşısında zoraki sırıtmak her somurtkanın
Eksik olsun istemem, istemem eksik olsun.
Fakat...
Şarkı söylemek, gülmek, dalmak hülyaya;
Yapayalnız, ama hür, seyahat etmek aya
Gören gözü, çınlayan sesi olmak
Ve canı isteyince şapkayı ters giymek
Karışanı olmamak
Bir hiç için ya kılıcına veya
Kalemine sarılmak
Ve ancak duya duya yazmak
Varsın küçücük olsun zaferin

Sonra...

Öğle uykusuna yattım. İki gündür koğuşları toplamak, temizlemek ve yerleşmek yorucuydu. Yorgunluğun nedeni fiziki mi yoksa ruhsal mı? Siesta yapmaktan da korktum bu arada, uyku bir cezaevi hastalığı çünkü. Psikolojik bir durum... Zaman geçirmek için hep uykuya yatılıyor. Bu hastalığa yakalanmak istemem doğrusu. Zamanı öldürmeyi hiç düşünemem. Tertemiz sevdalar için yaşamak şart; uzaklara yenik düşmemek gerek. Bıkmadan, durmadan düş kurmak lazım, hayata, dağlara, bulutlara el sürmek için...

Ve...

Cezaevinde vakit boldur ama hepsi sizin değildir. Koğuşun kapısı gürültüyle açıldı. Gardiyanın sesi, "Soner Bey..." Hayata dönme zamanı...

Cezaevi hastalıkları var:

Kimine göre soğuktan...

Kimine göre yemekten...

Kimine göre çok oturmaktan...

Geleneksel Türk hastalığı hemoroit beni cezaevinde buldu!

İlaçları tedarik ettik.

Ettik, ama bir de "hemoroit simidi" varmış; ortası oyuk, yanları şişkin minder! Sandalyeye koyup üzerine oturmak gerekiyormuş. İyi geliyormuş. Duymamıştım.

Hemoroit simidini koğuşa getirtmek sorun oldu; bizimkiler alıp cezaevi yönetimine bıraktı, ama dışarıdan gelmesi yasakmış. Ne yapılacak? Doktora gidip reçete yazdırmak gerekiyormuş; simit reçetesi!

Cezaevinde ilk doktor ziyaretini hemoroit simidi için yaptım.

Öyle elinizi kolunuzu sallayarak cezaevi doktoruna gidemiyorsunuz. Önce cezaevi revirine çıkıyorsunuz, o sevkediyordu. Silivri Cezaevi'ne doktor dayanmadığı için "Silivri kampüsü" içindeki polikliniğe götürülecektim. Önceden gün belirleniyor; ona göre cezaevi aracı ve askerler hazır hale getiriliyordu.

Bugün o gün. Hazırlandım; biraz heyecanlıyım; gündüz gözüyle kampüs içinde olsa da dışarıya çıkacağım, ağaç göreceğim, dağ tepe, tarla göreceğim...

Koğuştan alındım.

Arama noktalarından geçirildim.

Askerlere teslim edildim; acaba kelepçe takacaklar mı?

Komutan güler yüzle karşıladı. "Geçmiş olsun," dedi.

"Bazı prosedürler var" deyip bir ere işaret etti; bir daha arandım. Erlerden biri öne çıkıp "Komutanım, kelepçe!" diyecekti, komutan eliyle yerine gönderdi. Demek kelepçe takılmayacak; bu anlarda mutlu olma halinize şaşırıyorsunuz.

Cezaevi aracına binmek için dışarı çıkarılırken bir şaşkınlık daha geçirdim. Önde iki, yanda iki, arkada iki, altı er ellerinde otomatik silahlarla yanımda yürüyor. Ayrıca önde ve arkada 10 asker daha var. Sanıyorum "terör suçluları" böyle getirilip götürülüyordu. Asker suçun niteliğine bakmıyor, gazeteciymiş, yazarmış, profesörmüş, generalmiş, suikastçıymış, bombacıymış bunları hiç ayırt etmiyor; sicil no terör olunca bu prosedürler yerine getiriliyordu. Teröristim ben! Eskiden "siyasi tutuklu" denirdi, adı ne güzelmiş! Ya da daha kısası, "siyasi". Bize, "Ergenekon" diyorlar!

Cezaevi aracına binip hemen kapının yanına oturdum; "arkaya" dediler, orası askerlerin yeriymiş. Acemilik. Arkaya geçtim, kapıyı kilitlediler. Kapalı yer korkum var ama nedense rahatım.

Araç hareket etti; ayağa kalkıp küçük demir pencereden, insana coşku veren dışarıyı, tepeleri, evleri koca bir hayatı seyretmeye başladım...

Doktorun karşısındayım.

Yüzüme bakmadı nedense, "Ben dahiliye doktoruyum, sizi Silivri'ye cerrahiye sevk edeceğim," dedi. Sadece hemoroit simidi için geldiğimi söyledim; reçeteye yazarsa sorun halledilecekti. Şaşırdı. Gardiyanlara kızdı: "Bunun için adam getirilir mi?" İnfaz koruma memurları "İşte efendim yönetmelikler..." Doktor bir-iki laf söyleyip, "Gidebilirsiniz," dedi, "ben reçeteyi yazarım."

Dönüş yolunda yine cezaevi aracının camından dışarıyı seyrettim, kışa inat her taraf yeşillik cezaevi dışında. Cezaevi içindeyse bir ağaç bile yoktu. Herhalde "güvenlik" nedeniyle böyleydi. Peki ya çiçek? Niye yaşanılan yerleri güzelleştirmiyoruz. Cezaevinde çiçek yetiştirmek yasak. Kafeste kuş bulundurabiliyorsunuz, Doğu Perinçek'in kuşunun adı "Asker" idi.

Geldik. Askerler beni cezaevi gardiyanlarına teslim etti.

Arama noktalarından geçip koğuşa giderken, koridorda 65-70 yaşında gösteren, Hulusi Kentmen bıyıklı, beyaz gür saçlı, hafif beyaz sakallı; yanındaki gardiyanla hızlı hızlı yürüyen, dinç görünümlü birine rastladım. Göz göze geldik; çukurdaki gözleri yeşil miydi, kahverengi mi çıkaramadım, ama yorgun fakat sert bakışlıydı. Hapiste pek rastlanmıyor: Yanakları kırmızıydı. "Soner Bey niye kambur yürüyorsunuz, dik durun, bu yalancı şerefsizlerden daha hesap soracağız," dedi.

Hemen dik durdum, emir-komuta almış gibi.

Tokalaştık, "Geçmiş olsun" deyip hızla uzaklaştı.

Yanımdaki infaz memuruna sordum, bu içten, samimi konuşan kimdi?..

Mehmet Fikri Karadağ. 1953'lüydü. Niye yaşlı gösteriyor acaba? Kastamonu Tatlıca Köyü doğumlu. 1968'de Kuleli'yi, 1972'de Kara Harp Okulu'nu, 1987'de Kara Harp Akademisi'ni bitirdi. Kurmay Albay'dı. Uzun yıllar Doğu ve Güneydoğu'da görev yaptı. Kurmay Albay rütbesiyle 30 Ağustos 2003'te emekli edildi.

1998'de Silahlı Kuvvetler Akademisi'nde öğretim üyesi olarak görev yaptı. 2001 yılından itibaren ise Silahlı Kuvvetler Akademisi öğretim başkanlığında bulundu.

Öğretim üyeliği kimliğinin altını bilerek çizdim. Çünkü Karadağ 11 Kasım 2005'te kurduğu Kuvayı Milliye 1919 Derneği'nin üyeleriyle ilginç ilişkileri nedeniyle tutukluydu. İddianameye göre "örgütün" üst düzey yöneticilerindendi. "Emrinde" terör timleri (!) vardı...

Bu "tuhaf ilişkiler zincirini" açıklamak için sizi Erzurumlu bir "suikast timi"yle tanıştırmalıyım. Çünkü bu "suikast timi" gazetelerin manşetlerinden günlerce düşmedi. Başta Orhan Pamuk ve Fehmi Koru, Sebahat Tuncel, Osman Baydemir gibi isimlere suikast düzenlemek isteyen ekip buydu! İşin aslı neydi peki?

"Tim"in lideri Muhammet Yüce.

1978 Erzurum-Oltu, Tekeli köyü nüfusuna kayıtlı. Askerlik sonrasında tezkere bırakıp uzman çavuş oldu. Ancak fiziki rahatsızlığı nedeniyle 26 Eylül 2006'da TSK'dan ayrıldı. Bursa'ya yerleşti. Özel güvenlik şirketinde çalıştı, ama dokuz ay sonra işi bıraktı. İşsizken, televizyonda Mehmet Fikri Karadağ'ın başkanlığını yaptığı Kuvayı Milliye 1919 Derneği'nin üye kayıtlarında yaptığı yemin töreninden etkilendi.[43]

Emekli Albay Karadağ'la irtibata geçti. Derneğin Bursa'da gönüllüsü oldu.

Karadağ'ı polis 2007 yılı itibariyle dinlemeye başladı.

Muhammet Yüce ile Karadağ'ın dinlemeye takılan ilk telefonlarının tarihi, 1 Ocak 2007:

M. Yüce: DTP'yi (Demokratik Toplum Partisi) bombalayacağım.

M. F. Karadağ: Yok, sakın yapma.

---

43 Kuvayı Milliye Derneği'nin Mersin Şubesi'ndeki silah ve bayrak üzerine yapılan yemin törenini kim çekip 9 Şubat 2007'de televizyonlara servis yapmıştı? Duruşmalarda hiç ortaya çıkmadı. Sadece Hüseyin Gazi Oğuz, duruşmada anlattı: "Derneğin Mersin sorumlusu Kemal Canay ve Erdal İrtem adlı şahıslar eski emniyet istihbaratçısıdır. Bunlar gözaltına bile alınmadı. Töreni organize eden bunlardı."

Bu telefon görüşmesinden iki hafta sonra 19 Ocak'ta Hrant Dink öldürüldü. Şamil Tayyar ve yandaş gazeteciler "Türkiye yeni siyasi cinayetlere hazırlıklı olmalı" diye yazdı: "Cumhurbaşkanlığı seçimi sürecinde bazı çevreler terörü tırmandırmak isteyebilir. Bazı sol aydınlara yönelik suikast girişimleri düzenlenebilir." (21 Ocak 2007)

Telefon konuşmasından Şamil Tayyar'ın haberi var mıydı?

24 Şubat 2007'deki telefon görüşmesinde Karadağ ve Muhammet Yüce ikilisinin samimiyeti artırdığını görüyoruz:

M. F. Karadağ: Muhammedim, yiğidim.

M. Yüce: Pazartesi benim iki tane yeğen gelecek komutanım, canavar gibi çocuklar, sizin yanınıza gönderdim.

M. F. Karadağ: Aslanım benim, aslanım benim.

Kimdi bu yeğenler?

Biri Selim Akkurt; 1981 Erzurum-Oltu İriağaç köyü nüfusuna kayıtlı. Kan davalısını vurup öldürdüğü iddiasıyla aranıyordu. İstanbul'a kaçmıştı. Geçici işçilik yapıyordu.

Diğeri Ayhan Çelik; 1976 Erzurum-Oltu, İriağaç Köyü nüfusuna kayıtlı. Erzurum'da memurdu.

Bir de olaya sonradan adı karışacak Coşkun Çalık vardı. O da Erzurum-Oltu, Bahçekışla köyü nüfusuna kayıtlı.

Dört Erzurumlu da birbiriyle akrabaydı.

Emekli Albay Karadağ derneğine yeni insanlar kaydederken, Türkiye gündemi ardı ardına gerçekleşen suikast girişimleriyle belirlendi. Bunlardan biri de YÖK Başkanı Erdoğan Teziç'e yapılan saldırıydı. Saldırgan amacına ulaşamamıştı.

Şimdi...

Burada bir parantez açayım:

1 Ocak 2007 tarihinde "DTP'yi bombalayacağım" diyen ve bu konuşması Emekli Albay Karadağ'ın telefon dinlemesiyle ortaya çıkan Muhammet Yüce'nin telefonu ne zaman dinlenmeye başladı:

İddianameye yansıyan telefon kaydı 7 Haziran 2007!

Hrant Dink öldürülmüş, Teziç'e suikast girişimi yapılmış, "DTP'yi bombalayacağı" polis tarafından tespit edilmişti... Muhammet Yüce'nin telefonu altı ay sonra dinlemeye alınıyor! Savsaklık diyelim.

Muhammet Yüce ile Karadağ, 24 Haziran 2007 ve 16 Temmuz 2007 tarihinde telefonla görüştüler; hal hatır sordular.

26 Temmuz 2007 tarihli görüşmesinde Karadağ, Muhammet Yüce'ye artık, "Mamocum" diyordu.[44] Muhammet Yüce ise kızgındı:

Star gazetesi Karadağ'ın fotoğrafını koyup, "Milleti galeyana getiren" adam diye yazmıştı. Gazetenin başyazarı Mehmet Altan'dı... Dolayısıyla telefondaki görüşmenin konusu Mehmet Altan'dı.

M. F. Karadağ: Mehmet Altan, bu Ahmet'in kardeşi, Çetin Altan'ın oğlu... O... suratlı bir herif, sakallı.

M. Yüce: Yanlış yapıyorsa, harcayalım onu.

Muhammet Yüce birini harcamak için sürekli icazet istiyordu. Muhammet Yüce sadece dernek başkanı Karadağ'la telefonda görüşmüyordu, "suikast timi"yle de görüşüyordu. 15 Eylül 2007'de her yeri bombalamak isteyen herkesi öldürmek isteyen Muhammet Yüce, bu kez akrabası Selim Akkurt'a bir "eylem"den bahsetti.

M. Yüce: Albayla da görüştüm ben yine az önce.

S. Akkurt: Ne diyor o a....cık.

M. Yüce: A...na koyum onun da, "ben şu an tatildeyim" diyor. Komutan diyorum "olursa olsun" diyorum, "Biz her türlü varız, indirilecek adam varsa indirelim, her türlü arkasındayım" dedim. Bu *Yeni Şafak* gazetesinde Fehmi Koru mu ne var ya, bir tane gazeteci, o kafayı takmış, "tamam" dedim, "o bizde" dedim. "Sen sadece yeri ayarla" dedim, "sen bizi başkasına yönlendir" dedim. "Yani yapacağımız varsa yapalım bize destek olun" dedim. "Sebahat Tuncel'i biz indirelim" dedim. "Senin için indirelim" dedim. "Sen de bize yap" dedim.

S. Akkurt: Gazeteci kolay ya gazeteci erkek değil mi?

M. Yüce: Erkek, Fehmi Koru var ya a....na koyum.

S. Akkurt: Osman Baydemir de o olabilir.

M. Yüce: Sebahat Tuncel'i dedim, mekân lazım bize, para lazım.

---

44 60 yaşındaki Mehmet Fikri Karadağ, derneğinin üyelerine, "Oğlum", "yavrum", "yiğidim" gibi sözlerle hitap ediyordu. Şefkat ve sevgi ifade etmek için bu şekilde hitap edildiği düşünülebilir. Savcıya göre durum farklıydı. Gerçekleştirmeyi planladıkları eylemler için onlara güven duygusu vermeye çalışıyordu!

İki gün sonra...

17 Eylül 2007'de Muhammet Yüce, Emekli Albay Mehmet Fikri Karadağ'la yine telefonda.

M. Yüce: Dönüşte bir konuşalım komutanım, şu işleri halledelim, Ankara'dakiler iyice coştular. Şu DTP'liler, bi planımız var onu bi görüşelim, onu bi yapalım.

M. F. Karadağ: Hiçbir şey yapmayın... Yapsın o...pu çocukları. Biz yapacağımızı zamanında yaptık.

M. Yüce: Sebahat Tuncel'le şu Osman Baydemir, görüşelim bu konuyu komutanım.

M. F. Karadağ: Bunları aklından çıkar evladım.

M. Yüce: Yok komutanım bunlar iyice coştular; bunları halledeceğiz, bunların suyu doldu. Biz kafaya koyduk halledeceğiz, yine de, bi ön bilgiyi sizden alalım, sizin bilginiz olsun.

M. F. Karadağ: Aklınızdan çıkarın öyle şeyleri, katiyen düşünmeyin.

M. Yüce: Neyse döndüğünüzde görüşürüz komutanım.

Muhammed Yüce ile Selim Akkurt o günlerde telefonda birbirleriyle sürekli kimi vurmaları gerektiğini konuşuyorlardı. İddianamede, telefon tapeleri 60 sayfaydı.

Polis hepsini dinliyordu.

M. Yüce, Karadağ'a yalvarıyordu neredeyse: "Yapmamız gereken şeyleri yapalım komutanım..."

29 Eylül 2007'de Muhammet Yüce ile Selim Akkurt telefonda görüşürken strateji geliştiriyorlardı. PKK'dan çekiniyorlardı: "Ailemize zarar verebilirler."

O halde...

Bu kez Orhan Pamuk'u öldürmeyi planladılar! Niye öldürecekleri bellidir:

M. Yüce: Ogün (Samast) hesabında trilyon varmış. Ya a...na koyum bunlar (Hrant) Dink'i hallettiler hiçbir si...m olmadı. Ne akrabaları ne çevreleri, hepsi kahraman oldu çıktı a...ına koyum, biz de ona diyek ki gelin biz Orhan'ı çökek.

S. Akkurt: Yo Orhan'ın şu an hiç sesi soluğu çıkmıyor a..na koydum adam oldu biliyor musun şu an Şükrü Engin'i o Emmet. Emmet'le Osman da işte Osman'a yanaşamayız a..na koyam.

M. Yüce: Ya ona yanaşmazsak Ahmet'e (Türk) de yanaşamayız.

S. Akkurt: Ahmet 40 kişiyle gezer.

Görüşme bu minvalde sürüyordu.

Muhammet Yüce 30 Eylül 2007'de "suikast timi"nden Coşkun Çalık'a mesaj attı:

> Hala oğlu, gazeteci Orhan Pamuk'u halledeceğiz, ben, sen, Halil (Selim Akkurt), Fuci (Ayhan Çelik) var, toplam 2 trilyon alacağız var mısın? Kurban Bayramı'ndan sonra hazır ol.

2 Ekim'de yine mesaj attı:

> Gazeteci Orhan Pamuk var, onu halledeceğiz, 2 trilyon alacağız, hazırlıkları yapacağız, Hrant Dink'i vuranlarla Halil (Selim Akkurt) görüşmüş, Sedat Peker, Alaattin Çakıcı arkamızdalar. Emniyet Müdürü ve savcıyla da bu hafta görüşeceğiz. Ben sen, Halil (Selim Akkurt), Fuci (Ayhan Çelik) hazırlıklı ol.

Yanıt Coşkun Çalık'tan anında geldi: "Her türlü hazırım hala oğlu, yeter ki haber verin."

Muhammet Yüce'nin hala oğluna yanıtı şuydu:

> Kuvayı Milliye Derneği Başkanı Fikri Albay hazırlıkları yapıyor. DTP Genel Başkanı Ahmet Türk'le, Diyarbakır Belediye Başkanı Osman Baydemir'i söylediler. Biz onları kabul etmedik, onlar bizim başımızı ağrıtır, PKK sülaleyi rahat bırakmaz diye biz olmaz dedik. Onlar da Orhan Pamuk'u dediler.

Muhammet Yüce o gün ardı ardına mesajlar gönderdi:

> – Allah izin ederse, Orhan Pamuk'un Kurban Bayramı'ndan sonra İstanbul'da konferansı varmış. Gece 02.00 gibi toplantı çıkışı halledecez. İlk başta 2 trilyon alacağız, iş bittikten sonra da 5 trilyon, bir tane villa, bir tane de benzin istasyonu alacaz, bunlar İstanbul'da, ama sonuçta kesin yakalanacağız bunu bil, Hrant Dink'i vuranlar gibi tüm Türkiye bizim peşimizde olacak haberin olsun.[45]
>
> – Öyle yok, böyle de en azından hayatımızı kurtarırız.

---

45 Daha birkaç ay önce (24 Şubat 2007) Muhammet Yüce-Mehmet Fikri Karadağ telefon konuşmalarında, derneğin parasızlıktan telefonlarının kapatıldığını söylüyor, aidatları toplayarak bu sorunu gidermeyi planlıyorlardı. Birkaç ay sonra ne paralar telaffuz ediyorlardı! Muhammet Yüce uçuyordu... Zaten "Ergenekon suikastlerinde" hep büyük paralar telaffuz edildi. Öyle ki, Osman Yıldırım'a Necip Hablemitoğlu'nu öldürmesi için 1 milyon dolar teklif etmişti Veli Küçük. Ama o kabul etmemişti!.. Bu arada Orhan Pamuk'un gece 02.00'de biten toplantısı neydi acaba?! Dedim ya, uçuyorlar.

Babalar gibi yatar çıkarız. Zaten Sedat Peker, yakalanınca bizi kendi koğuşuna aldıracakmış, en büyük biz olacağız, paranın da her şeyinde en iyisini yapacağız hala oğlu, bu saatten sonra bize bu gider.

Muhammet Yüce 18 Ekim 2007'de Emekli Albay Karadağ'ı zorluyordu:

Bir papaz öldü Hıristiyan oldular. Bir Hrant öldü Ermeni oldular, 2 günde 15 şehit verdik kim Türk oldu? Komutanım bize emri verin, gerekeni yapalım mı?

Mehmet Fikri Karadağ terör eylemine hiç izin vermedi. Bunu Muhammet Yüce ile Selim Akkurt'un 22 Ekim 2007 tarihli telefon görüşmesinden de anlıyorsunuz:

Muhammet Yüce: Albaydan bir şey çıkacağı yok, onun a... ına koyayım, iki gündür ara ara a...na koyduğumun, bu sefer diyor, devletin askeri var, polisi var boş verin, a...na koyduğumun kav...atı ya. Bizim rızkımız kesiliyor.

Emekli Albay Karadağ'dan umudu kesmişlerdi.

Peki onlara kim yardım edebilirdi?

Muhammet Yüce, Selim Akkurt'a 30 Ekim 2007 tarihinde şu mesajı attı:

Sen Veli Küçük'ün numarasını ara bana bul a...ına koyum, o tanıdık albaydan bir si...m çıkmayacak, sen o Veli Küçük'ün numarasını bul bana.

17 Kasım 2007'de adam öldürdüğü iddiasıyla aranan Selim Akkurt yakalandı. "Çete üyeleri" kendi aralarındaki telefon konuşmalarında Selim Akkurt'un nasıl yakalandığını anlamadılar! Telefonlarının dinlendiğinin farkında değillerdi.

Ve sonuç...

3 Ocak 2008 tarihinde Karadağ ile Muhammet Yüce son kez telefonda konuştu. Karadağ dernek başkanlığından ayrılmıştı. Artık o da telefonda küfürlü konuşmaya başladı:

M. Yüce: Var mı bir gelişme ne oldu? Dernek mernek geri dönme ihtimali.

M. F. Karadağ: Hepsini bıraktım.

M. Yüce: Valla yeni oluşum kurun komutanım sizin olmanız gerekiyor.

M. F. Karadağ: Canları cehenneme umrumda değil. Bu millet için üzülmeye değmez. Hepsi köleliğe razı. A....ını s...yim hepsinin. A...ına koydumun milleti. Görmüyor musun, parayla bilmem neyini, şanını şöhretini, oyunu her şeyini satan bu o... çocukları için... s...yim anasını...

Muhammet Yüce'nin aklı hâlâ eylemdeydi; vurma kırma, bombalama peşindeydi.

M. Yüce: Ya komutanım onlar yapamıyor, biz yapacağız, çok güzel örgütümüz var. Biz gerekeni yapacağız komutanım.

M. F. Karadağ: Yavrum sadece hapishanelerde çürümekten başka bir işe yaramaz.

Ve...

22 Ocak 2008'de Mehmet Fikri Karadağ, Muhammet Yüce ve diğerleri gözaltına alınıp tutuklandı...

Ceplerinde bırakın silahı, dolmuşa binecek parası yoktu çoğunun...

"Erzurumlu suikast timi" daha tutuklanmadan, telefon tapeleri medyaya servis edildi. Yer yerinden oynadı: Ergenekon, Orhan Pamuk, Fehmi Koru, Mehmet Altan, Sebahat Tuncel, Ahmet Türk, Osman Baydemir'i öldürecekti...

Kimler neler yazmadı ki?

Ayhan Çelik Erzurum'da yakalandığında üzerinde 9 Ocak 2008 tarihli *Hürriyet* gazetesi kupürü vardı:

"Pamuk'u halledince trilyoneriz oğlum."

Peki... Sonuç... Ben yazmayayım, duruşmadan aktarayım:

8 Ocak 2009 tarihli duruşmada Muhammet Yüce söz istedi:

Sayın Başkanım 15 Eylül 2007 tarihinde, 218 no'lu tapemde, Fehmi Koru'dan bahsederek yapmış olduğum gayriciddi tamamı karşılıklı şakalaşma içerisinde geçen telefon görüşmelerimin suç işlemek amacıyla yapılmadığını, yine en iyi gösteren Fehmi Koru'dur. Koru ifadesinde, aynen şunları söylemiştir. "Ergenekon terör örgütünün suikast listesinde yer alan kişilerden birisi olduğumu burada öğreniyorum ve bunu ciddiye almıyorum, bu konunun ciddi alınarak soruşturulduğunu şu anda savcılığınızdan öğreniyorum, bana bu konuda daha önce ve şimdiye kadar bir tehdit gelmediği için şikâyetçi falan değilim" diye beyanda bulunmuştur. Söz konusu telefon konuşmamın, 15 Eylül 2007 tarihinde yapıldığı bir gün Fehmi

Koru'nun da ifadesinin 29 Şubat 2008 tarihinde yani olaydan, telefon görüşmesinden 5,5 ay sonra alınıldığı düşünüldüğünde, bu süreç içerisinde, telefon konuşmalarımı dinleyen emniyetin konuşulanları ciddiye almayarak, Fehmi Koru'yu uyarmadığı ve hiçbir önlem almadığı anlaşılmaktadır.

Telefonlarda saçmalayan Muhammet Yüce, mahkemede şaşırtıcı tespitte bulunmuştu böyle. Medyada günlerce konuşulan "suikast timi"nin başına sonra ne geldi biliyor musunuz? Muhammet Yüce ve arkadaşları tahliye edildi! Bu haber de medyada hiç yer almadı...

Size duruşmadan iki not aktarıp bu konuya noktayı koyayım. Erzurumlu akraba çocukları yakalanınca bakın neyle karşılaşmışlardı:

Tarih: 10 Mart 2009.
Celse: 63.
Muhammet Yüce:

> Sayın başkanım, ben Bursa'da 22 Ocak 2008 tarihinde gözaltına alındım. İstanbul Emniyet Müdürlüğü'ne getirildim. Terörle Mücadele'deki sorgumda ifademi alan komiser şu anda ismini hatırlamıyorum İsmail diye bir komiserim ifademi aldığında, bana o kadar bir baskı yaptı ki, o kadar üzerime geldi, psikolojik olarak beni çökertti ki, ben de mecburen ifademi yarıda kestim. Eğer isterseniz bunların neler yaptığını da açıklarım. İfademi yarıda kestim ve savcılara ifade vereceğimi söyledim. Daha sonra ifademi yarıda kestikten sonra savcılığa sevk edildim... Savcılıkta Beşiktaş nezarethanesine kondum. Beşiktaş nezarethanesinde savcı karşısına çıkarken bir polis geldi beni savcının karşısına götürdü. Polis bana "Muhammet" dedi "senin telefon görüşmelerinde hiçbir şey yok" dedi "biz kontrol ettik" dedi, "hepsi saçma sapan tutarsız birbirini tutmayan alakasız telefon görüşmeleri, ama" dedi, "yine bunlarla sen on yıl mahkeme yatarsın" dedi. Polis bana soruyor sayın başkanım, savcı değil polis soruyor, ifade vermeye giderken polis soruyor, "Veli Küçük'ten veya Fikri Karadağ'dan talimat aldın mı?" dedi, ben de kendisine "Veli Küçük' ü tanımıyorum" dedim. "Fikri Karadağ'ı da tanıyorum ama böyle bir talimat kesinlikle olmadı, olamaz da" dedim. Daha sonra sayın başkanım, beni savcılık makamına götürdü. Savcı konu

ile alakalı bana bir iki soru sordu daha sonra dedi ki "Veli Küçük'ten veya Fikri Karadağ'dan talimat aldın mı?" dedi, ben de "hayır" dedim "Sayın savcım Veli Küçük'ü medyadan tanıyorum" dedim. "Fikri Karadağ'dan da kesinlikle böyle bir talimat almadım" dedim. Neyse ondan sonra sayın savcımız bana yine birkaç soru sorduktan sonra "tamam çıkabilirsin" dedi ben tekrar nezarethaneye geldim. Sayın başkanım orada da bir on beş-yirmi kişi vardı bir yedi-sekiz kişi bu davadan gözaltına alınanlardan, bir de başka suçlardan Tekirdağ'dan gelen toplam on beş-yirmi kişi idik. Sonra bu beni ilk nezarethaneden çıkaran polis savcılık makamına götüren geldi bana dedi ki, "Muhammet" dedi "avukatın Melike Arslan" dedi "senle görüşmek istiyor" dedi, Melike Arslan da baro avukatıydı. O zaman bana yasa gereği vermişlerdi. Beni nezarethaneden tekrar çıkardı o polis, nezarethane koridoruna geldiğimiz zaman bana dedi ki "Muhammet bak" dedi 'avukatın seni çağırmıyor' dedi "sana bir şey söyleyeceğim, bu talimatı Fikri Karadağ'dan veya Veli Küçük'ten aldığını söyle" dedi bu söyleyen polis, "savcı ile görüştüm seni serbest bırakacak" dedi.

Muhammet Yüce bu teklifi kabul etmedi. Bakalım Ergenekon sanığı teyze oğlu Selim Akkurt'un başına ne gelmişti:

16 Kasım 2007 tarihinde Oltu'daki (adam öldürme) olay nedeni ile Okmeydanı'ndaki evimdeyken polisler tarafından gözaltına alındım. Önce Bayrampaşa Cezaevi'ne sonra da Oltu Cezaevi'ne sevk edildim. (...) 10 Mart 2008 tarihinde Erzurum Cumhuriyet Savcısı Osman Şanal tarafından Ergenekon soruşturması ile ilgili sorgulandım. İfadem sırasında savcı bana, başka suçlarımın da olduğunu, "Veli Küçük ile Fikri Karadağ'ın sana talimat verdiklerini söylersen az bir ceza ile kurtulursun" dedi, ben de savcıya benim bir suçum olmadığını, üzerime atılı suçlamaların tamamen asılsız olduğunu iftira olduğunu söyledim. Zaten kısa sürede aklanıp çıkacağımı söyledim. Savcı da "Bana senin hayatın bitti, sen artık cezaevinden çıkamazsın" dedi. Ben o zaman psikolojik baskı yaptığını düşündüm.

Mahkeme Başkanı: Nerede söyledi bunları?

Sanık Selim Akkurt: Erzurum'da efendim, Erzurum Savcısı Osman Şanal. Söylediklerini hiç ciddiye almadım. Sorgum bittikten sonra tutuklanmam talebi ile mahkemeye sevk etti ve mahkeme de beni tutukladı.

Selim Akkurt, Erzurum Özel Yetkili Savcısı Osman Şanal'ı Hâkimler ve Savcılar Yüksek Kurulu'na şikâyet etti. Adalet bakanı talebi reddetti...

Erzurumlu akrabaların Ergenekon operasyonlarıyla maceraları böyleydi; tahliye oldular. Ama aynı "itirafçı" yaratma süreci hep sürdü... Konu açıldı, yazayım...

Aydın Yüksek, eski bir polisti. Kendini Genelkurmay Özel Kuvvetler personeli olarak tanıtan Muzaffer Şenocak tarafından dolandırıldığını iddia edip Muzaffer Tekin'den yardım istemek amacıyla tanışması, Ergenekon davası sanıkları arasında yer almasına sebep oldu. 25 Haziran 2007'de tutuklandı. 25 Ağustos 2009 tarihli Ergenekon davası duruşmasında Aydın Yüksek, savcıların kendisine "itirafçı olması ve diğer sanıkları suçlaması" yönünde baskı yaptığını açıkladı. Aydın Yüksek, tutanaklara geçen bu beyanından üç gün sonra tahliye edildi.

Polis Aydın Yüksek'in itirafları üzerine sanık avukatları önce Haşıloğlu'nun konuyla ilgili açıklama yapmasını istedi, ardından bu gerekçeyle davadan çekilmesini talep ettiler. Bu talepten sonra Mahkeme Başkanı Köksal Şengün, Savcı Sedat Sami Haşıloğlu'ndan yazılı savunma istedi. Haşıloğlu, "Aydın Yüksek'in beyanını savunma sanatının incelikleri kapsamında değerlendirdiği için şikâyetçi olmaya gerek duymadım," dedi. Bitmedi...

Ergenekon Savcısı Zekeriya Öz'ün, Emekli Jandarma Albay Atilla Uğur'a da yalancı tanıklık karşılığı tahliye teklif ettiği iddia edildi.

Emekli Albay Atilla Uğur; Zekeriya Öz ve İstanbul Terörle Mücadele Şubesi'nde görevli Emniyet Amiri Mehmet Karabörk'ün kendisine söylediklerini, TBMM İnsan Hakları Komisyonu'na yazdığı mektupta ayrıntılarıyla açıkladı. Emekli Albay Uğur'un mektubu, komisyona iletilmek üzere, 26 Şubat 2009'da Silivri Cezaevi'ni ziyaret eden komisyon üyesi CHP Sivas Milletvekili Malik Ecder Özdemir'e teslim edildi.

Emekli Albay Atilla Uğur mektubunda, Mehmet Karabörk'ün ve Zekeriya Öz'ün kendisinden Emekli Orgeneral Hurşit Tolon ve Emekli Orgeneral Şener Eruygur hakkında suçlayıcı ifade istediğini yazdı. Mektupta dikkat çeken bir başka nokta da Öz'ün "Ergenekoncuların Fethullah Hoca Efendi'ye düşman olduklarını" söylemesiydi!

İşte Emekli Albay Atilla Uğur'un TBMM İnsan Hakları Komisyonu'na yazdığı dört sayfalık mektubu:

Gözaltına alındıktan sonra getirildiğim Vatan Caddesi'ndeki İstanbul Emniyeti TEM Şube Müdürlüğü'nde bodrum katında konulduğum B-10 numaralı hücreden bir gece yarısı yukarı kata çıkarıldım. Burada daha sonra adının Mehmet Karabörk olduğunu öğrendiğim emniyet amirinin odasına alındım. Emniyet amiri bana sadece sohbet için çağırdığını söyledikten sonra özetle şunları ilave etti: "Bize Şener (Org. Şener Eruygur) ve Hurşit (Org. Hurşit Tolon) ile ilgili bir şeyler söyle biz de seni bıraktıralım. Savcı, biz ne dersek onu yapar. Mesleki taassubu bırak bunları koruma, göreceksin ikisi de tutuklanacak."

Verdiğim cevaplardan hoşnut olmayarak beni tekrar hücreye gönderdi. Bir sonraki gece yine aynı odaya çıkardılar. Emniyet amirinin koltuğunda savcı Zekeriya Öz oturuyordu. Üç polis de (sivil giyimli) Mehmet Karabörk'le birlikte odada idi. Savcı Öz, bana hitaben "Biz seni geçen sene alacaktık, baktım yeni emekli olmuşsun, bırakayım biraz yaşasın dedim. Bu Şener ve Hurşit'le ilgili her şeyi bize anlat, seni yarın sabah bırakayım," dedi.

"Bana, insanlara iftira atmamı söylüyorsun," dedim. Bozuldu ve kalktı gitti. Daha sonraki gün nöbetçi mahkemeye çıkarıldım. Gözaltına alınmamdan nöbetçi hâkim önüne çıkana kadar bir saat bile uyku uyumadım. İki gece yarısı kaldırılarak, sözde sohbete diyerek Beşiktaş Adliyesi'ne götürüldüm. Aslında şantaj teklifine ve olmazsa yormaya ve moralman çökmeme zemin hazırlamaya götürüldüm. 28 yıl şerefimle Jandarma subayı olarak görev yaptım, eli kanlı bir teröriste bile böyle gözaltı ve sorgu süreci uygulandığına tanık olmadım.

Hasan Atilla Uğur, İmralı'da Abdullah Öcalan'ı sorgulayan ekiptendi. Şimdi kendisi sorgulanıyordu. Devam edelim mektubuna:

Tekirdağ F-1 Kapalı Cezaevi'nde tutuklu olarak bulunurken 9 Ekim 2008 günü Beşiktaş Adliyesi'ne götürüldüm. Burada Savcı Zekeriya Öz ile sözde sohbet ettik. Bu görüşmeye zaman zaman odaya giren Savcı Mehmet Ali Pekgüzel ve Savcı Nihat Taşkın da katıldı. Altı saat süren bu görüşmede Öz, özetle kanımı donduran şu cümleleri söyledi:

"Bu Veli Küçük zaten Ermeni'nin teki. Ben araştırdım, soyu

sopu ta Kafkasya'dan kalkıp Bilecik Gölpazarı'nın Türkmen köyüne gelmişler. Neden? Çünkü Türkmen ismindeki köye göç ederek Ermeni olduklarını kamufle etmek istemişler. Ermenice de biliyor. Ben hem şivesinden hem de evinden çıkan Ermenice belgelerden onun Ermeni olduğunu anladım. Ayrıca bu Sevgi denilen kadın da Ermeni. (Erenerol'u kastediyor.) Yozgat'ın Ermenelik köyünden, eski adı Ermeneli yani o da Ermeni... Bu Ergenekoncular iki şeye düşmanlar. Birincisi Fethullah Gülen Hoca Efendi ve cemaati, bir de Alman vakıfları... Zaten Necip Hablemitoğlu da Ergenekon üyesiydi. Hatırlıyorsan *Akşam* gazetesinde 'Ergenekon'da muvazzaf subaylar da var' diye bir manşet vardı. Bu haberden sonra Hava Kuvvetleri askeri savcısı beni aradı, nedir dedi. Gel dedim önce gelmedi. Sonra Genelkurmay böyle bir şey yoktur açıklaması yapınca geldi. Önüne dinleme tapesini attım. Orada *Akşam* gazetesinde haberi yapan gazeteci ile Genelkurmay'da yalanlama açıklaması yapan paşanın görüşmesi vardı. Paşa 'bizim yalanlamamız seninle ilgili değil, sen aynen devam et' diyordu." "Sıkıyorsa bu paşa ile ilgili işlem yap," dedim. Bozuldu ve kalktı gitti.

Vay canına!

Şaşırdığım teklifin cüretkârlığı değil. Evet, teklifi yaptıkları asker 1999'da Abdullah Öcalan'ı sorgulayan komutandı. Ömrü Güneydoğu'da geçmiş, dağlarda çarpışmış, Diyarbakır ve Ankara'da İstihbarat Grup Komutanlığı yapmış bir kurmay subaydı. Bu nedenle "vay canına" dedim... Uzatmayalım, kaldığımız yere dönelim.

Diyeceksiniz ki Erzurumlu "suikast timi" serbest bırakıldı.

Peki ya Mehmet Fikri Karadağ?

O hâlâ tutuklu; 3 yılı bitirdi. "Ergenekon" adını Emniyet'te polis ifadesi sırasında ilk kez duymuştu. Şaşkındı. Kafası karıştı. Nasıl şaşırmasın, aynı polis, Terörle Mücadele Şubesi, Kuvayı Milliye 1919 Derneği'nin kurulmasının perde arkasında Başbakan Recep Tayyip Erdoğan'ın bacanağı Nuri Vardarbaşı'nın olduğunu, derneğin amacının Mersin, Antalya gibi CHP ile MHP'nin güçlü olduğu yerlerde insanları AKP'ye çekmek olduğunu rapor etmişti! Nasıl şaşırmasın; şimdi diyorlardı ki, "Sen Başbakan Erdoğan'a darbe planlıyorsun!"

İddianamede binlerce üyesi olduğu söylenen derneğin

başkanı Karadağ, 12 Temmuz 2007 genel seçimine İstanbul'dan bağımsız aday olarak girmiş, kaç oy almıştı biliyor musunuz: 46. Evet sadece kırk altı!

Neden hâlâ tutuklu olduğunu en iyisi Karadağ anlatsın bize:

> Ben hep sayın başkanımdan ve mahkemeden şunu istirham ediyordum; Allah'ınızı seviyorsanız şu oyun kurucu denen şerefsiz Amerika'nın onun kontrolündeki işbirlikçi ve tetikçi şu polisin tahakkümünden şu davayı kurtarın. Bakıyoruz Osman Yıldırım tabii zavallı çocuk, düşmüş sıkıntıya, Fikri Karadağ'ı işte diğer arkadaşlarımızı tam 2,5 sene sonra ne kadar ilginçtir ki, İstanbul'dan Ankara'ya bununla ilgili işte emniyet müdürü, emniyet amiri ve savcı bey gittikten sonra o toplantıda (Ataşehir'de) Fikri Karadağ da vardı diyor. Ya çok vicdansız, çok merhametsiz, hakikaten ahlaksız biri işte, öyle bir toplantı yoktur ki, Muzaffer Tekin'le zaten ben 2 senedir hiç görüşmüyoruz, darılmışız, yan yana gelmemiz söz konusu değil. Ataşehir'i bilmem. Ona söyleten de söyleyen de hakikaten çok merhametsiz vicdansızdır. Burda tabii aklımda bildiğim bilmediğim bütün kelimelerle hakaret etme hakkımı bunu yapanlara ve yaptıranlara saklı tutuyorum başkanım, burada saygısızlık yapmamak için bunları söylemiyorum. Ama inşallah söyleyeceğimiz gün de gelecektir. O Ergenekon'un iddia ve yargı makamından bize ulaşan hiçbir şey yok ama bir şey yamamaya çalışıyorlar. Yüreğim daralıyor cüppe giymiş Allah'ın hak ve hâkimi sıfatını taşıyan üç tane dört tane hâkimimiz var, bir de cüppe giymiş anlı şanlı savcılarımız var, bütün bunlara alet oluyorlar, bunların yalan olduğunu bile bile hakikaten, hakikaten tahammülüm kalmadı. Tiksindirici bir iş sevgili başkanım. Yani artık ben sıkıntıdan ne söyleyeceğimi de bilemiyorum." (Celse no: 121-2009)

Mehmet Fikri Karadağ suçlu mu? "Suikast Timi" çoktan tahliye oldu. Karadağ, Osman Yıldırım'ın "bana Cumhuriyet gazetesine atmam için 3 el bombasının verildiği Ataköy'deki evde Karadağ da var" ifadesi nedeniyle Silivri zindanında. Mahkeme sürüyor. Ne zaman bitecek, kimse bilmiyor; bazı hukukçular "30 yıl sürer" diyor! Hükmü tarih verecek kuşkusuz.

Öyle değil midir:

Elde edilen sonucun, nedenle ilişkisi kalmadı ise, düzensizlik başlar. Ve insanlar acı çekiyorum diye feryat eder, işte o zaman her şeyin yeniden yapılması gerekir; toplumsal barış için...

Mehmet Fikri Karadağ'dan ayrılıp koğuşa giderken yolda şunu düşündüm:

Gogol, Dostoyevski, Tolstoy, Turgenyev gibi Rus edebiyatının dev yaratıcılarının Silivri'de olmasını isterdim. Tutuklu karakterlerini bütün derinliğiyle ne harika anlatırlardı... Örneğin... İddianameye neler girmemişti ki. Yıl: 1993. Albay Fikri Karadağ OHAL Bölgesi'nde görevli. Ve bir gece rüyasında Hz. Muhammed'i görüyor ve Hz. Muhammed ona diyor ki; "Sen Mehmet'sin, Mehmet'sin". İrkilerek uyanıyor, salavat getiriyor ve sonra adına "Mehmet" ismini ekletiyor. Kendisine hitap ederken "Mehmet" ismini söylemeyenleri uyarıyor, sitem ediyor... İnancı çok kuvvetli, hep Allah'a yalvarıyor. Kim demişti; Tanrı ölülere canlılardan daha yakındır... Mehmet Fikri Karadağ'ın dernekte yardımcısı Hüseyin Görüm'ü de tanıdım. Hep ebced hesabı yapıyordu. Son savunmasını da ezoterik inanç ağırlıklı yaptı. O da 4 Kasım 2011'de tahliye oldu.

Evet hep sorudur; inanç mı mucizeden doğar, mucize mi inançtan?

Yazdığım gibi edebiyatçılar da anlatmalı Silivri'deki bu yorgun düşürülen yalnız adamların hikâyesini...

"Edebiyatın peygamberi" onlar...

Ve hücremde, "düşün dünyasının peygamberlerinden" Aristoteles'i okumaya başladım. Yazı notlarını "O" göndermişti.

Dersimiz: Devlet teorisiyle özgür birey ilişkisi!

Madem cezaevindeyiz, en azından hücrede Aristoteles'in sanat üzerine yazdığı *Poetika*'yı okumak isterdim.

Hep siyaset, hep siyaset; siyasi tutuklu olmak da zor yani!.. Şaka... Şaka...

On Sekizinci Gün

3 Mart 2011
Perşembe...

Barış'ın haykırışıyla apar topar aşağıya indim.

Televizyondaki altyazıya baktım. Sandalyeye çöktüm... Öyle kalakaldım... Yeni bir Ergenekon operasyonu vardı.

Hedefte odatv.com var yine...

Koğuş kararmıştı sanki. Sadece koğuş değil, ülkedeki boğucu hava gitmek bilmiyordu. Kendinden olmayan her düşünceye düşmanlar. Mart ayında cemre düşmüyor, aydın düşürülüyor.

Koordinatörümüz Doğan Yurdakul, Ankara temsilcimiz Mümtaz İdil, yazarlarımız Coşkun Musluk ile Sait Çakır'ın evinde arama yapılıyordu. Müyesser Yıldız Odatv'den altı ay önce ayrılmıştı, onun da evi aranıyordu. Odatv'ye yazan İklim Bayraktar, Odatv'ye röportaj veren Prof. Dr. Yalçın Küçük, gazeteciler Nedim Şener, Ahmet Şık'ın da evlerinde polis vardı. Bir de adını bile bilmediğim polis memuru Aydın Bıyıklı diye birinin gözaltına alındığı yazılıydı.

Haber kanalları yine o bildik telaşla her bilgiyi ekrana yansıtıyorlar. Yine telefonla ulaşılan herkese operasyonu yorumlatıyorlar. Bıktırıcı bir tablo yine karşımızda. Aklıselim sahibi hukukçular da artık usanmış durumda. Örneğin:

Ankara Barosu Başkanı Metin Feyzioğlu "örgüt üyeliği" suçlamasının tek başına yapılan ev aramalarına gerekçe olarak gösterilemeyeceğini, mutlaka şüpheli hakkında somut bir iddiada bulunulması gerektiğini söylüyordu ekranda. Bu basit hukuk kuralını, arama iznini verenler bilmiyor mu? Biliyor, ama hukuk nerede?

Televizyonun başında kımıldamadan oturdum. Istırap içindeydim, öylesine bakıyorum ekrana, yorum bile yapamıyorum. Evet, her insanın gücü sabır ve zamandan oluşmamış mıdır? Tekrarlamaya gerek var mı; yeni bir sindirme operasyonu daha... Yine de insan anlatılmaz bir şaşkınlığa düşüveriyor işte...

Sait Çakır ve Coşkun Musluk'la hiç tanışmadım; telefon görüşmesi bile yapmadım. Hatta televizyon ekranında görünce

Barış'a soruyorum; hangisi Sait, hangisi Coşkun; sadece yazılarından tanıyorum. Keşke tanışsaymışım.

Müyesser Yıldız'la da tanışmadım. Sadece bir kez, babası vefat ettiğinde telefon edip başsağlığı dilemiştim.

Odatv ekibi içinde Doğan Yurdakul ve Mümtaz İdil dışında hiçbiriyle tanışmamıştım.

Muhabir İklim Bayraktar'la bir kez telefonda görüşmüştüm, bir kez de Doğan Yurdakul-Güngör Yurdakul çiftiyle Ankara'da yemekte karşılaşmıştık, o kadar.

Yalçın Küçük'ü tanıyorum, ama yazdığım gibi seyrek görüşüyorduk. Nedim Şener ile Ahmet Şık'la tanışmıyordum.

Düşünüyorum da...

Yeni gözaltının hedeflerinde kitaplar var aslında:

Doğan Yurdakul'un altı kitabı, Nedim Şener'in altı kitabı, Mümtaz İdil'in dört kitabı ve sayısız çeviri kitabı, Ahmet Şık'ın üç kitabı vardı... Genç gazeteciler Barış Pehlivan ve Barış Terkoğlu WikiLeaks belgelerini kitap yapıyorlardı.

Müyesser Yıldız yeni bir kitap hazırlığı içindeydi.

Sait Çakır birçok kitabın hazırlanmasında editör olarak çalışmış bir isimdi.

Yazar Prof. Dr. Yalçın Küçük ise kitap sayısını kendisi bile bilmez artık. Coşkun Musluk akademisyendi, ODTÜ'den.

Ne yazmışlardı peki:

Nedim Şener, *Ergenekon Belgelerinde Fethullah Gülen ve Cemaati*. Ayrıca Hrant Dink suikastında cemaatçi polislerin ihmallerini kitap yapmıştı.

Ahmet Şık, cemaati anlattığı *İmamın Ordusu* kitabını yazıyordu. (Bunu da birkaç gün sonra öğrenecektik...)

Hanefi Avcı, cemaatin polis içindeki örgütlenmesini anlattığı, *Haliç'te Yaşayan Simonlar* kitabını yayımlamıştı.

Keza ben, *Bu Dinciler O Müslümanlara Benzemiyor* kitabımda cemaatçi polislerin ABD'deki "öğrenimlerini" yazmıştım.

Yalçın Küçük kitaplarında Fethullah Gülen'e geniş yer veriyordu.

Barışlar WikiLeaks belgelerinde cemaatçi polisler-ABD ilişkisini açığa çıkarmaya hazırlanıyorlardı. Odatv operasyonunun hedefi belli değil mi?

Kim kimi kandırıyor? Kimse bilmiyor mu gözaltına alınırken gazeteci Ahmet Şık'ın şu söylediklerinin anlamını: "Dokunan yanar arkadaşlar!"

Kime dokunan yanıyor? Cemaate!..

Hanefi Avcı da kitap yazdığı için daha birkaç ay önce Silivri Cezaevi'ne sokulmadı mı? (O gün bilmiyordum ama sonra gördük ki Hanefi Avcı da Odatv davasına ekleniverdi.) Ve halen cemaatle ilgili kitap yazanlar da bu uydurma "belgelerle" korkutulmuyor mu?

Sorup duruyorum kendime: Ne yapmalıyım? Ne yapmalıyım?.. İçin için kendimi yiyorum. Tüm sorumlusu ben miyim? Keşke Odatv'yi kapatsa mıydım? Bu kadar saldırganlaşacaklarını hiç tahmin etmedim. Tamam, ben çekerim bu eziyeti. Ama...

Mümtaz İdil hasta; neredeyse her hafta hastaneye gidiyor. Ağır bir kanser tedavisi görüyor. 40 kiloya kadar düşmüştü. Üstelik annesi de hasta; bu haliyle annesine bakmak için onun evine taşınmıştı.

Doğan Yurdakul da hasta. Odatv'den arta kalan zamanlarda hastaneye gidiyor. Sadece kendi tedavisiyle meşgul değildi. Eşi Güngör Yurdakul da kanser tedavisi görüyor.

Demek kanser hastalarına bile kelepçe vuruyorlar.

Babasını yeni kaybeden Müyesser Yıldız'ın annesi ağır hasta, başucundan ayrılmıyordu; annesi yatağa bağımlıydı. Peki, kim bakacak o anneye. Ya çocuğuna? Bu sebeple Müyesser Yıldız altı aydır Odatv'ye yazı gönderemiyordu; Savcı Zekeriya Öz aleyhinde, hakkında suç isnadı olmamasına rağmen telefon görüşmesini iddianameye koyduğu için 10 bin liralık tazminat davası açmıştı. Sebep bu mu? Savcıya dokunan da mı yanıyor?

Ne acı günlerden geçiyoruz.

Televizyondan öğrendim, Nedim Şener'in eşi daha geçen hafta kalp ameliyatı olmuştu...

Suçları ne?

Suç varsa, asıl suçlu Anayasa olmalı! Çünkü Anayasa'da "düşünce ve kanaat özgürlüğü", "düşünceyi açıklama ve yayma özgürlüğü", "basın özgürlüğü" var. O halde?

Kimin hukuku; adalet bağımsız, öyle mi? Yeni "devlet" oluşturuluyor ve kuşkusuz bunun kendi hukuku var; bu nedenle evvelce yürürlükte olan hukuk sistemi pratik hayatta yok ediliyor. Özel Yetkili Mahkemeler gibi yeni bir hukuk uygulanmaya başladı.

Yetmedi mi artık; şu yakın siyasal tarihte kaçıncı tutuklama, hapse atma? Doymuyorlar, çelik bir tırpanla insan biçmeye... Halkımız, aydınlarımız, medyamız anlıyor mu olan biteni? İnsanı dehşet içinde bırakan, insanlarımızın çoğunun tüm bu zalimliklere inanması. Kin ve nefretin kendi halindeki saf vatandaşlara kadar nüfuz etmesi, bu topraklara yapılacak en büyük kötülük...

Televizyona çıkan muhabirler, spikerler yeni gözaltıların "Odatv'de çıkan belgelerden dolayı gerçekleştiğini" söylüyor. Hangi belgelerden söz ediyorlar? O sahte dokümanların, virüs (Truva atı) aracılığıyla uzaktan Odatv bilgisayarına yüklendiği ortaya çıktı. Şimdi düzmece ve komik 'word' yazılarıyla gazeteciler gözaltına alınıyor. Ve televizyona çıkan yorumcular, muhabirler bu gerçeği neden görmezden geliyor?

Görmüyorlar mı; kitap yazanlar, gazetecilikte ısrar edenler derdest edilip cezaevine sokuluyor. Hâlâ hırslarının acımasızlığıyla bilinen zorbalar televizyona çıkıyor ve virüsle gönderilen sözüm ona "belgelerden" bahsediyor. Türkiye'de cadı avı, bilgisayarlara gelen virüsler yoluyla yürütülüyor.

Gazetecilik açısından zor günlerden geçiyoruz. Süreci zorlaştıran gözaltılar, tutuklamalar değil; bilgisizlik, cahillik. Ve bu; yüzyıllar önceki veba gibi ülkemizi kasıp kavuruyor.

Gazeteciler, yazarlar, ne iddianameleri okuyor ne de Silivri duruşmalarını takip ediyor. Sadece polis ya da savcının cemaate yakın polis-adliye muhabirlerine sızdırdığı, delili olmayan yalanlarla operasyonları analiz ediyor, yorumluyorlar! Polisin ve savcının iddialarını tekrarlıyorlar. Böyle gazetecilik olur mu?

Meselenin aslında ne olduğuna kafa yormuyor kimse.

Evet, Türkiye'de darbeler oldu.

Evet, Türkiye'de yargısız infazlar yapıldı.

Evet, Türkiye'de provokasyonlar tezgâhlandı.

Bunlar araştırılsın, tek tek gerçekler ortaya çıkarılsın.

Derin devletin pisliği ortaya serilsin.

Kim buna hayır diyebilir.

Ama...

Bu demek değildir ki, tertiplere alet olalım.

Bu nedenle her gazeteci dersine iyi çalışmalı; okuyup araştırmalı. Ama nerede? Kimse bilgisizliğinden utanmıyor. Hep ahkâm kesiyor, herkes görüş açıklıyor; haber yapan yok; sorsanız hepsi gazeteci, hepsi "köşegazeteci".

Birileri de... "O aslında Ergenekoncu olamaz", "Onu tanırım, nasıl Ergenekoncu derler" gibi çocukça değerlendirmeler yapıyor medyada.

Tanıdığı "Ergenekoncuya" kefil, tanımadığı "Ergenekoncuya" ise ağır ithamlarda bulunuyor. Düzey bu.

Körlük bu... Sığlık bu...

Ve acı haberi verdi televizyonlar:

"Ergenekon soruşturması çerçevesinde önceki gün gözaltına alınan Odatv Ankara temsilcisi gazeteci-yazar A. Mümtaz İdil, yoğun bakıma kaldırıldı."

Televizyon karşısından ayrılamıyorum.

Ne yemek yiyebildim ne de birbirimizle konuştuk doğru düzgün. İnsanlığın alçaltıldığı zorlu dönemden geçiyoruz. Cumhuriyet, ortaçağa karşı direnmeye çalışıyor. Mesele ne salt Soner Yalçın, ne Odatv, ne de basın özgürlüğü meselesi. "Orada sönük sözlere o kadar alışılmıştır ki, biraz canlı bir düşünce, bir kalabalık gibi gelir. Konuşurken yeni bir şey söylemeye kalkışanın vay haline!" (Faublas)

İnsanlık bunu yaşadı; bu mücadeleyi verdi; sıra bizim topraklarda yine...

Böyle anlarda insan kendine üzülmüyor, dost-arkadaş acısı daha çok yakıyor içini.

Evlerde aramalar bitti. Bir de operasyona dahil olan MİT görevlisi emekli asker Kaşif Kozinoğlu varmış, yurtdışındaymış, gözaltına alınamamıştı bu yüzden. Kim Kozinoğlu? Operasyona onu niye katmışlar? Her operasyon dalgasında öyle yapmadılar mı? Torbanın içine kafa karıştırıcı isimler koydular... Şimdi karıştırıcı isim, MİT'çi Kozinoğlu mu? Neler oluyor? Zindanda eliniz kolunuz bağlı, haber için sadece tv'ye mecbursunuz.

Gün boyu ekranlarda ne yorumlar yapılmadı ki:

NTV'deki Mirgün Cabas'ın program konuğu *Akşam* gazetesi yazarı Nagehan Alçı'ydı. Sürekli aleyhimize konuştu. Ekran ekran dolaştırılıyorlar. Bir anda bu kız çocukları nasıl "uzman" olup ekrana çıkarılıverdi. Kim bu "oyun kurucu." Mirgün Cabas'ın rolü ne? Bir de Mehmet Metiner gibi isimler var. Kamuoyu hazırlatılıyor; "özel yetkili gazeteciler" işbaşında. Kim bunlar? Nasıl böyle yargısız infaz yapabiliyorlar? Nasıl bir çocukluk geçirdiler; bu neyin intikamı? Bu kadar nefreti ne zaman nasıl biriktirdiler? Savaşın bile kendi hukuku var; bunlar hukuk tanımıyor. Her "Soner Yalçın" dediklerinde başıma ağrılar giriyor. İnsan ister istemez sıradanlığa uzun süre tahammül edemiyor. Kalktım televizyonun başından, hücreme gittim.

Özgürlükler ustalıkla zincirleniyor yine benim ülkemde... Kendilerine "gazeteci" diyen kimileri bu karanlık tezgâhın gönüllü müfrezesi. Korkak Türk burjuvazisi kendi devrimine ihanet ederek iktidar ve cemaat gölgesindeki bu zorbalara ekranlarını umarsızca açıyor. Bilsinler ki insanlar, toplumlar kendilerine yıllarca ara vermeden korku salan bu zorba üstünlüğü affetmeyecektir.

Bilirim: Akıllı kişi yakınmaz. Beklemesini, direnmesini bilir.

Ve bilirim ki, dalga ne kadar ani ve dik tırmanışa geçerse o ölçüde şiddetli kırılmaya uğrar...

On Dokuzuncu Gün

4 Mart 2011
Cuma...

Saat, 06.10.

Erken uyandım. Uyku tutmadı. Sebebi dün gece NTV ekranında Odatv soruşturmasıyla ilgili yeni "belgeler" ortaya çıktığı; "Baykal'a şantaj yapıldı" şeklindeki düzeysiz sözlerdi. Yozlaştırılarak tutsak hale getirilmiş bu zayıf, korkak insanlarla nasıl bir iletişim olanağı kurulup tartışma yapılır ki?

Yatakta dönüp duruyorum, kalkıp ne yapacağım?

Hücrem karanlık... Yine de başucumda duran kâğıdı kalemi alıp birkaç satır yazmak istedim.

Biliyorum bu sıkıntılı ve zor günler geçecek. Peki, ama bu ilkel, bel altı tertipler hepimizde kalıcı ruhsal tahribatlara yol açmayacak mı?

Derimin çok kalın olduğunu düşünürdüm, demek değilmiş! Milyonlarca insanın önünde ayıp nedir bilmeden, neler konuşulup tartışılıyor öyle? Bu tertibin aleti olmuş bir avuç gazeteci her fırsatta "Soner Yalçın" adını telaffuz ediyor.

Bunlara fırsat vermemek lazım. Fakat nasıl? Çok söylendiği için bugün belki bu söz, kimseye bir şey ifade edemez hale geldi, ama yazmalıyım; kalemimi mi kırmalıydım; bir köşeye mi çekilmeliydim; düzene uyup paralar mı kazanmalıydım? Öyle yapsam kim ne derdi ki? Demezdi kuşkusuz.

Ama ya ben, ben ne derdim; öyle bir hayat içinde "gazeteciyim" diye dolanabilir miydim? Nasıl yüzleşebilirdim kendimle? Sadece ahlaki değil zihin vicdanına da değer vermeyen, insan kalabilir mi? Mesleğine, okuyucularına ve hakikate duyulan saygı yitirilince gazeteci kalınabilir mi?

Ve şimdi, mesele sadece benimle de ilgili değil.

Neredeyse tüm Odatv çalışanları gözaltına alındı.

Peki: Özveriyle habercilikte ısrar edenlerin sabah evlerine polis baskını yapılıp gözaltına alınmasında sorumluluğum yok mu? Kafamda hâlâ bu soru. Bu satırları yazdığım için arkadaşlarım bana kızacak, ancak sorumluluk hissediyorum ve acı duyuyorum.

Evet, bir büyük tertiple karşı karşıyayız. İnsanlar zamanla gerçeği öğrenecek. Mutlaka gün gelecek, çekilen acılardan ders çıkaracak.

Hadi Odatv gençleri dayanır, ama zaten hastalıkla boğuşanlar ne yapacak? Yazdım, Doğan Yurdakul birkaç yıldır hastalıkla boğuşuyordu. Odatv'ye sadece ağabeylik yaptığı için gözaltına alındı. Televizyonda gördüm: Polis evinden çıkarıp otomobile götürürken eşi Güngör Hanım arkasında yürüyordu. Güngör Hanım kanser tedavisi görüyor. Ne yazabilirim şimdi...

Barış sesleniyor; kahvaltı hazır. Aşağı indim. Kahvaltı yaptık mı yapmadık mı bilmiyorum, koğuşta kimsede ses yok: Ölü koğuşu. Cezaevi değişikliği nedeniyle birkaç gündür gelmeyen gazetelerimiz bugün geldi. Moralimiz bozuk. Televizyon açık. Ne okumak ne de seyretmek geliyor içimden. Barış masayı topladı, gazeteleri masaya koydu.

Gazete okumayı hiç özlememişim. Hızlı hızlı birinci sayfalarına baktım. "Özel yetkili medya" bıraktığımız gibi yine bel altı vuruşlara hız vermişti. Polisin sızdırmaları her gazetede bir şekilde yine yer bulmuştu. Hep aynı oyun.

Habertürk gazetesi, operasyonu sürmanşetten vermişti. "Gerekçe, MİT'in Kozmik Belgeleri" başlığıyla çıkan haberin her halinden polis sızdırmasıyla oluşturulduğu belli... Sözde benim evimde MİT'e ait kozmik belgeler bulunmuştu! O "belgeleri" bana MİT'çi Kaşif Kozinoğlu'nun verdiği saptanmıştı! Ne kolay böyle satırları sayfalara taşımak. Benim evimden birkaç ajanda ve kitap dışında hiçbir şey almadılar ki! Asıl ahlaksızca satırlar, haberin altında devam ediyordu. "Şantaj dosyaları" başlığıyla verilen birinci sayfadaki "haberde" şöyle yazıyordu:

> "İddiaya göre, Odatv'de şantaj dosyaları çıktı. Dosyada, Baykal'ın kasetinin Ergenekon işi olduğu yazılıydı. Kasetin ikinci bölümü Halk TV'nin satışında şantaj için kullanılacaktı."

Aman Allah'ım! Demek savaş bu derece ahlaksızca yürütülecekti. "Şantajcı" oluvermiştik...

Okuyunca anladım ki, herhalde bilgisayarımıza virüsle gönderilen dokümanların arasına böyle aşağılık notlar da koymuşlardı. Bilgisayardaki virüslü word dosyaları olmuştu şantaj dosyası! Haberde yer alan "silinmiş bir dosyada" sözü, aslında her şeyin kanıtıydı. Tabii anlayana! Anlamak istemiyorlardı.

Odatv'nin sahibi gazeteci Soner Yalçın'dan ele geçirilen belgeleri inceleyen polislerin hazırladığı fezlekede, çarpıcı ifadelerin yer aldığı bir belgenin bulunduğu öne sürüldü. İddialara göre, Yalçın'ın bilgisayarında bulunan silinmiş bir dosyada "Halk TV'nin alınmasıyla" ilgili 4 aşamalı bir eylem planı çıktı. Belgede, Halk TV'nin Soner Yalçın ve Hakan Aygün'e devredilmesi için çalışma yapıldığı bilgisi yer alıyor. Deniz Baykal'ın satışa onay vermemesi durumunda, "Varan-2" adlı video ile şantaj yapılması planlanıyor. "Varan-2" adlı videonun, Ergenekon'un bir projesi olduğu ve Baykal'ın istifasına neden olan "Varan-1" adlı video ile bağlantılı olduğu da öne sürülüyor. Bir belgede de "Halk TV'yi satın alırsak, parasal sıkıntımız kalmaz, Kılıçdaroğlu da istekli. Her türlü desteği alırız. Ama Baykal direniyor. Baykal engelini aşmalıyız. İkna için Varan-2 kaseti" ifadelerinin yer aldığı iddia edildi. (Bülent Ceyhan-Nihat Uludağ)

Bu haberi yapan muhabirlerin adını bilerek yazdım; ileride utansınlar, çocuklarının, torunlarının yüzüne bakamasınlar diye yazdım. 12 Mart 1971 darbesi döneminde, "Sevgi Soysal'ın *Yürümek* adlı kitabı hayvanlarla cinsi münasebeti övücü nitelikte bulunduğu için toplatılmıştı. Dönemin basını Sevgi Soysal'la ilgili yazmadığını bırakmamıştı. Ne değişti? Aynı bayağılık devam ediyor işte. Sadece muhabir adları değişti.

Tek *Habertürk* mü bel altı vuruyordu? Hayır! *Star*'dan *Vatan*'a, *Sabah*'tan *Zaman*'a kadar birçok gazetede bu aşağılık satırlar yer alıyordu. Polisin servis ettiği tüm gazetelerde aynı cümlelerle yazılan yalanların altında bir de muhabir imzası vardı. Yapılan tertibin en ayrıntılı dökümü *Star* gazetesindeydi:

Deniz Baykal'ı CHP Genel Başkanlığı'ndan istifaya götüren ve CHP Milletvekili Nesrin Baytok'a ait olduğu iddia edilen görüntüler "Varan-1" başlığıyla internete konulmuştu. Görüntülerin devamının olduğu iddia edilmiş, ancak görüntülerin kaynağı ve devamının olup olmadığı tespit edilememişti. Odatv baskınında ele geçirilen notlar arasında, Baykal'ın görüntülerinin olduğu iddia edilen "Varan-2"nin varlığına ve bu görüntülerin şantaj amacıyla kullanıldığı iddiasına yönelik deliller bulundu. Ancak "Varan-2"ye ilişkin görüntülerin de bulunup bulunmadığına ilişkin bilgi edinilemedi.

Okurken midem bulandı. Gazetecilik nasıl bu kadar kirlendi?

Bir Ergenekon operasyonu daha iğrenç komplosuyla sürüyordu.

Sahi, kim inanır bunlara? Ama birileri inanıyor demek ki ya da inanmış görünüyor; "aman bize dokunmasınlar" diye mi? Polis ne söylese aynen gazetelere koyuyorlar:

> Odatv'den çıkan belgelerde, iddialara göre, Hanefi Avcı'nın yazdığı, *Haliç'teki Simonlar-Dün Devlet Bugün Cemaat* isimli kitabında yer alan "Cemaat" bölümünü Soner Yalçın yazdı. Avcı ilk bölümünü tamamladıktan sonra kitabın taslağını Nedim Şener'e verdi. Şener de taslağı Yalçın'a teslim etti. İncelenen bilgisayarlardan birinde silinmiş "Ulusal Medya 2010" isimli bir belge bulundu. Bu belgede 2011 Haziran ayında yapılması planlanan Milletvekili Genel Seçimleri'nin hedef alınacağı, bu seçim öncesinde "Kara ve Gri" propaganda yapılması planlandığı ileri sürüldü. Hanefi Avcı'nın kitabının da, kara propaganda kapsamında yayınlandığı iddia edildi. Kara propaganda kapsamında hazırladığı öne sürülen Ahmet Şık'ın cemaati hedef alan bir kitabının taslağının da yine Odatv'de çıktığı iddia edildi. Kitapta cemaatle ilgili bazı bölümlere Soner Yalçın'ın müdahale ettiği, eski ve ünlü bir emniyet mensubunun adına "Hatıraları" olarak yayınlamayı planladığı yeni bir kitabın hazırlandığı da öne sürüldü. *(Habertürk)*

Umarım bu karanlık, pis oyunlar bir gün bu gazetenin genel yayın yönetmeni olan Fatih Altaylı'nın başına gelmez.

Aynı haberi *Vatan* gazetesi de neredeyse aynı satırlarla vermişti:

> "Odatv'den çıkan belgelere ve iddialara göre, Devrimci Karargâh davasından tutuklanan Hanefi Avcı'nın yazdığı, *Haliç'teki Simonlar-Dün Devlet Bugün Cemaat* isimli kitabında yer alan "Cemaat" bölümünü Soner Yalçın yazdı. Hanefi Avcı'nın kitabın yazımında gazetecilerden yardım aldığı öne sürüldü. Odatv'ye ait bilgisayarların bir tanesinde, silinmiş dosya olarak "Ulusal Medya 2010" isimli bir belge bulundu. Bu belgede 2011 Haziran ayında yapılması planlanan Milletvekili Genel Seçimleri'nin hedef alınacağı, bu seçim öncesinde "Kara ve Gri" propaganda yapılması planlandığı ileri sürüldü. Hanefi Avcı'nın kitabının da, kara propaganda kapsamında yayınlandığı iddia edildi. Odatv baskınında yapılan aramada Ahmet Şık'ın polis-cemaat ilişkilerini ele alan ve basımı henüz yapılmayan kitabının (*İmamın Ordusu*) taslakları bulunmuştu.

Ahmet Şık, kitap taslağını sadece yayıncısı ile avukatına verdiğini, Odatv'nin bilgisayarına nasıl gittiğini bilmediğini söylemişti. Bu kitabın da kara propaganda kapsamında çıkarılmasının planlandığı, cemaatle ilgili bazı bölümlerine Soner Yalçın'ın müdahale ettiği öne sürüldü.

Avcı'nın kitabının ses getirmesi üzerine, Soner Yalçın ile Ahmet Şık'ın cemaatle ilgili yeni bir kitap hazırlığı yaptığı (*İmamın Ordusu* dışında), bu kitabı da eski İstihbarat Dairesi Başkanı Sabri Uzun adına "Hatıraları" olarak yayınlamayı planladığı iddia edildi. Kara propaganda kapsamında, Odatv'deki belgeler arasında, onlarca kitap taslağı olduğu da öne sürüldü." (Savaş Akın)

Ne diyebilirim şimdi *Vatan* gazetesine...

Alman atasözü vardır:

"Sürüyle giden yalnızca kıç takip eder."

Bu kadar kolay olmasına şaşırıyorum.

Aslında, sizi tanıyan/bilen gazetecilerin minicik de olsa şüphe duymamasını yadırgıyorum. Ürperiyorum demek daha doğru olur. Ne kadar kolay inanıyorlar!

Özeleştiri yapmak zorunda medya... Yandaş medyanın Ergenekon sürecindeki haberciliği artık açığa çıkmıştır. Amaçları bilgi kirliliğiyle kamuoyunu yanıltmaktır.

Peki, merkez medyanın bu süreçteki yayıncılığına ne demeli? Yandaş medyadan pek farkı kalmadı. Bunun sebebi şuydu: Bu sistemli bir oyunun parçasıydı. Yandaş medya inandırıcılığını yitirmişti; bu nedenle kirliliğe merkez medyayı da bulaştırdılar. Gazetecilik yapmak isteyen, gerçeği kamuoyuna ulaştırmak isteyen birçok gazeteci bu süreçte tasfiye oldu. Yerlerini cemaatin devşirmeleri altın nesil imalatı sözde gazeteciler aldı. Bu nedenle *Zaman* gazetesinin yazdığı ile *Habertürk*'ün, *Sabah*'ın, *Vatan*'ın yazdığı arasında fark kalmadı.

Ve ne yazık ki gazetelerin başında bulunan "çok bilmişler" gelişmeleri salt gazete bilgileriyle takip ettiklerinden hep kullanıldılar. Vay efendim silinmiş e-postadan "Varan-2" çıkmış. Neymiş "Baykal Halk TV'yi vermezse 'Varan-2' devreye sokulacakmış!"

Dinci habervakit.com bu ahlak yoksunu görüntüyü Varan-1 diye yayınlamıştı. Varan-2 demek ki görüntülerin devamıymış!

Ben/biz böyle bir bayağılığı nasıl yaparız; böyle bir polis tezgâhını niye kimse görmez?

Hadi hepsini geçtik; Baykal'ın o komplo kaseti ortaya serildiğinde "o dönemde Soner Yalçın ne yazmıştı" diye kimseler araştırmaz mı? *Hürriyet* arşivi, Odatv arşivi çok mu uzakta, şu teknoloji çağında. Akıl ne zaman bu derece yok sayıldı bu topraklarda?

Bakın *Hürriyet* gazetesinde Deniz Baykal'a kaset komplosunu kimin planladığı konusunda ne yazmışım:

Önce bazı sorularım var:

Hangi ülkelerin petrol rezervi ne kadar:

Suudi Arabistan yüzde 21; İran 11,2; Irak 9,3; Kuveyt 8,2; Birleşik Arap Emirlikleri 7,9; Venezuela 7,0; Rusya 6,4...

Hangi ülkeler yılda ne kadar petrol tüketiyor:

ABD yüzde 23,9; Çin 9,3; Japonya 5,8; Hindistan 3,3; Rusya 3,2; Almanya 2,8; Güney Kore 2,; Fransa 2,3...

Bir sorum daha var...

Hangi ülkelerin gaz rezervi ne kadar:

Rusya yüzde 25,2; İran 15,7; Katar 14,4; Suudi Arabistan 4,0; Birleşik Arap Emirlikleri 3,4; ABD 3,3; Nijerya 3,0...

Hangi ülkeler yılda ne kadar gaz tüketiyor:

ABD yüzde 22,6; Rusya 15,0; Kanada 3,2; Japonya 3,1; Almanya 2,8; İtalya 2,7; Çin 2,3...

Hangi ülkenin ne kadar üretip ne kadar tükettiğini analiz edemeyenler, bugün, ne Türkiye'deki ne de dünyadaki siyasal olayları değerlendirebilir. Bir ülke için enerji hayattır, ekonomik olarak büyümedir, kalkınmadır ve bağımsızlıktır. Osmanlı Devleti bunu bilmediği için enerji deposu bölgelerini avucunun içinden İngilizlere kaptırdı. Diyeceksiniz ki, "Hadi bu tablolara bakınca Rusya Devlet Başkanı Medvedev'in gelişini, enerji antlaşması yaptığını vs. anladık da, Baykal'a kaset komplosu ile bu enerji rakamlarının ne ilgisi var, onu anlayamadık?"

Bekleyiniz biraz...

Berlin Duvarı'nın yıkılıp Soğuk Savaş'ın sona ermesiyle, dünya tekrar 19. yüzyılın ikinci yarısında başlayıp Birinci ve İkinci Dünya Savaşı'yla süren eski kanlı paylaşım dönemine girdi.

Bugün dünyada küresel güç dengeleri enerji paylaşımı nedeniyle yeniden kuruluyor.

Meselenin bizi ilgilendiren bölümü ise şudur: Türkiye, dünya petrol rezervinin toplam yüzde 61'inin bulunduğu Ortadoğu'dadır. Türkiye, dünya gaz rezervinin toplam yüzde

66,5'inin bulunduğu Rusya ile Ortadoğu'nun hemen yanı başındadır.

Hep sorudan gidelim: Bu enerji kaynakları üzerinde en çok kim denetim kurmaya çalışıyor? Yanıt basit, en az üretip en çok tüketen, yani enerjiye en çok ihtiyacı olan ABD!

ABD enerji alanlarındaki açıklarını iyi niyet mesajları, güler yüzlü diplomasiyle mi kapatıyor/gideriyor? Tabii ki hayır.

O halde bunu nasıl sağlıyor? Silahla! Ya korkutarak ya da gerektiği zaman Afganistan ve Irak'ta olduğu gibi müdahale ederek. "Dünya jandarmalığı" da öyle kolay değil, çok para istiyor.

Bu nedenle: ABD'nin askeri harcamaları dünya toplamı içinde 41,5'tir (607 milyar dolar). İkinci Çin'in 5,8, üçüncü Fransa'nın 4,5, dördüncü İngiltere'nin 4,5, beşinci Rusya'nın 4,0, altıncı Almanya'nın 3,2, yedinci Japonya'nın 3,2, sekizinci İtalya'nın 2,8, dokuzuncu Suudi Arabistan'ın 2,6, onuncu Hindistan'ın 2,1'dir.

ABD'nin 60 ülkede 800 askeri üssü var.

1999-2009 yılları arasında ABD askeri harcamaları yüzde 66,7 arttı.

Yani rakamların dili diyor ki, ABD silahını gösterip korkutarak enerji ihtiyacını gidermeye çalışıyor. Ancak sıkıntıları var.

Birincisi...

ABD'nin bu ağır silah harcamasının altından kalkacak ekonomik gücü giderek tükeniyor. 1980'lerin başındaki Başkan Reagan döneminde öne çıkan finansal piyasalar ve serbest piyasa ekonomisi (neoliberalizm) 2008 finans kriziyle çöküyor.

ABD çöküşü, yıllardır karşı çıktığı (Keynesyen) kamulaştırma yaparak önlemeye çalışıyor. Devletleştirmenin faturası sadece geçen yıl 850 milyar dolar! Neyse, sizi rakamlara boğmayayım.

Demem o ki, ABD on yıl önceki ABD değil, hızla yoksullaşıyor. Bu nedenle askeri müdahaleleri biraz müttefiklerinin üzerine yıkmaya çalışıyor.

Bunlardan biri Türkiye...

ABD, aynı Soğuk Savaş döneminde olduğu gibi kendine gözü kapalı biat edecek bir Türkiye istiyor. Nasıl istediğinde, Kore'ye hemen asker gönderdi ise yine talep ettiğinde Mehmetçik'i cepheye sürmesini istiyor.

"Netekim" istedi. Ancak Irak Savaşı öncesi 1 Mart 2003 Tezkeresi TBMM'den geçmedi.

İşte bu tarih Türkiye için bir kırılma noktası oldu.

ABD çok kızdı. Suçlu aramaya başladı. Olağan suçlular şunlardı:

a- TSK; b- CHP, MHP, ulusalcı-milliyetçi partiler; c- AKP içindeki bir grup (ki bunlar 2007 seçimlerinde milletvekili yapılmadı); d- Atatürkçü Düşünce Derneği gibi bazı sivil toplum kuruluşları, üniversiteler; e- Hepsi.

Yanıtını biliyorsunuz, "e" şıkkı.

Evet, yavaş yavaş Baykal'a kaset komplosuna geliyoruz...

ABD 1 Mart Tezkeresi'nin Meclis'ten geçmemesine "haklı" olarak kızdı! Çünkü adamlar, Saddam'a karşı yapacakları askeri müdahaleye destek vermeyeceğini açıklayan Başbakan Bülent Ecevit'i bu nedenle düşürmüşlerdi. Sandılar ki, yeni iktidar isteklerini kayıtsız yerine getirecekti.

Aksilik. Olmamıştı. Üstelik... Türkiye kamuoyunda ABD karşıtı sert bir hava oluştu. Toplumsal muhalefet örgütlenmeye başladı, milyonlarca kişinin katıldığı mitingler organize edildi. "Ilımlı İslam" dayatması bu muhalefeti daha da büyüttü, güçlendirdi.

ABD, Balkanlar, Kafkaslar ve Ortadoğu'nun tam ortasındaki Türkiye'yi kaybedemezdi. O halde ne yapılacaktı?

Türkiye'yi Soğuk Savaş'ın başlangıcında yaptığı gibi yeniden "kurgulayacaktı". Yani muhalif herkes susturulacaktı.

Siyasi parti genel başkanları, üniversite sahipleri, rektörler, dekanlar, öğretim üyeleri, Atatürkçü Düşünce Derneği, Çağdaş Yaşamı Destekleme Derneği gibi sivil toplum kuruluşları, gazeteciler, medya sahipleri, işadamları ve askerler gibi tüm muhalifler susturulacaktı.

Bunu yaparken, dünya kamuoyunu ikna etmek için Rahip Santoro, Malatya Zirve, Hrant Dink gibi suikastlardan, darbe söylentilerinden yararlanılacaktı.

New York neolibarellerinin "papağanı" Türkiye'deki liberallerin, cemaatlerin, yeni kurdurduğu gazetelerin ve televizyonların desteğini alacaktı.

Ve büyük oyun tezgâha kondu.

Türkiye tarihinin en büyük cadı avı başlatıldı.

Cezaevine tıkılan, susturulan herkesin ortak noktası, ABD politikalarına karşı olmalarıydı. Ve...

Bu toz bulutunun arasından bir adam çıktı.

"İnanmıyorum," dedi.

Darbeye, Ergenekon'a, Balyoz'a, Kafes'e, tertip planlarına "İnanmıyorum," dedi.

Bağımsızlıktan, demokrasiden, laiklikten, Cumhuriyet'ten ödün vermeyeceklerini açıkladı.

Hep adalete güvendiğini söyledi.

Ulus devletlerin bağımsız müdahale olanaklarını kısıtlayan neoliberal politikalara sırtını döndü. Rant ekonomisine dönüştürülen özelleştirmelere karşı hukuk mücadelesi başlattı.

Gerginlikler çıkaracağı belli olan ve Türkiye'yi içe döndürüp istikrarsızlaştıracak her dayatmaya yılmadan karşı çıktı.

1990'lı yıllarda Ruanda'da 800 bin Tutsi'nin, Bosna'da 325 bin insanın soykırıma uğramasını seyredenlerin, gündeme getirmeye çalıştıkları "Ermeni soykırımı" iddialarını elinin tersiyle itekledi.

Çekoslovakya'nın, Yugoslavya'nın bölünmesini alkışlayanların, Kıbrıs'ın bölünmesine şiddetle karşı çıkmalarındaki ikiyüzlülüğü suratlarına vurdu. Kıbrıs'ın, Azerbaycan'ın yanında durdu.

ABD Dışişleri Bakanı Rice, Büyük Ortadoğu Projesi'yle 22 ülkenin haritasını değiştirmeyi hedeflediklerini söylediğinde, Türkiye'nin bir karış toprağını vermeyeceklerini haykırdı.

Kürt sorununu Şeyh Barzani'ye havale edenlere tepki gösterdi.

"Sizin en büyük ihraç kaleminiz Mehmetçik" deyip kapalı kapılar ardından hükümete milyar dolarlar vermeyi teklif edenlerin oyununu bozdu.

Türkiye'nin Ortadoğu'da kanlı tezgâhlar içine çekilmesini isteyen Batılı diplomatlara randevu bile vermedi. Bağımsızlıkçı bir dış politikadan yana oldu.

Toplumda yaratılmaya çalışılan korkunun üzerine gitti.

Hukuk rejimini değiştirmeyi amaçlayan Anayasa değişikliklerine karşı çıktı.

Muhalefeti tekrar toplayıp CHP'yi iktidara aday parti yaptı.

Ve fakat...

Düşman hiç beklemediği bir yerden vurdu...

Şimdi siz hâlâ soruyor musunuz?

Deniz Baykal'a bu hain pusuyu kimlerin kurduğunu?

Cadı avı sürüyor...

16 Mayıs 2010 tarihinde *Hürriyet*'te tam bir sayfa "Kaset Komplosunu Kim Yaptı" diye yazan ben... Bu satırların yazarı ben, Deniz Baykal'a şantaj yapacağım, öyle mi?

Medya bunu bilmiyor mu?

Bakın devam edeyim:

ABD Savunma Bakanlığı (Pentagon) ve CIA'in strateji uzmanlarından Stephen Larrabee "Rand Raporu"nda (Şubat 2010) şöyle yazdı:

> "2003 (1 Mart Tezkeresi'nden) yılından bu yana CHP giderek artan bir boyutta daha millici ve Amerikan karşıtı bir duruş benimsedi (...) CHP'nin üst yönetimi değişmelidir."

Kimse aslında hiçbir şeyi saklamıyor.

Yeri geldi yazayım:

Halk TV'yi satın almaya gittiğimizde Baykal'la Meclis'teki odasında sohbet ederken şunu dedim:

"Bu pis tezgâh sahnelendiğinde, bu kaset komplosuyla sizi hedef aldıklarında istifa ederek çok yanlış yaptınız. Bu oyunu bozmanın yolu sizin yine dimdik durup bu karanlık odaklarla mücadele etmenizdi. Genel başkanlıktan istifa ederek bu tertipçilerin isteğini yerine getirmiş oldunuz."

Bu sözlerime yanıt vermedi; belki de hata yaptığını anlamıştı. "Öyle gerekiyordu," dedi sadece. Sustu. Şahitlerim Baykal'ın kendisi ve odada bulunan üç gazetecidir.

Şimdi bana/bize diyorlar ki, "Varan-2" cümlesiyle Baykal'a şantaj yapacakmışız! Samimi söylüyorum, bu dincilerin Allah korkusu yok.

Kimse sormuyor, "Böyle bir kaset-CD-DVD var mı?" Hayır.

Soru bu kadar basit aslında, ama sormuyorlar.

Hadi ben tutukluyum; Halk TV'yi almaya gittiğim gazeteci arkadaşlarıma niye kimse sormuyor? Yoksa aslında herkes bu oyunu biliyor da bile bile mi bu haberleri, yorumları yapıyor?

Şimdi bu kara propagandayı yapanlar Baykal'a kaset komplosu yapıldığı günlerde ne yazdıklarına biri "yerli" diğeri yabancı iki örnek vereyim sadece:

> – Mağdur adam pozisyonuna yatıp, "parti içi muhalefeti" konuşamaz hale getirdikten sonra gelip aslanlar gibi kurulacak koltuğuna. Ahmet Kekeç, *Star* (13 Mayıs 2010)
>
> – Seks kaseti Türkiye'ye aydınlık bir gelecek açıyor. Stephen Kinzer, *The Guardian* (11 Mayıs 2010)

Adına "Radikal" diyen gazete bile "Varan-2"yi sürmanşetine taşımıştı. Gazeteci Mustafa Balbay'a yapılan tezgâhın aynısı sahnedeydi: "Silinen Dosyalar."

Ergenekon davasında gazeteciler gözaltına alınırken Soner Yalçın'ın bilgisayarında yeni belgelere ulaşıldığı öne sürüldü. Silinen bazı dosyaların geri getirilmesi sonucunda, "Halk TV'nin devralınmasıyla" ilgili eylem planına ulaşıldığı iddia edildi. Planda Baykal'a yönelik bir şantaj kaseti hazırlığının da bulunduğu iddiası var. Ele geçirilen bir belgede şu ifadenin yer aldığı söyleniyor: "Halk TV'yi satın alırsak, parasal sıkıntımız kalmaz, Kılıçdaroğlu da istekli. Her türlü desteği alırız. Ama Baykal direniyor. Baykal engelini aşmalıyız. İkna için Varan-2 kaseti." (Salih Aydın, *Radikal*)

Zaman gazetesi kökenli Eyüp Can'ın genel yayın yönetmenliğini yaptığı *Radikal*'in bu sözüm ona haberi sürmanşete taşımasına niye hiç şaşırmadım acaba? Tıpkı polis-savcı bilgisini değiştirmeksizin gazeteye koyan muhabirlerin utanmadan haberlerin altına imzalarını koymaları gibi... Bir kişi, sadece bir kişi o sözde dosyaların geldiği gibi aynı anda silindiğinden bahsetmiyordu.

Vatan gazetesinin namuslu köşe yazarlarından Mustafa Mutlu işin özünü yazmıştı: "Varan-2" yalanını ortaya atanların amacı çok açıktı...

1) Yukarıda saydığım aydınların tamamı muhalif...

2) Hepsi gazeteci ya da yazar...

3) Yine hepsi (üyeleri cemaat diyor ama) okyanus ötesinden yönetilen bir tarikat hakkında bir şekilde "kalem oynatmış" kişiler...

Yukarıdaki isimlerin tamamına yakını, Fethullah Gülen'le, tarikatıyla ilgili araştırmalar, incelemeler yapıp, bunları kitap haline getiren; dergilerde, internet sitelerinde ya da gazetelerde yayımlayan kişiler...

Zaman gazetesinin "haberine" göre biz Prof. Dr. Yalçın Küçük'le toplantılar yapıyormuşuz. Yapsak ne olur? Size ne? Bunun neresi suç? Ama yapmadık, yan yana bile son yıllarda iki kez geldik.

Hep aynısını yaptılar: Ucuz genellemelere başvurdular.

Bilgileri köksüzdü çünkü... Yazdıklarına, konuştuklarına bakar mısınız? Ne kadar bayağı, vasat.

Taraf, Ergenekon sürecinde hep aynı "haberciliği" yaptı. İçi boş, bilgi kirliliğine hizmet eden, kamuoyunu kandıran gerçekdışı iddiaları sürekli manşetine taşıdı: "Hedef AKP'li Aileler". Neymiş; "MİT görevlisi Kaşif Kozinoğlu'nun AKP'li vekiller için topladığı özel istihbarat notları Soner Yalçın'ın odasındaki 'Koz' isimli dosyadan çıkmış!"

Yazıyorlar: "MİT'in karanlık ismi olarak bilinen Kozinoğlu ile Soner Yalçın arasında özenli bağlantılara ulaşıldı."

Bu AKP'liler ve aileleri, Ergenekon operasyonlarında kaçıncı kez manşete taşındı? AKP'lileri oyuna getiren, kandıran benzeri haberler neredeyse her operasyonda gazetelere servis edildi. Ahmet Altan bu iddialar üzerine yorumlar yapmıştı: MİT'te böyle belgeler yokmuş, bunu Kozinoğlu kendisi toplayıp Odatv'ye vermiş! Kafasında hiç mi soru yok; polisin oyuncağı olduğunun farkında değil. Bir MİT'çi "Koz" ismiyle gizli bilgileri niye mail'le göndersin? Ahmet Altan bunu bile düşünemeyecek kadar mı gözünü karartttı?

İddiayı karşı tarafa sormadan hep böyle haber, yorum yaptılar. Hiç akıllarına geldi mi; bu virüslü "belgeler" üzerine Odatv haber yapmış mı?

Ey Ahmet Altan, sizin gazeteniz *Taraf*'ta karanlık tertipçilerle içli dışlı olan arkadaşlarınız var; daha önce de yazıp söylemişlerdi, "Soner Yalçın MİT'ten şunu tanıyor, bunu tanıyor" diye.

Konu mahkemelik, hakkında dava açtım. Bunu bilmiyor olamazlar.

Kozinoğlu'nu tanımam bile. Tanıyor da olabilirdim, fakat tanımıyorum. Gazetecilik ne hale geldi; kimi tanıyoruz, elimizde hangi belgeler var diye hesap veriyoruz. Basın özgürlüğünün ne hale getirildiğini görmüyor musunuz?

Ahmet Altan gibi liberallerin merkezi *Taraf*'ın Ergenekon'a bakışlarında bilgi yok, sadece kafalarında kaba bir şablon var. Onlara göre, AKP'yle "gerçek-ileri demokrasiye" geçecek Türkiye! "Derin devlet" bunu engellemeye çalışıyor. İşte işin özü bu. Bu aydın rüyası olanı değil, olması gerekeni gördü; hayatın gerçeğine gözlerini kapadı. Ve hep yanıldı. Yeni değil bunlar. Tanzimat münevveri bunlar...

Bakın, 7 Kasım 2010 tarihli *Hürriyet*'te yazdım:

Yıl: 1899.

İngilizler, Güney Afrika'nın altınına göz dikip bu toprakları 500 bin askeriyle işgal etti. Topraklarını ve altınlarını kaptırmak istemeyen Boerler, İngilizlere karşı gerilla mücadelesi verdi. Evleri yakılıp yıkıldı; eşleri çocukları öldürüldü; toplama kamplarında işkenceler gördüler ama Boerler geri adım atmadılar.

Tam o günlerde Osmanlı münevverleri ne yaptı dersiniz? Şu siyasal değerlendirmeyi yaptılar: İngilizler kaybederse bu İngiliz karşıtı bir politika izleyen II. Abdülhamid'in işine gelir. O halde biz İngilizleri destekleyelim!

Ve bu desteği de verdiler. Nasıl mı? Eski sefirlerden Ali Galib Bey'in Rumelihisarı'ndaki evinde toplantı düzenlediler. Toplantıya, İsmail Kemal, Hüseyin Siret, İsmail Safa, Ubeydullah katıldı. İngiltere Büyükelçisi Sir Nicholas O'Connor'a hitaben bir mektup kaleme aldılar. Bir de desteklerine kılıf buldular: "İngilizler Kırım Savaşı'nda bizimle birlikte harp ettiklerinden İngiltere'nin bu savaşta muzafferiyetlerini temenni ederiz!"

Fakat gerçek niyetlerini de yazmadan edemediler: "Sultan Hamid'in İngilizlere karşı planladığı hasmane siyasete millet iştirak etmemektedir."

Hüseyin Cahit Yalçın'a göre metni Tevfik Fikret kaleme almıştı. Kimine göre ise Hüseyin Siret yazmıştı. Sonuçta dilekçe Osmanlı münevverlerine sunuldu; destek imzası istendi. Kimler destek vermedi ki: Recaizade Ekrem, Sami Paşazade Sezai, Mehmed Cavid, Mehmet Rauf, Ahmet Kemal, Tevfik Fikret gibi yirmi dokuz münevver.

Tarih: 20 Kasım 1899.

Güney Afrika sömürgesi İngilizler oluk oluk kan akıtırken Osmanlı münevverleri İngiltere Büyükelçiliği'nin kapısını çaldı. On iki kişiydiler. Dilekçelerini bizzat Sir O'Connor'a elden verdiler.

Kuşkusuz II. Abdülhamid bu girişimi duydu. Korktu. Operasyon başlattı. İlk önce Hüseyin Siret ve Ubeydullah Beşiktaş Karakolu'na çekildi. İngilizler bu gözaltılardan rahatsız oldu. Büyükelçi O'Connor girişimde bulundu; gözaltına alınanlar serbest bırakıldı. Ancak II. Abdülhamid bu olayı unutmadı. İki ay sonra Hüseyin Siret'i Bitlis'e, İsmail Safa'yı Sivas'a, Ubeydullah'ı Taif'e sürgüne gönderdi. Tevfik Fikret evinde göz hapsine alındı. Kimi de yurtdışına kaçtı...

Bugün *Taraf* gazetesini üs edinmiş yazarların ruh hali de aynen budur işte... Demokrasiyi, özgürlüğü, Amerikan mandacılığının sağlayacağına inanıyorlar...

Ve fakat Türkiye'de gazeteciler de var...

Gazetecilerin gözaltına alınması, medya çalışanlarını sokaklara döktü. İstanbul'da ve Ankara'da yüzlerce gazeteci basın özgürlüğü için yürüdü.

"AKP elini medyadan çek", "Faşizme karşı omuz omuza", "Susma, sustukça sıra sana gelecek" sloganlarını atmışlardı.

Ankara'daki gazeteciler de Kızılay Meydanı'nda toplanmıştı. Ağızlarına siyah bant bağlayarak, kalemlerini kırmışlardı.

Diğer yanda... Bütün kokuşmuşluğu, sinsiliği ve kötülüğüyle yandaş medya sürü halinde provokatif yayıncılığına devam ediyor. Hedeflerinde protestocu gazeteciler var. *Zaman* gazetesinden Hüseyin Gülerce, cemaatin ve "özel yetkili medya"nın anlayışını anlatıyordu:

> Biliyorum, bugün birileri yine basın özgürlüğünü hatırlayacak. İktidarın, gazetecilere ve muhaliflerine yönelik yeni bir yıldırma hamlesi başlattığını söyleyecek, yazacak. Ergenekon dostları ve dayanışma merkezleri, seslerini yine yükseltecekler. Ergenekon davası başladığından beri, bu ülkede vesayet sisteminin devamını isteyenler, statükoya "zaptiyelik" yapanlar, müthiş bir direnç gösteriyorlar. Payandalıklarını gizleyebilmek için, sureti haktan görünüyor, "muhalif" ayağına yatıyor, "askerî vesayete karşı olmak iyi bir şeydir ama sivil vesayete de karşı olmak lazım" deyip konuyu AK Parti düşmanlığına kaydırıyorlar. Devam eden bir davada yargıya açıkça baskı var. Bir yandan "Yargısız infaz yapılmasın" denirken, bir yandan tutuklular için mahkemelerin kararı beklenmeden, "Onlar suçsuz, onlar birer kahraman" deniliyor.

Bu yoruma söyleyecek söz var mı? Her şey çok açık değil mi? Hep, inançla bilgiyi, kuramla uygulamayı karıştırdılar...

Hürriyet'ten İsmet Berkan'ın yazısı, aslında neler olduğunu ortaya koyuyordu:

> Geçen hafta Ahmet Şık telefonla aradı. Aslında ben de onu aramayı düşünüyordum; Soner Yalçın Ergenekon nedeniyle gözaltına alınırken onun bilgisayarlarında Ahmet'in bir kitap taslağının bulunduğuna ilişkin bir haber okumuş, meraklanmıştım. Nitekim Ahmet de aynı konuda arıyordu. Halen

yazmakta olduğu kitabının Soner Yalçın'da ne aradığını bilmiyordu. Kitabın konusu polis içindeki Fethullah Gülen grubuydu. Ve Ahmet, kitabının henüz düzeltilmemiş, tamamlanmamış versiyonunun nasıl olup da Yalçın'da çıktığını bilmiyor, anlayamıyordu. Ahmet, "Zaten," dedi, "şu kitap işi bir bitsin, bu bilgisayarı alıp denize atacağım." Ben de kendimi tutamadım, "Denize atmak yetmez," dedim, "Önce içinden harddiskini çıkaracaksın, büyük bir mıknatısla bir süre tutacaksın ki içindekiler silinsin, sonra ona da güvenmeyip çekiçle kıracaksın, en sonunda da denize atacaksın."

Dün sabahtan beri düşünüyorum: Acaba bu konuşma, Ahmet'in gözaltına alınma sürecini hızlandırmış mıdır? Eğer öyleyse, ona bu aklı veren ben olduğuma göre savcılar artık benden de şüphelenmekte midir? Şaka bir yana, bunca yıl birlikte çalıştığım Ahmet Şık'ın, aynı binada yıllarımı geçirdiğim Nedim Şener'in en sonunda Ergenekon üyesi olmak suçlamasıyla gözaltına alınmalarını hâlâ tam olarak idrak edebilmiş değilim.

Ah İsmet Berkan ah!

Bu süreci hiç analiz edemediniz, iyi gazeteçilik sınavı veremediniz. Şimdi tanıdıklarınızın başına bu acı olay gelince şaşırıyorsunuz. Kusura bakmayın günahınız büyük.

Neler yapmadınız ki:

Ergenekon iddianamesini köşenizde yazdınız. Yetmedi, iddianamenin omurgasını oluşturan bir adlandırmada bulundunuz: "Kızıl Elma Koalisyonu." Davanın sembolü oldu.

Sağcıları, solcuları ulusalcılık çatısı altında bir araya getiren ideolojik çimentonun tanımlanmasıydı, bu. "Ergenekon" diye tarif edilen sözde örgüt, bu ideolojik yapı tema üzerine inşa edilmişti! Yargılamalar boyunca duruşmalarda birçok kez bu konu konuşuldu, tutuklulara kaç kez soru olarak bu yöneltildi. Ergenekon'u anlatma heveslisi yazarların kitaplarına ve köşe yazılarına da konu oldu.

Sonra birden İsmet Berkan *Sabah* gazetesinin *Cumartesi* ekinde 19 Mart 2011'de yayımlanan röportajında "Kızıl Elma Koalisyonu'nu ben uydurdum" deyiverdi. Berkan bunu bir espri gibi anlattı. İnsanlar dört yıldır hapislerde çile çekiyor oysa. Meğer sadece şakaymış! O kadar...

Evet... Cezaevinde bir gün bile kalmanın telafi edilemez

olduğunu, hapiste insanların çürüdüğünü İsmet Berkan'lar hiç anlamadılar; empati kurmadılar. Bu kadar kolay olmamalıydı..

Meğer yüce bir ağırbaşlılığa ne çok ihtiyacımız varmış...

Radikal yazarı Murat Yetkin ilk kez medyada Odatv'nin nasıl bir yayın organı olduğunu örnekle yazmıştı:

Ergenekon davasında tutuksuz yargılanan Yalçın Küçük'ün Soner Yalçın ile ilişkisi üzerine zaten son haftalarda yeterince itibarsızlaştırma yayını yapıldı. Ancak Odatv internet sitesinin neredeyse bütün çalışan ve yazarlarının operasyon kapsamına alınmasına bir açıklama herhalde gerekiyor. Mümtaz İdil gibi solcu bir edebiyat eleştirmeninden Müyesser Yıldız gibi milliyetçi bir gazeteciye kadar tek ortak noktaları Odatv'de çalışmak, yazı göndermek olan kişiler nasıl aynı çerçevede derdest ediliyor? Yoksa tutuklamaların süre itibariyle cezaya dönüşmesi gibi artık gözaltılar da bir yıldırma aracı olarak mı kullanılıyor?

Odatv'yi tarafsız bakış açısıyla irdeleyen herkes Murat Yetkin'in yazdığı bu gerçeği görecektir. Ama Yetkin'in bilmediği "Kızıl Elma" uydurması, hani "koalisyon" var'mış ya! Ah!... Ah!.. Ne diyeyim.

Son Ergenekon dalgası *Sabah* gazetesi yazarı Nazlı Ilıcak'ın bile kafasını karıştırmıştı:

Bütün bunlar, mutlaka Ergenekon örgütüyle bir bağlantı bulunduğunun işareti sayılabilir mi? Söz konusu gazeteciler, Gülen cemaatini demokrasiye bir tehdit olarak gördükleri için, ayrıca AK Parti iktidarını da yıpratmak amacıyla bu faaliyete girişmiş olamazlar mı?

Sonuç: Ya Soner Yalçın, kendi inisiyatif alarak –bazı gazetecilerle birlikte– muhalif olduğu AK Parti ve Fethullah Hoca cemaatine karşı sert bir mücadele başlattı; ya da bu faaliyet Ergenekon kapsamında yürütülüyordu veya –3'üncü şık– virüs vasıtasıyla dosyalar Odatv bilgisayarına yerleştirildi. Eğer "virüs" söz konusu ise, Mc Carthycilik yapan ekibin kim olduğu derinlemesine araştırılmalı. Çünkü çok büyük bir tehlikeyle karşı karşıyayız.

Aydınlık gazetesinde doğru bir tespit vardı:

Odatv yöneticilerine yapılan operasyonda, savcıların

"Ulusal Medya 2010" diye sahte bir belgeyi kullandığı biliniyor. Gazeteci Soner Yalçın, neredeyse feryat edercesine, "Bu belge ile bizim hiçbir ilişkimiz yok" diye açıklama yaptı. Ancak Beşiktaş savcıları, "Bakın, Ergenekon örgütü medyada nasıl örgütleniyor" diye bu uydurma belgeyi kullanmayı sürdürüyor. 2008'de Doğu Perinçek, İlhan Selçuk, Kemal Alemdaroğlu ve Ferit İlsever tutuklanırken de böyle uydurma belge kullanılmıştı. "Ulusal Medya 2001" adlı belgeye şöyle bir not düşülmüştü: "Örgütün medyayı amaçları doğrultusunda ele geçirme ve yeniden yapılandırma projesi." Birinci Ergenekon davasında savcıların dosyaya koyduğu bu belge her yönüyle çürütüldü.

Bilen var mı *Aydınlık*'ın yazdığı bu gerçeği? Yok. Aynı 3 yıl önceki yayınları sürdürüyorlar. Amaç belli değil mi aslında?

Milliyet'ten Güneri Cıvaoğlu toplumda neler konuşulduğunu kaleme almıştı:

> Bu arada "vahim" söylentiler de dolaşıyor. "Soner Yalçın'ın CHP televizyonunu satın almak için CHP yönetimiyle görüşmeleri nedeniyle Ergenekon ilişkisi kurgusu yapabileceği ve CHP için de kapatma davası açılabileceği" fısıltılar gündeminde. İnanılır şey değil, ama toplumdaki psikolojiyi yansıtıyor.

Sözcü gazetesi yazarı Emin Çölaşan, gerçek bir gazetecinin zor anlarını şu satırlarla anlatıyordu:

> Özgür (!) olduğu, demokrasi ile yönetildiği iddia edilen bir ülke düşünün ki, o ülkede iktidarın hoşlanmadığı bir gazeteci yüz kişiyle karşılaşsa, en az yarısı ona şu sorulardan birini soruyor: "Sıra sana ne zaman gelecek?"
>
> "İnşallah sizi de almazlar, sizce alırlar mı?"
>
> "Sırada kimler var?"
>
> "Bundan sonra ne olur?"
>
> "Odatv, hükümete muhalefet yapan tek internet sitesiydi. Şimdi sıra en büyük muhalefet gazetesi *Sözcü*'ye, *Sözcü*'nün yazarlarına mı geliyor?"
>
> Gazetecinin zor anları işte bunlar. Size bunları soran insanlara ne diyeceksiniz? Onlara nasıl yanıtlar vereceksiniz? Bu sorular bana da her gün soruluyor... Ve biz nasıl bir ülke olduk ki, bırakın gazetecilik ahlakını da bir yana, insanlığımızı nasıl yitirdik ki, gözaltına alınıp sonrasında tutuklanan her gazete-

cinin ardından, iktidar medyasında "Oh olsun, hak etmişti" çığlıkları yükseliyor. Bu nasıl bir kindir, nasıl bir nefrettir?
Gözaltına alınıp tutuklananların sesi soluğu o koşullarda doğal olarak çıkamazken, onların aleyhine suçlayıcı yazılar yazılıyor, ekranlarda sergilenen tek taraflı "tartışma programlarında!" küfürler ediliyor. Tüfek icat oldu mertlik bozuldu! Evet, günümüzde gazetecilik ahlakı gibi mertlik de bozuldu."

Gün içinde beni biraz da olsa sevindiren haber, arkadaşım Fazıl Say'ın yaptığı açıklamaydı, *Cumhuriyet*'te okudum:

> Bizi en çok kaygılandıran, insanların suçunun ne olduğunun anlaşılmaması ve bilinmemesi. Herkes kaygılanıyor. Herkesin kaygılandığı bir ülkede yaşamak hoş bir şey değil. İktidarın muhalefetin bu kaygıları yok edici aşamalar sergilemesi bekleniyor. Odatv'de yazmaya devam edeceğim.

İyi ki sanatçılar var.
İyi ki Fazıl Say var...
Çünkü kendini "aydın" sanan çok kişi tehlikenin farkında değil...
Cezaevine sokulmadan önce, tekrar Martin Heidegger (1889-1976) okumaya başladım. Son günlerde aydın-iktidar ilişkisi üzerine düşünüyordum. Kafamda sorularım vardı:
20. yüzyılın en etkili felsefe üstatlarından biri ve aynı zamanda tarihin en büyük "entelektüel zanlısı" olan Heidegger, Alman Nasyonal Sosyalistlerinin "ileri demokrasi"sini neden destekledi?!
Hitler, sadece kendi içinde yıkılmış, zihni parçalanmış, istekleri darmadağın olmuş yığınları değil, filozof Heidegger gibi entelektüelleri de nasıl büyüledi?
Sorunun yanıtını Heidegger'in sevgilisi felsefeci Hannah Arendt'te buldum:

> Birinci Dünya Savaşı'nda dünkü dünyanın değerlerini yitiren entelektüel seçkinler, faşist hareketlerin iktidara geldiği anda gemileri yakarlar. Bu savaş sonrası seçkinlerin içine gömülmeyi arzuladığı kitledir.

Arendt'e göre bu, "yığın ile seçkinler arasındaki ittifak" idi. Bu AKP'yi destekleyen 12 Eylül mağduru solcuların tavrına benzemiyor mu? Keza, 1990'da Berlin Duvarı'nın yıkılışıyla başlayan "yenilgi süreci", Türkiye'deki entelektüelleri nasıl etkiledi?[46] İdeolojik yenilgi ruhlarda hangi tahribatlara yol açtı? Bugünlerde sürekli dillerinden düşürmedikleri popülist söylemlerin-kavramların sebebi, geniş kitlelerin içine gömülme arzusu mu? Onaylanma, takdir edilme duygusu mu? Bu kadar saldırganlığın, kibrin, küstahlığın altında hangi onarılmaz ruhsal yaralar, yalnızlıklar var?

Benzer travmayı Heidegger de yaşadı mı?

Bakınız... Hitler kendini hiç saklamadı. Nefretini gösterdi. Öfkesini haykırdı. "Şeytan" dediği "öteki"yle savaşacağını ilan etti. Heidegger bunları duymadı mı? Hitler'in kişiyi aşağılayarak nesneye dönüştürdüğünü Heidegger görmedi mi? Hitler'in kaostan beslendiğini, sürekli korkutarak kazandığını anlamadı mı?

Aslında gerçek şuydu: Heidegger'in kafasında felsefi bir teorisi vardı. Teorisine uygun "gerçekleri" görüyor, ötesini görmek istemiyordu.

Ya diğer Alman entelektüelleri? Farkında olamadılar, analiz edemediler mi ayak sesleri duyulan faşizmi? Aslında çoğu Heidegger gibi farkındaydı. Görmek istediklerini gördüler, duymak istediklerini duydular. Şiddeti, kötülüğü, bayağılığı, kabalığı yok saydılar. Zamanla yok olacağına inandılar. Geçiş döneminin sancıları olarak değerlendirdiler tüm olup biteni. Ufukta, iyiliğin güzelliğin var olduğunu sandılar.

İşin özü şuydu: Düşünme yetisini kaybetmişlerdi. Siyasi zekâlarını kaybetmişlerdi. Yani kaybedenlerdi. Bu nedenle gerçekle bağları kopmuştu; siyasi olmayan bir siyaset özlemi içindeydiler. Başta Heidegger olmak üzere sandılar ki, "Hitler'i yönetiriz, kontrol ederiz". Yanıldılar. Tarihte bunun yığınla örneği var zaten: Kimi entelektüeller, fikirleriyle yönlendirmek için politik liderlere yanaşır. Oysa o politik liderlerin çoğu, kendilerini yönlendirmeye kalkışanlardan nefret eder. Bu nedenle, birçok entelektüelin sonu acıyla bitmiştir.

Heidegger bunun sadece bir örneğiydi. Bir gecede gözden düştü. Hitler o gece (Uzun Bıçaklar Gecesi) bin küsur SA'yı[47] öldürttü.

---

46 İkinci Dünya Savaşı'ndan sonra Sartre, Habermas, Lefebvre gibi marksistlerin Heidegger'i tekrar çekim merkezi haline getirmelerinin sebebidir aynıdır. Keza yine Frankfurt Okulu'ndan Adorno, Horkheimer de Nietzsche'yi idol haline getirmediler mi? "Muhafazakar Devrim" tartışmaları niye başladı? Türkiye'deki değişimi hiç kavramlarla tartışmadık. "Polis diliyle" konuşuluyor hâlâ...

47 Nasyonal Sosyalist Parti'nin paramiliter mücadele örgütü. (yay.n.)

Heidegger'in şu sözlerinden umarım Türkiye'de bazı aydınlar dersler çıkarır: "Şiddet kullanan, iyiliği ve dinginliği bilemez. Ne rahatlamayı, ne huzuru, ne ateşkesi bilir; ne de bunlardan haberdardır."

Çünkü... Onlar için diktatör olmak yaşamın anlamı ve biçimidir. Kendi katı sertliklerine, doğruluklarına hayrandırlar. Aslında, dar görüşlü, hırslı, küçük adamlardır hepsi; adları ve ülkeleri neresi olursa olsun, fark etmez.

Ben hâlâ cezaevinde mum ışığında insan arıyorum. Merhametlerini, akıllarını ve umutlarını nasıl kaybettiklerini sorguluyorum.

Bu nedenle...

Fazıl Say gibi sanatçılar ile Beethoven, Mozart aynı yolun yolcularıdır. Aydınlık dünya başka türlü kurulamıyor...

Yirminci Gün

5 Mart 2011
Cumartesi...

Cezaevinde yaşam durgundur. Kımıltısız bir hayat. Sakin. Hüzünlüdür. Ama kasvetli değildir. Hep meraklı bakışlarla karşılaşırsınız; nedeni herkesin bir hikâyesinin olmasıdır. Mahpus, hikâyesiyle dolaşır cezaevi koridorunda, nereye gitse hikâyesi yanındadır. İlk tanışıklıkta hemen hikâyeler paylaşılır. İnsanları birbirine lehimleyen şey benzer hikâyelerinin olmasıdır. Vergi borcundan hapse düşen, aynı suçtan gelenle arkadaş olur. Kız kaçıran sevdalılar birbiriyle yarenlik eder.

Bu düşüncelerle çıktım beton avluya. Bu, etrafı 6-8 metre yüksekliğinde, üstünde dikenli teller olan duvarlarla çevrili, 50 metrekarelik beton bahçe, çocukluğumun geçtiği konağın avlusuna benziyordu. Tek başıma saatlerce futbol oynardım; plastik topumla. Benzerlik bana güç veriyor, anımsadıkça.

Moralim yerinde uyandım. Dünden dirençliyim.

Fakat işte, bazen insan içindeki kırgınlık esintisine engel olamıyor; televizyonlarda, gazetelerde sürekli adının yazılması, anılması rahatsız ediyor, yorgun düşürüyor insanı. Güvenini öldürüyorlar.

Ürkütücü bir hava var medyada. Gündelik sözler havada uçuşuyor. En yiğidimiz bile kendinden korkuyor. Herkes şeytana nasıl uyacağının planını yapıp sanki öyle tavır alıyor. Soylu kalem sahibi ne kadar azaldı...

Soyumuzda cesaret diye bir şey kalmadı mı?.. Şeytandan kurtulmanın tek yolu var değil mi; şeytana uymak!

Yan avluda türkü söyleyen birinin sesini duydum. Bu Mustafa Balbay. Bağırdım. Duydu. Sesimizi duyan Oktay ve Barış da yanıma geldi. Hep birlikte türkü söylüyoruz şimdi:

Yağmur gibi yağar başıma taşlar
İlle dostun bir tek gülü yaralar beni...

Duvar ardından; Pir Sultan'dan, Mahsuni'den türküler söyledik. Sesimiz ne gür çıktı.

Ankara temsilcisiydi *Cumhuriyet* gazetesinin Mustafa Balbay. İddianamede, ABD Ankara Büyükelçiliği'nde gizli toplantıya katıldığı bilgisi var. İddianame bu ithamını, Terörle Mücadele Şube Müdürlüğü'nde görevli Mutlu Ekizoğlu'nun tuttuğu notlara dayandırmıştı. Ne "milli" polislerimiz var! Öyle biliyorduk fakat WikiLeaks belgeleri ortaya çıkınca anladık; meğer milli polislerimiz ABD Ankara Büyükelçiliği'ne gidip Ergenekon brifingi vermişti! 21 Kasım 2008 tarihli kriptosunda siyasi Müsteşar Daniel O'Grady brifingde FBI elemanlarının olduğunu yazıyordu. Polisler, FBI'ya Ergenekon'un arkasında TSK olduğunu ima etmişlerdi. Vay be!

Polisler elçiliğe gidip brifing veriyor; gazeteciler gidince suç oluyor. Nasıl mı? ABD Ankara Büyükelçiliği'ndeki öğle yemeğinde o gün sadece Mustafa Balbay yoktu; *Milliyet* Ankara temsilcisi Fikret Bila, *Zaman* gazetesi Ankara temsilcisi Mustafa Ünal, *Referans* gazetesi Ankara temsilcisi Erdal Sağlam da vardı. Ankara'daki rutin yemekli toplantılardan biriydi. Ama nedense sadece Balbay'ın elçilikte gizli toplantıya katıldığı yazılıydı iddianamede. Eh, tabii bu günlerce yandaş gazetelerde konu edildi: "CIA ajanı Balbay!"

Evet. Sadece niye polise, savcıya sitem ediyoruz; bu süreçte, bırakın yandaşları, merkez medya çok mu iyi sınav verdi? Hiç kuşku duydu mu? Sordu mu hiç, "Yahu Balbay senin Casper marka dizüstü bilgisayarın var mı?" Gidip bir bilene sordular mı; "Windows işletim sistemiyle çalışan Casper bilgisayarda Mac işletim sistemiyle bir dosya oluşturulabilir mi?" CMK 134 ne diyor, CMK 127 ne diyor; birbirine zıt yasa olur mu diye sordular mı?

Odatv'nin başına gelen benzer tezgâh Balbay'ın da başına gelmişti. Yazdım: Bilgisayarındaki dosya, 26 Şubat 2007 günü gece saat 01.58'de oluşturuluyor, 1 dakika 15 saniye devam ediyor, sona eriyor. Sonra 03.58'de tekrar başlıyor 2 dakika sürüyor ve bitiyor. Tüm dosyayı bu kadar kısa sürede Balbay oluşturabilir mi? Balbay yoksa uzaylı mı?

Ayrıntıları merak ediyorsanız, "celse no: 22; 15 Aralık 2009" duruşma tutanaklarını açıp okuyun, benim daha fazla yazmaya ruh sağlığım izin vermiyor. Bizim başımıza gelenin aynısı Mustafa Balbay'ın başına gelmişti ve aynen bizim gibi ona da harddisk kopyasını vermemişlerdi. İspatla bakalım virüs olduğunu nasıl ispatlayacaksan? Neymiş Yargıtay Ceza Kurulu, 29 Kasım 2005 tarihli kararında diyormuş ki, hukuka aykırı elde edilen deliller Türk yargılama sisteminde kullanılamazmış. Biz niye Silivri'deyiz o zaman? Balbay niye 3 yılı aşkındır hapiste?

Önemli bir hatırlatma yapmalıyım: WikiLeaks belgeleri arasında 1 Temmuz 2008 tarihli bir kripto da var. ABD Büyükelçiliği Siyasi Müsteşarı Carl Siebentritt'in kaleme aldığı kriptoya göre; Türk polisi Mustafa Balbay'ın gözaltına alınacağını bir hafta önce büyükelçilik yetkililerine söyledi. Şaşırdınız mı?

Hava Silivri'de kararmaya başladı; gerçi hep karanlık ya...

Haksızlıklar karşısında sürekli kendine "güçlü ol" telkininde bulunuyorsun. Peki, güçlü olmak kusursuzluk mu? Cezaevinde soru çok: Kusursuzluğun ardında büyük acılar yok mu? Acı çekmeden kusursuz olunabilir mi? En iyisi... Karmaşık ruhların cezaevindeki sığınağı, hücre... Korodaki görevimi bırakıp hücreme çekiliyorum.

Gözaltındaki arkadaşların sorgusu sürüyordu. Umarım, umarım tutuklanmazlar. Odatv'yi yok etmek istiyorlar. Karşılarında sadece köle görmekten mutlu oluyorlar. Bir gün mutlaka bu günler bitecek; bittiğini hep gördüm, okudum. Gelecek güzel günlere inancımda hiçbir kırılma yok. Ama yine de telaş içindeyim, çıksınlar savcı karşısına ve salıverilsinler. Ancak zor, biliyorum. Keşke yanılsam...

Kendimi dışarı atıyorum, akşam voltası, kapı kilitlenmeden son kez.

Volta vururken hiç yalnız değilim...

Bazen Reşit Fuat Baraner, bazen Dr. Hikmet Kıvılcımlı eşlik ediyor bana. Biraz güneş açınca Nâzım Hikmet gelip oturuyor avlunun bir köşesine; bahtiyar. Ya da, tahta iskemlesini çekmiş altına, Behice Boran'ı görüyorum avlunun bir diğer köşesinde; bacaklarını karnına çekmiş, kitap okuyor. Ruhi Su'nun ise türkü söyleyen sesini duyuyorum. Aziz Nesin, koğuşta beslediği tavuğunu çalıp yemesinler diye, avluya hep tavuğuyla çıkıyor. Hasan İzzettin Dinamo ise kedisi Sarman'ın yarasındaki kurtçukları temizliyor güneşin altında. Sabahattin Ali'nin yüzü hep gökyüzünde; belli denizi düşlüyor. Şiir yazıyor. Rıfat Ilgaz bir mahkûma alfabe öğretiyor. Yılmaz Güney cezaevinden yöneteceği filminin senaryosunda son değişiklikleri yapıyor. Can Yücel Adana Cezaevi'nde yazdığı şiirleri okuyor. Kemal Tahir,

Orhan Kemal kıdemlilerimiz; ayaklarında tahta takunya var; Bursa Cezaevi hatırası. Atillâ İlhan, Enver Gökçe biraz mahçuplar, işkenceye dayanamadıkları için. Dr. Şefik Hüsnü gelince Cibali'nin komünist tütün işçileri saygıyla ayağa kalkıyor. En saygılı olanlar ise bu büyük maratonun en hızlı yüz metresini koşanlar; Deniz, Hüseyin, Yusuf. En gencimiz Erdal Eren... Ve unutulabilir mi; ilk voltayı Magosa zindanında atan Namık Kemal...

Ne çokuz...

150 yıldır volta atıyoruz bu toprakların cezaevlerinde; adı bazen Magosa zindanı, Bekirağa Bölüğü oluyor, bazen Sultanahmet, Selimiye ya da Metris, Mamak, Diyarbakır Cezaevi...

Hepsi daha güzel bir dünyanın kurulacağına inandı. İnadın adı oldu. Boyun eğmemenin, başkaldırının sembolüydüler. "Acıyı bal eylediler." Her türlü baskıya rağmen zarafeti elden yere düşürmediler. Şimdi birlikte volta vururken bana diyorlar ki; "Doğru bildiğini yazmanın, söylemenin adıdır; aydın olmak. Aramıza hoş geldin." Bundan büyük ödül var mı?

Gazeteler, televizyonlar bangır bangır bağırıyor: "Son Ergenekon operasyonunda gözaltına alınan kişi sayısı..."

Oysa... Ne kalabalığız biz Silivri'de, bilmiyorlar. Öğrenecekler, öğreteceğiz... Dışarıda da çoğalacağız... Güneşin sofrasında oturacağız...

Düşler dünyasından demir kapının açılmasıyla koptum. "Akşam erken iner mahpushaneye, iner yedi kol demiri, yedi kapıya..." Gardiyanlar avluya çıkan kapıyı kilitlemeye geldi. İçeri girdim. Demir kapı üzerime yine büyük gürültüyle kapatıldı.

Akşam yemeğinden sonra sabah göz attığım gazeteleri okumaya başladım, daha doğrusu Barış'ın okumamı istediklerini.

Milliyet "haber" atlattığını düşünmüş olmalı, dün yandaş gazetelerin verdiği yalanı bugün iç sayfasına taşımıştı: "Varan-2 şantajı yapacaklardı." Sen de mi Brütüs...

> Ergenekon soruşturması kapsamında 14 Şubat'ta gözaltına alındıktan sonra tutuklanan Odatv'nin sahibi gazeteci Soner Yalçın'dan ele geçirilen belgeleri inceleyen polislerin hazırladığı fezlekede, eski CHP Genel Başkanı Deniz Baykal'a şantaj yapılmasına ilişkin notların yer aldığı bir belgenin de

bulunduğu öne sürüldü. "Varan-2" adlı videonun, Ergenekon'un bir projesi olduğu ve Baykal'ın CHP Genel Başkanlığı'ndan istifasına neden olan "Varan-1" adlı video ile bağlantılı olduğu da öne sürülüyor.

Haberin "polis-savcı sızdırması" olduğu, yandaş medyada yer alan habere cümle cümle benzemesinden belliydi. 21. yüzyıl gazeteciliği bunun adı; Abdi İpekçi'nin mirasına böyle sahip çıkıyor *Milliyet* demek!

Milliyet gibi merkez medya bu dört yıllık süreçle ilgili bir özeleştiri yapmalıdır. En çok leke beyaz'da görünür çünkü.

Mümtaz İdil, Odatv Ankara temsilcisi, ağır hasta olduğundan sorgu için İstanbul'a getirilmemişti. Tedavisi hastanede sürüyormuş. Ellerini yatağa da kelepçelediler mi acaba? İnsanlıktan uzak günler geçiriyoruz. "Yeni hedonizm" bunun adı...

Akşam gazetesinin emektar köşe yazarı Burhan Ayeri, meslektaşlarını eleştiren bir yazı kaleme almıştı:

> Hanımefendiyi (Nagehan Alçı-S.Y.) dehşetle izledik. Kendi ifadesine göre bilgiyi çok üst kademeden almış. "Son gözaltıların amacı, Deniz Baykal'ı kasete düşürenleri ortaya çıkartmak," dedi. Gözlerimize ve kulaklarımıza inanamadık. Anlaşılan kaynak sağlam! Demek ki, gizli kamerayı odaya Nedim Şener ve Ahmet Şık yerleştirdi. Eski çalışma arkadaşımız Müyesser Yıldız'ın görevi neydi? Sağlam kaynaklar mutlaka ona uygun görev bulmuşlardır. Çarşaf ve yastık kılıfı değiştirmek. Prof. Dr. Yalçın Küçük hocamıza düşen rejisörlük olmalı. Ancak tek ve berbat kameranın kullanıldığı çekimler için Altın Portakal beklenmesin. Batı'dan Ahududu, bizden "Altın Bamya" ödülünü alabilir. Üst kademenin Andıç'ı Nagehan Alçı'yı da unutmuyoruz. Gazeteye gelip masasının üstündeki e-postaları bir görsün. Telefonla gelen küfürler cabası. Bunlar sadece ona değil. Genel yayın müdürümüzden başlayarak her kademeye yağdı. N. Alçı Kütahyalı'ya tek tavsiyemiz olacak: "Gazeteci kimliğini, eğer varsa Sarı Basın Kartı'nı yırtıp atsın." Eğer ısrarcı olacaksa, ilgi alanını değiştirsin. Mesela üçüncü sınıf dedikodu yazarlığı tam onun için.

Ah be Burhan Ağabey, bir de iddianame adı altındaki "senaryoları" okusan, inan bu topraklardaki "yaratıcılığa" şaşırırsın. Siz seversiniz hadi birini yazayım:

Prof. Dr. Mehmet Haberal'ı tanırsınız; Rize'nin Hacapitli (Subaşı) köyünde doğmuştur. Köylülerine meraklı; bilgisayarında "bizim Hacapitli uşaklar nerededir, ne yapıyorlar" diye bir dosya açmış; isimleri yazmış. İddianame diyor ki, Prof. Haberal, "hoca tiplileri" fişledi! İşte belgeleri!.. Hacapitli olmuştu "hoca tipli"!..

Sabah gazetesinde, sadece aleyhte yazılar yoktu. Yılların gazetecisi Meliha Okur, meslektaşlarının protestosunu yazmış ve medyanın hangi tehlikelerle karşı karşıya olduğu uyarısını yapmıştı...

> Avcı, "av olursa" düzen bozulur!.. Gazeteciler, halkın, "haber alma hakkı" adına olayları izler, önemli kişilerle görüşür, gizli belgelere ulaşır, haber yapar. Bu, böyle işliyor. Acaba gizli belgelere ulaşmayan gazeteci var mı? Gizli belgelere ulaşmak, şüpheli, zanlı ile görüşmek suçsa, itiraf etmeliyim ki, biz gazeteciler, hepimiz suçluyuz!..

Bu yazıya ne diyebilirim. Ne yazık ki, ruh yüceliği bulaşıcı değil...

Herkes polis sızdırması sözde "Varan-2" konusunu haber yapıyordu! Bir kişi... sadece bir kişi çıkıp "Durun, Baykal'a seks kaseti komplosu benzerleri daha önce de oldu," demedi. Şöyle bir sıralama yapmadı:

1) Fethullah Gülen'e dava açan DGM Savcısı Nuh Mete Yüksel'in sevişme görüntüsünü çekip ortalığa saçanlar kimlerdi?

2) Emekli Subay Levent Göktaş'tan ele geçirildiği iddia edilen meşhur kırık 51 no'lu DVD'de bazı Yargıtay hâkim ve savcılarının seks görüntülerini kimler çekip o DVD'ye koydu?

"51 no'lu DVD'de (...) yargı üyelerine ilişkin belgeler şöyle: ... Cumhuriyet Savcısı M. Y.-... Cumhuriyet Savcısı C. K.'nın Muğla-Köyceğiz kaçamakları, -23-24 Ağustos 2008 isimli klasör içinde üç erkek ve üç bayana ait yatta ve denizde gizli olarak çekilmiş fotoğraflarının, ... Mahkeme Başkanı'nın İstanbul kaçamağı– bir bayan ve erkeğin araçtan inerken ve çeşitli binalara girerken gizli çekilmiş kamera görüntüleri, ... Başsavcısı B. S. ile Y. K. ve bir bayanın gezerken çekilmiş gizli kamera kayıtları, Yargıç G. A.– Kaçamak isimli klasör içinde bir bay ve bir bayana ait yemek yerken gizli çekilmiş fotoğraflar, Yargıç C. A. ve fahişe B. O.'nun Hoşdere'deki evi isimli klasörde bir erkeğin evden çıkarken gizli çekilmiş görüntülerinin bulunduğu..." vs.

3) Cemaate muhalif, Nakşibendi İsmailağa Dergâhı'nın "veliahtı" Cüppeli Ahmet Hoca'nın seks görüntüsünü çekip internete koyanlar kimlerdi?

4) CHP Grup Başkanvekili seçilir seçilmez Akif Hamzaçebi'nin öpüşme görüntülerini kimler çekip internete koydu?

5) Deniz Kurmay Albay Berk Erden'in intiharına yol açan eşiyle ilgili görüntüleri kimler çekip servis etti?

6) 28 Şubat'ta Fethullah Gülen'in kasetini yayınlayan Gazeteci Ali Kırca'nın seks kasetini kim çekip yayınladı?

7) Korgeneral Metin Yavuz Yalçın'ın bir kadınla olan telefon konuşmaları medyaya kim servis etti? Tümgeneral Levent Türkmen'in otelde bir kadınla basılmasının istihbaratını kim, hangi yöntemlerle elde etti?

8) Deniz Baykal'a komplo yapılan malum görüntüleri çekip dinci habervaktim.com'a verenler kimlerdi?

Bakın Hanevi Avcı *Haliç'te Yaşayan Simonlar* kitabında ne yazdı:

> Ergenekon vb. adlarla yapılan tahkikatlarda bulunan özel hayata ait bilgiler, üst düzey yönetici, hâkim ve savcılar hakkında uygunsuz görüntü ve resim iddialarının yayılması ve daha pek çok benzer olay aslında hep aynı adresi göstermektedir. Ayrıca bu tür bir teknoloji uygulayıp eve kamera yerleştirmek için o yeri tespit etmek gerekir, o yeri tespit için de telefon analiz sistemi ile görüşmelerin ve hedeflerin bulundukları, buluştukları yerlerin belirlenmesi ve telefonlarının gizlice dinlenmesi şarttır, aksi takdirde bu bilgiler edinilmeden nereye kamera yerleştirileceği bilinemez. Tüm bunları bir araya getirirseniz, bu işleri yapabilecek yegâne grubun cemaatin Emniyet İstihbarat birimi içerisindeki unsurları olduğu ortaya çıkar. Bu işi profesyonelce yapabilecek tek grup cemaattir.

Çekimle bitmiyor. Montajı yapılacak ve sızdırılacak. Tüm bunları yaparken yakalanmayacak. Bir değil beş değil...

Son olarak, Türkiye 12 Haziran 2011 genel seçimine giderken ardı ardına MHP'lilere ait gizli çekimler internete sızdırıldı.

İlk hedef; MHP Genel Başkan Yardımcıları Metin Çobanoğlu ve Recai Yıldırım'dı. Gizli çekim görüntüleri yayınlanan iki isim ayrıca milletvekili adayıydı. Bu operasyonla birlikte görevlerinden istifa ettiler ve adaylıktan çekildiler.

Bitmedi...

Birkaç gün sonra, MHP Genel Başkan Yardımcısı Bülent Didinmez ile İstanbul eski İl Başkanı İhsan Barutçu'ya ait gizli çekim görüntüleri internete sürüldü. Milletvekili adayı olan bu iki isim de istifa etmeye zorlandı.

Bitmedi...

MHP lideri Devlet Bahçeli'ye yine internet üzerinden şantaj yapıldı: "Ya 18 Mayıs'a kadar istifa edersin ya da yeni kasetler yolda!" 21 Mayıs'ta Cihan Paçacı, Deniz Bölükbaşı, Mehmet Ekici, Osman Çakır, Ümit Şafak ve Mehmet Paytak adlı MHP yöneticileri de istifa etti.

MHP'ye yapılan bu operasyonun amacı çok netti: MHP'yi 12 Haziran seçimlerinde baraj altında bırakmak. MHP'den AKP'ye gelecek oylarla bu partiyi anayasayı Meclis'te tek başına değiştirecek çoğunluğa ulaştırmak.

Seks videoları kendilerini "farklı ülkücülük" adı altında tanıtan birileri tarafından yayınlandı. Böylece, bu videoların arkasında MHP içi bir yapının olduğu izlenimi verilmek istendi. MHP lideri Bahçeli, kasetlerin adresi olarak "okyanus ötesi"ni gösterdi. Bahçeli, ABD'de yaşayan Fethullah Gülen'i işaret etti. Ekledi: "Türkiye, Erdoğan-Öcalan-Gülen eşkenar üçgenine hapsedildi!"

Bu pis tezgâhı kimlerin yaptığı konusunda kafalarda hâlâ soru işareti olabilir mi? Bunu medya nasıl bilmez?

Son gazeteci operasyonu kimi meslektaşımızı özeleştiri yapmak zorunda bıraktı. *Milliyet*'ten Can Dündar'ın özeleştirisi haklıydı.

> Geç kaldık. Aslında çok önce haykırmalıydık tepkimizi... İlk gazeteci içeri alındığında, yürümeliydik ağzımızda susturulmuşluğun simgesi kara bantlarla... İlk köşe yazarı kovulduğunda, hepimiz kovulmuşçasına boş çıkmalıydı köşelerimiz... Greve gitmeliydik, ekranımız karartıldığında, genel yayın yönetmenimiz alındığında... Vergi memurları ilk teftişe geldiğinde tezgâhı görüp bağıra çağıra teşhir etmeliydik.
>
> Medya yöneticileri, "Şu haberi görmeyin", "O adamı çıkarmayın", "Bu işi büyütmeyin" telefonları gelmeye başladığında "Çevirdiğiniz numaraya ulaşılamıyor" sinyali göndermeliydi. Birimizin evi basıldığında, yayın yönetmeninden çaycısına, muhabirinden yazarına hepimiz kapı önünde karşı durmalıydık.

Tutuklananın suçluluğuna inanıyor olsak bile hiç değilse "herkes için tutuksuz yargılanma hakkı"nda uzlaşabilmeliydik.

Shakespeare kahramanlarını ne güzel tanımlamıştır: "Hamlet" kararsız aydın prototipidir. Babasının bir cinayete kurban gitmiş olduğu iddiasına inanıp inanmama arasında bocalar durur. Sorunla yüzleşmek istemez, hep erteler. Sonunda ömrünü çıkmaza sokar.

"Othello" daha kötüdür ve bizim kimi yazarlarımıza benzer! Sorunları yeterince inceleyip, gerçeğe ulaşmadan hemen heyecana kapılıp etkilenen aydının prototipidir. Kötü, karanlık tertipçi İago'nun yalanına kanıp sevdiği masum Desdemona'yı boğar.

Kısa zaman aralığında iki kez üzerinden tank geçmiş Türkiye aydını, bugün ya "Hamlet" olmuş bir köşeye sinmiştir, ya da "Othello" gibi dolduruşa gelip derin devletle mücadele ettiğini sanmaktadır...

Bir de Tanrı'nın elindeki ateşi çalıp yeryüzüne indirmek isteyenler var ki; onların yeri cezaevidir...

Yirmi Birinci Gün

6 Mart 2011
Pazar...

Hüzünlü mahpus günleri devam ediyor...

Sabah uyanır uyanmaz televizyonu açtım. İki gazeteci Nedim Şener ve Ahmet Şık tutuklanıp Metris Cezaevi'ne gönderilmişti! Ne yazmalıyım şimdi? Zalimce ve hunharca yok ediliyor hayatlar...

Kimi anlamamakta inançlı hâlâ... Ekrana çıkan bazı meslektaşlar şaşkın, "Nedim, Ahmet nasıl tutuklanır?" diye soruyorlar! Hâlâ "O Ergenekoncu, bu Ergenekoncu değil" lafını ediyorlar. Yazmaktan yoruldum artık. Hâlâ büyük tertibi görmüyorlar. Anlamıyorlar. Önemli olan onlar için "tanıdık" olmak! Öyle "kefil" oluyorlar! Arkadaşlarını överek affettirecekler!

Tanımadığına kefil olamıyor; böyle bir gazetecilik türü var artık ülkemizde. Şaşkınlar çünkü.

Polisin, savcının verdiği soruşturma bilgileriyle bu davaya karşı hep önyargılı oldular. Duruşmaları izlemediler. Tutukluların ifadelerini görmek istemediler. Şüphe duymadılar. Kuşku sözcüğünü unuttular. Şimdi işin ucu medyaya dokununca veryansın ediyorlar: "Bu nasıl olur?" Bal gibi olur. Böyle giderse, dar kafalılıktan kurtulunmazsa daha da çok olur...

Odatv'de dört yıldır yazdık, süreci belgeleriyle ortaya çıkardık. Ne kanıtlara ne de bize inandılar. Aslında inanmak istemediler. Bu nedenle biz gözaltına alınınca, tutuklanınca kimilerinin kafasında "Acaba örgüt üyeleri mi?" sorusu oluştu. Öyle ya bizi "tanımıyorlar". Yaşasın kurulu düzen!.. Kahrolsun bozguncular!.. Yok olsun haylaz çocuklar!..

Dört yıla yaklaşan bir davanın içinin nasıl boş olduğunu, bir karanlık cemaatin okyanus ötesi güçlerle işbirliği yaparak, bu davayı kullanarak rejimi değiştirmek istediğini görmediler. TSK'ya yönelik büyük operasyonun sebebini çözemediler. Kördüler. Erdemli yazar sayısı ne azmış.

Bunu yazdığım için çok mu katıyım, çok mu sertim? Hiç değil.

İçim sıkkın; Yalçın Küçük, Doğan Yurdakul ve diğer arkadaşlar tutuklanacak mı? En çok Doğan Abi'ye üzülüyorum. Aklımda hep sevgili eşi Güngör var; hasta, kanser tedavisi görüyor; Doğan Abi de hasta. Her türlü ahlak yasasının askıya alındığı günlerden geçiyoruz. Kuşkusuz kimseden merhamet dilenecek değiliz, ama yine de insan yüreği anlayışlı olacaklarını hissetmek istiyor. Göreceğiz...

Sabırsızlıkla gazeteleri bekliyorum. İki nedeni var. Geçen pazar yaşadığım gerginliğin aynısını yaşıyorum: *Hürriyet,* pazar yazımı basacak mı? Çünkü Cüneyt Ülsever'in, Tufan Türenç'in yazılarına son verildiği, Özdemir İnce'nin, Rahmi Turan'ın, yazılarının haftada bire indirildiği haberini okumuştum *Aydınlık*'ta. Doğru mu acaba? Bu acımasız baskıya Doğan Medya Grubu daha ne kadar dayanacak? Ben de bu yazarlar arasında olabilir miyim?

Doğan Grubu büyük bir ekonomik baskı altında; Aydın Doğan'a Cumhuriyet tarihinin en büyük mali cezasını kestiler. Bu aslında "medyadan git artık" mesajıydı. Başbakan Erdoğan açıkça meydan okumadı mı; "Bunların gazetelerini almayın" çağrısı yapmadı mı? Yazımı koymasalar da ne diyebilirim ki? Herkesten kendiniz gibi dirençli, mücadeleci olmasını bekleyebilir misiniz?

Havalandırmaya çıktım, bir avuç gökyüzünden derin bir nefes çektim. 50 metrekare içinde gidip geldim...

Mümtaz Abi'yi yoğun bakıma kaldırmışlardı; ne oldu acaba?

Hep espri yapıyordu; Akira Kurosawa'nın *Yedi Samuray* filmi vardır; yoksul köylüler her yıl ürünlerine el koyan derebeyi çapulcularına karşı, eski samurayları toplayıp onlardan savaşmayı öğrenir. Ve onlarla birlikte zafer kazanır. "Soner, eski gazetecileri Yedi Samuray gibi tek tek toplayıp Odatv'ye getirdi," diyordu.

"Yedi Samuray" şimdi okyanus ötesinin karanlık odaklarıyla savaşıyor. Kimimiz esir düştük. Ama Odatv direniyor. Gencecik çocuklar kaldı dışarıda. Şahin, Fethi, Hakan, Murat, Duygu... Neler yapıyorlar acaba? Herkes yazmaya devam edecek mi? Kimler korkup sinecek? Odatv'yi günde 150-200 bin kişi ziyaret ediyordu. Bu sayı şimdi kaça ulaştı acaba? Tirajı, *Milliyet, Vatan, Habertürk* gazeteleri gibiydi. Odatv etkiliydi. Bu nedenle susturmak istiyorlar.

Bugün itibariyle Odatv'den üç gazeteci tutuklu, dört gazeteci gözaltında; biri de Ankara'da İbni Sina Hastanesi'nde yoğun bakımda!.. Ne Odatv imiş be!.. Aziz Nesin'in *Markopaşa*'sı gibi tarihte yerini alacak. Hiç kuşkum yok. Bayrağı Rıfat Ilgaz'lardan, Aziz Nesin'lerden, Sabahattin Ali'lerden aldık biz.

Koğuşa giriyorum...

Oktay Yıldırım uyandı, yüzüm ne haldeyse onun da yüzü düştü, "Limonlu çay yapayım mı?" İstemedim, "Biraz uyuyacağım." Yukarıya çıktım, tam yatağa girecekken alt taraftan sesler duydum. Gazeteler gelmişti. Hemen aşağı indim. "Yazım var mı?" Oktay bir elini kaldırdı, çak yaptık; yazım yayımlanmıştı.

Hürriyet'te yazmayı şimdi daha çok önemsiyorum. Çünkü yandaş gazeteler, yandaş kanallar benimle ilgili akla hayale gelmeyecek yalanlar yazıp söylüyor. İstiyorum ki, kamuoyu Soner Yalçın'ı her pazar bu yazılarıyla tanısın! İnsan yaptığı şey'dir. Yazar yazdığıyla tanınmalı, yazısıyla var olmalı. Bu kirli, hilekâr oyunları ancak yazı bozar.

Tam bunları düşünürken gözüm ekrandan geçen altyazıya takıldı: "Granada Alberto 88 yaşında öldü." Daha iki hafta önce nezarette Che'yle yaptığı motosiklet gezisi maceralarını okuduğum Alberto ölmüştü. Yani Che'nin, 1952 yılında Latin Amerika'yı 8 ay birlikte dolaştığı yakın arkadaşı Alberto bu dünyayı bırakıp gitmişti. 1961'de Küba'ya yerleşmişti, ülkenin dünya çapında sağlık merkezi olmasında büyük emeği vardı. Devrimciydi. Devrimci olarak öldü. Ne mutlu Alberto'ya...

İçinizde duygu dalgaları yükselirken, cezaevindeki bir olay sizi günlük yaşama indiriveriyor.

Anons yapıldı:

"Tutuklu ve hükümlülerin dikkatine, kurumumuz bünyesine özel diş doktoru gelmiştir. Ücret karşılığında dolgu, protez yaptırabilir, diş çektirebilirsiniz. İlk muayene ücretsizdir."

Tabii bu anonsu dinlemeniz gerekiyor; okuyunca o havayı alamazsınız. Yılmaz Erdoğan'ın *Vizontele* filmindeki, Cem Yılmaz'ın kasabaya ilk televizyon geldiğinde, "Zeki Müren de bizi görecek mi?" repliği gibi.

Günde 17 saat su yok, ama protez var! Tabii parasıyla...

Kurumda doktor yok, bir sağlık memuru gayretle elinden geleni yapıyor, ama özel diş doktorumuz var! Bu iç çatışmayı anlatabilmek için Gabriel García Márquez olmak gerekir. Acaba, Alberto'yla arkadaş mıydı? Öldüğünü öğrenince ne yaptı? Söz.

Silivri'den çıkıp Küba'ya gideceğim ve Che ile Alberto'nun mezarlarına çiçek koyacağım. Bir de Havana'daki Atatürk büstüne. Büstün açılışında oradaydım. Günler ne çabuk geçiyor; 14 yıl olmuş. Bir pazar günüydü.

Bugün de pazar.

Hava güneşli. İçim aydınlık. Demek *Hürriyet* yazımı yayınlama yürekliliğini gösterdi...

Plastik masa ve sandalyemizi avluya çıkardık. Kahvaltımızı dışarıda yapacağız. Bugünü her şeye rağmen keyifli geçireceğiz. Sıcak su da var; 14.30-17.00 arasında. Hem kendimi hem çamaşırlarımı yıkayacağım yine...

Kahvaltıdan sonra (ki az yiyorum, çok kilo verdiğimi söylüyorlar) spor yapacağım.

Beton avlunun çevresi 37 metreymiş! Nereden mi biliyorum? 28 Şubat günü cezaevi değiştirirken bekleme odasında biri dikkatimi çekmişti:

Hava çok soğuktu, ama onun üzerinde tişört vardı. Ayağında ise terlik. Kot pantolonunun paçalarını çorabının içine sokmuştu. Saç tıraşı 1 numaraydı. Tipik Anadolu çocuğu. Orta boylu. Zayıf yüzlü. Sivri burunlu, kalın kaşlı. Aklımda kalan canlı gözleriydi; hareketliydi ve huzursuz huzursuz bakıyordu sürekli. Hiperaktifti. Çok az eşyası var. Herkesle sohbet etmek istiyor ama kimse sorularına yanıt vermiyor, kaile almıyordu; üzüldüm haline. Tek başına kalıyormuş koğuşta.

Adı Erhan Keskin'di. Uzman çavuştu. Emekli Jandarma Tuğgeneral Levent Ersöz'ün yattığı hastanede kurusıkı tabancayla havaya ateş açmıştı. Yandaş medyanın iddiasına göre, Ergenekon terör örgütünün militanıydı ve Ersöz'ü konuşmaması için öldürmek istemişti. Üzerinden çıkan kurusıkıydı, ama o malum medyaya göre bunun önemi yoktu. Keşke gelip bir görselerdi militan Erhan Keskin'i!..

Erhan Keskin o gün cezaevinde yanındakiler dinlemese de hep anlatıyordu sürekli. Tek dinleyeni bendim ve ben de sadece kulak misafiri oluyordum, çekiniyordum. Kimsenin dinleyip dinlememesine pek önem vermiyordu. Konuşuyordu hep. Günde tek öğün yemek yiyormuş. Ve 8 saat durmaksızın koşuyormuş koğuş avlusunda. Hesaplamış, avlu çevresi 37 metreymiş.

İşte ben de Erhan Keskin'den öğrendim avlunun çevresinin uzunluğunu. (Erhan Keskin de kitabın yazılış sürecinde tahliye oldu.)

Eşofmanımı giydim, beton avluda turlamaya başladım. Spor yaparken gelecek hafta *Hürriyet* gazetesine pazar yazısı için ne yazacağıma karar verdim...

Acıyı ödünç aldığımız adamı yazacaktım...

Namık Kemal "Hürriyet" *(Hurriet)* gazetesinin isim babasıydı. Sadece bu mu? Bir dizi ifade ve kavramı Türkçeye o kazandırdı: Vatan, millet, vicdan, inkılap, ihtilal, siyasiyat, matbuat, hükümet, hayal, heyecan ve nicelerini.

21 Aralık 1840'ta doğdu. 19 yaşında *Tasvir-i Efkâr*'da gazeteciliğe başladı.

25 yaşında Tanzimat ve Islahat Fermanı'nı yetersiz bulan ilk gizli siyasi örgüt "Yeni Osmanlılar Cemiyeti"nin kuruluşuna katıldı. Anayasa'yı ilan etmezse Sultan Abdülaziz'i tahtından indireceklerdi. Aralarındaki bir muhbirin ele vermesiyle, Ziya Bey ile yurtdışına kaçtı. *Hurriet*'i Londra'da çıkardılar.

24 Kasım 1870...

Padişah tarafından affedildiler, İstanbul'a döndüler.

Süleyman Nazif'in dediğine göre, "Avrupa'ya bıçak gibi gitmiş, ustura gibi dönmüştü". "Montesquieu ve Rousseau'dan etkilenmiş, cumhuriyet kavramıyla tanışmıştı.

İstanbul'da arkadaşı Ebuzziya Tevfik'in çıkardığı *Hadika* gazetesinde yazmaya başladı. Yazılarının altına başmuharrir anlamına gelen "B.M." kısaltmasını koyuyordu.

Çünkü: Affedilmesinin tek koşulu vardı. Siyasetten uzak duracak ve yazı yazmayacaktı.

Yazmayacağı bir hayatı hiç düşünemiyordu. Üvey dayısı Mahir Bey ile *İbret* adlı gazeteyi aldılar. *Hadika* ve *İbret*'te devlet yönetimini eleştiren makaleler kaleme aldı. Her iki gazete de "adab-ı devlet-ü hükümet"e aykırı yayın yapmaktan kapatıldı.

Namık Kemal, İstanbul'dan uzaklaştırılmak için Gelibolu'ya mutasarrıf olarak gönderildi. Burada fazla kalamadı, üç ay sonra İstanbul'a döndü. Ancak gazetecilik yapacak olanakları yoktu. Durmadı; bir tiyatro eseri yazdı: *Vatan Yahut Silistre.*

1 Nisan 1873...

Gedikpaşa Tiyatrosu'nda *Vatan Yahut Silistre* sahneye kondu. Vatanı sevmenin onu korumak olduğunu anlatan oyun, halkı duygulandırıp coşturdu. Halk, "Yaşasın vatan", "Kemal Bey çok yaşa" diye bağırdı. Sevinç gösterileri bununla kalmadı, sokağa çıkıldı.

Tiyatro afişi altında oyunun yazarı olarak "Fedai Kemal" adı yazılıydı. Gençler ellerinde meşaleler, ağızlarında "Fedai Kemal" sloganlarıyla yürüyüş yaptılar.

Oyunun ikinci temsili daha da görkemli oldu. Nuri Bey ve Bereketzade İsmail Hakkı Bey oyunu öven makaleler yazdılar. Saray gelişmelerden rahatsız oldu.

Beş gazeteci, Namık Kemal, Nuri Bey, Bereketzade İsmail Hakkı, Ahmed Midhat, Ebuzziya Tevfik tutuklandı. Mahkemeye bile çıkarılmadılar; haklarındaki karar sürgündü. Neyle suçlandıklarını bilmiyorlardı. Suçlarını ve aldıkları cezayı 9 Nisan'da "Mısır" adlı gemiye çıktıklarında, Binbaşı Bahri'den öğrendiler.

Gerekçe *Vatan Yahut Silistre* değildi (!); gerekçe, gazetecilik yapmak ve zararlı yayın bulundurmaktı...

Namık Kemal büyük güvenlik önlemleriyle gizlilik içinde getirildikleri "Mısır" gemisinin güvertesinden son kez İstanbul'a baktı. Sanıyordu ki daha bir hafta önce "Fedai Kemal" diye bağıranlar limanı doldurup, bu adaletsizliğe engel olacaklardı.

Limanda kimseler yoktu...

Namık Kemal'in Magosa Kalesi'ndeki sürgün hayatı 38 ay sürdü. Mezara benzeyen küçük taş hücre yaşanacak yer değildi. Kale, topçular için yapılmıştı, oturulmuyordu. Rutubetten ve soğuktan mustaripti. Pek çok kez sıtmaya yakalandı, kuyu suyu içti. Yiyecekler çok pahalıydı.

Çektiği sıkıntılar onun inandığı yoldaki gücünü ve kararlılığını pekiştirdi. Kendine olan güveni daha da arttı. En muhalif yazılarını bu dönemde kaleme aldı. Pişmanlık duymadı hiç. Moralini yüksek tuttu. Hürriyet yolunun zorlu olduğunu biliyordu. Ülkesinin içinde bulunduğu koşullara kayıtsız kalmak istemedi. Bu nedenle dirençliydi. Hayatı boyunca bireysel kurtuluşu hiç düşünmedi, bunu onursuzluk saydı hep.

Tarih: 23 Kasım 1876.

101 pare top atışıyla Anayasa ilan edildi. Tahta Sultan V. Murad geçti. Namık Kemal'in sürgün cezası bitti.

Fakat... İstanbul'da fazla kalamadı, V. Murad'ın yerine tahta çıkan Sultan II. Abdülhamid meclisi lağvedip, Anayasa'yı kaldırdı.

Namık Kemal bu kez Midilli'ye sürgüne gönderildi.

Sonra sürgün hayatı Rodos'ta devam etti.

Ve... 48 yaşında öldü...

Bu kadar genç yaşta ölmesinin sebebi sürgün hayatında yaşadığı zorluklardı. Söyler misiniz şimdi: Namık Kemal'i kim öldürdü? Suikast sadece silahla, bombayla olmaz... Namık Kemal'i "öldürdüler."

Dava arkadaşı, "Cumhuriyet"in ilk şehidinin sonu da hazin oldu.

Okuduğunuzda Ergenekon dava sürecine benzerliğine şaşıracaksınız. Ergenekon operasyonları yeni başladığında başta Şamil Tayyar olmak üzere yandaş gazeteciler, ne olduğu belli olmayan Ergenekon örgütünün 1 Numarası'nın peşine düşmüşlerdi. Her gün tahmin lotosu oynuyorlardı; şu mu, bu mu? 1 Numara'yı yanlış yerde aradılar. 1 Numara tarihin onurlu sayfasında yerini çoktan almıştı.

Bakın "1 Numaralı Sanık" nasıl ölüme götürüldü...

Tarih: 27 Haziran 1881, Pazartesi.

Yer: Yıldız Sarayı.

O gün sarayın bahçesindeki Malta Köşkü'nde tarihi bir duruşma vardı. Mahkeme, 1876'da cunta kurup darbe yaparak, Sultan Abdülaziz'i öldürdüğü iddia edilenleri yargılayacaktı. Diyeceksiniz ki: "Darbe beş yıl önce olmuş niye şimdi yargılıyorlar?" Sonra ekleyeceksiniz: "Padişah Abdülaziz intihar etmemiş miydi?"

Bu konuya geleceğim. Önce mahkemeyle ilgili bilgiler vereyim: Mahkeme yeri dikkatinizi çekti mi? Yıldız Sarayı'nda oturan II. Abdülhamid, mahkemenin kendi kontrolünde olmasını istiyordu. Mahkeme heyetini de zaten kendisi seçmişti.

Mahkeme başkanı kimdi dersiniz? Davanın "1 Numaralı Sanığı"nın Tuna Valiliği döneminde, yolsuzluk yaptığı için kadılık görevinden aldığı Sururi Efendi! Sanki "öcünü alsın" diye mahkemeye başkan yapılmıştı.

Mahkeme heyetinin üyelerini yazarak işi uzatmaya gerek yok. Yalnız, mahkeme başkanının hemen arkasındaki koltukta oturan birini yazmalıyım: Adliye Nazırı Cevded Paşa! O da, yenilikçilerin önderi "1 Numaralı Sanık" ile yıllarca ideolojik kavga eden gelenekçilerin lideriydi.

Sanıkların avukat tutmalarına izin verilmedi. Onları savunacak avukatları doğrudan doğruya Adliye Nezareti (Adalet Bakanlığı) seçti. "1 Numaralı Sanık" avukatı reddetti.

Duruşma salonu yerli ve yabancı gazetecilere açıktı; yalnız yabancı gazetecilerin tercüman getirmesine izin verilmedi! Ayrıca yazılan haberler sansürden geçmek zorundaydı!

Duruşma...

Saat 09.00 gibi 11 sanıklı dava başladı.

Kimlikleri soruldu.

İddianame okundu: 1876 darbesini yapanlar bazı tetikçileri görevlendirerek devrik Sultan Abdülaziz'i öldürmüşlerdi.

İddianame öyle gizli tanıklara filan dayandırılmadı. Bizzat sanıklardan Pehlivan Mustafa, Boyabatlı Hacı Ahmed ve Cezayirli Mustafa itiraf edip "öldürdük" demişlerdi. İfadelerinin ne derece doğru olduğuna değineceğim. Ancak bu itiraflar üzerine, Başsavcı Latif Bey şu iddiayı öne sürdü: "Bunlar tek başlarına böyle cinayet işleyemezler, mutlaka darbeyi yapan cuntacılardan emir almışlardır!" Tanışıklığa ilişkin bilgi/belge yoktu ama zaten bu delilleri arayan da yoktu!

Saat 14.00'te, "1 Numaralı Sanık"a söz verildi.

İlk sözleri şöyle oldu:

"Cenab-ı Hakk'a şükrediyorum, böyle bir mahkemeye hırsızlık, yolsuzluk, rüşvet ve ülkede fesat çıkarmak gibi bir suçla davet edilmedim. Buraya gelişimin nedeni, milletime ve vatana sevgimdir."

Bu sözlerin sahibi "1 Numaralı Sanık" yıllarca valilik, nazırlık ve sadrazamlık yapmıştı.

Mahkeme Başkanı Sururi Efendi sertçe araya girerek, "İddianameye ne diyeceksiniz?" diye sordu.

"Yalnız iki yerini doğru buldum" diye yanıt verdi. "Birincisi iddianamenin başındaki besmele, ikincisi ise iddianamenin altındaki tarih!"

Ardından iddianamede 93 yalan ve yanlışın olduğunu söyledi. Bunların görüşülmesini istedi, ama mahkeme buna izin vermedi. Sadece soruları yanıtlaması istendi.

Sanıkların ifadelerinin, sobalarda yakılarak, lağımlara sokulup, aç susuz bırakılarak alındığını söylemek istedi; susturdular. Aksine sanıklar padişah tarafından gönderilen kuzu etiyle beslenmişti! Yalandı.

Mahkeme iki gün sürdü; 29 Haziran'da karar açıklandı: İdam.

Aslında tüm süreç çok önceden planlanmıştı, senaryo çok önceden yazılmıştı. Öyle ki: "1 Numaralı Sanık" için basında yıpratma kampanyası başlatıldı. Bunun başını II. Abdülhamid'in "beslemesi" *Tercüman-ı Hakikat* çekti.

İlginçtir: Gazetenin sahibi Ahmed Midhat Efendi'yi elinden

tutan ilk kişi, dönemin Tuna Valisi "1 Numaralı Sanık" idi. Ahmed Midhat, ilk gazetesi *Tuna*'yı onun sayesinde çıkarmıştı. Keza "1 Numaralı Sanık" Bağdat Valiliği sırasında da Ahmed Midhat'ı yanında götürüp gazete çıkarmasını sağlamıştı. Sadece onu değil, ağabeyini de yanına almış ve paşalığa kadar yükselmesini sağlamıştı. Ve en acıklısı; adını vermişti!

Ahmed Midhat, gazetesinde bir dönem hamiliğini yapan bu kişiyi itibarsızlaştırma kampanyasının başını çekiyordu. Ama korkaktı, yazılarına adını koyamadı. Örneğin, 20 Mayıs 1881'deki imzasız yazısının bir örneğini de II. Abdülhamid'e göndermişti. Ama imzalı olarak! Bu durum gerici isyanı bastıran Hareket Ordusu'nun 1909 Yıldız Sarayı baskınında ele geçirdiği belgeler arasından çıkacaktı.

Peki ne olmuştu da bir dönem iktidarın gözdesi olan, 1876 Anayasası'nı hazırlayan bu devlet adamı, beş yıl sonra "1 Numaralı Sanık" oluvermişti?

Hakkındaki iddia müthişti: Cumhuriyetçiydi!

"Cumhuriyet" kavramı o dönem Osmanlı aydınlarına yabancıydı. Ancak başta "1 Numaralı Sanık" olmak üzere Batı'nın fikirlerine yakın münevverler "kul ve tebaa" ilişkisine kafa yoruyorlardı. Modern devletin temelini "kanun önünde eşit vatandaş"ın oluşturduğuna inanıyorlardı. Kuşkusuz bunu en iyi cumhuriyet rejimi sağlayabilirdi. "1 Numaralı Sanık" ağzına hiç "cumhuriyet" sözcüğünü almamıştı, ama ileri sürdüğü fikirler cumhuriyetle örtüşüyordu.

Sonunda... Taif zindanında boynu kırılarak öldürüldü. Resmi raporlara "şirpençe hastalığından öldüğü" yazıldı.

Sanıyorum "1 Numaralı Sanık"ın kim olduğunu biliyorsunuz: Midhat Paşa.

Namık Kemal ve Midhat Paşa'nın başına gelenler bu topraklarda "aydın ölümüne" sebep oldu; bir daha kolay kolay hiçbir aydın başkaldıramadı; düzene uydu...

Ama birileri de inadın adı oldu... Yürüyüş sürecek, biz de Midhat Paşa'lardan, Namık Kemal'lerden aldığımız acıyı başkalarına "ödünç" vereceğiz... Acı çekme yeteneği her insanda olmaz... Ve... Yeryüzünde hiçbir kötülük ve canilik, insan korkaklığı kadar kan dökmemiştir. Korkan'dan korkun!..

Ve Odatv soruşturmasıyla birlikte Türkiye tarihinde ilk kez görülen bir hukuk skandalı yaşandı. Savcı Zekeriya Öz, yazılı açıklama yaptı ve medyaya bir nevi nota verdi.

Yürütülmekte olan soruşturma, bir kısım basın mensubunun gazetecilik görevleri, yazdıkları, yazacakları yazılar, kitapları ve ileri sürdükleri görüşlerle ilgili olmayıp 'Ergenekon' terör örgütü soruşturması kapsamında elde edilen ve soruşturmanın gizliliği nedeniyle bu aşamada açıklanması mümkün bulunmayan bir kısım delillerin değerlendirilmesi sonucu yapılması zorunlu hale gelen hukuksal bir işlemdir.

Esasen Cumhuriyet Savcılığımızın hukuksal gerekliliğinin dışında herhangi bir amaçla hareket ettiğinin, edeceğinin kabulü ve kamuoyunun bu yönde asılsız değerlendirmesi, ciddiyetle yürüttüğümüz soruşturmaya zarar vereceği gibi, adı geçen terör örgütünün hedef ve amaçlarına katkı sağlayacağı da açıktır. Bu istikametteki yayınlar özenle izlenmektedir.

Savcı Zekeriya Öz medyayı uyarıyor muydu, tehdit mi ediyordu?

Banyoda kendimi ve çamaşırlarımı yıkadıktan sonra hücremde keyif yaparken Barış'ın kesip getirdiği bazı makaleleri okudum: *Milliyet* yazarı Nuray Mert, gazetecilerin gözaltına alınmalarını ve tutuklanmalarını protesto etmek için köşesini boş bırakmış ve sadece bir cümle yazmıştı: Doğru bildiklerimizi özgürce yazamayacaksak, yazmanın anlamı yok!

Radikal yazarı, basının duayen ismi (ki bu yıl 60. yılını kutladı) Altan Öymen bizlerin başına gelenlerle ilgili şu tespitleri yapmıştı:

Gözaltına alınanlar için gösterilen resmi gerekçe, avukatlarının açıkladığına göre, "Ergenekon Terör Örgütü'nün üyesi oldukları şüphesi"dir.

Peki, bu "şüphe"nin dayanağı olan somut nedenler nedir:

Ceza Muhakemesi Kanunu bu konuda şöyle diyor: "Gözaltına alma, bu tedbirin soruşturma yönünden zorunlu olmasına ve kişinin bir suçu işlediğini düşündürebilecek emarelerin (ipuçlarının, belirtilerin) varlığına bağlıdır." (Madde 91/2) Yani bir kişinin gözaltına alınması için, kişinin belirli bir suçu (konumuzu oluşturan olayda, "Ergenekon Terör Örgütü"ne üye olma suçunu) "işlediğini düşündürebilecek emareler" var olacak. Onlar var mı? Varsa nelerdir? Savcılar, avukatlara bunu bildirmemiş... Bunu bazı gazeteler bildiriyor. Bazı gazeteciler de yazıyor, televizyon tartışmalarında söylüyor. Şunlar varmış o "emare"ler arasında:

• Soner Yalçın'ın tutuklanmasına neden gösterilen Odatv aramalarında bulunan bir notta "şüpheli"lerden Ahmet Şık'ın bir kitap hazırladığı bildiriliyormuş. Kitap "Gülen Cemaati ve Emniyet İlişkisi" adını taşıyacakmış. Notta "Seçimden önceye yetişsin" deniliyormuş...

• Gene o notlarda "Nedim'i kutlarım. Ahmet'i çalıştırsın" diye bir ifade varmış. Buradaki Nedim de Nedim Şener olabilirmiş. Bundan, o kitap çalışmasına Şener'in de katkıda bulunacağı sonucu çıkıyormuş.

• Ayrıca Odatv'nin, Hanefi Avcı'nın tutuklanmasından önce yayınlanıp "en çok satan" olan kitabını desteklediği anlaşılıyormuş.

• Bir de eski Emniyet İstihbarat Daire Başkanı Sabri Uzun'un yazdığı veya yazacağı bir kitapla ilgili notlar bulunmuş. Odatv o kitabın hazırlanmasına da katkıda bulunacakmış. Katkıda bulunması istenenlerden biri, Ahmet Şık'mış...

"Emare"lerin –veya yeni deyimle ipuçlarının– bir kısmı bunlar... Hepsi "kitaplar"la ilgili... Peki, bunlar hangi suçların ipuçlarını oluşturuyor?

İşin hukuki yanına bakalım: Bir kere, notların ne ölçüde doğru olduğu da belli değil. Nedim Şener, sözü edilen Nedim'in kendisi olamayacağını söylemiş. Ahmet Şık'ın bunlardan haberi var mı, yok mu belli değil... Bulunan notları kimin yazdığı da belli değil, nerede ortaya çıktıkları da... Ama bir an için varsayalım ki, o notların hepsi doğrudur... Peki, bunların hangisi suçtur?..

Ceza Kanunu'muza göre hiçbiri tek başına suç değildir.

Özetle: Son "dalga"daki aramaların ve gözaltına almaların yasalara uygun olduğunu öne sürmek kolay değildir. Belirli gazetelere yansıyan, (daha doğrusu sızdırılan ve aynı kaynaktan sızdırıldığı, her gazetede aynı içerikle yer almasından anlaşılan) haberlerin verdiği izlenim şudur:

Son "dalga"da gözaltına alınanlardan gazeteci olanlar, gazetecilik çalışmaları yüzünden gözaltına alınmışlardır. Belirli gazetelerde yer alan "aynı kaynaklı" haberlerde vurgulanan iddialardan hiçbiri, arama ve gözaltına almanın resmi gerekçesini oluşturan "Ergenekon Terör Örgütü'ne üye olma" şüphesinin "emare"si değildir...

Altan Ağabey, medyadaki; hafızasız, tarihi kendisiyle başlatan, en iyiyi hep kendisinin yaptığını sanan, küstahlık ölçüsünde şımarık, cüretkâr, cahil, ilkel kuklalarla nasıl başa çıkabilir ki? Altan Öymen'in bu tespitlerini genel yayın yönetmenleri, haber müdürleri bilmiyor mu? Biliyor ve yine de gazetesine, tv'sine taşıyor. Niye? Birilerinin derin uykuda olduğuna inanmıyorum. Artık siren sesinden korkuyorlar.

Altan Öymen ile "uçak kaçırdığı" iddiasıyla tutuklanan; 12 Mart 1971, 12 Eylül 1980 darbesinin çilesini çekmiş Zülfü Livaneli, *Vatan* gazetesinde bakın ne yazmıştı:

> Bugün de büyük bir sınav günü.
>
> Gazeteciler, aydınlar, bilim insanları neyle suçlandığını bile bilmeden yıllarca hapis yatıyorsa, Balbay, Özkan ve arkadaşları, sabaha karşı odaları basılarak, sağlık koşulları son derece yetersiz tecrit hücrelerine kapatılıyorlarsa, basın korkuyorsa, aydın ürküyorsa, bütün namuslu insanların sesini yükseltme zamanı gelmiş demektir. Çünkü demokrasi ile zulüm yan yana gelemez.
>
> Nedim Şener ve Ahmet Şık emniyete ifade için çağrılsalardı elbette gideceklerdi. Yargılansalar kendilerini savunacaklardı.
>
> Türkân Saylan'a yapıldığı gibi sabaha karşı evlerinin basılması, uzun aramalardan sonra gözaltına alınarak emniyete götürülmeleri, bir önlem değil cezadır.
>
> Aynen Soner Yalçın ve arkadaşlarına, Balbay'a, Özkan'a, Haberal'a yapıldığı gibi yargısız infaz uygulanmaktadır.
>
> Bu aydınların hepsi aklanacak ve hapisten çıkacaklar, ama hiçbir şeyle suçlanmadan içeride geçirdikleri yıllarını, bozulan sağlıklarını kim geri verecek?
>
> Evet! Darbe dönemlerinde de aynı yöntemler uygulanıyor ve insanlara zulmediliyordu. Bunun tanıklarından birisi de benim. Ama onun adı darbeydi, "ileri demokrasi" değil...

Bunun adı faşizmdi...

Balbay ve Özkan'a üç yıl boyunca yapılanlar aynen şimdi bize yapılıyordu. Soner ile Nedim'i işbirliği yapmakla itham ediyorlar. "Tanışmazdık," diyoruz, "Hayır, bir kere telefonda konuşmuşsunuz," diyorlar. Dejavu. Balbay ve Özkan'ı da işbirliği içinde göstermişlerdi. Halbuki konuşmazlardı bile. Balbay 4 Ağustos 1993'te Ankara Temsilcisi olunca aynı gazetede çalışan Özkan istifa etmişti. *Cumhuriyet* gazetesindeki bu rekabeti bilmeyen mi vardı medyada? İki dargın gazeteciyi "işbirliği halinde" göstermişlerdi. Sinsice yalan yazdılar.

Milliyet gazetesinin televizyon yazarı Sina Koloğlu, 7 sezon boyunca CNN TÜRK'te yayınladığımız "Oradaydım" belgeseline gönderme yapmıştı:

> Soner Yalçın'ın CNN TÜRK'te yayınlanan "Oradaydım" belgeseli vardı. Her bölüm şöyle başlardı: "Tarih..." Tarihe not düşmekti. Orada olanların hikâyelerini anlatırdı. Bir gün adı "Oradaydım" olan belgeseller yeniden mutlaka yapılacak. "Tarih 2000'ler" diye başlayacak. Orada olan gazetecilerin hikâyeleri anlatılacak.

Sina Koloğlu bu cinayetin tanığı olduğunu cesurca, yiğitçe tarihe not düşmüştü.

Zaman gazetesi, "CHP 'Varan-2' konusunda sessiz" başlıklı bir "habere" imza atmıştı. Cemaat, CHP'yi komplolarına katmak istiyordu:

> "Deniz Baykal'ı CHP Genel Başkanlığı'ndan eden kaset skandalıyla ilgili Odatv'den çıkan notlar kamuoyunu sarstı. Ancak ne CHP lideri Kemal Kılıçdaroğlu ne de CHP'li herhangi bir yetkili şu ana kadar bu konuda açıklama yapmadı. Odatv'de yapılan aramada ele geçirilen bir belge, eski CHP Genel Başkanı Deniz Baykal'a yönelik 'kaset' tezgâhının arka planına ilişkin çarpıcı bilgiler veriyordu. Belgede, Halk TV'nin satışına razı olmayan Deniz Baykal'ın ikna edilebilmesi için 'Varan-2'nin kullanılması isteniyor."

Haydi CHP, düş şu oyuna!

İnsanın aptal düşmanı olması çok kötü. Cemaat medyasında parlak zekâlı birini bulmak imkânsız... Demek "Altın Nesil" bu! Cemaat olgusu, dogmatizm aslında zihinsel gelişimlerini kısıtlıyor; sebebi bu olmalı. Gün gelip yalanlarının ortaya çıkacağını hiç mi hesap etmiyorlar? Ya da "umursamıyorlar" demek en doğrusu. Son 3 yıldır hep böyle "habercilik" yaptılar. İnsan karakteri böyle anlarda ortaya çıkıyor...

Sadece cemaat medyası mı? Bir tek *Habertürk* gazetesi yazarı Yavuz Semerci eksikti, bakın aynı gün ne yazmıştı:

> Deniz Baykal'ı CHP Genel Başkanlığı'ndan eden kaset skandalının arkasındaki karanlık odaklar ortaya çıkacak mı?

Odatv merkezinde bulunduğu söylenen ikinci kaset (ya da ilk kasetin uzun versiyonu) bize bir yerleri işaret etmek için yeterli olacak mı? Umut verici bir delil mi ortalarda dolaşıyor? Ancak, CHP içinde ciddi bir endişe yaşandığını söylemeliyim. Yaygın olarak konuşulanlara göre, Deniz Baykal'ı devirmeye karar veren partili bir grubun bu komplonun içinde olma ihtimalinin belirdiği yönünde. Ya da bu işin faturasının bir şekilde birilerinin üzerine yıkılacağı endişesi yaşanıyor. Yani sular durulmadı.

Açıkçası, bir gazeteci olarak bu işin altında kimin kalacağına hiç aldırmıyorum. Yeter ki kanaat oluşturmaktan öte deliller ortaya çıksın. Türkiye bir hukuk devletiyse, bu ülkenin tüm istihbarat örgütleri koordineli bir şekilde bu komployu deşifre etmeli. Yargı, bunun hesabını ağır bir şekilde sormalı.

"Varan-2" ifadesi "kaset" haline dönüşüvermişti. O kadar kolay işte. Bunu yazan kendisine "araştırmacı" gazeteci diyebilir mi? Geçtik "nottan", "kasetten", bir olguyu bütünden koparıp değerlendirirseniz işte böyle "piyon" haline gelirsiniz. Yavuz Semerci cemaatin bu tür karanlık iğrenç tezgâhlarını bilmiyor olabilir mi? Sadece ama sadece polisin, sözüm ona virüsle gelen word dosyasındaki "Varan-2" yalanına inanıp, nasıl böyle yazı kaleme alır? Nasıl eminler? Dört yıldır Ergenekon sürecinde bu kaçıncı yalan? Bir gazeteci hiç mi bunları araştırıp sormaz? Semerci'nin kafasında minicik bir kuşku yok. Ya da tüm bunlar Odatv kıskançlığı mı? Ama insan böyle bir günde içsel tepkilerinin kurbanı olur mu; buna izin verir mi? Gerçekten merak ediyorum; bıraktım gazeteciliği, böyle insan kalınır mı? Bırakın mesleği, kendilerine ihanet ettiklerinin bile farkında değiller. Bıktım yanıt yazmaktan...

Lütfen, bunları sırf bize yapılmış hakaret olarak gördüğümü düşünmeyin. Gazetecilik benim tutkum; mesleğin bu derece alçaltılmasını kabul edemiyorum. Çığlığım bunadır.

Dinci gazeteciyi anlayabiliyorum; onlar bir karartı; gerçeğin üstüne pineklemişler. Ya diğerleri?..

Prof. Dr. Yalçın Küçük "örgüt lideri" iddiasıyla gözaltına alındı ve kimse itiraz etmedi. "Ama" ile başlayan bir cümle bile kurmadı. Türkiye aydını, ömrünü siyasal mücadeleyle geçirmiş bir fikir işçisi/entelektüel için bir "kör satır" bile yazmadı; yok saydı. Bu kirlilik nasıl temizlenecek?

Odatv ile başlayan son Ergenekon operasyonuna bazı gazeteciler eleştiri getirince, her taşın altında "Ergenekoncu" arayan liberal solcular, "İsmail Beşikçi de yazdığı kitap nedeniyle ceza aldı; bu konuyu niye hiç yazmıyorsunuz?" tepkisini gösterdi.

İsmail Beşikçi kitabında "Kürdistan" sözcüğü geçirdiği için ceza almıştı.

"Anti-Ergenekocular"ın bir önemli kusuru var. Bilmiyorlar. Çünkü Ergenekon belgeleri / delilleri arasında "Gözlem-Analiz" diye sözüm ona bir belge var. Bunun "c) Doktriner Teorik Çalışmalar" bölümünde, Ergenekon örgütüne yardım eden iki örgüt teorisyeninden bahseder. Biri Yalçın Küçük'tür. İkincisi, İsmail Beşikçi'dir!..

İşte liberal-sol çevrelerinin büyük umutla beklediği Ergenekon davası budur!

Ve böyle nice örnekler var. Fakat...

Önyargıyı parçalamak gerçekten çok zor...

Yirmi İkinci Gün

7 Mart 2011
Pazartesi...

Telaşla aşağıya inip sabahın erken saatinde televizyonu açtım. Korktuğum gerçekleşti:

> Ergenekon soruşturması kapsamında gözaltına alınan Prof. Dr. Yalçın Küçük, Odatv çalışanları Doğan Yurdakul, Müyesser Yıldız, Coşkun Musluk ve Sait Çakır sevk edildikleri mahkeme tarafından tutuklanarak cezaevine gönderildi. Nöbetçi İstanbul 10. Ağır Ceza Mahkemesi hâkimi İbrahim Balık, Yalçın Küçük'ü örgüt yöneticiliği suçundan, diğer şüphelileri ise örgüt üyeliği suçundan tutukladı.
>
> Tutuklamaların ardından basın mensuplarına Doğan Yurdakul'un sözlerini avukatı Tugay Topbaş açıkladı. Topbaş, müvekkili Yurdakul'un kararın ardından, "Hukuk iflas etmiştir. Önemli olan kamuoyu vicdanının iflas etmemesidir. Biz kendimizi kamuoyunun vicdanına teslim ediyoruz," dediğini söyledi. Sorgulanan beş ismin salı günü Silivri Cezaevi'ne nakledilecekleri öğrenildi.

Haberi okuyan spikeri duymuyorum artık...

Doğan Yurdakul...

Adını çok önce duymuştum; tanışmamız yıllar sonra oldu.

1980'li yılların sonundaydı; *2000'e Doğru* dergisinde "Çelebi" mahlasıyla mizahi yazılar kaleme almaya başladı. Hasan Yalçın'a sormuştum, "Kim bu?" diye. "Doğan Yurdakul," dedi.

Paris'te yaşıyordu; sürgündü. 12 Eylül 1980 darbesinden sonra yurtdışına kaçmak zorunda kalmıştı. *Aydınlık* gazetesindeki yazıları nedeniyle hakkında 280 yıl ceza isteniyordu. 10 yıl sürgün hayatı yaşadı.

Doğan Yurdakul eski bir Aydınlıkçı'ydı. Yıllar eski örgütüyle aralarına mesafe koysa da, Aydınlıkçıların Doğan Yurdakul'dan hep saygıyla bahsetmeleri ilgimi çekiyordu. 12 Mart 1971 darbesinin kurduğu işkence tezgâhlarında konuşmayan iki isimden biriydi. Efsane gibi anlatıyorlardı.

Doğan Yurdakul, 12 Mart 1971 darbesinden sonra iki buçuk yıl Mamak Cezaevi'nde yattı. İyi, adil, vicdanlı kişiliği her ortamda büyük saygı duyulmasına neden oldu. Mamak'ta "koğuş ağası" yapıldı, hem de Yılmaz Güney'in desteğiyle. Deniz Gezmişlerin yoldaşıydı. Sırdaşıydı. Bunları ne yazdı, ne konuştu. Bugün 70 yaşına yaklaştı.

Son yıllarda hastalıklarıyla boğuştu hep. Teşhisini ben yaptım: "12 Mart-12 Eylül zulmünün hastalıkları bunlar." Bir kuşağın hepsini öldüremediler, çoğunluğunu da hasta bıraktılar. Yıllar geçince ortaya çıktı bu sinsi hastalıklar.

Doğan Yurdakul'u şimdi yine cezaevine atıyorlar.

Dün devletti.

Bugün devleti ele geçirmek isteyen cemaat...

Suçu büyük! Çünkü o gerçeğe sevdalı.

Odatv'nin "Doğan Abi"si. Çocuklar haberlerle ilgili ne zaman ikircikli bir duruma düşse Doğan Abi'lerine telefon açarlardı. Odatv'nin sağduyusuydu.

Siteye çok zaman ayıramıyordu; eşi Güngör Hanım da hastaydı; sık sık hastaneye gidiyorlardı.

Ankara'ya son gittiğimde yemeğe çıkmıştık; ben, Doğan ve Güngör. Ne çok gülmüştük İklim Bayraktar'ın anlattıklarına. Espriler yapmıştı Doğan Abi ardı ardına. Güngör günler sonra ilk kez kahkaha atmıştı. Şimdi, yazıyorlar, konuşuyorlar, "Varan-2" kasetiyle Baykal'a şantaj yapacakmışız! Biz bu kirliliğe ne kadar uzağız, Doğan-Güngör nasıl şaşırıyorlardır bu olan bitene. Bize bu kadar uzak fenalıkları nasıl bize bulaştırmaya çalışırlar? Şimdi. Cezaevinde. Doğan-Güngör için acı çekiyorum. Halk TV'yi almak istemeseydim bunlar olmayacaktı, bu hain tezgâh kurulup içeri atılmayacaktık belki de...

Birkaç gündür içimdeki ürpertinin nedeni, bu tertemiz insanların bu pis tezgâha alet edilmeleri; Doğan Yurdakul gibi bir entelektüelin kasetle masetle ne işi olabilir... Hiç utanmadan korkunç bir hırçınlıkla yazıyorlar.

Son yıllarda üzerinde çalıştığı "Türkçe-Fransızca" sözlüğü bitirmeye çalışıyordu.

Biz cezaevine atılınca, Odatv'yle yakından ilgilenip tüm zamanını siteye vermeye başlamıştı. Ve, Odatv'ye yapılan ikinci operasyonda şimdi Silivri zindanına atıldı.

Odatv'nin yayında olmasını istemiyorlar. Belli. Türkiye

tarihinde hangi yayın kuruluşunun yedi çalışanı iki hafta içinde cezaevine atıldı? Medya bunu görmüyor. Medya aptallaştırıldı. Düşünme melekelerini kaybetti. "Varan-2" yalanıyla kandırılıverdi. Sadece polisin sızdırdıklarını, iddianameyi değil; sanıkların savunmalarını da haber yaptığımız için mi Ergenekoncuyuz şimdi biz?

Silivri duruşmalarında neler olduğunu, gazete manşetlerine çıkarılan haberlerin gerçekle hiç ilgisi olmadığını delillerle yazdığımız için mi Ergenekoncuyuz?

Bırakın gazeteciliği bir yana, vicdanı olan insan Silivri'deki hukuk katliamını nasıl görmez?

Ergenekon sanıklarının çoğunu tanımayız; tanıdıklarımızla ya mahkemeliğiz ya da dargınız; ama bu bizim meseleye kişisel bakmamıza neden olabilir mi? Gazeteci eline aldığı kalemi kişisel egosu, nefreti, çıkarı için kullanır mı; ne kadar ayıp. Ayıp yetersiz aslında, zalimlik bu.

Türkiye'deki karanlık Gladio faaliyetlerinin ortaya çıkmasını Odatv istemez mi? Bu konuda en çok kitabı, haberi kim yaptı? *Reis-Gladio'nun Türk Tetikçisi, Bay Pipo* neyi anlatıyordu? *Binbaşı Ersever'in İtirafları, Behçet Cantürk'ün Anıları* neyi ortaya çıkardı? Bizim gerçekleri ortaya çıkarmak için çırpındığımız o günlerde, onlar yoktular.

Gazeteci arkadaşlarımız: "Nedim, Ahmet onurumuz" diye slogan atıyorlar, ne güzel. Tabii ki onurumuz. Ya Doğan Yurdakul? Hayatını, mesleğine adamış, yılmamış, yorulmamış Doğan Yurdakul "onurunuz" değil mi? Bilmiyor, tanımıyorlar mı; kitaplarını da okumadılar mı; o daha büyük kabahat değil mi?

Ya Yalçın Küçük? Yürüyenlerin, ekranda konuşanların ağzında Yalçın Küçük'ün de adı yok. Yalçın Küçük'ün yazılarıyla olduğu kadar yaşamıyla da tarih yazdığını görmüyor, anlamıyorlar. Kusura bakmasınlar; Korsakof hastası gibiler... Geçmişi olmayanın geleceği olmaz. Köksüzlüğün kurumak olduğunu bilmiyorlar. Bu nedenle ufak bir esintiyle nerelere savruldu kimi meslektaşlarımız.

Evet, bu süreci kavrayamadılar. Cemaatin tuzağına düştüler. Faşizme giden yolun taşlarının nasıl döşendiğini analiz edemediler. Hayatın gerçeğini, pratiğini göremeyip, kafalarındaki kurguya inandılar. Kimi hâlâ kabul etmek istemiyor; oysa "arşın" Silivri'de; gelip duruşmalarda görebilirler.

Odatv çalışanları kasırganın önüne çıktığı için "kötü çocuk" oldu. Rahatsız ettik. Düzeni bozduk. Adımız "uyumsuza" çıktı. Kabulümüzdür.

Hele dönekler, en çok onlar kızdılar Odatv'ye. Bir döneği, döndüğü yerde ısrar edenler çok öfkelendirir. Dönek, nasırlaşmış vicdanının etkilenmesinden korkar. Çünkü bizim topraklarda döneklik akılla değil, "duygusal nedenlerle/maddi olanaklar için" olur! Dönek ister ki, herkes kendi gibi olsun, Ama hayır; birileri inadına yanlışlığını yüzüne çarparsa, erdemin bayraktarlığını yaparsa, dönek hemen nefret duygusuyla harekete geçer. Çünkü hayatının merkezine kötülüğü koymuştur; yok edici olma misyonu edinmiştir. Odatv'ye kin duymasının sebebi budur. İster ki tüm Odatv çalışanları cezaevine atılsın, Odatv kapansın. Dönek yıkıcıdır. İlk yıktığı kendi akıl namusudur aslında...

Biz bunları biliriz. Dönek de bizim bildiğimizi bilir. Ama döneğin derdi biz değilizdir, kendisidir. Hesaplaşmayı aslında bizim üzerimizden kendisiyle yapar. Biz sadece döneğe ayna tutarız. Dönek de aynayı kırmak ister. Hepsi bu...

Doğan Yurdakul dönek olmadı. Düşüncenin namusuna inandı. İnandıklarını yazdı. Avukatla haber göndermiş biz hapistekilere; "Benim için endişelenip ortalığı ayağa kaldırmasınlar; ben iyiyim, benim cezaevi tecrübem var, onlar kendilerine baksın... Eğer bir şeye ihtiyacım olup olmadığını soruyorlarsa, bir tespih göndersinler, tamamdır."

Bir şiir gönderiyorum üstadıma... Can Yücel'den..

Kan yasası bu insanın:
Üzümden şarap yapacaksın
Çakmak taşından ateş
Ve öpücüklerden insan!
Can yasası bu insanın:
Savaşlara yoksulluklara
Ve binbir belaya karşın
İlle de yaşayacaksın!

Yaşayacağız inadına...
Hayat sürüyor Silivri'de...

Dışarıda en sevmediğiniz gün sorusuna, çoğunluk "pazartesi" yanıtını verir. Cezaevinde benim en sevdiğim gün pazartesi.

Hafta sonu iki gün boyunca "dışarı" çıkamıyorsunuz, oysa pazartesi iki saat bilgisayar hakkımız var.[48] Bilgisayar odasına gidiyoruz. Öyle hemen bilgisayar deyince internet bağlantısı aklınıza gelmesin, sadece iddianameleri, duruşma tutanaklarını okuyabiliyorsunuz; o da elinizde bunların CD'si varsa ya da yazı yazabiliyorsunuz. Oktay Yıldırım'da duruşma tutanakları var; ben onu okuyorum.

İlk günden başladım: Esas no: 2008/209 Celse Tarihi: 20 Ekim 2008.

Mahkeme Başkanı: Köksal Şengün.
Üyeleri: Hasan Hüseyin Özese, Şedat Sami Haşıloğlu.
Cumhuriyet savcıları: Mehmet Ali Pekgüzel-Nihat Taşkın.

Ergenekon'da toplam 15 iddianame var. Bizimki henüz hazırlanmadı.

Okumaya başladığım, 86 sanıklı birinci Ergenekon davasının iddianamesi 2455 sayfa; 56 sanıklı ikinci iddianame 1909 sayfa; ve 52 sanıklı üçüncü iddianame 1454 sayfaydı. Sanırım bu bile bir dünya rekoru! Niye bu kadar hacimli acaba? Böyle bir hukuki metin olabilir mi? Ne bulunduysa iddianameye konulmuş sanki.

Bakınız, 10 yıllık DP iktidarını yargılayan, (ki sanık sayısı 400'ün üstündeydi) Yassıada iddianamesi sadece 312 sayfaydı. 12 Eylül 1980 darbesinden sonra açılan, 587 kişinin yargılandığı MHP iddianamesi 975 sayfaydı. MSP iddianamesi ise 200 sayfaydı. Ergenekon iddianamesinin bu derece hacimli olmasının anlamı neydi; "ne derin bir örgüt ki sayfalara sığmıyor" mesajı mı vermek? Ya da işin içinden çıkılmasının istenmemesi mi? Sahi neden binlerce sayfa? Amerika Birleşik Devletleri'ndeki JFK suikastını araştıran Warren Raporu 26 ciltti ve içinde hiçbir şey olmadığı sonra ortaya çıktı!..

Biliyordum. Unutup gitmişim. Duruşma tutanaklarına bakınca dikkatimi çekti. Ergenekon davasına bazı kişiler müşteki / şikâyetçi olarak katılmak / bulunmak istemişlerdi...

20 Eylül 1992'de Diyarbakır'da katledilen Musa Anter'in oğlu Dicle Anter...

48 Ne yazık ki "bilgisayar hakkı" hukuki bir takım gerekçeler gösterilerek, ("mahkemenizden karar getirin" gibi) elimizden alındı. Bu hak bir yıl sonra 15 Mart 2012'de yeniden verildi.

5 Temmuz 1991'de Diyarbakır'da kaçırılıp öldürülen Vedat Aydın'ın eşi Şükran Aydın...

3 Kasım 1994'te İstanbul'da kaçırılıp öldürülen Savaş Buldan'ın eşi Pervin Buldan... Diyorlardı ki:

"İddianamede sanıkların içinde bulunduğu suç örgütü tarif edilirken, bu örgütün uzun yıllardır devlet içerisinde örgütlenerek faaliyet yürüttüğü; belirledikleri siyasi hedefler doğrultusunda birçok kanlı eylem ve cinayet gerçekleştirdikleri; yine örgüt üyelerinin devlet üst yönetiminde görevde oldukları; ve görevde oldukları süre zarfında bu faaliyetlerini illegal bir şekilde sürdürdükleri gözetilmektedir. Cinayetlerin faili hâlâ meçhuldür. Sanıkların kurucusu, yöneticisi ve içinde bulundukları suç örgütü tarafından bu cinayetler işlendiği iddianamede yer almıştır."

Babası, eşleri, çocukları öldürülmüş bu insanlara ne diyebilirsiniz? Hâlâ devlete, adalete inanmalarına bir söz söyleyebilir misiniz?

Fakat... Hepsi kandırıldı.

Şimdi... Aynı iddiayla ben de Silivri Cezaevi'ndeydim.

Oysa... Musa Anter'in, Vedat Aydın'ın nasıl öldürüldüğünü ben ortaya çıkardım. Açın bakın, *Binbaşı Ersever'in İtirafları* kitabına; katillerin kimler olduğunu açık açık ben yazdım.

Yıl: 1994... Bu kitabım nedeniyle bazı ödüllere layık görüldüm; bunlardan biri de "Musa Anter ve Basın Şehitleri Ödülü"ydü...

Faili meçhullerin ortaya çıkması için TBMM'de kurulan Faili Meçhul Cinayetleri Araştırma Komisyonu'nda ifade verdim. Avrupa İnsan Hakları Mahkemesi'nde tanıklık yaptım.

Şimdi ben Ergenekon terör örgütü mensubuyum, öyle mi?

Dicle Anter, Şükran Aydın müşteki olacak öyle mi?

Pervin Buldan da müşteki olacak öyle mi?

Behçet Cantürk'ün, Adnan Yıldırım'ın, Savaş Buldan'ın kaçırılıp öldürüldüğüne ilişkin ayrıntıları basında ilk ben yazdım. Korka korka yazdım. "Devleti çıplak gördüm," dedim.

Açın bakın, *Behçet Cantürk'ün Anıları* kitabımı. Yıl: 1996... Daha Susurluk'taki o malum polis-mafya-politika işini patlatan trafik kazası olmamıştı.

Aradan yıllar geçti. "Cinayetler unutulmasın" diye 2009'da

BDP Milletvekili Pervin Buldan'ı; eşinin katilini bulamadığımız sürece kimsenin ona bir söz söylemeye hakkı olmadığını, hem de *Hürriyet*'te yazdım. Telefonla aradı, teşekkür etti. Şimdi ben Ergenekon terör örgütü üyesiyim öyle mi? Pervin Buldan müşteki öyle mi?

Ahmet Türk, Osman Baydemir, Sebahat Tuncel, Akın Birdal da müşteki olmak istediler. Oysa:

Ne faili meçhul cinayetler konusunda ne de yapılacak suikastlar konusunda iddianamede suç isnadında bulunmaya yetecek bilgi, belge, kanıt var. "Erzurum Suikast Timi"ni yazdım, adı geçenler çoktan tahliye edildi. "S-1 Timi" hepsi bırakıldı. Silivri'de tetikçi yok!.. Hepsi tahliye edildi...

Peki kim, nasıl aldatmıştı herkesi?

Başta *Taraf* gazetesi olmak üzere liberaller ve cemaat medyası yani "özel yetkili gazeteler!"...

Evet... Kürtleri de oyuna getirdiler!

Kürtler de sanmıştı ki, derin devlet Ergenekon süreciyle ortaya çıkarılacak, failler tek tek bulunacak, devlet içinde yuvalanmış karanlık hücreler açığa çıkacak. Sadece gazete manşetleri, haber spotlarıyla "Asrın Davası"nı takip etmenin sonucuydu tüm bu safça iyi niyetli beklentiler...

Teorisizliktir bunun adı aslında...

Teorisi olmayan her siyasal hareket böyle yalpalar sonuçta...

Evet, demek Kürt kardeşlerimiz müşteki olacaktı.

İyi ama ben PKK/Öcalan'la ilişkili olduğum için bu davaya dahil edildim! İddia öyle! Bu işte bir karışıklık yok mu? Öldürülenler de, öldürülmek istenenler de ve içeri atılan ben de; Öcalan'ın direktifiyle hareket ediyoruz! Ve Kürt kardeşler hâlâ bu Ergenekon meselesini anlamıyor. Ergenekon operasyonunun okyanus ötesi güçlerin tezgâhı olacağını analiz edemiyor. Ne yazık ki, bu çevrelerin Türkiye ve dünyaya yönelik nitelikli bir değerlendirmesini hiç görmedim. Bunun sebebi başka bir kitabın konusudur...

Gerçek şu ki; Kürtler kafalarında ülkeyi ikiye böldüler; Batı yakasının meselesiyle pek ilgili değiller. Bu nedenle Ergenekon sürecini tahlil etmediler, edemediler... Belki etmek istemediler!

"Üniformalı asker kötüdür, katildir" gibi basit ve acımasız önyargı bataklığından çıkamıyorlar. Türk ordusunun Soğuk Savaş döneminin bitimiyle ideolojik dönüşümünü kavrayamadılar. Bunu değerlendirmeden Türkiye analiz edilebilir mi? Balyoz, Kafes-Poyrazköy, İnternet Andıcı, Amirallere Suikast, vs. mevcut iktidarın, cemaat medyasının söylemiyle ele alınabilir mi? Böyle yüzeysel politika yapılır mı? İdeolojik mücadele salt milliyetçilik temelinde yürütülüyorsa ne yazık ki bu bakış açısından kurtulunmaz.

Ergenekon, Kürt aydını için sadece "öç alma" davasının adıdır! Emperyalizm / Gladio teorisi yapılmadan, *Taraf*'ın yalan haberciliğiyle süreç tahlil edersen serseme dönersin maalesef...

Aynı değerlendirmeyi Ermeni kardeşler için de yapabilirim.

Örneğin Hrant Dink ile Etyen Mahçupyan'ı aynı ideolojik temelde görmek ne büyük hata. Taban tabana zıttılar. İkisi de Ermeni diye "yoldaş" oldular kanısı hâkim. Hayır, değillerdi; biri sosyalistti, diğeri liberal. Hrant Dink ne kadar bizdense, Mahçupyan o kadar bize uzaktır. Milliyetçilik kör eder. *Agos* sırf Ermeni olduğu için ideolojik olarak birbirine zıt gazeteciyi genel yayın yönetmeni yapıyor! Sonra "bu Ergenekoncular milliyetçi" söylemi dışına çıkamıyorlar. Ne yazıyor İncil'de: "Kardeşinin gözündeki çöpü görürken, kendi gözünde bir odun parçası bulunduğunu hissetmiyorsun..."

Odatv, ne Türkçüydü ne de Kürtçü. Yazı yazanlar arasında bu eğilimde olanlar yok muydu; vardı. PKK'ya ateş püskürenler de vardı, BDP'ye sıcak bakanlar da.

Örneğin Müyesser Yıldız Türk milliyetçisi bir gazeteciydi. Ama son operasyonla tutuklanan Odatv yazarı Coşkun Musluk da Kürt sorununa daha duyarlı yaklaşan bir akademisyendi.

Odatv'nin sloganı şuydu: "Bırakınız yazsınlar, bırakınız konuşsunlar." Biz bu yayın çizgimizden hiç taviz vermedik. Öcalan'ın açıklamasını da yayınladık, Genelkurmay açıklamasını da. Halkın haber alma hakkını savunduk.

Şimdi Coşkun Musluk da, Yalçın Küçük de, Müyesser Yıldız da "PKK'lı" olma iddiasıyla cezaevinde. Yandaş medya ise bize "milliyetçi, ulusalcı" diyor. Kim doğru?

1 No'lu Cezaevi'nde Ergenekon tutukluları ile çek-senet suçundan gelenler var. Çek-senet tutuklularını koridorda gördüğümde aklıma "kayıt dışı ekonomi, kayıt dışı ekonomi" diye televizyonda bağıran Prof. Dr. Osman Altuğ Hocam geliyor. Silivri'deki çek-senet tutuklularının çoğu garibandı. Sordum; kimi para karşılığı, kimi habersiz patronları tarafından bu işe sokulmuşlar, adlarına çek-senet yapılmıştı! İşte Türkiye ekono-

misinin somut gerçeği buydu: Koğuşlar tıklım tıklım mali suçlardan yatan tutuklularla dolu. Ne diyorlar: "Türkiye ekonomisi hızla gelişiyor." Sık sık mali af çıkarsalar da yasayı değiştirseler de, cezaevindeki çek-senet tutuklu sayısı hızla artıyor...

Türkiye'nin çeşitli yerlerinden moral veren mektuplar geliyor. Gönderenlerin bazılarını "kader mahkûmları" oluşturuyor. "Geçmiş olsun," diyorlar. "Allah'ın izniyle çıkarsınız" temennisinde bulunuyorlar. Hepsi de cezaevi kütüphanesinde bir kitabımı okuyarak beni tanıdıklarını yazıyor. Kitap, "kader mahkûmlarının" en iyi dostu cezaevinde. Benim de en iyi arkadaşım onlar olacak; bugün Gogol, Balzac, Puşkin, Zola, Turgenyev, Tolstoy, Dostoyevski ve Zweig geldi. Arkadaşlarım genellikle Rus! Kütüphane görevlisi, okuduklarımı bağışlamamı istiyor; cezaevi kütüphanesinde pek roman yokmuş. En çok istediği de benim yazdıklarım. Anlatıyor: 1 No'lu'ya gelmeden önce görev yaptığı cezaevi kütüphanesinde mahkûmlar, *Behçet Cantürk'ün Anıları* kitabım için sıraya giriyormuş; en çok beğenilen ve okunan kitap buymuş. Ardından ekledi: "Cezaevinde uyuşturucu kaçakçıları kalıyordu!.."

Gelen mektuplar ilginçti; kimi Odatv'ye haber yazmıştı, kimi de cezaevinden çıkınca sol bir parti kurup herkesi bir çatı altında toplamamı öneriyordu! Bazı mektuplar ise yıllardır cezaevinde suçsuz yattığını anlatıyordu; sanki benim durumum farksız. En keyifli mektuplar, cezaevinde yıllara nasıl karşı konulacağının püf noktalarını yazanlardı. Temel mesele, hastalanmamak. Bu yandaş medyayı takip edip de ruh sağlığını korumak mümkün mü?

Yine bugün neler yazmışlardı...

Yandaş *Star* gazetesi "Odatv'de Bel Altı Operasyonu" manşetini atmıştı. Neymiş, biz Deniz Baykal'a şantaj yapacakmışız! Bayağılık devam ediyordu.

Bozacının şahidi şıracı! *Zaman* gazetesi de haberinde, *Taraf* gazetesinin bir dönem omuz omuza çalışan polis yazarlarının demeçlerini/yazdıklarını derlemişti. Türkiye bakın hangi koşullarda 12 Haziran 2011 seçimine gidiyordu; seks kasetleri...

> Halk TV'nin, Odatv'nin sahibi Soner Yalçın'a satılmasına karşı çıkan Deniz Baykal'ın, "Varan-2" adlı kaset görüntüleriyle ikna edilmesi planına ilişkin notlar ana muhalefet partisini zora soktu.

Gözler Ergenekon davasıyla Türkiye'deki muhalif gazetecilerin susturulduğunu savunan CHP'ye çevrildi. Bu noktada *Taraf* yazarı Emre Uslu, çarpıcı bir iddiada bulundu. Uslu, ortaya çıkan belgelerin "Varan-2"nin varlığını kanıtlaması durumunda CHP yönetiminin tartışmalı hale geleceğini savundu. "Bu kasetlerle ilgili Kılıçdaroğlu ve çevresindekilerin rolü varsa 'Varan-3' seçimde gelir" diyen Uslu, şöyle devam etti: "Seçmen, bu ayak oyununu kabul etmez. Kılıçdaroğlu ile Soner Yalçın'ın arasının iyi olduğunu biliyoruz. Kasetle, şantajla, ayak oyunlarıyla bir yere geldiyseniz tabii ki söyleyecek sözünüz olmaz."

Önder Aytaç da Baykal'la ilgili ortaya çıkan kaset skandalının derin devletin oyunu olduğu görüşünde. "CHP, derin devletle pazarlık mı yapıyor?" sorusunu gündeme taşıdı.

Bu yazılar, demeçler artık Türkiye düşünce haritasının ne derece çölleştiğini gösteriyor. Siyaseti pornografiye indirgediler.

Bu "özel yetkili gazeteci" görünümündeki polisler sık sık televizyon programlarına da katılıyordu. Hepsi cemaatçiydi. Ama bir ortak noktaları daha vardı: ABD'de yetiştiler...

Odatv, *Taraf*'ın polis yazarı Emrullah Uslu'nun ABD'deki faaliyetlerini gözler önüne serdi. Sekiz yıldır ABD'de olan Komiser Uslu, Odatv haberleri üzerine tıpış tıpış Türkiye'ye gelmek zorunda kaldı. Şimdi kendisini açığa çıkaran Odatv'ye düşmanlığını, *Taraf* gazetesindeki yazıları ve ekran konuşmalarıyla devam ettiriyor.

Emrullah Uslu bu konuda yalnız değildi. Örneğin: Odatv operasyonuyla başlayan medyaya yönelik sindirme, korkutma misyonunu bir "gazeteci" üstlenmiş görünüyor: Faruk Mercan! Önceki bölümde yazdım: Eskiden pek ortalıkta gözükmez, televizyonlara çıkmazdı. Ama şimdi ne olduysa oldu, kim ne dediyse dedi, her fırsatta bir televizyon kanalında. Yetmiyor, bazen günde iki, üç kanala çıkıyordu. Demek yeni görevi buydu. Bunu hatırlatmamın nedeni var: Faruk Mercan'ın da birkaç yıl ABD'de "kurs" aldığını biliyor musunuz? Onun yolu da ABD'den geçti yani.

Peki...

Birdenbire medyada ortaya çıkıp bavul bavul sözüm ona belgeleri yayınlayan Mehmet Baransu da, ne tesadüftür ki, birkaç yıl ABD'de eğitim aldı.

Sorarsanız; hepsi İngilizce öğrenmeye gitti!

Ergenekon operasyonu başlamadan önce ABD'de bulunanların listesini çıkarmak iyi haber olurdu. İlk başa da Ahmet Altan ve Cengiz Çandar'ı koymak gerekir; hangi "üniversite"de ders aldılar acaba? Müfredat neydi kim bilir...

Bu listeye *Radikal*'ın yeni kılavuzunu da yazmak gerekir: Eyüp Can... Yasemin Çongar'ı atlamamak lazım.

CIA'den FBI'dan burs alan, kurs gören polisleri de eklemek gerek bu listeye. Operasyon, nasıl bir "eğitimden" geçirilerek uygulamaya konulmuştu ortaya çıksın... Kimse bu karanlık noktaların üzerine gitmiyor. Yandaş medya, merkez medyayı da etkileyerek gündemi belirliyor. Örneğin:

Gazeteci Ahmet Şık, *İmamın Ordusu* kitabını benim emrimle yazmış ve Sabri Uzun adıyla çıkaracakmış! Bu iddiaların tamamı yalan. Ahmet Şık, Odatv'ye polisteki cemaat örgütlenmesi üzerine yazdığı kitabı kesinlikle göndermedi. Ama bir başka gazeteci, emniyet üzerine yazdığı kitap taslağını Odatv'ye gönderdi.

Kim olduğunu duyunca küçükdilinizi yutacaksınız!

Sizi merakta bırakmadan hikâyeyi anlatayım:

Bir gün Odatv Genel Yayın Yönetmeni Barış Pehlivan, *Taraf*'ın polis kökenli yazarı Önder Aytaç'tan bir e-posta aldı. Aytaç, e-postasında bizi şaşırtan ifadeler kullanıyordu. Her sabah kalktığında ilk iş olarak Odatv'yi okuduğunu, yalnız haberlerimizi değil, kendisine karşı olumsuz ifadeler kullanan okuyucu yorumlarını da takip ettiğini yazmıştı. Ayrıca Aytaç, Odatv'den iki ricada bulunuyordu:

İlki, ekte gönderdiği yeni kitabının taslağına dayanarak Odatv'nin kitabı haberleştirmesini rica ediyordu.

Diğer isteği ise daha şaşırtıcıydı: Eğer Odatv yönetimi de uygun görürse Odatv'de yazarlık yapmak istiyordu!

Aytaç'ın teklifini öğrendiğimde konuyu Odatv'de tartışmaya açtım. *Taraf* dahil, birçok gazeteden kovulan gazetecilere Odatv sayfalarının açık olduğunu kötü günlerinde arayarak söylemiştik. Örnek: Sevan Nişanyan. Bizde yazabileceğini söylemiştik. Soğuk bakmamıştı. "Varan-2" ve İklim Bayraktar varken ne açıklama yaptı biliyor musunuz; "yazar olmam için bana kadın gönderdiler!" İnanın şaka yapmıyorum. Evet, biz herkesin yazmasını, herkesin konuşmasını istiyorduk. Ancak durum şimdi biraz farklıydı. Siyasal kimliğinin önemi yoktu. Sorun üslup meselesiydi. Önder Aytaç yazılarında polise operasyon çağrıları yapıyor, kimlerin cezaevine atılmasının gerektiğini söylüyordu. Böyle bir yazarın yeri Odatv olamazdı.

Genel Yayın Yönetmeni Barış Pehlivan, Önder Aytaç'a verdiği cevapta yazarlık talebine değinmedi bile... Öylesine kibardık ki, kırılmasın diye özen gösterdik.

Kibarca "ret" anlamına gelen yanıtımızı verdik. Önder Aytaç ısrarlıydı. Bir sonraki mesajında kitap taslağını yalnızca Odatv'ye gönderdiğini, Odatv'nin bu sayede yalnızca kitabın çıkacağını değil, içeriğini de haberleştirebileceğini söyledi. Odatv'ye yazar olma konusunu da tekrar gündeme getirdi.

Bu kez yanıt vermeyerek meseleyi kapattık.

Önder Aytaç'ın da Odatv yazarı olma önerisini kabul etseydik; bugünlerdeki gibi televizyonlara çıkıp "Odatv Ergenekoncudur" diyecek miydi?

Ya da daha önemlisi Ahmet Şık'ın gönderilmemiş kitabını "Ergenekon belgesi" yapan savcılık, Önder Aytaç'ın gönderdiği kitap taslağını neden görmedi?

Ya Aytaç'ın kitabını da Ergenekon yazdıysa!

Bakınız...

Önder Aytaç farklı biri, seveninin, beğeneninin çok olduğunu düşünmüyorum. Ancak dilinin cezasını çok çektiğini de biliyorum. Örneğin, İşçi Partisi Genel Başkanı Doğu Perinçek'in kişilik haklarına saldırdığı için 10 bin lira tazminat cezasına çarptırıldı. Aytaç, tazminatı ödemeyince Perinçek'in avukatı Mehmet Nuri Aytekin haciz işlemlerini başlattı. 21 Mayıs 2010'da Önder Aytaç'ın evindeki bazı eşyalara el konulmak için kapısı çalındı. Uzun bir süre çalınan kapı çilingir tarafından açılınca, Önder Aytaç'ın evde olduğu ortaya çıktı! Aytaç'ın parayı ödeyemeyeceğini belirtmesi üzerine, evindeki bazı eşyalar haczedildi.

Önder Aytaç, 15 Temmuz 2008'de *Yeni Şafak* gazetesine verdiği mülakatta "İzmir NATO üssüne saldırı planının Doğu Perinçek'ten çıktığını" iddia etmişti.

Kimileri "polisle yatağa girince", işte böyle evdeki yataktan da oluyordu!

"Özel yetkili medya"nın bir diğer gazetesi: *Yeni Şafak* da yine sözüm ona Odatv'de "bulunan" bir belgeyi "haber" yapmıştı:

> Ergenekon soruşturması kapsamında Soner Yalçın ve ekibine yönelik aramalarda Odatv'de Balyoz soruşturmasını sulan-

dırmak amacıyla düzenlenen gizli toplantının notlarının yazıldığı belge ele geçirildi. "Sn. komutanım" hitabıyla başlayan belgede Ergenekon ve Balyoz soruşturmalarını karartmak için izlenecek tüm yöntemler sıralanıyor. 1 Temmuz 2010'da hazırlandığı tespit edilen dokümanın Balyoz sanıklarından Emekli Orgeneral Çetin Doğan'a sunulmak üzere kaleme alındığı iddia edildi.

Aynı "haber" *Zaman*'da da vardı. Kendilerini o kadar uyanık sanıyorlar ki; akıllarına çok kurnazca bir plan gelmiş, bunu da yazıp virüslü belgelere koymuşlardı. Bakın biz neler yapacakmışız:

"Tüm polis aramalarında yardımcı olunuyormuş gibi tavır takınılması, problem teşkil edebilecek yerlerde malzemeleri ilk defa görüyormuş gibi, temiz olunan yerlerde ise tüm detaylara hâkim olunduğu imajı verilmesi faydalı olabilir."

Ne zekiler değil mi?

İşyerine "belge" koyduklarının bundan iyi kanıtı olur mu?

Hayatım boyunca zekâya bayıldım. Dostlarımın, arkadaşlarımın zeki insanlar olmasına özen gösterdim. Ama şimdi şu pespayeliğe bakar mısınız?

Bakın o sözde "belgelerde" daha neler vardı:

Başbakan Erdoğan'ı protesto eden üniversite öğrencilerini bizler örgütlüyormuşuz! Hatta, hamile bir genç kızın, polisten aldığı darbelerle bebeğini düşürmesi bile planlıymış! Odatv'de ele geçirilen bir "belgede", bu gibi olaylarda polisin tahrik edilerek, şiddet kullanmaya zorlanması planı da çıkmış!

Biz her şeyi yazarız, plan yaparız! Şaka gibi. Hangi birini anlatayım ki; bakın bilgisayarımızda nasıl bir not bulunmuş!

"Yandaş medyanın önemli önemsiz her konuyu Ergenekon'a bağlaması dalgaya alınsın, kara mizah yapılacak."

Aha! Şimdi yakalandık. Ne acıklı haldeler.

Bitmedi... Devam edelim:

"– Ergenekon savcıları ve polisler hakkında gelen her haberi değerlendirelim. Av. Vural'ın gönderdikleri değerli, NTV ile irtibata geçelim.

– Pınar ve Dani Rodrik ile güçlü iletişim. Çetin Paşa'nın Odatv'ye emeği büyük, sınırsız destek.

– Dursun Çiçek, 'Genelkurmay bana sahip çıkmıyor, konuşacağım,' diyormuş. Doğan Abi üzerinden iletildi. Kızıyla görüş.

– Yalçın Hoca'nın Haberal ile irtibatı teknik sebeplerle aksıyor, çözüm? Avukat üzerinden görüş. Tlf, mail yok."

Evet tüm bunlar "Ergenekon soruşturması kapsamında genişletilen Odatv operasyonlarında ele geçirilen belgeler" idi... Hepsi bilgisayarımızda bulunmuştu; ne örgütüz ama; 4 yıldır bir soruşturma siber alanda yürütülüyor ve biz her şeyi bilgisayarda yazmaya devam ediyoruz! Bir de "silince" yok olacağını düşünüyoruz "belgelerin". Ama polis silinenleri bile buluveriyordu! Biz böyle şapşal bir "örgütüz" işte! Yandaşlar da yazıyor: "Silmişler ama polis buluyor." Bilgisayardan hiç anlamayanları kandırabilirler ama medya buna nasıl inanıyor?

Dinci liberal medya el ele vermiş, bu akıldışı "belgelerle" bizi Silivri zindanına gömmeye kararlı.

Sadece onlar mı? *Habertürk*, Odatv'de "Sabancı suikastı belgesi"nin bulunduğunu yazmıştı. Ergenekon operasyonlarında bulunan bu kaçıncı "Sabancı suikastı belgesi"! Bıkmadılar. Basın yazıp unutuyor; bir gazeteci çıkıp "Yahu yetti artık, bu kaçıncı Sabancı suikastı belgesi?" demiyor.

Hepsine inanıyorlar. Ya da inanmak istiyorlar; tersi zor, sonunda Silivri zindanı var.

Sadece gazeteler değildi. Televizyonlarda fütursuzca konuşuyorlardı. Parmaklarını kameraya uzatıp "bu da, bu da" diye isim söylüyorlardı. Sözde "belgede" kimlerin ismi varsa gelecek operasyonlar onlara yönelik oluyordu; hep aynı stratejiyi uyguladılar. Böylesi darbe dönemlerinde bile olmadı. Bunlar çukura nasıl düştüler böyle.

Hürriyet okur temsilcisi Faruk Bildirici bir ayrıntıya dikkat çekiyordu:

> Öyle bir hercümerç içinde yaşıyoruz ki, kimi çarpıcı sözler belleklerimizden çabucak silinip gidiyor. Emniyet İstihbarat Dairesi eski Başkanı Bülent Orakoğlu'nun, *Hürriyet* yazarı ve Odatv internet sitesi imtiyaz sahibi Soner Yalçın'ın gözaltına alınmasının ardından söyledikleri de hatırlanmıyor bugün. "Gözaltına alınacak 5-6 gazeteci daha var" sözlerini duyduğumda irkilmiştim.

21 Şubat'ta yazdığım yazıda Orakoğlu'nun bu sözlerini aktararak, "Emniyet İstihbarat Dairesi eski Başkanı, 'Sırada beş gazeteci daha var" diyor ve kimse bunu yalanlamıyorsa bu demeç bile bir korku dalgası olduğunun kanıtı haline gelmez mi?' diye sormuştum.

Sonraki günlerde de Orakoğlu'nun sözlerini hiçbir yetkili yalanlamadı. Bir kişi bile "Olamaz" demedi, "Sırada kim var?" diye soruldu. Sonunda doğru da çıktı Orakoğlu'nun sözleri. Sadece sayıyı tutturamadı. Nedim Şener ve Ahmet Şık'ın aralarında bulunduğu dokuz gazeteci gözaltına alındı.

Orakoğlu henüz Ergenekon operasyonu başlamadan 2007'de, *Ankara'da Gölge Oyunları* adlı bir kitap yazdı. O kitap, Ergenekon iddianamesinde yer alacak hemen tüm iddiaları içeriyordu. Kitabında kimin adını yazdıysa gözaltına alındı; tutuklandı.

Emniyet müdürlüğü yapmış Orakoğlu'nun bir de Hatay'da yaşadığı bir olay var ki, buna değinmeden olmaz: Güya Hizbullah'ın lideri Hüseyin Velioğlu, B. Orakoğlu Ergenekoncularla yemekteyken onlara servis hizmetinde bulunmuş! Ne Ergenekon ama, Hizbullah liderini bile uşak gibi kullanıyor! Dikkat ediniz, bunu bir emniyet müdürü yaşıyor!

Yahu yalanın bile bir zekâsı olmalı; bu derece bayağılığı anlamak gerçekten çok zor... Bir de bize diyorlar "Ergenekon soruşturmasını sulandırıyorlar" diye...

Peki şuna ne demeli:

Cemaatin dergisi *Aksiyon*, "Ergenekon Darbe Senaryosu"nu haberleştirdi. Bu senaryoya göre, kalpaklı yaşlı bir adam ele geçirilen bir televizyon kanalında ekrana çıkacak ve şöyle konuşacaktı:

> Halkın selameti için ülkedeki yeni yönetim başa geçmiştir. Bu yönetim demokrasi ve huzur getirecektir. Paniğe yer yoktur. Milis kuvvetlere yardımcı olun. Derhal yeni anayasa yapılacaktır. Ülkeyi satan vatan hainleri ivedilikle cezalandırılacaktır.

Yine bu çevrelerin yazdığında, Levent Kırca'nın "Olacak O Kadar" parodilerini andıran bir senaryoda, darbe sonrası kurulacak hükümetin koltuk dağılımı vardı. Milli Birlik Komitesi Başkanı olarak Şener Eruygur'un ilan edildiği senaryoda, Sinan

Aygün Başbakan, Veli Küçük İçişleri Bakanı, Doğu Perinçek Avrasya Birliği'nden Sorumlu Devlet Bakanı, Tuncer Kılınç Hazineden Sorumlu Devlet Bakanı, tek partili rejimde Tuncay Özkan CHP genel başkanı, darbe sonrası muhalefet partisi lideri Mustafa Balbay, Devlet Tiyatroları genel müdürü Nurseli İdiz, Başbakanlık Basın ve Halkla İlişkiler Sorumlusu ise travesti Seyhan Soylu idi.

İşte Ergenekon'un ciddiyetle varlığını savunan cemaatin yayınladığı darbe projesi bu!

İnsan en çok neyi kabullenemiyor biliyor musunuz; bu akıldışılık bizi nasıl cezaevine sokabiliyor?

Size bir "örnek haber" daha yazayım:

Sabah gazetesi, iddianamede Prof. Dr. Nevzat Tarhan'ın tanıklığına dayanarak Ergenekon'un *Talmut* isminde gizli bir kitabı olduğunu haberleştirdi! Dikkat edin bu kişi profesör ve her gece ekrana çıkarılıyor. Tarhan'ın bir askerden duyduğunu iddia ettiği kitap, *Sabah* tarafından haberleştirilmişti. Anlaşılan hiçbiri "Talmut"un İbranice "ders, öğrenim" anlamına geldiğini ve söz konusu kitabın Yahudi dini literatürünün MÖ 3. yüzyıl ile MS 5. yüzyıl arasındaki derlemesini içerdiğini bilmiyordu! İnsan bundan sonra düşünmeden edemiyor: Savcıların, iddia ettiği, Ergenekon'un "Agarta Örgütü" ile ilişkisine hiç girmeyelim! Ergenekon'u kim sulandırıyor? *Taraf*, Keçiören'de içki satan bir büfeciyi aslında Ergenekon'un dövdüğünü iddia ederken; *Yeni Şafak* Ergenekon'un Konyaspor-Ankaragücü maçına müdahale ettiğini yazıyordu! Ya bu yalanları mahsus yapıyorlardı ya da paranoyaklar!..

Ne acıklı!

İyilik adına hareket ettiğini düşünenler hep böylesine kötülüklere başvuruyorlar, üstelik "hüner sahibi" oldukları için kimbilir için için seviniyorlardır. Şeytan ile yatağa girmenin hazzını yaşıyorlar bugünlerde.

Ama bilmeliler ki, utanç silinmez...

Yirmi Üçüncü Gün

8 Mart 2011
Salı...

Silivri "fısıltı gazetesi" bildiriyor:

Doğan Yurdakul, Nedim Şener ve Ahmet Şık'la; Yalçın Küçük, Sait Çakır ve Coşkun Musluk'la; Müyesser Yıldız ise Sevgi Erenerol ve Fatma Cengiz'le aynı koğuşta kalacaktı. Hepsi Silivri yerleşkesinde ama burada cezaevleri ayrı ayrı. Biz 1 No'lu, Doğan Yurdakul, Yalçın Küçük 2 No'lu, Müyesser 8 No'lu Cezaevi'nde.

12 Mart ve 12 Eylül zindanlarından Silivri'nin farkı, tecrit uygulaması. Koğuş arkadaşlarınız dışında kimseyi görmüyorsunuz. Tecrit insanlık dışı; ama Silivri'de günler böyle geçiyor. Korkunç bir haksızlık. Aslında yasa gereği toplu alan uygulaması var ve haftada 10 saat diğer tutuklularla yan yana gelebilmemiz gerekiyor. Dün bir dilekçe yazdım, bu uygulamanın neden hayata geçirilmediğini sordum. Yanıt alacağımı hiç sanmıyorum.

Soğuk bir yağmur var dışarıda. Hücrenin penceresinden kara bulutları seyrediyorum. Cezaevi demek ufuksuzluk demek; ufuk yok cezaevinde, sadece duvar ve gökyüzü var. Ağaç yok, hiçbir yeşillik yok, tarla yok, çalı çırpı yok, dağ yok, tepe yok, hep duvar, tel, beton var. Sadece Sabahattin Ali'nin deyimiyle denize benzeyen bir avuç gökyüzü...

Bir de...

Anılar çıkar bolca cezaevinde; derinlere gömülmüş çocukluk...

Ortaokuldayız.

İlk siyasi dayağımı yediğim günler; burnum kanamıştı. Okul ülkücülerin kontrolündeydi; bahçe duvarında otururken "Aldırma Gönül"ü söylemiştik. Şiirin "Bir sitem gönder Allah'a" mısrasını söyleyince yumruğu yemiştim. Düşünüyorum da, hep dayak yemişim, kimseye bir tokat bile atmamışım. Hâlâ dayak yiyorum! Neyse. Beni dövenlerden biriyle yıllar sonra nerede karşılaştım biliyor musunuz; Metris Cezaevi'nde! Başgardiyandı. Hemşerim başıma gelenlere çok üzülüyordu. Bunca yıllık gardiyandı, böylesine bir davayla ilk kez karşılaşıyordu. "Beni dövmeseydiniz. Türkiye'nin başına bu çoraplar örülmezdi" dedim. Güldük. Dönemin aktif çocuk ülkücülerindendi. Çocukluk yaşantısının lekesiz saflığı bizi Metris'te buluvermişti işte. Hayat sonunda onu da solcu yapmıştı. Gelişmelerden çok endişeliydi. "Seni kazandıysak herkesi kazanırız," dedim.

Ruhun ne derece çürüyüp çürümediği, bu kavganın sonunu belirleyecek...

Bulutsuz göğü seyretmeyi bırakıp hücremde, aşağıya indim; bakalım gazeteler bugün yine hangi kurguyu sayfalarına taşıyarak ortak günaha imza atmıştı! "Okumayayım" diyorum, bir-iki gün sabrediyorum, dayanamıyorum... Nasıl okumam:

İlk sürpriz *Akşam* gazetesinde: Benim CHP'den milletvekili adayı olacağımı yazmışlar! Yahu biz Silivri'de yakınlarımızla bile görüşemiyoruz, siz nereden öğrenip haber yaptınız? "Masa başı haberciliği"; bu tür yalanların basın terminolojisindeki adı. Ne diyeyim; benim yazacağımı atalarımız söylemiş: "Âlimlerin korkak olduğu bir ülkede, zalimler cüretkâr olur."

Basının gündeminde Odatv'ye Ankara'dan yazı gönderen İklim Bayraktar'ın savcılık ifadesi var. Basına göre, Deniz Baykal "Boşver röportajı filan gel yemeğe gidelim, yüzmeye gidelim" demiş; o da bu sözü taciz olarak değerlendirmişti!

Neredeyse tüm gazeteler, 1,5 ay önce olmuş ve unutulmuş bir özel hayat dedikodusunu manşetlere taşımıştı. Kimse "Yahu bu dedikodu dinlenen telefonlarla ortalığa saçıldı; asıl ayıp bu," demiyor. Hukuk ihlalleri kanıksandı. "Varan-2" yalanı kullanılıp eskitilmiş şimdi piyasaya yeni yalanlar mı sürülüyordu?

Çünkü: Gazeteler telefon görüşmelerini ayrıntılarıyla sayfalarına taşımıştı. Polisin medyadaki psikolojik savaş elemanları işbaşındaydı yine...

Hürriyet'ten öğrendiğime göre, gazeteci Ahmet Şık'ın avukatı Akın Atalay, birinci Ergenekon davasında şikâyetçi konumda olan *Cumhuriyet* gazetesinin avukatlığından çekilmişti. Kuşkusuz bu hukuki nedenlerle olmuştu. Ama Ergenekon'un artık gerçekte ne olduğunu anlayan solcular kuşkularını dile getirmeye başlamıştı.

Karadeniz'de bir mezar taşında şu yazılıydı:

"Hastayum deduk, hastayum deduk inanmadınız.
N'oldi?"

Bu acı şaka bir yana, bu arada Avukat Atalay'ın iddiası ilginçti; Atalay, Ahmet Şık'ın savcılık ifadesi sırasında soruşturmayı yürüten Savcı Zekeriya Öz'le aralarında geçen diyaloğu da şöyle anlattı:

Savcıya, Ahmet Şık'ın Ertuğrul Mavioğlu'yla 2009'da yazdığı iki ciltlik Ergenekon kitabından söz ettiğimde haberi ve bilgisi olmadığını söyledi. Dışarıdaki arkadaşlardan isteyip odaya getirttik. "Gerçekten mi ilk kez duydunuz ve gördünüz?" dediğimde şunları söyledi. "Evet. Ben bu son gözaltı ve aramalarda kaç kişiyle ve kimlerle ilgili yakalama ve arama istenildiğini bilmiyorum. Ahmet Bey'in de ismi var mı yok mu dikkat etmedim. Biliyorsunuz emniyet bizden talep ediyor, biz de çoğu zaman olduğu gibi imzalayarak mahkemeye havale ediyoruz."

Başbakan Erdoğan, cezaevlerinde mesleği "gazeteci" olarak kayda geçen 27 kişi bulunduğunu açıkladı! Ve sordu: "Hangi gazeteci hükümeti eleştirdiği için tutukludur?" Sanki "hükümeti eleştirmek" gibi bir suç varmış gibi!

Ne diyeceksiniz ki, kendi kendisine yalan söyleyen ve kendi yalanını dinleyen o hale gelir ki, hiçbir gerçeği ayırt edemez...

Yaklaşık 50 yıldır gazetecilik yapan Doğan Yurdakul, avukatı aracılığıyla bazı medyaya açıklama yapmıştı:

"12 Eylül dönemindeki faili meçhuller ve devletin mafya babalarını nasıl kullandığını araştırmış bir gazeteci ve yine 12 Mart döneminde 2 yıl cezaevinde kalan bir kişiyim. Beni darbe zemini hazırlamak için çalışan sözde bir örgüte üyelik ile suçlayanlar utanmalıdır. Benim hayat görüşümü yansıtmayan ve nereden geldiği belli olmayan bu notlara dayanılarak suç isnadında bulunulması da oldukça vahimdir. Odatv internet sitesinde 3 yıldır çalışıyorum. Savcılığın bana yönelttiği soruların yüzde 90'ı habercilik faaliyetleri içerisindeki telefon görüşmelerim ve e-maillerim ile ilgilidir. Soner Yalçın ile beraber iki kitap çalışması yaptık. Bunlardan biri *Reis,* diğeri de *Bay Pipo*'dur. Her iki kitap da yılda iki baskı yapmaktadır. Yalçın Küçük'ün de bildiği gibi iki kişinin kitap yazması çok zordur. Kitap yazma sürecinde yüzlerce kişi ile görüşmeler yapılır. Savcılıkta sorulan sorular daha çok Soner Yalçın ile yapmış olduğum mesleki görüşmeler ile ilgilidir."

Köşesini boş bırakarak gazeteci tutuklanmalarını protesto

eden Nuray Mert, medyada cadı avının sürdüğünü yazmıştı.

Yok, "yazı yazmama" eylemimi uzatmayacağım, vadem dolana kadar 'doğru bildiklerimi' yazmaya devam edeceğim. Ve tabii, öncelikle, yazıp çizen herkesi büyük bir tedirginliğe sürükleyen, sonra da işi "Suçsuzsanız neden paniğe kapılıyorsunuz?" pişkinliğine döken baskı ortamı hakkında yazacağım. "Panik" değil, derin bir "kaygı" içindeyim.

Ahmet Şık'ın annesi *Cumhuriyet*'e konuşmuştu:

Gazeteci Ahmet Şık'ın annesi Fatma Şık, 1980 öncesinde kardeşini şehit verdiğini belirterek "Şimdi de oğlumu veremem. Oğluma bir şey olursa kendimi yakarım" dedi. Başbakan'ın "bilgim yok" söylemine inanmadığını belirten Fatma Şık, onun bilgisi olmadan hiçbir görevlinin tavuk bile kesemeyeceğini söyledi.

"Özveri" sözcüğü anneler için üretilmiştir. Bu acı sözlerin bile medyayı etkileceğini sanmıyorum. "Utanç" sözcüğü içinde okumadıklarım var, ama yeter, gazeteleri attım bir köşeye. Şimdi sevdiklerimden uzakta, ruhumun oluşturduğu yalnızlık odasına çekilme vakti.

Hücremin ışıklarını kapatıyorum, pencereyi açıyorum, yağmurun sesini dinliyorum... Melih Cevdet Anday şiir okuyor:

Uyumayacaksın
Memleketin hali
Seni seslerle uyandıracak
Oturup yazacaksın
Çünkü sen artık o sen değilsin
Sen şimdi ıssız bir telgrafhane gibisin
Durmadan sesler alacak
Sesler vereceksin
Uyumayacaksın
Düzelmeden memleketin hali
Düzelmeden dünyanın hali
Gözüne uyku giremez ki...
Uyumayacaksın...

Yirmi Dördüncü Gün

9 Mart 2011
Çarşamba...

Bugün açık görüş günü. Bugün hasret bitecek. "Hasret kuşu" oğlum gelecek... Oğlum gelecek...

Neredeyse bir aydır görmüyorum. Koklayamıyorum.

Cezaevinde olmanın en zor yanı, evlat hasreti benim için. Gerisine dayanılır, katlanılmaz değil.

"Yargı kararı beklensin" diyor ya Başbakan Erdoğan; yargı kararı beklenir, sevda beklemez, oğul hasreti hiç beklemez yargıyı.

Bugün açık görüş günü; bugün oğluma sarılacağım. Doyasıya... Gözyaşı dökecek miyim? Son günlerde hep kendime bu soruyu sorup duruyorum. Tutmalıyım kendimi.

Evet...

Hapislik zayıf kişiye iradesini yeniden bir araya getirmeyi; tereddüt edene kararlı olmayı ve sert olana daha sert olmayı öğretir.

Ama...

Evlat özlemi bunların dışında...

Türkiye; Odatv ve beni konuşuyor, ne senaryolar tartışılıyor. Ben ise oğluma sarılacağım anda ne yapacağımı, duygularımın önüne nasıl set çekeceğimi düşünüyorum. Yalandan büyük tavırlar içine girecek biri değilim; neysem hep öyle oldum: Saklanmadım böyle anlarda.

Pek sık heyecanlanan bir kişiliğim yoktur, serinkanlıyımdır çoğu zaman. Bu sabah heyecanlıyım işte, önüne geçemiyorum.

Hücredeki yatağımın karşı duvarında oğlumun, fotoğrafımızı yapıştırıp kırmızı bir kalp çizip gönderdiği bir kart asılı. Karta bakarken bile gözlerim doluyor, sahi ne yapacağım, gözyaşlarımı durdurmayı nasıl becereceğim? Teselli değil midir gözyaşları? Bir küçük damla, kırılması zor kabuğunuzu nasıl çatlatıverir; bu nedenledir aslında, gözyaşlarının en saklandığı yer, mahpushanedir. Ama kendimi tanıyorum; tamam ağlamayacağım kuşkusuz, ama kirpiklerim mutlaka yaşlanacak. Evet cezaevinde ağlanmaz, bolca yaş dökülür gözlerden sessizce. İyidir bu; gözyaşları aslında insanın içine akar; çağlayan olur; içinizdeki nehrin kurumasını engeller. İnsan yetiştirir gözyaşları... İnsanı besler... Ağlamak kötüdür. Cezaevinde ağlayan kişi sevilmez, gözyaşı dökene ise saygı duyulur sessizce, gösterilmeden, dile dökülmeden olur tüm bu saygı...

Tek heyecanlı ben değilim koğuşta.

Yeni evli Barış Pehlivan yerinde duramıyor; üstelik hep ayna karşısında; belli ki içi kaynıyor, ne güzel. Cezaevinde dört yılını dolduran Oktay Yıldırım da sabırsız görünüyor; eşi ve çocukları gelecek. Hepimiz şık giyinmeye çalışıyoruz. İkram etmek için yanımıza kola, kuruyemiş ve çikolata aldık.

Gardiyanlar geldi.

Yolda konuşmuyoruz. Hızlı adımlarla yürüyoruz...

Ve... İşte oğlum orada. Büyümüş mü! Gözleri nasıl şaşkın! Sarıldık. İki çocuk gibi kenetlendik. Hiç ayrılmadık..

Stefan Zweig haklıydı: "Yalnızca kendi ortamımda mutlu olabilirim, çünkü ancak o zaman gerçeğin ta kendisiyim."

60 dakika kendimi temize çektim; ne çok özlemişim; çocuk saflığını, oğul soluğunu, oğul kokusunu... Bir aydır boştu göğüs kafesim; oğlumu orada büyüttüm ben...

Ve diğer sevdiğim... Sözün, yazının bittiği anlar... Sadece bana ait 60 dakika... Ne çabuk geçiyor... Ayrılık vakti... Yazmayayım... Yine koğuş arkadaşlarımızla hiç konuşmadan, kimse kimsenin gözüne bakmadan hücremize dönüyoruz. Hemen sigara yaktılar, ben de bir tane istedim. Keyif sigarası mı, yoksa keder sigarası mı?

Koğuş hiç bu kadar sessiz olmamıştı; bu kadar yürek sesi duyulmamıştı.

Açık görüş sonrasının rutiniymiş; Oktay Yıldırım söyledi. Kahve yapıp içtik. Ve sonra koğuştaki rutin hayatımıza döndük. Yani, tekrar kirlenme süreci başladı...

Neredeyse her gazetede "Ergenekon'un pornografisi" sürüyor. Medya "haber" peşinde: İklim Bayraktar tacize uğradı mı, uğramadı mı? Bayraktar ne diyor? Baykal ne diyor?

Niye Silivri zindanına atıldığımızı artık soran yok.

Vicdan suskun. Hukuk suskun. İnsanlık suskun.

Baykal avukatı aracılığıyla açıklama yapmıştı. *Vatan* gazetesi manşet yapmış: "Komployu önledim."

Diyordu ki: "Beni tuzağa düşürüp CHP ve liderini (Kılıçdaroğlu) zora sokacaktı, bu komployu önledim."

Şimdi bu da laf mı; Baykal, İklim Bayraktar'la birlikte olmayarak komployu mu önlemiş oluyor? Yoksa olacak mıydı; tövbe tövbe. Koskoca siyasetçi Deniz Baykal böyle bir açıklamaya nasıl izin verir?

Yetmemiş olacak ki Baykal, *Taraf* gazetesinden Rasim Ozan Kütahyalı'ya demeç vermişti! Rasim Ozan Kütahyalı yazdı:

> Bu son yaşadıklarıyla, Soner Yalçın'dan çıkan belgeleri soruyorum Baykal'a... "Rasim, dikkat edersen ben açıklamamda net bir biçimde olayı aktardım, yüzde yüz doğru olan gerçekleri ifade ettim. O çıkan belgeleri çok önemsiyorum ve inceliyorum. Bu belgelerle bana yapılmak istenen şantaj ve komplo projesi arasındaki bağlantıyı kurmak ve analiz yapmak siz gazetecilerin görevi, ben o konuda şimdilik hiçbir şey söylemiyorum" dedi...
>
> Bunun üzerine ben de şöyle sordum: "Soner Yalçın'ın görevlendirdiği bu kişinin size Odatv adına gelmemiş gibi yaptığını biliyoruz, telefon kayıtlarında bu tür şeyler de var, böyle bir oyun da oynamak istendi mi size?" "Evet o kişi Odatv ve Soner Yalçın adını hiç zikretmeden, sanki bu kurumla alakası yokmuş gibi gelmeye çalıştı, oysa ben en baştan o kişinin nerede ve kim ile çalıştığını, nereye haber yaptığını biliyordum."
>
> Yani anlaşılıyor ki, komployu daha rahat kurabilmesi için "Soner Yalçın tarafından gönderilmemiş" pozuna girmiş, "Peki bunların arkasında kim var sizce Deniz Bey?" diye soruyorum... "İşte benim de en çok merak ettiğim şey budur. Bu kişiyi Soner Yalçın'ın gönderdiği, böyle bir komplo ve şantaj projesinin hayata geçirilmek istendiği kesin, peki bu projenin arkasında kim var? Kim yüreklendirdi ve görevlendirdi Soner Yalçın ve ekibini? Kim? Savcılığın bunun üzerine gitmesi gerektiğini söylüyorum..."

Koskoca Baykal'ın kimlerle kader ortaklığı yaptığına bakar mısınız?

Ve *Taraf* gazetesinin manşetine şu sözleri taşıyordu: "Komplo için Soner'i kim görevlendirdi?" Öyle ya Pennsylvania yoksa kim olacak; zavallı Baykal.

Demek Baykal'a komplo düzenlemek istemişim, öyle mi?

Demek Baykal süreci böyle tahlil ediyor, öyle mi?

Demek bu kadar yüzeysel bakıyor bu pis tezgâha?

Düşmanın kim olduğu, ne kadar ahlaksız, kuralsız, hilekâr olduğunu bilmiyor, öyle mi?

Öyle ya, kaset komplosuna uğradığında Pennsylvania'dan aldığı mesajın samimiyetine inandığını söylememiş miydi?

Demek Pennsylvania'ya inanıyor, benim samimiyetime inanmıyor! Beni bir tertiple içeri atan "özel yetkili medya"ya, cemaate inanıyor...

Demek komplonun arkasında Soner var!?

Demek "Soner'in arkasında kim var?" öyle mi?

Baykal için –eğer doğruysa– bu sözler yüz karasıdır.

Kişisel tarihine leke olarak düşecektir.

O kadar deneyimli politikacı bu karanlık tertip hakkında bu kadar basit düşünebilir mi?

Bu tertip sadece Baykal'ın başına mı geldi? Nice insana bu adi seks kasetleriyle bel altı vurulmadı mı?

Demek Pennsylvania'ya inanıyor, bize inanmıyor öyle mi? Öyle olsun...

4 yıldır Deniz Baykal'ı "Ergenekon'un lideri" yapanlar şimdi aynı Baykal'ın "Ergenekon'un hedefi" olduğunu yazıyor! Onlar yazsın; biliyoruz; onları anladık. Baykal'ı anlamak zor. Şimdi yazacağım olayı Baykal bilmiyor muydu: Yazar Ergün Poyraz, 27 Temmuz 2007'de tutuklandı. En uzun süredir hapiste olan Ergenekon sanığı. 3 yıl sonra, geçtiğimiz Eylül ayında polisler, Ergün Poyraz'ın avukatı Hüseyin Buzoğlu'na, "Ergün Poyraz'ın bilgisayarını iade ediyoruz, gelin alın" diye haber gönderdi. Avukat Buzoğlu şaşırdı; çünkü bilgisayarın adliyenin emanetinde olması gerekiyordu; niye hâlâ polisin elindeydi? Neyse, zaten bilgisayara el konulması bile kanunsuzdu; imajının alınması gerekiyordu; ama konumuz bu değil. Sonuçta avukat Buzoğlu gidip bilgisayarı aldı. Bir gün sonra yandaş medyada şu haber çıktı: "Baykal'ın seks kaseti Ergün Poyraz'ın bilgisayarından çıktı."

Ne emniyet tutanaklarında ne iddianamede ne de duruşmalarda böyle bir kasetten bahsedildi. Kaset komplosu habervaktim.com adlı dinci sitede yayınlandıktan 5 ay sonra görüntüler Ergün Poyraz'ın bilgisayarından çıkmıştı! Hem de görüntüler çıkan bilgisayarı polisler tam iade ettiğinde! Baykal bu entrikaların nasıl farkında olmaz?

Önceki sayfalarda seks kasetlerinin listesini sundum; Baykal bunlardan haberdar değil miydi? Bu alçaklar, Ergenekon operasyonlarında evlere hep çocuk pornosu, hayvan pornosu koymadılar mı? Kaç kişi mahkemelerde bunlardan yargılanıyor. Baykal hepsini biliyor; büyük oyunun farkında; peki şimdi niye böyle demeç veriyor?

İşin özü şu: Baykal hâlâ sistem içi taktiklerle oyun oynuyor aslında.

Oysa kavga etmelidir, devrimci siyasetçiye yakışan budur. Ama kaçak güreşmeyi yeğliyor; hayatı boyu böyle yaptı; ve şimdi cezaevine atılan bizlerin omzuna basarak "temizlenmek" istiyor. Canı sağ olsun...

Biz yedi kişi cezaevindeyiz. Komplo kursaydık zindana atılmaz, el üstünde tutulurduk. Baykal bunu bilmez mi? Neyse, Türkiye'de siyasetin geldiği yer burası. Çukurdadırlar maalesef.

Baykal'ın bu sözlerini hayatım boyunca unutmayacağım; demek yargısız infazcılar kervanına o da gönüllü katılmıştı. Küçük hesapların küçük adamı olmayı ona hiç ama hiç yakıştıramadım. Yeni "cemaati" hayırlı olsun. Oysa...

Can Ataklı'nın tavrını gösterebilirdi:

> Odatv operasyonunda gözaltına alınan bir kadın gazetecinin, başından geçtiğini söylediği tatsız bir olayı, kendi müdürüne telefonla aktarmasını, yani aslında sadece birkaç kişi arasında kalan bir olayı tüm kamuoyuna duyurmaktan çekinmedi bazıları.
>
> Ne Baykal'ın onuru ve itibarı, ne olayda adı geçen kadın gazetecinin iffet ve namusu önemliydi bunların gözünde. Çünkü, iktidara payanda olabilmek için ar, haya, ahlak, namus ve vicdan fakirliği çeken bu kesim "hedefe giden her yol mubahtır" kurallarına aynen uydu.
>
> Güya demokratik bir tavırla "şantajı ortaya çıkardıklarını" söyleyip ekliyorlar: "Baykal ucuz kurtuldu." Oysa Baykal'a asıl şantaj şimdi yapılmış oldu. Baykal'ın onuru şimdi zedelendi. *(Vatan)*

Şükrü Küçükşahin'in makalesini de aktararak bu ahlaksız konuya nokta koymak istiyorum.

> Şaşkınlıkla izlediğimiz, içinden çıkmakta güçlük çektiğimiz, akıl almaz gelişmelerle karşı karşıyayız; çaresi de şeffaflık, vicdan muhasebesi olabilir. Şimdi bakın, Soner Yalçın ile

hayatımda sadece bir kez, Ertuğrul Özkök için 21 Ocak 2010 günü verilen veda yemeğinde karşılaştım, kısa sohbet yaptık.

Deniz Baykal, CHP Genel Başkanı koltuğunu bırakmamıştı henüz. Sohbet CHP'ye gelince, ben aykırı görüş söylesem de Yalçın, Baykal'ın Türkiye için ne kadar büyük bir şans olduğunu samimiyetle savunup durdu. Ama bakar mısınız o Yalçın, Baykal'la ilgili kasetin organizasyonunun içinde gibi gösteriliyor; vay be ne mahir adammış, kendisini nasıl da gizlemiş!

Böylesi konulara hiç karmaşık bakmam; önemli bir lider, öyle odalara girdiği an sorumluluk önce onundur; çünkü "komplo" dahi olsa yolu açan kendisidir. *(Hürriyet)*

Evet: Ben Baykal'ın politikalarını sonuna kadar hep savundum. Ama kişiliğini değil. Pek tanımıyordum, şimdi öğrendim...

İklim Bayraktar'ı da tanımıyordum.

Tutuklanan Sait Çakır ve Coşkun Musluk arkadaşları da tanımıyordum. İnternet haberciliği böyle.

Bu yeni bir medya; insanlar evinden, işinden yazıp gönderiyor. Kişisel ilişkiler yok denecek kadar az.

Sait ve Coşkun'u genel yayın yönetmenimiz Barış Pehlivan bile pek tanımıyordu. Barış Terkoğlu'nun arkadaşlarıydı.

Sait Çakır'ın neden tutuklandığını Şamil Tayyar'ın yazısının satır arasından anladım:

"Sevilay Yükselir'in Mehmet Baransu'nun, Adem Yavuz Arslan'ın başına gelenler ortada. Ergenekon ve Balyoz'un üzerine giden yüzlerce gazeteci, 5 bin civarındaki soruşturma ve davayla boğuşuyor. Ne hazindir, Odatv operasyonunda tutuklanan Sait Çakır, bu davaların bin 600'ünü açan Savcı Ali Çakır'ın kardeşi." *(Star)*

Kim söylemişti şimdi yazarken anımsamıyorum; ne güzel demiş: "Bilgisizler kabadayı olur!"

İyi de dönemin basın savcısı Ali Çakır Odatv'ye de dava açtı!.. Nesnellikten uzak, hep basit kaba yorumlarla "derin ilişkileri" ortaya çıkardıklarını sanıyorlar.

Zekeriya Öz'ün Sait Çakır'ın sorgusunda üstelik avukatının yanında ne dediğini biliyor musunuz: "Ağabeyin elimden kurtuldu, ama sen elimdesin işte." Bu neyin intikamıdır? Bu kendini beğenmiş, korkusuz görünme ruh halinin temelinde ne var?

Star gazetesi yazarı Mustafa Akyol'la sanıyorum sadece vicdanlı olma konusunda buluşabilirim. Son Ergenekon soruşturmasında yüreklice kafasındaki şüphelerini yazdı. Soruya açık olan herkesle insani temelli ilişki kurulabilir, konuşulabilir, tartışılabilir. Mustafa Akyol beni şaşırttı:

Elimizde Şener ve Şık'ın savcılık sorgularının tutanağı var. Buradaki soruların da çoğu, Odatv'cilerle temas halinde, "Ergenekon davasını itibarsızlaştırmak" diye özetlenebilecek bir "suç tanımı"na tekabül ediyor.

Süreci destekleyenlerden emekli savcı Gültekin Avcı, *Bugün* gazetesindeki köşesinde bunu açıkça ifade de etmiş: Ahmet Şık'ın "yazı ve kitaplarına bakıldığında savcılara ve davaya örtülü vuruşlar yaptığı görülüyor"muş. Ama, el insaf, böyle suç mu olur? Hem o zaman "savcılar, kendilerine örtülü vuruş yapanları içeri aldırdılar" diye korkunç bir anlam çıkmaz mı? İşte bu yüzden özünü kesinlikle desteklediğim Ergenekon davasında ölçünün kaçtığından, özellikle son dönemde "medya ayağı" üzerinden bir "fikir suçu davası"na kayış başladığından endişeliyim.

Ergenekon'un giderek bir "zihniyet" olarak tarif edilmesi, "Ergenekonculuk" suçlamasının "davayı sulandırmak" gibi sübjektif suçlamalar üzerinden yapılması da, önemli alarm sinyalleri. *(Star)*

Ne diyebilirim Mustafa Akyol'a; babası Taha Akyol gibi "kin bekçisi" değilmiş meğer... Babası *Milliyet*'teki köşesinde "Varan-2"den bahsedip Baykal'a şantaj yaptığımızı yazdı, hiç utanmadan. Taha Akyol'un kusursuz görünme çabası içinde hangi acıların gizli olduğunu iyi bilirim ben! Galiba yeter; bugünlük yeter. Sinirlerim yine harap oldu. Oğluma kavuşmanın tadını bile çıkaramadım. Kafa yorgunluğunu gidermenin yolu düş kurmak; sevgiliyi düşünmek. Acının, cesareti aşındırmasına izin vermemek lazım...

Yirmi Beşinci Gün

10 Mart 2011
Perşembe...

Gözlerimi açtığımda tanyeri ağarmamıştı. Gece doğru dürüst uyuyamadım. Canım sıkkın olduğunda hep böyle olur. Deniz Baykal'ın "Soner'in arkasında kim var?" sorusunu kabul edemiyorum. Affedemiyorum. Sonra, bu derece öfkeli olduğum için kendime kızıyorum. Baykal'a inandığım için mi; politikanın bu derece ucuzlaştığına mı; neye öfkeli olduğumu da bilmiyorum. Kafamda onlarca soru var. İklim Bayraktar'ın adını bile duymak istemiyorum. Kimse söylemedi mi bu kıza; güzellik düşüncesi, iyilik düşüncesiyle uzlaşmaz...

Kalktım ışığı yaktım. Nefes almaya ihtiyacım var; pencereyi açtım. Soğuk temiz havayı içime çektim. Sakinleşemiyorum... Kılıfta saklanan sinsilik birgün ortaya çıkarılacak, bunu biliyorum, inancım eksiksiz. Ama içimdeki kızgınlığı gideremiyorum bir türlü...

Üşüdüm, pencereyi kapattım. Yatağa girdim; en güzeli böyle anlarda şiir okumak...

Şiirle çekeceğim bu yükü. Arif Damar geldi aklıma; şimdi elindeki bastonu havaya dikerek ne küfürler sıralardı...

Bilirsin
Bir kere korku düşerse adamın içine
Bir kere koparsa sevdiklerinden
Mümkünü yok
Gitti gider
Söner gözlerinde güzelim ışık
Kararır, çirkinleşir yüzü
Önceleri utanır belki
Sonra vızgelir
Umurunda olmaz dünya
İnsanları sevmek büyük hüner
İnsanlarla beraber

1951 Büyük TKP Tevkifatı'nda yoldaşlarının hainliğini görmüş, düş kırıklığı yaşamış acılar çekmiş Arif Damar bu şiirini cezaevinde yazdı. İkinci Dünya Savaşı'ndan sonra başlayan Soğuk Savaş döneminin kara propaganda aracı komünizmdi. Arif Damar gibi nice solcular cezaevlerine atıldı. Bugünün kara propaganda aracı "Ergenekoncu" olmak!.. Kaç yıl sonra yine aydınlar cezaevinde. Yine öcü bizleriz.

Yataktan kalktım, özenle giyindim; her şeye inat güne iyi başlayacağım. Gazetelerde yazılanlarla, televizyonda söylenenlerle moralimi bozmayacağım. İnsanı sevmekte inat edeceğim. Öfkemi yeneceğim. Kasveti kovacağım içimden.

Hava bile bana uydu. Duru; hafif kış güneşi doğuyor. Gündüzden daha hoş değil midir sabahın bu doğum saatleri? Uyanışın vakti...

Beton havalandırma kapısı açıldı. Demir kapının kilidi cezaevinin sessizliğini yine yırttı. Aşağıya indim. Havalandırmaya çıktım. Dışarıda yine de keskin bir soğuk var. Beremi geçirdim başıma. Volta atmaya başladım, sert ve düzgün adımlarla...

Düşünüyorum: Hayal kırıklığı mı, umut kırıklığı mı, insan için daha zordur?.. Umut kırıklığı kuşkusuz. Umut'u yaşatamamak ölüm'dür...

Oktay Yıldırım kalkıp avluya geldi: "Günaydın".

Birkaç gündür avluyu düşünce platformuna çevirdik; Mehmetçik kavramının tarihsel kökleri ve gelişimi üzerine tartışıyoruz. Osmanlı'dan TSK'ya modernleşme olgusunu konuşuyoruz.

Koğuş önündeki avlu, tarih mektebi oldu bizim için. Oktay Yıldırım konuyu hep haklı olarak yazdığı kitabına getiriyor: Harp okullarının müfredatı nasıl, hangi ihtiyaçtan değiştirildi? NATO'nun buna etkisi neydi? Türk ordusundaki Prusya ekolü neden yok edildi? Soruları ardı ardına geliyordu.

Oktay Yıldırım cezaevindeki kaynakça sıkıntısından yakınıyor hep. Onca yetersizliğe rağmen kitabında hayli kaynakça var oysa. Ben, "akademisyenlerin Mekkesi" kaynakça konusunun araştırmacıları esir aldığını düşünürüm. Nakiller/aktarmalar yeni tezlerin doğumunu engelliyor; bilimin gelişiminin önünde set çekiyor artık. Tarih bilimi, geçmişi yeniden inşa etmektir;

bilgi yığını değildir. Yapılması gereken; "belge kurbanı" olunacağına teori yapmaktır. Yeni fikir ve bakış açısının daha önemli olduğunu düşünürüm. Kuşkusuz teori, büyük oranda yanıltıcı olabilir, ama yüzde 20'lik bir doğruluk bile çok önemlidir. Yeni düşünceler böyle doğar. Diğer yöntem sürekli var olanı tekrarlamaktır, "akademik muhafazakârlıktır". Kâtipliktir. Oysa, Yazmak, yanılmaktır. Doğru ve gerçek ancak yanılarak bulunur. Yanılgıdan korkan bilim yapamaz. Arayışı sürdürmektir aslolan; kuşkunun peşine düşmektir...

Barış Pehlivan kahvaltıyı hazırlamış, bağırdı. Günde 17 saat su olmadığı için artık alıştım; büyük çöp bidonundaki su depomuzdan bir tas su alıp elimi yıkadım.

Kahvaltımız, çay, peynir ve zeytin. Yumurta yakında kantinde satılmaya başlayacakmış; heyecanla bekliyorum.

Kahvaltı sonrası gazete okumak rutinleşti artık. Barış Terkoğlu'nun dün duruşması vardı. Dava konusu şuydu: Dava henüz başlamadan, Ergenekon soruşturmasını yürüten savcılar ile davaya bakacak hâkimler, soruşturmada görevli polislerin düzenlediği iftar yemeğinde buluşmuştu. İşte bu buluşmanın fotoğraflarını Odatv'de yayınlamıştık.

Hakkımızda dava açıldı. İşin garibi, davayı açan da davaya bakan da yine o fotoğraflardaki isimlerdi!

Duruşmada yaşananları *Hürriyet*'te okudum:

> Ergenekon soruşturmasını yürüten ve davalarına bakan hâkim ve savcılarının da arasında bulunduğu İstanbul'daki özel yetkili hâkim ve savcılara, İstanbul Emniyet Müdürlüğü İstihbarat Şube Müdürlüğü'nce 2008'de verilen iftar yemeğini haber yaparak terör örgütüne hedef gösterdiği iddia edilen Odatv Haber Müdürü Barış Terkoğlu, "Böyle bir habere demokratik her ülkede ödül verilirdi. Türkiye Gazeteciler Cemiyeti de ödül verdi" dedi. İstanbul 12. Ağır Ceza Mahkemesi'nde görülen duruşmada Terkoğlu "Ergenekon davası kamuoyu tarafından merak ediliyordu. Bu nedenle iftar yemeği buluşmasının haber değeri vardı. İddiaya konu olan iftar yemeği gizli saklı bir yemek değildir" dedi. Terkoğlu'nun "Polislerin savcılarla yemekte bir araya geldiğini haber yaptım ve bizzat soruşturmada da polislerle savcıların ne kadar yakın olduğunu gördüm. Savcılar hangi gazeteci hakkında tutuklama talebi isterse, mahkeme tutukluyor" demesi üzerine

Mahkeme Başkanı Mehmet Karababa, "Hâkimlerle savcılarla ilgili etik kuralları şu anda sizden dinleyemeyiz" diye tepki gösterdi.

Hürriyet yazarı Ferai Tınç "Sanık Bir Haberin Duruşmasında" başlıklı yazısında, öğrencisi Barış Terkoğlu'nun duşurmaya kelepçeyle getirilmesinin canını yaktığını yazdı:

> Haberlerin, yazıların kelepçelenmesi, gazetecilerin susturulmasından en çok yine toplum zarar görür. Habere haber ile yanıt vermek varken, haberleri ve onları yayınlayanları kelepçelemek niye?

Tesadüf: Yargılandığımız haberin konusu olan iftar yemeğini, İstanbul Emniyet Müdürlüğü İstihbarat Şubesi düzenlemişti. O şubenin başındaki isim, Ergenekon operasyonlarının polisteki "beyni" İstanbul Emniyet Müdür Yardımcısı Ali Fuat Yılmazer sabaha karşı görevden alındı. Yılmazer bundan sonra Olay Yeri İnceleme Şube Müdürlüğü ve Bomba İmha Şube Müdürlüğü'nden sorumlu olacaktı. İstihbarat Şubesi ise direkt İstanbul Emniyet Müdürü Hüseyin Çapkın'a bağlanmıştı. Neler oluyordu; bu sıradan bir görevden alma değildi. Evet, Yılmazer, Ergenekon soruşturmasının başındaydı. Başbakan Erdoğan'ın İstanbul'a her gelişinde görüştüğü bir isimdi. Cemaatin önemli polis şeflerinden biri olduğuna dair istihbarat raporları vardı. Sanıyorum, son gazeteciler operasyonu bardağı taşırmıştı. Çok tepki vardı. Ya da başka bir nedeni mi var? Polis müdürü görevini kişisel intikam aracı olarak yapmıyordu herhalde! Niye bu değişiklik yapıldı gerçekten!

Avrupa Parlamentosu'nun Türkiye Raporu; *Vatan, Cumhuriyet* ve *Sözcü*'nün manşetindeydi. Rapora göre, "Polis ve yargının baskısına maruz kalan gazetecilerin davaları" Avrupa Parlamentosu tarafından izlenecekti. AB, Ergenekon sürecini doğru değerlendirmeye mi başlamıştı? Basın özgürlüğü sorununa sadece AB'den değil, ABD'den de tepki vardı.

AB'nin "görmediği" bir gerçek vardı: O gün cezaevindeki bir gazeteci salıverilmişti!.. *Hürriyet*'in manşeti trajikomikti: "Üzmez Dışarıda."

Dinci *Vakit* gazetesinin yazarı Hüseyin Üzmez, 14 yaşındaki B. Ç.'ye defalarca cinsel tacizde bulunmuştu. Bu suçtan dolayı

13 yıl hapis cezasına çarptırılan Üzmez, 2,5 yıl yatıp serbest bırakılmıştı. Gerekçesinde, "uzun tutukluluk süresi" yazılıydı. Ne demeli şimdi?

İklim Bayraktar meselesi yine birçok gazetenin birinci sayfasındaydı. Deniz Baykal'ın *Taraf*'a verdiği röportaj, *Zaman*'ı harekete geçirmişti. Manşeti: "Baykal'dan Savcıya Çağrı: Komplonun Arkasındakileri Bulun."

Vatan'ın birinci sayfasında Baykal'ın açıklaması vardı. Haber, "Kasete Almak İçin Çırpındı" başlığıyla verilmişti.

"Özel yetkili medya"nın; liberal-dinci ittifakının hedefinde CHP, Kılıçdaroğlu, Baykal ve ben vardım.

Polisin telefon kayıtlarını sızdırmasıyla bu dedikodu gazete manşetlerinden düşmüyordu.

CHP'nin bu oyuna gelmeyeceğini düşünüyorum. Bu kirli operasyon sadece bizim başımıza gelmedi; neredeyse tüm Ergenekon tutuklularına bu "bel altı" vuruş yaptılar. En son Hanefi Avcı'nın sevgilisi konusunu manşetlere taşımışlardı. Hiç utanmıyorlar. Bu derece ahlaksız olmalarını nasıl yorumlamak gerekiyor, inanın bilemiyorum.

Haddini bilmez karı koca; Nagehan Alçı (*Akşam*), Rasim Ozan Kütahyalı (*Taraf*) ortaya serilen özel hayat tecavüzünden memnun görünüyorlar, her gün köşelerinde yazıyorlar. "Soner Yalçın'dan Baykal'a Kadın Tuzağı".

"Bu tuzağı, komployu Soner Yalçın'ın örgütlediği kesin ve net..." (*Taraf*)

"Fişleme kayıtları, şantaj notları ve suç teşkil eden eylem planları içeren belgeler hazırlayan Soner Yalçın..." (*Akşam*)

Tevfik Fikret ne güzel yazmıştı:

> Kraldan çok kralcı olanlar, sadece köpekliklerini ispatla kalmazlar, bunu gönüllü ve zevkle yaptıklarını da ortaya koyarlar.

Besleme basının yöntemleri yıllardır hiç değişmedi...

Tarih: 15 Ağustos 1920. Önce İstanbul'da Fransızca yayın yapan *Journal d'Orient* haber yaptı.

Bir gün sonra yine yandaş *Alemdar* gazetesi haberi aynen kullandı.

Konu, padişaha ve İngilizlere karşı Anadolu'da isyan bayrağı açmış Mustafa Kemal'in özel hayatıydı. "Mustafa Kemal Nasıl Yaşıyor" başlıklı haberi olduğu gibi alıntılayayım; bugüne benzerliğiyle ilgili yorumları siz yapın:

> Mustafa Kemal, hoş gülüşleriyle kalbini büyülemiş olan birçok güzel kadınlarla haberleşmektedir. Fakat bu milliyetçi reis bu kadar teorik ilişkilerle yetinememektedir. Avrupa barlarında ün salmış olan (İvon Verson) adlı bir dansözü yanına getirmiştir.
>
> Bu serseri kadın, Ankara'da kraliçe gibi davranmaktadır. Sahipleri tüfek dipçiği ile dışarı atılmış bir evde oturan bu kadın, bugün Anadolu'nun yazgısını belki elleri arasında tutmaktadır. Uzun boylu, az rastlanır bir güzellikte olan bu kadını Ankara halkı zarif bir otomobil içinde görmektedir. Parmakları, halka yükletilmiş keyfi vergilerin ürünü bulunan değerli yüzükler ve taşlarla süslüdür. Kendisini yeni bir Neron anası sanmaktadır.

Bu haberin her satırı yalandı. İşgalcileri destekleyen liberal-dinci basın Anadolu'daki mücadeleyi halkın gözünden düşürmek için bu tür itibarsızlaştırma yöntemine başvurdu, hep.

Aynı bugün olduğu gibi...

Fazla söze gerek var mı?..

Yirmi Altıncı Gün

11 Mart 2011
Cuma...

Kar yağıyor. Birkaç gündür hava epey soğuk. Yatarken kat kat giyiniyor, yine de üşüyorum.

Yataktan çıkmak istemiyorum, Kendimi varlık-zaman kavramları üzerine düşünürken buldum: "Var olmak ya da olmamak." 400 yıl önce Hamlet'in sorduğu soruya hâlâ yanıt arıyoruz. Benim bu soruyu sormamın sebebi, 19. yüzyıl Aydınlanması'nın, 21. yüzyılda inişe geçip, Ortaçağ'a hızla dönüş yapmasıdır. Teolojinin felsefeyi yenmesini nasıl açıklamamız gerekiyor? Burjuvazinin hep kendi devriminden korkması mı buna sebep oldu? Aydınlanma bir hesaplaşmadır; burjuvazi proletaryadan korktu ve insanı küçülttü; insanın kendine ve insanın gücüne olan güvenini yok etti. İnsan yeni'ye yürüdükçe büyür. Ricat ise akıl durmasıdır, bunu da korkuyla-korkutarak yaptılar. Elden düşmüş düşünceler'e bit pazarına nur yağar gibi rağbet bu nedenle oluyor. Ve bu sığlık önce donduruyor sonra yok ediyor... Bunları hiç tartışamıyoruz...

Sayım anonsu yapıldı, birazdan gardiyanlar gelir.

Kalktım. Sıkı giyindim yine, kat kat. Alt kat daha soğuk. Demir kapı açıldı yine büyük gürültüyle.

Gardiyanlar odaya doldu; dilekçeleri uzattım.

Şapkamı paltomu giyip beton avluya çıkıp volta atmaya başladım. Son günlerde kambur yürümeye başladım; omuzlarım, kafam gibi dik durmuyor. Medyanın yazdıkları mı acaba omuzlarımı düşürdü?!

Televizyonun sesini duydum; Oktay Yıldırım'dır bu, çünkü Ulusal Kanal'da bir marş çalınıyor; o açmıştır, Ulusal Kanal'ı; Mülkiye Marşı:

Ey vatan gözyaşların dinsin
Yetiştik çünkü biz...

Ben de eşlik ediyorum. Ardından bir marş daha söylüyorum:

Gün doğdu hep uyandık
Siperlere dayandık
Bağımsızlık uğruna da
Al kanlara boyandık...

Sabah sabah...

İdeolojik eğitimden geçiyoruz! Şaka bir yana ne mutlu bu marşları söylerken hâlâ gözleri dolanlara; tüyleri diken diken olanlara; ne mutlu bu toprağın tarihine, kültürüne yabancılaşmayanlara... Artık: Tarihsel belleğimizi yok etmek istiyorlar. Köksüzleştirmek istiyorlar bizi. Tüm deformasyon ve iftiralara rağmen tarihi maddeci kuram söyletiyor bunları bana. Annales Okulu'nun kurucusu Marksist Lucien Febure'nin dediği gibi, "Her tarih zamanın çocuğudur; dahası tarih yoktur, tarihçi vardır!" Ergenekon'a bakış bunun en tipik örneğidir. Marks'ın dediği gibi, düşünce; sadece doğruları dile getirdiği, gerçeği ifade ettiği için kabul görmez, etkili olmaz. Maddi güç, maddi güçle yıkılır. Maddi güce nüfuz eden de geniş kitlelerdir. Bu noktada bir örnek "ilişkiden" bahsetmeyelim. Kafamı çok yoruyor çünkü...

Prof. Dr. Mehmet Haberal'ın adı her geçtiğimde aklıma Süleyman Demirel geliyor. Prof. Haberal Ankara'da gözaltına alındığında, Demirel özel otomobiliyle Ankara Esenboğa Havaalanı apronuna kadar gidip dostunu uğurlamıştı. İlginç bir kareydi; Dokuzuncu Cumhurbaşkanı Demirel, gözaltına alınıp sorgulanmak üzere İstanbul'a götürülen bir "zanlıya" moral veriyordu.

Sonra?

Sonrası yok; Demirel'in bir daha hiç sesi çıkmadı. Bunu hep düşündüm: "Niye"? Niye çıkıp ekranlara konuşmaz, gazetelere neler olduğunu, rejimin hızla tek adamlığa doğru gittiğini otoriterleştiğini söylemez? Korkuyor mu? 28 Şubat "postmodern darbesi" nedeniyle, Prof. Haberal'a yapılanların bir gün başına geleceğinden mi çekiniyor? Demirel kaç yaşında ve hâlâ "beklemeyi" mi tavsiye ediyor kendine? Yorgun mu? Ya da; ihtirasların erdemleri sahici olamaz mı? Tek sebebi var, kitlesizlik...

Bu sebeple hep yakın çevresine "hele" ile başlayan cümleler kuruyor: Hele bir duralım, hele bir bekleyelim, hele... "Kitleler çıksın ortaya, ben başa geçerim" demek bu! Sağcıların cezaevine pek girmemelerinin nedeni bu ihtiyatlı hayat değil mi? Maddi güç için mücadele vermiyorlar, "huzurlarını" bozmuyorlar. Bekliyorlar, beklerken uyum sağlıyorlar...

Öğleden sonra gardiyanlar geldi, avukat odasına giderken Doğu Perinçek'e rastladım: "Nedimler, neden Hrant Dink'i Veli Küçük'ün öldürttüğünü düşünüyorlar; gerçeklerden bu kadar mı uzaklar?"

Pat diye bir soru! Nedim ve Ahmet'i hayatımda hiç görmedim. "Aynı davadan" yargılanıyor olmak bu soruya muhatap ediyor sizi!.. Gerek Nedim Şener ve Ahmet Şık'ı sevenler; gerekse Nedim Şener ve Ahmet Şık; Ergenekon sanıklarıyla aralarına mesafe koymaya çalışan sözler sarf etmişlerdi. Doğu Perinçek buna sitem ediyor.

Cezaevine yavaş yavaş alışıyorum; anlıyorum ki zindandaki insanlar bazı sözlere hemen alınganlık gösteriyor.

Bunun sebebi biraz da şu: "Sizin başınıza gelenin aynısı bizim de başımıza geldi; neden bunu hâlâ kavrayamıyorsunuz, görmüyorsunuz?"

Televizyonlarda konuşanlar da, gazetede yazanlar da hep aynı ayrımı yapıyordu: Ergenekon sanıkları "öteki" idi; gazetecilere ise "bizim" diyorlardı.

"Öteki"ne örnek ise, hep Veli Küçük adıyla dillendiriliyordu. Bu "filmin" kötü adamı, Veli Küçük'tü. Bu imaj yerleşmişti.

Doğu Perinçek, "Veli Küçük, Hrant Dink'in katili olsa biz bunu söylemez miyiz; biz katilleri korur muyuz? Gün gelecek bu gazeteci arkadaşlar, bu sözlerinden mahcup olacaklar" dedi. Hiçbir şey demedim, sustum.

Doğu Ağabey heyecanından hiçbir şey kaybetmediğini ispatlıyor.

Veli Küçük, Dink'in yargılandığı davaya müdahil olmuştu. Bu konuda çok haber çıkmıştı. Benim bilmediğim başka gelişmeler var mıydı? Yazdığım gibi Veli Küçük'ün adı Susurluk'tan Ergenekon'a tüm karanlık olaylarla özdeştirilmişti.

Doğan Yurdakul'la *Reis-Gladio'nun Türk Tetikçisi* kitabını yazarken, Susurluk'taki malum kazaya dair Veli Küçük'le ilgili bilgilere de sahip olduk. Ancak bunlar sadece iddiaydı. Somut değildi.

Örneğin:

Nazlı Ilıcak'tan Mehmet Altan'a bazı köşe yazarları Veli Küçük'ün TBMM Susurluk Araştırma Komisyonu çağırmasına rağmen ifade vermeyi reddettiğini yazdı. Halen de öyle sanılıyor. Oysa bu yanlıştı; Veli Küçük hiçbir zaman komisyona çağrılmadı. Çağrılacak isimler listesinde adı vardı, ama davet edilmedi.

Evet, son yıllardaki tüm karanlık olayların arkasında Veli Küçük olduğu iddiaları yorumları yapıldı / yapılıyor. Veli Küçük adı suikastlarla, provokasyonlarla özdeşleştirildi...

Veli Küçük'ü tanımadım; telefonla bile görüşmedim.

Ama hep merak ettim; kimdi bu gizemli Paşa?

Avukatlar odasında Feza'yla görüşürken, odanın kapısı açıldı; 40 yaşında bir kadın içeri girdi,

"Merhaba! Ben Zeynep Küçük, Veli Küçük'ün kızıyım, geçmiş olsun" diye elini uzattı. Şaşırdım. Teşekkür ettim. Zeynep Küçük bir iki cümleyle daha iyi dileklerini söyleyip gitti.

Sanıyorum, Odatv'nin tarafsız gazeteciliği insanları mutlu etti. Biz kimseye ne "suçlu" ne de "suçsuz" dedik. Sadece haberi verdik. İnsanlar bu tür gazeteciliğe hasret oldukları için böyle kutlama yapıyorlardı. Ama... Veli Küçük için iyi bir yazı kaleme aldığımızı anımsamıyorum. Üstelik, *Hürriyet* gazetesindeki bir yazımda, Veli Paşa ile Osmanlı'nın Vehib Paşa'sını karşılaştırmış, her dönem kendini kurumlar üstünde gören "vatan kurtaran Şabanlar" olduğunu yazmıştım. 1 Şubat 2009 tarihli yazım oldukça sertti. Vehib Paşa'nın ailesi mail atarak sitem etmişlerdi.

Zeynep Küçük'ün davranışı belki de sadece insaniydi, cezaevine düşmüş insana moral verme nezaketiydi. Bilemiyorum.

Bildiğim; Veli Küçük'ün cezaevinde kitap yazdığıydı.

Doğrusu, Gazeteci olarak Veli Küçük'ün hayatını yazmak isterdim. Harika olurdu. Son yıllarda Türkiye'de Veli Küçük gibi merak edilen kaç kişi var? Öyle ya yazdığım gibi, neredeyse Türkiye'yi sarsan her cinayetin arkasında Veli Küçük olduğu iddia ediliyordu. Öyle miydi?

Sabah; Hablemitoğlu, Dink, Malatya Zirve, Trabzon Rahip, Danıştay sanıklarının talimatını Veli Küçük'ün verdiğini yazmıştı. Veli Küçük'ün darbe için yaptığı planlardan bahsediliyordu. Başbakan Erdoğan'a, Fethullah Gülen'e suikast planı hazırlayan ekibin başında olduğu iddia edilmişti.

Kuşkusuz bunları yazan sadece bir gazete değildi; hemen hepsi aynı haberleri yaptılar. Veli Küçük aleyhinde en çok haberi kim yaptı biliyor musunuz: Tuncay Özkan. Susurluk döneminde *Radikal*'deki köşesinde Tuncay Özkan, Veli Küçük'le ilgili onlarca makale yazdı. Tuncay Özkan ile Veli Küçük aynı "suçtan" yargılanıyorlar, birlikte! O gün sesi çıkmayan liberaller bugün Tuncay Özkan'a hakaretler yağdırıyorlar. Balık hafızalı bir toplumda bu tür haksızlıkları doğal karşılamak gerekiyor...

Sahi bu kadar korkutucu general kimdi?...

Ergenekon deyince akla ilk gelen isimdi: Emekli Tuğgeneral Veli Küçük...

1944 yılında Bilecik ili, Gölpazarı Türkmen köyünde doğdu. İlkokulu köyünde, ortaokulu Gülpazarı'nda okudu.

1959'da girdiği İstanbul Kuleli Askeri Lisesi'nden 1963'te mezun oldu. 1965'te Kara Harp Okulu'ndan jandarma subayı olarak çıktı. Bilahare Piyade Okulu ve Jandarma Okulu'nu bitirdi.

1966'da Necla Hanım'la evlendi. Cem, Ayşegül, Zeynep adlı üç çocukları oldu. Cem ve Ayşegül genç yaşta hayata veda etti. Ayşe adlı torunu vardı.

Sırasıyla; Bilecik, Antalya, Şırnak, Ankara, Yozgat, İskenderun, Kırkağaç, Nusaybin, Ankara, İzmir, Edirne, Van, Eskişehir, Ankara, Ağrı, Kocaeli, Giresun, Çanakkale ve Bilecik'te görev yaptı.

2000 yılında tuğgeneral rütbesinden emekli oldu. Askerliği boyunca hiç ceza almadı. 35 yıllık askerlik hayatında sadece 100 gün izin kullandı; bu aslında kişiliğinin / askerliğinin önemli bir göstergesiydi.

68 kuşağının devrimci gençleri Filistin kamplarına gitmek için genellikle Hatay'dan geçiş yapıyordu. Veli Küçük o dönemde (1968-1972) Samandağ'da görevliydi. Kimi 68'li devrimcinin yakalanmasında faal oldu. Bu "başarıları" sonucu Binbaşı rütbesindeyken Alay Komutanlığı yaptı.

Emekli olduktan sonra İçişleri Bakanlığı eski müsteşarı Erol Çakır, eski Emniyet Müdürü Nihat Kubuş, işadamı İlhan Yazgan ile birlikte Stratejik Eğitim Okulu ve Güvenlik Şirketi'ni kurdu. Yıl 2004'tü. Yüzde 20 ortaktı.

Herhangi bir kuruluşa, derneğe, partiye üye değildi. Milliyetçi dünyanın saygın isimlerinden Prof. Dr. Turan Yazgan'ın kurduğu Türk Dünyası Araştırmalar Vakfı'nın toplantılarına katılıyordu. Merkezi İsveç'te bulunan "DAK" adı verilen "Dünya Azerbaycanlılar Komitesi"nin başkanıydı. Bir de İstanbul Avcılar ve Atıcılar Kulübü'ne üyeydi.

Bu bilgilerden sonra gelelim Ergenekon sürecine...

Tarih: 21 Ocak 2008.

Saat: 05.00...

Veli Küçük o gece hastalığı nedeniyle acil servise kaldırılmış, hastanede kalması istenmiş ama evine dönmüştü. Nereden bilebilirdi, bir, iki saat sonra polislerin eve geleceğini?

Veli Küçük evini borçlanarak yeni almıştı. Almasının da ilginç bir hikâyesi vardı. Ölüm tehdidi aldığından korumalı askeri lojmanda kalıyordu. Ancak, Genelkurmay'ın çıkardığı yeni yönetmelikle lojmandan ayrılmak zorunda kaldı. Bir türlü kiralık ev bulamadı, çünkü ev sahipleri dört korumayla dolaşan Veli Küçük'ten korkup evi kiralamaktan vazgeçiyorlardı! Sonunda Beşiktaş Gayrettepe'de ev almak zorunda kalmıştı. Başka malvarlığı yoktu.

Bir de köyündeki baba evini onarmıştı.

Polisler evdeki 40'a yakın klasöre, özel ajandalara el koydu.

Aynı saatlerde Veli Küçük'ün kızı Zeynep Küçük'ün de evi arandı. Bilecik'teki köy evine de polisler gidip arama yaptı.

Veli Küçük 26 Ocak'ta tutuklandı.

Üç gün sonra Başbakan Erdoğan, partisinin meclisteki grup toplantısında "Gizli ajandaları olanlar birer birer ortaya çıkarılmıştır" diye konuştu.

Veli Küçük son 10 yıldır medyanın gündemindeydi. Gözaltı ve ardından tutuklama medyada şaşkınlıkla karşılandı. İşte, "dokunulmaz bir general" cezaevine konulmuştu nihayet.

Bu imajı nedeniyle Veli Küçük aleyhindeki her haberi ve belgeyi medya doğrusuna yanlışına bakmadan, araştırmadan yayımladı. Bu önyargı birçok hukuksuzluğa neden oldu. Soruşturma içinden çıkılamaz bir hal aldı. Bunu kim, niye yapmıştı?

Birkaç örnek vermem gerekiyor. Ama önce bir parantez açmalıyım. Veli Küçük konusu çok ince bir mesele; hemen birileri tarafından "Veli Küçükçü" damgası yiyebilirsiniz. Hemen bir yerlere aitmiş gibi gösterilebilirsiniz; ama gerçeği yazmazsak, bırakın yargısız infaza göz yuman bir insan olmayı, gazetecilik de yapamazsınız. Gazetecilik yapacaksanız bunu göze alacaksınız. Gerçeğe sadece delillerle ulaşacağımızı hiç aklımızdan çıkarmamalıyız. Olayı tek boyutlu ele almak bizi yanıltır. Ve aksine suçluyu, bu yüzeysellikle suçsuz hale getirebilir. Tüm bu nedenlerle bu konuyu dikkatli yazmaya çalışacağım...

Meslek hayatım boyunca eğri büğrü yollardan ikiyüzlülükle

yürümeyi hep reddettim. Yalana yalan, yanlışa yanlış, doğruya doğru dedim. Gerçeğin gücüne inandım hep. İddianameye bakılırsa karşımızda bir "süperman" vardı: Medyayı koordine ediyordu: *Akşam*, Ulusal Kanal, *Cumhuriyet*, *Aydınlık* elinin altındaydı. Mafyayı yönetiyordu: Sedat Peker, Sami Hoştan, Mahmut Yıldırım (Yeşil), Semih Tufan Gülaltay, Drej Ali vd. "adamlarıydı!" Hizbullah, PKK-KONGRA-GEL, Dev-Sol, DHKP-C, İşçi Partisi "hizmetindeydi!" Ve kuşkusuz Ergenekon Örgütü'nde en önemli konumdaydı. Doğal! Zaten kurucusuydu iddianameye göre.. Az daha unutuyordum, bu arada şarkıcılar Seda Sayan, Emel Müftüoğlu'nun da ricalarını yerine getiriyordu! Dedim ya "Süperman." Vallahi, insan yazarken korkuyor Veli Küçük'ten... Ama keşke bunlar güçlü kanıtlara dayandırılsaydı.

Genel kabulleri hep kuşku ile karşılıyorum...

Veli Küçük, 9 Nisan 2006 tarihinde Beyazıt Meydanı'ndaki, Ermeni tehciri nedeniyle idam edilen Kaymakam Kemal Bey'i anma toplantısına katıldı. Basında, televizyonlarda sık sık yer verilen bir fotoğraf vardır: Muzaffer Tekin'in, Veli Küçük'ün elini öptüğü kare. Yazdım, ikili hayatlarında ilk kez orada tanışmışlardı. Hayatlarında ilk ve son kez orada bir araya gelmişlerdi. İddianameye bakarsanız, 2004'de Batı Trakya dergisinde tanışmışlardı. Her ikisi de yalanladı bunu...

Danıştay Suikastı'nın emrini Osman Yıldırım'a göre Veli Küçük vermişti. Başka delil var mı? Yok. Danıştay saldırısı katili Alparslan Arslan'ın, Veli Küçük'le İsveç-Stockholm'de çektirdiği fotoğraf medyaya sızdırıldı. Fotoğrafın tarihi bile vardı: 20 Mayıs 2005. Günlerce yayın yapıldı; Danıştay saldırısı için kimin emir verdiği ortaya çıkmıştı! Veli Küçük, Alparslan Arslan'la omuz omuzaydı! Sonuç? Fotoğraftaki genç Alparslan Arslan değil, bir Azeri'ydi; Mehmet Ahmedov. Bu fotoğrafı medyaya sızdıranlar Alparslan Arslan'ın hangi tarihlerde yurtdışına çıktığını, nereye gittiğini bilmez mi; bilir. Amaç gerçeği bulmak değil ki! Niye? Veli Küçük gibi bir olağan şüpheli için yalan olduğu hemen ortaya çıkacak tezgâhlara ne gerek var? Bu tür gereksiz manipülatif "belgelerle" soruşturma sulandırılmıyor muydu? Yoksa amaç başka mı? Yazılmayacağını mı düşünüyorlardı?

Hep yalana başvurdular. Hangisini yazayım? Muzaffer Tekin-Mehmet Perinçek fotoğraflarının yalan olduğunu yazdım. Yalçın Küçük'ü Gebze Cezaevi'nden çıkarken Devrimci

Karargâh Örgütü mensubu Mehmet Yeşiltepe'nin karşılayıp çiçek verdiğini gösteren fotoğraf *Star* gazetesinde manşetten verildi. Oysa fotoğraftaki kişi Yalçın Küçük'ün oğlu Devrim'di.

O kadar çok bilgi kirliliği yarattılar ki hadi yine yandaş *Star* gazetesinden örnek vereyim: 28 Mayıs 2008, "Ergenekon'un Aile Fotoğrafı"nı yayınladı. Habere göre, polis Ergenekon örgütüne üye 29 kişinin bulunduğu toplu bir fotoğraf ele geçirmişti! Oysa Doğu Perinçek, Veli Küçük, Muzaffer Tekin, Kemal Kerinçsiz gibi 29 kişinin bulunduğu fotoğraf montajdı! *Vakit* gazetesi Bedrettin Dalan'ın "yabancı pasaportu var" diye fotoshopla yapılmış pasaportu sürmanşetten verdi. Hangisini yazayım... Tüm bunlar tesadüf müydü, masum hatalar diyebilir miyiz!

Gazeteciliğin kalemini kemiren "altın nesil" gazetecileri bunlar. Basındaki güven erozyonunu hızlandırdılar. İnandırıcılığı yok etmek için sanki özel görevliler gibi medyaya sokuldular. Yıkıcı oldular. Misyonları buydu. Ya diğerleri? Merkez medya da, somut olgularla değil, kafasındaki imajla olaylara/operasyonlara yaklaştı. Veli Küçük, 15 Aralık 2008'de hâkim karşısına çıktı. Savunmasında medya eleştirisi çok yer tuttu.

Bir gün yine Sayın Başkanım, Erol Çakır ile eski İstanbul şirketimde otururken bir bayan geldi, Erol Çakır'ın tanıdığı gazeteci. Kendi aralarında konuşuyorlardı, ben de kulak misafiri oldum. Gazeteci bayan, bana döndü dedi ki, "Paşam" dedi, "siz geçmişte herhalde istihbaratçılık yapmışsınız" dedi, ben prensip olarak basına beyanat vermem. Benim bu prensibimdir. Ben de "Hanımefendi devlet yap dedi yaptım" dedim. Hepsi bu kadar, başka bir konuşmamız geçmedi. Ertesi sabah gazetede resmi elbiseli üniformalı fotoğrafım ile sekiz sutundan bir haber "devlet yap dedi yaptım," bu basıldı.

Bir yazarımız diyor ki, "1972 yılında Ziverbey Köşkü'nde ben sorgulanıyordum. Bazen gözlerimizi açarlardı" diyor, "bir gün gözümüzün bantını açtıklarında bir baktım" diyor, "sivildi" diyor, "karşımda Veli Küçük vardı" diyor. Sene 1972. Ben Şırnak Jandarma Komutanıyım. O zaman Şırnak'ın yolu da yok, elektriği de yok, telefonu da yok. Radyosu da dinlenemiyor, ama ben Ziverbey'de sorgu yapıyormuşum o vakit. Öyle ise şu Ergenekon örgütü dediğimiz uydurma örgütün sanıklarından bir tanesi de İlhan Selçuk'tu. Benim suç ortağım şimdi. O da oradaydı, o da sorgulanıyordu. O vakit, demek onu da ben mi sorguladım?

O kadar komik şeyler yazıldı ki, ben özel defterime, ajandama not almışım. 'Turşu nasıl yapılır' diye, onu bile bomba yapımı ile karşılaştırdılar, gazetede yayınladılar, bunu çizen resimler yaptılar.[49]

Derin devleti böyle mi ortaya çıkaracaktık?

Böyle soruşturma, böyle dava, böyle habercilik olur mu?

Gladio gibi 50 yıldır Türkiye'deki her suikastı, her provokasyonu tezgâhlamış bir gizli yapı böyle mi açığa çıkarılacaktı?

Basit, düzeysiz iddialarla ve ithamlarla mı derin yapılanmadan hesap soracaktık? Bakınız:

İddianamede Veli Küçük adı tam 1.874 kez geçiyor; yani böylesine önemli sanıktı.

İyi... Peki... Böylesine önemli bir sanıkla ilgili ne haberler kaleme alındı? Örneğin... Günlerce gazete manşetlerinde yer alan "haberlerle" ilgili Veli Küçük bakın ne dedi:

> İddianamede İstanbul Yeşildirek'te tekstilcilere on bin adet kalpak yapmaları siparişi verdiğim, ancak param olmadığı için oradan vazgeçtiğim ve bu kalpakların yapılması için Azerbaycan'a sipariş verdiğim, (sanki orda bedava, bu kalpaklar) geldiğinde Ankara'da oluşturacağım alternatif orduyu toplayacağım, kalpakları dağıtacağım, bu on bin kişinin başına Emekli Orgeneral Ahmet Hurşit Tolon'u ve diğer emekli generalleri koyarak meclise yürüyeceğim, meclise yaklaştıklarında kalpakları giydireceğim, bunu gören meclisteki askerlerin, hangi askerlerse hemen kenara çekilecekleri ve meclisi işgal ederek hükümeti devireceğim şeklinde iddia mevcuttur.[50]

İşte göklere çıkarılan bir savcının yazdığı iddianame böyleydi! Lütfen söyler misiniz; kim inanır bu tuhaf senaryolara? Darbeyle böyle mi mücadele edilir; darbeciler böyle mi ortaya çıkarılır? Böyle mi delil toplanır? Bunu niye kimse eleştirmedi?

İddianameye göre Veli Küçük, Muzaffer Tekin'le beş kez telefonda görüşmüştü. Oysa sonradan ortaya çıkan TİB kayıtlarına

---

49 Bu sadece medyada yer almadı, iddianameye de konu oldu. Ayrıca Sevgi Erenerol'un dondurma tarifi de iddianamede yer aldı!

50 13 Kasım 2008 tarihinde Odatv'de Ergenekon davasının medya etkisi üzerine bir haber yaptık. Çok değil bir yıl önce Cumhuriyet Mitingleri'nde moda olan kalpak satışlarının bir yıl sonra ne durumda olduğunu araştırdık. Kalpak satışları durma noktasındaydı. Ergenekon süreci toplumu bu derece korkutmuştu. Kurtuluş Savaşı'nın simgesi kalpak giyilmeye korkuluyordu artık...

göre hiç görüşmemişlerdi. Evet, Veli Küçük'ten böyle mi hesap sorulacaktı? Bu basit bilgiler bile yetersizdi. Duruşmadan bir örnek daha vermeliyim. "Asrın Davası"nın nasıl görüldüğü hiç bilinmedi çünkü:

> **Cumhuriyet Savcısı Mehmet Ali Pekgüzel:** Cumhuriyet Başsavcılığımızda bir gazete haberi üzerine 11 Haziran 2008 tarihinde tanık olarak ifadesine başvurulan Talip Doğan Karlıbel isimli kişi, Almanya'da yayınlanan Dr. Gerard Frey'e ait olan *National Zeitung* isimli gazeteye 2003 yılında verdiğiniz bir demeçten bahsedilerek, "Türkiye'de uzun bir süredir askeri bir darbe olmamıştır. Bunu büyük bir hata olarak görüyorum. Ancak yakın bir gelecekte bir darbe olacak. Çünkü şu anki mevcut konjonktürün zorunlu olarak buna sürükleneceği kanısındayım" dediğiniz, şeklinde bir beyanatınız yayınlanmış ve bununla ilgili biz de tanık olarak şahsı dinlediğimizde, sizin bu gazeteye demeç verdiğinizden bahsetti. Siz bu gazeteye demeç verdiniz mi, bu yayından haberiniz oldu mu, herhangi bir tekzipte bulundunuz mu? Demecin içeriği doğru mudur?
>
> **Sanık Veli Küçük:** Tamamen gerçekdışıdır.
>
> **Cumhuriyet Savcısı Mehmet Ali Pekgüzel:** Siz böyle bir demeç verdiniz mi gazeteye?
>
> **Sanık Veli Küçük:** Hayır vermedim.
>
> **Cumhuriyet Savcısı Mehmet Ali Pekgüzel:** Bu şahısla görüştünüz mü?
>
> **Sanık Veli Küçük:** Hayır tanımıyorum. Vermedim. (25 Aralık 2008)

Veli Küçük'ü sorgulamaya böyle mi hazırlanır bir savcı? Bu gazete bulunup deliller arasına konmaz mı?

Sözüm ona araştırmacı yazar Talip Doğan Karlıbel'e göre, Veli Küçük Hollanda ve Almanya'da; Almanya, Hollanda ve Danimarka'dan gelen aşırı milliyetçilerle buluşmuştu. Bunların arasında Mölin ve Solingen katliamlarını organize eden DVU Partisi Genel Başkanı Dr. Gerhard Frey de bulunuyordu. Üstelik bu buluşmada Alman Özel Harp Dairesi'nde yıllarca görev yapmış Yarbay Wilhelm Hillek de vardı!

"Türklerin hepsini karantinaya alalım; Türklerin olmadığı bir Almanya temiz bir Almanya olacaktır" diyen Alman ırkçısı Wilhelm Hillek ile Veli Küçük ittifak mı yapacak? Böyle saçma sapan haberlerin temel alındığı bir soruşturmadan nasıl bir sonuç çıkmasını beklersiniz?

Talip Doğan Karlıbel adı birkaç yıl sonra tekrar gündeme geldi. *Hürriyet* gazetesinin 24 nisan 2010 tarihli manşeti şöyleydi. "Yalan Rüzgârı: Kendini eski Alman istihbaratçısı ve Nazi avcısı olarak tanıtan Talip Doğan Karlıbel'in belgeler üreterek insanlara iftiralar attığı, Rıdvan Dilmen'e bahis şikesi suçlamasıyla bir kez daha ortaya çıktı." Aynı habere göre CHP lideri Kılıçdaroğlu, Almanya'da PKK'lılarla buluşuyordu! Kılıçdaroğlu dava açtı; Karlıbel'in Frankfurt emniyetine sunduğu belgeler sahte çıktı! İşte böyle bir adam Ergenekon iddianamesinin kaynaklarından idi. Ne diyeyim...

Bakın daha neler var...

Veli Küçük'le ilgili iddialar vahim, ama duruşmada öyle hatalar oluyor ki, "Bu kadar özensizlik nasıl olur?" diyorsunuz.

C. Savcısı Mehmet Ali Pekgüzel: Veli Küçük'te 5 no'lu diskette de Alevi.doc isimli bir belge çıkmış, ikisinin de içeriği benzer, yani isimler farklı, ama içeriği aynı, bu konuda ne diyorsunuz?

Sanık Veli Küçük müdafii Av. Zeynep Küçük söz istedi verildi: Efendim müvekkilimden disket çıkmamıştır. Alevi doc isimli bir disket çıkmamıştır, buna ben de iddianamede rastladım, onun için savcılık makamından özellikle henüz kimden ne belge çıktığı belli değil; biz yaptığımız inceleme sırasında da savcılığın çıktı dediği belgelerin pek çoğunun müvekkilimden çıkmadığını tespit ettik, örnek Lobi belgesi, bu nedenle sorulan ve hatta savcılık Nihat Bey Veli Küçük'e yönelttiği soruların bir tanesinde "sizden çıkan belge" diye sordu, o belge Veli Küçük'te çıkmamıştı soruyu, o şekilde tevcih etti bu nedenle lütfen henüz kimden ne belge çıktığı tespit edilememişken, iddianameden böyle bir yoruma varmak mümkün değil, maalesef, bu şekilde Veli Küçük'ten şu çıktı, bu çıktı diye sorular tevcih edilmesin, bunlar kayda geçiyor Alevi.doc isimli bir disket Veli Küçük'ten çıkmamıştır.

C. Savcısı Mehmet Ali Pekgüzel: Bilirkişi raporunda okudum ben sadece, bilirkişi raporunda da bu şekilde diyor.

Sanık Veli Küçük müdafii Av. Zeynep Küçük: İddianamede de var ama ancak yanlışlarla dolu.

C. Savcısı Mehmet Ali Pekgüzel: Düzeltilebilir. (25 Aralık 2008)

Yine klasik bir sehven vakası...

Şimdi... Ben bunları yazıyorum diye davayı "sulandırmış" mı oluyorum? Türkiye'nin "bağırsaklarını temizlediğine" bizi inandıranların bu derece önemli bir soruşturmaya/davaya bu kadar temelsiz ve özensiz hazırlanmalarını eleştirmeyecek miyiz? Susacak mıyız?

Eleştireceğiz. Cezaevine atsalar bile sözümüzü söyleyeceğiz, yazımızı yazacağız. Gazetecilik budur ve başka tür bir haberciliği ben bilmiyorum...

Peki Veli Küçük suçsuz mu?

Bilmem. Ona mahkeme karar verecek.

Benim görebildiğim, (ki bu da benim sübjektif görüşümdür) Veli Küçük'ün ilginç bir çevresi var; ayrıca kendisinin "dokunulamayan gizemli paşa" imajını sevdiğini söyleyebilirim. Bu aslında bazı Ergenekon sanıklarında da var; "derin adam" görünümünden, kendilerinden öyle bahsedilmesinden hoşlandıklarını sanıyorum.

Veli Küçük adı Susurluk kazasından sonra medyada, kamuoyunda duyulmaya başlandı. Adı, faili meçhul cinayetlerle birlikte zikredilen JİTEM'in komutanı ve kurucusu olarak anıldı. Bunu sevmiş olabilir.

Ayrıca; faili meçhul cinayetler iddianamede yok... Niye yok?

Sadece Veli Küçük"ün yeraltı dünyasının "ünlüleriyle" arkadaşlığı var. Kimdi bu isimler: Ali Yasak (Drej Ali), Sami Hoştan, Sedat Peker,[51] Sedat Bucak, Hüseyin Kocadağ... Veli Küçük bu isimleri tanıdığını mahkemede reddetmedi. İddianameye girmiş 86 sanığın 14'ünü tanıyordu. Sami Hoştan'ı 1983'te Edirne'de tanımıştı, istihbarat açısından yararlanacağını düşünmüştü. Ali Yasak'la 2004'te bir arkadaşının lokantasında tanışmıştı, ama pek görüşmemişti. Sedat Peker'in babası Ahmet Peker yakın dostuydu, Sedat Peker'le son beş yıldır hiç görüşmüyorlardı. Peki, aksini ispatlayacak delil var mıydı? Ne yazık ki yoktu.

Komedi vardı: Emekli General Veli Küçük ile Susurluk sürecinde "ünlenen" kumarhane sahibi Sami Hoştan arasındaki te-

---

51 Sedat Peker'in bugün Silivri Cezaevi'nde olmasının nedeni emniyetçi Adil Serdar Saçan'dı. O yakalamış cezaevine koymuştu. İkisi de şimdi Ergenekon davasından yargılanıyordu. Saçan duruşmada şöyle feryat etti hep: "2 koğuş ileride yatıyor. Benle Sedat Peker aynı havayı nasıl solur? Aynı örgüte nasıl üye olur?" (11.01.2010/Celse no: 291)

lefon görüşmesinde "teşkilat" sözü geçiyordu. Dinleyen polisler heyecanlanıyor; "hah işte" diyorlar, "Ergenekon'u yakaladık. Mesele sonradan aydınlanıyor: "Teşkilat" yeraltı dünyasında "kumarhane"nin adıydı!

İddianamedeki diğer iddiaları da yazarsam Veli Küçük'ü savunduğum söylenecek! Geldiğimiz noktaya bakar mısınız, yazık. Bakınız "Veli Küçük zihniyetini" ya da "Kemal Kerinçsiz ideolojisini" tartışmalıyız ama bunun yeri mahkeme midir? Veli Küçük'ü hâkim karşısına çıkaran fiiller nedir? Bunları ayırt etmemiz gerekiyor, düşünce ile eylemi hep karıştırıyoruz. Veli Küçük-Hrant Dink mahkemesinde benim yanım, kuşkusuz Dink'in yanıdır. Herkes konuşacak, herkes yazacak. Bunu engellemek isteyenlerle mücadele etmek zorundayız...

Peki... Veli Küçük'ün Susurluk bağlantısı neydi? İlişki sadece isimlerle tanışıklığı üzerine mi kuruluyordu?

Susurluk'taki kaza tarihi olan 3 Kasım 1996'da, Veli Küçük Giresun Jandarma Bölge Komutanı'ydı. Kazayı Susurluk çetesiyle yakın ilişkide olan Sami Hoştan'ın telefonuyla öğrendi. Bunun üzerine Balıkesir Jandarma Komutanı Albay İsa Güneş'i telefonla aradı, ama bulamadı. Sonra Kocaeli'nde çalıştığı dönemde birlikte görev yaptığı Balıkesir Emniyet Müdürü Nihat Camadan'ı aradı. Camadan olay yerindeydi; "Mehmet Özbay'ın Abdullah Çatlı olabileceğini" söyleyerek dikkatli olması konusunda uyardı.

İfadesinde Mehmet Özbay'ın, Abdullah Çatlı olabileceğini, Doğu Perinçek'in basına açıkladığı haberlerle öğrendiğini belirtti. Çatlı'nın cesedini almak için Sami Hoştan'ı gönderdiği iddiasını kabul etmedi. Çatlı'yla hiç yan yana gelmediğini, görüşmediğini söyledi. Doğru muydu? Duruşmalarda aksini gösterecek bir soru yöneltilmedi. Sorulmadığı gibi Habib Küçük ile Veli Küçük'ün kardeş olduğu yazılıydı! Yalçın Küçük'ü nasıl atlatmışlardı acaba!?

Keza...

Veli Küçük'ün Çatlı'yı tanıdığını ve telefon görüşmesi yaptığını iddia eden kişi, dönemin Emniyet Genel Müdürlüğü İstihbarat Dairesi Başkan Yardımcısı Hanefi Avcı'ydı. Bu sözleri 4 Şubat 1997'de TBMM Susurluk Komisyonu'nda da dile getirdi. Dört saat konuştu. (Ne ilginç; yıllar sonra Veli Küçük ile Hanefi Avcı Ergenekon örgütünün üyesi oldukları iddiasıyla yargılanıyorlar!)

Devlet Güvenlik Mahkemesi Savcısı Aykut Cengiz Engin, Abdullah Çatlı'ya ait cep telefonu görüşme dökümlerinde Veli Küçük'ün adına rastlayınca Genelkurmay Başkanlığı'na suç duyurusunda bulundu. Jandarma Genel Komutanlığı hemen araştırma komisyonu kurdu. Fakat suç unsuru bulamadılar (22 Temmuz 1997/no:1997/6). Veli Küçük generalliğe terfi etti. Hakkındaki iddialar hiç bitmedi: Birçok faili meçhulün katili olarak bilinen "Yeşil" kod adlı Mahmut Yıldırım'ın bir dönem kullandığı telefonun Veli Küçük adına kayıtlı olduğu da iddia edildi. Ancak bunlar Kutlu Savaş'ın büyük bir bölümü eksik olan (bu da devletin ciddiyetini gösterir) raporunda var olduğu belirtilen bilgilerdi. Kutlu Savaş'ın raporu hiçbir zaman TBMM Susurluk Komisyonu'na veya resmi kuruma teslim edilmedi. Dönemin Başbakanı Mesut Yılmaz "Bende var" dedi, onda olan rapor da eksik çıktı!...

Behçet Cantürk, Adnan Yıldırım, Savaş Buldan gibi Kürt işadamlarının İstanbul'dan kaçırılıp Adapazarı-İzmit-Sapanca bölgesinde öldürülmeleri de, Veli Küçük adını gündeme getirdi. O tarihlerde Kocaeli İl Jandarma Alay Komutanı olduğu ve bu tür infazlara gözünü kapadığı iddia edildi. Duruşmada bu sorular hiç sorulmadı.

Veli Küçük'e, Susurluk süreciyle ilgili sadece "tanıyor musunuz" şeklinde sorular yöneltildi.

Susurluk meselesinin Ergenekon araştırmasına/soruşturmasına pek konu yapılmaması dikkatli gözlerden kaçtı nedense. Öyle ya "glu glu dansı"ydı Susurluk.

Hrant Dink suikastı da pek irtibatlandırılmadı. Sadece... Tekirdağ Cezaevi'nde yatan 29 Dev-Solcu, Veli Küçük ve Kemal Kerinçsiz hakkında Hrant Dink'i öldürtmekten suç duyurusunda bulundu. Fakat İstanbul Savcılığı takipsizlik kararı verdi.

Duruşmada Veli Küçük, Hrant Dink meselesini şöyle açıkladı:

> **Sanık Veli Küçük:** Hrant Dink davasına bireysel bir hakkım olarak katıldım, katılmamın da şekli şöyledir. Arabayla oradan geçiyordum, o kalabalığı gördüm. "O kalabalık nedir?" diye sordum. Hatta biraz da dikkatimi çekti. Dediler ki "Hrant Dink'in duruşması var." Ben de çıktım, bireysel olarak ne oluyor diye, beş dakika kalmadım orda, hatta dikkatimi çeken bir şey oldu, kapıdan girdim, arkamda iki tane veyahut üç tane

korumam vardı. Beni tanımaz oradaki polis, sivilim. Ancak üstüm aranmadı. Benim üstümde silah vardı, tabancam vardı. Biraz da merak ettim. Yukarı çıkılıyor, niye acaba aranmıyor falan gibi de içimden böyle geçirdim. Bunu ilk defa söylüyorum. Yukarı çıktım baktım biraz kalabalık ortalık. Kimisi içerde, kimisi dışarıda falan. Ve beş dakika falan kalmadım. İndim gittim. Hepsi bu.

Veli Küçük'ün Hrant Dink davasına müdahil olmasını; Ermeni soykırım tezlerine karşı çıkan protestolara ve anma etkinliklerine katılmasını nasıl yorumlamak gerekiyor? Ergenekon terör örgütünün lideri konumundaki bir isim kendini bu kadar afişe eder mi? Bilemiyorum. Yazdığım gibi medyada kendinden bahsettirmek hoşuna mı gidiyordu acaba? Bu imajla bazı çevrelerde büyük saygı görmekten keyif mi alıyordu? Veli Küçük sanki bu sanal gücü çok sevmiş görünüyor.

Örneğin... Devlet Bahçeli, Ergenekon davasına önceleri hep mesafeli baktı. Niye? Şüphe duyduğu için mi? Hukuka güvendiğinden mi? Veli Küçük'ün polis ifadesinde bunun ipucu var:

Polis sordu:

2004 yılında düzenlenen "Kelebek" adlı operasyon kapsamında Sedat Peker ve adamlarının telefonları dinlemeye alınmış, bu çerçevede, 15 Temmuz 2004 tarihinde Sedat Peker'le yaptığınız görüşmede Sedat Peker'e hitaben, "19.00'da Ümit Özdağ gelecek, dışarıdan yemek söyledim, Güler Kömürcü de gelecek, oturup bazı şeyleri konuşacağız" dediğiniz; Sedat Peker'in de, "O beyefendiden çok umutluyum abi, gıyaben tanıyorum ama çok umutluyum" dediği; sizin de "şimdi bir çalışmanın içine girdik, Ümit'le devamlı görüşüyoruz, şimdi yeni bir oluşum yaptık, Erzurum'dan Yılma Durak'ı çağırdım, geldi dört-beş kere görüştük, *Yeniçağ* gazetesinden arkadaşları ile görüştüm; *Ortadoğu* gazetesinden Zeki Saraçoğlu var. Sevdiğim birisi, o da bir şey yapacak. Güven Sazak Ağabey ile konuştuk, Meral Akşener'i de aradım. Meral de aynı şeyi söyledi, yanındayız dedi..." Sedat Peker ile konuşmanızın sebebi nedir?

Veli Küçük şöyle yanıtladı:

Ümit Özdağ benim aile dostumdur. Rahmetli babasını çok iyi tanırım. Ümit Özdağ ile de çok iyi görüşürüm. Görüşmenin yapıldığı tarihlerde Ümit Özdağ'ı; siyasi arenada iyi bir yerde görmek istiyorduk. Yani Ümit Özdağ'ı Milliyetçi Hareket Partisi içinde belirgin etkinliğe girmesini arzu etmiştim. Kendisinin de tercihi buydu.

Polis yine telefon kaydındaki görüşmelerini sordu Veli Küçük'e:

> 27 Aralık 2007 günü Hüseyin Arslan ile yaptığınız görüşmede; "Bu MHP'nin durumunu ne edecez, nereye gidecez" dediğiniz (sonra da) "Ben şimdi şöyle düşünüyorum, arkadaşlar arıyor, ediyor filan, bu Devlet Bahçeli'nin bu işten ayrılması lazım (...) Bu kaldığı sürece MHP'yi bitirecek" dediğiniz; Hüseyin Arslan'ın da "Paşam biliyorsunuz, bu son kurultayda Ümit Bey'i ihraç ettirdi" dediği, sizin de "canım Ümit adaylığını koymadan önce beni aradı, İstanbul'a geldi bizim evde toplandık, ben köşe yazarlarını falan çağırdım. Ümit'le de konuştum, dedim ki; sen git Devlet Bahçeli'yi ziyaret et, de ki, demokratik gösteri yapalım. Ümit gitti fakat Devlet Bahçeli kabul etmedi, aradan 3-5 gün geçti bizim evde toplantı olduğunu duymuş, *Cumhuriyet* gazetesi röportajında, şaibeli kişilerle toplantılar yapıyor evlerde' dedi bu şerefsiz herif" dediğiniz, (sonra) "Bu adamı pencereden aşağı atmadan bu parti kurtulmayacak bundan" dediğiniz....

Yani Devlet Bahçeli'nin Ergenekon soruşturmasına mesafeli bakmasının nedeni "koltuk" meselesi miydi? Başka bir açıklama yok gibi... Tamam. Peki Veli Küçük'e ne oluyor? Hırs mı? Gösteriş mi? Diyorum ya, seviyor bu tür dizayn etme, hesap işlerini; hoşuna gidiyor galiba. MHP'ye üye olursun, gidersin ne yapacaksan yaparsın; bu en demokratik hakkın olur ama hayır "iktidar oyununu" planlamaktan zevk alıyor sanki. Semih Tufan Gülaltay da genel başkanlığını yaptığı Ulusal Birlik Partisi'ni Veli Küçük'ün ele geçirmek için çaba sarfettiğinden şüphelendiğini belirtti. (29 Aralık 2008)

Peki... Bu nedenlerle Veli Küçük'e suçlu diyebilir misiniz? "Bunu yapan karanlık işleri de yapar"diyebilir misiniz? İşte bu noktada işe hukuk müdahale eder; delillerini tek tek ortaya çıkarırsınız. Diğer yanda düşünüyorum da, MHP'yi dizayn etmek isteyen Veli Küçük AKP'ye niye "el" atmadı? Çünkü... Veli Küçük'e AKP'nin kurucu üyelik teklif ettiği doğru mu? Erdoğan, Veli Küçük Amerika'da iken, Kürşat Tüzmen aracılığıyla buluşmak istedi mi? Evet, milletvekilliği teklif ettiğini kızı avukat Zeynep Küçük doğruladı. Peki... Veli Küçük ABD'de ne yapıyordu: Dünya Azerbaycanlılar Kongresi için eşiyle gitmişti.

Veli Küçük, neden bazı medya organlarınca hedef haline getirildiğini ve Ergenekon süreciyle neden cezaevine atıldığını 2008'in son duruşmasında şöyle açıkladı:

> Sayın Başkan, ben Dünya Azerbaycanlılar Kongresi'nin yani DAK'ın üyesiydim... 2005 yılında Almanya'da Köln'de yapılan toplantıda genel toplantıda ben DAK başkanı seçildim. Dünya Azerilerinin başkanı seçildim. Ve benim üzerime başkan seçildikten sonra kim geldi? BOP (Büyük Ortadoğu Planı) başkanının adamları geldi. Niye? 35 milyon Azeri var İran'da. Onları ayaklandırmam lazımmış! Ha, öyle bir gücüm var mı? Yok öyle bir gücüm. Benim öyle "hadi yürüyün" deyip de insanları ayağa kaldıracak gücüm yok. Ama ben bunları kesinlikle kabul etmediğim için, Ortadoğu'nun istikrarını bozacak, Amerika'nın hegemonyasına sokacak bir faaliyete karşı olduğum için, bunları kabul etmediğim için, üzerime gelindi. Ben Dünya Azerbaycanlılar Kongresi başkanıyım. 3 senedir buradayım, başkanlık başkasına devredildi. Bu kuruluş gayri yasal bir kuruluş değildir. Dünyanın her ülkesinde hemen hemen 70 ülkede teşkilatı olan Birleşmiş Milletler onaylı yasal bir kuruluştur. Bu dahi benim örgütsel toplantım olarak gösterildi. Bir de Ergenekon içinde Azeri kökenli bir ben varım herhalde başka da yok. Ama bu yaptığımın doğru olduğuna inanıyorum. Çünkü tutuklandığımın maalesef ertesi sabahında Ermenistan televizyonları şenlik yaptılar. Erivan'da korna basarak gezdi arabalar. "Veli Küçük'ü tutuklattık" diye, henüz daha tutuklanmam bile belli değildi. Gözaltındaydım ama tutuklayacakları belliydi. Adamlar önceden gösteri yaptılar.

Veli Küçük'ün bu söylediklerinin ne derece doğruluğu var, bilmiyorum. Ama ya doğruysa, araştırıldı mı? Hayır. Yoksa kendine güç mü atfediyor? Demem şu ki; kuşkusuz kararı yargı verecek. Ancak özellikle son dört yıldır medyada bu kadar çok yer alan, birçok olayla irtibatlandırılan Veli Küçük hakkındaki iddianame, ne yazık ki yavan. Belgeler zorlamayla oluşturulmuş görünüyor.

Veli Küçük adı etrafında yapılan tüm iddialar komplo teorilerini aşamamış görünüyor. Somut veriler yerine "imalar", "yapılabilir" denilen savlar var. Salt mantıksal yöntemlerle elde edilen önermelerle "asrın davası" yürütülebilir mi?

Veli Küçük Danıştay Suikastı ve *Cumhuriyet* gazetelerine bomba atılmasından sorumlu tutuluyor. Bu konuları önceki sayfalarda ayrıntılı yazdım. Sonuç? Bana sorarsanız maalesef "dağ fare doğurmuştu"... Gladio, Türkiye'de tek kişiye, Veli Küçük'e indirgeniverdi. Ekranlara çıkanlar Ergenekon soruşturmalarını İtalya'daki Gladio operasyonlarına benzettiler. Veli Küçük Gladio'nun 1 Numarası'ydı!

Peki gerçekte Gladio nedir? 1990'dan sonra Gladio'nun açığa çıkarılması için Avrupa hukuki süreç başlattı mı? Buna yanıt vermeden önce Gladio'yu bilmek gerekiyor. Çünkü televizyonlara çıkan "uzmanlar" bile Gladio'yu bilmiyor. Gelin Gladio'yu mercek altına alalım; böylece Ergenekon sürecini ve Veli Küçük'ü daha iyi analiz edersiniz...

Berlin Duvarı'nın yıkılışıyla Avrupa'da Gladio tartışması başladı. 1990'da ise Türkiye'nin de gündemine geldi.

SHP'nin konuyla ilgili TBMM'ye verdiği araştırma önergesinin hazırlanmasından, ilk kez yapılan "Kontrgerilla" belgeseline kadar, meseleyi aydınlatacak hemen her çalışmanın içinde bulundum. Genelkurmay'da gazetecilere verilen brifingde de yer aldım. Doğan Yurdakul'la birlikte kitaplar da yazdım.

Binbaşı Ersever'in İtirafları adlı kitabımın önsözüne şöyle yazdım:

> Kontrgerilla/Gladio konusundaki teorileri ve ülkemizde yirmi küsur yıldır süren tartışmaları ilgilenen herkes az çok biliyor. Bana gelince, gazetecilik yaşamım boyunca Kontrgerilla'nın devlet içindeki evrimini adeta gözlerimle görerek izledim. Bu konuda sayısız haber yaptım. Kontrgerilla konusunda çıkmış hemen her kitabı okudum. Diyebilirim ki konunun tüm uzmanlarıyla görüşmeler yaptım; bizzat Kontrgerillacılarla görüştüm, tartıştım...

Bunu ne zaman yazmışım: Ocak 1994.

Şimdi yıl: 2012.

Bu yazıyı kaleme alırken aklıma yıllar önce Moskova'da Tretyakov Müzesi'ni gezerken gördüğüm Alexander Ivanov'un bir tablosu geldi. Ivanov bu klasik resmini 20 yılda (1837-1857) bitirebilmişti. Biz ise Gladio'yu "beyaz tuvale" hâlâ yansıtamadık. Kafalar karışık. Ya da karıştırıyorlar diyelim. Ve o halde en başa dönelim...

1) Gladio ilk nerede ne zaman hangi amaçla kuruldu?

Gladio, İkinci Dünya Savaşı'nda doğdu.

İngilizler düşman işgali altındaki topraklarda direniş hareketleri örgütlemek için 1940 yılında "Özel Harekâtlar İdaresi" (SOE) adlı gizli bir ordu kurdu. Savaş sırasında SOE işgal altındaki yerlerde direnişçilere silah yardımında bulundu. Aynı dönemde ABD'de OSS (Office for Strategic Service) aynı amaçla kuruldu. Bu servis, CIA'nın da temelini oluşturdu.

2) Savaş bitince Gladio kaldırıldı mı?

İngiltere ve ABD, gizli orduları bu kez Batı Avrupa'daki komünist hareketlere karşı kullanma kararı aldı. İngilizler, Sovyetler'in Doğu Avrupa'yı işgalinin önlenemeyeceğini, buna karşı gizli bir örgüt kurulmasını teklif etmişti. SBN (Stay Behind of Nets) yani özel harekâtçılar kuruldu. Orduya değil istihbarat örgütüne bağlıydı. İşbölümü yaptılar; Fransa, Belçika, Hollanda, Portekiz ve Norveç'teki operasyonlardan İngiltere sorumluydu. Amerikalılar ise Finlandiya, İsveç ve Türkiye'nin dahil olduğu diğer ülkelerden sorumluydu. Gizli ordular, askerler ve aşırı sağcılardan meydana getirildi. İçlerinde ılımlı muhafazakârlara da rastlanıyordu. Solcu yoktu.

3) Gladio komünistlere karşı ilk nerede ne zaman kullanıldı?

1944'te Yunanistan'da... İngiltere'yi protesto eden komünistlerin üzerine LOK adlı gizli ordu mensuplarınca ateş açıldı. 25 solcu öldü.

4) NATO bu işe nasıl dahil oldu?

Gizli orduların bir çatı altında birleştirilmesi 1949'da NATO'nun kuruluşuyla gerçekleşti. NATO'daki gizli orduların adı, "Stay Behind of Nets" idi. NATO'da gizli orduları "Müttefik Gizli Komite" (ACC) koordine etti. Yani bu özel teşkilatın NATO'nun askeri kanadıyla ilişkisi yoktu. NATO genel sekreterine bağlıydı. NATO üyesi olmayan bazı ülkelerin gizli orduları buraya bağlıydı. Merkezi Brüksel'deki SHAPE karargâhıydı.

Bu gizli/gölge ordu 1990'dan itibaren İtalya'da ortaya çıkarılan "Gladio" adıyla bilinir oldu.

5) Türkiye'de Gladio kuruldu mu?

Türkiye 1952 yılında NATO'ya girdi. Bir yıl sonra Seferberlik Tetkik Kurulu kuruldu. Finansmanı ve teçhizatı ABD'den geldi. Binası Genelkurmay'daki Amerikan Askeri Yardım Heyeti'nin (JUSMATT) içindeydi. Bu kurum ve daha sonraki adıyla Özel Harp Dairesi, ilk kez 1970'lerde tartışma konusu oldu. 12 Mart'ta işkence gören devrimciler bazı MİT elemanları ve askerlerin Gladio'yla olan ilişkisini deşifre ettiler. Askerler, ÖHD'nin ülkenin işgali halinde kullanılacağını, terör eylemlerine karışmadığını söylediler hep. İtalyan Gladio'sunun başı Francesca Cassiga, gazeteci Nur Batur'a Türkiye'nin Gladio içindeki yerini söyle anlattı:

> Türkiye'de de Gladio'ya çok benzeyen bir örgüt kuruldu. Ama Avrupa merkezli yapının biraz uzağındaydı. Türkiye Gladio'nun koordinasyon komitesindeydi, ama siyasi komitede yoktu. Yani daha bağımsız bir yapıdaydı. Türk Gladiosu ancak bir savaş çıkması halinde katılacaktı. Tatbikatlar organize eden komitede de değildi. (17 Şubat 2009, *Sabah*)

Türkiye'deki tartışmalar Gladio'nun İtalya'da ortaya çıkışıyla 1990'larda yeniden alevlendi.

6) Gladio darbe tezgâhladı mı?

Gladio komünist-sol partilerin iktidar olmaması için her karanlık-pis yola başvurdu. Ancak hedefin sadece solcular olmadığını da eklemek gerekir. Zamanla düşman tanımını değiştirdi; "demokrasiyi" tehlikeye düşürecek herkes hedef yapıldı. Bu amaçla devlet terörü de yaptı, darbeler de. İlk askeri darbesini 1961'de Fransa'da gerçekleştirmek istedi. Fransa gizli ordusu/Gladio-CIA'yla birlikte, NATO'ya karşı çıkan General De Gaulle'e karşı darbe girişiminde bulundu. Darbe girişimi başarısız oldu. De Gaulle, NATO'yu gizli ordularıyla birlikte Fransa topraklarından kovdu.

7) 27 Mayıs 1960 müdahalesi Gladio'nun eseri miydi?

Her askeri darbeyi Gladio'yla ilişkilendirmek doğru değildir. Gerek 27 Mayıs 1960, gerekse 1974'teki Portekiz Nisan

Devrimi'nin gizli ordular/Gladio'yla ilgisi yoktur. Diğer yandan gizli ordular, 1966'da Portekiz'de, 1967'de Yunanistan'da, 1971 ve 1980'de Türkiye'de yapılan askeri darbelerde rol aldılar. 1981 İspanya darbesi ve 1977'de Türkiye'deki darbe girişimi gibi bazılarında ise başarısız oldular.

8) Gladio eylemleri anlatılırken hep Aldo Moro olayı örnek verilir; nedir bu?

Aldo Moro, İtalya'da başbakanlık yapmıştı, Hıristiyan-Demokratların (DCI) lideriydi. 1972 seçimlerinde DCI yüzde 39, Komünist PCI ile Sosyalist PSI ise toplam yüzde 37 oy aldı. A. Moro ve Cumhurbaşkanı G. Leone, solcularla koalisyon kurma izni için ABD'ye gittiler. Dışişleri Bakanı Henry Kissinger'in sert tepkisiyle karşılaştılar. Bir sonraki seçimde Komünist PCI tek başına yüzde 34,4'lük bir oy alarak birinci parti oldu. A. Moro bu kez kararını ABD'den bağımsız olarak verdi: Koalisyona katılacaktı. "Tarihi Uzlaşma" (Compromesso Storico) anlaşmasının imzalanacağı 16 Mart 1978 günü kaçırıldı. 55 gün sonra cesedi bulundu. Suç, solcu Kızıl Tugaylar Örgütü'nün üzerine atıldı. Gladio'nun sol örgütler içine de sızdığı bu olayla açığa çıktı.

9) Aldo Moro cinayeti bugün çözüldü mü?

Cinayeti Gladio'nun işlediği konusunda herkes hemfikir. 1995'te bu cinayeti araştıran meclis komisyonu CIA'dan bilgi edinme yasası gereği bazı belgeler istedi. Şöyle bir açıklama aldı: "CIA, talebinizle ilgili kayıtların varlığını ya da yokluğunu teyit ya da inkâr edememektedir."

10) Peki İtalya'da Gladio açığa çıkarılmadı mı?

Bu koca bir yalandır. İşin aslı şudur: 31 Mayıs 1972'de Peteano köyündeki bir patlamada polis gücü Carabinieri'nin üç elemanı öldü. Suç Kızıl Tugaylar'a atıldı. Aradan 12 yıl geçti. İtalyan Hâkimi F. Casson dosyayı yeniden açtı ve hayretler içinde kaldı. Olay yerinde hiçbir polis araştırması yapılmamış, olay soruşturulmamış ve dosya kapatılmıştı. Bomba düzeneğinin Kızıl Tugaylar tarafından yapıldığı şeklindeki raporu İtalyan ırkçı Ordine Nuovo örgütüne mensup M. Morin hazırlamıştı! Halbuki bomba NATO envanterinde bulunan C-4 patlayıcıyla yapılmıştı. Hâkim Casson araştırmalarının sonucunda NATO'ya bağlı Gladio'nun yeraltı cephaneliklerinden birini de ortaya çıkardı. Ardından İtalyan ırkçı örgütü ile İtalyan Askeri Gizli Servisi'nin (SID) bağlantılarını buldu. Peteano'daki patlamayı gerçekleştiren örgüt üyesi V. Vinciguerra tutukladı.

Şunu da eklemeliyim; 1974'te de Hâkim G. Tamburino, İtalyan sağcıları ile gizli askeri servisin ilişkilerini soruşturmuş, hatta SID Başkanı General V. Micelli'yi devletin yapısını ve yönetim biçimini illegal eylemlerle değiştirmek iddiasıyla tutuklamıştı. General Micelli mahkemede "Tüm yaptıklarımı bana NATO ve ABD emretti" demişti. Ama dava bu kadarla sınırlı kalmıştı.

Bu olaydan 16 yıl sonra Hâkim Casson, Gladio'nun üzerine korkusuzca gitti. Hatta İtalyan Başbakanı G. Andreotti'nin Ağustos 1990'da Gladio'nun varlığını açıklamasının işini kolaylaştıracağını sandı. Ancak İtalya devleti, Gladio'yu "devlet sırrı" kapsamına soktu. Sadece eylemi yapanlar cezalandırıldı!

11) Gladio'nun terör eylemlerine katılan yüzlerce kişi yargılanmadı mı?

Türkiye'de öyle sanılıyor! Aslında davalar birbirine karıştırılıyor. Üç dava var: Gladio, P-2 ve Temiz Eller Operasyonu.

Birini F. Casson, diğerini M. Sindona ve ötekisini G. Colombo soruşturdu. Temiz Eller Operasyonu, çok ünlü isimlerin yargılandığı bir davaydı. Operasyon, 1992 kışında Milanolu bir temizlik şirketinin verdiği rüşvetin araştırılmasıyla başladı. Basit gibi görünen olaylar dizisi bir anda tüm İtalya'yı saran rüşvet ağını ortaya çıkardı. 5 binden fazla soruşturma, 3 bini aşkın dava açıldı, bini aşkın insan hüküm giydi.

Diğer soruşturma konusu P-2 ise masonlara yönelikti: 1980 başında ele geçirilen "Propaganda 2" belgesine göre stratejinin adı: "Piano di rinascita democratica" yani "Demokrasinin Yeniden Doğuşu" planıydı. Bu plan uyarınca, "gerilim stratejisi" hedeflenmiş; sinmiş, pusmuş, yıldırılmış, edilgen bir "korku toplumu" yaratılmak istenmişti. Bu amaca ulaşmak adına her türlü dezenformasyon ve provokasyonu kullanmak mubahtı. Bunun için öncelikle medyanın (hem sahipliği, hem çalışanları anlamında) ele geçirilmesi gerekiyordu. Ayrıca yargı bağımsızlığının yok edilmesi, sendikaların etkisizleştirilmesi, başkanlık sistemine geçiş planlanıyordu. (Ergenekon operasyonlarının yapılmasına mı benziyor ne?)

Dava açıldı ama sonuç alınamadı. 950 kişilik listeden

sadece üç kişi 12 yıl ev hapsi cezası aldı. Sonra ne mi oldu? P-2'nin "1816" no'lu üyesi Silvio Berlusconi başbakan oldu!

Neyse, biz P-2'den 10 yıl sonra ortaya çıkarılan ve konumuz olan Gladio'ya dönelim.

12) Gladio diğer Avrupa ülkelerinde açığa çıktı mı?

Sadece İtalya, Belçika ve İsviçre'de, gizli orduların / Gladio'nun araştırılması için meclis komisyonları kuruldu. Ancak bilgilerin çoğu "devlet sırrı" kapsamına alındı.

ABD: Baba Bush 1990'larda Körfez Savaşı'yla uğraştığını açıklayarak Gladio konusuna girmedi. ABD medyası da konuyu pek araştırmadı. *Washington Post*'a göre, Gladio sadece bir İtalyan operasyonuydu ve Amerika'yla ilgisi yoktu!

İngiltere: Gladio'nun arkasında CIA ve MI6'ın olduğu artık sır değil. Buna rağmen J. Major, "Korkarım güvenlik meselelerimizi tartışmayacağız" diyerek olayı kapattı. Meclis de zaten ilgisizdi.

Fransa: J. Chirac konuya hiç ilgi göstermedi. Zaten kendisinin 1975'te Fransa gizli ordusunun (SAC) başkanı olduğu yazıldı. Meclis araştırması yapılmadı.

İspanya: F. Gonzales önce gizli ordularla ilgili gerçeklerin açığa çıkarılmasını istedi. Bir hafta sonra Savunma Bakanı N. Sera, İspanya'da Gladio'nun olmadığını açıkladı. Bırakın yargılamayı meclis araştırması bile yapılmadı.

Portekiz: Savunma Bakanı F. Nogueira Portekiz'de herhangi bir Gladio örgütlenmesi olmadığını söyledi. Meclis araştırması bile yapılmadı.

Hollanda: Savunma Bakanı R. T. Beek, önce ülkenin istihbarat biriminden brifing aldı. Sonra gizli oturumda meclise bilgi verdi. Ardından Gladio'nun gölge şebekesini oluşturan birimin kapatıldığı açıklandı. Sadece iki kişi tutuklandı. Meclis araştırmasına gerek duyulmadı.

Lüksemburg: Yeşiller Partisi konuyu meclise getirdi. Ancak araştırma önergesi reddedildi.

Almanya: Yeşiller ve Sosyal Demokratların çabalarına rağmen olay soruşturulmadı. Başbakan H. Kohl önce tüm iddiaları yalanladı. 2 Aralık 1990 seçimlerini kazanınca, bu kez gizli orduların 1990 yazından beri dağıtıldığını, silah zulalarının kapatıldığını açıkladı. Alman meclisi araştırma yapmaya gerek duymadı.

Yunanistan: Gizli ordunun 1955'te kurulduğu, ancak 1988'de kapatıldığı açıklandı. Soruşturma yürütülmesi talebi her ortaya çıktığında, iktidarda hangi parti olursa olsun buna gerek olmadığını belirtti.

NATO: Gladio'yu NATO çatısı altında SHAPE'nin organize ettiği artık biliniyor. Ancak NATO herkesin Noel tatiline girdiği 1990 yılının 23 Aralık günü, olayı sessiz sedasız "devlet sırrı" kapsamına sokuverdi. İtalya'daki meclis araştırmasında danışmanlık yapan tarihçi A. Giannuli, Gladio belgelerinin nerede olduğunu şöyle açıkladı: "Bugünkü asıl sorun NATO arşivlerine ulaşabilme sorunudur."

AB: Avrupa Parlamentosu, hiçbir yere varamayan bir dizi kınama kararı çıkarttı. Bu pasif tavrı bugün hâlâ kınanmaktadır.

13) Türkiye'de Genelkurmay'daki "Kozmik Oda" araması Gladio'nun varlığını kanıtlamak için mi yapıldı?

Yürütülen soruşturmayla ilgili bir şey söylenemez. Ancak şunu söyleyebiliriz: Gladio, Soğuk Savaş politikalarının ürünüdür. Soğuk Savaş bitince gizli ordular kapatıldı mı? Bunun olması için dünyadaki siyasi-iktisadi kamplaşmanın sona ermesi gerekiyor. Dünya yeniden bir kamplaşma evresindedir. Uluslararası dengeler yeniden belirlenmektedir. Türkiye'de olup biteni analiz edebilmek için kafamızı kaldırıp dünyada neler olduğuna bakmalıyız.

14) Türkiye'de Gladio eylemleri sürüyor mu?

Trabzon'daki Rahip A. Santoro, Malatya'daki misyonerler ve İstanbul'daki Hrant Dink cinayetleri aynı amaca hizmet etmektedir. Bunlar suikast değil provokasyon eylemleridir. Göz yumulmuştur. Azınlıklara suikast yapılacağı istihbaratını içeren "Kafes" adlı belge de bu amaçla ortaya atılmıştır; amaç kafa karıştırmaktır. Bunların amacı, tıpkı bir dönem P-2'nin İtalya'da gerilim stratejisiyle hayata soktuğu "Demokrasinin Yeniden Doğuşu" planına benzer şekilde yapılan Türkiye'deki hukuksuzluklara Batı kamuoyundan destek bulmaktır. İtalya'da yapılan şimdi Türkiye'de hayata geçirilmektedir.

Evet uzatmayalım, SHAPE, CIA ve MI6 kontrolündeki Gladio hâlâ faaliyettedir.

Ergenekon soruşturması Türk Gladiosu'nu mu ortaya çıkarmayı amaçlıyor? Komik olmayın. Bizzat Ergenekon, Balyoz operasyonlarını yapan Gladio'nun kendisidir. Amaç, başta TSK olmak üzere Yeni Dünya Düzeni'ne uyum sağlamayan kurumları ve muhalifleri etkisizleştirmedir. Ayrıntıları, *Siz Kimi Kandırıyorsunuz* ve *Bu Dinciler O Müslümanlara Benzemiyor* kitaplarımda yazdım. Ayrıca...

Gladio'yu Doğan Yurdakul'la yazdığımız kitaplarla anlatmışız; ve şimdi bize bile diyorlar ki: "Gladio/Ergenekoncu!" Sadece bize mi; 40 yıldır Kontrgerilla/Gladio'ya karşı mücadele etmiş ve hedef olmuş; Kontrgerilla-Gladio-Süper Nato hakkında onlarca kitap hazırlayıp yayın yapmış Aydınlıkçılar mı bu örgütten? Yapmayın, zihin tutulmasıdır bu.

Gladio bugün cemaati kullanmaktadır. Rusya gibi ülkeler niye CIA üsleri diye cemaat okullarını kapattı. Cemaat niye İran'a sokulmuyor. CIA/Gladio Katolik Opus Dei'yi nasıl kullanıyorsa cemaati de öyle kontrol altında tutmaktadır. Bunlar bilinmeden Ergenekon meselesi anlaşılamaz...

İddianameye fazla söz etmeyeyim, kendi mesleğime eleştiri getireyim! Türk medyasında, olayları hep komplo teorileriyle açıklama kolaycılığı gelişti. Nereden çıktı bu komplo teorisi? Komplo teorileri, Amerikan-Fransız devrimlerinin gücünden korkan gerici sınıfların icadıdır! Bu teoriler akla, dolayısıyla aydınlığa düşmanlığı yaşatmayı amaçladı. Her türlü metafizik saçmalık da bu düzenin ürünüydü. Dünden bugüne ne diyor bu komplo teorileri: Dünyayı/ülkemizi mevcut siyasi iktidara düşman siyasal bir grup ele geçirecek! Kim bunlar: Devrimciler, jakobenler, solcular, ateistler, masonlar, Yahudiler, Ergenekoncular vs... Tarih boyunca bu komplo teorilerine inananlar hep cadı avı başlattı. Akla karşı "haçlı seferleri" düzenledi. Bugün de Samanyolu TV gibi dinci kanalların safsatalarla beslenen cahilleşmeyi topluma dayatmak için yaptıkları diziler işte bu komplo teorilerinin sonucudur.

Kuşkusuz...

Komplo teorisi dizilerde olunca gülüp geçilebilir. Ama gerçek hayata yansıması gerici ideolojinin aslında neye karşı olduğunu gösteriyor: aydınlanmaya!

Aslında...

Entelektüel birikim ve zekâ ister komplo teorisi. Böylesine kotarılmış adı üstünde "teori" olan değerlendirmeyi/analizi okumak keyiflidir; kafa açıcıdır. Ancak; içinde akıl, bilgi barındırmayan, yargıya varan, sonuca bağlayan, kesin çözümlere ulaşan, kibirli aptallığa tahammül etmek güçtür. Bunlar hep "siyaseten doğrucu"dur, aklen doğrucu değillerdir; öyle niyetleri de yoktur.

Bir Montesquieu bilinmeden, *Kanunların Ruhu* okunmadan "derin devlet" analizi yapılabilir mi?

Neyse artık yeter bu konuda yazmak... Kavramlarla düşünmeyen bir toplum yalnız kişiler üzerinden tartışır sorununu; bu sebeple hep bir suçlu arar.

Feza ile görüşmem bitip koğuşa döndüğümde gazeteler gelmişti.

Gazeteler İklim Bayraktar meselesi işlemeye devam ediyor. CHP Genel Başkanı Kemal Kılıçdaroğlu, TBMM'den çıkarken basın mensuplarının, Odatv muhabiri İklim Bayraktar'ın iddialarını hatırlatması üzerine, "Dedikoduyla falan bu işler gitmez" demişti.

Melih Aşık, Kılıçdaroğlu'nun gözden kaçırılmaya çalışılan bir açıklamasına vurgu yapmıştı.

> ... Gözden kaçırılan, basının da üzerinde durmadığı önemli bir nokta var... Bütün bu anlatımlar bayan gazetecinin bir başkasıyla yaptığı telefon görüşmesinin dinlemesinden yansıtılıyor. Bu yasadışı bir iştir. Ama hiçbir savcı işin bu yönüyle ilgilenmedi. Adalet Bakanı da ilgilenmedi, İçişleri Bakanı da ilgilenmedi. Demek ki hükümet, CHP'nin yıpratılması için bu yasadışı işlerden medet umuyor... *(Milliyet)*

Zaman'ın manşeti şuydu: "Baykal Halk TV'yi Vermeyince Komplo Devreye Sokuldu". İsmini vermeyen bir CHP milletvekilinin *Zaman*'a konuştuğunu yazan "haberde" o milletvekilinin "Halk TV pazarlığına şahit olduğu" belirtiliyordu.

Kim bu "pazarlığa şahidim" diyen meçhul milletvekili? O görüşmede; ben, Hakan Aygün, Murat Ongun, eski RTÜK üyesi gazeteci Şaban Sevinç ve Deniz Baykal vardı sadece. Nasıl oluyordu da, o görüşmede olmayan biri, "Ben şahidim" diyebiliyordu?

Tutukluluğumuzun "delili" Odatv'deki bilgisayarda çıkan sözde word belgeleriydi. Bu "belgelerin" virüsle ve uzaktan bilgisayarlarımıza gönderildiğini hep söyledik. Bunun üzerine yandaş medya karşı atakta bulundu.

Neymiş; bunlar "Soner" isimli kullanıcı tarafından oluşturulmuşmuş! Halbuki, günümüz teknolojisinde dijital veriler üzerinde oynama yapmak o kadar kolaydı ki... Bir word dosyasının "yazar" kısmına "Soner" değil "Einstein" yazmak mümkün, bunu yedi yaşında bir çocuk bile yapabilir.

Zaten *Radikal*'den Ezgi Başaran bunu dile getirmişti:

> Açıklanmayan deliller dışında, Nedim Şener ve Ahmet Şık'ın tutuklanmasının altında, 14 Şubat'ta Odatv'deki bilgisayar harddisklerinde bulunduğu iddia edilen üç word dosyası var. Bu dosyalarda; "Nedim kitapla ilgili Ahmet'i çalıştırsın. Emniyetle irtibatı korusun" türünden notlar görülüyor. Soner Yalçın, savcılıktaki sorgusunda bu belgeleri kendisinin hazırlamadığını, bilgisayarına bir virüs aracılığıyla girmiş olabileceğini söylemişti.
>
> Savcılık ise bu üç belgenin "Soner" isimli kullanıcı tarafından oluşturulduğunu söylüyor. Neye dayanarak? Word belgesinin, "Özellikler" (Properties) kısmını tıkladığında karşısına çıkan üstveri bilgilerine göre.
>
> Üstveri bilgileri, bilgisayarın kullanıcı ismi ve tarihiyle oynanarak kolaylıkla değiştirilebilir. Gayet kolay, siz de deneyip görebilirsiniz. Bu teknik detay, birçok medya ve yargı mensubunun kafasında bir türlü oturmadı. Halbuki, örneğin ABD mahkemelerinde, sadece üst-veri bilgilerine dayandırılan ıslak imzasız dijital belgeler delil olarak kabul edilmiyor.
>
> Belgelerin üstverilerinde, oluşturan kişi olarak "Soner" adını gördüğümüz için, Soner Yalçın'ın hazırlayıp hazırlamadığını kesin olarak bilemeyiz. Olabilir de olmayabilir de.
>
> İki gazeteci, kimin, ne zaman hazırladığı matematik kesinlik içinde bilinmeyen üç dijital belgede isimleri geçiyor diye tutuklanıyor. Bu yöntem Türkiye'de yaşayan herkes için çok korkutucu. Türkiye, emniyet tarafından yapılan bir siber terörle tanıştı ama geniş kamuoyu henüz farkında değil...

Nazlı Ilıcak...

Bizlerin tutuklanmasına karşı tepkisini ilk gün net bir şekilde koydu; köşesinde, televizyon programlarında şüphelerini dile getirdi. Hatta, Nedim Şener ve Ahmet Şık'ın tutuklanmasından sonra Savcı Zekeriya Öz'le ilgili soruşturma açılması gerektiğini bile yazdı. Sonra...

Sonra, 20 yıl önce bir ajandaya yazılan ve evimde çıkan bir

nottan dolayı Savcı Öz tarafından ifadeye çağırıldı.[52] Saatler süren bir görüşme sonrasında benden şikâyetçi olduğunu medyaya açıkladı. Ve ne olduysa oldu; Nazlı Ilıcak Savcı Öz'le görüştükten sonra, *180 derece dönüş yaptı!* "Ergenekon ve Medya İlişkisi" başlıklı yazısında, Odatv'de çıkan virüslü sözde belgeleri anlattı ve şöyle konuşmaya başladı: "Geniş bir açıdan baktığımızda, taciz iddialarının örgütle irtibatlandırılması mümkün görünüyor."

Nazlı Ilıcak, neden Odatv operasyonuna bulaştırılmıştı? Yanıtı basitti. İktidarın gazetesi *Sabah*'ta bir isim Ergenekon soruşturmasıyla ilgili şüphelerini açıklıyordu. Herkes basın özgürlüğüne yapılan baskıyı yüksek sesle dile getiriyordu. Bir hamleyle bu hava dağıtılmalı, bir yandan da itibarsızlaştırma devam etmeliydi!

İşte Nazlı Ilıcak, böyle bir projenin gerçekleşmesi için devreye sokuldu. Ya da bakınız...

Nazlı Ilıcak, Ergenekon konusunda uzman görüş sayılıp, sürekli tartışma programlarına davet ediliyordu.

Güzel, diyecek sözümüz yok.

Ilıcak, televizyon ekranlarında ya da köşesinde Ergenekon iddianamesine adeta tapar gibi, iddiaları kesinmiş gibi söyledi, yazdı. Savcıların –ki özellikle Zekeriya Öz'ün– iddialarından yola çıkarak ve masumiyet karinesini unutarak, insanları yargıladı.

Ne zaman şüphe belirten sözler etse, ertesi gün 180 derece döndü, çark etti. Niye? Niye bu ani, kıvrak dönüşler? Tehdit mi ediliyordu? Şöyle... Ergenekon iddianamesine göz atalım; İddianamenin 160. sayfasında bakın hangi bilgiler vardı:

> Medyanın ele geçirilmesi ve kontrolü ile ilgili (*Akşam* gazetesi çalışanı) Tuncay Güney beyanlarında; *Akşam* gazetesi sahibi Mehmet Ali Ilıcak'ın Veli Küçük'ün kontrolünde olduğunu, gazeteye geçtikten sonra Veli Paşa'yla oturup, gazetede kimlerin tasfiye edileceğini konuştuklarını ve bazı kişilerin tasfiye edilerek gazetenin kontrolünü ele aldıklarını, Arslan Bulut, Alev Çukurkavaklı gibi bazı gazetecilerden de ekip kurduklarını, gazetede çıkacak birçok haberde Veli Küçük'ün onayının alındığını.

---

52 Bir kişiden sadece bir kişiden bekledim ki, "durun ne yapıyorsunuz" desin; gazetecinin, yazarın en büyük eseridir müsveddeleri. Ne acı ki, daha bu olgunluğa ulaşamadık. Yazdılar, "notları niye evinde tutuyor ki" diye. Düzeyleri bu. Gidin Avrupa'da bir yazarın müsveddesini sahaftan almaya çalışın, değerini görürsünüz.

Şaşırdınız mı?

Gördünüz mü Nazlı Ilıcak'ın toz konduramadığı Ergenekon iddianamesinde oğlu Mehmet Ali Ilıcak'la ilgili neler yazıyordu? Neymiş; Mehmet Ali Ilıcak Veli Küçük'ün kontrolündeymiş!

Neymiş; Ilıcak'ın sahip olduğu gazetede çıkacak haberlerde Veli Küçük'ün onayı alınıyormuş! Ve tüm bunlar Ergenekon örgütünün medyayı ele geçirmesi ve kontrol etmesiyle ilgili yürütülen planın bir parçasıymış!

Yani Ergenekon'un medya ayağında Mehmet Ali Ilıcak'ın rolü varmış! Bunları biz yazmadık. Bu satırlar Zekeriya Öz'ün hazırladığı iddianamede yer alıyor...

Örgütün "beynini" gösteren "Ergenekon Şeması"nda M. Ali Ilıcak'ın adı var.

Nazlı Ilıcak'ın ikinci eşi Emin Şirin Ergenekon sanığı.

Ergenekon'un tutuksuz sanığı Erol Mütercimler asıl Ergenekon'un içinde gazete patronu Kemal Ilıcak'ın olduğunu söyledi. Hiç şaşırtıcı değil, 1970'lerde *Tercüman* gazetesinin nasıl yayın yaptığı biliniyor...

Şimdi ne demeli?

Nazlı Ilıcak'ın Ergenekon iddianamesine bu kadar tapması ve cansiperane savunması, kendini, oğlunu korumak için mi? Ergenekon operasyonlarına yönelik eleştiri getirince, önüne bu belge mi konuyor acaba?

Sabah'ın bir başka yazarı Mahmut Övür... Köşesinde yazdığı, ekranlarda söylediği yetmemiş, bu kez tam sayfa yandaş *Yeni Şafak*'a röportaj vermişti. Yandaşlar kendi aralarında paslaşıyordu: "Odatv, Ergenekoncu Medyanın JİTEM'i."

Gazetenin manşetinden verilen bu iddianın delili var mıydı? Yoktu. Yorum yapıyordu. Yapsın bakalım; hep yorum yapıyorlar.

Halbuki...

Yeni Şafak, "ileri demokrasi" için "mücadele" verdiğini, karanlık organizasyonları açığa çıkarmayı şiar edindiğini hep söyleyen Mahmut Övür'e röportajda şunları sorabilirdi:

1) Susurluk kazasıyla adı gündeme gelen, Ergenekon davasında da yargılanan yeraltı dünyasının ünlü ismi Drej Ali (Yasak) ile ilişkiniz nedir? Parasal bir ilişkiniz oldu mu? Yanında maaşla çalıştınız mı? Bu para meselesi yüzünden mi ayağınızdan vuruldunuz? Yoksa Susurlukçuların düğününe katılıp buradaki fotoğrafı medyaya sattığınız için mi vuruldunuz?

2) Eşinizle birlikte kuruluşundan itibaren görev yaptığınız bir televizyon kanalından parasal meseleler yüzünden mi ayrıldınız? Kanalda büyük tartışmalar, kavgalar oldu; nedeni yolsuzluk iddiaları mıydı?

3) 28 Şubat sürecinde ATV haber koordinatörü görevindeyken Fethullah Gülen kasetlerini niçin yayınladınız?

4) ABD'ye gidip Fethullah Gülen'in elini mi eteğini mi öptünüz? Ne karşılığında affedildiniz?

Yeni Şafak'ın yerinde olsam bunları sorardım... Yoksa Mahmut Övür'ün "yorum yapabilecek" kadar teorik birikimi olmadığını bilirim.

Mahmut Övür bıraksın yorumu yaşadıklarını anlatsın, temiz Türkiye'nin yaratılmasına daha büyük katkısı olur. Mahmut Övür itirafçı olmalıdır; aynı JİTEM itirafçıları gibi...

Taraf gibi kirlilik mabedi gazeteler; MİT'çi Kozinoğlu meselesine değinmişlerdi. Yazdım: Kaşif Kozinoğlu'nun ismini daha önce hiç duymamıştım. Odatv'ye yapılan ikinci operasyonda adı geçince kim olduğunu öğrendim. İkinci operasyonda, gazetecilerin yanı sıra, bir MİT mensubu olarak aranıyordu.

Barış Pehlivan ise Kozinoğlu ismini bir yerden hatırladığını söyledi. *Taraf*'ın elemanı Mehmet Baransu'nun *Mösyö* kitabında adı geçiyordu. Kasım 2010'da basılan kitabın 351. sayfasında, Baransu, Hanefi Avcı'yı anlatırken şöyle yazmıştı:

> Avcı girdiği hiçbir savaştan yenilgi ile ayrılmamıştır. Polisten Mehmet Ağar ve ekibini, MİT'ten Mehmet Eymür, Kaşif Kozinoğlu gibi isimleri bertaraf etmiş kişidir. Yargıda da Yargıtay Başkanı kurbanları arasındadır.

Bu bilgi ilginçti. Ne yani, Hanefi Avcı ile Kaşif Kozinoğlu hasım mıydı? Öyleymiş. Ama iki isim de aynı "örgütün" üyeliğinden, hatta bizimle ilişki kurdukları iddiasından tutuklanmıştı! İşin daha çarpıcı yanı, Kaşif Kozinoğlu ismini aylar öncesinden, Mehmet Baransu kitabında gündeme getiriyordu. Bu bir rastlantı mıydı? Bunlar niye her operasyonu çok önceden biliyor?

Yıllardır takip eden, sorgulayan ve sonunda tutuklayanlar bu soruların yanıtını neden vermiyor? Açıp baksınlar Odatv arşivine; binlerce haberin içinde bu sözde belgelerle yayınlanan hangi haberi gösterebilirler? Üstelik neymiş, kozmik odalarda tutulması gereken belgelermiş! Biz ne yapmışız bunları peki? Odatv'nin bilgisayarında tutmuşuz! Hem de "Koz" isimli bir word dosyası içinde! Öyle diyorlar... Biz salağız ya!

MİT'çi Kozinoğlu Türkiye'de olmadığı için gözaltına alınmamıştı, ancak evinde arama yapılmıştı. Dün ifade vermeye gelmişti. Gazetelerin yazdığına göre; yanında MİT Afganistan Sorumlusu R. T. de varmış ve Savcı Zekeriya Öz'ün talebiyle mahkeme de, MİT mensubu Kaşif Kozinoğlu'nu tutuklamıştı.[53]

Kozinoğlu'nun savcılık sorgusunda verdiği ifade nedense çok az sızdı medyaya. Tek sızan bilgiye göre Kozinoğlu, Savcı Öz'e şunu demişti: "Odatv adını ilk kez bu sorguda duydum. Soner Yalçın'ı tanımıyorum, hatta hiçbir gazeteci tanıdığım yok."

Bu arada geçen hafta *Taraf*'ın "Hedef AKP'li Aileler" başlıklı sürmanşetinde yazan; AKP'lilere ait bilgilerin Odatv'ye sızdırıldığı yalanı, Kozinoğlu'na sorulmamıştı bile, bunu da medyadan öğreniyordum! *Taraf* hiç utanmadı bu yalanlarından.

Radikal'den Oral Çalışlar, "Kozinoğlu'yla Odatv: Kalp Kalbe Karşıdır" başlıklı bir yazı kaleme almıştı.

> Açıklanan belgelere göre; Kozinoğlu Odatv'ye malzeme aktarıyormuş. Siyasetçilerin özel yaşamına ilişkin toplanan istihbarat bilgilerini onlara veriyormuş. 'İklim Bayraktar olayı', bu istihbarat toplama işlerinin asıl bir şantaja, pespayeliğe dönüştüğünü mükemmel bir .ilde gözler önüne serdi. Bu tarz işlere gazetecilik, onlarla uğraşanlara da gazeteci isminin verilmesi, gazetecilik mesleğine özel bir değer yüklemeyen insanların bile kabul edemeyecekleri bir şey. Onlara destek veren istihbaratçılar için nasıl bir tanım geliştirilebileceğinin takdirini ise size bırakıyorum.

Ne kadar dönek olursa olsun, hakkımda ne söylenirse söylensin, Oral Çalışlar'ı gazeteci bilirdim. İyi niyetim işte!

Ne kadar kolay yazıyor böylesi ağır satırları... "Özel istihbarat bilgileri" yayımlamak ne demek? Nasıl, ne zaman yapmışız bunu? Var mı bir tek örneği? Bunun açıklamasını yapabilir mi Çalışlar? Yapamaz. Peki niye kin dolu Odatv'ye?

---

53 MİT görevlisi Kaşif Kozinoğlu Odatv davasının ilk duruşmasına (22 Kasım 2011) 10 gün kala Silivri Cezaevi'nde kalp krizi geçirerek vefat etti.

Oral Çalışlar'ı ben iyi tanırım. O da, onu iyi tanıdığımı bilir... Aydınlıkçı'ydı. 1980'lerin sonunda cezaevinden çıktı. *2000'e Doğru* dergisinde idari müdürlüğü görevi verildi. Kabul etmedi, yayın kurulunda olmak istiyordu. Genel Yayın Yönetmenliği bekliyordu yani. Kariyeristti. "Ya olurum ya giderim" dedi. Gitti. 1990-1992 yılları arasında Hamburg Senatosu'nun davetlisi olarak eşi ve oğluyla Almanya'da bulundu. Hamburg Sosyal İncelemeler Vakfı'nda çalıştı. Vakfın finansörü Alman sigara tekeli Philipp Reemtsma idi. Vakfın başında ise, Türkiye'nin Ermenilere soykırım yaptığını iddia eden, tarihte ilk soykırım gaz odalarının Türkiye'de kurulduğunu ileri süren Alman Gizli Servisi BND'nin Kafkaslar Masası Şefi Dr. Tessa Hoffmann vardı!

Evet: Oral Çalışlar'ın döneklik tarihini iyi bilirim. Kızgınlığı bunadır; cezaevine atılmamızı fırsat bulmuş demek ki, yazmak için... Yüzünü ne kadar değiştirirse değiştirsin iyi tanırım onu ben. Yeni görevi namuslu gazetecileri kirletme misyonu. Yapar. Kişilik erozyonudur bunu yaptıran.

Oral Çalışlar gibi idam sehpalarımızı hazırlayanların neden hepsinin ölümümüzden keyif duyduklarını anlıyorum: Korkaklar. Yüzümüze karşı söylemediler, yazamadılar.

"Cellat" sıfatını bile övünçle kabul edecek birini tanımlayamazsınız; anlatamazsınız; insanlığın çukurudur orası; başka dip yoktur; oradadırlar. Bunlardan birinin adı Sevilay Yükselir'dir. *Sabah*'ta şunu yazdı:

> 1) Çıkan belgelerden, ortaya dökülen kayıtlardan da anlaşılacağı üzere Soner Yalçın ve Odatv çalışanları "Virüsle yollanmış!" deseler de, bu arkadaşları bugün Silivri'de tutan şey, buram buram darbe şakşakçılığı, çığırtkanlığı kokan, "Ulusal Medya 2010" adlı belge ve Yalçın'ın ajandasına düştüğü notlar ile yapılan telefon görüşmeleridir.
>
> 2) Soner Yalçın'ın derdi gazetecilik falan değil, gerek sahibi olduğu site, gerekse bağlantılı olduğu kalemler, akademisyenler üzerinden hareket edip halkı kin ve nefret yolu ile kışkırtıp sokağa dökmek, ayaklanmalarını sağlamak ve bu yolla toplumda şu anda var olan iç huzuru bozmaktır!
>
> 3) İklim Bayraktar aptal değildir. Ruh hastası hiç değildir. Gayet aklı başında, ne yaptığını bilen ve kendisine sunulan fırsatları sonuna kadar değerlendirmeyi hırs edinen bir seçilmiştir! Ve bu seçilmiş kişi, Soner Yalçın tarafından Deniz Baykal'ı

Halk TV satışında bertaraf etmek amacıyla kurulacak tuzakta kullanmak üzere görevlendirilmiş bir piyondur.

Bu "yazarı" nasıl değerlendirmek lazım. Sivil hayatta son okuduğum yazar Umberto Eco ile sinemacı Jean-Claude Carriere'in "kitap" üzerine sohbetiydi. Söyleşinin bir yerinde konu, alık, ahmak ve kafasız ayrımına geliyor. Alık; kaşığı ağzına götüreceği yerde kaşına götüren; söyleneni anlamayandı. Ahmak; söylememesi gerekeni söyleyen; kasti olmayan gaflar yapan kişiydi. Bilir bilmez konuşurdu. Kafasız ise; ilk bakışta doğru-dürüst akıl yürüttüğünü sandığınız ama yanılgı içinde olan kişiydi. Tehlikeliydi. Hatasını yüksek sesle, bağırarak öne sürer ilan ederdi ki, herkes duysun. Kafasızlığın nasıl da boru gibi öttüğünü görmek insanı şaşkına çevirirdi. Sık kullandığı cümle neydi biliyor musunuz: "Artık güvenilir kaynaklardan biliyoruz ki..."

Sizce, bu kadıncağız alık mı, ahmak mı, kafasız mı?.. Yoksa...

Gerçek bir fikir despotu olan *Radikal*'den Cengiz Çandar malum koroya eşlik ediyordu:

> Odatv'ye ilişkin olarak bugünlerde ortaya saçılan (ve daha da saçılacak olan) maddi deliller, o çevrenin bir basın faaliyeti ile ilgili olmadığına, Ergenekon adı verilen şebekeyle ilintili bir "psikolojik harekât birimi" olduğuna yeterince işaret ediyor.
>
> Bu ülkede kırk yıllık siyasi tecrübesi olan, nice askeri darbe ve müdahale deneyiminden geçmiş, en önemlisi bir "demokratik duruş" edinebilmiş ve daha da önemlisi psikolojik harekâta hedef olmuş kim varsa ve bir nebze sezgi sahibiyse Odatv'nin ne olup olmadığını anlayabilirdi. Savcı Zekeriya Öz, bizlerin sezgilerinin "maddi delilleri"ni elde etti...

Bu fıkrayı yazmalıyım:

Fransız General d'Esperey İstanbul'u işgal ettikten sonra İstiklâl Caddesi'nde boy gösterirken, otellerde davetlere katılırken; mütareke basını peşinden hiç ayrılmadı. Bu iğrenç hali eleştirip yazan Süleyman Nazif için mahkeme gıyabında ağır ceza verdi. Süleyman Nazif kaçak oldu; böyle bir dönemde karşılaştığı, bir gazeteci arkadaşına, "Hele şu dilini uzat" dedi, yalaka gazeteci boş bulunup dilini çıkarınca, Süleyman Nazif sözünü söyledi: "Hayret, o kadar gâvur kıçı yalıyorsun, ama boyası hâlâ diline çıkmamış!"

Ne diyeyim şimdi bu Çandar'lara, Çalışlar'lara... Artık onları tanımayan, bilmeyen mi var?..

14 Şubat'ta gözaltına alınıp tutuklandım. 6 Şubat'ta *Hürriyet*'te "Türkiye'de Bir Émile Zola Yok" diye bir yazı kaleme almıştım. Hiç aklıma gelmemişti, bir hafta sonra "Alfred Dreyfus" olacağım!..

Hiç inandırıcı olmayan delilleri abartarak, Alfred Dreyfus'un müebbete mahkûm olmasının tek nedeni sağcı gazetecilerin yalan-saldırgan provokatif yayınlarıydı...

Bu nedenle birkaç gündür sürekli şunu düşünüyorum: Öyle kolay Émile Zola olunmuyor! Neden mi?

Tarih: 15 Ekim 1894...

Fransa'nın Genelkurmay Karargâhı'nda görevli 25 yaşındaki Topçu Yüzbaşı Alfred Dreyfus (1859-1935) tutuklandı. Suçu, Alman Askeri Ataşesi Schwartkoppen'e bazı gizli resmi bilgileri vermekti.

Bu aslında bir mektuptu; Fransız ordusundaki yeni düzenlemelere ilişkin bilgileri içermekteydi. Bir tür "döküm" oluşturduğundan olacak, "mektup" değil de *"bordereau"* (bordro) idi.

Yahudi kökenli Yüzbaşı Dreyfus, Fransız kamuoyunun anti-semitik duygularının had safhada olmasının yol açtığı basın baskısı sonucu peşin olarak suçlu ilan edildi. (Bu dönemde yandaş basında "TSK Aleviler'in kontrolüne girdi" benzeri yazıların çokça yer almasından sonra Alevi subayların ardı ardına tutuklanması tesadüf mü? Sadece isimlerine bakılarak (örneğin Çetin Doğan ki doğru değildi) bazı askerlerin Alevi olduğunun yazılması; bazı gazetelerin açık açık cadı avı yapması anti semitizme benzemiyor muydu? Tüm bu kirli oyunların amacı, soru yanıttır aslında.)

Fransa'daki sağcı basın tam bir kara propagandaya başladı, tüm Yahudi topluluğunu suçladı. Hepsi "hain"di. Dreyfus'un yetersiz kanıtları tartışılmadı bile. Basın karar vermişti: Dreyfus suçludur.

Yahudi Yüzbaşı Dreyfus 1894 yılı Aralık ayı başında yargılanmaya başladı. 22 Aralık'taki duruşma kamuoyuna kapalıydı.

Savcının, mahkemeye sunabileceği kesin bir delil yoktu. Tek delil, Alman Askeri Ataşesi Schwartkoppen'in evindeki çöp kutusunda bulunan not ile imzasız bir ihbar mektubuydu.

(Bu ihbar mektupları her dönem vardı yani.) Nottaki yazının Dreyfus'un yazısı olduğu iddia edildi. Dreyfus, yazının kendisine ait olmadığını söyledi, ama kimseyi inandıramadı. Yargıçlar, Dreyfus'un savunmasını neredeyse hiç dinlemeden hükmü verdi. Oybirliğiyle vatana ihanet suçundan Dreyfus müebbet hapse mahkûm edildi. Rütbeleri söküldü. Cezasını çekmesi için Şeytan Adası'na götürüldü.

Bir süre sonra askeri ordu istihbaratının başına getirilen Binbaşı Georges Picquart, Dreyfus dosyasını yeniden inceledi. Çöp kutusunda bulunan notun Walsin Esterhazy adında bir subaya ait olduğunu ortaya çıkardı. Mahkeme bu itirazı dikkate almadı. Üstelik, istihbaratçı Binbaşı Picquart'ı hemen apartopar görevden aldı. (İstihbaratçı Emniyet Müdürü Hanefi Avcı'nın başına gelenlere benzemiyor mu?)

Ve işte tam o sırada ünlü yazar Émile Zola baskılara aldırmadan dönemin Cumhurbaşkanı Félix Faure'a "Suçluyorum" başlıklı bir mektup yazdı.

O sırada, eşi Lucie ve Kardeşi Mathiev dışında Dreyfus'un yanında kimse yoktu. Şimdi bir yazar çıkmıştı ortaya, korkusuzca bir yazı kaleme almıştı.

13 Ocak 1898'de *L'Aurore* gazetesinde yayımlanan bu mektup bir çığlıktı aslında:

> Cumhurbaşkanı Sayın Felix Faure,
>
> Bu iddianame hiçbir hukuksal değer taşımamaktadır. Bir insanın böylesine bir suçlama yazısı üzerine hüküm giymesi adaletsizliğin mucizesidir. Hiçbir namuslu insanın bu suçlamayı yüreği isyan etmeden okuyabileceğine inanmıyorum. Şeytan Adası'nda çekilen ölçüsüz kefareti düşünüp de çileden çıkmamak elden gelmez. Dreyfus'un birçok dil bilmesi suçtur. Evinde hiçbir tehlikeli belgenin bulunmamış olması suçtur. Ara sıra doğduğu ülkeye gitmesi suçtur. Çalışkan olması, öğrenme kaygısı içinde olması da suçtur. Coşkulanması da suçtur. Coşkulanmaması da suçtur. Ya iddianamenin kaleme alınışındaki aptalca, boşlukta kalan biçimsel iddialar! Bize suçlamanın 14 esas maddeden oluştuğu söylenmişti. Oysaki tek bir maddeden; çizelge maddesinden başka bir şey bulamıyoruz. Ve hatta öğreniyoruz ki bilirkişiler de anlaşamıyorlarmış...

Yoğun baskıya rağmen, Fransa'dan İngiltere'ye kaçmak zorunda kalma pahasına Émile Zola adaleti ve hukuku savundu.

Yahudi düşmanı anti-semitik hareketlere karşı bayrak açtı. "Bu gerçeği namuslu insan başkaldırımın tüm gücüyle size haykırıyorum" dedi. Neler yazmadı ki:

> Ah! Bu suçlama belgesinin hiçliği! Bütün gizli, altından kalkılmaz bir belgenin, her şeyi haklı çıkaran, görünmez ve anlaşılmaz tanrı gibi önünde eğilmemiz gereken bir belgenin varlığından söz edilmesi ne acı. Bu belgenin varlığını yadsıyorum, tüm gücümle yadsıyorum.

Émile Zola, kalemiyle "sırtını ahlaksız basına" dayayanlara, "hukukun ve ve yalın gerçeğin" bozgunculuğunu yapanlara savaş açtı. "Öylesine tutkuyla istediğimiz bu gerçeği, bu adaleti böyle tokatlanmış, daha da aşağılanmış, daha da karartılmış görmek ne büyük acı."

Delil üretenlere kanıt karalayanlara "yargı yanlışının şeytansı işçisi" adını verdi.

> Bu suçlamaları yöneltirken, kendimi hakaret suçlarını cezalandıran 29 Temmuz 1881 tarihli basın yasasının 30 ve 31. maddelerin kapsamına soktuğumu biliyorum. Bu tehlikeye isteyerek atılıyorum.
>
> Suçladığım insanlara gelince, onları tanımıyorum, hiçbir zaman görmedim, kendilerine ne hıncım var, ne de kinim. Benim için önemsiz varlıklar, toplumsal kötülük ruhlarından başka bir şey değiller. Burada yerine getirdiğim edimse, gerçeğin ve adaletin patlamasını çabuklaştırmak için başvurduğum devrimsel bir yol yalnızca.
>
> Benim tek bir tutkum var, öylesine çok acı çekmiş ve mutluluğu hak etmiş olan insanlık adına, ışık tutkusu. Ateşli karşı çıkışım ruhumun çığlığından başka bir şey değil, Beni ağır ceza mahkemesine çıkarmayı göze alsınlar ve soruşturma gün ışığında apaçık yapılsın.

Émile Zola "Suçluyorum"u yayınlayınca sağcı basının hedefi oldu. Kışkırtılmış kalabalıklar gösteri yaptılar, solcu *L'Aurore* gazetesini, Zola'nın kitaplarını yaktılar. Zola yalnız değildi; Anatole France, Monet, Mallarmé, Turgenyev, Çehov gibi yazarlar, ressamlar, şairler yanındaydı. "Aydınlar Bildirisi"ni imzalayıp yayınladılar.

Zorlu bir mücadele verildi ve Dreyfus 19 Eylül 1899'da serbest bırakıldı.

Şimdi, düşünüyorum da Türkiye'de böyle bir mektubu Yaşar Kemal yazamaz mı?

Şimdi...

İki hafta önce Émile Zola'yı yazarken artık, Atina mahkemelerinden Engizisyon mahkemelerine, papaların, papazların karşısına dikilen Sokrates, Thomas More, Bruno, Galilei ve nicelerini anmam gerekiyor.

Artık konumum değişti; zindana atıldım, suçlanıyorum. Suçum büyük: düşünmek...

Yirmi Yedinci Gün

12 Mart 2011
Cumartesi...

12 Mart 1971 darbesinin yıldönümünü cezaevinde karşıladım. Ne çok solcu cezaevlerine atılmıştı. Kitlesel işkenceler bu dönemde yapıldı. İdam sehpaları bir kez daha bu dönemde kuruldu. İnsanlığın unutulduğu dönemlerdir bunlar... Ve yine bir darbeyle karşı karşıyayız. Ancak bu tür sivil darbe bu topraklarda, tarihimizde pek görülmediği/yaşanmadığı için kamuoyu henüz bilincinde değil. Sadece halk değil, basının büyük bir bölümü de sandıkla gelen faşizmi kavrayamadı. Despotizmi/otoriterleşmeyi sadece askerin yapacağına inanıyor... "İleri demokrasiye" geçildiğini sanıyor!

Celil Gürkan, Muhsin Batur, Talat Turhan, Sadi Koçaş, Uğur Mumcu ve niceleri 12 Mart darbesi ve öncesiyle ilgili ne çok kitaplar yazdılar. Ne tartışmalar yaşandı, eleştiri-özeleştiri yapıldı.

Bunlar hiç yaşanmamış gibi son yıllarda cemaatçi medya 12 Mart darbesi konusunda sık sık televizyonda konuşmaya başladı. Sanki ilk kez kendileri dile getiriyormuş gibi, bu konular üzerinde ahkâm kesiyorlar.

Türkiye solcuları darbelerle ne çok eziyet gördü, can verdi. Acıyla pişti. Türkiye dincisi ise bir-iki küçük olay dışında darbenin hiç mağduru olmadı. Cezaevi, sürgün, işsizlik, işkence, idam nedir pek bilmedi, pek görmedi.

Sürekli büyük acı yaşamış gibi gözaltına alınmayı bile abarttılar. Örnek: Recep Tayyip Erdoğan.

Şimdi, sivil faşizmi tüm kurumlarıyla yerleştirmek için kamuoyunu kandırıyorlar. "Biz ileri demokrasiden yanayız," diyorlar. Son birkaç yıldır çığlık attık, "faşizm geliyor," dedik, sesimizi duyuramadık... Sanıyorlar ki, 12 Eylül 1980 darbesi, "anarşik olayları bitirmek için yapıldı!" Rejim sorunsalına hiç kafa yormadılar; araçlara bakıp nihai hedefin/amacın ne olduğunu gözden kaçırdılar.

İleriye bakabilmek için mutlaka tarihi sorgulamak gerekiyor. Ama bunu hangi "pencereden" bakarak yaptığınız önemlidir.

İktisatı ve felsefeyi yok sayan bir tarih anlayışı, kâtipliktir. Von Hayek, Milton Friedman, Chicago Boys, yani neoliberalizm bilinmeden 12 Eylül darbesi analiz edilebilir mi? Küresel totalitarizm niye muhafazakârlığa dayanmaktadır? Ulus devlete niye düşmandırlar? Biz bunları hiç tartışmayız, daha doğrusu tartıştırmayacak ortamı hazırlarlar.

Bir darbe yıldönümünde cezaevindeyim. Bu ülkede her 10 yılda bir darbe olduğu gerçeği değişmedi. Bir oldubittiyle hapse sokulduk işte; değişen bir yok. Aynı darbe dönemlerinde olduğu gibi basın da üzerine düşeni yapıyor. İtibarsızlaştırma, halkı kandırma misyonunu sürdürüyor...

Savcılar, "Ergenekon Terör Örgütü" soruşturmasını unutup, sanki "taciz" iddiasının peşine düşmüş görünüyor. Zekeriya Öz; Baykal, Kılıçdaroğlu ve Gürsel Tekin'in ifadesini alacaktı!

Başbakan Erdoğan, gençlere ahlak uyarısı yapmış ve isim vermeden CHP ile "taciz iddiasını" ilişkilendirmişti. Gözaltına alındığımda söylemiştim; "AKP beni gözaltına alarak seçim startı verdi."

Deniz Baykal, İklim Bayraktar'a, "iftira ve hakaretlerde bulunduğu" gerekçesiyle 20 bin liralık manevi tazminat davası açmıştı.

Yandaş medya "Baykalcı" oluvermişti. Hepsi Kılıçdaroğlu'na ağır hakaret içeren yorumlar yazıyordu; Baykal'ın "tam bir devlet adamı" olduğunun altını çiziyorlardı! Düne kadar Baykal'a demediklerini bırakmıyorlardı, şimdi Baykal'a destek veriyorlar.

Basın özgürlüğü dış basının da gündemindeydi.

Amerikan *Washington Post* gazetesi, "Ergenekon soruşturması kapsamında gazetecilerin tutuklanmasını" eleştirerek "Türkiye'nin Müslüman dünyasının öncü demokrasisi olma iddiasının tehlikede olduğunu" yazmıştı. Günaydın!

Başyazıda şu görüşlere yer verilmişti: "Savcıların sunduğu kanıtların çoğu inandırıcı değil, hatta uydurma."

Ayrıca...

İngiliz *Economist* dergisi de "Türkiye, Gazeteci Olmak İçin Tehlikeli Yer" başlıklı makalesinde, Ergenekon soruşturması kapsamında son gazeteci tutuklanmalarını değerlendirmişti. Fethullah Gülen cemaatine atıf yapılan yazıda, "Türkiye'nin ılımlı İslamcı Başbakanı Recep Tayyip Erdoğan, Adalet ve

Kalkınma Partisi'nin, Türkiye'yi bir ileri demokrasiye dönüştürdüğünü söyleyerek övünmeyi seviyor. Ama araştırmacı gazetecilerin tutuklanması daha çok geriye bir adım gibi görünüyor" ifadesi dikkat çekiciydi.

Bu "soğukkanlı" bakışı bizim medya niye göstermiyor? Yanıtı belli. Montaigne, 'Gitmiyoruz, götürülüyoruz," der. Ekleme yapmalıyım: "Sürükleniyoruz!"

Hürriyet'in manşetinde de İklim Bayraktar vardı.

İklim Bayraktar göğsüne Türk bayrağı sererek bir yatağa uzanmıştı. Yatağın yanında İklim Bayraktar'ın elini avuçlarının içine almış Cem Uzan'ın eşi Alara Uzan vardı. İklim Bayraktar BDDK, Uzanlar'ın *Star* gazetesinin gelirine el koyunca açlık grevine başlamıştı! İklim Bayraktar bu açlık greviyle, 25 Ocak 2004'te *Star* gazetesine manşet olmuştu!

İklim Bayraktar özellikle Savcı Zekeriya Öz tarafından sorgulanıp serbest bırakılmasının ardından "adalet yerini buldu" diye açıklama yapınca, ve ardından Fatih Altaylı'nın "Teke Tek" programına çıkınca, "baskı" altına alındım; "Bu kızın ajan olduğunu açıkla; Odatv'nin ve senin itibarını yok etmek için karanlık tezgâhçılarla işbirliği yapmış, her şey ortada," dediler. Yani "adam asma" oyununa katılmamı istediler.

Yapmadım. Yapmam da...

Yıllarca bu topraklarda herkes birbirini ajanlıkla suçladı. Nâzım Hikmet'ten Aziz Nesin'e kadar herkese ajan dediler.

Bu kolaycılık tuzağına düşmek istemiyorum.

İklim Bayraktar ajan mı, casus mu, oyuna mı getirildi bilmem. Bildiklerim şunlar:

Tam Halk TV'yle ilgili görüşmeye giderken Deniz Baykal'a taciz iddiasını getirmesi ilginçtir. Ama bu iddianın duyulmasını hiç istemediği de doğrudur. Gerek Muharrem İnce gerekse Baykal konusunu o değil, telefonları dinleyenler ortaya serdi.

Kimseyi yargılamam, hüküm vermek istemiyorum. Acısını çok çektim. Yıllarca herkese ajan denilen ortamlarda çalıştığım için belki artık çok safım.

Gazeteciliğe Aydınlıkçıların yanında başladım. Ankara binasındaki dip odaya gidip gizli toplantılar yaparlardı, "MİT'le görüşüyorlar herhalde," derdim o tıfıl gazetecilik kafamla. Kafamda Aydınlıkçıların MİT'çi olduğu kuşkusu vardı. Çünkü çevrem Aydınlıkçılara öyle diyordu. Aradan yıllar geçti Bir gün o dip odada toplantı yaparken aklıma daha önce bu dip odadaki toplantılarla ilgili düşündüklerim geldi. Şimdi dip odadaydım, ama ortada hiç MİT'çi filan yoktu. Aydınlıkçılarla yedi yıl çalıştım. O dönemde Ufuk Güldemir'e "CIA" diyorduk. Gün geldi Star TV'de çalışmaya başladım. Ufuk Güldemir kendi ekibiyle odasında toplantılar yapıyordu, "CIA ile görüşüyorlar" diye düşünüyordum. Gün geldi, o odanın müdavimi oldum; siyasal görüşlerimiz ayrı olsa da Ufuk Güldemir'in yakın dostlarından oldum. Sırdaşlığını yaptım.

Bugün bana da MİT, CIA, MOSSAD, her şey diyorlar.

Diyorum ya, belki bıktım; bu nedenle İklim Bayraktar'ın ajan olup olmadığına hep soğukkanlı yaklaştım. Diyorum ya yanılabilirim. Böyle yanılmayı tercih ederim ama. Diğer türlüsü daha kötü.

Çünkü biliyorum ki...

"Özel yetkili medya" psikolojik savaş metotlarının her aracını acımasızca kullanıyor. Aslında bu hiç yeni yöntem değil. Soğuk Savaş döneminde besleme basının gazetecilik ilkelerini bir kenara bırakarak propaganda amaçlı tek yanlı "haberler" yaptığı sır değil, artık biliniyor. Korku ve endişe yaratarak halkı antikomünist yapmayı hedefleyen bu habercilik anlayışının kullandığı motiflerden biri de güzel, sarışın "Kamçılı Kız" idi. Çok tehlikeli bir kızıl komünist olan "Kamçılı Kız" Türkiye'ye nasıl sızmıştı? Kimleri kandırıp oyuna getirmişti? Bugüne benzerliğine şaşıracaksınız...

Tarih: 20 Ağustos 1951.
Hergün gazetesi haberi:

Türkiye'ye sızan kızıl casuslar: Bunların arasında Bulgar dahiliye nazırının kâtibi Kamçılı Kız da var.

Bulgaristan'dan tehcir edilen Türklerle birlikte yurdumuza sokulan kızıl casuslar hakkındaki tahkikat devam etmektedir. Türkiye'ye giren ve bilhassa İstanbul Üniversitesi'ne kaydedilen kızıl ajanlar üzerinde ehemmiyetle durulmaktadır.

Bundan 3 ay kadar önce Tıp Fakültesi'nde 4. sınıfa yazılan ve Bulgaristan'daki Türk kızları arasında Kamçılı Kız namıyla maruf olan Bulgar dahiliye nazırının kızı, hususi tespit edilen kızıl ajanlar meyanındadır.

Türk ırkından olmasına rağmen sistemli bir Bulgar kızıl propagandası altında yetiştirilen mülteci Kamçılı Kız, bilhassa Sofya'da ikamet eden ve zaman zaman Bulgar Emniyet

Genel Müdürlüğü'ne çağrılan Türk kadın ve kızlarını kamçı ile dövdüğünden dolayı bu namı almış bulunmaktadır. Kamçılı Kız Bulgar dahiliye nazırının emriyle Türkiye'ye sızdırılmış, kendisi gibi mülteci kisvesi altına giren diğer ajanlara şef tayin edilmiştir. Bu surette Türkiye dahilinde gençlerden müteşekkil bir kızıl şebeke kurmaya vazifelendirilen Kamçılı Kız ve arkadaşları hakkında takibata geçilmiştir.

22 Ağustos 1951, *Zaman* gazetesi "Kamçılı Kız" haberine devam etti. Bir de eylemini yazdı:

> Ankara'daki Sovyet Sefareti'nin bahçesinde Diyarbakır askeri havaalanının plan ve krokileri bulundu.

Soruşturma sonucu tıbbiyeli bir kız faaliyette bulunurken yakalanmıştı. Kimdi bu kız:

> Casus sarışın, şahane güzel ve Türk ırkının bütün hususiyetlerini vücudunda toplayan kızıl bir ajan olarak tanınmıştır. Bulgaristan'daki adı Kamçılı Kız olan bu ajan, oradan Türklere karşı zulmüyle tanınmış ve himayesiz bırakılan nice genç Türk kızlarını hata ve sevabına bakmadan kamçılamıştır.
>
> Her türlü casusluk hilelerini, vazifeleneceği memleketlerin örf ve âdetlerini öğrenen ve o memleketlerin lisanlarını ana lisanı gibi bilen, sosyete icaplarını en yüksek dereceye kadar tatbik eden, bu arada nişan talimleri yapan, uçak, otomobil, deniz vasıtaları kullanan bu casuslardan biri olan tıbbiyeli kız, Milli Emniyet'e teslim edilmiştir. Duruşmanın safahati gizli tutulmaktadır.

Benzer haber *Son Posta* gazetesinde de vardı. Aynı gün *Vakit* gazetesi bu habere ek olarak yeni bilgiler verdi:

> Kamçılı Kız'ın üzerinde değişik isimlere düzenlenmiş kimlikler ve tabanca bulunduğundan, ayrıca Bulgaristan Kızıl Teşkilatı'na üye olduğundan söz edilmektedir.

Akşam gazetesi ise "Kamçılı Kız"ın adının "İlhan" olduğunu yazdı. (27 Ağustos 1951) "Kamçılı Kız" 1951 Ağustos ayında gazetelerin manşetinden düşmedi. Ne hikâyeler, senaryolar yazılmadı ki...

Sonra?

Eylül ayı gazetelerinde "Kamçılı Kız" haberleri birden sona erdi. Kimdi bu sarışın, güzel kız?

Soruları çoğaltabilirsiniz, ama yanıtı alamazsınız. Böyle bir kız yoktu çünkü! Polis basına "bilgi" vermiş, yani sızdırmış; gazeteciler de yazmıştı. Amaç belliydi: Propaganda amaçlı "haberler" yapmak.

Yöntem aynıydı: Genç, güzel, akıllı kızıl kızlar casus olarak aramıza sokuluyor ve gençleri kandırıyorlardı. Öyle ki, bunlar "serbest aşka" hazırdılar. Namus edep yoktu bunlarda. Eline bir de kamçı veriliyordu ki ne kadar sadist olduğu bilinsin. Amaç, muhafazakâr Türk toplumunu etkilemekti.

Anımsar mısınız?

12 Eylül 1980 darbesi sonrası basında böyle bir genç kız figürü vardı: "Akrep Nalan"! Her iki eline aldığı kısa namlulu MP-5 makineli silahla kaç kişiyi öldürmüştü! Turgutlulu "Akrep Nalan" kısa sürede cezaevinden çıkmıştı, ama hiç haber bile yapılmadı beraat ettiği...

Hedef aynı: Toplumu etkilemek.

Propaganda amacıyla "Kamçılı Kız" haberleri hep yapıldı. İklim Bayraktar yeni Kamçılı Kız mı? Sanmıyorum. Ama... Odatv'ye hiç yakışmayan bir "gazeteci" olduğunu rahatlıkla yazabilirim...

Ben ayrıca hayatım boyunca kimseye kolay kolay yalancı da demedim. Çünkü, kendi kendine yalan söyleyen ve kendi yalanını dinleyen o hale gelir ki, hiçbir gerçeği ayırt edemez. Neyse, bu konu fazla uzadı...

Soğuk Savaş dönemi kara propaganda örneklerini anlattığım "Kamçılı Kız" benim *Hürriyet*'e son yazım oldu! Son günlerde Cengiz Çandar, Ergun Babahan başta olmak üzere "özel yetkili gazeteciler", "Ergenekon üyesi olmama rağmen nasıl *Hürriyet*'te yazı yazmaya devam ettiğimi" köşelerinde konu ediyorlardı.

Evet, sonuçta, *Hürriyet* Yayın Danışmanı Doğan Hızlan telefonla Feza'ya bildirmişti, "Soner zahmet etmesin, artık yazmasın!"

Üzüldüm, ama kızgın değilim. Doğan Yayın Grubu'nu anlıyorum. Ne diyebilirsiniz ki? Herkes faşist baskıdan üzerine düşeni alıyor.

Demek cezaevinde heyecanlı günler sona ermişti...

Kırılmadım desem yalan olur. İçimde buruk bir acı doğdu; yenilmiş hissettim kendimi. Şimdi, tam bir sessizliğe ve unutuluşa mahkûm edilmiştim işte... Hepimiz uçurumun kenarında yürümeye çalışıyoruz; herkes kendi çabasıyla düşmemeye çabalıyor. Koğuşa döndüğümde arkadaşlara söyledim, en az benim kadar üzüldüler. Sustuk. Herkesin yüzüne kederin o karanlık gölgesi düştü...

Karmaşık ruhların son sığınağıdır şiir:
Eski günlerin yorgun çocukları
Gevşetin sıkışmış yüreğinizi
Neyseniz neredeyseniz nasılsanız
Uyun aklınızın haşarı namusuna
Bilin bir gün bu zamanlardan kurtulacağınızı
Kafanız zenginliğinizdir şimdi. (Tevfik Akdağ)

Sadece sizi dört duvara hapsetmiyorlar aslında. Sivas katliamını anlatan belgesel-film çekmiştim yaz boyu. Kurgusu bitmişti; müziğini Fazıl Say yapacaktı; izlemiş ve çok heyecanlanmıştı. Ne olacak, bu yaz gösterime sokacaktık; nasıl yapacağız?

Ya Odatv?

Yedi kişiyiz cezaevinde; siteyi nasıl yürüteceğiz? Yazdığım kitap?.. Yayınlanabilecek mi? Doğan Kitap'ın tavrı ne olacak acaba? Evet; bizi cezaevine atmaları yetmiyor; dört koldan saldırıyorlar. Hoş geldi sefa geldi:

> "Zalimce ve hunharca yok edilse de hayat
> biz hiç ölmeyeceğiz büsbütün..."

Yirmi Sekizinci Gün

13 Mart 2011
Pazar...

Cezaevinde, pazar günlerini *Hürriyet*'teki yazımı keyifle okumak için sabırsızlıkla bekleyemeyeceğim artık. *Hürriyet* yazıları yok; hürriyet bitti; tam mahpusluk hali!

Ama yılmak yok. Hayata dört elle asılmaya devam edeceğim. Hep öyle yaptım, yine öyle yapacağım. Hepimiz öyle yapacağız.

Baksanıza: Bugün gazeteciler, üzerlerindeki ölü toprağını silkeleyip meydana çıkıyor. Ne güzel. Tarihsel birikimler öyle kolay yok edilemiyor. Dünün boyun eğişleri her zaman yarınınkini hazırlar. Bugünden dik duracağız... Uğur Dündar, Tufan Türenç, Sedat Ergin, Necati Doğru, Melih Aşık, Oktay Ekşi, Leyla Umar, Ferai Tınç, Arif Sağ, Turgut Kazan, Yalçın Bayer, ekranda ilk gördüklerim.

Cezaevindeki tutsak gazetecilerin posterleri var yürüyenlerin ellerinde. "Gazeteciysen Boyun Eğmeyeceksin, Boyun Eğeceksen Gazeteciyim Demeyeceksin" pankartı moral verici. Evet, bugün öyle karamsarlık günü değil...

Ergenekon iddianamesi üzerine çalışıyorum. Nasıl savunma yapacağımın notlarını alıyorum. Sahi ilk duruşmada ne diyeceğim; 4 yıllık bir yargı süreci var; ben bu süreç olmamış gibi yeni başlıyor gibi mi savunma yapacağım? Mustafa Balbay'ın davasıyla Soner Yalçın'ın davası arasında hiç fark yok ki; ne yapacağım, ben de yurtiçi, yurtdışı ne kadar bilirkişi varsa kapısını mı çalacağım? Gazeteciliğimi mi, yazdığım kitapları mı anlatacağım; bunları hep söylemişler. Bilgisayarımın kopyasını (imajlarını) bile elimizden aldılar; Balbay'a hiç vermediler bilgisayarının kopyasını; aynı süreci şimdi ben yaşıyorum... Bir olay anlatmalıyım:

Tarihe tanıklık etmek isteyen her gazeteci için Silivri Cezaevi önemli fırsat. Yandaş medyanın günlerce manşet yaptığı kişilerle sohbet olanağı bulduğumda hep konuştum. Bunlardan biri de, Hasan Ataman Yıldırım idi. 1950 doğumlu. TSK'dan 1984 yılında yüzbaşı rütbesindeyken istifa edip ayrıldı. Üzerinden 25 yıl geçmesine rağmen yandaş medya ondan hep "Emekli Yüzbaşı" diye bahsetti. Suçu büyüktü... Tuncay Özkan'ın genel başkanı olduğu Yeni Parti'nin MKYK üyesiydi. Atatürkçü Düşünce Derneği'ne kayıtlıydı. 7 Ocak 2009'da gözaltına alındı; çoğu sanık gibi 03.30'ta savcının karşısına çıktı ve ardından tutuklandı.

Suç delilleri 5 adet CD ve 1 adet DVD ile 2 (USB) flash bellekti. NARYAZ adlı bilgisayar yazılımı işyerinde 219 CD-DVD'ye el konulmuş ne hikmetse bekleme odasında bulunan 5 CD ve 1 DVD'de suç unsuru bulunmuştu! Hasan Ataman Yıldırım da, savcılıkta bu CD ve DVD'ler ile flash bellekten çıkan belgelerle ilgili sorulara muhatap olunca herkes gibi şaşırdı. İlk kez görüyordu. Uzun uzun CD ve DVD'lerdeki bilgiler üzerinde durmayacağım.

Fakat şunu yazmalıyım: Hasan Ataman Yıldırım ile birlikte 7 Ocak'ta Emekli Deniz Kurmay Albay Hüseyin Vural ve Emekli Deniz Kurmay Albay İlyas Çınar da gözaltına alındı. Bu iki subay denizaltıcı idi. Hasan Ataman Yıldırım ise ikmal subayı olup denizaltıyla hiç ilgisi yoktu. Hayatında denizaltıya ayağını atmış değildi. İlginçtir; denizaltıcı Vural ve Çınar'da su üstü gemilerine ait dosyalar bulundu; Ataman'da ise denizaltıyla ilgili dijital veriler!.. Polis, bellekleri koyarken yanlışlık yapmıştı büyük ihtimal...

Bu arada 7 Ocak saat 07.15'te el konulan disklerin, 7 Ocak saat 03:37 ve saat 05:52'de Emniyet'te incelendiğine ilişkin raporlara girmeyelim. El konulmadan incelenen diskler!

7 Ocak'ta gözaltına alınıp serbest bırakılan avukat Hüseyin Buzoğlu'na iade edilen flash bellekten ne çıktı biliyor musunuz: Hasan Ataman Yıldırım'ın 1500'e yakın maili (e-postası)!..

Hasan Ataman Yıldırım, yandaş medya tarafından "Ergenekon'un bilişimcisi", "internet sitelerinin kurucusu", "psikolojik savaşın Ergenekoncusu" olarak aylarca suçlandı. Yıldırım, Genelkurmay adına "psikolojik savaş yapmak için" 35 internet sitesini kurmakla suçlandı. *Taraf*'ın 2 Şubat 2009 tarihli manşetine göre, bu sitelerde hükümet ve cemaatler hedef alınıyordu.

Öyle mi acaba?

35 sitenin hepsini yazmayayım, yerimiz yok. Ama birinden bahsedeyim, "maskesidusenler.com" adlı Türkiye'de yaşayan

insanları etnik yapılarına göre fişleyen bu sitenin merkezi neresi dersiniz, ABD-Utah!

Taraf yazarı Emrullah Uslu'nun "memleketi..." sanırım yeterlidir...

Ergenekon iddianameleri üzerinde benim kadar titizlikle çalışan gazeteci sayısı ne yazık ki bir elin parmağını geçmez. Zevkle çalıştım; çünkü her sayfasında benim için hoş sürprizler vardı.

Sadece DVD-CD vs. mi delildi bu davalarda? Konuşmamak da terörist olmanın delili sayılabildi! İlhan Selçuk bilinir ki, 1971 darbesinden sonra işkencelerden geçti. Ziverbey Köşkü'nde yaşadıklarını anlattığı kitabının (*Ziverbey Köşkü*) bir bölümünde yaşadıklarını şöyle yazdı:

> Ziverbey Köşkü'nde karşımdakilerden değil en çok kendinden korktum. Ya çözülürsem, ya kişiliğime yakışmayan bir davranışa kayarsam? Ya parçalanırsam? Ya gerçekten teslim olursam? Soruların çengeli aklıma takıldıkça yüreğim sıkıştı...

Bu birkaç cümle, savcılar için çok başka anlamlar taşıyordu. Savcıya göre, İlhan Selçuk sır vermemek için 35 yıl önce bile elinden geleni yaptığına göre, aradan geçen zamanda edindiği tecrübeler de hesaba katılırsa, iletişim tespit tutanakları, ele geçen malzemeleri ve yazıları dışında kendi ifadeleri ile olayın aydınlatılabilmesi çok zor olacaktı! Dahası var: Savcı, İlhan Selçuk'un cep telefonu kullanmadığını ve sabit telefondan yaptığı konuşmalarda "çok dikkatli konuştuğunu, örgütsel yapıyı deşifre edecek her türlü söz ve tavırdan uzak durduğunu" tespit etmişti! Yani İlhan Selçuk o kadar tehlikeli ve tecrübeli idi ki, telefonda konuşmuyordu bile...

Evet, konuşmamak bile bir suç kanıtıydı.

Hatta savcı Ziverbey Köşkü'nde işkence altında yazdığı ifadesinde, her tümcenin sondan ikinci sözcüğünün baş harfleri bir araya geldiğinde "işkence altındayım" şeklindeki akrostişi hatırlatıyordu. Buradan hareketle "ne kadar uyanık ve zeki olduğu"nu tespit edivermişti! Ben yanıt vermeyeyim...

Başbakan Erdoğan'ın 19 Mart 2011 tarihli *Hürriyet* gazetesinde yayımlanan bir açıklamasını hatırlatayım:

Bir Başbakan olarak adım atsanız, bir savcı size karşı hissi baksa, hakkınızda dava açsa, bir ülkenin Başbakanı o savcının elinde oyuncak olacak.

Biz de soralım. Bir gazeteci veya yazar bir şeyler yazsa... Bir savcı hissi veya politik davransa, gazeteci-yazar bile savcının elinde oyuncak olamaz mı?

Müyesser Yıldız'ın tutuklanmasında Zekeriya Öz'e açtığı davanın kuşkusuz hiç alakası yoktu. Ya da Barış Terkoğlu'nun polis-savcı-hâkim üçlüsünün iftar yemeğini haber yapmasının...

Çok uzatmayayım, "davayı sulandırmaktan" dava açabilirler; sanki davayı kendileri sulandırmamış gibi. Öyle ki, gel de yazma: İddianamede çok küfürlü ifadeler vardı. Telefon konuşmaları olduğu gibi iddianameye girmişti. Örneğin...

Öğretim üyesi Emin Gürses'in telefon kaydı küfürlü halde iddianamede yer aldı. Konu *Vakit* gazetesi yazarı Abdurrahman Dilipak ile ilgiliydi.

> Dilipak beni arıyor... Bana diyor ki, "Ben," diyor "size çalışıyorum," diyor. "Devlet baktı bana, koruma polisi verdi", "Ben bütün aldığım bilgileri size aktarıyorum?" "Siz" kimdir dedim. "İşte teşkilatlara, sizin istihbarat teşkilatlarına?" Ben dedim ki, "Si...rim teşkilat meşkilat," dedim. "Ben Rize'liyim," dedim, öyle istihbaratla mistihbaratla bir işim yok...

Gazeteler geldi; alışkanlık elime önce *Hürriyet*'i aldım yine.

Ertuğrul Özkök, Sedat Ergin ve bir grup *Radikal* yazarı Beyoğlu Yakup restoranda buluşmuş, konu Ergenekon operasyonlarıymış. Ustalıkla yazılan ince mizahi yazıyı Ertuğrul Özkök'ün köşesinden okudum.

Eğer Silivri'ye götürülürlerse yanlarına neler alacaklarının listesini çıkarmışlar. Ertuğrul Özkök'ün listesinde şunlar var: "Fender Stratocaster gitar, ipod, Dante'nin *İlahi Komedya*'sının Cehennem bölümü, 5 şişe şarap, Lapsang Souchong çayı." Sedat Ergin'in listesinde ise, ilaçları, kitap ve sözlükleri ile ipod'u var.

İki *Hürriyet* yazarına da kötü haberi ulaştırmalıyım: Mahpus çantasını yanlış hazırlıyorlar. Özkök'ün listesindeki ipod, şarap ve çay cezaevine alınmıyor. Ergin'in listesinde bulunan ipod da öyle. Silivri Cezaevi'ne dışarıdan hiçbir yiyecek ve içecek alınmıyor! Müzik dinlemek içinse yalnızca cezaevi kantininden satın alınan radyoyu kullanabiliyorsunuz. O da yüksek duvarların ardından ne kadar çekerse... İki kanallı cezaevi radyosu dinlenecek gibi değil. Belki televizyondaki müzik kanallarını seyredip, dinleyebilirler. Klasik müziği unutmaları şart!

Sevgilinin yaptığı doğum günü pastasının, annenin ördüğü yün berenin, teyzenin dolmasının bugün Silivri Cezaevi kapısından döndüğünü de söylemeliyim...

Haa, bu arada aynı koğuşa verileceklerine de pek ihtimal vermiyorum...

İddia edilen suçu da bir daha anımsatayım ki durumun farkına varsınlar. Girişte verdikleri kimlik kartında "Sicil No: Terör" yazılı... En ağır ceza, tecrit...

Cumhuriyet yazarı Orhan Bursalı bu süreçte en nitelikli değerlendirmeyi yapan aydınlardan biri oldu:

> Odatv gibi bir muhalif yayıncılık, gerçek olduğunu bir an kabul etsek bile, böyle bir "metni" bilgisayarlarında tutmaz. Soner Yalçın ve arkadaşları "vaaay bu sevgili örgütümüzden geldi, kutsal bir metindir, ona dokunamayız..." diyerek mi bilgisayarlarında bunu sakladılar! Ey yandaş medya, komik olmayın, veya başkalarını aptal yerine, kendinizi de aptalın aptalı yerine koyarak, bu metni savunmayın! (...)
>
> Bu metnin en büyük zaafı, uydurukluğunun en büyük kanıtı da, bu geri zekâlı mantıktır. Metin, öylesine uçuyor ki, sanıkların savunmalarını, savunma gerekçelerini, iddianame veya suçlamalardaki hukuksuzlukları ve yanlışlıkları bile "Ergenekon örgütü"nün kara propagandası olarak, medyaya talimatı olarak nitelemektedir!!! (...)
>
> Odatv kumpası çok yönlüdür, bir taşla, "beş-on kuş"u vurmanın tezgâhı kurulmuştur; "büyük fotoğrafın" içinde hele hele seçim sürecinde CHP vardır. Tezgâhın medya ayağındaki cemaatçiler, planın kapsamı içinde bulunan "CHP liderlerini Ergenekoncu savcıların karşısına çıkartmak" programını, savcıdan önce ilan ettiler!

Sadece Türkiye'de bir avuç aydın değil, dünya gazetecilik örgütleri de harekete geçti sonraki günlerde: Dünya Gazeteler ve Haber Yayımcıları Birliği (WAN-IFRA) ve Dünya Editörler Forumu, Türkiye'de gazetecilerin tutuklanmasını kınadı. 120'yi aşkın ülkede 18 bin yayını, 15 bin internet sitesini ve 3 binin üzerinde şirketi temsil eden WAN-IFRA, Başbakan Erdoğan'a bir yazı göndererek, sadece görevlerini yapmaları nedeniyle gazetecilerin hedef alınmasına yönelik endişelerini iletti. Gazetecilerin serbest bırakılmalarını ve kendilerine yönelik tüm suçlamaların kaldırılmasını temin etmeye davet etti. Ama, Türkiye'de birileri bildiğini tekrarlıyordu...

Hukuksuzluğa yönelik gösteriler devam ediyordu. DİSK, KESK, Türk Mühendis ve Mimar Odaları Birliği (TMMOB) ve Türk Tabipler Birliği (TTB), gazetecilerin tutuklanmasını protesto etti. "Susmayacağız" eylemine İstanbul, Ankara, İzmir ve Adana'da binlerce kişi katıldı. Gazetecilere Özgürlük Platformu'nun Ankara'da düzenlediği yürüyüşe çok sayıda gazeteci katıldı. "İyi çocuk olmayacağız, kral çıplak diyeceğiz", "İnadına daha fazla gazetecilik" dövizleri taşındı, "Kitabım, kalemim onurumdur" sloganları atıldı. Bu arada, İstanbul Barosu avukatları, İstiklâl Caddesi'nde basın özgürlüğü ve özel yetkili mahkemelerin kaldırılması talebiyle yürüdü.

Ve bu arada tutuklanıp Silivri'ye atılan Gazeteci Ahmet Şık'ın henüz yayımlanmamış *İmamın Ordusu* adlı kitabıyla ilgili olarak Kadıköy'deki İthaki Yayınevi'nde arama yapıldı. Polis *Radikal* gazetesi ve Şık'ın evine de gitti, arama yaptı. Polisler kitabın kopyalarını bilgisayarlardan silerken, kopyaları teslim etmeyenlerin "örgüte yardım suçu" işleyeceğini tebliğ etti!

Polis baskını, Savcı Zekeriya Öz'ün talebiyle, İstanbul 12. Ağır Ceza Mahkemesi kararıyla gerçekleşti. Mahkeme kararında şu satırlar yer alıyordu:

> Kitap taslağının örgütte etkin konumdaki Soner Yalçın'a yollandığı, üzerindeki notların talimata dönüştürülerek kitap taslağında uygulandığı, kitap içeriğinde terör örgütünün propagandasının yapıldığı, örgüt talimatıyla kitabın bastırılarak sansasyon ve dezenformasyon yapılmasının planlandığı, yargılanan örgüt üyelerine moral ve motivasyon verilmeye çalışıldığı anlaşıldığından tüm nüshalarına el konulmasına karar verilmiştir.

Nee! Ben, örgütte bir de etkin konumda mıymışım! Benden bu derece korkmalarından ne yalan yazayım, korktum. Tarih gelgit olayı gibi; bir yükseliyor, bir alçalıyor. Hitler'in kurduğu 2. Reich'ın Basılı Eserler Dairesi vardı. 28 Şubat 1933 tarihli "Reich Başbakanın Halkı ve Devleti Koruma Kararnamesi"nin birinci paragrafına dayandırılıyordu kitap toplamalar. "İçeriği kamu güvenliğini ya da düzenini tehdit eden basılı eserlere polis tarafından el konularak toplatılabilir." Benzerlik şaşırtıcı mı?

CHP lideri Kemal Kılıçdaroğlu, kitap baskınıyla ilgili "Böyle şeyler Hitler, Mussolini döneminde bile olmadı," dedi. Yakılan kitaptan, basılmamış kitabın toplatılmasına geldik! Hangi ateş, düşünceyi yok edebilmiş ki; hâlâ kendini yarı-tanrı konumuna yükselten muktedirler benzer sonuçsuz çaba içine girmişti, acınacak haldeyiz 21. yüzyılda...

Öyle ki, yetmemişti:

Silivri Cezaevi'nde Ahmet Şık, Nedim Şener ve Doğan Yurdakul'un kaldığı koğuşta arama yapılmıştı! Cezaevi müdürü ve gardiyanlar, koğuşta *İmamın Ordusu* kitabının kopyasını aramışlar. Tüm Türkiye'de infial uyandıran basılmamış kitap avıyla ilgili, Başbakan Erdoğan ne dedi biliyor musunuz: Herkesin, "Neler oluyormuş bu ülkede?" sorusunu sorması daha isabetli olacaktır.

Sonra; Avrupa Konseyi Parlamenter Meclisi (AKPM) toplantısında konuşan Başbakan Erdoğan, Avrupalı milletvekillerinin sorularını yanıtladı. Başbakan, *İmamın Ordusu* kitabının yayımlanmadan toplatılmasına ilişkin bir soruya şöyle yanıt verdi:

> Bu kitapları toplatan ben değilim. Yargı, bu belge ve bilgilerle ilgili olarak Yürütme'ye "bu hazırlığın üzerine gidin" diyor. Bunun üzerine gidildiğinde ortaya bu çıkıyor. Bombayı kullanmak suçtur. Ama bombanın hazırlanmasındaki malzemeleri kullanmak da suçtur. Bombanın kullanılmasında ne varsa, fitilinden ta diğer maddelerine varıncaya kadar bunun ihbarı gelmişse güvenlik güçleri bunu toplamaz mı? Gider onları alır.

Biri Başbakan'ı uyarmalı, çünkü tarih bilmiyor. Naziler de kitap yaktıklarını itiraf etmediler hiç; "yozlaşmış sanata" son verdiklerini söylediler, yaptıkları kültürü arındırma işiydi! Öyle ki, Goebbels kitap kurdu bir entelektüeldi, tabii sadece "zararsız kitapları" okuyordu!

"Obskürantizm" kavramını bilir misiniz; "Karanlıkçılık" demektir; kitleleri bilgisiz, cahil bırakma; aydınlık düşmanlığı demektir. Bir yanda basılmamış kitap toplatılırken diğer yanda Ergenekon'la birleştirilen Malatya Zirve Yayınevi soruşturması kapsamında 7 ilde "aydınlanmacı" ilahiyatçı öğretim üyelerinin evleri arandı. Prof. Zekeriya Beyaz, Prof. Şahin Filiz,

Prof. Abdurrahman Küçük, Prof. Mehmet Aydın, Prof. Salim Cöhce ve Doç. Kadir Albayrak evleri aranan isimlerdi. Gözaltı kararının olmadığı aramada, Zekeriya Beyaz'ın Fethullah Gülen ve Said-i Nursi hakkındaki kitap çalışmalarına el konulduğu belirtildi.

Ve tam o günlerde sürpriz bir karar alındı:

Ergenekon Savcısı Zekeriya Öz, Hâkimler ve Savcılar Yüksek Kurulu'nun (HSYK) oyçokluğuyla verdiği kararla Ergenekon Soruşturması savcılığından alındı, İstanbul Başsavcıvekilliği'ne getirildi. Özel yetkileri alınan Öz, atamayla ilgili şöyle dedi:

> Bu kararı beklemiyordum, sürpriz oldu ama saygılıyız. Yorgundum, ameliyat olacaktım vakit bulamıyordum. Şimdi kendime vakit ayıracağım. Daha önce Tuzla'ya göndermeye de çalışmışlardı, o zaman olmamıştı.

İstanbul Özel Yetkili Başsavcıvekili Turan Çolakkadı ise, HSYK kararıyla İstanbul Başsavcılığı'na getirildi. Çolakkadı, Zekeriya Öz'ün görevden alınmasıyla ilgili yaptığı açıklamada; "'Öz gitti, Ergenekon bitti' diye bir şey yok," dedi.

Savcı haklıydı; özellikle Balyoz davası başta olmak üzere muvazzaf subaylar, generaller tutuklanmaya devam edildi. Öyle bir hale geldi ki, Hasdal Askeri Cezaevi'nde general sayısı hızla artıyordu. Genelkurmay karargâhından daha çok general Hasdal'daydı.

Bizim durumumuza gelince: Tutuklama talebiyle 18 Şubat tarihinde mahkemeye sevk edildiğimizde, "suç delili" sayılan dokümanların virüs yoluyla bilgisayarlarımıza gönderildiğini kanıtlarıyla hâkime ilettik. Ancak dikkate alınmadı. Tutuklanmamızdan kısa bir süre sonra, polisler tekrar Odatv ofisine geldi ve o sözde belgelerin bulunduğu bilgisayara el koydular.

Odatv avukatları da ellerindeki harddisk kopyalarıyla, Boğaziçi Üniversitesi'ne başvurdu. Boğaziçi Üniversitesi teknik inceleme yapıp, bilirkişi raporu hazırladığı sırada, savcılık o harddisk kopyalarına da el koydu.

Bu nedenle, Boğaziçi Üniversitesi Bilgisayar Mühendisliği Bölümü Öğretim Üyesi Prof. Dr. M. Ufuk Çağlayan, hazırladığı teknik raporda bazı sorulara yanıt veremedi.

Prof. Dr. M. Ufuk Çağlayan 7 Nisan 2011 tarihli, 11 sayfalık bilirkişi raporunda, söz konusu dokümanlarla ilgili şöyle dedi:

Bilgisayar dosyalarının/belgelerinin hemen aynı anda yaratılmış ve silinmiş olması normal bir durum değildir. ST3120827AS–4M51TF89 seri numaralı harddisk imajından alındığı beyan edilen dosyalar dizini listesi incelendiğinde, bir grup dosyanın aynı tarih ve zamanda yaratılıp silindiği görülmektedir.

Bu tabloda dikkati çeken nokta, dosyaların aynı tarih ve zamanda bir dakikalık bir zaman dilimi içinde yaratılıp silindiğidir. Diğer dosyalara bakıldığında bunların en azından yaratılış ve siliniş tarihleri arasında dakikalar ve bazen de saatler düzeyinde farklar vardır.

Normal olarak bir dosya yaratıldıktan sonra, üzerinde belli işlemler yapılıp ya başkasına gönderilecek ve silinecek ya da işlemlerin boşuna yapıldığı anlaşıldığı için çöpe atılacak fakat her halükârda bu işlemler arasında dakikalar geçecektir. Dosyaların aynı zamanda bir dakikalık bir zaman dilimi içinde yaratılıp silinmesi normal bir bilgisayar kullanımına işaret etmemektedir.

Böyle bir durumda, dosyaların bir virüs ya da Truva atı aracılığı ile yaratılıp silinmiş olması ihtimali büyüktür.

İşte bu rapor da mahkemeye sunuldu, ama dikkate alınmadı. Bununla birlikte, Odatv avukatları söz konusu harddiskin kopyasının CMK hükümleri gereğince tarafımıza geri verilmesini talep etti. Avukatlarımız ayrıca, harddisk üzerinde mahkemenin de bir teknik bilirkişi incelemesi yapmasını istedi. Ama tüm bu taleplerimiz reddedildi.[54]

Evet...

Türkiye yine olağanüstü bir süreci yaşıyor. Bunun adı, çöküş'tür. Kimi; yaşadığımız bu dönemin darbe günlerinden farklı olmadığının ayırdına varmış değil. Kimi ise her şeyin farkında; çıkar ve amaçları için gerçeğin üzerini örtmekte, insanları kandırmakta; tüm değerleri, dostluğu, vefayı, sevgiyi yok

54 Daha sonraki aylarda Boğaziçi, ODTÜ, Yıldız Teknik Üniversitesi ve ABD Data Devastation adlı bilişim ve siber suçlar uzmanı Joshua Marpet'tan bilirkişi raporları aldık. Hepsi "virüs," dedi. Hâlâ tutukluyuz. Oysa, Devlet Bakanı Hayati Yazıcı'nın ÖSYM Başkanı Ali Demir'e e-posta göndererek "bir yakının tıp fakültesine yerleştirilmesini" istediğinin gündem yaratması üzerine Başbakan Erdoğan şöyle konuştu: "Yahu mail göndermek nedir ki? Senin adına bir çete mensubu çıkar bir mail gönderir. Mail denen olay bu." İyi de, bilirkişi raporlarına rağmen biz niye tutukluyuz?..

etmekte bir beis görmemekte. İktidar ve güç uğruna hiçbir şeyden çekinmiyorlar.

Bizim topraklarımızı yine terk etti; akıl ve hoşgörü... Fakat... Her büyük gerçeklik ve her büyük pratik, insanoğlunun düşünme yeteneğini artırır ve bu anlamda insanoğlu zenginleşir. Biz buradayız...

Karşılaştığım en büyük olumsuzlukların, haksızlıkların neden yapıldığını bildiğim; oluş süreçlerini anladığım için, artık bunları doğal karşılıyorum. Anlamamak acı verir...

Yirmi Dokuzuncu Gün

14 Mart 2011
Pazartesi...

Polisler evime 14 Şubat'ta gelmişlerdi; demek bir ay geçti...

Artık size veda etme günü geldi. Bundan sonraki günler beni neler bekliyor, bilmiyorum. Ama bildiklerim var. Örneğin...

Cezaevinde henüz kütüphaneye hiç gitmedim. Kitapların listesini verdiler; haftada bir kitap okuma hakkım var, dilekçeyle belirtirsem getirecekler.

Antonio Gramsci'nin *Hapishane Defterleri* adlı kitabını talep ettim. İki nedeni var: Gramsci (1891-1937) İtalyan Marksist teorisyendi. 1926'da Mussolini'ye karşı düzenlenen suikast bahane edilerek tutuklanıp 20 yıla mahkûm edildi. Ağırlaşan hastalığına rağmen salıverilmedi ve 1937'de öldü.

Hapishane Defterleri Marksizmin genel sorunlarını ele alan teorik bir kitap. 1980'e kadar solcular için önemli bir eserdi, ancak 12 Eylül darbesinden sonra ortaya çıkan sivil toplumculuğun Gramsci'nin tanımlamasıyla "organik aydınların" kaynak kitabı olması, etkisini, "modasını" azalttı. Sonra unutuldu.

Oysa Gramsci'nin "sivil toplum"dan kastı başkaydı. Örneğin siyasi iktidarlar ona göre "sivil toplum"un parçası değildi. Sivil toplum devletin dışında kalan siyaset alanıydı. Gramsci o alanda politik iktidarın nasıl rıza ve zorla iktidarını sürdürdüğünü ele alıyordu. Buradan sosyalist bir iktidar için tezler üretiyordu. Gramsci'nin sosyalist tezleri bizim liberaller tarafından çarpıtılıp, döneklik gerekçesi yapıldı...

Gramsci'nin kitabını istememin bir diğer nedeni, sevgili arkadaşım, rahmetli Erhan Göksel tarafından yayına hazırlamış olmasıydı ve bir de "önsöz" yazmıştı. Rahmetli Göksel de Ergenekon soruşturması nedeniyle gözaltına alınıp dört gün sorgulanmış, tutuksuz yargılanmak üzere serbest bırakılmıştı. Bu süreç sonunda işlerini kaybetti, ABD'de iş bulup çalışmak zorunda kaldı ve tüm bu sıkıntılar sonucu kalp krizi geçirerek ABD'de hayatını kaybetti...

Gramsci'nin kitabını bu iki nedenle istedim.

Althusser gibi birçok Marksist kuramcıyı etkilemiş Gramsci üzerine çalışmak yorucu ama değerli olacak. Bu vesileyle sevgili dostumu da rahmetle anmış olurum.

Dilekçemi yazdım: "Gramsci'nin *Hapishane Defterleri*'ni okumak istiyorum, gereğinin yapılmasını arz ederim."

Evet artık sizlerle yazarak sohbet ettiğim günlerin sonuna geldim. Gramsci çalışarak geçireceğim günlerimi.

Önceleri yoktular. "Acaba var mıydılar?" diye düşündüm. "Olabilir", çünkü biz bu cezaevine yeni geldik. Sonra düşünüp "yoktu" diyorum, çünkü yuva dağınıktı, çalılarının bir bölümü bahçeye düşmüştü. Yuva? Beton havalandırma duvarı üstünde, tel örgüler arasında bir kuş yuvası var. Büyük sayılabilir; gördüğümde çok sevinmiştim; "demek leylekler geldiğinde buraya yuva yapacaklardı." Abartmışım. Çünkü o yuvanın sahibi, iki saksağandı. Hani o sesleri çirkin kuşlar. Hayır. Cezaevindeyim diye sesleri artık güzel geliyor demeyeceğim, hâlâ kötü. Hep bağırarak konuşuyorlar nedense. Ama sevimliler ve özellikle beyaz tüyleri, çok güzel. Siyahın ve beyazın en çok yakıştığı canlılardan. Bugün saksağanlardan biri bu kez tam benim penceremin karşısına gelen duvar üstünde yeni bir yuva yapmaya başladı. İlk çalıyı koyuşunu seyrettim. Ne kadar sabırlı. Dikkatli. Ağzıyla kesip biçiyor çalıyı, sonra teller arasında yerleştiriyor, büyük özenle. Nedense üç çalıdan sonra yuva yapmayı bıraktı. Diğer saksağan (ki muhtemelen eşi) eski yuvayı onarmaya gitti. Kavga edip barıştılar mı acaba? Saksağanlar hakkında hiç bilgim yok. Karga gibi uzun yaşıyorlar mı acaba? Kaç yaşındalar, kim bilir.

Bu eski yuva benim iki oda ötemdeki odanın tam karşısında, oraya mı taşınsam acaba? Saksağan çiftini seyretmek harika olacak. Bir de yavrular dünyaya getirseler.

Alcatraz Kuşçusu'nun hikâyesine benzemeye başladı Silivri'deki hayatım...

Evet, evden ayrılalı tam bir ay oldu...

Yeni hayatım merhaba...

Onurlu yaşama fırsatı insanın hayatına her daim çıkmaz; çıkınca bu şansı iyi değerlendirip değerlendirmeme kişinin kendi elindedir.

İnsan kalmakta inat edeceğim... Onurla girdiğim cezaevinden utançla çıkmaya hiç niyetim yok. İnsanı kurtaracak olan, inatçılığı ve gözü pekliğidir.

Türkiye son 50 yıldır, kor gibi yanan ateşli, cesur aydınını hiç sevmedi; yarattığının ihtişamından, bilgisinden, mücadelesinden ve hayat coşkusundan korktu. Çoğunun zihinlerini, ruhlarını yakıp kül etti; bedenlerini biçti..

Ne olursa olsun...

"Uslu çocuk" olmayacağım.

Kurulu düzene uymayacağım; vasata boyun eğmeyeceğim.

"Yaramazlıkta" ısrar edeceğim. Sorularımın peşinden koşacağım...

Kendimi insanın gözüne bakarak konuşan bir kuşağa ait sayarım. Şövalyeyi severim, pusudan anlamam; göğüs göğüse çarpışmayı bilirim.

Zalimlerin iktidarında kirli bir oyunla sonucu cezaevinde olmak benim açımdan hiç şaşırtıcı değil.

Kimilerinin "kahramanlık" mertebesine yükselttikleri Savcı Bey diyor ki, "Soner Yalçın, sen düşünceyi suç amaçlı kullandın!"

Benim için bundan büyük onur olur mu?

Zaman geçer.

Geriye kalan nasıl bir hayat yaşadığındır.

Düzene ve zalime köle olup olmamaktır bütün mesele.

Bilgini, aklını kimin için kullanacağındır.

Utanç verici olan, sadece ruhun günahıdır...

Üç Yüz Doksan Beşinci Gün

14 Mart 2012
Çarşamba...

Hâlâ Silivri Cezaevi'ndeyim; 13 ay oldu. Ne kadar zaman daha hapiste kalacağım, bilmiyorum; yargılandığım özel yetkili 16. Ağır Ceza Mahkemesi bir sonraki duruşma tarihini 18 Haziran olarak belirledi! Türkiye uzun tutukluluğu tartışadursun bir sonraki duruşma 99 gün sonraya atıldı! Tutukluluğumuz mahkûmiyete dönüştü.

Duruşmada yaptığım son talep konuşmamı size aktarayım, aslında bu süreci iyi özetliyor: (27 Aralık 2011)

Size Nâzım Hikmet şiirinden minik bir bölüm okumak istiyorum:

Şehir
uzakta.
Genç adam
ayakta.
Akıyor şehirden geçen nehir
genç adamın ayakları dibinden.
Genç adam
piposunu çıkarıyor cebinden
aranıyor kibriti.
Bakıyor akar suya
düşünüyor Heraklit'i,
düşünüyor büyük hâkim Heraklit'i genç adam...
Kim bilir belki böyle bir akşam,
böyle bir akşam,
Heraklit alnını
yeşil gözlü zeytinliklerde akan
suya eğdi
ve dedi:
"Her şey değişip akmada,
bu hâl beni hayran bırakmada..."

Nâzım Hikmet bu şiirini Moskova'da yazdı. 1927 yılında

Türkiye'ye girerken apar topar Sarp Sınır Kapısı'nda polis merkezine sokuldu. Didik didik arandı.

Aradan bir zaman geçti; komiser Nâzım Hikmet'in karşısına dikildi; "Nâzım sen Moskova'da ekalliyetlerle (yani azınlıklarla) ilgili bir şeyler düşünmüşsün, anlat bakalım Moskova'da neler planladınız bu ekalliyet meselesi hakkında?"

Nâzım Hikmet şaşırdı: "Ben azınlıklarla ilgili bir şey düşünmedim, planlamadım nereden çıkarıyorsunuz?"

Komiser: "Hiç saklama elimde delil var" deyip yanındaki polise "getirin kanıtı, kendi gözüyle görsün," dedi.

Delil Nâzım Hikmet'in defteriydi. Komiser defteri açıp Nâzım Hikmet'e yazısını gösterdi: "İşte kanıt!"

Nâzım, "Bu benim şiirim; adı da 'Moskova'da Heraklit'i Düşünüş.'"

Mesele anlaşıldı:

"Heraklit"in Osmanlıca yazımı ile "Ekalliyet" kelimesinin yazımı benzerdi.

Komiser "Moskova'da ekalliyeti düşünüş" diye anlamıştı; şiiri toplantı notu sanmıştı!

Nâzım Hikmet ekledi: "Heraklit 'değişmeyen tek şey değişimin kendisidir' diyen büyük Yunan filozofudur."

Komiser bunu duyar duymaz hiddetle ayağa fırladı: "Ne! Bizim can düşmanımız Yunanlılara bir de şiir mi yazdın?.."

İşte bizim Odatv davasındaki durumumuz Nâzım Hikmet'in 85 yıl önce başına gelenle aynıdır.

10 duruşmadır burada bir tek konu dile getiriliyor: yazı yazmak, haber yapmak, kitap çıkarmak...

Gazeteler yazıyor, televizyonlar söylüyor; kamuoyunda şaşkınlık var. Batı dünyası zaten hiç anlamıyor; "Gazeteciler haber-kitap yazdıkları için nasıl cezaevine atılıyor."

Ben şaşırmıyorum...

Biliyorum ki her zorba güç yalnızca kendi isteğinin, yaptığının onaylanmasını ister. Bu sebeple, özgür düşüncenin düşmanıdır.

Böyle despotik dönemlerde hukuk, iktidarın siyasal kararlarının gölgesine sokulur, nesnelliğini yitirir. Sağduyu, akıl ve serinkanlılık adaleti terk eder. Fiil yoktur, fail vardır...

Ama istenirse fiil de bulunuverir. Böyle dönemlerin olağanüstü mahkemeleri vardır. 1789 Fransız Devrimi, Kral XVI. Louis'yi idam etti. Ama halkın asıl nefretinin kaynağı Kraliçe Marie-Antoinette'ti. Fakat idama gerekçe lazımdır. Hemen bulunur: Bir gün 9 yaşındaki Prens Dauphin pipisiyle oynarken görülür; çocuk korkutulur "kim öğretti bunu sana?"

Her çocuk gibi annesine sığınarak "annem" der. Kraliçeyi giyotine götürecek sebep bulunmuştur: Ensest ilişki!

Yani:

Her siyasal değişim acımasız olur.

Hukuka bir gerekçe lazımdır, mutlaka bulunur. Bize atfedilen suç, soyut bir terör iddiasıdır. Bu terörü yazarak yapmışız! Sahi buna kimi inandırabilirsiniz?

Marie-Antoinette'in ensest ilişkisi olduğuna bugün kimse inanmıyor.

Fakat bu hukuki sebeple idam edildiğine şaşırıyor...

Peki; 1793'te Kraliçe Marie-Antoinette bu karara şaşırmış mıydı? Sanmıyorum.

Marie-Antoinette doğru düzgün savunma bile yapmadı. Artık insanlardan yorulmuştu, eziyetin son bulacağından, kim bilir, belki de memnundu.

Avukatlarım şahidimdir, savunma yapmaya hiç taraftar değildim.

Sevdiklerimi kıramadım, aylarca çalıştım, burada bir tam gün konuştum.

Yetmedi, üç üniversiteden (ODTÜ, Boğaziçi, YTÜ) ve ABD'den birer bilirkişi raporu sunduk.

Bunu sadece ben değil, hepimiz yaptık...

Sonuç?

Mahkemeniz şu kararı verdi:

–Kuvvetli suç şüphesi, –Suçun vasıf ve mahiyeti, –Delillerin henüz toplanmamış olması, –Terörist olmamız vs.

İyi de; 1 yıldır hapisteyiz. Bu mahkeme kararları her ay önümüze kondu. O kadar yaptığımız savunmalar, bilirkişi raporlarının hepsi boşa mıydı? Biz burada niye konuşuyoruz, niye çaba sarf ediyoruz?

Ama arkadaşlarım şahittir; ben hiç şaşırmadım sayın heyet.

Bu ülkede Behice Boran öğrencilerin yazılı kâğıtlarını kırmızı kalemle incelediği için; Server Tanilli Hoca üniversitedeki "Uygarlık Tarihi" dersinde öğrencilere Rus besteci Çaykovski dinlettiği için yargılandı; üniversiteden kovuldu.

Ben şaşırmıyorum...

Sadece sevdiklerimizin şaşırmasından acı çekiyorum. Halbuki, "tutukluluk cezaya dönüşmesin" dense de bizim tutukluluğumuz cezaya dönüştürüldü.

Nasıl mı?

Teğmen Mehmet Ali Çelebi'nin telefonuna sehven 139 telefon numarası yüklendi.

Mahkeme 24 Mayıs 2011'de TÜBİTAK'tan bilirkişi listesi istedi. İki ay sonra yanıt geldi: "İş yoğunluğumuz nedeniyle liste bildiremiyoruz."

4 ay sonra, 26 Eylül 2011'de TÜBİTAK'a bir yazı daha yazıldı.

"İş yükünüz azaldı ise bilirkişi listesini gönderir misiniz?"

Bir ay sonra liste bildirildi. Listeden isimler belirlendi vs. vs. vs...

Ve siz daha TÜBİTAK'a yeni başvurdunuz; sanırız liste gelmedi.

Bir yıl sonra mesele aydınlanır, Mustafa Balbay'da bir buçuk yıl sürdü çünkü.

Yani; bir yıl yattık, daha yatacak bir buçuk yılımız var.

Prosedürlerle adaletçilik oynayacağız; yani cezamızı Silivri'de çekmeye devam edeceğiz.

Ben hiç şaşırmıyorum...

Her siyasal dönüşüm evvela bütün hukuk sistemini pratikte yok eder, yeni bir adaleti hâkim kılar. Yurttaş ceza hukuku değil, düşman ceza hukuku uygular. Biz bu yeni hukuka göre, yurttaş değil, düşmanız!..

Yoksa... Bizim tutukluluğumuz niye devam etsin.

Bıraksanız adam mı öldüreceğiz, bir yerlere bomba mı atacağız?

Nedir bu yazıdan bu kadar korkmak?

Son sözüm, son talebim şudur:

Sayın heyet, vereceğiniz kararla beni şaşırtınız...

Tabii ki şaşırtmadılar...

Fakat...

12 Mart'taki duruşmada nihayet sevindirici karar çıktı; birlikte yargılandığım gazeteciler Nedim Şener, Ahmet Şık, Coşkun Musluk ve Sait Çakır tahliye edildi. 22 Şubat'ta Doğan Yurdakul sağlık sebepleri nedeniyle salıverilmişti; bir hafta sonra ağır bir kalp ameliyatı geçirdi. Haberlere göre sağlığı iyi.

Sizi merakta bırakmayayım. Diyeceksiniz ki, "ilk 29 gün yazıp sonra neden, 395. güne geçtiniz?"

Gözaltına alındığım 14 Şubat 2011'den, 14 Mart 2011'e kadar bir aylık süreci yazmayı planlamıştım. Yoğun bir itibarsızlaştırma kampanyasının merkezi haline getirilmiştim; bu kitapla yanıt vermek istedim. İçimi yazıya dökmesem boğulurdum. Yazdım ve daha önceki kitaplarımı çıkaran yayınevine gönderdim. Çok beğenildi, hemen dizgiye verildi, kapak ve arka kapak yazılarını belirleyip, Sonsöz'ü yazdım. Sonra...

Yayınevi, "kitabı 12 Haziran seçim sonrası çıkaralım," dedi. Seçim bitti. "İddianame çıksın", "yaz mevsimi geçsin," dendi. Sonbahar geldi. Bu kez "ilk duruşma yapılsın" gibi sebepler ileri sürülünce, nihayet anladım.

Söyleyemiyorlardı. Kitabı yayınlamaya korkuyorlardı... Türkiye'nin kitapları en çok satan bir gazetecisinin kitabını bir yayınevi basmaya çekiniyordu... "Ne yayıncımı ne okuyucumu zor duruma sokamam" diye düşündüm. Bekledim...

Stefan Zweig, Hitler'in zulmünden kaçtığı Londra'dan yayıncısına 2 Ağustos 1936'da gönderdiği mektupta şöyle yazıyordu: "Almanya'da kitaplarımın olması istenmiyor, sizi ve okuyucularımı zor durumda bırakmamak için yazmaya uzun bir süre veda etmeyi düşünüyorum."

Benzer kaygıyla bekledim.

Beklemeye karar verdim...

Yayınevimin bağlı olduğu yayın grubunun aynı zamanda yazarıydım. Yazdım; artık yazı istemediklerini söylemişlerdi. Fakat bir süre sonra, hiç haber vermeden maaşımı da kesiverdiler. Evet hiç haber vermeden, "Çoluğun çocuğun var, hapistesin, ihtiyacın var mı?" diye sorma gereği duymadan. Demek dışarıda bu derece zalim bir atmosfer vardı. Herkes birbirinin "cesedinin" üzerine basarak ayakta kalmaya çabalıyordu. Belki çoğu insanı inandıramam ama sadece bana haber vermeden bunu yapmalarına kırıldım. Daha doğrusu onlar adına utandım.

Demek 11 yıldır bünyesinde çalıştığım, 3 yıldır da yazarlığını yaptığım yayın grubu korkuya bu derece boyun eğmişti. Haber verip yapsalardı ne diyebilirdim ki; bir zorba gücün onları da nasıl "esir" aldığını bilmeyen biri miyim?

Hitler döneminde *Vossische Zeitung, Berliner Illustrierte, B.Z. am Mittag, Berliner Morgenpost, Berliner Zeitung, Deutsche Allgemeine Zeitung, Dame, Bauwelt, Grüne Post* gibi yayınlara sahip Ullstein ailesinin başına neler geldiğini *Hürriyet*'te yazan biriyim.

Keza, Humeyni'nin İran'daki *Ayandegan* gazetesi ve sahibi Daryuş Homayun'un başına neler getirdiğini, tutukladığını yine kaleme almış biriyim.

Tamam, *Hürriyet* yazarı olduğumdan bahsetmeyin; tamam, haberlerde adımı bile geçirmeyin; tamam, beni yok sayın; tamam, haber bile vermeyen bir hoyratlıkla maaşımı kesin, işsiz bırakın, sahip çıkmayın, hepsi kabul. Ama işte, insan bir nezaket bekliyor. "Soner Yalçın bizi anlar" demelerini bekledim. Hayır yok, umursamıyorlar bile. Demek ki zamanla birlikte yaşayan bir ölü olmayı seçtiler; daha yüce bir yaşam uğruna zamanın dışına çıkmayı beceremiyorlar. Ne diyebilirim ki...

Ve fakat:

Tüm bu tavır, cemaatçi çevrenin beni "vebalı" göstermesine katkı sağlıyordu. Öyle ya, demek ki bir "mikropluk" vardı bende! Gazetesinin, yayınevinin sahip çıkmadığı biriyim ben.

Hitler ölüm kamplarının duvarına şu yazıyı astırmıştı: "İnsanlara çamurmuş gibi davranın, gerçekten çamur olurlar."

Hayır!..

İnsani niteliklerimi kaybetmediğimi göstermem, gerçekte nelerin olduğunu tüm çıplaklığıyla anlatmam lazımdı. Suskunluğa, unutuluşa mahkûm edilmeyi kabul edemezdim.

Tıpkı Stefan Zweig gibi; mektubuna rağmen yazmaya son vermedi; niye biliyor musunuz? "Kitap yazmamın nedeni biraz alışılmadık olmakla birlikte hayli etkili bir duyguydu: utanç."

Başkaları için Silivri zindanında utanmaktan ben de usandım artık...

"Sükût altın" değil bu topraklarda. Düşünsel değerlere tutkulu insanlara değil, küstah cahillere değer veriliyor.

12 Mart tahliyelerinin gelmesi "dışarıda" olumlu bir havanın

doğmasına sebep oldu. Bu demektir ki, okuyucular içinde zor duruma düşecek bir durum yoktu. Kitabı çıkarmalıydım...

Bugün, bahtsızlığın bizi bir araya getirdiği gazeteci Nedim Şener CNN TÜRK'teki Ayşenur Arslan'ın "Medya Mahallesi" programına konuktu. Öfkeliydi. Duygusaldı... Dikkat ettim, neredeyse her cümlesinde "vicdan" sözcüğünü geçirdi: "Vicdanı olanlara sesleniyorum...", "vicdanlı olmalarını istiyoruz..."

Vicdan'ın ne olduğunu biliyor musunuz? Hiç düşündünüz mü? Rönesans İtalyası'nda en düşük ağırlık biriminin adıydı, vicdan! Nedim Şener'in ve tüm Silivri mahpuslarının istediği, çok şey değildi; "kalmışsa biraz vicdan..."

Elinizdeki kitap vicdanı olanlara yazıldı. Ama sadece bugüne değil, yarına da yazıldı; anlatılanlar yazılanlardan daha çabuk ölür çünkü...

Hakkımda yanlış düşüncelere sahip olmanızı istemem. Örneğin, korkmadığımı söyleyemem; Kopernik'ten Darwin'e nice kuramcı, yazar, gazeteci eserini korkup kaleme almak istemedi.

Sevdiklerim "cezaevindesin; durumun zorlaşabilir, davanı etkileyebilir, sana kızıp uzun süre hapiste tutabilirler" diye hep uyardı.

Ne hazin...

Yıl 1993.

Güneydoğu'daki faili meçhul cinayetler, JİTEM hakkında bana bilgiler veren Binbaşı Ahmet Cem Ersever öldürülünce nüfus kâğıdı bana gönderildi; ölümle tehdit edildim. Kaçtım, kaçak günlerimde *Binbaşı Ersever'in İtirafları* kitabını yazdım. Ersever'in anlattıklarını yazmamam için çok kişi uyarıda bulundu, ama yazdım.

Yıl: 1996.

Daha Susurluk'ta, içinde o malum polis-mafya-siyasetçi bulunan Mercedes, kamyona çarpmamıştı.

Susurlukçu Çete'nin öldürdüğü Behçet Cantürk'ün hayatını yazdım. Katillerin kimler olduğunu kitaba korka korka koydum. Kitap piyasaya çıkınca bir süre saklandım.

Yıllar geçti...

Yazdıklarımdan dolayı cezaevindeyim. Ve bana yine "yazma sakın" diyorlar! İyi de, ben ne zaman yazmalıyım? "Yazar ihaneti" kervanına mı katılmalıyım? Kör, sağır gibi mi davranayım? Ne yapmalıyım? Tabii ki yazdım...

Binbaşı Ersever'in İtirafları kitabımı daktiloda; *Behçet Cantürk'ün Anıları*'nı bilgisayarda yazmıştım. *Samizdat*'ı elimle kaleme aldım! Bu süreç bile, Türkiye yakın tarihi konusunda neler yaşandığını gözler önüne sermiyor mu?..

Barış Pehlivan ve Barış Terkoğlu'nun *Sızıntı* adlı kitabı çıkınca, Silivri'de bir gece gelip Barış Pehlivan'ı yanımdan alıp başka koğuşa koydular! Kitap yazmanın cezasıydı bu. *Samizdat* yayımlanınca Silivri zindanında başıma ne gelecek hiç bilmiyorum. Bildiğim, cezaevi insanı hep test eder; ama insanın ruhundaki soyluluk düşmesini önler, insan haline gelmek için felaketlerle didik didik edilmek gerekir. "Kim acısının üstüne çıkarsa, o yükselecektir," der Hyperion...

Gelelim kitabın adına, "Samizdat"a..

Olağanüstü dönemlerde, baskıdan-sansürden kaçabilmek için kitaplar, tüm tehlikeler göze alınarak gizlice yazılıp, gizlice basılıp, gizlice dağıtılır. Ruslar bu tür kitaplara "Samizdat" adını koydu ve bu isim evrensel hale geldi.

Ayrıntılarını bugün yazamayacağım, elinizdeki "Samizdat" zor koşullarda "doğdu."

Kırmızı Kedi; basılmamış kitapların toplatıldığı, kitap yazdığı için gazetecilerin cezaevlerine atıldığı böyle bir despotik dönemde, düşüncenin ve gerçeğin özgürleşmesini sağladı. "Samizdat"ın basımında, dağıtımında engeller-güçlükler çıkarılacak mı bilemiyorum. Bildiğim "Samizdat" adının bu yaşadığımız döneme çok uygun olduğudur.

Evet: Artık size veda etmenin zamanı geldi...

Beni merak etmeyiniz, sevdiklerim yanımda. Başta Gazetecilere Özgürlük Platformu, İzmir Gazeteciler Cemiyeti olmak üzere tüm gazeteci-yazar örgütleri, CHP milletvekilleri, dostlarım hiç yalnız bırakmıyorlar.

Feza haftada iki gün gelmeye devam ediyor. Diğer avukatlarım Hüseyin, Serkan haftada bir, geldiğince mutlaka uğruyor; Duygun Hocam, Nurcan Hanım ilgisini hiç eksik etmiyor.

Oğlumla haftada bir, pazartesi günleri 10 dakika telefonda görüşmeye devam ediyoruz. Oğlum hızla büyüyor ve ne yazık ki buna şahit olamıyorum. İnsan derinliğe varınca intikam duygusundan uzaklaşır. Nefretin beni insanlıktan uzaklaştırmasına izin vermeyeceğim, dayanacağım. Hep bu sözleri kendime tekrarlıyorum. Ama, oğlumun doğum günü, 30 Mart; 30

Mart 2011'de Silivri'deydim. Önümüzdeki 30 Mart 2012'de de Silivri'de olacağım. Oğlumun 11'inci yaşını hiç yaşayamadım...

Çalınan zaman sadece benim değil, oğlumun da; ama bu zalim günlerde bunu kime anlatabilirsin ki?

Ve bir başka evladım/evladımız; Odatv!

Cezaevine atıldığımda kimileri "hemen siteyi kapat, cemaatin tepkisini soğut," dediler. Öyle ya, kölenin bile gururu vardır, en zorbasına boyun eğer! Demek aşikârı gizemli, sıradanı yüce, sınırlıyı sınırsız gösteren gruba biz de katılmalıydık.

Bunu teklif edenlerin bilmedikleri şu: Soyluluk zorlar. Bir insanın kişiliği kritik anlardaki tavrından anlaşılır.

Odatv yayınlarına devam etti. Ediyor. Türkiye basın tarihinde şimdiden yerini aldı, özgür düşüncenin, hakikat aşkının Kâbe'si oldu. Umudu yaşatmaya devam ediyor...

Sevgili okuyucu, ara sıra yenilmek kaçınılmazdır, gereken yalnızca yenilgilerden daha çok zafer kazanmaktır.

Biz kazanacağız. Bu baskıcı, kâbus günler bir gün sona erecek, gerçekler mutlaka gün yüzüne çıkacak. Yeter ki, kendinize, mesleğinize, hayata yabancılaşmayın, alçalmayın. İnsan kalmakta inat ediniz, kazanan hep insan olmuştur çünkü...

"Bir yeryüzü çocuğu ne kadar zor özgürleşirse,
İnsanlığımıza o kadar güçlü dokunur..."
(Conrad Ferdinand Meyer)

14 Mart 2012
Silivri Cezaevi

Kaynakça

Avcı, Gültekin, *Yaşayan Kâbus Ergenekon–Asrın Soruşturması,* 5. Baskı, Haber Ajanda, 2008, Ankara.

Avcı, Hanefi, *Haliç'te Yaşayan Simonlar/Dün Devlet Bugün Cemaat,* 16. Baskı, Angora Yayınevi, 2010, Ankara.

Baransu, Mehmet, *Mösyö/Hanefi Avcı'nın Yazamadıkları,* 1. Baskı, Karakutu Yayınları, Kasım 2010, İstanbul.

Çağlar, Derya, *Hayali Komünizm,* Berfin Yayınları, Haziran 2008, İstanbul.

Çakır, Zihni, *Ergenekon'un Çöküşü 1, 2,* Neden Kitap.

Çetinkaya, Hikmet, *Fethullahçı Gladyo,* Günizi Yayıncılık, Mayıs 2008, İstanbul.

Dağlar, Ali, *Rahip Cinayetleri,* Destek Yayınları, 2011, İstanbul.

Doğan, Arif, *Jitem'i Ben Kurdum,* 1. baskı, Timaş Yayınları, Ocak 2011, İstanbul.

Doğan, Çetin, *İddianamem/Balyoz ve Gerçekler,* Destek Yayınevi, Nisan 2011, İstanbul.

Doğan, Pınar, Rodrik Dani, *BALYOZ, Bir Darbe Kurgusunun Belgeleri ve Gerçekler,* Destek Yayınları, 2010, İstanbul.

Dündar, Can, Kazdağlı Celal, *Ergenekon,* İmge Kitabevi, 1997, Ankara.

Eğin, Oray, *İmha Planı, Medya Nasıl Çökertildi,* Destek Yayınevi, Mayıs 2011, İstanbul.

Ergül, Vural, *Ergenekon'un Hahamı,* 1. Baskı, Güncel Yayıncılık, Kasım 2008, İstanbul.

Gezici, Aytekin, *Ergenekon, Çelik Çekirdek'ten Susurluk'a, Sauna Çetesi'nden Türk İntikam Tugayı'na* 3. Baskı, Karakutu Yayınları, Temmuz 2008, İstanbul.

— *İmamın Ordusu, Son Sığınak,* Ferfir Yayınları, Nisan 2011, İstanbul.

Mavioğlu, Ertuğrul ve **Şık, Ahmet,** *Kontrgerilla ve Ergenekon'u Anlama Kılavuzu/Kırk Katır Kırk Satır-1, 2,* 1. Baskı, İthaki Yayınevi, Nisan 2010, İstanbul.

Meydan, Sinan, *Atatürk'ün Gizli Kurtuluş Planları –Parola: Nuh* İnkılâp Kitabevi, 2009, İstanbul.

Okkır, Kuddusi-Sabriye, *Cinayeti Gördük,* Cumhuriyet Kitapları, 2009, İstanbul.

Orakoğlu, Bülent, *Ankara'da Gölge Oyunları,* Timaş Yayınları, Haziran 2007, İstanbul.

Özbek, Osman, *Silivri Sürgünleri (Bedel),* Kaynak Yayınları, 2010, İstanbul.

Özkan, Tuncay, *Danıştay Cinayeti/Cumhuriyet'e Saldırı,* 1. Baskı, Medyanos Reklam, Mayıs 2009, İstanbul.

— *Ergenekon, Çook Gizli Örgüt Nasıl Kurulur,* Medyanos Reklam, 2009, İstanbul.

Öztürk Serdar, *AKP ve Gülen'i Kurtarma Planı,* Togan Yayıncılık, Nisan 2011, İstanbul.

Öztürk, Bekir, *Millet mi? O da Kim?* Togan, 2011, İstanbul.

Öztürk, Saygı, *Belgelerle Ergenekon,* 6. Baskı, Doğan Kitapçılık, Ağustos 2008, İstanbul.

Perinçek, Doğu, *Ergenekon Savunması,* 1. Baskı, Kaynak Yayınları, Ağustos 2009, İstanbul.

— *Gladyo ve Ergenekon,* 1. Baskı, Kaynak Yayınları, Ekim 2008, İstanbul.

Saymaz, İsmail, *Hanefi Yoldaş –Gizli Örgüt Nasıl Çökertilir?* Kalkedon, Mart 2011, İstanbul.

Soysal, Sevgi, *Yıldırım Bölge Kadınlar Koğuşu,* 4. Baskı, İletişim Yayınları, 2010, İstanbul.

Şener, Nedim, *Dink Cinayeti ve İstihbarat Yalanları,* 4. Baskı, Destek Yayınevi, Ekim 2010, İstanbul.

— *Ergenekon Belgelerinde Fethullah Gülen ve Cemaat,* 1. Baskı, Destek Yayınevi, Ekim 2010, İstanbul.

Taşçı, İlhan, *İlahi Adalet, Yargının Siyasallaşma Günlüğü* Cumhuriyet Kitap, 3. Baskı, Nisan 2011, İstanbul.

Tayyar, Şamil, *Operasyon Ergenekon, Gizli Belgelerde Karanlık İlişkiler,* 18. Baskı, Timaş Yayınları, Mayıs 2010, İstanbul.

Toker, Çiğdem, *Abdüllatif Şener; Adım da Benimle Beraber Büyüdü,* Doğan Kitapçılık, 2008, İstanbul.

Tunaya, Tarık Zafer, *Türkiye'de Siyasal Partiler Cilt 1-2,* 3. Baskı, İletişim Yayınları, 2008, İstanbul.

Uğur, H. Atilla, *Abdullah Öcalan'ı Nasıl Sorguladım, İşte Gerçekler* Kaynak Yayınları, 2011, İstanbul.

Yalçın, Soner ve **Yurdakul, Doğan,** *Bay Pipo/Bir MİT Görevlisinin — Sıradışı Yaşamı: Hiram Abas,* 69. Baskı, Doğan Kitapçılık, Nisan 2008, İstanbul.

Yalçın, Soner ve **Yurdakul, Doğan,** *Reis/Gladio'nun Türk Tetikçisi,* 49. Baskı, Doğan Kitapçılık, Şubat 2010, İstanbul.

Yalçın, Soner, *Behçet Cantürk'ün Anıları,* 24. Baskı, Doğan Kitapçılık, Ekim 2010, İstanbul.

— *Beyaz Müslümanların Büyük Sırrı/Efendi-2,* 56. Baskı, Doğan Kitapçılık, Ekim 2010, İstanbul.

— *Binbaşı Ersever'in İtirafları, Yakın Tarihin Gayriresmi Notlarında Gerçeklerle Yüzleşmeye Hazır mısınız?* 39. Baskı, Doğan Kitapçılık, Ekim 2010, İstanbul.

— *Siz Kimi Kandırıyorsunuz,* 60. Baskı, Doğan Kitapçılık, 2008.

— *Bu Dinciler O Müslümanlara Benzemiyor,* 1. baskı, Doğan Kitapçılık, Ekim 2009, İstanbul.

Yanardağ, Merdan, *Kuşatılan Türkiye/Gülen Hareketinin Perde Arkası,* 1. Baskı, Destek Yayınları, Ekim 2010, İstanbul.

— *I. Cumhuriyetin Sonbaharı,* 5. Baskı, Destek Yayınları, Mayıs 2011, İstanbul.

Yavuz, Turan, *Çuvallayan İttifak, Bir ABD –Cemaat Projesi– Ergenekon Darbesi,* Destek Yayınları, 2008, İstanbul.

Yenerer, Vedat, *Demokrasiye ve Hukuka Ergenekon Tezgâhı,* Bilgi Yayınevi, 2010, Ankara.

Yıldırım, Deniz, *Tayyip'in Voleleri, Cemaat Ekonomisinin İşleyişi: Peçeli Holding Ağı* Kaynak Yayınları, Mayıs, 2011, İstanbul.

Yıldırım, Hasan Ataman, *Ergenekon Kazanında Kurbağa,* Togan, 2011, İstanbul.

Yıldırım, Oktay, *Ergenekon Bombalarının Sırrı,* 1. Baskı, Kaynak Yayınları, Şubat 2010, İstanbul.

1. Ergenekon Davası İddianamesi, 2455 sf. (4 cilt)
2. Ergenekon Davası İddianamesi, 1909 sf. (4 cilt)
3. Ergenekon Davası İddianamesi, 1454 sf. (3 cilt)
4. Poyrazköy Davası İddianamesi
5. Amirallere Suikast Davası İddianamesi
6. Balyoz Davası İddianamesi
7. Kafes Davası İddianamesi

1. Ergenekon Davası Duruşma Zabıtları

Birleştirilen 2. ve 3. Ergenekon Davaları Duruşma Zabıtları

Poyrazköy, Amirallere Suikast, Balyoz, Kafes Davası, kimi sanıkların savunmaları

14 Şubat 2011-1 Mayıs 2011 tarihleri arasındaki bütün gazeteler:
Akşam
Aydınlık
Cumhuriyet
Habertürk
Hürriyet
Milliyet
Radikal
Sabah
Sözcü
Star
Taraf
Vatan
Yeniçağ
Yeni Şafak
Zaman
Afyon Kocatepe Üniversitesi Sosyal Bilimler Dergisi, Cilt 1, Sayı: Mayıs 2009
Aksiyon Dergisi
Aydınlık Dergisi Temmuz 2007'den itibaren bütün sayıları
Bilim ve Ütopya Dergisi
Marmara Üniversitesi Türkiye Araştırma ve Uygulama Merkezi'nin 4-5 Aralık 2003 tarihinde düzenlediği "Hapishaneler" sempozyumunda Yard. Doç. Dr. Bedri Aydoğan tarafından sunulan Namık Kemal'in *Magosa Sürgünlüğü* başlıklı bildiri.
Süleyman Demirel Üniversitesi Fen-Edebiyat Fakültesi Sosyal Bilimler Dergisi, Sayı: 20, Aralık 2009
Tempo Dergisi
Yeni Aktüel Dergisi
Odatv.com arşivleri

Dizin

C

F

G

H

L

M

Ö

P

R